한국대통령 통치구술사료집 5

* 이 사업은 한국연구재단 중점연구소지원사업(NRF-2011-413-B00003)
  지원을 받아 진행되었음.

한국대통령 통치구술사료집 5 -노무현 대통령

초판 1쇄 발행   2014년 10월 20일

엮은이 ㅣ 연세대학교 국가관리연구원
펴낸이 ㅣ 윤관백
펴낸곳 ㅣ 도서출판선인

등   록 ㅣ 제5-77호(1998.11.4)
주   소 ㅣ 서울시 마포구 마포동 324-1 곳마루 B/D 1층
전   화 ㅣ 02)718-6252/6257
팩   스 ㅣ 02)718-6253
E-mail ㅣ sunin72@chol.com

정가 47,000원

ISBN   978-89-5933-762-0   94340
ISBN   978-89-5933-652-4   (세트)

연세대학교 국가관리연구원
국가관리사료총서 15

한국대통령 통치구술사료집 5

노무현 대통령

연세대학교 국가관리연구원 편

구술: 김병준 | 이종석 | 성경륭 | 정동영 | 유시민 | 조기숙

채록 및 편집: 박명림 | 황창호 | 장훈각 | 윤민재 | 박광형 | 박용수

도서출판 선인

발간사

　연세대학교 국가관리연구원은 한국 대통령 관련 구술사료집을 발간해 오고 있습니다. 본 연구원 구술사료집은 한국의 역대 대통령의 리더십과 국정운영에 대한 구체적이고 생생한 내용을 담고 있습니다. 지금까지 본 연구원은 최규하, 전두환, 노태우 대통령 관련 구술사료집을 각 1권씩 발간했습니다. 올해 본 연구원은 김영삼 대통령과 노무현 대통령 관련 구술사료집을 각각 한 권씩 발간하게 되었습니다. 이번 노무현 대통령 관련 구술사료집은 본 연구원의 한국 대통령 통치구술사료집 제5권입니다.

　노무현 대통령 구술사료집에는 김병준 정책실장, 이종석 통일부장관, 정동영 통일부장관, 성경륭 정책실장, 유시민 복지부장관, 조기숙 홍보수석 등 총 6명의 주요 인사들의 구술 내용이 수록되어 있습니다. 이분들은 청와대에서 노무현 대통령을 가까운 거리에서 대면하며 활동했으며, 각 부문의 정책결정에 핵심적인 역할을 했습니다. 이분들의 구술 내용은 노무현 대통령의 성격이나 국정운영 방식 그리고 정부의 주요 정책이나 사안의 결정 및 집행 과정에 대한 생생한 증언입니다. 본 연구원의 구술사업에 참여해주신 구술자 선생님들께 깊은 감사의 마음을 전해드립니다.

본 연구원의 구술사업은 한국연구재단 '중점연구소지원사업'의 지원을 받아 추진되고 있습니다. 그 지원에 기초하여 본 연구원은 3년 후에 '한국 대통령 통치사료관' 운영을 시작할 계획입니다. 이 책에 담겨진 주요 내용은 본 연구원이 수집한 문서사료와 함께 한국 대통령 통치사료관의 주요 콘텐츠가 될 것입니다. 본 연구원의 통치사료관을 통해 이용자들은 온라인을 통해 국내외 주요 한국 관련 문서를 검색하고 원문 서비스를 받을 수 있고, 통치사료관을 방문하여 열람과 복사 등을 할 수 있을 것입니다. 이러한 본 연구원의 사업에 참여와 지원을 아끼지 않으신 많은 분들과 기관에 감사드리며, 앞으로 더욱 많은 관심을 부탁드립니다.

2014년 9월 20일

연세대학교 국가관리연구원장
문 명 재

차 례

노무현 대통령 연표 / 633

서
론

노무현 대통령 구술사료집은 참여정부에 참여했던 주요 인물들의 구술 인터뷰 내용을 편집한 것이다. 노무현 대통령 관련 구술인터뷰는 2012년 과 2014년도에 이루어졌다. 이번 구술인터뷰에 참여한 분들은 노무현 대통령을 보좌했던 핵심 인물들로서 김병준 정책실장, 이종석 NSC사무차장, 정동영 통일부장관, 성경륭 국가균형발전위원장, 유시민 보건복지부장관, 조기숙 홍보수석 등 총 6인이다. 역대 정부의 핵심 인물들은 거의 예외없이 자신이 참여한 정부와 대통령에 대한 평가에 대해 서운함과 아쉬움을 갖고 있다.

실제 노무현 대통령은 임기 동안 제2차 북핵위기와 임기 초 신용카드사 부실과 개인 신용불량 확산에 대한 위기관리에 성공적이었다. 그리고 안 정적 경제성장 기조 유지와 차상위 계층, 노인, 보육 등의 복지 확대, 그리 고 지역경제의 활성화를 위한 국가균형발전 전략을 지속적으로 추진하는 성과를 남겼다. 그 이외에 임기 후반의 친인척이나 측근 비리와 같은 레임 덕을 초래할 만한 결정적인 허점도 드러나지 않은 상태에서 후임 정부에 안정적으로 정권 이양을 할 수 있었다. 이외에 임기 말에는 정부 비판이 컸던 부동산 가격도 안정 기조를 유지했고, 반기문 외교부장관의 유엔사 무총장 취임에서 나타나듯 미국과의 관계도 우려와 달리 나쁘지 않다고 불 수 있다. 그럼에도 불구하고 2007년 대선과 2008년 총선 결과를 노무현 대통령과 참여정부의 책임으로 규정하는 냉정한 시각과 강한 비판이 이들에게는 아쉬웠던 것으로 보인다.

한국의 대통령 리더십과 국정운영 방식은 그 중요성만큼 치열한 논쟁 대상이며, 노무현 대통령은 특히 비판과 옹호의 주장이 강하게 맞서는 사례이다. 노무현 대통령은 국정원, 검찰, 경찰, 국세청 등의 권력기관을 활용하는 통치 방식과 단절했고, 그것의 제도화를 시도했다. 그리고 그는 정책결정 방식에서 공식 논의 과정을 중요시했으며, 자신과의 독대를 통한 결정 방식을 배제했다. 노무현 대통령은 국회에 직접 나가 연설을 하고 야당에게 대연정을 제안했으며, 여당과 당청 분리를 전제로 정책협의 시스템을 추구했다. 또한 기존의 권언유착의 문제점을 극복하기 위한 조치를 지속적으로 유지했다. 그럼에도 불구하고 이러한 조치들은 필요하고 바람직한 개혁이라기보다 갈등요인으로 인식되는 경향이 강했다. 이러한 현상은 정책이나 설득 노력이 '진정성'으로 표현되었던 의도나 내용과 달리 국회, 언론, 국민과의 소통의 측면의 중요성을 보여주는 것이다.

대통령 평가를 위해 이들이 처한 시기의 역사적 맥락에 대한 이해가 중요하다. 구술자들은 이에 대한 나름의 관점을 지니고 있다. 노무현 대통령은 '3김 시대' 이후 첫 번째 대통령으로서 기존의 제왕적 대통령과 다른 위상과 조건에서 집권했다. 또한 그는 자신에게 주어진 조건을 적극적으로 수용하여 새로운 대통령 리더십을 구현하고자 했다. 이러한 의미에서 민주화 이후 등장했던 이전 대통령들과 마찬가지로 그 또한 한국 정치의 민주주의 시대를 새롭게 시작한 대통령으로 볼 수 있다. 특히 대통령 과정을 통해 드러난 그의 독특한 리더십은 그에 대한 호불호를 분명하게 가르는 요인이기도 하다. 이 책의 구술자들은 노무현 대통령의 리더십에 대한 직접적이고 구체적인 판단 근거를 제시해줄 것이다.

민주화 이후에도 한국의 대통령에 대한 평가는 정부에 대한 포괄적 평가와 제대로 구분되지 않고 있으며 성격에 대한 인상적 평가 이외에 정책 과정에서 나타난 다양한 측면의 체계적 연구 또는 정치사적 맥락에 따른 대통령의 조건에 대한 이해가 아직 부족한 편이다. 그러므로 대통령 간 개별적 차이에도 불구하고 나타나는 비슷한 경향뿐 아니라, 서로 비슷한 대응에도 불구하고 대비되는 국정운영 과정이나 결과 등에 대한 다양한 연구들이 부족한 상황이다. 이러한 상황에서 대통령에 대한 구체적인 묘사와 설명은 이와 같은 다양한 대통령 연구의 기초가 될 수 있을 것이다. 또한 제도와 행위자 간의 상호작용으로서 또는 제도의 순응자이면서도 이를 변화시키는 변혁적 리더십으로서 대통령, 그리고 지지자와 국민 전체에 대한 기대와 책임이 구분되는 측면 등에 대한 복합적 연구 등이 더욱 필요한 상황이다. 대통령에 대한 구술 내용은 대통령중심제, 대통령직, 대통령 리더십에 대한 연구의 진전을 위해 중요한 자료가 될 수 있을 것이다.

김병준 정책실장은 정책 구상 및 추진 과정에서 노무현 대통령에게 광범위하고 긴밀한 보좌를 했던 인물이다. 참여정부 시기 청와대 정책실장은 비서실장보다 더 비중이 커 보일 만큼 정책조율에 대한 영향력이 컸다. 그런 만큼 그의 구술은 노무현 대통령의 국정운영 시스템과 방식에 대한 기본적이면서도 현실적인 풍부한 내용을 경험에 기초하여 담고 있다. 그는 노무현 대통령과의 오랜 관계, 대선캠프 운영, 핵심 공약 선정, 인수위 구성과 운영, 이 과정에서 나타나는 치열한 경쟁과 갈등 상황을 구체적으로 설명했다. 그리고 집권 이후 정책실장 시기 부동산 정책과 이를 둘러싼 장관과 정책실장 간의 관계, 삼성과 공정거래 문제, 청와대 비서실 구성, 인사 시스템과 이를 둘러싼 환경, 정부 구성과 운영 방식 등에 대한 전반적인 상황을 설명했다. 이외에도 '미래성장동력' 선정을 사례로 정부 부처 간 치열한 경쟁과 이를 조율하고 결정하는 방식, 정부혁신 차원에서 전자정부 시스템 구성과 청와대 이지원 시스템, 위기관리 시스템, 마지막으로 정권 후반기 정부 이양 준비 등에 대해 자세히 설명했다.

이종석 통일부장관의 구술은 노무현 대통령과의 인연, 정부 참여 동기와 당초 계획, 국가안전보장회의(National Security Council, NSC) 제도, 대북, 대외전략의 형성과 추진 과정, 국가안보 정책, 평화번영 정책의 수립과 전개, 2차 북핵위기에 대한 대응 등 그가 NSC 사무차장과 통일부장관을 역임하는 동안 경험했던 많은 주제들을 심도 깊게 담고 있다. 그의 구술은 노무현 대통령의 리더십의 특징과 의사결정 과정에 관한 구체적 내용을 담고 있다. 그가 볼 때 노무현 대통령의 성격은 대단히 직설적이었으나, 의사결정 방식은 신중하고 절차 중심적이었다. 노무현 대통령은 사적인 독대는 갖지 않았으며, 설령 그런 경우가 있다 하더라도 그 자리에서 정책이 결정되는 일은 없었다.

성경륭 교수는 2002년 6월 국민대학교 김병준 교수의 연락을 통해 선거 캠프에 참여하였고 10여 명의 자문교수단이 구성되었다고 한다. 자문단 교수는 선거 현장에 직접 참여하지는 않았고 주로 정책자문의 역할을 하였다고 한다. 둘째 인수위 참여 과정에서 국정 목표를 세우고 전략을 확립한 내용에 대한 구술이다. 참여정부는 처음에 국민참여정부로 불렸지만, 토론 과정에서 이정우 교수의 제안으로 참여정부로 명칭이 정해졌다고 한다. 국정 원리는 노무현 대통령의 철학이 반영된 것이며 12대 국정 과제는 인수위에서 많은 토론과 논의를 거쳐 확정되었다고 한다. 넷째 비전 2030, 이명박 정부 출범 전 인수인계 과정에 대한 구술이다. 국가균형발전위원회는 지역주의를 청산하고 성장 위주의 정책으로 나타난 폐해를 없애 지역 간 균형발전을 위해 노력했으며 노무현 정부 5년 동안 최대치의 일을 했다고 자평하였다.

정동영 통일부장관은 비록 이른바 '친노 인사'로 분류되지는 않지만 참여정부 핵심 인사 가운데 한 사람이다. 그는 2003년부터 참여정부 시기 여당이었던 '열린우리당'의 창당을 주도하였고 2004년 7월부터 2005년 말까지 통일부장관 겸 국가안전보장회의 상임위원장으로 남북관계를 둘러싼 외교 분야에서 핵심적인 역할을 담당하였을 뿐만 아니라 2007년 대선 국면에서는 '대통합민주신당'의 창당을 통해 대통령 후보에 이르렀다. 이 구술을 통해 그는 본인의 정계 입문 전후의 생애사와 함께 노무현 전 대통령의 당선 과정과 핵문제, 개성공단 등 남북관계, 그리고 2007년 대통령선거에 이르는 정치 과정을 자신의 평가와 함께 구술하였다.

유시민 복지부장관은 노무현 대통령과 특별한 관계를 유지했던 만큼, 자신의 관점에서 자율적이면서도 가까운 거리에서 정책결정 방식이나 성격을 포함하여 노무현 대통령의 리더십을 생생하게 묘사하고 설명했다. 또한 국회의원이자 장관으로서 국정 과정 전반의 복잡한 과정을 구체적이고 체계적으로 자신의 경험에 기초하여 설명했다. 이를 통해 청와대, 행정부처, 국회 간의 주요 정책 추진 과정에서 나타난 한국 정치의 특성과 노무현 대통령 리더십 특성에 대해 중요한 내용을 담고 있다. 그의 구술인터뷰는 정치인으로서 정당개혁보다 국무위원으로서 활동했던 내용을 중심으로 구술했다.

조기숙 교수의 인터뷰는 노무현 대통령과의 개인 인연, 홍보수석의 일정 및 역할, 청와대 비서설의 구성 및 인간관계, 노무현 대통령에 대한 평가, 삼성과의 관계 및 X파일 사건, 열린우리당에 대한 인식, 대연정에 대한 평가, 원포인트 개헌의 내막 등의 내용 등을 중심으로 진행되었다.

김병준

전 청와대 정책실장

1. 개요

　노무현 대통령 시기를 연구할 때 중요한 인물 가운데 한 명이 바로 김병준 정책실장이다. 김병준 정책실장과의 인터뷰는 2013년 9월 12일, 10월 22일, 10월 28일 총 3차례에 걸쳐 연세대학교 국가관리연구원에서 진행되었다. 인터뷰의 주된 목적은 노무현 정부 시절 다양한 정책적 상황과 대통령의 판단을 정책 참여자 또는 관찰자 입장에서 기록하기 위해서이다.

　김병준 정책실장은 노무현 대통령 인수위 간사를 시작으로 대통령비서실 정책실장으로 정책의 기획, 결정 과정에서 핵심 역할을 담당했다. 노무현 대통령의 최측근 보좌 및 자문 역할을 맡았던 그의 인식과 활동은 노무현 대통령 리더십과 참여정부 국정운영에 대한 핵심적인 내용이라고 판단된다. 그의 구술 내용은 정책 아이디어가 의제로 설정되고 정책으로 추진되는 과정과 집권세력 내부 혹은 부처 간 긴장관계와 조율 과정을 담고 있다. 또한 인수위부터 고위공직자 인사, 국회에 대한 정책협의 과정과 당청관계 등 대통령의 국정운영에 대한 기본적이면서도 핵심적인 내용들이 그의 구술에 구체적으로 나타난다. 또한 그는 대통령이 밖에서 보는 것과 달리 자신의 의사를 정치와 정책 과정을 통해 달성하기 힘들다는 측면에서 제왕적 대통령론을 비판하며 오히려 국정 효율성의 관점에서 의원내각제가 필요하다는 입장을 개진했다.

　김병준 정책실장의 인터뷰는 총 3차례에 걸쳐서 진행되었으며, 개략적인 구술 내용을 종합하면 다음과 같다. 첫째, 인수위 시절 간사로서 좌장 역할을 하면서 참여정부 5년 동안 추진해야 할 다양한 분야의 정책로드맵 준비 과정에서 나타나는 권력관계에 대한 구체적 상황이다.

　둘째, 참여정부의 대표적인 핵심 정책인 신행정수도 정책을 추진하게 된 역사적인 배경에 대하여 채록하였다. 당시만 하더라도 많은 참모들이 신행정수도에 대하여 반대하는 경향이 강하였다고 한다. 왜냐하면 서울이나 경기 표가 많아 대통령선거에 오히려 부정적인 영향을 미칠 것으로 판단하였다고 한다. 그러나 노무현 대통령은 분권에 대한 큰 열망을 지니고 있었고, 이를 위한 돌파구로서 신행정수도 정책을 추진하게 되었다고 한다.

셋째, 부동산 정책과 관련하여 그는 당시 국제적인 금융 유동성 폭증과 부동산 가격 추이를 볼 때 참여정부의 부동산 정책을 실패로 보기 어렵다고 주장했다. 다만 종합부동산세로 대표되는 조세 정책과 주택담보대출이나 총부채상환비율 등의 부동산대출규제 조치의 순서에 대한 아쉬움을 나타냈지만, 이 또한 당시 상황에서는 그럴 수밖에 없었던 이유를 설명했다. 균형발전 전략과 관련하여 지방에 지가가 일정 부분 올라가는 것은 한국의 경제가 감당할 수 있는 정도였는데, 강남에서 부동산 가격이 그렇게 올라갈 줄은 몰랐다고 하였다. 본 구술에서는 참여정부 시절 부동산 정책의 구체적인 내용과 배경에 대하여 채록하였다.

넷째, 참여정부 시절 주요 인사 시스템 대한 내용을 채록하였다. 참여정부는 청와대 들어가기 전부터 검증을 하는 팀들을 만들었다고 한다. 노무현 대통령이 당선되고 인수위를 구성하고 얼마 있지 않아서 바로 민정수석 예정자를 임명하였다. 참여정부 시절에는 문재인 수석이 내정이 되었고, 문재인 수석이 바로 그 검증팀을 만들었으며 인사보좌관과 인사특보가 협조하는 방식으로 인사 시스템이 돌아갔다고 하였다. 참여정부에서는 코드인사에 대한 비판과 달리 체계적인 인사 시스템을 구축하고 작동하였다고 한다.

다섯째, 대연정에 관련된 내용이다. 대연정이 나오게 된 배경은 대통령의 주도적 선언이 아니라 서울신문을 통하여 없던 일로 하기로 했던 대연정에 대한 논의가 언론에 노출되었던 데 있다고 한다. 기사가 나오자 노무현 대통령은 부인하지 않고 정면으로 대연정을 제안하게 되었다고 한다. 그러나 그 결과 지지자들이 대거 이탈하는 사태가 일어났고, 결국 박근혜 대표하고 영수회담까지 하였지만 결국 된 것은 아무것도 없고 상처를 깊이 남겼는데 지금도 김병준 정책실장은 대연정의 고민에 대해 지금 한국 정치하고 한국 행정이 그대로 안고 있다고 하였다.

여섯째, 산업 인적자원에 대한 내용을 채록하였다. 참여정부 시절 가장 역점을 두었던 것 중의 하나가 폴리텍 즉, 기능대학들이었다고 한다. 산업 구조의 변화를 감당해줄 수 있는 평생교육 체계나 직업훈련 체계가 계속 돌아가 주어야 하는데, 국가나 기업이 이에 대해 대비책을 준비하지 않은 상태였다고 하였다. 그는 노무현 대통령의 산업 인적자원 구상에 대한 내용을 구술했다.

일곱째, 실업급여와 노동정책에 관련된 내용을 본 구술에 담았다. 김병준 정책실장은 노무현 대통령에 대해 고용안정 체계를 구축하기 위해 역대 대통령 중 직업안정센터를 가장 많이 방문한 대통령이라고 증언하였다. 그런데 막상 가서 보니 고용안정센터에서 고용안정을 상담해주는 요원들이 전부 비정규직이었다고 한다. 자기부터 불안한 사람이 남의 직업적 안정성을 상담해주고 있는 형태였다. 때문에 당장에 그 사람들부터 정규직으로 전환시킨 일화도 있다고 전하였다. 특히, 일자리를 만들려고 다양한 정책적 노력을 하였고, 비정규직을 2년 이상 채용하면 정규직으로 전환하도록 하는 제도나 법령을 개선하였다. 그러나 오히려 2년이 되기 전에 정리해고가 발생하는 등 여러 가지 부작용이 일어나고 있는 것은 아쉬운 대목이라고 증언하였다.

인터뷰를 마무리 하는 과정에서 김병준 정책실장은 노무현 대통령에 대하여 다음과 같이 평가하였다.

"노무현 대통령은 정말 세상을 바꾸고 싶어 했던 분이고 나름대로의 비전도 있었어요. 비전 있는 지도자가 좀 드문데, 노무현 대통령은 무슨 이야기를 해도 그 이야기의 조각이 큰 그림 속에 맞았어요. 그러니까 그림이 있었다는 이야기지요." 또한 노무현 대통령은 과거 권위주의적 방식으로 소위 권력을 이용하여 강압적으로 밀어붙이는 것이 아니라 철저하게 시스템을 만들고 거기에 맞는 문화를 개발하면서 많은 정책들을 추진하였다고 한다.

2. 구술

》》》》》 1차 구술 —————————————————————

황창호: 저희 국가관리연구원은 대통령 리더십과 국가관리에 관한 과제를 수행하고 있습니다. 당시 해당 정부에서 정책실장이나 대통령 브레인이었던 분들을 모셔서 그 시절의 정부에서 국가관리가 어떻게 이루어졌는지 인터뷰하여 기록으로 남기는 작업을 하고 있습니다. 당시 인수위 간사를 하셨고 그 다음 정책실장도 하셨고, 교육부총리도 역임하신 김병준 교수님을 모시고 인터뷰를 진행하도록 하겠습니다.

박용수: 노무현 대통령과의 첫 만남은 어떠셨는지 궁금합니다.

김병준: 나는 노무현 대통령을 지방자치운동을 하다가 만났어요. 내가 교수로 경실련의 초기 멤버로서, 지방자치 쪽에 관심이 있고, 가르치고 했으니까 분권운동을 시작했습니다. 1980년대 후반, 중후반, 1986년인가 1987년부터 분권운동을 했는데 그 당시에 분권운동을 하는 사람들이 별로 없었어요. 우리보다 한 세대 위에 정세욱, 조창현 그 다음에 최창호 이런 양반들이 계셨고, 그 다음엔 사람들이 별로 없었고, 나와 충북대의 강형기로 이어지는데, 이달곤은 운동 차원에서 뛰어든 적은 없어요. 분권운동을 열심히 할 때 1990년대 초반에, 1992년인가 1993년에 노 대통령 연구소에 가서 강연을 하게 되었어요. 강연을 하고 저녁 먹다가 둘이서 뜻을 맞아서 노 대통령을 도와주기로 하고 1993년부터 노무현 대통령 연구소에 소장이 되었습니다. 그 당시에 노무현 대통령이 연구소 소장이었고, 이사장이 조세형 씨였어요. 그런데 당시에, 잘 기억은 나지 않지만, 당이 갈라지고 조

세형 씨가 정치적으로 부담이 되어 이사장직을 사직해서 노무현 소장이 이사장이 되고 내가 소장이 된 것입니다. 그 연구소에서 열심히 일했어요. 그 당시에 연구원들은 안희정, 이광재, 황이수 등 이런 친구들이었어요. 그렇게 연구소 활동을 하다가 보니까 나중에 돈이 없어 연구원들을 결국 내보낼 수밖에 없었고, 실제로 문을 닫을 그런 단계까지 가기도 했어요. 처음엔 잡지도 내고 연구소가 잘되었습니다.

그러다가 노무현 대통령이 당시에 국회의원도 잠시 하다가 재야인사가 되었는데 대통령 출마를 하게 되었어요. 그때 내가 지방자치 실무연구소 소장을 했는데, 그 연구소가 분권과 참여를 위한 자치경영연구원으로 바뀌면서 내가 이사장이 되었을 때인데 그 연구원을 캠프로 쓰게 되었어요. 캠프로 쓰게 되니까 나는 자동 개입이 된 거예요. 연구원에 있는 멤버가 다 스텝이 되고, 연구원 자체가 캠프가 되어버렸으니까. 이건 비공식적인 얘기지만 제가 대선캠프의 이사장이 되었던 거예요. 그러니까 내가 뭔가를 도와주는 차원을 넘어서서 자동 개입이 된 것인데, 기자들도 노 대통령과 내 관계를 봐서 내가 대선캠프에서 뛰게 될 것이라고 생각했어요.

그런데 그 당시 내 나이가 마흔여덟이었어요. 마흔여덟인 내가 대통령 후보의 정책자문단의 좌장이 되면 내가 선배를 모실 수 없는 상황이 되었어요. 나보다 나이가 많은 선배들이 있어주고 내가 심부름을 하거나 뒤에 있어야지, 마흔여덟 살 먹은 친구가 대장이라고 앞에 딱 나와 앉아있으면 다른 사람을 못 쓰게 됩니다. 그래서 정책자문단 좌장을 하지 않으려고 서울대학교를 비롯해서 여러 선배 교수들을 찾아다녔어요. 그 당시에 유명한 사람들, 특히 노무현 대통령이 꼭 모시고 싶은 사람이 있었어요. 박세일 교수 같은 사람 모시고 싶어 해서, 내가 박세일 교수에게 세 번을 갔습니다. 정말 삼고초려를 했는데 실패했어요. 박세일 교수가 안 하시겠다고 해서, 또 다른 분들을 찾아갔는데 다 안 하시겠다고 했습니다. 그도 그럴 것이 당시에 처음에 시작할 때 노무현 대통령 세가 굉장히 약했기 때문이에요. 나중에 후보가 되고 난 다음에도 계속 이 양반들을 찾아다녔는데, 다들 이런 저런 이유로 안 하시겠다 하니 할 수 없이 내가 그걸 떠맡을 수밖에 없어서 정책자문단 단장이 되었어요. 정책자문단은 대통령 직무에서 중요한 부분이기도 하고 반드시 필요한 것입니다.

왜냐하면 첫째 당이 정책 기능을 전혀 못 했기 때문이에요. 그래도 당시 한나라당은 좀 나았는데, 한나라당은 연구소 체계가 있어서 박사급 연구원들을 모셔다 놓았습니다. 여의도 연구소 소장은 실질적으로 연구원에 대한 인사권을 행사할 수 있었고, 그런 실질적인 권한을 가지고 프로젝트를 할 수 있었어요. 민주당은 옛날이나 지금이나 그야말로 정책 기능이 제로입니다. 언젠가 연구소 소장인가 하는 분이 민주당에 있어서 연구소는 국고보조금을 받기 위한 바구니로서 존재한다는 식으로 자조적으로 말하더군요. 연구원은 전부 국회의원 보좌관, 비서 아니면 당에서 일하던 사람들이 그냥 와있고 인사권은 당의 사무총장이 가지고 있습니다. 그러니까 프로젝트가 무엇이던 연구원으로 있으면서 낮에는 당에 가 있고, 게다가 어느 후보 선거한다고 하면 다 나가고 그러니 연구원 체계가 전혀 아닌 것입니다. 그렇기 때문에 정책 기능은 거의 제로라고 말하는 것이에요. 여당이 되었든 야당이 되었든 민주당 쪽은 그러한 상황이니 대통령 후보가 아무런 정책을 준비할 수 없습니다. 그러한 이유 때문에 정책자문단이라는 정책팀이 따로 있어야 된다는 것이에요.

두 번째로 정책팀이 있어야 하는 이유는 당의 연구소는 학술단체가 아니기 때문입니다. 후보를 지원해야 하니 연구소는 비밀스러운 공약이나 전략적 공약이 나올 수밖에 없는 구조라는 것이에요. 그렇기 때문에 공약 개발을 당에다 맡기면 외부로 유출될 가능성이 있습니다. 그래서 후보를 직접적으로 접촉할 수 있도록 은밀하게 작업을 할 수밖에 없는 것이에요. 예를 들어 행정수도 이전을 터뜨릴 거냐, 말 거냐 하는 것을 결정하기 위해 대통령 정책자문단 내지는 정책팀이 필요합니다.

세 번째로 정책팀이 필요한 이유는 세 과시 차원입니다. 이렇게 많은 학자들이나 전문가들이 나를 도와준다는 의미, 다시 말해 유권자들이나 국민들에게 안정감을 주거나 세를 과시하기 위해 필요하다는 것이에요. 이와 같이 여러 가지 목적에서 정책자문단을 만드는 것입니다.

그런데 노무현 대통령의 정책자문단은 주로 앞의 두 가지 이유 때문이었습니다. 세 번째 이유인 세 과시나 안정감을 주는 목적은 없다는 것이에요. 당의 정책 기능을 보완하거나 그것이 없기 때문에 대신 나오는 것이고 그 다음에 어떤 비밀스러운 부분이 있기 때문에 이렇게 했다는 겁니다. 한나라당 이회창 후보 경우에는 그 정책자문단이 세 과시 경향이 강하게 보였어요. 거기 보면 정책이 별로 안 나옵니다. 사실 나올 이유도 없습니다. 페이퍼는 왔다 갔다 하지만 이회창 후보가 아마 공부도 안했을 것이에요. 500명, 600명씩 모여서 밥 먹고 헤어지고 이런 것이에요. 그런데 이쪽은 그런 게 없습니다. 실제 정책 작업을 하는 사람들 아주 엄밀하게 작업을 하고, 그리고 이름도 공개를 하지 않았습니다. 세를 과시할 거 같으면 이름을 전부 공개해야 하는데, 노무현 후보 쪽은 이름을 공개하지 않고, 거의 마지막 단계에 가서 교수들 이름이 공개되고 그랬어요. 만약 공개되면 김병준만 공개되는 것이에요. 사람들이 짐작건대 이런 사람이 하지 않았을까 하고 써놓은 것이지 우리가 명단을 주거나 한 적은 없습니다. 정책 공약작업을 하면서 무척 많이 일했습니다. 각 팀별로 나누고 그 다음에 이 정책팀이 정책 공약을 준비하면서 정책팀 교수들이나 전문가로 구성된 정책자문단 팀들이 후보하고 접촉이 아마 전무후무하게 많았을 것이에요. 어느 대통령 후보도 정책자문단 사람들과 그만큼 접촉을 못했을 것입니다.

그렇게 접촉을 많이 한 것에는 두 가지 이유가 있습니다. 하나는 우선 노무현 후보라는 사람이 토론을 좋아하고, 지적인 탐구력이 높기 때문이에요. 두 번째는 시간이 많았습니다. 인기가 없어서, 오라는 곳이 별로 없었죠. 그때 이회창 후보는 많이 바빴어요. 노무현 후보는 12퍼센트, 13퍼센트로 몇 달을 가니까, 이것은 뭐 죽어도 안 되는 사람인 거예요. 그렇게 안 되는 사람한테 줄 설 이유가 없지 않겠습니까? 어떤 기관도 오라는 곳이 없는 거예요. 그러니까 이제 그 시간에 정책팀을 많이 만나서 이야기를 할 수 있었습니다.

그래서 내가 한 역할은 그 팀을 관리하는 것이에요. 정책자문단팀을 관리하고, 그 다음에 교수들 지지선언을 이끌어 내고. 그런데 자문단 안에는 여러 개의 팀들이 있었습니다. 말하자면 거미줄 같은 조직인데, 이쪽에 속한 팀이 경제팀인데 경제팀을 다 아는 사람은 나밖에 없습니다. 경제를 다루는 4개의 팀이 있는데, 이 4개의 팀이 저쪽 팀에 누가 있는지 이쪽 팀에 누가 있는지를 서로 모르게 한 것이에요. 그렇게 한 이유는 두 가지입니다. 첫째 이분들을 보호해주기 위해서 이고, 둘째 이것이 밝혀지는 경우에 일종의 파워게임이 일어날 수 있기 때문입니다. 어떤 사람은 완전히 밝혀진 사람이 있었어요. 가장 대표적으로 유종일 씨 같은 경우는 아예 드러내 놓고 활동을 했어요. 그 다음에 전직 장관으로 구성된 팀이 있었는데, 그 팀은 이름을 드러낼 수가 없었어요. 이런 식으로 팀이 4개가 되었습니다. 마지막 팀도 이름을 드러내기에는 부담을 느꼈기 때문에, 거미줄 같은 웹을 다 알고 있는 사람은 나밖에 없었습니다. 간사도 다 못 보는 것을 원칙으로 운영을 했어요. 그리고 그 팀들을 운영하면서 그 사람들로부터 자료를 받고 검토해주고, 그 사람들을 일을 하게 하고 유지하게 하려면 반드시 후보를 만나게 해줘야 합니다. 후보를 만나지 않은 사람은 열정이 생기지 않습니다. 후보하고 연결을 시켜줘야 하는데, 그 연결이 쉬운 일은 아니었어요. 왜냐하면 우선 후보 시간과 맞아야 되고, 그 다음에 이쪽을 연결시켜주고 나면 다른 팀에 소문이 나게 하지 않아야 하거든요. 예를 들어 경제 A팀이 후보를 만났다는 소문을 들으면, B팀이 화를 내게 되니까요.

박용수: 혹시 지금이라도 밝혀 주실 만한 그런 부분이 있을까요?

김병준: 나중에 자기들끼리 서로 다 알게 되었어요. 예를 들어 유종일 교수가 그 일종의 간사 내지 리더가 되어 이끄는 팀들이 있었습니다. 그 안에 장하성 교수 동생인 장하원이라든가 이런 사람들이 있었습니다. 그 다음 이정우 교수가 몇 사람을 이끄는 그룹이 하나가 있었고, 그 다음에 시립대학교 신봉호 교수가 간사직을 맡았던 팀이 있었습니다. 그 팀의 팀장은 금융위 부위원장을 지냈던 숙명대 윤원배 교수였고, 그 다음에 전직 장관들로 구성된 팀이 있었는데 그건 내가 이야기할 수 있는 부분이 아니에요.

과학기술이나 사회정책 등 각계의 팀들이 있었어요. 그런데 그 팀들은 어떤 때는 우리가 필요해서 그분한테 팀을 하나 만들어 달라고 부탁을 하는 수도 있고, 어떤 사람은 자기들끼리 포럼 같은 것을 만들어 그대로 그걸 가지고 들어오는 경우도 있습니다. 그런데 어떤 후보는 정책자문단이라는 그 틀 속에 몽땅 다 집어넣지 않는데, 노무현 대통령은 거기에다 다 집어넣은 것이에요. 그 운영을 위해 예를 들어 "정책자문단장을 김병준이 하고, 김병준을 통하지 않고는 절대로 후보와의 정책 토론 약속을 잡아주지 마라." 이거 하나면 되는 것이에요. "누구도 김병준을 통하지 않고는 보고서를 올리지 말고, 약속도 잡지 마라." 이거 하나가 모든 통제력을 쥐게 하는 것이에요. 그런데 대부분의 후보들은 그렇게 하지 않고 지금 같으면 김병준이 하는 정책자문단 같은 것을 여러 개 두고, 후보가 멀티채널로 합니다. 그렇게 하면 스케줄 짜는 파워가 누구한테 가겠는가? 부속실에서 의전이나 일정을 관리하는 팀이 실질적인 권한을 쥐고 행사하고, 비서실에서 이 권한을 쥐고 행사하게 됩니다. 왜냐하면 누구를 연결시켜 줄 건가를 비서실에서 결정하고, 후보는 바쁘니까 잘 모릅니다. 그렇게 되면 일정을 결정해주는 그 친구한테 나도 매달려야 되는 것이에요. 그러나 그런 방식이 아니고 정책자문단 내에 여러 팀을 두고 단장이 관리하게 하면 김병준이라는 사람이 파워를 쥐는 것이에요. 이 사람이 비서실보고 일정을 잡으라고 하면 잡는 것이에요. 그리고 후보한테 좀 연결하라고 하고 그 후에 내가 후보 만나고 모든 결정을 내가 해버리면, 비서는 그냥 심부름만 하게 되는 것입니다. 이런 구조를 잘 짜야 되는데 이것을 교수들끼리 단일화해버린 것이에요. 노무현 후보는 바로 그 체제를 유지했어요. 그런데 거기서도 계속 빠져 나가려는 친구가 있는 거예요. 예를 들어 유종일은 "내가 왜 김병준 밑에서 김병준을 통해서만 약속을 잡아야 되고, 김병준의 오더를 들어야 되고, 김병준 시키는 대로 보고서 내라면 내야 하고, 이렇게 돼야 되느냐?"고 생각할 수 있는 거죠.

왜냐하면 내가 정책자문단 단장을 하기 전에, 후보가 되기 전의 노무현에게 토론하고 가르치던 강사 역할을 했던 사람이 유종일 박사라고요. 유교수가 그렇게 하니까 유교수 입장에서는 "내가 다 하던 건데 왜 어느 날 갑자기 김병준이 쫓아 들어와 가지고 이렇게 합니까?" 이렇게 될 수 있거든요. 그러니까 유종일 교수는 김병준팀 따로 자기팀 따로 가져가겠다고 늘 주장을 한 거예요. 거기에 초창기의 긴장관계가 있는 겁니다. 그런데 후보가 그런 문제를 정리해주지 않으면, 내가 뭘 어떻게 할 거예요. 결국 후보가 모든 비서실에 모든 토론 약속이나 보고서는 김병준을 통하지 않고서는 절대 못 올리게 하라고 말하면, 그것으로 정리되는 거예요.

박용수: 실제로 노무현 후보가 그렇게 하셨나요?

김병준: 그러니까 유종일 교수팀이 대통령과 토론하려면 내가 정한 토론 일정에 들어오지 않으면 못 하는 거예요.

박용수: 그 팀은 계속 유지가 되었습니까?

김병준: 유지가 되었지요. 유지가 되었는데 그런 식으로 통제를 하니까 나한테 불만이 엄청 많았지요. 왜냐하면 토론을 안 잡아 주니까. 결국 그

팀 전체가 한번밖에 못했어요. 그 한 번도 내가 겨우 잡아줘서 했는데, 선거가 끝났어요. 선거 끝나고 상황이 바뀌었죠.

박용수: 대통령 당선되면 바로 달라지는군요.

김병준: 노무현 대통령 당선되고 나는 사라져버렸어요. 전화기를 끄고, 나는 내 할 일이 끝났으니까. 나는 내가 자문단에 들어가고 싶어 들어간 것도 아니었거든, 자동 개입을 한 상태였어요.

박용수: 인수위가 꾸려지기 전인가요?

김병준: 인수위가 꾸려지기 전에 내 할 일이 다 끝났어요. 대통령 당선이 되잖아요? 대통령에 당선이 되는 순간에 후보의 위상이 바뀌는 거예요. 당선자 확정 내지는 확정에 가까울 때 50퍼센트를 넘는다던가 상대가 표를 다 얻어도 못 따라온다든가 하는 순간부터 지위가 달라져요. 청와대 경호원들이 들어와서 둘러싸고 일단 안가로, 안전한 장소로 모셔야 한다고 합니다. 그러니까 그때도 경호원들이 당사에 들어와서 무조건 모시고 가는 거예요. 그러니까 그 순간에 내가 당사 8층에 있었거든요. 그런데 정치인들은 전부 대통령 후보 방에 있고, 우린 딴 방에 있었어요. 내가 정치인들하고 섞일 이유가 없으니까. 섞였다가 잘못하면 나는 봉변을 당해요. 그 날 개표 방송을 하는데도, 개표 방송의 출구조사에서 다 이겼단 말이예요. 3사 출구가 다 이겼다고 하니까 굉장히 당선 가능성이 높은 거지요. 아직 개표를 안했지만 말입니다. 앞에 들어갔더니 개표를 지켜보는 좌석을 만들더군요. 한화갑 씨가 대표인데 내 자리를 바로 옆에다가 만들어 놓은 거예요. 그런데 내가 거기에 앉으면 나는 그 순간에 공적이 되는 거예요. "저 친구는 뭐야?" 이렇게 되는 거지. 왜냐하면 공 다툼이 엄청 치열해지는 상

황인데 거기서 스스로 타겟이 되는 거라고, 나한테 총 한번 쏴봐 이런 식이라고. 그러니까 거기에 안 가는 거예요. 그리고 나는 교수들하고 바로 옆방에서 보고 있는 거지.

당선이 확정되면 경호원들이 들어와서 모시고 나갑니다. 나가는데 얼굴은 봐야 될 거 아니야, 언제 볼지 모르는데. 그렇지만 그 순간부터 부르기 전에는 못 가는 거예요. 지금까지는 내가 아무 때나 가고, 아무 때나 전화하고, 전화하면 바로 받고 했지만, 대통령 당선되고 안가로 들어가는 순간부터 대통령이 부르기 전에는 못가요. 그래서 내가 나가는데 저쪽에서 당선인이 경호원들하고 나오더군요. 경호원들이 완전히 에워싸고, 사람들이 막 만지고 야단법석이지 뭐. 그런데 이 양반이 엘리베이터를 타는데 원로 정치인 한 분이 같이 올라타려고 했어요. 타려고 하니까 경호원이 그 순간에 팍 밀어버리더군요. 후보가 들어오게 하라고 하는데도 경호원이 못 들어오게 하는 거예요. 그리고 내가 앞에 보이니까 악수를 해야 되는데 악수가 안 되잖아, 중간에 경호원들이 있으니까요. 그러니까 입으로 "전화할께요."라고 하셨는데 이게 그날 헤어지는 순간이고 마지막이었어요. 그리고 집에 와서 생각하니까 "내 할 일은 다 끝났다. 이제 끝났으니까 학교 가서 강의하면 되고, 다 넘어갔다." 이렇게 생각하고 전화를 꺼 놓고 3일 동안 연락을 안 받았어요.

그런데 유종일 씨가 중앙일보에 전면 인터뷰를 한 거예요. '노연'이라고 노무현 연구팀 '노'자에다가 '연'자를 써서 노연그룹의 좌장으로서 모든 정책을 총괄했다는 것과, 조직도가 함께 중앙일보에 실린 거예요. 그러면서 노 대통령을 당선시킨 공신들과 노무현 당선인이 나오고, 전화를 거는 장면이 MBC에 나왔어요. 그 후 유종일이 당선인을 찾아가서 '이러저러하게 해야 됩니다'라고 하니까, 당선인은 덕담으로 응대한 것을 스스로 대통령의 지시라고 생각하고 이런저런 일들이 벌어졌어요.

실제 노 대통령은 나한테 인수위를 구성하려고 전화를 하니까 전화가 안 되고, 사람을 불러서 찾는데 통화가 안 되니까, 정책자문단의 간사를 했던 고대 아세아문제연구소의 조재희 박사를 불러서 인수위를 구성한 거예요. 간사였던 조재희 박사가 거미줄 같이 복잡한 조직에 대해서 잘 알고 있었기 때문에 인수위 구성을 맡게 되었어요. 누가 공을 어떻게 세웠는지 다 알고, 어떤 성향이라는 것도 다 알고 그럴 거 아니에요. 조 박사도 나한테 연락이 안 되고, 비서실에서 연락이 안 되고. 내가 어디 숨어서 피해 있다시피 했는데, 동아일보 기자가 어떻게 알고 찾아 왔어요. 그때 유종일 교수가 언론 방송에 인터뷰했는데 그걸 당선인이 봤을 뿐만 아니라 이쪽에 공을 세운 사람들이 있잖아요. 그 사람들이 어떻게 하겠어요? 기자들한테 전화해서, 사실은 유종일 교수가 정확한 상황을 알지 못한다고 알렸어요. 그 다음에 당에서도 유종일이 인수위 담당자가 아니라고 연락했어요. 그러니까 유종일 교수가 유탄을 맞은 거예요. 만일에 내가 인수위구성을 했으면 내가 뭇매를 맞았겠지요. 왜냐하면 대통령 당선인이 결정하는 거지만, 이런 사안은 당선인 욕 못하니까, 같이 짠 놈을 욕할 거 아니요. 내가 짰다고 하면, '정치인은 왜 한 명도 없어?'라는 이유로 말입니다. 실제 인수위에 정치인이 한 명도 없었거든요.

박용수: 인수위원장이 임채정 의원 아니었나요?

김병준: 임채정 의원은 명목상 위원장으로 앉혀 놓았고, 임채정 위원장이 당에서 이병완 씨를 기획간사로 데리고 왔어요. 실질적으로는 총괄간사인 내가 정책회의를 총괄했어요. 만일 내가 인수위구성을 했으면 정치인들로부터 뭇매를 맞았을 거예요. 게다가 당 쪽에서도 유종일 씨가 인수위를 구성한다고 소문이 나니깐 좋지 않게 보았어요. 그래서 유종일 교수가 일을 많이 하고도 참여정부 5년 내내 아무것도 못 맡았어요. 바로 초반에 대통령으로부터 아무것도 시키지 말라는 얘기를 듣고, 정권 내내 이렇

게 가버린 거예요. 그런데 반대로 나는 정말 다했다고 생각하고 피해 있었는데, 대통령이 계속 찾으니까 내가 갔지요. 그리고 나중에는 내가 인수위에 정무간사가 된 것을 나도 신문을 보고 알았다고. 내가 당선인에게 소개시켜주고, 늘 당선인 옆에 붙어 있는 정책자문단의 간사에게 어떻게 된 것이냐고 물었어요. 당선인이 전화를 하다가 안 되니까 결국 자기하고 비서실 쪽에 있는 친구 하나하고 인수위를 구성한 것입니다. 그러면서 '보면 아시다시피 우리 정책자문단 멤버들로 다 구성을 했기 때문에 그대로 끌고 가시면 된'고 하는 거예요. 그래서 이게 운명인가 보다 하고 내가 인수위의 정무간사를 맡은 거예요. 전화를 끝나고 나니까 간사 맡던 사람들이 전화가 오는 거예요. "나는 안 합니다. 왜 나를 집어넣었냐? 우리 안 하기로 했지 않느냐?" 대표적인 인물이 이정우 교수, 그 다음에 김대환 교수였죠. 그래서 내가 "지금 이제 어쩔 수 없습니다, 이미 발표 됐습니다." 그 당시에 특히 이정우 교수 같은 양반도 휴대전화를 안 가지고 다니기 때문에 연락이 안 돼요. 그러니까 거기도 연락을 못하고 간사 발령을 내버렸고, 김대환 교수도 마찬가지로 그렇게 발령을 냈고, 그런 식으로 간사들이 발령을 다 받았어요. 그렇게 인수위를 하게 됐지요. 그렇게 해서 내가 정무간사를 맡았는데, 개인적 역할이 좀 있었지. 왜냐하면 정책자문단의 단장을 했고 그 간사들이 다 정책자문단 소속이었고.

박용수: 선생님은 단순히 정책 분과 간사를 좀 넘어서는 의미가 있었죠?

김병준: 당연히 정무 분과 간사를 넘어서는 의미지. 그러니까 예를 들어서 인수위 전문위원들이 인사를 할 때 보통 위원장, 부위원장이 권한을 가지고 있지만, 우리는 위원장, 부위원장, 나 셋이서 전문위원들의 인사를 다 했지요. 그럴 수밖에 없는 게 내가 정무, 이정우 실장이 이제 경제 1분과, 경제 2분과가 김대환, 그다음에 사회, 문화가 권기홍, 외교가 윤영관, 전부

말하자면 정책자문단 소속이었으니까, 자연히 내가 좌장 역할을 할 수밖에 없는 그런 구조였죠. 사실은 나보다 다 선배들인데. 정무간사는 인수위가 다 구성이 되면, 일단 현 정부 주요 정책 부분에서 기능이 전부 주지되고 중요한 것을 결정할 때에는 반드시 인수위와 상의를 하게 돼 있어요. 상의를 하지 말라고 해도 공무원들이 새 정부가 들어서면 인수위에 가서 결제 받아오라고 해요. 자연히 장관이 와서 간사들하고 협의를 하게 되어 있어요. 인사문제도 예산집행도 일단 중단이 되고, 정무문제도 인수위하고 상의를 하게 되어있어요. 그러면 인수위에 분과가 5개가 있다든가 하면 부처를 다 나누잖아요. 그럼 정무 분과 같으면 맡은 기관이 13개인가 그래요. 청와대, 국정원, 법무부, 검찰, 행자부, 경찰, 법제처 등 13개의 기관을 관장하는 거예요. 그쪽에서 보고를 받고, 새로 안도 짜고, 또 정책적인 것 협의도 해주고 하죠. 그러면서 나는 간사들하고 협의해서 참여정부 5년 동안 해야 할 로드맵을 만드는 작업을 했던 거죠.

황창호: 참여정부의 정책 중에서 신행정수도가 단연 이슈가 되었는데, 노무현 대통령이 어떻게 진행하신 건가요?

김병준: 신행정수도 문제는 사실은 지방자치 실무연구소 때부터 정치인 노무현이 하고 싶어 했던 문제에요. 다만 그것을 이야기를 할 수 없는 거지요. 대선 때도 사람들이 선거에서 이기기 위해 신행정수도 문제를 했다고 공격을 하는데, 우리 계산은 완전히 달랐거든요. 사실 표 때문에 못하는 거였어요. 왜냐하면 서울표가 워낙 많으니까, 서울표가 다 도망간다고 얘기했기 때문에, 그 표 때문에 할 수가 없다고 보고 있었어요. 그런데 노 대통령은 끝까지 하고 싶어 해서, 민주당 대통령 후보가 된 후 첫 정책회의가 지역균형발전회의였어요. 그런데 거기서 내가 균형발전회의를 하면서 사회를 보고, 후보가 되고 난 다음에 첫 공식회의니까 또 여당 후보지, 그러

기 때문에 KDI에서도 오고, 국책연구소, 공무원들, 관할 공무원들도 와서 회의를 했단 말이야. 그러니까 그 회의가 첫 회의였는데, 내가 회의 전에 절대로 행정수도 이전문제를 꺼내지 말라고 하고 의제에서 다 없앴다고. 왜냐하면 신행정수도가 나가면 우리 바로 죽는다고 판단했던 것입니다. 내가 계산을 잘못했지요. 그런데 일단 그때는 안 하기로 했거든요. 그런데 그날 회의 말미에 노무현 후보가 계속 질문을 던지더니 기어이 한 거예요. "나는 행정수도 이전을 해야 된다고 생각합니다." 그래서 그 의제가 나갔는데, 내가 사회를 보면서 "이거 아니다, 물어보는 거다, 절대 채택된 것도 아니고 지금 관심사도 아니다."라고 하면서 물었단 말이야. 그럼에도 불구하고 당시에 지지율이 바닥을 기니까, 혁명적인 안건이 나와야 될 것 같다며 당에서 계속 요구를 하는 거예요. 근데 당에서도 행정수도 문제는 안 된다고, 이거 나오는 순간에 끝난다고 했어요.

박용수: 노무현 대통령은 그때, 이미 정치적으로 유리할 수 있다고 판단을 했던 것인가요?

김병준: 노무현 대통령의 특성이 이 양반은 이기나 지나 그대로 가요. 전략적인 것도 있지만, 특히 이길 때라고 몸조심을 하는 법이 없어요. 맨날 하는 이야기지만, 전쟁을 할 때는 지금 이기는 게 아니라, 승세를 다 잡아서 다 이긴 싸움이라고 하더라도, 마지막 순간까지도 공격해야 됩니다. 그게 노무현 대통령의 철학이에요. 그러기 때문에 정치적 이익을 계산해서 그러는 게 아니에요. 자기가 분명 공격해야 된다고 보고, 떨어지면 떨어지는 대로 이 주장을 했던 사람으로 남고 싶다고 하는 분이에요. 그래서 신행정수도를 터트리기 전날도 평창동 올림피아 호텔에서 교수들하고, 당의 정책팀들하고 다 모여 이런저런 이야기를 했어요. 그날이 선대본 발족하기 하루 전날이에요. 다음 날 아침 10시에 선대본 현판식을 여의도에서

하게 되어 있는 거예요. 그래서 그날도 행정수도 문제가 거론되었을 때 서로 이건 아니라고 했단 말이에요. 내일 스피치에 신행정수도안이 안 들어가는 걸로 다 정리가 되었거든. 그런데 다음 날 아침에 나도 라디오로 들은 거예요. 선대본 발족하는데, 거기에서 노무현 대통령이 연설문에 넣어서 발표해버린 거라.

박용수: 그러면 노무현 후보가 즉석에서 신행정수도를 진행시킨 건가요?

김병준: 즉석은 아니었고 그날 밤에 연설문을 이병완 당시 전략연구소 부소장이 작성을 했는데, 작성을 하는 과정에서 이래 되어버린 거라. 이병완 부소장이 "아 이거 아니지 않습니까?" 해도, 노무현 후보가 "넣어라." 하면 연설문 작성하는 친구가 누구 말을 들어야 돼? 에라 모르겠다 넣은 거예요. 아마 이해찬 의원 정도에게 물어 봤을 겁니다. 나머지 사람들한테는 그냥 통보 없이, 연설문 작성하는 이병완 부소장 보고 집어넣어라 했던 거예요. 그러곤 다음 날 아침에 연설문이 나가 버린 거예요. 그러니까 정책좌장을 하는 내가 라디오 연설을 듣고 알았던 거예요. 듣고 난 다음에는 신행정수도 사안으로 승부를 내야겠다고 판단이 오는 거예요. 전략적으로 이거 한나라당에서 안 받으면 우리 죽는 거예요, 한나라당에서 예를 들어서 '그래 우리도 합니다' 하면 아무 의미가 없어져 버리죠. '그래 우리도 검토하겠다' 하면 노무현 표가 조금 더 올라갈 거예요. 그러나 결국 그 이슈는 죽는다고. 그래서 일단 나갔으니까, 한나라당과 이회창 후보가 때려줘야 하는 거예요. 근데 안 나오는 거예요, 아침에 나왔는데 오후가 되도 미적미적, 저녁 5시나 6시쯤 되었나 드디어 한나라당에서 논평이 나왔어요. 수도권 공동화가 어떻고 하며 탁 나온 거예요. 그게 신문, 텔레비전에 빨간 속보로 이렇게 뜨잖아. "요거 이제 잡혔다." 싶었지. 한나라당과 대립 구도가 형성된 것이니까. 오후에 논평이 딱 나왔는데, 저쪽에서 자기들도 받을

까 말까 했겠지, 그러다 치고 가자 이렇게 된 거지. 한나라당의 논평이 나온 순간에, 우리는 막상막하가 될 때까지 대응해보자 했어요.

정치를 하는 친구들이 굉장히 잘못 알고 있는 게 있어요. 정책이 별거 아니라는 이야기를 하지만, 아니에요. 정책의 효과가 엄청나게 큽니다. 노무현 대통령은 이 행정수도가 아니었으면 대통령이 못 되었어요. 정몽준 씨하고 단일화부터 졌을 거예요. 단일화했을 때 정몽준 씨는 공약이 없었어요. 기억나는 거 있어요? 아무것도 없지요. 노무현 대통령은 정책으로 갔거든. 그러니까 행정수도 이전, 지역균형발전으로 치고 갔는데. 어떤 일이 벌어졌는가 하면 노 대통령하고 정몽준 후보하고 지지율이 단일화를 이야기했을 때 3~4퍼센트 뒤지고 있었어요. 모든 여론조사에서 2퍼센트 내지 4퍼센트까지 정몽준 후보가 이기고 있었어요. 그런데 단일화를 한다고 하니까 정몽준, 노무현의 표가 올라가고, 이회창이 빠지는 거예요. 왜냐하면 드라마가 지금 무대 막이 올랐다고, 이회창은 일단 옆에 지금 관중이 되어버린 거고. 그러니까 그쪽에 있는 표가 이쪽으로 온 거지요.

그런데 이회창 쪽에서 빠진 표가 누구한테 가느냐가 문제야. 이것이 노무현, 정몽준 어느 쪽에 가서 붙느냐, 이게 거의 비슷하게 붙는데, 유난히 충청에서 빠진 표가 정몽준한테 가서 붙는 겁니다. 그러니까 우리는 이해가 안 되는 거지. 왜 정몽준한테 가서 붙을까? 그러니까 중부권에서 그런 일이 벌어지는 거예요. 호남 쪽은 이회창 표도 없지만, 있는 게 노무현 쪽으로 오고, 영남 쪽도 노무현 쪽으로 왔는데, 중부권 그러니까 충청이 행정수도 이전하면 충청도 표가 일로 와줘야 하는데 정몽준한테 간단 말이야. 이슈가 안 먹히는 거예요. '행정수도 이전이라는 게, 진짜 이거 해?' 이것이 충청 쪽 생각이었어요. 거기서 후보 일정을 딱 보니까 마지막 날 정몽준 하고 서베이하기 하루 전날 기존의 일정이 경남하고 저쪽을 돌아서 서울로 올라오는 것을 되어있어요. "전부 취소하고 충청으로 가세요. 충청으로. 충청 가서 딴말할 거 없습니다. 가서 행정수도 이전 어떻게 이야기하냐면,

노무현이 대통령이 되면 충청도가 서울입니다. 이인제, JP가 못 살렸던, 충청도 자존심 노무현이 다 살려줍니다."라고 말하세요. 이렇게 된 거예요. 그쪽의 표가 많이 왔어요. 그날 이동을 많이 했어요. 가까스로 정몽준을 넘는데 충청표가 역할을 했고, 그 이유가 행정수도예요.

그러니까 그런 점에서 정책이란 것이 굉장히 중요해요. 지난번도 마찬가지잖아요. 지난번 지방선거 할 때도 무상급식 같은 것이 이슈가 되고 하듯이. 정책이 아무 역할을 못한다고 생각하고, 정책을 아무렇게나 하고 이러면 안 돼요. 그건 기존 정치인들이 정말 국민을 무시하고 잘 모르는 거예요. 정책과 관련된 이해관계를 국민한테 잘 설득하면 된다구요. 그래서 정책이라는 게 굉장히 중요하다고. 그래서 그걸 했고, 나머지 정책들도 고민을 많이 하면서 나왔던 정책이에요. 그리고 그 공약이 인수위 때 그대로 더 반영이 되고, 실행에 옮겨지고 하는데, 공약을 하는 과정에서 이건 실행 가능성이 없다는 걸 알고 공약하는 게 있어요.

박용수: 7퍼센트 성장 공약이었나요?

김병준: 7퍼센트 성장은 우리가 하면 안 되거든. 7퍼센트 성장하면 나라가 망해요. 7퍼센트 성장이라고 하는 것은 거품이 생기는 겁니다. 우리가 7퍼센트의 성장을 가면 성장하는 과정에서 우리가 파이프라인이 고장 나거든. 그러니까 성장을 해봐야 분배가 이루어지지 않는 구조에서 위에서부터 내려오는 파이프라인이 고장 나 있으니까 양극화가 더 심화될 뿐만 아니라, 또 더욱 문제가 되는 것은 그 성장의 거품이 인플레이션으로 나타난단 말이에요. 그러면 안 그래도 밑에서 박탈감에 빠진 이 사람들을 또 죽이는 거란 말이에요. 그러니까 우리가 7퍼센트 성장을 하면 대한민국이 꺾어지는 거예요. 사회의 온갖 말하자면 투쟁과 소요와 이런 것들이 일어나요. 그러니까 7퍼센트 성장을 하면 안 돼요. 게다가 7퍼센트 성장을 하

면 우리 산업구조가 견디질 못해요. 지금 글로벌 분업체계에 맞춰서 이렇게 저렇게 옮겨 가면서 7퍼센트 성장쯤 되면 그 성장 부분을 옮겨야 해요. 그런데 우리나라의 금융이나 모든 부분에 있어서 그것을 감당할 여력이 없기 때문에 불가능한 이야기거든. 그러니 7퍼센트 성장 공약을 절대로 하면 안 되는 거예요.

그런데 이회창 씨가 6퍼센트 공약을 했고, 우리가 5퍼센트 공약을 했어요. 5퍼센트도 사실 많은 거예요. 그런데 이회창 씨가 6퍼센트 공약을 하니까 우리가 7퍼센트 하겠다고 그랬지요. 왜 7퍼센트라고 했냐면 7퍼센트로 해서 나중에 얻어맞겠지만, 7퍼센트 너 정말 할 수 있어? 이렇게 질문 받는 게 더 나아요. "우리는 6퍼센트 했는데 넌 5퍼센트, 역시 넌 분배주의자 아니야?" 이 질문보다 훨씬 받기가 쉬운 거예요. "너 정말 할 수 있어?" 이게 낫지 "너 좌파 분배주의자가 되어가지고 너 5퍼센트밖에 공약을 못해?" 이거는 표가 날아가는 거예요. 그러기 때문에 전략적으로 7퍼센트 해 놓고, 대신 인수위 구성하자마자 우리는 바로 사과했잖아요. 이거는 잘못된 공약이라고 인정했단 말이야.

이명박 후보는 아니었죠. 이명박 후보는 747 공약을 진짜로 실행하려고 했어요. 7퍼센트의 성장이라는 게 우리 사회에서 무슨 의미인지 고민이 전혀 없는, 말하자면 파이프라인이 꺾어진 하부구조가 어떻게 될 것인가 고민이 하나도 없는 상태에서 그냥 나온 거예요. "7퍼센트의 성장 어떻게 해? 야 참여정부 저 바보들 아니냐? 환율 조금만 올려봐 환율 조금만 올리면 그냥 수출이 그냥 튀면서 7퍼센트 당장 되지." 너무나 간단한 논리를 가지고 접근을 해요. 이 친구들은 나중에 보니까, 747 공약이 안 되는 것을 가지고 1년을 실행하고자 노력했어요. 우리는 7퍼센트 성장을 하면 안 돼요. 7퍼센트 성장을 하려면 우리 사회의 지금 현재 1차 분배구조가 소위 경제 민주화라는 이름이든, 공정거래라는 이름이든 이것이 잡혀야 돼요. 그 다음에 7퍼센트 성장으로 갈 수 있지요. 그것뿐만 아니라 그 7퍼센트를 받쳐

줄 수 있는 금융 시스템이라든가 실업급여라든가 이것이 잡혔을 때 가는 거지, 그냥 7퍼센트는 안 되는 거예요.

황창호: 실패한 정책 중 하나로 평가받는 것이 부동산 정책인데, 거기에 대해서도 구체적으로 말씀해 주시면 감사하겠습니다.

김병준: 그거는 정책실장 할 때 이야기인데, 우리가 후보 시절이나 인수위 시절에도 부동산 문제가 별로 없었고, 다만 우리가 거꾸로 어떤 생각을 했느냐 하면, 지역균형발전을 했을 때 지방에 지가가 올라가는 것에 대한 고민은 좀 있었지요. 그러나 많은 사람들이 지방 지가는 좀 올라도 된다고 말을 했어요. 수도권이 내려서 균형을 잡으면 좋은데 내려서 균형을 못 잡으면, 지방에 행정수도 이전을 하든, 공기업 이전을 하든, 지방대학에 투자를 하든 해서 지방에 땅값도 좀 올려 줘야 되지 않느냐? 그 정도 올라가는 것은 우리 경제체제로 수용할 수 있는 정도였어요.

솔직히 말해서 지가가 계속 올라갈 거라고 생각은 했지만, 강남에서 부동산 파동이 일어날 때 그렇게 올라갈 줄은 정말 몰랐거든요. 어느 정도 올라갈 것이라고 예상은 했어요. 그런데 이건 미친 듯이 올라가요. 그 원인이 어디 있냐 하면 강남이 그만큼 어트랙티브해서 올라간 것이 아니라, 거의 블랙홀처럼 끌어당기는 거예요. 나중에는 어느 정도로 가는가 하면 대구에 멀쩡하게 사는 주부들이 자기 집을 팔아서 자기는 전세로 앉고 그돈을 곗돈 모으듯이 모아 가지고 서울 아파트를 사는 거예요. 강남과 분당이 마치 모두 빨아들이는 블랙홀 같아서 어쩔 도리가 없었어요.

당시에 그 지가를 올린 가장 큰 이유가 아마 유동성 자금이었지요. 그런데 그 돈이 우리들한테만 돌아다니는 돈이 아니에요. 전 세계에 유동성이 넘치는 거예요. 2000년대 들어오면서부터 시작해서 2001년, 2002년 소위 세계적인 글로벌 기업들이 돈을 많이 벌었거든. 이 친구들이 소위 신자유주의 바람을 타고 돈을 엄청 벌었지. 2000년대에 와서 이 친구들이 투자는 안하고 돈을 세이브를 해, 돈을 은행에다 저축을 하는 거예요. 그러니까 경제가 거꾸로 되어 버린 거예요. 정상적인 경제라는 것은 근로자가 월급을 받아가지고 가계가 쓸 돈 쓰고, 남은 돈을 저축을 하고, 저축을 하면 그 돈을 기업이 빌려가서 투자를 하고 이렇게 돌아가는 것이 선순환 구조로서 돌아가는 거라고. 그런데 2000년대, 2001년, 2002년부터 이게 역류가 일어나버렸어요. 기업이 세이빙을 하니까 금융이 살이 쪘는데 돈을 돌릴 데가 없잖아. 기업이 오히려 돈을 가지고와서 여기에다 집어넣는단 말이에요. 그러니까 이 친구들이 돈을 돌려먹는 데 유일한 방법이 부동산밖에 없는 거지요. 그러니까 이 친구들이 부동산붐을 일으키기 시작한 거예요.

부동산붐은 간단하거든, 대출 규제를 완화해서 안 빌려주던 친구들한테 말하자면 우리처럼 50퍼센트, 시가의 50퍼센트 빌려주는 LTV해 났다가 그걸 70으로 올린다든가, 아니면 이 친구들이 가서 몇 군데에다가 개발투자를 해버리면, 그쪽이 올라가면 그거가지고 확산을 시키는 등 여러 가지 방법이 있습니다. 근데 미국이 이미 1990년대 말에 의도적이진 않지만, 어쩔 수 없이 대출 규제를 완화했어요. 소위 롱텀 캐피탈 매니지먼트라는 회사가 무너지면, 모기지 회사가 압박을 받게 되니까 이들이 그때 대출 규제를 풀어주었거든. 그런데 풀어준 규제완화 조치가 있는 상태에서 세이빙이 들어오니까 얘들이 부동산붐을 일으키기가 쉬웠던 거지요. 제일 처음에는 우량 고객들이 빌려 가지고 부동산 투자를 제일 많이 했어요. 나중에는 서브프라임들, 비우량 고객들한테까지 돈을 빌려 주는 거예요. 완전히 거꾸로지. 가계가 저축을 해서 기업이 빌려 가는 게 아니라, 기업이 저축을 하고 가계가 빌려가서 부동산 투자를 하는 거라 백 퍼센트 망조가 들게 돼 있는 거예요. 어떤 경제도 그런 경제가 살아남은 적이 없거든요.

그래서 내가 2005년 때 노 대통령한테 이야기한 거예요. "미국이 곧 금융위기가 옵니다. 미국이 곧 바닥이 드러날 겁니다. 그러니까 APEC회의 11월 달에 가셔서, 세계경제가 침몰할 가능성이 있으니까 공동 대처하자고 이야기하십시오." 당시에는 미국 애들이 "무슨 소리야, 우리 이렇게 잘나가는데." 잘나갔거든. 부동산붐이 일어나니까 이 친구들이 10억 주고 집을 샀는데, 20억이 되었어요. 20억이 되니까 10억이 남았잖아, 그러면 모기지 익스트릭션(Morgage Extriction)이라고 해서 은행에서 차주한테 연락이 와요. '당신 집이 10억이 더 불었으니까 필요하면 론을 더해주겠다' 이런단 말이지요. 그러니까 이 친구가 10억 벌었는데, 한 3억 론을 받는 거예요. 그것 가지고 뭐해? 여행 다니고 차 사고 소비가 이렇게 올라가는데 경기가 안 살아날 리가 있어요? 당시에는 경기가 이렇게 좋은데 금융위기가 무슨 소리냐 했지만, 반드시 언젠가 망할 것이라고 예상했어요.

그런데 지금 현재 우리가 그런 구조예요. 우리가 지금 가계가 빌리고, 삼성부터 시작해서 기업들이 소위 세이빙스 글럿(savings glut), 과잉 저축을 하고 있거든요. 가계는 계속 빌려 쓰고, 가계 부채가 올라가는 거예요. 미국이 가계 부채가 GDP 가처분소득 대비 부채비율이 135퍼센트, 145퍼센트, 140퍼센트까지 가거든요. 지금 우리가 150퍼센트 넘었어요. 그런데 어쨌든 그런 구조 속에서 유동화된 자금이 온 세계를 치고 다니는 거예요. 그러니까 그 돈이 들어와서 한국의 주식도 때렸다가 그 바람에 주식이 오르니깐 우리도 좋았거든요. 지수 600이 2000까지도 올라갔잖아요. 외화가 들어오니까 우리는 내버려 둔거지요, 우리가 감당할 수 있으니까. 그런데 유동성 자금이 부동산으로 흘러 들어간 거예요.

우리가 어느 정도 성공했는지 내가 이야기를 할게요. 전 세계 부동산 가격이 다 오르는데, 딱 두 나라가 안 올라요. 경기가 침체됐던 독일하고 일본이 안 오르는 거예요. 나머지 국가는 다 오르는데, 오르는 패턴이 전부 똑같아요. 전국적인 땅값이 오르는 게 아니라, 그 국가의 딱 핵심지역, 원스팟만 오르는 거예요. 미국 같으면 맨해튼, 로스앤젤레스 일부 지역, 그 다음 휴스턴 이런 곳이에요. 그 다음에 영국 같으면 시티 지역, 런던, 프랑스 같으면 16지구, 인도 같으면 뭄바이시의 핵심지역, 상업지역 이런 곳 등이 얼마나 오르는가 하면 참여정부가 그 기간 동안에 우리가 강남 집값이 세 배쯤 올랐다고 하지만, 맨해튼이 네 배, 파리하고, 파리의 16지구하고 런던의 시티 지역도 세 배 네 배, 뭄바이 같은 경우는 열여섯 배. 전 세계가 다 미친 거예요. 그런데 우리가 막을 길이 있나요? 막는다면 조세로 막는 방법과 금융 규제로 막는 방법 두 가지입니다. 지금 와서 내가 후회하는 것은 조세로 먼저 들어가고 금융 규제를 나중에 채택했다는 것입니다. 순설를 바꾸었다면 내가 종합부동산세 가지고 그렇게 얻어맞지는 않았을 거요.

그럼 왜 내가 금융 규제를 먼저 하지 않고 조세로 먼저 갔느냐? 너무 밖에서 소위 좌파 정부, 반시장적 정부라고 하니까, 금융 규제로 들어가면 당장에 은행이 반발해요. 장사 지금 잘하고 있는데, 왜 돈 못 빌려 주게 하느냐? 돈 빌릴 사람들이 '나 돈 빌려서 돈 좀 벌려고 했는데 왜 못 벌게 하느냐? 있는 놈만 살라는 거냐'고 나올 거고. 또 하나는 은행이 전당포 시스템이 되어가지고, 담보 대출밖에 안 해주니까, 많은 중소기업들이 그때 경기가 좋은데 사업 자금을 은행에서 대출을 해서 일으키고 있는 그게 다 막히는 거예요. 그러니 금융 규제보다는 조세로 먼저 잡자 이렇게 된 거지요.

사람들이 지금도 착각을 해요. 그저께 중앙일보가 보도했길래, 내가 기자한테 설명을 해줬어요. 내가 중산층 세금 올려야 된다고 했더니, 왜 현직에 있을 때는 안 올리냐고 물어요. 그래서 내가 대답을 해줬지요. 현직에 있을 때도 올리려고 했다고. 그랬더니, 기자가 종부세 할 때는 부자에게만 세금을 거두려고 하지 않았냐고 저에게 물었어요. 천만의 말씀, 전체적인 구도를 어떻게 잡았는가 하면, 보유과세는 올리고 거래과세는 낮춘다는 거예요. 거래과세가 시장 기능을 줄이고 있거든요. 예를 들어 양도세 때문에 사람들이 이사를 못 가고 팔지 못 해요. 내가 40평짜리 아파트에 사는데 양도세 내고 나면 30평짜리 아파트로 줄여서 가야 해요. 그러니깐 집을 팔지 않고 전세로 놓은 다음에 본인은 다른 곳에 가서 전세를 얻어서 사는 현상이 나타나는 것이에요. 이것만 풀어줘도 건물을 새로 안 지어도 시장에 공급이 확 늘어나는 거예요. 그런데 이런 구조로 돌고 도니까 매물이 없으니깐 양도취득세와 같은 거래과세 즉, 거래 쪽에서 떼지는 세금이 시장 기능을 죽이고 있단 말이야. 부동산 정책은 시장 기능은 살려줘야 되고 보유를 하고 있음으로써 부담을 느끼게 해줘야 하거든요.

그런데 보유과세의 대표적인 게 재산세인데, 재산세가 시가의 0.25퍼센트밖에 안 돼요. OECD 국가의 평균은 0.9에서 높은 나라는 2퍼센트까지 갑니다. 우리가 행정학에서 맨날 나오는 프로포지션 14에서, 캘리포니아에서 자기들이 더 이상 올리지 못하고 캡을 씌운 것이 1퍼센트예요. 많이 올라갈 땐 5퍼센트까지 올라갔어요, 완전히 죽이는 거지요. 그러니까 전체적인 평균이 0.9에서 1.2, 대체로 1퍼센트 안팎으로 왔다 갔다 하는 거예요. 그러면 우리도 거래과세를 줄인 다음에, 보유과세를 1퍼센트 때려야 됩니다. 그래야지 사람들이 공간에 대한 욕구도 줄어요. 이 좁은 국가에서 왜 공간을 늘일까요? 보유에 대한 부담이 없기 때문이죠. 그래서 보유과세를 1퍼센트를 목표로 해서 2017년까지 3억 이상의 집에 대해서 보유과세 1퍼센트 하자. 그 다음에 6억 이상의 집에 대해서는 미리 땡겨서 하자는 겁니다. 2017년까지 점차적으로 높여 가는 게 아니라 3년 안에 1퍼센트로 올리자, 그게 종합부동산세에요.

박용수: 정부 내에서 그 당시 이헌재 부총리와 이정우 기획위원장이 종부세 가지고 다소 논쟁이 있었죠?

김병준: 종부세가 아니고. 종부세 가지고 부딪친 것은 초반에 좀 부딪치다가 말았어요. 종부세 관련해서 대통령이 정리를 했기 때문에 큰 문제없이 진행되었어요. 종부세는 하여튼 여러 가지 입장에서 정부 안에 있는 사람들이 이것을 해야 된다고 봤어요. 다만 기획재정, 지금 재경부에서는 무

조건 반대지요. 왜 반대냐 하면 지금 경제부처의 문제인데, 경제부처가 경제부처 장관이나 경제부처의 관료들이 지상의 목표로 잡는 것이 뭐겠어요? 성장이거든. 너희 때 몇 퍼센트 성장했어? 그거란 말이에요. 그런데 부동산을 규제를 해버리고, 금융을 규제해 버리면 성장률이 올라갈 수가 없어요. 그러니까 재경부에서는 이런 부분에 대해서는 당연히 반대지요.

그렇지만 이헌재 부총리가 종부세에 대해서 시끄럽게 하지 않았어요, 다 동의했고. 이헌재 부총리하고 이정우 실장이 양도세로 붙은 거예요. 그런데 교수들이 정부에 들어가면 맹탕이 되고 실수를 하는 이유가 전략 개념이 없고, 옳고 그름만 있기 때문이에요. 무슨 이야긴가 하면, 내가 지금 국회하고 협상을 하잖아, 그러면 나는 일곱 개의 카드를 가져간다고, 그중에 한두 개는 진짜 쓸 카드고, 나머지는 그 한두 개를 만들기 위한 일종의 훼이크예요. 예를 들어 나는 양도세를 인하할 생각이 없는데도 양도세 카드를 내놓거든요. 그럼 상대방이 일단 펄쩍 뛴단 말이에요. 그러면 내가 고집을 부리면서 내가 진짜 원하는 것을 슬쩍 내놓거든요. 그러면 이 친구들이 내가 원하는 것은 해줄 테니 양도세는 하지 말자고 한다고. 말하자면 이러한 전략적 과정들이 정부 안과 정치권에서 늘상 있는 일이에요.

나 같은 사람은 양도소득세를 굉장히 악성의 세금으로 봐. 양도소득세는 어떻게 해서든 손을 봐야 된다고 생각하는 사람들 중의 하나라고. 양도소득세는 전두환 대통령 때 만들었는데, 정말 시장 기능을 죽이는 악성이야. 양도소득세는 없애는 것이 아니라 어떤 세금으로든 다른 세금으로 전환을 해야 된다고 생각해요. 그리고 당연히 이헌재 부총리나 다른 사람들도 그렇게 생각하지요. 그런데 양도소득세에 손을 대는 거는 고양이 목에 방울을 다는 거예요, 누구도 못해요. 왜 그런가 하면 양도소득세를 풀어 줘버리면 그 양도 소득세를 풀어주는 이익이 전부 강남 쪽에 집중이 돼 있거든요. 다른 사람들이 안 그래도 속이 쓰린데, 강남 사람에게 면죄부를 주거나 그 다음에 몇 억씩, 몇 십억씩 덕을 보게 해주면 거기에 대해서 온 국민이 참겠어요? 한나라당이 툭 하면 양도소득세 인하 어쩌고 하는데, 당론으로 만들어 오라면 못해. "양도소득세 폐지를 당론으로 만드세요, 나도 내 목숨 걸고 한번 받을게." 이래버리면 못 한다니까요. 그러니까 양도소득세를 손대기가 굉장히 힘이 들어요. 그런데 이정우 위원장이 전략 개념이 없으니까, 게다가 그 안의 카드가 어떻게 쓰인다는 것을 모르는 상태에서 양도소득세 카드가 나오니까 이헌재 부총리에게 너무 성급하게 반대해버렸어요. 그 둘이 붙어 버려 이 카드를 야당에게 못쓰게 되어 버린 거예요.

박용수: 그런 것들을 조율하는 것이 정책실장 역할 아닌가요?

김병준: 그렇죠. 그런 역할이 정책실장이죠. 정책실장인 나한테 이야기를 하면서 해결하고 기자들을 만나서 이야기를 하든지 해야 하는데 정책 라인에 있지 않은 사람이 밖에서 이야기를 흘리니깐 사건이 터지는 거지요. 그러면 청와대도 나도 야단이 나는 거지요. 카드가 몇 개 죽어 버리니까. 굉장히 당혹스러운 일이 벌어지는 거지요. 그런 정책 과정상의 문제가 있는데, 그렇다고 매일 알려줄 수 없지만, 정책 라인에 있는 사람은 다 알지요. 그런데 당시 정책 라인 밖에 있던 이정우 위원장이 외부에 이야기를 흘릴지는 몰랐지요. 그런 일들이 종종 있는 바람에 그 양반이 오래 못 있고 중간에 나가게 된 거지요. 대통령이 그만해도 되겠다고 한 거지요. 여기서 털어 놓을 수 없는 이야기들도 많지요. 예를 들어 금산법과 같은 것들도 삼성하고 딜을 해 나가는데 갑자기 그걸 엎어 버린다든가 이런 일들이 벌어지는 거지요.

박용수: 노무현 정부가 삼성하고 밀착관계였다는 비판이 있습니다.

김병준: 그러면서 삼성의 보고서를 본다고 공격을 했지요? 보고서야 다

보지, 헤리티지 것도 보고, 삼성 거나 엘지 거나 다 보고 좋은 게 있으면 벤치마킹도 하고, 삼성의 인사혁신 시스템이 있으면 그것도 배우고, 삼성도 우리의 결제 시스템 배워갈 거 있으면 배워가고 그러는 거지요. 이러한 것들을 보고 왜 삼성과 유착이라고 공격하는지 모르겠어요. 노무현 정부의 기본적인 재벌에 대한 입장이 이런 거지요.

크게 재벌문제는 세 개에요. 하나가 경제력 집중의 문제. 두 번째는 내부 거버넌스 구조의 문제. 왜, 무엇 때문에 1퍼센트의 주식을 가지고 황제경영을 하는 거버넌스 문제. 여기서 도덕적 해이가 일어날 수 있다는 문제예요. 그 다음에 세 번째 문제가 공정거래 문제, 이 세 개의 문제요. 우선 경제력 집중의 문제는 답이 없어요. 삼성과 현대가 물론 경제력 집중이 지나치고, 이것이 한국의 중소기업을 지나치게 죽이게 되면 여기에 대해서 규제를 해야지요. 그래서 독점 규제를 하잖아요. 그런데 이러한 재벌의 경제력 집중이 외국에서 많은 매출을 통해 돈을 벌어오면서 발생하는 것이기 때문에 국내에서 제재할 수 있는 방법이 없어요. 그러니까 경제력 집중문제는 정말 어려운 문제에요.

그 다음에 두 번째는 거버넌스 구조문제, 이것도 굉장히 힘이 드는 거예요. 우리는 경영학 교과서로 보면 현대나 삼성이나 벌써 망했어야 돼요. 저 양반들이 경영 능력이 있을까요? 정말 페이퍼를 줘도 줄 맞춰서 잘 읽지도 못하는 분들인데. 이 양반들 정말 그러거든요. 읽는데도 줄이 막 바뀌고, 두 번 읽고, 한 줄 건너 읽고 막 이런다고. 저런 분들이 진짜 경영을 할 수 있을까라고 의문을 갖는데, 어쨌든 그 양반들이 이끄는 선단이 글로벌 경쟁력을 갖고 있잖아요. 다른 회사는 다 망하는데 지금 이 사람들은 가서 소니 제치고, 노키아 제치고 하잖아요. 이것을 교과서적인 입장에서 거버넌스 구조를 수정한다는 방안은 안 돼요. 본질적으로 거버넌스 구조는 왜 유지되는가 하면 경영이 좋고 흑자를 내기 때문이죠. 왜냐하면 이 사람들이 거버넌스 구조가 잘못 되어 적자를 내거나 경영이 부실에 빠지면 당연히 주주들과 투자자들이 다 빠져 나가버려요. 그러면서 그 기업은 경영권을 상실하게 되거든요. 이 사람들이 돈을 버니까 시장 논리에 의해서 외국자본도 위험을 무릅쓰고 투자를 하고 있는데, 정부가 들어가서 과연 거버넌스 구조를 어떻게 할 거예요? 게다가 한국에 특이한 상황이 있어요. 미국의 부자가 느끼는 사회적 책임과 한국의 재벌이 느끼는 사회적 책임이 달라요. 미국의 부자는 사회적 책임 없이 자기가 혼자 부자가 되도 돼요. 그런데 한국은 안 그래요. 삼성이나 현대 같은 재벌들에게 한국 사회에 대한 한국 국민들이 공적인 역할을 요구하는 문제가 있습니다.

가장 문제의 핵심이 공정거래예요. 이거는 정말로 다뤄야 되거든요. 중소기업 기술 탈취하고, 중소기업 못하게 하는 것은 안 되거든요. 그리고 일감 몰아주기, 일감 몰아주기는 충분히 이해가 되는 부분도 있어요. 그러나 아닌 것도 많거든요. 이런 거는 정말 단호하게 다스려야 돼요, 공정거래 부분에 있어서는. 공정성만 확보하고 나면 나머지는 별 문제가 없습니다. 내가 지금 이렇게 이야기하는 생각이 바로 노 대통령의 생각입니다.

그러나 일반 진보 입장은 공정거래 문제를 해결하는 방법도 시원찮은데, 경제력 집중문제나 거버넌스 구조문제에 대해서 전혀 손을 대지 못하고 있는 것을 비판하죠. 일단 노 대통령은 거버넌스 구조에 대해서 거버넌스 구조를 정부가 왜 손대느냐? 그건 주주가 알아서 할 일이라고 생각했어요. 우리 때는 삼성전자의 70퍼센트가 외국인 투자자였어요. 그 사람들이 거버넌스 구조에 문제가 있고, 이건희한테 문제가 있다고 하면 당연히 그 사람들이 거기에 투자할 이유가 없어요, 다 빠져 나가지. 외국인 투자자들이 자신들의 돈을 투자하고 있는 반면에, 지금 정부나 국민들은 거기에서 돈 안 넣고 있으니까요. 거버넌스 구조를 가지고 중소기업을 못 살게 군다면 그것은 문제지만. 거버넌스 구조는 경영권의 문제인데, 외국인들이 70퍼센트나 가지고 돈을 가지고 투자하고 있는데, 이 문제를 어떻게 해결할 거냐는 질문이 있는 거예요.

이것을 진보가 이해를 못하는 거예요. 정부가 대기업을 봐주는 것처럼 논의가 진행되죠. 봐주는 거 아니냐고 지적하는 문제가, 예를 들어 영리병원을 설립합니다. '삼성에게 영리병원을 시켜주려고 한다. 삼성병원을 유동화시키면 몇 조원의 돈인데, 그것을 이건희 주겠다는 이야기 아니냐? 이런 이야기가 만들어지는 거예요. 그 다음에 '인천 어디로 들어가서 영리병원을 주고 운영할 거 아니냐? 그 다음에 영리병원 하면 결국 삼성이 앞장서 가지고 의료보험 다 죽일 거다' 이런 시나리오를 쓰고 가는 거예요. 우리가 삼성하고 크게 문제가 되었던 게 아까 말한 금산분리 문제예요. 내가 지금 지분 구조를 하도 오래되니까 기억을 다 못하는데 순환출자로 인해 지주회사 기능을 했던 곳이 에버랜드였고, 에버랜드가 갖고 있는 삼성생명의 주식에 대해 강제매각을 시키는 것이에요.

박용수: 정부가 강제매각 결정한 것인가요?

김병준: 예. 왜냐하면 5퍼센트 이상을 소유하지 못하게 되어있는데 더 소유하고 있다고 하면 삼성은 그것을 팔라고 하거든요. 하여튼 삼성의 핵심은 삼성생명 주식을 파는 거였어요. 에버랜드가 가지고 있는 삼성생명 주식을 파는 거였단 말이에요. 그런데 문제가 있는 거예요. 진보 쪽은 지금 당장 뺏어서 당장 정부가 강제매각을 하라는 거였어요. 하지만 정부가 5년 뒤에 팔자고 유예를 줬어요. 그때 정부 내에 있던 이정우, 일부 인사들, 당내에 박영선과 같은 사람들이 완전히 그야말로 권력 핵심들을 향해서 왜 강제매각을 하지 않고 유예를 주었냐고 날을 세우고 나왔어요. 나는 그 사람들한테 묻고 싶은 거예요. 자꾸 이런 이야기를 하니까 날 보고 자꾸 삼성맨이라고 하거든요. 우리나라에 생명보험 회사가 단 하나도 상장된 게 없거든요, 최근에 와서야 상장이 되었다고. 그리고 상장을 시도할 때, 스케줄과 플랜을 짜서 상장을 해달라고 요청했어요. 그래서 교보부터 상장

을 하는데, 삼성생명은 순서로 보면 제일 크기 때문에 제일 뒤예요. 삼성생명이 주식을 파는데 상장이 되어 있지 않은 주식이에요. 그 주식 가치를 누가 결정할 거예요? 우선 당장에 그것부터 문제가 되죠. 그러면 진보 쪽에서 하는 이야기는, 그 주식 가치를 무슨 위원회 같은 것을 만들어서 그곳에서 주식 가치를 추정해서 강제로 팔면 됩니다. 시장이든 어디든 팔면 됩니다. 우리가 사회주의국가가 아니잖아요? 정부가 주도하는 위원회에서 주식가격을 정해서 판다? 그 다음에 또 하나 문제가 당시만 해도 삼성생명에서 나온 수익 중의 몇 조원이 이게 주주들 거냐 가입자 거냐라고 소송이 붙어 있었거든요. 그것이 어떻게 되느냐에 따라서 주식가격이 또 달라질 수가 있거든요. 이런 등등의 문제가 산적해 있었어요. 그리고 시장가격은 정해지지 않았어요. 이런 상태에서 이것을 강제매각을 할 거냐? 아니면 5년 뒤에 상장을 하니까 반드시 상장을 하게 하고, 상장된 가격에 의해서 그것을 처분할 거냐 그 차이예요. 그런데 이런 부분이 있거든요.

이거는 가설로 이야기합시다. 삼성에게 무조건 벌을 줘야 된다는 거예요. 삼성이 못된 짓을 해 가지고 5퍼센트 가져야 될 것을, 십팔 점 몇 퍼센트 가지고 있으니까 무조건 그것을 바로잡으라는 건데. 조금 합리적인 생각을 가졌다면 이 문제를 어떻게 풀지요? 삼성이 꼭 벌금을 내고 세금을 내고 그래야만 되는 건가요? 그럼 얼마를 받고 싶나? 삼성을 지금 매각시켜서 삼성에 얼마를 손해를 입히고 싶냐고 물었을 때, 그거 다해봐야 몇 천억이 안 됩니다. 그리고 가설로는 이럴 수가 있어요. 그냥 넘어갈 수 없으니까 5년 유예는 해주는데, 그 대신 돈을 내놓는다면 세금으로 거둘 수도 없고, 벌금으로 거둘 수도 없으니까 어떡할 거예요? 삼성이 사회기여로 8,900억 원을 내놓았잖아요. 말하자면 방법은 여러 가지가 있다 이 말이에요. 그러니까 우리가 좀 더 합리적으로 생각하고, 정책을 다루는 사람의 입장에서는 원원을 이끌어 내는 것이 옳으냐, 어거지로 해서 손실을 입히고 그러는 것이 과연 옳으냐? 아니면 국민도 얻을 것을 얻고 이런 것이 옳으냐 이 문제거든요.

그런데 이런 문제에 있어서 진보진영이 전혀 참지 못하니까요. 삼성이 1조를 내놓았든, 2조를 내놓았든 저놈을 한번 때려야지, 내가 이거는 못 참겠다는 것이거든요. 근데 그 논리까지 우리가 따라가야 되느냐의 문제예요. 그러면 5년 뒤에 상장을 안 했느냐, 상장을 해서 다 팔고 정리했잖아요. 그러니까 그것은 우리가 합리를 존중할 거냐 감정적인 부분을 앞세울 것인지의 문제인데, 나 같은 입장이나 노 대통령 같은 입장은 내가 욕을 먹더라도, 좀 더 합리적으로 가자는 입장이었어요. 그 8,900억이라는 돈이 나왔을 때도 그렇잖아요. 삼성이 우리 사회에 기부를 했어요. 그래서 삼성이란 이름도 쓰지 말고 그 돈은 별도로 국가가 관리를 하든지 시민사회가 관리를 하든지 하라고 합니다. "우리는 일체 관여 안합니다." 그래서 위원회를 만들었어요. 그 위원회를 만든 사람들이 진보 인사들을 대거 넣었다구요, 박원순 아름다운가게 상임이사 같은 사람을 다 넣었다고. 그러면 여러분들은 한번 생각을 해보세요. 정말 정상적인 사고를 하고 합리적인 사고를 한다면 삼성에서 내놓은 8,900억에 대해서 첫마디가 어떻게 나와야겠습니까? 우선 첫마디가?

박용수: 삼성에 대한...

김병준: 돈을 팔천억을 줬어, 한 일조 원을 줬어.

박용수: 뭐 일단은 인정한다든지.

김병준: "앞으로 잘 부탁합니다. 우리가 한 5조 원까지, 10조 원까지 만들어 갑시다." 삼성이 그런 의지가 있거든요, 왜 이 사람들이 자기 이름을 절대로 걸지 말라고 하는 거냐면 자기 이름이 걸리면 계속 한 해에 5천억

씩, 1조씩 내놓아야 되는 거예요. 삼성 이름을 달아가지고 해 놓은 것은 돈 내라는 이야기거든요. 그런데 딱 받아 쥔 사람들이 이것은 삼성이 벌금을 낸 거라고 했어요. 그러면 앞으로는 삼성이 더 내면 다 벌금이에요. 그러면 삼성이 내놓겠어요? 안 내놓는다고. 그 말 한마디에 끝나는 거예요. 이것은 삼성의 벌금으로 내놓은 것이 되니까. 우리가 꼭 이래야 되나요? 그럴 필요는 없다고 봅니다. 내놓았으면 앞으로 이거 잘 만들어가서 더 키우자고 해야지요. 이것을 벌금으로 내놓았다면 앞으로 내가 돈을 계속 줄 이유가 없잖아요. 내놓으면 다 벌금이라고 할 텐데. 그러니까 이런 부분에 있어서 우리가 좀 마음을 가다듬었으면 좋겠다는 겁니다. 마음을 가다듬고 인정할 건 인정하고 줄 건 주고 기다릴 건 기다려주고.

박용수: 기본적으로 삼성의 금산 소유가 불법은 아니고, 탈법, 편법 정도의 의미가 있는 건가요?

김병준: 불법적인 요소가 있었지요. 그리고 재경부가 거기에 대해서 조치를 안 한 부분도 있었어요. 그러니까 5퍼센트 이상을 점유하지 못하게 되어 있는데 8.7퍼센트인 것도 있고, 십 몇 퍼센트 이렇게 간 것도 있어요. 그런데 그 부분에 대해서는 의결권을 제한했는데. 그 부분에 대해서 넘어서니까 빨리 매각을 하라는 거지요.

박용수: 불법인 것은 맞는 거네요?

김병준: 법대로 하면 사실 지금 당장 삼성을 팔아야 해요. 삼성에서도 하는 이야기가 파는 방법을 연구해 달라는 거예요. 우리가 팔고 싶다 이거예요. 팔고 싶은데 가격을 어떻게 정하는지를 고민하는 거예요. 왜냐하면 가격을 예를 들어서 한 주가 10만 원 받을 건데.

박용수: 집행의 방식을 구체적으로.

김병준: 삼성이 10만 원 받아야 되는데, 5만 원에 책정해서 팔아라 하면 이건희 씨나 삼성 사장이 배임이 되는 거예요. 아니 그 주주들이 가만히 있겠어요? 그리고 과다하게 받으면 아무도 안 살 거예요. 안 사면 너 또 왜 올려가지고 안 파느냐고 그럴 거 아니에요. 그러니까 자기들은 시장가격이 형성되면 거기에 대해서 파는데 지금 시장가격이 상장이 안 되었기 때문에 상장을 시켜서 시장가격이 나오는 대로 자기들은 팔겠다는 거예요. 그 대신 그때까지 의결권 행사 안 하고 연결을 시키지 말고 내놓았다 이거예요. 우리 정부가 이런 것들에 대해서 무슨 일이 있었는지 그 속을 다 이야기할 수는 없잖아요. 이러한 것들이 정책을 다루는 사람의 어려움이에요.

박용수: 그런데 삼성을 지켜보는 사람들이나 단체들이 있잖아요. 그런 쪽에 계신 분들은 삼성에 대해 조금 알 수 있지 않을까요?

김병준: 잘 몰라요, 안 보여요. 지금 내가 이야기하는 것도 그저 짐작하는 것이지 증명할 방법은 없어요. 서로 확실하게 의견을 주고받은 것도 아니고 이심전심으로 이루어지는 것이기 때문에 안 보여요. 억울하게 당하는 사람이 많은 거지. 기술 탈취를 하고 난 다음에는 그 기업을 쫓아, 그 다음에 납품을 안 받고 쫓아 내. 왜냐하면 그 기술을 다른 데 주는 거예요. 그리고 납품선을 바꿔 버려요. 그러면 그 사람은 평생을 기술 개발을 해서 삼성에 빼앗기고. 우리나라 중소기업들이 기술을 개발해서 쭉 가다보면 항상 죽음의 계곡(death valley)이 있어요. 제일 처음에 내가 퇴직금 받아서 시작해요, 그 후에 집을 잡히고 이런 거 다 집어넣어요. 처갓집에 처남, 장모 돈까지도 다 가지고 와요. 거기에다가 카드까지 다 긁어서 넣고도 부족해요. 이게 죽음의 계곡이예요. 이때에는 할 수 없이 모기업에 찾아가는 거

예요. 찾아가서 '내가 이런 기술이 있습니다', 그러면 모기업에서 될 거 같으면 투자를 하면서 지분을 산다고 50 대 50, 아니면 너 51퍼센트, 나 49퍼센트. 가다가 돈이 또 걸리거든요, 그러면 바꿔서 삼성이 51, 네가 49 되는 거예요. 그 다음에는 어느 순간에 딱 유상증자를 와장창 해버려요. "야 회사 키우자. 내가 10억 넣을 테니까 너도 10억 넣어." 그런데 돈이 없단 말이야. 그럼 경영권은 여기가 가지고 있고, 유상증자를 못 따라가 회사 빼앗기는 거죠.

박용수: 합법적으로 그렇게 되는 거군요.

김병준: 합법적으로 뺏지요. 우리가 적대적 M&A를 그렇게 하거든요. 그러면 이 사람은 황당한 거지. 내가 기술 개발 다했는데 뺏겼으니까. 그런데 나한테 납품이라도 해 주면 좋겠는데, 납품선을 바꾸어 버려요. 지금 자살하는 사례들이 대부분 억울해서 죽는 거예요. 그럼 그 짓을 한 사원한테 우리가 물어보자 이거예요. '너 왜 납품선 바꿨어?' 그렇게 추궁할 수 있죠. 그렇지만 비즈니스 생태계가 경쟁이 치열하잖아요. 이 친구한테 납품을 유닛당 100원을 받았는데 어떤 친구가 와서 나는 80원에 넣겠다고 견적을 가져오는 거죠.

박용수: 결국 지적재산권 같은 것이 적용이 잘 안되나요?

김병준: 기술은 삼성이 합법적으로 가져갔는데? 그 기술을 밀어주면 나는 80원에 넣겠다는데? 그 견적서가 들어오는 순간에 이 친구가 80원짜리를 선택하지 않으면 배임이에요. 그러니까 그 친구들도 어떻게 하겠어요? 청와대하고 대통령이 아무리 삼성 이건희 회장하고 밥 먹고 앞으로 중소기업을 보호하겠다고 하더라도 현장에서는 아무 소용이 없는 거예요. 생태

계 자체가 지금 그렇게 형성되어 있으니까요. 그래서 삼성에 납품하는 회사들이 어렵다는 게 그런 연유입니다. 생태계가 자기들끼리 치고받고 죽이게 된 거예요. 그런데 거기 와서 똑같은 제품을 당신들이 그 기술 가지고 우리한테 밀어주면 우리가 이렇게 하겠다고 집어넣으니 빼앗기는 거예요. 그러니 이런 부분들이 결국은 어디로 가야 하는가 하면, 삼성도 욕하고 못하게 해야 되고 자기들끼리 어떤 수를 써서든 못하게 해야 되겠지만 근본적으로 이쪽의 비즈니스 생태계를 바꾸어주지 않으면 안 되는 거예요. 그러니까 정부는 어느 쪽에 신경을 써야 되는가 하면 삼성을 바로잡는 것도 필요하지만 이쪽의 생태계를 바꾸는 작업을 해 줘야 하는 거예요. 그런데 소위 진보 담론에 이런 것이 없다니까요. 이 부분 없이 간단하게 삼성을 바로잡으면 된다는 식으로 이야기를 한단 말이에요. 삼성을 바로잡아서 돈을 더 벌게 되면 이쪽 생태계는 더 난잡해 지는 거예요. 왜냐하면 그 돈 벌겠다고 더 많은 사람들이 덤비니까. 이렇게 물고 물리는 건데 이런 부분에 있어서 정책적인 고민이 없는 거예요. 그래서 한국의 진보가 안 되는 거예요. 보수도 마찬가지고. 보수는 무조건 이쪽만 잘되면 다 잘될 거라고 생각하는데, 이것도 틀렸지요. 파이프라인이 다 고장이 나서 안 돌아가니까요. 이놈을 잡기만 하면 된다고 하는 것도 틀린 거예요.

그러면 우리 국가가 지금 현재 정책적인 부분에서 양쪽을 맞춰서 그림을 가지고 고민하는 집단이 있느냐? 없다 이거예요. 그냥 선악관념과 도덕관념만 가지고 재단하고 일종의 선동과 분노만 있어요. 여기서 청와대의 정책 라인은 냉정해져야 되는 거예요. 그러기 때문에 내가 하는 말이 중요한 말인데, 청와대에 정책실이 반드시 따로 있어야 되는 거예요. 지금과 같은 김기춘체제 가지고 절대로 안 되는 거예요. 왜냐하면 벌써 저 정무 논리에 의해서 다 재단이 되어 버리는데, 게다가 김기춘 씨가 정책의 이면들을 모르잖아요. 그래서 지금 유민봉 씨를 비롯해서 정책실을 두었지만 비서실장 밑에서 눈치를 보는 정책단은 제대로 된 역할을 하지 못해요. 오히려 비서실장이 정책실장의 눈치를 보고, 정무 쪽이 오히려 종속이 돼서 움직이고 심부름을 해 줘야지요. 정책 라인을 넘어서는 라인이 있어서는 안 되지요.

박용수: 참여정부 때 청와대 비서실 구조가 2실장 구조로 된 것이…

김병준: 제일 처음에는 2실장 나중에는 3실장이 되는데, 3실장은 완전한 독립이에요. 그러니까 비서실장이 정책실장이 무엇을 하는지를 알 수가 없고, 정책실장도 비서실장을 알 수가 없어요. 다만 우리끼리 서로가 정보를 공유하는 게 있지만, 인사 시스템도 다 다른 거예요. 그러니까 인사수석은 비서실장 밑에 있지요, 인사수석은 서기 업무를 하는 거예요. 그러니까 서기 업무를 하거나 공사, 공관 같은 데는 영향력을 미치지요. 그러나 내각 인사라든가, 예를 들어서 정책실장이 하는 인사가 국책연구원이라든지 당연히 그거는 브레인 집단이니까 당연히 정책실 소관이고, 국정과제위원회 당연히 그건 정책실의 소관이고, 그 다음에 내각, 그 다음에 중요한 그 정책과 관련된 중요한 공기업들, 예를 들어서 전력이나 에너지에 관해서 신경을 바짝 써야 될 때면, 한전 사장에게 이야기를 하지요. 그러나 대체로 집행 쪽으로는 그냥 놔두고 그렇게 한단 말이에요. 그런데 인사에 대해서는 비서실장이나 누가 이렇게 입을 뗄 수 있느냐? 못 해요. 예를 들어서 행정연구원 원장을 선임하는 데 비서실장이 입을 뗀다는 건 있을 수가 없지요. 그건 당연히 정책실에서 다 하는 거지요. 대신에 자잘한 공사, 공단 인사하는 데 대해서는 이야기 안 합니다. 정책실에서 벗어나는 영역이 뭔가 하면 법무부하고 검찰, 국정원, 외교, 국방이에요. 그것 빼고 나머지는 다 정책실이지요. 그러니까 내각을 관장하는 큰 기능은 정책실에서 다 가지고 있는 거예요. 그렇게 되어서 독립적으로 움직이니까 어떤 정치적 판단이라든가 이런 것도 있지만 대체로 벗어나서 이것을 세밀하게 보잖아요.

박용수: 이것도 좀 자세하게 듣고 싶습니다. 안보 쪽은 NSC가 따로 있었죠.

김병준: NSC는 나중에 안보정책실로 들어온 건데, NSC는 외교 및 국방만 하는 곳이고 정책실과는 거의 접촉이 없어요. 근데 우리가 정책실을 할 때는 정책실 부담이 엄청나게 많았거든요. 왜 그런가 하면, 비서실장은 분권체제예요. 비서실장 밑에 홍보수석, 인사수석, 민정수석, 시민사회수석 이렇게 있었단 말이에요. 민정수석이란 사람은 본래가 직보체제예요. 민정수석은 사람들의 신상에 관한 인사 검정이라든가 신상에 관한 것을 많이 다루기 때문에 당연히 비서실장, 정책실장도 다 감시의 대상이지요. 이처럼 민정수석은 거의 대부분 사람에 관한 정보들을 많이 다루고 있기 때문에 비서실장을 안 거치고 대통령에게 직보를 해요. 그 다음에 인사수석도 마찬가지로 상당히 많은 것을 직보를 해요. 비서실장이 아차 하는 순간에 공중에 떠버리는 거예요. 실제로 비서실장이 공중에 떠 있던 사람이 많아요. 그러나 정책실은 그러지 못 하는 거지.

내가 있을 때 정책실장 밑에 경제수석이 있고, 사회정책수석이 있고, 그 다음에 공무원 조직 담당하는 혁신수석이 있고, 과학기술보좌관, 경제보좌관이 있었습니다. 여기는 정책을 조율해야 하니 독립적으로 존재할 수가 없어요. 그래서 정책실은 실장체제이기 때문에 사회정책수석이 실장에게 보고하지 않고 대통령에게 직보를 하는 일은 있을 수가 없어요. 왜냐하면 그것이 경제정책과 부딪칠 수가 있거든요. 그 연결 고리를 다 알고 있는 사람은 실장밖에 없다고. 실장 업무가 너무 많으니까, 정책실장 밑에 보좌관이 있고, 정책실장 보좌관이 따로 있어요. 정책조정 비서관이라고 해서 그 친구는 수석에게 속하지 않고 바로 실장에 소속되어 실장을 보좌하는 거예요. 내가 있을 때 윤후덕 의원이 했지요. 그 다음에 정책실장이 대국회 교섭도 정책실장 책임이거든요. 입법을 해야 되기 때문에 장관들과 협력해서 법안을 통과시키는 것도 정책실장 몫이고, 그러니까 정무 기능까지. 그 다음에 지방정부에 나눠주는 교부세도 전부 정책실장의 몫이고. 그러니까 정책실장의 로드가 많아가지고 윤후덕 의원이 비서실장 보좌관을 하다가 정책실장 보좌관으로 왔어요. 그리고 나한테 와서 자기가 와서 보니까 업무량이 딱 네 배쯤 되는 것 같다고 하더군요.

황창호: 감사합니다. 시간이 많이 지나 1차 구술은 여기까지 하겠습니다.

≫≫≫≫ 2차 구술

황창호: 지난 시간에 이어 노무현 정부 청와대 정책실장을 지내신 김병준 교수님을 모시고 2차 구술인터뷰를 진행하도록 하겠습니다. 인수위 시절에 애로사항이 있으셨다면 구체적으로 어떤 것들이 있었나요?

김병준: 인수위 말기에 힘들었던 것은 인사예요. 제일 처음에 힘든 것 중에서도 두 가지 측면이었는데, 하나는 인수위원들의 인사, 그 다음에 인수위원들과 관계된 인사 대통령을 도왔던 정책팀이었어요. 제가 정책자문단장을 했으니까, 교수들을 포함해서 많이 있었어요. 그 사람들과 관계된 인사, 그러니까 좁게는 내 주변 사람들의 인사예요. 대통령 정책자문단에 소속되고 인수위에 있었던 사람들의 인사도 제가 챙겼어야 되었으니까요. 제가 정책자문단장이었고, 그 다음에 또 인수위의 실제적인 역할을 상당부분 하는 정무간사로서 교수들은 나를 쳐다볼 수밖에 없는 그런 구조였기 때문입니다. 그 다음에는 전체 조각과 관련된 인사가 있었어요. 전체 조각을 하는 팀은 따로 있었어요. 당시에 신계륜 국회의원이 인사특보를

하면서 자료를 챙겼고, 또 한편으로는 역시 당선자 비서실 쪽에 젊은 비서들을 포함한 사람들이 취합된 인사 명단을 챙기곤 했습니다.

그리고 신계륜 인사특보가 연락을 맡으면서 중요한 역할을 많이 했고, 결국 최종 결정은 당선인이 하게 되었는데요. 각 분과 간사들과 대통령의 수석들은 다 임명한 상태였기 때문에 인사 과정에서 인수위는 각 부처별로 5배수를 추천을 했어요. 결국 그 취임식 당일 아침까지 노동부, 복지부, 행자부 등의 조각이 제대로 안 되어서 혼란을 겪었어요. 행자부는 그래도 막판에 정리가 되었고, 그 과정에서 총리가 몇 사람을 바꾸었어요. 고건 총리 지명자가 몇 사람을 아주 강하게 추천을 해서 바꾸고, 몇 부처에 대해서 일종의 유보조항(reservation)이 있다고 해서 바꾼 것도 있었는데요. 그 과정에서 세부적인 것은 제가 다 기억을 못 하지만 여기서 추천하고, 저기서 밀고 혼란스러웠죠.

조각할 때 기자들도 힘들었을 거예요. 기자들이 인사에 관한 뉴스를 먼저 보도하는 것을 특종이라고 하니까 수단과 방법을 가리지 않고 인사에 관한 것을 빼내기 위해서 노력합니다. 그리고 실제 중앙일보는 문희상 비서실장의 인사를 맞췄거든요. 정무수석 유인태도 맞추었을 거예요. 조선일보에서도 특종을 해서 상금을 받았다고 그러더군요. 신문사가 그만큼 인사에 대해 신경을 쓰는 거예요. 그런데 내가 이해하기 힘든 것은 인사를 결정해도 며칠 지나면 대한민국 국민들 중에 그 사람을 아는 사람이 별로 없다는 것입니다. 예를 들어서 행자부장관 인사를 먼저 보도해서 특종이라고 그러는데, 3일 뒤에 길 가던 사람한테 행자부장관이 누구인지 물어보면 아무도 대답을 못 해요. 그런데 그걸 왜 그렇게 중요하게 특종이라고 다루는지 모르겠어요. 기자들이 인사 정보를 들으려고 거의 마지막 판이 인쇄에 들어갈 때까지 그냥 우리 집 현관문 앞에서 소위 '뻗치고' 있는 거예요.

하여튼 조각은 그런 과정을 통해서 진행되는데, 그 과정에서 한번은 일부에서 만든 리스트가 새어 나가서 굉장한 혼란이 일어났죠. 근데 그 리스트라는 게 사실 조각 리스트가 아니었거든요. 이 사람도 만들고, 저 사람도 만들고, 여러 군데서 추천하기 위해서 만든 건데 그런 것 중에서 일부가 흘러 나간 것을 기자들은 진짜인줄 알고 대통령 결재까지 났거나, 당선자 결재까지 났거나 공식적인 것인 줄 알고 보고하고, 이렇게 해서 아주 혼란이 많았어요.

박용수: 인사 시스템이 아직 구축이 안 된 상태에서 첫 조각이 진행되었나요?

김병준: 인사보좌관도 있고 검증팀이 있어요. 보통 당선인이 나오고 나면, 검증팀이 만들어져요. 청와대 들어가기 전부터 검증을 하는 팀들이 만들어 지는데 대체로 보면 국세청, 검찰, 경찰, 국정원 이런 팀으로 만들어지죠. 당선인이 당선되고 나면 인수위 구성하고 얼마 있지 않아서 민정수석 예정자를 임명하거든요. 그러면 그 사람이 실질적으로 민정수석의 역할을 하는 거예요. 우리 때에는 문재인 수석이 내정이 되었고, 문 수석이 바로 그 검증팀을 만들어서 운영을 했죠. 그 다음에 인사보좌관과 인사특보도 있었단 말이에요. 그래서 시스템이 돌아가게 되는데, 추천을 정말 다각적으로 받았죠. 당에서도 물론 받고요. 아까 말씀드린 것처럼 인수위 안에서도 5배수 추천을 하고, 그 5배수 이외에 또 다른 사람들도 추천을 하니까 당선인은 여러 개의 명단을 가지고 있는 거예요. 결국 인수위에서 추천한 5배수 명단 같은 게 공식적으로 중요하지만 그 5배수에 없다고 해서 당선인이 임명 못 하라는 법은 없어요. 실제 그런 사람이 임명이 됐지요. 왜냐하면 총리하고 마지막으로 조정하는 단계에서도 바뀌기도 하고, 예정과 다른 사람이 들어오기도 하거든요.

이러한 프로세스로 결정이 되었는데, 제가 가장 힘들었던 것 중 하나는 인수위원을 지낸 사람들의 인사와 우리 정책팀에서 도왔던 사람들의 인사예요. 그때 인수위 당시에 당선인이 몇 번 '인수위 위원은 한두 명을 제외하고는 등용하지 않겠다'고 했단 말이에요. 이건 두 가지 의미가 있다고 봐요. 제 기억에 욕심 부리지 말고 열심히 일하라는 것과, 또 하나는 인수위에 있는 사람들이 인사의 1차 대상이 되니까 기자들한테 괴롭힘을 당한다는 거였습니다. 그러니까 일을 할 수가 없다고 인수위 있는 사람은 대상이 아니라는 것을 명확히 함으로써 일을 할 수 있게 해주고, 또 인수위원들이 공연히 나서가지고 인사운동하지 말라고 그렇게 지시하셨죠. 실제 나중에 임명할 때에는 첫 조각부터 인수위원들을 내각에 포함시키고, 그 다음에 국정과제위원장들을 특히 인수위원들을 중심으로 해서 다 구성을 했거든요. 그러니까 실제로는 다 기용을 했는데 그렇게 이야기를 했단 말이에요.

그런데 재미있는 것은 인간적으로 굉장히 괴로운 것 중 하나가, 대통령하고 선거 과정에서 아무 욕심이 없던 사람들이 '나는 정말 아무 욕심도 없다. 나는 그냥 노무현을 돕는다. 인수위 과정에서도 나는 절대로 공직을 안 한다'고 했던 사람이 막판에 공직을 하겠다고 나서는 겁니다. 그게 행정학적으로 재미있는 현상인데 그 사람들이 자리가 탐이 나서 나서는 것이 아니에요. 그 이유는 그 사람들이 공직에 못 들어가면 바보가 되는 거예요. 주변에 많은 사람들이 '저 사람은 인수위까지 들어가서 뭘 할 것'이라고 기대하고 있는데 빈손으로 돌아가잖아요. 게다가 다른 사람이 모두 안되면 모르지만, 다른 사람이 기용이 되는데, 거기서 빠져버리면 자기가 체면이 말이 아닌 거예요. 그러니까 일종의 선의의 피해자가 된 거예요. 그래서 인수위원 중의 일부가 초조해 했고, 그래서 제가 좀 힘들었어요. 제가 대통령과 인수위원들 간의 브리지 역할을 하면서 자리 배정을 정리해 줘야 그 다음에 인수위원 중에 최소한 몇 사람이라도 입각을 하니까요. 그런 점에서 제가 쫓아다니면서 심부름을 좀 했어요.

인수위원 중에서 허성관 씨가 해수부장관으로 들어가고, 이정우 교수가 정책실장으로 들어가고, 권기홍 교수가 노동부장관으로 갔어요. 그 다음에 국정과제위원장으로 제가 정부혁신지방분권위원장을 맡기로 하고, 성경륭 교수가 당시의 기획분과위원회 소속 인수위원이었는데 균형발전위원회를 맡기로 했어요. 그 다음에 윤영관 교수가 외교안보분과의 간사였는데 외교부장관, 이런 식으로 다들 갔죠. 그 다음에 경제2분과 간사는 나중에 갔어요. 인하대 김대환 교수가 나중에 노동부장관으로 갔습니다. 그런데 다들 인사가 끝나고 나니까, 아까 말했던 그 문제가 생기는 거예요. 입각이 안 된 사람들이 학교로 돌아갔는데, 이러한 사실을 못 참는 거예요. 그러고는 계속 연락이 와요. 그들은 자신들이 노무현 돕다가 위신이 잘못되었다고 보는 거예요. 그 바람에 제가 인수위 때에도 그랬고, 이후에도 한동안 상당히 괴로웠어요.

박용수: 노무현 대통령은 그때 인수위 위원으로는 참여하지 않는다는 원칙 이외에, 다른 어떤 사람으로 구성하겠다는 적극적인 기준은 없었나요?

김병준: 인사에 있어서 특별한 기준이 없어요. 능력을 가장 중시했고, 그 다음에 정치권과 관련해서는 끝까지 지키신 하나의 원칙이 있었어요. 그것은 각 계파의 보스들은 다 한 번씩 자리를 주고 입각을 시킨다는 거였죠. 초기부터 그런 생각을 가지고 있었는데 당을 존중하겠다고 하셨고 그 다음에는 더 강해졌죠. 살펴보면 정동영, 그 다음에 김근태, 천정배, 일종의 계파의 수장이라고 할 수 있는 사람을 한번 씩 기회를 다 준 겁니다. 누구까지 주었냐? 유시민까지 주었단 말이에요. 그런데 그걸 이해 못 하는 사람들은 대통령하고 유시민이 가까우니까 유시민을 보건복지부장관으로 임명했다고 했는데 그건 아니에요. 대통령 입장에서 중요한 점은 자기 원칙이 각 계파의 얼굴은 다 썼는데, 유시민도 개혁당을 끌고 온 명실공히

한 계파의 얼굴이란 말입니다. 그러니까 대통령 입장에서는 유시민 인사에 대해서 다른 잡음은, 특히 당시 열린우리당에서 반대를 하는 것을 대통령이 참지 못했어요. '왜 당신들은 당신들 계파의 얼굴격인 사람들을 다 써주었는데, 왜 유시민 의원만 굳이 배제해야 되느냐고 주장하나? 나는 내 원칙을 가지고 이때까지 그렇게 했지. 내가 천정배 장관, 김근태 장관이 다 마음에 들어서, 아니면 내가 그 사람들을 못 이겨서 안배한 것이 아니다. 일종의 기회를 준 거였는데, 유시민 의원에게 주지 말라는 이유가 뭐냐? 당신들이 똑똑해서 당신들이 유능해서 임명한 것이 아니'라는 게 대통령의 논리였습니다.

나중에 안 사실이지만 그날 유시민 의원을 장관으로 임명할 때, 총리를 비롯한 모든 사람이 유시민 의원은 안 된다고 끝까지 대통령하고 새벽 1시까지 싸웠어요. 결국 대통령이 새벽 1시 가까이 되어서야 "알았다. 유시민 안 쓴다."고 했거든요. 임명을 안 하겠다 해서 우리는 집에 갔습니다. 집에 도착했는데, 비서실에서 전화가 와서 부속실에서 아직 결정 난 거 아니니까 아무한테도 이야기하지 마시라고 해서 제가 있는 대로 이야기해라 그랬더니, 가시고 난 다음에 바로 하시는 말씀이 "내가 유시민 쓴다."고 하셨다고 했어요. 그리고 그 다음 날 아침에 바로 발표해 버리셨죠.

황창호: 김두관 장관의 경우에도 주위에서 많은 반대가 있었죠?

김병준: 김두관 장관은 고건 총리가 반대라기보다는 일종의 유보적인 설명을 했죠. 김두관 장관을 설명을 한 후에, 그래도 좀 웃기는 건 행자부 장관을 임명하는데 세 사람한테 물었던 거 같아요. 대통령이 당선인 시절에 묻는 방법이 이랬습니다. 상대를 불러 놓고, '나를 어떻게 도와주실 겁니까?' 그러면 '제가 뭘 하고 싶습니다'라고 이야기를 하거든요. 저의 경우도 저에게 "우리가 선거도 끝났고, 인수위도 다 끝나 가는데 나를 어떻게

도와줄 거요?"라고 했는데 당시 차안에서 이야기를 했어요. 대전에서 우리 인수위 때에는 각 지역을 순회하면서 회의를 했거든요. 그 지방 시, 도지사의 지역균형발전과 분권을 모토로 썼으니까요. 그때 아마 대전에서 올라오는데, 이제 대통령이 "같이 올라갑시다."라고 하더군요. 보통 보면 서로 떨어져 오는데, 그날따라 차에 같이 타고 올라가자고 하더군요. 그래서 옆자리에 같이 타고 둘이 올라갔습니다. 오면서 "나를 어떻게 도와줄 거요?" 그래서 저는 그랬죠. "어떻게 도와줬으면 좋겠습니까?"라고 말씀드렸더니 저보고 먼저 이야기를 하라고 하셨어요. 그래서 제가 입각은 안 하겠다고 했어요. 그 이유는 제가 일종의 교수들의 리더인데, 다른 사람들이 먼저 들어가면 몰라도 제가 먼저 배지를 달고 들어가는 것 자체가 굉장히 안 맞는 거 같았어요. 그래서 제가 간다면 행자부장관을 가게 되어 있었는데, "입각은 안 하겠습니다."라고 말했습니다.

사실 저는 그때 원하면 언제든지 입각할 수 있다고 생각을 했습니다. 그리고 대통령하고는 결국은 아무리 못가도 3년은 같이 갈 거라는 생각이 있었고요. 그랬더니 사람들이 다 정책실장 달 거라고 말하더군요. 그래서 제가 "정책실장도 못 합니다."라고 했더니, 노무현 당선인이 정책실장은 무엇 때문에 못 하냐고 물어서 제가 "내가 어쨌든 전공이 정책학, 행정학인데, 지금 앞으로 경제 상황이 안 좋습니다."고 했습니다. 제일 처음에 정책실장을 자리를 만들 때에는 대통령 과제만 챙기는 자리로 만들었어요. 그러기 때문에 정책실이 굉장히 소극적인 자리였는데, 국민이 보기에는 그렇게 보냐는 말이에요. 정책실장이 국가정책 전반을 관리한다고 생각하겠지요. 그런데 경제가 나빠지면 정책실장이 잘못했다는 블레임이 생길 거고, 정책실장을 경제학자가 아닌 행정학자나 정책학자를 앉혔기 때문에 그렇다는 말이 나올 것 같았어요. 그래서 제가 '정책실장으로는 경제학자나 경제학 전공 교수를 앉혔으면 좋겠다' 하면서 박세일 교수 이야기를 했어요. 『대통령의 성공 조건』이라는 책을 당선자가 읽고서 정책실 아이디어가 생겼고,

정책실을 현실에다 반영을 했는데, 박세일 교수가 저한테 몰래 찾아와가지고 여기 교수가 가야된다, 관료가 가면 정책실은 죽는다고 했어요. 특히 첫 정책실장은 말이죠. 왜냐하면 정책실은 대통령 프로젝트를 진행하는데 당시 컨셉이 횡적인 매트릭스 조직이었거든요. 부처는 종으로 되어 있는데 국정과제위원회는 균형발전, 정부혁신, 과학기술 등 횡으로 하는 매트릭스 조직 형태로 돌아가도록 하는 겁니다.

그런데 정책실장이라는 것은 대통령 프로젝트를 다루면서 위원회들, 매트릭스의 횡을 이루는 위원회들을 끌고 가는 조직으로서, 대통령 프로젝트를 진행하는 조직으로 만들어야 합니다. 그런데 이것을 교수가 아닌 관료를 시키면 종축으로 돌아갈 가능성이 굉장히 큰데 그렇게 되면 이 매트릭스 조직을 살릴 수 없어요. 이런 분야는 일선 행정에 깊이 파고들지 않고 큰 틀의 기획을 하는 교수가 해야 되지, 절대 관료가 들어가면 안 된다. 그래서 그 말이 일리가 있어서 제가 "이거는 교수가 해야 되는데, 저는 아닙니다. 이거는 경제학 교수 중에서 하시는 게 좋겠습니다." 했더니 당선인이 "그러면 경제학 교수 중에 누구냐?" 하셔서, 제가 우리 인수위원 중에 이정우 교수와 김대환 교수, 두 사람 중에 한 사람을 정책실장으로 쓰는 것이 좋겠다고 하니까, 대통령이 이미 선호가 이정우 교수 쪽으로 가 있었습니다. 그 이유는 정책실장의 역할을 수행하기 위해서는 부드러워야 되는데 김대환 교수의 성격이 굉장히 까칠하거든요. 그래서 "김대환 교수는 다른 데 역할을 주고, 이쪽으로 합시다."고 해서 제가 그 자리에서 동의를 했어요.

그러고 저는 정책실장도, 입각도 안한다고 해서 아무것도 없기에 대통령께 제가 "제일 처음에 들어가면 뭘 하고 싶으십니까? 뭘 제일 역점을 두고 하고 싶으십니까?" 물었더니, 행정개혁을 하고 싶다고 하시더라고요. 그래서 제가 "행정개혁을 그러면 저한테 맡겨 주십시오, 그런데 조건이 있습니다. 두 가지 조건이 있는데 첫째 행정개혁만 맡겨주지 말고, 행정개혁과 지방분권과 규제개혁과 전자정부와 재정세제 개혁의 다섯 가지를 다 맡겨

주십시오. 왜냐하면 지금까지의 행정개혁이 제대로 소기의 성과를 못 이루는 이유는 이것이 전부 떨어져 있기 때문입니다. 그러니 이 모든 것을 제가 다 관장할 수 있게 해 주십시오." 그러니까 그 자리에서 그렇다면 행정개혁위원회를 나보고 직접 차고 가라고 하면서, 행자부장관하고 기획예산처장관 두 사람을 간사로 쓰라고 하는 거예요. 그래서 제가 "위원장이 장관을 간사로 쓰는 법은 없습니다. 제가 하는 것은 대통령의 임시 신임이라고 해도 어느 정도 돌아갑니다. 그러니까 이 다섯 개를 몽땅 다 저한테 맡겨 주십시오." 그래서 이름을 행정개혁이 아니고 정부혁신지방분권위원회를 만들고 모든 책임 업무를 맡게 되었어요. 그러면서 제가 "또 하나 부탁하는 것은 정부혁신 하다 보면 곳곳에서 저를 음해하거나 나쁜 소리를 하는 사람이 많을 텐데 끝까지 저를 믿어 주십시오."라고 말씀드렸습니다. 그 후에 당선인이 "행자부장관을 누구를 했으면 좋겠냐?"고 물으셔서, 제가 '김두관 장관이나 원혜영 의원이 좋겠다'고 했더니 "아 이 양반들 완전히 짜고 왔네." 이러시더라고요. 그 이유를 들어보니, 원혜영 씨한테 물어보니까 김병준이나 아니면 김두관 하는 게 어떻겠느냐 이러고, 김두관 씨에게 물어보니까 일단 자기가 했으면 좋겠다고 그러면서 자기가 안 되면 김병준, 원혜영 시키는 게 좋겠다고 그랬다는 거예요. 그래서 누구 시키실 거냐고 물었더니, "글쎄요 한번 두고 봅시다." 하시고는 나중에 차에 내릴 때 되니까 "김두관 어떻습니까?" 하고 말씀하셨어요.

  그래서 행자부장관이 김두관 쪽으로 갔는데, 실제로 김두관 장관이 군수 출신이었는데 당시에 포항시장을 했던 사람이 청와대 비서관으로 왔습니다. 그런데 나중에 김두관 장관한테 들었더니, 대통령이 물어보시기에 "나를 어떻게 도와주실 겁니까?" 그래서 자기가 그랬대요. "한자리 주실 겁니까?" 그래서 이야기를 해보라고 하셔서, "주시려면 저 장관시켜 주십시오." 했대요. 대통령이 놀라더라는 겁니다. 장관시켜 달라고 말해서요. 말하자면 배포지요. 그랬더니 대통령이 웃으시더니, "그러시면 한번 해보세요."라고 했다더군요.

　누가 이의를 약간 제기했다는데, 고건 총리는 그렇게 이야기를 안 하시는데, 나중에 제가 그 인사에 관여했던 다른 사람한테 물어본 거예요. 고 총리가 막판에 브레이크를 걸었는데, 그 이유가 첫 번째는 군수 출신을 장관을 한다면 다른 시도지사나 시장군수들한테 장관의 권위가 먹혀 들어가겠느냐는 것이고, 두 번째는 정권 초창기에 경찰이 대단히 중요한데, 김두관 씨가 젊고, 소위 이장 출신에 군수 하고나서 장관을 하는데 경찰이 그 권위를 인정하겠느냐고 했다는 거죠. 그러면 어떻게 해야 할지를 물었더니, 김병준을 넣어야 된다고 했대요. 왜냐하면 고 총리는 서울시정개혁위원회를 같이해서 저를 잘 아는 데다가, 고건 총리가 위원회 일을 할 때, 제가 시정평가 위원장을 했기 때문에 저를 잘 알지요. 게다가 제가 DJ 정부 때 경찰위원을 지냈었거든요, 당시 경찰위원직은 임기가 3년이고 대통령이 한 번 임명을 해 놓으면 중간에 바꾸지도 못하기 때문에 경찰 간부들을 청장부터 시작해서 국장들을 다 알지요. 결국 고건 총리가 경찰도 장악할 수 있고, 내무행정도 잘 알고, 일반행정도 잘 알고, 행자부장관에 김병준 만한 사람이 없는데, 왜 김병준을 안 쓰냐고 하다 보니 조금 브레이크가 걸려 있었지만 나머지는 별로 이의가 없었어요.

　고건 총리가 최종찬 씨를 건교부장관에 추천해서 앉히고, 국무조정실장은 원래가 총리가 자기가 지명하는 사람을 써 줘야 해요. 일종의 자기스탭이거든. 이영탁 씨를 데리고 왔는데 사실 노 대통령은 이영탁 씨의 얼굴도 본 적이 없었을 거예요. 그래서 고건 총리가 몇몇 자리에 대해서 이의를 제기하거나 사람을 직접 바꾸었어요. 법무부장관에 대해서도 문제를 제기했는데, 노 대통령이 이것만은 자기한테 맡겨 달라고 해서 강금실로 가게 된 거죠. 그리고 청와대 스탭에는 대통령이 자기 가까운 사람을 썼는데, 보좌관은 전혀 그렇지 않았어요. 과학기술보좌관은 잘 아는 사람을 썼지요. 과학기술보좌관은 제일 처음에 서울대학교 김태유 교수를 임명하고 나중에는 박기영 교수를 임명했는데, 김태유 교수를 잘 몰랐어요. 그리고 경제보좌관을 서강대학교의 조윤제 교수를 모셨는데, 조윤제 박사도 초면이었어요. 나중에 보좌관 인사는 계속해서 대통령이 정말 모르는 사람을 들여옵니다. 정문수라고 나중에 경제보좌관이 들어올 때에도 초면이었고. 심지어 외교보좌관을 지냈던 외교부 출신의 그 사람은 임명장 수여할 때 처음 만났고요. 박기영 보좌관도 그렇고, 인사보좌관도 잘 아는 사람은 아니었어요. 정찬용 씨를 통해서 광주에서 그냥 불러올렸어요. 왜냐하면 보좌관은 실제 맡은 업무가 따로 없다보니 일이 있으면 하고 없으면 안 해도 되는 게 보좌관이에요. 오히려 보좌관은 라인 조직이 하는 일에 대한 평가 아니면 라인 조직이 특수한 임무를 맡겨 주면 하는 거고, 그 다음에는 라인 조직이 가고 있는 방향에 대한 조언을 잘해줘야 돼요. 이러한 점들이 있기 때문에 경제보좌관이 수석하고 똑같은 입장을 가지면 오히려 곤란해요. 사실 서강대학교의 조윤제 박사는 오히려 이회창 캠프와도 가까웠어요. 그럼에도 불구하고 조윤제 박사를 모셔 와서 썼거든요. 나중에 영국, 주영 대사로 보내는 편이 괜찮았죠.

박용수: 그러면 대통령의 선호가 맞는 사람이 아니라, 청와대 내부가 어떤 균형을 맞추는 것이 중요했나요?

김병준: 그래서 제일 처음에는 보좌관들은 직제상에 대통령의 보좌관이에요. 이 의미는 보좌관이 비서실이나 청와대 구조에 명목상 들어가 있지만 사실상 독자로 떨어져 있고, 조직도 굉장히 간단해요. 보통 보좌관 밑에 수석이 아니라 비서관 하나 정도가 있죠.

박용수: 그러면 코드인사라고 했던 비판이?

김병준: 코드인사라는 것은 우리 같은 사람은 이해를 못 하죠. 왜냐하면 청와대에도 보좌관들은 대통령하고 생면부지의 사람들이 들어가 있었고, 각 부처도 마찬가지였어요. 예를 들어서 진대제 장관이 대표적인 경우지만, 진 장관은 대통령을 만난 적도 없는 사람인데 정통부장관으로 왔지요. 그것뿐만 아니라 최종찬 장관도 고건 총리의 추천으로 들어온 사람이지요. 그 다음에 사람들이 코드인사의 전형으로 꼽는 강금실 씨만 하더라도 대통령하고 만난 게 두세 번밖에 안 돼요. 그렇게 무슨 일을 많이 하거나 그런 것이 아니었거든요. 그런데 이제 그걸 이름을 코드라고 하니, 언어의 힘이라는 게 굉장합니다. 어느 순간에 고소영 해버리면, 사람들 눈에는 다 고소영으로 보여요. 그러니 언론에서 코드인사라고 해버리면 다 코드인사 같이 보여요. 그런데 실제 따져 보면 코드인사가 아니지요. 몇몇 사례를 가지고 그렇게 이름을 붙여 버리면 안 되는 거예요. 그래서 초창기에 그 정권을 관리하는 데 있어서 언어를 누가 선점하는지가 통치 수단에서 굉장히 중요한 거예요. 그런데 이것을 귀신같이 잘하는 데가 한국의 보수 언론이에요. 곧바로 각 정권별로 이름을 붙여버리니 통치 수단이 꽉 막혀버리거든요. MB 정권도 마찬가지에요. 두말할 것 없이 고소영 해버리면 고소영이에요. 이번에도 박근혜 정부가 들어서자마자 이름을 SSKK라고 하던데 들어보셨어요? SSKK는 시키면 시키는 대로, 까라면 까라는 거예요. 보수 언론이 그런 류의 언어로 딱 찔러버리면 박근혜 정부는 이런 정권이라고 느끼지요. 결국 언론에서는 끝까지 참여정부는 코드인사라고 하지만 우리가 보면 아니지요.

박용수: 코드인사라는 게 비판적으로 정치적 정략적으로 공격하는 의미도 있지만 대통령제에서는 그런 코드인사가 불가피하고, 필요한 측면도 있지 않은가요?

김병준: 그럼 코드인사하지 뭐 하겠습니까. 오히려 지금 우리 같으면 하는 말이 있지요. 미국의 경우에는 소위 말하는 직업관료제(merit system)의 우산 속에 있는 관료의 수가 우리보다 훨씬 더 적거든요. 우리는 2급이 자동이고, 1급도 다 실제로 직업관료제의 우산 속에 다 들어가 있는 거예요. 1급은 우리가 바꿀 수는 있지만, 마구잡이로 내보낼 수는 없어요. 2급까지는 절대 보장이고요. 그러니까 1급까지는 실제의 우산 속에 해당되죠. 그 다음에는 현재의 정당체제로는 전문가를 길러 낼 수가 없잖아요. 연구원이나 보좌관들의 능력이 자기들은 어떻게 생각할지 모르지만, 정부에 있는 사람들이나 대통령 입장에서 보면 형편없이 떨어지거든요. 그러니까 그 사람들을 써야 될 자리에 전부 다 관료 출신들을 쓰는 거예요. 그러다 보니 관료 출신들이 거의 정부 부처를 장악하고 있는데, 장관까지 관료가 차지해 버리면 정말 곤란한 겁니다.

어떻게 보면 강력한 대통령책임제에서는 강력한 코드인사가 이루어져야 맞는 거예요. 그런데 우리는 그것을 또 못 참아 하거든요. 왜냐하면 코드인사를 비판하는 가장 큰 이유는 정치에 대한 신뢰가 없기 때문입니다. 정치에 대해서 신뢰가 있고, 내가 표를 던져서 저 사람에게 정말 내 권한을 상당 부분 위임을 했다고 하면, 대통령이 자기 인사를 쓰고 책임을 지겠다는데 왜 이의를 답니까? 하지만 국민들이 정치를 믿지 못하고, 내가 표를 줬지만 완전하게 주지 않았다고 생각하기 때문에 코드인사라는 것이 비판을 받는 거죠. 실제 코드인사라는 게 가능하냐 하면 그렇지도 않습니다. 곳곳에서 제약을 걸다보니 실제로 진행 할 수가 없거든요. 사실 참여정부만큼 측근 인사 결정을 안 한 정권도 없습니다. 그런데 우리는 코드인사라고 찍힌 겁니다. 청와대 안에도 보면 보좌관이 대표적이지만, 보좌관 이외 수석들은 대통령하고 관계없는 사람들이 숱하게 들어갔다가 나오고 했지요.

박용수: 과장되고 잘못 알려진 측면이 있네요.

김병준: 예를 들어서 가장 중요한 임무를 담당하는 인사수석만 하더라도 정찬용 씨가 인사수석을 하고 나간 자리에 김완기 수석이 왔어요. 김 수석은 행자부의 관료 출신인데 광주 부시장을 했어요. 이분은 대통령이 한 번도 만나본 적이 없는 사람인데 그런 사람이 대통령의 인사를 보좌하는 인사수석으로 왔어요. 그 사람이 거의 일 년 반인가 이 년 가까이를 인사수석을 했습니다. 그런데 그게 코드인사가 되는 거예요. 물론 그 뒤에는 박남춘 씨라고 대통령이 옛날 해수부장관을 하던 시절에 총무부장을 할 정도로 가깝게 지냈던 관료 출신이 맡았지만, 김완기 씨 같이 대통령이 전혀 모르는 사람도 와서 인사수석을 했단 말이에요. 그리고 보좌관들은 박기영 보좌관을 빼 놓고 대부분은 대통령이 잘 모르는 사람들을 데리고 왔죠.

황창호: 지금까지 인사 관련해서 말씀해 주셨는데요. 처음에 인수위에서는 임기가 시작될 때부터 정부조직 개편 그런 것들을 하셨나요?

김병준: 정부조직 개편을 제가 담당했는데 기본적으로 참여정부 때에는 정부조직 개편 작업에 있어 몇 가지 원칙이 있었어요. '하드웨어는 되도록이면 그대로 둔다. 부처 통폐합이라든가 이런 것은 안 한다. 오히려 소프트웨어 개혁으로 간다. 문제는 하드웨어가 아니'라는 거죠. 그래서 혁신이라는 이름으로 소프트웨어 중심으로 손을 대지 하드웨어는 손을 거의 안 대려고 했어요. 그 다음에 두 번째는 공무원의 수를 줄이지 않는다는 거였습니다. 공무원 수를 줄이지 않는다는 것을 가지고 엄청나게 논쟁에서 피해를 봤는데, 선거기간 내내 노무현이 대통령이 되면 공무원의 숫자를 삼분의 일로 줄일 것이라는 소문이 관가에서 돌았다고 해요. 그런데 우리는 후보 시절부터 시작해서 공무원의 숫자를 줄여야 된다는 이야기가 나온 적이 없어요. 오히려 우리가 절대적으로 봐서는 공무원 인원을 줄일 것이 아니라 앞으로 기능적으로 분류되어야 한다고 생각했어요. 그 이유는 기본적

인 방향이 우리가 앞으로 가야할 국가의 기능이 서비스 쪽이라고 봤기 때문이죠. 그러니까 이 3공화국과 4공화국의 가부장적인 정부 기능을 우리가 염두에 두어 국가가 엄청난 힘을 가지고 내리 누르면서 가는 규제 중심의 리딩하는 역할을 했다면, 이제는 시장과 시민사회가 앞서 가고, 오히려 이쪽은 시장에서 실패하는 영역을 보살펴주는 일종의 서비스 정부로 가야한다고 봤어요. 그러니까 어머니형 정부라고 우리가 이름을 붙였는데, 어머니형 정부로 가려면 서비스 행정으로 가게 되고 그것이 명확한 우리의 개념이고 방향이기 때문에 공무원 숫자를 줄일 수가 없었지요.

다만 공무원의 기능 조정은 필요했습니다. 다시 말해 기능 조정에 있어서 서비스 쪽을 늘리고, 그 다음에 필요 없는 기능, 예를 들면 특히 지방에 대해 간섭하는 기능들을 줄이면, 그쪽에 줄여진 인원을 서비스 쪽으로 돌려서, 공무원을 재교육과 재훈련을 통해서 재배치한다는 그런 구조가 되어 있었죠. 그래서 부처 통폐합은 거의 하지 않았지만 곳곳에서 조정 기능을 강화시킬 필요가 있다고 느꼈어요. 그래서 운영에서 실제 분야별로 책임장관을 두는 것으로 했습니다. 이렇게 해서 부처를 통합하기보다는 기존의 구조를 유지하되 통합의 효과가 나타날 수 있도록 일종의 관리책임자를 가져가기로 했죠. 청와대나 총리실은 조정 기능이 있지만 사실은 조정 기능을 발휘를 못합니다. 특히 총리실의 조정 기능을 보면, 제가 생각했던 것보다 더 발휘를 못해요. 일단 관료들이 총리실의 이야기를 듣지 않아요. 우선 경제부처 관료가 총리실의 관료를 자기보다 훨씬 하수로 보곤 합니다. 왜냐하면 고시될 때도 성적도 자기가 더 좋고, 대체로 보면 총리실 안 가려다가 어쩔 수 없이 가는 친구들이 많았거든요. 그러니까 산자부나 정통부, 기재부, 기획예산처에 나가 있는 친구들이 총리실을 그렇게 하수로 봤어요. 그리고 또 총리실이 조정의 역할은 한 적도 없었고요.

그러면 모든 역할을 청와대에서 해야 되는데, 청와대가 이 역할을 다 할수 없어요. 그래서 대부처주의로 가자는 이야기가 많았어요. 하지만 저는 통합은 필요 없다고 얘기했어요. 대통령도 그걸 받아들였죠. 통합으로 가느니 그 위에 조정자로서의 책임장관을 두면 되고, 그것도 책임장관으로 부총리를 임명할 것 없다. 그냥 내가 책임장관이라고 힘을 실어주면 된다고 생각하셔서 책임장관 제도를 운영하고, 총리와 책임장관, 청와대의 정책실장이 거의 정례적으로 만나서 내각의 운영에 대해서 토론하고 조정하는 역할을 했습니다.

정권 초창기에 그렇게 운영을 했는데, 아주 잊지 못할 사건이 있어요. 우리 행정학자가 한번 정리해야 될 일이라고 생각하는데, 신성장동력 사업이라고 있었어요, 10대 신성장동력. 미래먹거리, 차세대건전지, 홈오토매틱스(밖에서 전화하면 안에서 다 움직이게 하는 것), 그 다음에 자동차의 텔레매틱스(자동차를 오피스처럼 만드는 기술) 이런 것들을 포함해 열 개의 신성장동력 사업을 확정을 한 거예요. 그런데 문제는 신성장동력 사업 열 개를 어느 부처가 맡느냐의 문제였지요. 산자부, 정통부, 과기부가 신성장동력을 나누어 가져야 된다고 나섰어요. 열 개 사업에 엄청난 돈이 투자되게 되어 있고, 이것이 결국은 부처의 위상을 결정하는 문제였어요. 그래서 우리 식으로 하면 열 개 사업을 부처에 적절히 나누면 되는데 이 작업을 과기보좌관이였던 김태유 보좌관한테 맡겼습니다. 그런데 과기보좌관이 이것을 6개월 이상을 쥐고 있었는데도 결론이 안 나는 겁니다. 왜냐하면 세 부처가 서로 더 가져갈 거라고 다 싸움이 난 거예요. 도대체 차세대 건전지가 과기부 관할인지 아니면 텔레매틱스가 산자부 관할인지 정통부 업무인지 구분이 잘 안 되잖아요. 예를 들어 홈오토매틱스만 해도 그래요. 밖에서 휴대폰으로 전화를 하면 받아주는 게이트웨이가 있고, 게이트웨이가 전달해 주잖아요. 그 게이트웨이를 냉장고에 달수도 있고, 텔레비전에 달수도 있고, 밥솥에 달수 있어요. 어디든지 다 할 수 있는데 이 게이트웨이가 전파가 가니까 정통부 관할인지 아니면 기계가 작동하는 것이니깐 산자부 관할인지 구분이 안 되는 거예요. 자동차도 마찬가지예요. 자동차 어디까지가 과기부 거고 어디까지 정통부 것인지 복잡해요. 복잡하게 얽혀 있는데 여기에 장관이나 관료들이 목숨을 건 거예요. 장관이 절대로 그 자기 부서의 이익에 반하는 행동을 하고서는 그 장관은 살아남을 수가 없어요. 이런 게 바로 우리나라의 관료문화 아닙니까.

김영삼 대통령 시절에, 건교부장관이 건교부 직원들의 견해와 반해서, 부처의 이익에 반하는 대통령의 명령을 수행한 적이 있다는 소문이 돌았습니다. 장관, 차관이 대통령에게 협조를 했거든요. 당시 내용이 뭐였냐면 임시직 두 명이 건교부를 망치고 있다는 (얘기가) 돌았다는 거였습니다. 임시직 두 명이 바로 장관, 차관이거든요. 그게 관료 커뮤니티예요. 그런데 관료 커뮤니티의 힘이라는 것이 점점 더 강해졌고 커뮤니티가 이미 OB들하고 또 연결되어 있죠. 제3공화국, 제4공화국 때처럼 밖에서 아무 인센티브가 없고, 오히려 관료조직이나 위에서부터 내려오는 인센티브가 있는 그 시절이 아니라고요. 지금은 옷 벗고 나가도 로펌이나 기업으로 갈 수 있습니다. 유능한 장관도 자기 부하들한테 평가받는 기준 일을 많이 가져오고, 권한을 안 뺏기는 겁니다.

그런데 이 텔레매틱스에서 뺏겨버리면 장관이고 차관이고 다 죽는 거예요. 그러니까 부처 간에 목숨을 건 싸움이 진행이 되는데, 대통령의 과학기술보좌관이 무슨 수로 그걸 조정을 하겠습니까. 하다가 김태유 보좌관이 "나 이거 더 이상 못 하겠다."고, 손을 드는 거예요. 그래서 안 되겠다고 대통령이 회의를 했거든요. 우리가 회의를 해서 김진표 경제부총리에게 경제 관련된 업무니까 책임지고 해결하라고 했어요. 그런데 이분이 또 한 6개월인가 5개월인가 쥐고 있다가 손 들어버린 겁니다. 경제부총리의 조정력이 전혀 발휘될 수 없는 거예요. 경제부총리가 안 된다고 하니까 드디어 대통령 주재로 회의를 했어요, 대통령이 가운데 앉고, 스탭들 다 앉았습니다. 그 자리에서 산자부장관하고 정통부장관이 서로 얼굴 붉히면서 손가락질해서 더 이상 회의가 진행이 안 될 정도였습니다. 대통령도 조정을 못해요. 왜냐하면 우선 도대체 이게 어느 부처에 가야 할지 모르는 거예요. 그래서 대통령이 회의 그만하자고 하시면서, 마지막으로 한마디씩 했어요. 그리고 제가 정부혁신위원장으로서 마지막으로 발언을 하고 대통령이 마무리 발언을 하고 끝내야 되는데, 제가 발언을 하려고 하니까 대통령께서 "아 김 위원장은 발언을 하지 마세요."라고 하는데 그래서 제가 기분이 굉장히 상했습니다. 왜냐하면 이건 노무현 대통령의 특징인데, 자기 분야가 아니면 말하는 것을 굉장히 싫어해요. 그러니까 예를 들어서 제가 검찰개혁에 대해 말하면, "아따 요즘 공부 많이 하시는데, 언제 검찰까지 그렇게 공부를 하셨어요?" 이런 식이거든요. 그러니까 농담 삼아 말하지만 이렇게 필요 이상으로 자기 분야 아닌 것은 말을 못하게 해요. 그런데 제가 한마디 하려니까 발언을 하지마라고 하시고는 대통령이 따로 이야기를 하시더라고요. "이 회의는 이래서는 안 되겠고, 오늘은 여기서 종결을 합시다." 하시더니, "내가 김 위원장에게 발언을 못 하게 한 것은, 그게 말하자면 책이 잡힐까 싶어서 그런 것입니다. 이 건은 김 위원장이 해결하시오." 그러셨어요. 대통령께서 부총리가 안 되는 것을 정부혁신위원장이 해결하라고 하셔서, "제가 무슨 뜻입니까? 제가 말씀 좀 더 드려야 되겠습니다."라고 하니까 "내가 그거 맡긴다고 했잖아요."라고 하셨어요. 그런데 집에서 밤에 생각을 해보니까 이유를 알겠더라고요.

 대통령은 이것을 조직으로 풀라고 한 겁니다. 정부혁신위원장한테 이 문제를 풀라고 했을 때에는 단순히 이 문제만을 보지 말고 조직을 보라고 한 거예요. 지금 과기부와 정통부, 산자부가 이렇게 뒤죽박죽 부처끼리 싸워 부총리나 책임장관도 해결을 못 할 정도로 부처이기주의로 싸운 이 문제를 어떻게 풀 건지 대통령은 벌써 생각이 정리된 거예요. 이러한 문제는 누구에게 무엇을 나누어 줄 것인가 정도 가지고는 해결하지 못한다고 본 거예요. 다시 말하면 하드웨어를 손대서 풀라 이거예요. 셋을 합쳐서 대부처주의로 가거나 어떤 식으로든 이것은 정부혁신 차원에서 풀라는 의도지요. 그래 제가 다음 날 대통령을 찾아가서 이야기를 했지요. "조직을 보고 해결하라는 그 뜻입니까?" 그랬더니 맞는다고 하셨어요. 그래서 제가 그때부터 처음으로 대대적인 하드웨어 개편에 들어갑니다. 다른 것은 크게 손을 안 댔거든요.

박용수: 그 시점이 2003년 말이었던가요?

김병준: 2003년 말, 2004년 초. 기록을 찾아보면 있을 건데요. 제일 처음으로 한 일은 업무를 나눠줘야 하는 것이었어요. 그래서 우리 계획으로는 먼저 테스크포스를 만들었어요. 세 부처 개편을 위한 테스크포스를 만들었는데, 그 과정에서 산자부장관 윤진식 장관이 와서, 저한테 식사 자리를 한번 꼭 가졌으면 좋겠다고 했어요. 그래서 밥을 먹었지. 윤진식 장관 얘기가 자기가 사표를 내겠다고 자신만 사표를 내는 게 아니라, 차관보를 포함한 1급 전체가 사표를 다 내겠다고 하더군요.

박용수: 압력인가요?

김병준: 압력이 아니라 진정으로 말했어요. 사표 낼 테니까 산자와 정통부를 합쳐 달라고 한 거예요. 말하자면 매일 아침에 출근하면, 서로가 산자부 애들 오늘 뭐 하나 하고 궁금해하고 산자부도 정통부가 오늘 뭐 하나 그래요. 그래서 산자부가 홈오토메틱스 협회 만들면, 정통부도 홈오토메틱스 협회를 만드는 거예요. 과기부가 로봇 만들면 과기부 로봇 따로 있고, 산자부 로봇 따로 있거든요. 과기부 로봇이 가다가 실패하면 산자부가 잔치집이 되고. 산자부 로봇이 실패하면 과기부가 잔치집이 되요. 대통령 앞에서 서로 망했다고 자기들끼리 좋아하는데 이게 도대체 같은 정부 안에서 있을 수 있는 일입니까.

하이닉스 회장하고 지멘스 회장하는 김종갑 씨가 당시 차관보였는데, 내가 고등학교 선배에요. 하루는 저한테 찾아와서, "내가 참 창피한 얘깁니다만 진짜 합쳐주십시오."라고 말했어요. 이유가 뭐냐고 물으니까 자기 와이프가 "당신들 월급 받고 사는 게 부끄럽지도 않냐?"고 한대요. 그게 왜 그런가 하면 집에 가서도 업무 연장할 거 아니에요. 그런데 집에서 전화하는 하는 내용이 이런 거예요. 예를 들어서 정책적으로 얼마 지원하고 얼마를 받는 그런 내용을 얘기할 때 "정통부 애들 이번에 그거 했어. 그거 안 되게 막고, 너 국회에 가서 정통부 애들 그러면 안 된다고 설득하고. 그 다음에 그쪽 협회 누구 잡아가지고 우리가 프로젝트 줄 테니까 이쪽으로 오라고 해." 그 와이프가 몇 달을 두고 보더니 당신들 국가의 녹을 받는 게 부끄럽지 않느냐고 했다는 거예요. 아침마다 가면 정통부 애들 어떻게 두들겨 잡을 거냐고 전략회의 해서 저녁이 되면 그걸로 끝나는 거예요. 그래서 윤진식 장관이 찾아와서는 "이거 안 됩니다. 청와대가 이걸 합쳐 주십시오."라고 했습니다. 그런데 합치면 정통부가 반대하거든요. 왜냐하면 정통부는 작고 순한데 산자부는 군대문화예요. 여기는 재래식으로 죽을 듯 사는 부처인데, 양쪽이 합치면 정통부 직원은 결국 산자부가 주인이 되고 자기들은 완전히 밀린다는 것을 안 단 말이에요. 그러니까 윤진식 장관이 그 이야기를 듣고는 장관 이하 1급까지 필요하면 2급도 상당수 사표를 책임지고 받아 올테니, 진대제가 산자부와 정통부가 합친 부처의 장관으로 가고, 차관, 1급, 2급도 될 수 있으면 정통부에서 다 먹어라. 이렇게 하면 우리는 의심 안 하고 다 합쳐주겠다고 한 거예요. 그런데 정통부에 가서 이야기하면 아닌 거예요. 왜냐하면 5년만 지나면 애들이 다 올라와서 다 먹는다는 거예요. 그래서 도저히 안 되겠더라고요.

그래서 제가 어떤 안을 만들었냐 하면, 과학기술부총리를 만들어서 과학기술부총리가 이 세 부처에 관한 일뿐만 아니라 국가의 과학기술과 관련해 상시적으로 조정 업무를 담당할 수 있는 권위를 부여하는 안이었어요.

그래야만 이 문제가 풀리지요. 그리고 부총리는 예산권을 쥐고 있어야 이 문제를 풀 수 있어요. 과학기술부총리가 예산권을 쥐고서 여차하면 예산으로써 산자부에 줄 거 안주고 해버리면 이것은 리더십이 생기지 않겠는가 하고 봤어요. 상시적으로 조절하는 것으로 그걸 만드는 거예요. 그러면 선수와 심판을 겸할 수 없잖아요. 그러면 당연히 과학기술부를 부총리 부서로 승격을 시키고 조정 업무를 하게 하면, 과기부가 하고 있는 현재 집행업무의 상당수는 정통부와 산자부 쪽으로 넘겨줄 수밖에 없잖아요. 왜냐하면 자기가 예산권을 쥐고 자기가 심판하고 선수까지 다하면, 결국 자기한테 유리한 대로 해 버리고 과기부가 완전히 다 뺏어 먹는단 말이에요. 그러니까 과기부의 집행 기능을 줄이는 대신에, 부총리부서로 승격을 시키는 아이디어를 낸 거예요. 그래서 이러한 대책안을 대통령에게 보고를 했더니 대통령이 좋다고 하셨어요. 그리고 그 안을 가지고 열 개를 나누어 주는 거예요.

어느 날 결정을 해서 산자부 다섯 개, 정통부 네 개, 과기부는 집행 업무를 줄여야 되니까 이렇게 정해서 아침에 국무위원 식당에 다 불렀지요. 만난 자리에서 "이 장관 그리고 과학기술보좌관은 내가 대통령한테 보고했을 때 대통령이 당신한테 지시한 것을 증언해라. 그리고 그동안 조정 업무를 담당해 왔던 경제부총리도 오라고 하고. 지금부터 하는 말은 협의나 회의가 아니라 통보다. 만일 내가 한 통보에 대해서 이의가 있으면 거기에 대해서 별도의 청구를 해라." 그 이야기는 못 받아들이겠으면 사표를 내라 이거예요. 그래서 제가 그 자리에서 산자부 다섯 개, 정통부 네 개, 과기부 하나를 주었습니다. 그런데 아직까지 조직 개편의 구상을 밝힐 수가 없잖아요. 그래서 과기부는 하나를 받은 거예요, 그때 장관이 박호군 장관이었습니다. 그래서 산자부는 아주 만족했고, 정통부도 흡족하고. 끝나고 나니까 과기부장관이 자리에서 안 일어나는 거예요. "장관님 안 가십니까?" 물으니 과기부장관이 "저는 이렇게 못 가겠습니다." 그랬어요. 그래서 저는

"제 방으로 좀 가시겠습니까?"라고 했어요. 그때 지방분권위원회가 종합청사 12층에 위에 있었어요. 갔더니 사표를 내겠다고 했어요. "오늘 지금 이대로 부처로도 돌아갈 수가 없다, 사표를 내겠다."고 했어요. 그래서 제가 "사표 내십시오. 제가 대통령께 이야기 드리겠습니다." 했어요. 한 번도 내가 "장관님 왜 그러십니까, 내지 마십시오." 이 말을 안 했어요. 그래서 당시 과기부장관이 사표를 냈어요.

박용수: 그 조정 권한이 과기부로 간다는 말을 미리 말씀해 주시면 안 되는 거였나요?

김병준: 그런데 당시 과기부장관에게 이야기를 할 필요가 없는 이유가 부총리로 승격한다고 해도 이분은 못가거든요. 부총리는 따로 모셔야하기 때문에 이분은 어차피 나가야 해요. 그리고 부총리 부처로 만들려면 정부조직법을 개편해서 가려면 그 작업이 이쪽의 집행 업무를 떼어내고 이쪽으로 가는 이야기를 하는 순간에 과기부가 다 동요를 하고 야단법석이 일어나는 거예요. 그러니까 면밀한 액션플랜이 있기 전에는 이야기를 못 하는 거예요. 관가만 완전히 들쑤셔 놓는 것이기 때문이지요. 그래서 말을 못한 채 나중에 제 뜻을 이해할 때가 올 거라고 이야기를 해 주고, 이분은 결국 그날로 억울하게도 사표를 냈어요.

박용수: 당시에는 굉장히 서운하셨겠네요.

김병준: 서운한 정도가 아니었겠죠. 그러다가 한참 있다가 인천대학총장으로 가셨지요. 그분이 그때 왜 그랬는지 지금은 이해하죠. 그렇게 해놓고 그 다음에 과기부장관을 새로 물색할 때, 지금 정부조직법이 통과되고 여기까지 가려면 세월이 한참 걸리는데, 실질적으로 부총리 역할을 해

줄 사람이 필요하거든요. 그래서 우리가 인사를 어떻게 하는가 하면, 윤진식 장관과 진대제 장관을 통제할 수 있는 원로를 모셔야 된다고 봤어요. 그래서 모신 분이 오명 장관입니다. 오명 장관 모시면서 제가 다 설명을 했어요. "사실은 장관님은 곧 부총리가 되실 겁니다. 그 대신에 과기부의 집행업무를 들어내셔야 합니다. 지금 하시고 있는 프론티어 사업 등 모두 검토해서 들어낼 건데, 그 대신에 부총리를 하면서 과기부가 중심이 되어서 예산권을 쥐고 세 개 부처를 몰아가십시오." 그러니까 동의했지요. 과학기술부 집행 업무가 떨어져서 일부는 새로운 부서로 이동하고 그랬어요. 그런데 이분이 과학기술본부를 만들고 기획예산처로부터 한 명을 데리고 와서 예산 담당하는 차관으로 들여서 복수 차관을 두었어요. 그분이 지난번 함바사건인가 부산저축은행 사건 때문에 돌아가신 농림부장관 지냈던 임 장관이에요. 그 양반이 예산실장하다가 과학기술부차관으로 오고 그랬거든요. 그래서 세 개 부처를 관장하는데 부총리가 되기 전에 오명 총리가 하는 말이 자기를 무엇 때문에 앉힌 건지 이유를 안다는 거예요. 그리고 상대방 장관들도 다 알고요. 그러면 아직 부총리는 안 되었지만 자기 말을 들어야할 거 아니야, 청와대로부터 조정권을 받았으니까요. 그런데 말을 안 듣는다는 거예요. 자기 멋대로 해서 걱정이라는 거죠. 그런데 우리가 그 양반을 앉힐 때에는 온갖 것을 다 고려했거든요. 나이뿐만 아니라 장관을 벌써 몇 번 지낸 분이시잖아요. 게다가 조정 능력도 뛰어나고, 후배들한테 신망도 높고, 게다가 세 사람이 다 서울대 전자공학과예요. 오명 장관이 육사를 나왔지만, 서울대 전자공학과에 학사편입을 해서 졸업했고요. 윤진식 장관도 전자공학과를 나왔고, 진대제 장관도 전자공학과를 나왔고요. 그런데도 오명 장관이 여러 가지로 선배인 데도 부처이기주의가 그렇게 강한 거예요. 그래서 우리가 과학기술부총리 자리로 앉혔습니다.

그게 가장 큰 하드웨어개혁이거든요. 솔직히 과학기술 분야의 부총리 제도를 만들어서 부처 업무의 과학기술 업무를 총괄, 조정하게 하고 기획예산처와 떨어진 독자예산권을 준 것에 대해서 정말로 다 칭찬을 받았는데, 이명박 정부가 부총리부서 없애 버리고 환원시켜 버리니까 R&D 부분에 대한 조정 기능이 날아가 버리고, 이명박 정부 내내 상당히 과학기술 분야가 억눌린 상태였죠. 그 이외에는 조직 개편에 크게 손댄 게 없어요.

그 다음에 하나 크게 손대려다가 그만둔 것이 물류부 신설이었는데 물류부 신설은 노 대통령이 정말 하고 싶어 했어요. 물류부라는 것이 관세청부터 시작해서, 해양물류, 통관 업무, 건교부 쪽의 업무를 포함하는 부서를 의미합니다. 왜냐하면 물류시장이 워낙 크기 때문에 우리가 물류대국을 한번 만들어 보자 해서 했는데, 사실 제가 반대했어요. 대통령이 굉장히 드라이브를 걸었는데, 제가 정부혁신위원장 때도 반대하고, 정책실장 때도 반대했어요. 그 이유는 부처 개편을 손대면, 관세청, 건교부, 해양수산부 모두 다 손을 대야 되는데, 이래서는 우리가 5년 동안 일 못합니다. 화학적 결합이 될 수가 없어요. 그리고 물류부라는 생소한 개념 가지고 우리가 어떻게 국정을 운영하겠어요. 우리가 물류를 전담하는 청와대 내의 조정 기구를 둔다든가 하면 몰라도, 부처를 신설하는 것은 반대였어요. 다행히 대통령이 받아 주어서 물류부 신설이 안 되었어요. 제가 알기로는 이명박 정부 때에도 물류부 신설이 자주 거론된 것으로 알고 있어요. 그것 말고는 손댈 것이 없어요. 손을 댄다면 기능 정도인데 예를 들어 청소년 기능을 여성부로 가져온다거나 그것도 다 이유가 있었어요.

부서 중 가장 독특한 부서가 여성부하고 해양수산부예요. 다른 곳은 모두 기능별로 되어있는데, 여기는 분야로 되어 있어요. 그러다 보니 해양수산부는 매일 싸우는 거예요. 왜냐하면 오염이 내륙의 강에서 바다에 닿아요. 바다에 닿아 들어가는 순간 이 오염은 환경부 소관이 아닌 해양수산부 소관이에요. 그러면 이거 가지고 매일 가서 너희가 잘못했다 우리들이 잘못했다며 매일 싸우고 툭 하면 이런 분쟁들이 생겨요. 그러면서 해양수산부도 그렇고, 여성부도 그야말로 여성단체에서 하도 주장을 하니까 부서를 만들어 줬는데, 이왕 있을 바에야 일을 제대로 하라는 취지였죠. 그러면 여성 업무만 여성의 성차별이라든가 성희롱이라든가 이런 문제만 나오는 것이 아니라 결국은 가족이나 청소년 업무도 같이 다루어 줘야 될 것 아니에요. 그래서 여성가족부를 만들어서 보건복지부에 있던 가족 기능을 이전하여 여성가족부 쪽으로 옮겨 줬죠. 그런데 재밌는 게 청소년이나 여성이나 가족 분야가 보건복지부에서는 순위가 떨어지는 거예요. 그런데 여성부에 가면 여성이나 가족 분야가 우선순위에 있어서 굉장히 중요한 업무가 되기 때문에 그래서 그렇게 조정해줬고 나머지는 없어요.

박용수: 정부혁신위원회에서 맡았던 역할 중에서 전자정부하고 기록 관리 업무는 이지원 시스템하고 연결되는 건가요?

김병준: 이지원 시스템하고 연결되는 것은 아니에요. 이지원 시스템은 청와대 자체 내에서 개발한 거고, 이지원을 포함한 전체 국가관리를 어떻게 할 것인가는 정부혁신위원회에서 다루었어요.

박용수: 이지원 시스템은 청와대 기록물에 해당되는 것만 다루었나요?

김병준: 그때까지 국가 기록물을 형편없이 관리했기 때문에 기록물 관리 방식과 앞으로 청와대의 관리 방식에 관한 메타플랜은 정부혁신위원회에서 기록 관리를 전공으로 하는 교수들과 전문가들이 일종의 테스크포스를 만들어서 입안을 했어요. 그 속에 이지원 계획이 들어 있어요. 이지원은 별도로 청와대에서 개발을 했는데, 그것은 대통령이 직접 개발했어요. 이지원의 포맷이나 흐름이나 프로그래밍 자체를 다 대통령이 했어요. 그러니까 대통령이 이걸 이렇게 옮겨라, 저걸 저렇게 옮겨라 하는 것이 정말로 머리가 아픈 거예요. 그러면 누가 이렇게 묻더군요, "노 대통령이 그거 하느라

고 큰 것을 놓치지 않겠느냐면서 앉아서 쪽지를 보내면 누가 받고, 그 쪽지가 어떻게 건너가고, 그것을 클릭을 하면 어떻게 되는지, 매일 이런 거 구상을 하고 있으니까 놓치는 거 아니냐? 지금 국방, 외교, 거시경제 해야 되는데, 대통령이 그럴 시간이 어디 있느냐?"라고요. 그래서 제가 그랬어요. 그냥 대통령의 취미 시간으로 놔두라고요. 왜냐하면 이지원은 노 대통령의 일종의 집에서 가지고 노는 장난감입니다. 그런 것을 너무 좋아했거든요. 그래서 그것을 직접 하신 거고 시스템도 수시로 바꾸는 거예요. 전체 기록 관리는 아까 이야기한 정부혁신위원회의 팀이 있었어요. 그러니까 전자정부, 행정개혁, 규제완화, 지방분권, 재정세재 개혁 다섯 가지였죠.

박용수: 전자정부라는 것하고 기록 관리하고 연결되어 있는 것이 아닌가요?

김병준: 전자정부는 지방정부까지 포함해서 정부 전체의 전산망 관리하는 거예요. 아까 이야기했듯이 기록 관리도 여기에 들어가죠. 기록관리팀은 아마 행정개혁팀 안에 들어 있었을 거예요.

박용수: 그러면 정부혁신위원장을 맡으시면서 정책실장하고 임기가 겹치는 것은 없었나요?

김병준: 없어요. 겹칠 수가 없죠. 제가 정부혁신위원장을 1년, 그러니까 2003년 4월에 들어가서 2004년 6월까지 한 거거든요.
그러니까 두 직을 겸직할 수 있는 것은 아니고, 정책실장을 가면서 정부혁신위원장을 그만두는 거였어요. 다른 정부 안에서의 일인데, 그렇게 하게 된 게 제가 정책실장을 가겠다고 평생 처음으로 요청드렸어요. 그게 언젠가 하면 2003년 물류사태가 터졌을 때예요. 당시에 물류사태가 두 차례

가 오는데, 포항이 완전히 마비가 되 버렸어요. 왜냐하면 트레일러나 컨테이너들이 전부 도로를 막고, 시동 끄고 집에 가 버렸으니까 도시 자체가 마비가 된 거예요. 그래서 경찰이 나중에는 열쇠 만드는 사람들을 데려와서 들어내고 야단이 벌어졌어요.

그런데 물류사태가 터졌을 때의 상황은 대통령이 격노를 했어요. 왜냐하면 도시 하나가 마비되었는데, 청와대 참모부터 부처의 직원까지 누구하나 대통령한테 보고하는 사람이 한 사람도 없었기 때문이죠. 그리고 대통령은 물류사태가 터진 것에 대해 누군가가 이 물류사태를 해결하기 위해서 뛰겠지 하고 봤는데, 아무도 안 뛰는 거예요. 그날 아침에 일면 톱으로 전부 다 물류사태, 포항 도시 마비라고 났기에 국무회의 자리에서 대통령이 모두에게 물었지요. "지금 도시가 다 마비가 되었는데, 어떻게 된 거요?" 그러면 담당 장관이 이렇게 된 거라고 설명을 해줘야 될 거 아니에요. 그런데 아무도 설명을 안 하는 거예요. 그러면서 보니까 저 쪽의 건교부장관은 행자부장관 쳐다보고 있고, 행자부장관은 공정거래위원장 쳐다보고 있고, 서로가 그랬어요. 물류라는 게 뭡니까? 도시가 마비가 되었어요. 그럼 누구 업무죠? 행정자치부장관의 업무에요, 그런데 터진 것은 무엇 때문에 터졌나? 차가 막았단 말이에요. 이건 건교부장관 업무에요. 왜 터졌냐? 다단계로 가서 임금 착취하고 하다보니까 터진 거예요. 이건 공정거래위원회 업무에요.

그러니까 물류사태가 터졌으면 응당 조정 기능이 발동을 해서 총리실이든 청와대든 움직이든가, 아니면 누구 장관이 조정을 해줘야 되는데, 이게 안 되는 거예요. 청와대도 손을 놓고 있었고, 총리실도 손을 놓고 있고. 장관들끼리는 서로 책임을 미루고만 있었어요. 그날도 대통령이 물었는데 장관들이 서로 얼굴만 쳐다보고 있는 거예요. 그래서 대통령이 "건교부장관 당신 책임 아니오?" 하셨는데, 최종찬 장관이 "예? 제가요?" 이랬다고. 그러니까 그게 얼마나 심각한 일이에요? 국가 기능이 완전히 엉망이 되었더라고요. 그래서 내가 그날 국무회의 끝나고 난 다음 날 대통령을 찾아가서, "정책실장을 바꾸어야 되겠습니다." 그랬더니 대통령께서 "누가 하게?" 하셔서 "제가 해야겠습니다. 지금 정책실장으로는 현안을 관리하기 힘들 것 같습니다."라고 했어요. 그리고 이유를 설명했지요. "왜냐하면 이정우 교수는 너무 국정 과제 중심입니다. 게다가 토지 쪽에 너무 몰입되어 있습니다." 비서실이야 완전히 따로 있었으니까 그렇다고 하지만, 이런 정책적인 사안이나 내각 관리하는 것은 비서실이 관여할 일이 아니거든요. 정책실장이 어떻게 된 거냐고 챙겨 봐야 하는데 그러질 못한 거예요.

어찌보면 학자 출신의 문제점 중 하나예요. 학자 출신이 행정을 맡으면 전체를 조망하는 습관이 없는 거예요. 꼭 무슨 논문 쓰듯이 자기가 전공하고 자기가 잘 아는 문제만 팝니다. 이분은 토지경제를 전공한 사람이니까, 집값, 토지 값에 집중하는 거예요. 그러니까 누가 챙기느냐 하면 오히려 정책실장 밑에 차석인 수석이 챙겨야 되는 거예요. 수석이 당시 나중에 경제부총리 했던 권오규 씨가 수석이었는데, 수석이 오히려 전체를 조망하고, 실장은 이렇게 한 쪽을 보고 있어요. 이게 순서가 바뀌어 버린 거예요. 그런 사이에 중요한 사항을 놓친 거죠. 그리고 총리실은 청와대하고 부처가 챙기겠지라고 생각하다보니 또 놓쳤고요. 부처는 총리실하고 청와대에서도 연락이 없으니까, 누가 챙기겠지 한 거예요. 그래서 제가 "정책실장은 제가 해야 되겠습니다." 그랬더니 대통령께서 하시는 말씀이 "안 그래도 내가 곰곰이 생각을 했더니 정책실장을 바꾸어야 되겠더라, 그런데 당신이 이야기하기 전에 한 사람한테 연락을 했다."고 하셨어요. 그래서 "누구한테 연락했습니까?" 물었더니, 대통령께서 "박봉흠 기획예산처장관한테 했다."고 대답하셨어요. 그래서 제가 그랬죠. "박봉흠 장관이 정책실장을 맡으면 저는 아무런 이의가 없습니다, 없었던 이야기로 해 주십시오." 그리고 나와서 박 장관한테 전화를 했더니 박 장관이 난색을 표하는 거예요. 자기는 밖에서 장관 하면 좋은데, 다시 청와대 들어와 가지고 스탭 하라고 하니까 죽을 지경이지요. "청와대에서 일을 해봤으니까 잘 알겠지만 그래도 당신이 지금 해야만 한다, 그리고 청와대가 국정 과제만 챙겨서는 안 되겠다."고 했어요. 국정 과제만 챙기다가 조정 기능을 놓치고 있다. 청와대는 당분간 어찌되었든 간에 현안을 챙겨야겠다. 그런데 현안 챙기려면 현안을 잘 아는 사람이 와야 된다 이거예요. 그러면 당신이 기획예산장관이니까 잘되었다, 앞으로는 현안 챙기는 걸로 대통령께 저도 이야기를 하겠다고 했어요. 그랬더니 박봉흠 장관도 물론 국정 과제도 챙기겠지만, 여태껏 평생의 관료 생활하면서 익숙한 현안을 챙기겠다고 이야기했어요.

그래서 박 장관님이 와서 현안을 챙기면서 당시에 수석이 정책수석 한 사람밖에 없었는데 청와대에 하나가 더 늘어요. 그리고 국정 과제와 현안 중심으로 갔어요. 그러면 대통령한테 "국정 과제 챙기는 것을 이정우 교수한테 계속 챙기라고 그립시다." 하고 말씀드렸어요. 대통령께서 어떤 방식으로 그렇게 하느냐고 물으셔서, 내가 이정우 교수를 정책기획위원장으로 보내서, 정책기획위원장이 선임위원장으로서 이쪽에 국정과제위원회 위원장들을 전부 다 관장하게 해 주고, 그리고 정책기획위원장과 정책실장이 수시로 협의하는 체제로 가면 국정 과제는 정책기획위원회에서 챙기고, 현안은 청와대 정책실에서 챙기는 것이 맞다고 대답했어요. 그래서 대통령께서 "그렇게 가죠."라고 하셔서 바꾼 거예요. 그런데 대통령께서 탄핵까지 가게 되었죠.

탄핵기간이 지나간 후 아침에 제가 정부혁신위원회로 출근을 하는데, 대통령이 전화를 하셨어요. 좀 들어오라고 하시기에 전 아무 영문도 모르고 들어갔어요. 청와대 집무실로 들어갔더니 마침 이창동 장관이 그만둔다고 마지막 보고를 하느라고 거기에 있더라고요. 그런데 이창동은 제 중학교 동기였지요. 이 장관이 "병준이 왔냐?" 그래서 "뭐하냐?" 물었더니, "나 이제 장관 그만두려고."라는 거예요. 그래서 제가 잘했다고 했어요. 그리고 마지막 보고하는데 옆에 같이 앉아있었습니다. 제가 남 보고하는데 앞아 있으니 멋쩍어서 나가려고 했더니 계속 앉아 있으라고 하셔서, 끝까지 앉아 있었어요. 그런데 다음에 바로 대통령 일정이 연결되어 저는 그날 아무 말도 못하고 왔어요. 사무실에 들어와서 신문을 보니까, 기사에 박봉흠 정책실장이 병이 나 입원을 한 거예요. 그때서야 저를 왜 오라고 한지 알았어요. 대통령께서 나에게 박봉흠 후임을 맡으라는 얘기라고 짐작했어요. 다음 날 오후에 내일 보자고 전화가 와 들어갔더니 대통령께서 박 장관이 저래 되었으니까 정책실장을 맡으라고 하셔서 정부혁신위원장은 고려대학교 윤성식 교수한테 맡기고 제가 정책실장을 맡았어요.

박용수: 그러면 박봉흠 장관은 얼마 못 하신 거네요?

김병준: 박봉흠 장관이 6개월 했지요, 탄핵기간이 다 지나서 6개월에서 8개월 정도 되었을 겁니다. 탄핵기간이 오히려 길었고요.

박용수: 그러면 이정우 정책실장은 얼마나 하셨나요?

김병준: 8~9개월밖에 못했어요. 그 다음에 박봉흠 장관이 2004년 6월 2일까지만 한 거예요. 제가 6월 2일 날 발령을 받았으니까요. 그리고 박봉흠 장관은 병원에 입원을 해 버렸고 그 후에 제가 정책실에 들어갔고, 이정우 위원장은 여전히 정책기획위원장을 하고 있는 거예요. 그런데 국정 과제는 정책기획위원장이 하고 저는 현안을 챙기는 일을 했단 말이에요. 그런데 국정 과제하고 현안하고 또 부딪치는 거예요. 왜냐하면 국정과제위원회가 부처 위에 자꾸 올라서려고 하면 부처는 안 빼앗기려 하기 때문이죠. 그러면 그 갈등이 국회로 전이가 돼요. 왜냐하면 관료들에게 국회 어느 위원회가 "당신들이 이거 왜 못해?" 하고 물으면, 관료들이 "저쪽 위원회에서 잡고 안 놔줍니다." 하니까 자꾸 갈등이 생기고 신문에서는 계속해서 국정과제

위원회가 옥상옥이라고 비판하고, 아무리 설명해도 소용이 없었어요.

실제로 일부 국정과제위원회가 오버한 부분이 있어요. 예를 들어 동북아위원회 같은 곳은 서남해안 개발을 장관들이 아닌 자신들이 하겠다고 해서 문제가 되었어요. 말하자면 국정과제위원회는 국정 기획을 하는 거지 집행 업무를 하는 데가 아니거든요. 그런데 제가 정책실장할 때인데, 문정인 교수가 싱가포르에 자본 유치한다고 싱가포르로 출장 간다고 올라온 거예요. 내가 "아니 위원장이 왜 싱가포르로 출장가시냐?"고 물으니까, 투자유치 하러 간다고 하더라고요. 투자유치는 부처에서 하는 거고, 국정과제위원회는 서남해안의 큰 개발이 필요하다면 어떤 식의 개발이 좋겠는지를 알려주면 끝나는 거지요. 그걸 저쪽에 투자자하고 협정을 하는 역할은 외교부가 하거나 통상교섭본부에서 하는 거지요. 결국 이게 행담도 사건으로 사고가 났잖아요. 그러니까 균형발전위원회가 건교부 위에 올라타서 새로운 건교부장관의 건교부의 기본 계획을 모두 바꾸는 일이 벌어지는 거예요. 그래서 제가 이정우 실장한테는 정말 못된 짓을 두 번 했어요. 그 양반이 정책실장이 되었는데, 제가 쫓아낸 게 아닌데 정책실장을 결국 쫓아낸 상황이 됐어요. 대통령이 불러서 가서 이야기했더니 박봉흠 장관을 쓰게 했다고 하더라고요. 그래서 박봉흠 장관을 오라고 했고, 이것이 이정우 실장에게 통보되어야 했는데, 그 통보를 나에게 하라는 거였어요. 그런 업무는 사실 비서실장이 해야 하죠. 난 남의 사무실을 잘 안가거든, 이정우 실장 방에 갔더니 이정우 실장이 "뭐 중한 말씀이 있으신 모양이죠?"라고 했어요. 그래서 내가 이래저래 되었다. 그동안 수고하셨다고 말했어요.

박용수: 그러면 노무현 대통령이 그런 것은 제대로 잘 안 챙기시는 스타일이셨나요?

김병준: 대통령께서 안 챙기는 게 아니라, 제가 하는 게 인간적으로 좋

다고 본 거예요. 그래서 한번은 할 일이 아닌데 제가 통보를 하게 된 거예요. 두 번째는 마찰이 자꾸 일어나는 거예요. 그때까지 정책실장은 정책실장대로 대통령한테 보고하고, 정책기획위원장은 정책기획위원장대로 직보를 하는 형태였어요. 그런데 대통령이 받아보니 양쪽의 보고가 서로가 어긋났던 것이죠. 그래서 대통령이 보고체계 일원화를 요구하셨는데, 이건 정책기획위원장이 정책실장의 결재를 받아서 보고를 하는 형식이에요. 그러니까 이정우 실장이 기분이 좋을 리가 없지요. 그런데 어쨌든 그런 시스템을 유지했어요. 저도 미안했지만 국가적인 일을 해야 하니까 이렇게 되었지요.

그때 양도세 문제 관련한 복잡한 토지문제가 터졌는데 이정우 실장이 토지문제에 관심이 많아요. 우리는 정책실 입장에서 현안을 다루는 일을 하는데, 쉽게 말하자면 국회에다가 카드를 여러 개를 만들거든요. 말하자면 카드 중에 쓸 카드도 있고, 안 쓸 카드인데도 일종의 훼이크로 내놓는 것도 있어요. 저쪽에서 협상이 들어오면 빼고 이러는 거란 말이에요. 그러면 기획에서 정부 부처하고 정책실하고 협의를 해서 여러 개의 정책 카드를 내놓아요. 협상하는 과정에서 사실은 훼이크 카드가 들어가고 빠지고 이러는 거죠. 그런데 양도세 완화는 대통령도, 저도, 부총리도 쓸 카드가 아니에요. 그렇지만 그 카드를 우리가 진짜로 집요하게 물고 늘어지고 이걸 쓸 것처럼 보여야 되는데, 내놓자마자 정책기획위원장이 "청와대하고 재경부가 말도 안 되는 짓을 했다."고 그랬어요. 그러니까 언론과 국회에서 정부 내의 이견, 즉 너희들 내부 조율도 안 된 것을 왜 냈느냐고 나왔어요. 그래서 이 카드를 못 쓰게 되어 버린 거예요.

그런 일이 자꾸 터지니까 속상한 데다가 결국 부딪친 게 금산법 때문이었어요. 금산법은 금융산업 조정에 관한 법률인데, 그것 때문에 여러 가지 정책적인 이슈로 부딪쳤어요. 그러다가 대통령이 어느 날 부르시더니 이정우 위원장이 있는 한 일원화될 수가 없다고 "정책기획위원회하고 정책실하고 일원화해라."고 하신 거예요. 우리는 서로 동료 간의 인간적인 관계가 있기 때문에 제가 난감하다고 했더니, 대통령께서 부득이 이정우 위원장을 그만두게 하라고 하신 거지요.

박용수: 그때 정책기획위원회 위원들도 대거 바뀌게 되었나요?

김병준: 저는 전혀 무슨 일인지 몰랐어요. 오히려 정책기획위원들 입장에서는 실세인 정책실장한테 바로 보고를 할 수 있으니까, 자기들의 역량에 더 세졌다고 보는 거지요. 그래서 송하중 교수가 이정우 위원장의 후임으로 들어갔어요. 당시에 이정우 실장이 있을 때에는 정책기획위원장이 청와대의 모든 회의에 다 참석했거든요. 그런데 송하중 교수가 있을 때부터 일원화되어 있기 때문에 필요한 회의만 참석하고 수석보좌관회의는 안 와도 돼요. 정책실장이 완전히 일원화 되고, 정책기획위원장에 대한 지휘권을 가졌기 때문에 수석보좌관회의에서 정책기획위원장이 빠졌어요. 그러다가 나중에 제가 정책기획위원장을 하고부터는 독자적으로 했어요.

박용수: 그때는 정책실장하고 또 분리되는 것인가요?

김병준: 오히려 정책실장을 올라타니까 조직과 사람 간의 묘한 관계가 되는 거죠.

박용수: 중간에는 교육부장관이 되신 거죠?

김병준: 그건 배경부터 이야기하지요. 2006년 2월 말에 이해찬 총리가 아프리카에서 열리는 진보정상회의에 대통령을 대신해서 다녀왔어요. 그런데 그때 아프리카를 가면서 말라리아 주사를 많이 맞고 갔어요. 그리고

대통령이 아프리카 갈 때 선물도 많이 싣고 다니니까 특별히 비행기 전용기를 내서 갔다 오라고 했었습니다. 그런데 다녀와서 총리가 다녀왔으니까 제가 그 다음 날 대통령을 만나는 자리에서 안건이나 청와대에서 있었던 일 등에 관해 총리한테 계속해서 정보를 줘야 했습니다. 왜냐하면 총리가 책임총리로서 역할을 제대로 안 하면 그 부담이 다 청와대로 돌아오거든요. 총리는 그냥 놔두면 어느 누구라도 절대 그 역할을 못해요. 이순신 장군 가져다 놔도, 제가 앉는다 해도 마찬가지예요. 청와대의 입장을 명쾌하게 알기 전에는 총리가 움직이지 못해요. 범위를 확실히 정해 주면 그 안에서 총리가 큰소리치면서 다니니까 실세처럼 보이고 국가를 완전히 자기 손에 넣고 하는 것으로 보이지만, 총리의 역할 수행을 위해서는 끊임없이 정보를 전달하는 메커니즘을 만들어야 해요.

이해찬 총리는 책임장관회의에 정책실장을 오라고 해서 꼭 앉아있게 하고, 본인이 주장해서 청와대 소위 8인회, 11인회라는 회의를 소집했어요. 금요일마다 청와대 비서실장, 정책실장, 민정수석, 당의 지도부, 책임장관들과 함께하는 회의를 금요일마다 했단 말이에요. 그리고 월요일마다 대통령하고 정례 오찬하지, 또 정책실장이 주재하는 수석비서관회의에 총리실의 조정관이 와서 참여를 했어요. 다른 사람은 안 그랬거든요. 이렇게 전부 총리한테 보고가 되니까, 청와대의 입장이 어떻다는 것이 계속 전달돼요. 그러니까 그 정도 정보 없이 총리는 절대로 큰소리를 못 칩니다. 왜냐하면 총리가 큰소리를 뻥 쳤는데, 청와대에서 두 번만 부정해 버리면 그날부터 허세가 되는 거예요. 그것이 대통령책임제하에서 대통령과 총리의 차이인 겁니다.

그래서 그날 밤에 오자마자 관저로 갔어요. 밤에 이런저런 사안들에 대해서 대통령이 어떤 입장을 가지고 있고, 청와대가 어떤 입장을 가지고 있다고 전달을 다 했거든요. 그리고 제가 일어서는데 갑자기 이해찬 총리가 "나 이제 지방선거 끝나면 당으로 돌아가려고 합니다, 대통령께 말씀드렸습니다, 당으로 돌아갑니다, 수고하셨습니다." 그러셨어요. 그러더니 "내가 해야 될 말인지 아닌지 모르지만 대통령이 후임 이야기를 했습니다." 그 말을 듣고 내가 무슨 소리인지 대충 짐작이 가니까, "아 저는 가겠습니다." 하는데 기어이 이야기를 하는 거예요. 이해찬 총리가 "김 실장을 후임으로 생각하시는 것 같은데, 잘되었다고 생각을 합니다." 하더라고요. 그래서 제가 "저는 못 들은 것으로 하겠습니다." 하고 나왔거든요. 이제 그 후의 계획이 뭐냐면, 이해찬 총리가 지방선거 끝나면 당으로 돌아가고 제가 총리로 돼야 잡음이 없거든요.

그런데 며칠 뒤에 삼일절골프파동이 터져버렸습니다. 삼일절 골프파동은 이해찬 총리에게는 정말 억울한 사건입니다. 왜냐하면 이분이 골프를 하기로 한 날이 원래 3월 1일이 아니라 2월 말 일요일인데, 이분이 예방주사를 맞고 아프리카에 다녀온 다음 혈압이 올라서 몸을 움직일 수가 없었던 거예요. 그래서 할 수 없이 골프 약속을 취소했어요. 그랬더니 부산에서 야단이 난 거예요. 골프를 하자고 한 이유가 부산상공회의소가 민원을 쌓아놓고 전달하기 위해서 기다리기 때문이죠. 그런데 총리가 온다고 해 놓고 안 왔으니 부산 상공인들의 민원을 어떻게 전달할 거며 처리할 거예요? 그쪽에서 야단법석이니까 몸이 하나도 안 풀린 상태에서 할 수 없이 이 총리가 3월 1일 끌려 내려간 거예요. 대통령하고 총리가 같이 나가는 행사가 별로 없거든요. 대통령이 삼일절 행사에 참석하니까, 이해찬 총리는 3월 1일에 부산에 민원을 받으러 간 거예요. 부산에 가서 정신도 못 차리고 혈압이 오른 상태에서 억지로 골프를 친 거예요. 그것이 말하자면 업무의 연장이라고 여기신 거죠. 그런데 골프를 쳤다고 해서 문제가 되니까 이 총리도 어쩔 수가 없었잖아요. 게다가 노 대통령은 끝까지 보호하려고 했거든요. 노 대통령은 총리를 놓으면 안 되는 거예요. 왜냐하면 총리가 지방선거에서 우리가 질 것이 확실하기 때문에 지방선거의 참패에 책임을 지고 물러나주는 모습을 보이고 들어가 줘야 국정운영이 되니까 이해찬 총리가 지방선거까지 버텨 줘야 했던 거죠.

그리고 또 하나 중요한 문제는 이해찬 총리가 대권후보인데, 대권후보에게 흠집이 나면 안 되는 거예요. 그런데 당에서 정동영 씨는 반대지, 총리를 흠집 내야 했을 겁니다. 물론 정동영 씨가 그렇게 생각하지 않았겠지만, 그 캠프에서는 그렇게 생각을 했을 거예요. 그러니까 당에서는 이 총리를 낙인찍어 내보내려고 했지만, 대통령은 그게 아니었어요. 지금 이 이해찬 총리와 정동영 씨를 어떻게 하면 둘 다 깨끗하게 잘 가꾸어서 흥행이 되도록 만들어 줘야 한다고 생각하는 것이죠. 결국 그러다가 대통령이 져서 이해찬 총리의 사표를 받아 줄 수밖에 없었어요. 그런 후에 총리를 선정해야 하는데 졸지에 몇 달이 당겨져서 저에게 총리로 가라고 하게 된 거예요.

정동영 통일부장관이 이미 당에 들어가 있었고, 그 후에 이해찬 총리가 당으로 가게 되어 있었어요. 그런데 대통령께서 어쨌든 이해찬 총리를 내보내라고 했고, 저보고 총리로 가라고 된 거지요. 그런데 제 짐작인데, 제가 총리로 간다고 하니까 당 쪽에서 뒤집어 진 거예요. 우선 대통령의 참모를 총리로 보낸다는 것에 대한 거부감이 있었어요. 소위 당 출신이 총리로 갔을 때와 대통령의 참모가 총리로 갔을 때는 친정체제를 완전히 굳히거나 당과의 관계를 고려하지 않는 문제와 관련이 있어요. 두 번째, 당에서는 다음 대권후보가 TK나 PK에서 나와야 된다는 이야기가 돌고 있었던 상황이에요. 그런데 갑자기 저를 총리로 나가라고 하니까 당의 일각에서 초긴장한 상태가 되는 거예요. 그래서 김병준 총리안에 대해 강력히 반대하는 소위 반대연합이 형성된 거지요. 결국 대통령이 중간에 당의 이야기를 들어 주려다가 끝까지 밀어붙였어요. 그래서 한명숙 총리안을 정동영계에서 가지고 왔는데 대통령이 쳐다도 안 봤어요. 총리후보를 발표하는 날, 10시에 발표했는데, 아침 9시까지는 제가 내정자였어요. 그런데 9시에 참모회의를 통해서 숫자를 점검한 결과 제가 인준이 안 되는 거예요. 열린우리당 내에서 이탈표가 될 가능성이 너무 많은 거예요. 여당 의원을 다 모아도 4표인가 모자라는데, 이탈표가 나오면 결국 제가 인준이 못 되고 당청 관계는 완전히 최악으로 가게 된 거예요. 게다가 청와대 일각에서는 문재인 수석을 비롯해서 여성 총리안을 받는 게 좋겠다고 해서 한 시간 전에 이렇게 뒤바뀐 거예요. 그런데 저로 갔으면 인준이 못 됐어요. 그래서 한명숙 총리로 갔어요.

이해찬 총리 때에는 결재가 밀리는 일이 없었어요. 이 총리가 굉장히 빨리 결정하거든요. 그런데 때로는 정부 일을 하다 보면 나쁜 결정이 느린 결정보다 나을 때가 많아요. 그것이 나쁜 결정이 되더라도 어쨌든 결정을 해 줘야 해요. 그런데 지금 보면 하급직부터 고위직까지 계속 결정이 밀리는 일이 너무 많거든요. 말하자면 오 분 십 분만 하면 처리할 것을 삼 년 사 년을 간다는 식이죠. 그런데 이해찬 총리 때는 시원시원하게 하니까 장관들이 총리하고 논의하면 거의 다 해결이 돼요. 그런데 한명숙 총리는 그렇지 않은 거예요. 행정 업무를 이해찬 총리만큼 빨리 처리하지 못 하니까 자연적으로 장차관들은 청와대로 올 수밖에 없는 거예요. 청와대 정책실의 업무가 점점 많아지는 거예요. 그런데 일이 자꾸 쌓이다 보면 저는 실세가 돼서 죽고, 총리는 허세가 돼서 죽고, 대통령은 시스템이 무너져서 죽고 다 죽는 거란 말이에요.

그래서 제가 사표를 낸 거지요. 2006년 5월 달에 사표를 냈는데, 대통령이 사표를 안 받아 줬어요. 그래서 제가 사의를 표하고 모로코에 특사로 다녀왔어요. 다녀오고 난 후에 사표 수리가 되었는데 아주 안 좋은 시기에 수리가 되었어요. 지방선거가 6월 초에 있었는데, 제가 5월 30일인가 31일 날 사표가 수리가 되었더군요. 그러니까 당에서는 더욱 미운 거예요. 이 친구가 지방선거의 참패에 책임을 지고 물러나야 하는데, 대통령이 꼭 이때(지방선거) 하루 전인가 이틀 전에 사표를 수리한 거거든요. 그러니까 거기서 빠져나가 버리는 거예요, 두들겨 맞지 않고 빠져나간 괘씸죄에 걸린 것이지요.

박용수: 노무현 대통령이 일부러 좀 보호해 주시려는 그런 의도셨나요?

김병준: 보호해 주는 거였지요. 그 후에 절 보고 아무 말하지 말고 내년 봄까지 정책실장을 그만두지 말라고 했지요. 내년 봄까지 계속 정책실장 하면서 국회의원들하고 잘 지내라고 하셨어요. "왜 국회의원들하고 그렇게 못 지내냐? 소주도 한잔씩 마시고 골프도 하고 그래라." 하셨어요.

박용수: 노무현 대통령은 속으로 교수님을 생각하셨던가요?

김병준: 모르죠. 하지만 어디까지 확실한가 하면, 저에게 대구경북 지역에 가서 역할을 하면서 결국 지역분할 구도를 깨 주는 데 공언을 해 주었으면 좋겠다는 거예요. 그것은 문재인과 저에 대해 분명히 가지고 있던 계획이에요. 그런데 문 수석은 계속 도망을 가고, 나도 정치 체질이 아니라고 절대로 안 한다고 도망을 가는데, 대통령이 보기에 하는 행동을 봐서 김병준은 가능성도 있다고 보고 저를 총리를 시키려고 했던 거예요. 제 해석은 총리하고 한 다음에 어떤 과정을 거치든 간에 대선 구도 속에서 대구경북 지역 아니면 영남 지역의 선거본부장이라도 맡아주기를 바랐다는 건 확실해요. 그리고 저보고 계속해서 학교에 사표를 내라고 종용을 했어요. "당신이 사표 안 내고 있으면 학교로 돌아간다. 그러면 여기 안 뛰어든다. 그러니까 사표를 아예 미련 없이 내라."

박용수: 배수의 진을 치란 말이죠?

김병준: 배수진을 치고 저하고 그 다음에 앉아서 이야기를 하자는 거였겠지요. 제가 낼 때 되면 낸다고 그러니까, 대통령이 매번 뭐가 겁나냐고 그랬지요. 그래서 "난 먹고 살아야 된다."고 했어요. 대통령께서 "먹고 사는

건 내가 책임질게." 하시면, 내가 "다른 것은 다 믿는데 그 말씀은 못 믿겠습니다."라고 대답하고 그러던 때에요. 거기까지는 제가 알아요. 그 외에는 대통령이 무엇을 생각하고 있는지 저는 모르지요. 아마 크게 생각은 안 했을 거예요. 그때는 그렇게 지나가고 그 후에 저는 그만둔다고 말하니, 대통령이 "그만두지 말고 내년 봄까지 하고 내년 봄에 총리를 나가라. 그동안 열린우리당 국회의원들하고 제발 좀 잘 지내라."고 하셨어요. 그래서 제가 그랬죠. "이건 잘 지내고 소주 먹고 골프 쳐서 해결될 문제가 아닙니다. 일종의 이해관계가 걸려 있고 제가 TK이다보니 나에 대해서 시비를 걸만한 사람이 너무 많아서 이거는 소주 먹고 골프 친다고 될 문제가 아니고 근본적으로 싸우든가 제가 기어들어 가든가 해야 합니다. 그리고 왜 기어들어 가야 되느냐에 대해서 의문입니다." 그렇게 말했지요. 그리고 저는 사표를 냈어요. 내가 사표를 세 번을 냈는데 안 받아주겠다고 하시는 것을 제가 수리해 달라고 요청을 했어요. 그리고 내가 "저는 모로코 다녀와서 무조건 출근 안 합니다." 하면서 갔더니 모로코 다녀온 후 사표를 받아 주셨어요. 그런 후에 저는 쉬었지요. 내년 봄까지는 쉬어야 되겠다 싶었는데, 대통령이 부총리로 가라 이런 거지요. 그런데 부총리로 가는 것도 경제부총리로 가냐 교육부총리로 가냐를 놓고서 말이 많았습니다. 일부에서는 경제부총리로 가야 된다고 하고, 일부에서는 광화문에 있어야 된다고 했어요. 왜냐하면 위치가 굉장히 중요한데 재경부는 과천에 있잖아요.

황창호: 위치가 어떤 의미인가요?

김병준: 청와대와의 거리문제와 총리가 약하니까 총리를 받쳐주라는 거였어요. 그래서 위치가 중요했어요. 그러더니 결국 대통령께서 교육으로 한순간에 결정된 거지요. 하루는 경제, 하루는 교육으로 말이 왔다 갔다 했어요. 당시 이병완 비서실장 같은 경우는 대통령도 절대 교육 보내면 안

되고, 경제로 가야 된다고 하고 그랬어요. 저도 사실은 경제로 가고 싶었어요. 그런데 막판에 대통령께서 안 된다고, 청와대 가까이에 있으면서 교육으로 가서 한 총리를 좀 받쳐달라고 하셨지요.

박용수: 경제부총리로 가는 것은 어떤 의미인가요?

김병준: 경제부총리로 갔으면 당시에 책임이 좀 컸어요. 그런데 저를 경제부총리로 제일 먼저 천거한 사람이 이헌재 부총리입니다. 그런데 이분이 부총리를 하고 그만두고 나갔잖아요. 당시에 제가 정책실장을 할 땐데, 이헌재 부총리가 자기가 후임을 추천한 적이 없는데 이번만큼은 대통령께 후임을 추천하고 싶다고 하셨어요. 그러니까 그때 이분이 토지문제로 형사사건 말썽이 좀 있어서 그만두게 되었거든요. 그런데 그만두고 난 후에도 몇 가지 해결할 일이 있으니까 민정수석이 심부름을 한 거예요. 당시 문재인 민정수석이 갔더니 이헌재 씨가 "내가 지금 혐의를 받고 있으니까 대통령을 뵙지 못하겠는데 대통령을 뵈면 꼭 이야기를 해 달라, 이번만큼은 내가 후임을 좀 추천하고 싶은데 추천해도 좋으냐?"고 말했대요. 그래서 문재인 수석이 말씀하면 전해주겠다 했더니, 이헌재 씨가 "나는 최적임자가 김병준 실장이라고 생각을 한다. 김병준 실장을 경제부총리에 앉혔으면 좋겠다."고 했대요. 그래서 문재인 수석이 "김병준 실장을 추천한 이유를 무엇으로 설명을 할까요?" 그랬더니 이 양반이 "금융개혁을 할 사람이 김병준 밖에 없다." 이렇게 이야기를 한 거예요. 그래서 제가 충분히 이해가 되었거든요. 우리 금융이 워낙 안좋았거든요. 그런데 지금의 인력 가지고는 수습이 안 돼요. 왜냐하면 이분들이 인간관계가 너무 복잡하게 얽혀있어요. 그런데 저는 내부 사정을 좀 아는 데다가 인간관계가 복잡하지 않고 대통령의 힘을 빌려서 제가 그것을 밀어붙일 수 있는 힘을 가지고 있잖아요. 그러니까 기술적인 것은 적당한 사람을 옆에 두면 된다고 생각을 했겠지

요. 저도 그렇게 믿어요. 제가 들어가서 금융에 손을 댈 수 있거든요. 그러니까 저축은행사태나 이런 것들이 그 당시에 이미 정리가 다 되었어야 했거든요.

황창호: 그때 조짐이 좀 있었나요?

김병준: 그때 조짐이 좀 있었지요. 이미 부산저축은행 이야기도 나왔는데 그때 그것을 손보지 않았어요. 이 문제를 해결할 수 있는 사람이 안 가니까, 결국 이 친구들이 그냥 어설프게 갈 수 있는 것으로 보고 로비를 한 거죠. 그 로비가 이리저리 통해 있어서 우리가 가서 신협까지 손을 댔지요. 그때 말하자면 세상이 엉망이 되더라도 한번은 수술하고 가야되고 그것뿐만 아니라 은행들이나 전당포식 관행 등등 손을 많이 댔을 거예요. 그런데 어쨌든 이헌재 부총리가 그것을 알았고, 대통령도 그 이야기를 듣고 동의했으니까 경제 쪽으로 거론되다가 결국은 교육 쪽 부총리가 된 거예요. 그런데 교육부총리로 가서 사건이 터진 거예요. 그래서 제가 그만두게 됐어요. 그 후에 제가 중국에 가 있는데 대통령이 들어오라고 해서 왔더니 정책기획위원장하고 대통령특보를 맡으라고 해서 다시 정책기획위원장이 되었어요. 예전에 송하중 위원장일 때에는 청와대회의에 참석 안 해도 되고, 수석보좌관회의에도 안 나왔잖아요. 그런데 제가 앉으면서 다시 수석보좌관회의도 가고 청와대회의 다 참석하고 의전 서열을 정책실장보다 높이는 일이 벌어진 거예요. 그런데 정책실장을 하면서 고생을 많이 했지요. 부처가 하는 일 때문에 고생하기도 했고, 특히 토지문제, 주택, 부동산 문제로 인해서 거의 죽다가 살아났어요. 특히 종합부동산세는 모든 부처가 반대했고, 보수 언론들이 다 반대했는데 밀어붙였으니까요. 그것을 통해 입은 상처는 말도 못해요.

결국 그 상처가 어디까지 가는가 하면 교육부총리 때의 파동까지 가는 것이에요. 보수 언론들이나 소위 강남 사람들의 분위기가 보도에 영향을 많이 미치니까요. 왜냐하면 제가 논문을 표절했다고 하는데, 표절 안 했다는 것은 이미 인사청문회에서 증명이 되었어요. 제가 인사청문회를 거치고 난 후에 문제가 터졌잖아요. 그리고 제가 청문회를 요청했거든요. 아마 대한민국에서 문제 생겼다고 본인이 스스로 청문회 하자고 국회에 덤빈 사람은 저 말고 없을 거예요. 그런데 청문회를 하러 갔더니, 두 번째 청문회를 했는데 그때는 표절에 대한 이야기가 한마디도 안 나왔습니다. 왜냐하면 너무나 명백한 거예요. 제 나이가 서른 몇 살 때고, 박사과정 학생이 쉰 몇 살 때예요. 그런데 그 박사과정 분이 그때 글을 못 쓸 때에요. 그리고 또 병약해서 돌아가셨고요. 그리고 날짜를 보니까 표절이 아니거든요. 그러니까 그것은 빼 놓고, 연구비 왜 많이 받았느냐고 지적을 한 거지요. 당시에 연구비를 많이 받았거든요. 그런데 연구비를 많이 받은 것이 내 탓이 아니잖아요, 학교연구소가 받은 거예요. 제가 학교연구소장으로서 계약을 했을 뿐이지, 그게 제 연구비가 아니라 다른 사람의 연구비잖아요. 그리고 BK를 했는데, 외부 연구비를 많이 받아 오겠다고 약속을 하잖아요. 그런데 외부 연구비를 받아오면 그게 가점이 되는데 외부 연구비를 받은 것을 왜 이중으로 받았냐고 지적한 거예요. 그러니까 이런 사안들로 거의 7시간 정도 공청회를 한 거예요, 청문회를 한 거라고. 그리고 난 다음에 제가 더 이상 못 하고 사표를 내고 나왔어요. 그런데 그 건들이 어디서부터 연결이 되었는가 하면 정책실장할 때 모질게 한 것에서부터 나온 거거든요. 제가 지금 봐도 내가 인상도 더러웠거든요.

박용수: 이 사진이 그때 당시의 인상이신가요?

김병준: 예, 당시에요. 지난번에 서울대학교 행정대학원에서 교수들 상대로 저하고 워크샵을 한번 하자고 했는데, 공직을 수행할 때의 애로사항

에 대한 주제예요. 그 자리에서 내가 사진을 보여줬어요. 당시에 전형적으로 나오고 있던 내 사진 그리고 최근의 내 사진, 천지차이에요, 머리가 다 빠져있고, 얼굴은 완전히 시커먼 데다가, 저 피부가 부어서 그랬다고요. 그러니까 간, 콩팥, 심장 성한 곳이 단 한 군데도 없었어요. 그 후유증이 지금까지도 계속되었어요. 그러니까 잠을 못 자고 매일같이 스트레스에 쌓여 있었죠. 한번 생각해보세요. 항우장사라도 못 이기는 것이 본인에 관한 부정적인 기사가 매일 아침 신문을 1면이나 3면이나 다 장식을 해요. 그것을 제 욕 하는 것을 하루 이틀 보는 게 아니에요. 그것은 아무리 봐도 익숙해지지 않아요. 볼 때마다 뒤집어 집니다. 그러니까 대통령은 신문을 아예 안 보고 홍보실에서 챙겨주는 브리핑 자료만 보는데, 거기에 다 들어 있어요. 그런데 다른 점은 신문은 쫙 보면 똑같은 것을 매번 보는데, 브리핑 자료에 나오는 것은 한 번만 보면 되거든요. 하지만 우리는 조선일보부터 제 욕하는 것이 있고, 찌라시 같은 데에서는 돈 먹었다 이런 것까지 있고요.

황창호: 그러면 예정된 시간이 지나 2차 인터뷰는 여기까지 하시고, 다음에 마지막 3차 인터뷰로 해서 오늘 다 못한 것을 진행하도록 하겠습니다. 감사합니다.

〉〉〉〉〉 3차 구술 ────────────────

황창호: 오늘은 김병준 선생님의 3차 인터뷰로 노무현 대통령의 리더십에 대한 종합적인 의견을 부탁드립니다.

김병준: 어떤 사람이 대통령을 하느냐. 우선 첫째 권력욕구가 강해야 해.

권력욕구가 강하지 못하면 이기지를 못 해. 지난번의 경우에는 경선기간부터 시작해서 대선까지 짧았다고. 그런데 노 대통령 같은 경우에는 경선이 4월 달이었어. 그러니까 거의 칠팔 개월을 가는 거야. 그런데 그 기간을 웬만한 사람이 못 버텨요. 이회창 씨도 못 버티는 것 같아. 그런데 어떤 사람이 버티는가 하면, 그야말로 권력욕구가 강한 사람이 버티는 거야.

박용수: 노무현 대통령의 권력욕구는 어떻게 보시나요?

김병준: 권력욕구라는 것은 내가 대통령이 되어야 되겠다라고 할 수 있는데 그 권력욕구가 여러 가지에서 나오는 거거든. 내가 세상을 좀 바꾸어야 되겠다든지, 하여간 대통령이 되어야되겠다는 그 의지가 강해야 되고, 그게 생기려면 정말 계백 장군이 자기 자식 다 죽이고 나오는 그 심정으로 가야 해. 내가 정치인들 중에서 그런 권력욕구가 강한 사람을 두 사람 봤어요. 한 사람이 노무현이고 또 한 사람이 박근혜요. 큰 정치하는 사람들 내가 안 만나 본 사람이 거의 없는데 내가 본 사람들 중에서 노무현 대통령만큼 권력욕구가 강한 사람은 없어요. 그 다음은 박근혜 대통령인 것 같아요. 박근혜 대통령도 엄청나게 강한 사람이야.

비즈니스를 하는 사람들을 만나 보고난 소회가 비즈니스 하는 사람들은 통상적으로 목숨을 걸어. 말하자면 비즈니스가 잘못되는 경우에는 패가망신하게 되거든, 정치하는 사람은 망해도 감옥에 안 가요, 자기가 잘 관리하면 안 가거든. 그러나 기업하는 사람은 망하면 감옥까지 가거든, 안 갈 수가 없는 게 나중에 기업이 어렵게 될 경우 어떤 형태로든 횡령이나 배임이 있을 수밖에 없거든, 배임이라는 것은 걸면 다 걸리니까. 우리나라의 구조가 다른 나라와는 다르게 기업이 망하고 난 다음에 기업주는 거의 대부분 반드시 감옥에 가게 되어 있다고. 특히 오너가 있는 기업은 그렇게 되기 때문에 정말 목숨을 걸고 하는 거예요. 그래서 내가 비즈니스맨들이 존경스러워. 그런데 정치하는 사람 중에 목숨 걸고 정치하는 사람들은 노무현, 박근혜야. 마치 자기 일에 올인하는 비즈니스맨처럼 권력욕구가 강하게 느껴지는 사람들이야.

박용수: 하지만 말씀하신 것과는 반대로 노무현 대통령께서 중도에 권력을 내놓겠다고 하시기도 하고 해서 오히려 권력지향적이지 않다는 평가가 많잖아요.

김병준: 이루고 싶은 게 많다보니깐 중요한 대목마다 승부수를 내놓았기 때문이에요. 마찬가지로 대연정을 제안했을 때도, 그만큼 이루고 싶은 게 많았던 거예요. 그러니까 대연정이라는 게 내가 이것만 하게 해주면, 나머지는 당신이 다 총리뿐만 아니라 실제 대통령 역할을 해라. 그 대신에 이것은 내가 할 테니 협조해 달라. 그것만 되면 나는 다 주겠다. 왜냐하면 이 상태로 가서는 아무것도 이룰 수가 없겠다라는 그 절망감 속에서 나오는 거라고.

박용수: 예. 그렇군요.

김병준: 내가 그 이야기를 좀 더 해 줄게요. 공부하는 분들한테 재밌는 이야기인데, 한번은 정치학자가 정치학회에서 한국 정치의 현실과 과제, 굉장히 넓은 의미를 주제로 아주 대규모 컨퍼런스를 했어. 그 두 개의 과정을 합쳐서 두 권의 책으로 나왔는데, 한 권의 양이 엄청났을 거야. 그것을 당시 정치학회 회장이 그때가 2008년도 퇴임하고 바로인데, 봉화마을로 노무현 대통령을 찾아가서 그 책을 드렸어요. 이 양반이 원래 읽기를 좋아하니까, 거의 다 읽었어. 며칠 뒤에 내가 갔어. 날 보고 하는 말이, 사회과학 하는 사람들이 다 이러냐고 하더군요. 처음에 난 무슨 말인지 못 알아

들었어. 그가 한국의 대통령을 지낸 사람이고 또 그다음에 평생을 정치를 한 사람으로서 참 이루고 싶은 것도 많고 한국 정치에 대해 말하라면 맺힌 것도 많고 할 말이 많을 겁니다. 그런데 한국 정치의 현실 과제에 관한 컨퍼런스를 했다고 가져온 결과물을 거의 다 읽었다고 해요. 그런데 한국 정치에 대해 노무현 대통령 스스로 가진 질문에 대해서 어드레스 하는 페이퍼가 하나도 없다는 거였어요. 수십 명의 학자가 발표했는데 대한민국의 대통령을 지낸 사람이 가진, 정말 한이 서릴 정도로 풀고 싶은 문제들, 그다음에 한국 정치에서 생각하는 모순을 다룬 페이퍼가 하나도 없다면, 이것을 어떻게 해석해야 되겠느냐고 하더군요.

그래서 내가 그랬지, "사회과학이라는 것이 원래 그렇습니다." 내가 참 굉장히 부끄러운 이야기야. 그래서 내가 그 이야기를 했어, 정의론에 나오는 이야기지만 어떤 사람이 길을 지나가는데 누가 가로등 밑에서 열심히 뭘 열심히 찾고 있어. 하도 열심히 찾고 있는 것 같아서 가서 "뭘 찾으십니까?" 그랬더니 자동차키를 잃어버려서 찾는다고 그래서 같이 찾아준다고, 그렇게 열심히 한 삼십 분을 찾아도 자동차키가 없단 말이야. 가로등 밑의 찾는 범위가 얼마 안 돼, 찾다 찾다가 이 양반이 물어본 거야, "이렇게 찾아도 없는데 진짜 여기서 있는 것 맞아요?" "아니요 여기서 안 잃어버렸지 저쪽에서 잃어버렸지." "그러면 왜 저쪽에서 잃어버려 놓고 왜 여기서 찾아요?" 그랬더니, "거긴 불이 없잖아." 우리가 사회과학이라고 부르는 것들이 이 이야기와 비슷하다. 말하자면 그러니까 글을 쓰다 보면 엉뚱한 질문을 던지고 엉뚱한 질문에 답하고, 방법론에 잡힐 때도 있고, 의제에 잡힐 때도 있고, 펀드에 잡힐 때도 있고, 그러다 보니까 정말로 던져야 되는 문제에 대해서 이야기를 못한다. 그리고 1960년대, 1970년대, 1980년대는 더 했다. 그때는 반행태주의라는 방법론이 잡혀가지고 권력이라는 그 자체는 아예 이야기도 하지도 못했다.

내가 무슨 이야기를 하려고 하는가 하면 그때 대통령이 가졌던 가장 큰 문제가 한국 정치의 문제를 대통령의 힘이라고 봤는데, 우리가 항상 대통령의 힘을 무소불위의 권력을 가진 제왕적 대통령이라고 생각하는데, 한국 대통령은 실제로 가서 청와대에 있어 보면 대통령이 힘이 없어요. 정말 힘이 없거든, 할 수 있는 일이 없어. 우리가 학교에서 배울 때는 대통령중심제는 굉장히 대통령에게 권한이 집중되어 가지고 대통령의 리더십이 강하게 발휘된다라고 배웠거든. 그런데 한국의 현실 정치는 그렇지가 않더군요. 오히려 내각제는 내각이 곧 의회의 다수당이기 때문에, 이 의회의 다수당이 결정하거나 내각이 결정하는 어느 쪽에서 결정을 하든 소위 지도자로서의 수상이 끌고 가거나, 수상을 따라가거나 어쨌든 정책 과정이 한 라운드에요. 한 라운드 돌면 끝나는 거예요. 그런데 대통령제는 그렇지 않아요. 행정부 내에서 한 라운드를 다 돌고, 그 도는 과정에서 NGO, 그 다음에 여야, 당청회의를 다 해요, 엄청난 세월을 걸려서 시간을 걸려서 한 라운드를 돌고 난 다음에 국회 가서 한 라운드를 또 도는 거예요. 거기서 그대로 또 반복돼. 그리고 거기서 행정부에서 보낸 입법이 한 라운드를 돌 뿐만 아니라 전부 가지를 치게 되고, 살점이 찢겨 나가고, 뼈가 날아가고, 나중엔 껍데기만 남아. 그런 현실이 너무 답답해서 실제로 우리가 계산을 해봤어요. 행정부에서 의제가 출발을 해서 행정부에서 한 라운드를 돌고, 국회에 가서 다음 라운드를 돈 다음에 그 의제가 집행할 때까지 걸리는 시간을 3,800개의 법률을 국회를 통과한 법률을 YS시대부터 쭉 해가지고 분석을 했더니, 평균 소요기간이 35개월이 나왔어요.

황창호: 3년 정도 걸리네요.

김병준: 우리 연구 후에 누군가가 우리 것을 그대로 받아가지고, MB 때에 또다시 MB 때 국회를 통과한 법안을 거기다가 붙여서 해봤더니 역시 30개월 이상이다. 그러니까 이것이 우리 한국의 현실인 거야. 그 현실 속

에서 대통령은 사실상 아무것도 할 수가 없다는 거야. 그런데 이 대통령이 아무것도 할 수 없는 이 구조를 그대로 두고, 제왕적 대통령이라는 이름 아래 모든 책임을 대통령에게 다 맡게 해서 국정이 돌아가겠느냐? 이게 한국 정치와 한국 행정의 가장 근본적인 문제인데, 이런 문제에 대해서 단한명의 정치학자나 행정학자가 여기에 대해서 태클을 해 준 사람이 없어요. 문제 자체를 어드레스해 주는 게 없다고. 전부 말하자면 자기 나름대로의 편견과 가설을 가지고 현실 문제를 왜곡시켜서 인식하고 어떻게 하면 대통령의 권한을 줄이느냐에 포커스를 맞춘 거예요.

그 다음에 대통령중심제와 그 다음에 내각제를 이야기하면서도 의사결정과 같은 방법으로 전혀 접근하지 않고, 단순하고 아주 원론적인 방법을 가지고 온단 말이야. 가장 중요한 것은 국가를 경영하기 위한 의사결정이 과연 합리적으로, 얼마나 빠르게, 시기적절하게 내려질 수 있느냐인데, 이 문제를 어드레스 해 주는 사람이 없더라고. 그런데 그 고민이 어디에 담겨 있는가 하면 대연정에 담겨 있는 거야. 대연정을 제안해 가지고 무지하게 매를 맞았는데 결국 그 대연정은 정말로 이루고 싶은 것이 많은 한국의 대통령이 던진 우리 정치와 행정의 모순을 아주 적나라하게 드러낸 사례가 아닌가 싶어. 지금도 마찬가지로 박근혜 대통령도 내년이나 후년이 되면 결국은 대연정이 아니고서는 아무것도 이룰 수 없다라는 것을 알게 될 거예요. 지금도 마찬가지로 수많은 법안이 그대로 꼼짝 안 하고 잠자고 있는 거야. 특히 개혁적인 입법, 말기에 가면 대통령이 의지를 심은 법률안은 더욱 통과가 안 되는 거야. 야권에서 필리버스팅을 하든 뭘 하든 붙드니까. 그게 한국 정치의 현실이에요.

박용수: 그런 고민이 대연정 제안 배경이라는 거죠?

김병준: 엄청나게 고민을 했고, 그 결과가 대연정으로 나타났는데, 그 대

연정을 언급했던 시기가 재밌어요. 그때가 2005년도 봄쯤이었나 한미정상회담 때문에 대통령이 급해 가지고 미국으로 1박 3일인지, 무박 3일인지 해 가지고 비행기 안에서 자면서 부시를 만나러 갔을 때에요. 그때 상황이 안 좋았는데, 하여튼 북한하고 미국관계가 최악으로 치닫고 있었고, 그 다음에 내가 구체적으로 이야기를 못 하지만 하여간 우리 한반도에서 사고가 일어날 개연성이 굉장히 큰 상황이었어. 그러니까 우리는 말하자면 미국이 만일에 북한을 건드린다든가 하면 우린 큰일이 나는 거예요. 결국 그것을 확인하고 말리러 쫓아간 거거든. 그러니까 그때에 우리가 경계 상황이 급박했는데, 어느 정도 급박했는지는 내가 말을 못 해.

그런데 급박한 상황에서 미국에 갈 준비를 하고 있었는데, 나는 그날 아직도 잊어버리지 않는 게 미국 가기 한 삼사일 전부터 일체 사람을 안 만나, 대통령 집무실에 출근도 안 하고, 관저에도 누구도 못 들어오게 해요. 도대체 비서실장, 정책실장도 만날 수가 없어. 그리고 삼사일 지난 다음에 출국하는 날에 우리가 환송을 해야 되니까, 비서실장, 정책실장이 모시고 성남공항까지 같이 갔죠. 우리가 의전이 굉장히 간단해져 가지고 세 사람만 가요. 예전과 다르게 딱 세 사람만 갔는데, 비서실장, 정책실장, 그 다음에 행자부장관이 의전 담당 장관이기 때문에 갈 거야. 물론 다른 사람이 수행해서 따라가지만 주요한 인사는 세 사람만 기내까지 가서 환송을 하고나서 비행기 떠나고 이러거든.

어쨌든, 우리가 기내환송을 해야 되니깐 맞이하러 갔더니 손녀하고 같이 나오더라고, 그 방에서 나오는 것 보니 두문불출한 인상이야, 햇빛을 보더니 굉장히 눈이 부신 듯이 눈을 찡그리고 있더니, 갑자기 "오늘 세상 사람들은 무슨 이야기를 합니까?" 하고 물으셨어요. 그러니까 며칠 동안 신문도 안 보고, 아무것도 안 본거야. 그래서 내가 "무슨 뉴스 말씀입니까?" 그랬더니 "세상 사람들의 의제는 뭐고 주제는 뭡니까?" "오늘 대통령님 미국 왜 가느냐? 그런 거죠." 고개를 끄덕끄덕하고 갔어. 비행기 환송을 하면서,

"비행기 안에서 자고 이런 게 참 힘들겠습니다." 이랬더니, 한숨을 푹 쉬면서 "비행기 안에 있는 게 제일 행복하고 좋죠." 그리고 대통령이 가는데, 나는 그때 우리가 참 급박한 한미관계의 상황에서 약한 나라의 비운이 정말 가슴 아플 정도였어. 이렇게 부시를 만나기 위해서 대통령이 이렇게 매달려서 쫓아가야 되는 그런 상황이, 그리고 거기에서 정말 10분이라도 더 얻기 위해서 온갖 굴욕적인 부탁도 다 들어줘야 되는 그런 상황이 정말 가슴 아팠지.

정말 조선일보들을 비롯한 한국 언론들의 나쁜 짓 중에 하나가, 자기들은 별 생각 없이 쓰는 것이겠지만, 항상 기사의 내용이 50분을 만났는데 그 다음에 10분을 더 이야기했다, 20분을 더 이야기했다. 아무 생각 없이 쓰거나 의도적으로 그렇게 쓰는 것이 대한민국의 국익을 죽이는 거예요. 왜냐하면 그것이 대부분 다 각본이거든, 말하자면 우리가 사전에 다 협의해서 가는 거라고. 예를 들어, 미국이 일부러 한국 대통령이 오면 원래 한 시간을 이야기해야 될 것이지만 한 30분을 주는 거예요. 그러면 우리가 30분을 더 보태기 위해서 우리가 윗도리를 다 벗어야 돼, 정말 아랫도리도 벗고, 벗으라면 다 벗어야 해. 그렇게 하게 해서 우리가 굴종해서 들어가도록 만드는 거야. 미국이 30분하면 우리도 당당하게 30분만 하자 하면 되는데, 한국의 언론들이 30분만 하고 쫓겨나왔다고 보도하는 성향에 대해서 미국이 너무도 잘 안단 말이야. 그러니 캠프데이비드를 한번 가자, 그 다음에 어디를 가자, 스페셜 이벤트가 있을 때마다 우리가 웃통을 하나씩 속옷을 다 벗어야해. 언론은 그렇게 해서 얻어낸 것을 마치 우리나라가 성공한 외교처럼 보도를 한다고. 심하게 이야기하자면 언론들이 나라를 팔아먹는 친구들이에요.

아무튼 굴욕적인 그런 것을 참고 미국과의 미팅을 어렵게 만들고 나오면서 트랙을 내려오는데 서럽고 억울해서 눈물이 핑 돌더라고. 그런데 나중에 와서 보니까 미국의 문제만이 아니었던 거야. 이 양반이 나는 미국 가면서 소위 미국 대통령 만날 때에는 기를 좀 축적해서 가야 된다고 항상 그러셨거든. 노 대통령은 사람을 만나서 기죽는 법이 없는데, 미국 대통령을 만나면 기가 죽는다고 하더라고. 왜냐하면 갈 때부터 기를 죽이거든, 의전 가지고 죽이고, 대통령이 어디까지 나오느냐 가지고 우리는 웃통 벗어야 해. 그런데 제발 그런 것을 보도 안했으면 좋겠어. 대통령을 공항에 누가 마중 나왔다. 그 다음에 그때 미국 대통령이 현관까지 나왔단 말, 그런 거 있잖아? 이러한 기사들이 하나하나 나라 팔아먹는 짓이야. 안 나오면 어때? 가서 이야기하면 되는데, 그리고 미국 대통령과 둘이서 걸어가는 사진을 찍는 것도 우리가 그것의 대가로 국익을 지불해야 하는 것들이에요. 그럼에도 불구하고 노무현 대통령은 사진을 찍기 위해 대가를 지불하는 등의 일을 하지 않으니깐 더욱 국내 기자들에게 더 당했던 것 같아요.

그런데 미국 가기 전에 삼일 동안 노무현 대통령이 미국 가는 준비도 할 뿐만 아니라 대연정 아이디어를 구상한 거야. 그리고 박근혜 대표한테 총리를 주고 장관 임명권을 다 주고, 그 다음에 나는 중요한 몇 가지만 챙겨야 되겠다라는 것을 생각을 정리하느라고 글을 쓴 거야. 그 후에 미국에서 부시를 잘 설득을 해서 해결을 하고 왔지. 부시가 사고를 칠 뻔한 것을 못하게 막은 거지. 갈 때 그렇게 가라앉아 간 사람을 환영하러 기내에 들어가서 뉴스보도가 부시하고 이야기가 잘 되었다고 났기 때문에 "큰일 하셨습니다." 그랬더니 웃으면서 "맞죠? 내가 큰일 했죠?" 하면서 웃길래, 기분이 좋아졌구나. 그래서 "역시 미국 때문에 고민을 많이 했구나." 하고 생각했지.

그 다음 날인가 우리가 총리본관에서 8인회의인가 11인회의인가를 하는데 그때 대통령이 오시는 거야. 청와대에서 금요일마다 원래 회의했다고 했잖아. 거기에 대통령이 갑자기 오시겠다는 거야. 총리도 몰랐고 아무도 몰랐어. 오더니 그 자리에서 소연정이 있고 대연정이 있다. 소연정은 무소속이나 군소야당하고 연정을 하는 거고, 대연정은 한나라당까지 포함하는 건데, 소연정 가지고는 안 되고 대연정을 해야 되겠다고 하니까, 그 자리에 앉아있던 사람들이 다 뒤집어졌지. 그리고 당시 분위기는 절대로 안 된다, 이야기를 꺼내는 것도 안 된다는 것이었지만 대통령은 강하게 주장을 하셨다고. 그렇지만 대통령이 글이 잘 안 써지고, 논리가 잘 안 서더라고 고백했거든. 그래서 나도 우리도 글 쓰는 사람인데 글이 안 되면 생각이 잘못 된 겁니다. 그러니까 대연정 이야기는 안 하시는 게 좋겠습니다. 모두가 그렇게 100퍼센트 반대를 했어. 그러자 대통령이 "나는 정말 이 길밖에 없다고 생각했는데, 여러분이 다 아니라고 하는 것을 보니까 내가 틀린 모양이다. 머릿속에 들어있으면 언젠가 입으로 나오게 되어 있습니다. 그러니까 오늘 한 이야기는 머릿속에서도 지워 주십시오. 없던 이야기로 하겠습니다." 그렇게 말씀을 했어.

박용수: 그러면 미국에 가서 부시 대통령을 설득을 해서 상당히 어떤 큰 성과를 얻었다고 자부심을 갖고 돌아오셨는데, 자신의 성과를 알리면서 자신감 있는 국정운영을 한 게 아니라, 오히려 정반대 그 대연정을 제안하고자 한 게 좀 이해가 안 갑니다.

김병준: 부시를 설득한 것은 본전 한 거예요. 말하자면 부시가 혹시 한반도에서 무슨 일을 일으킬까봐 그걸 막으러 갔던 것이었고, 그것을 겨우 말렸으니까 본전은 한거고, 그 다음에 국내 사정은 여전히 어렵고, 되는 것이 아무것도 없는 그런 상황이에요. 그러니까 이것을 풀기 위해서는 대통령 자신이 다 내놓을 수밖에 없다라고 생각을 했죠.

황창호: 결국은 대연정 이야기를 하신 거잖아요?

김병준: 안 했죠. 안 했고.

황창호: 그때는 꺼내기만 했다가 안 하는 걸로 결정이 난거군요?

김병준: 그런데 어떤 일이 벌어졌냐면 거기서 나는 지금도 누구라고는 정확하게 몰라요. 그러나 짐작은 하지. 당에서 온 사람이 그 회의에 참여를 했거든, 당대표, 원내대표, 정책위의장이 참여를 했고, 내각에서는 총리, 그 다음에 각 계파 보스, 장관들 참석을 했고, 청와대는 정책실장, 비서실장, 민정수석 이렇게 참여를 했단 말이야. 그러니까 여기서 청와대 사람들로부터 이야기가 나갔을 리가 없고, 내각에 있는 사람들도 이 이야기는 안 내보냈어. 나중에 보니 국회 출입하는 서울신문의 문소영 기자가 특종으로 보도를 한 거예요. 그러니까 국회 쪽에서 이 이야기가 나간 거예요. 처음에는 1단 기사로 작게 났는데, 다음 날 아침에 신문들이 전부 일면 톱으로 쓰기 시작했어요. 청와대에서는 대통령이 직접 이야기를 했는지 확인을 하지 못하고, 서울신문의 기사를 부정할 수가 없어서 결국에 대연정에 대해서 인정했고, 대통령 역시 기왕에 기사가 나온 김에 대연정을 끌고 가게 된 거예요. 그래서 대연정을 제안했는데 그 결과는 아주 처참했지. 결과는 지지자들이 대거 이탈하는 사태가 일어났고, 결국 박근혜 대표하고 영수회담까지 했지만 결국 된 것은 아무것도 없고 상처를 깊이 남겼죠. 지금도 나는 대연정의 고민은 지금 한국 정치하고 한국 행정이 그대로 안고 있다고 보거든, 하나도 해결된 게 없으니까.

박용수: 국회나 언론에 대해 주도적으로 접근하는 방향의 생각은 없으셨나요?

김병준: 생각했죠. 우리가 평상시에 생각하고 있던 거죠. 그런데 참여정부 때에는 청와대 안에 정무수석이 없었다고. 정무수석이 최초에 있다가 정무수석을 없애 버렸어. 왜냐하면 노 대통령이 정무 기능을 국회의원의

민원 받는 기능이라고 여겼고, 그러니까 국회의원의 민원을 받을 이유가 없으니, 국회가 이제는 정상적으로 요구하고 정상적으로 거래해야 한다고 생각했어요. 그래서 정무 기능 중 정치권이 돌아가는 소식과 전체의 기획만 비서관이 하게 했어요. 실질적인 국회 창구는 정책실에다 맡겨 버렸어. 정책실에 맡겼다는 이야기는 정책 입법과 관련된 사항만 국회하고 이야기를 하라는 뜻이에요. 대통령은 그렇게 가야 된다고 봤고, 그렇다 보니까 우리 수석들이나 정책실장이 국회를 쫓아다니면서 정무 기능을 했어요. 그런데 우리 정책실이 국회와 무수하게 많은 협의를 시도했지만 협의가 잘 되지 않았어요. 왜냐하면 한국 정치의 정당들이 정책 정당이 아니기 때문에 정책에 대한 분명한 기준이 없어요. 상대와 내가 똑같이 A를 생각하더라도 상대가 A를 하면 나는 A를 안 해요, B를 해야 되지. 그러니까 대립과 갈등의 구조를 만들어서 득을 보는 것이 관습화되어 있기 때문에 절대로 정책적인 합의가 안 되는 거예요. 특히 대통령이 역점을 두는 정책에 대해서 반대를 하고 나오는 식이기 때문에 도저히 될 수가 없어.

그래서 나는 박세일 씨가 정책위의장이 되고 나서 찾아갔어. 박근혜 당 대표가 박세일 씨를 끌어들일 때, 박세일 씨가 박근혜 대표한테 조건을 건 거야, 정책위를 요구했고 이것을 박근혜 대표가 오케이를 해줬단 말이야. 그래서 박세일 교수가 정말 다섯 명을 박재완, 윤건영, 이주호 등 소위 박세일 사단을 데리고 들어간 거야. 그래서 내가 박세일 교수를 찾아갔어. 정책실장으로서 정책위의장을 찾아간 거지. 사실은 박세일 교수와 내가 1990년대 초에 같이 대한민국 선진화지도 그리자고 했던 멤버들이에요. 박세일, 나, 백용호 등이 멤버였어요. 그 사람들이 다 정권이 바뀌면서 정책단의 수장을 한 거예요. 박세일 교수가 YS 때 했고, 그 다음에 내가 노무현 때 했고, 그 다음에 백용호 교수는 MB 때 했어요. 아무튼 내가 박세일 선배를 찾아가서 우리가 양보할 것은 양보하고 서로 밀어줄 것은 밀어주면서 함께하자고 일종의 타협을 시도했어요. 그래도 결국은 안 되는 거예요.

박용수: 그러면 그 박세일 정책위원장하고는 합의가 된 상황이었던 건가요?

김병준: 당연히 그러자고 이야기했지. 우리가 언제까지 현실 정치하는 정치인들 꽁무니 따라가야 되냐? 소위 말하면 국회의원 안 해도 되고, 정책실장 안 해도 되는 우리 지식인들이 정말로 국가를 위해서 우리가 옳다고 생각하는 것들을 그려 놓고, 일치하는 것부터 하자고 했어요.

박용수: 두 분이 합의를 했다는 거죠?

김병준: 그러기로 했는데 박세일 교수가 오래 있지를 못한 거야. 그 바람에 이제 나는 카운터파트가 없어져버린 경우인데, 그때 만일 조금 더 오래 갔다면 우리가 해야 할 것들이 있었는데, 나는 솔직히 1990년대에 박세일 교수하고 같이 이야기했던 것들은 나는 다 지원해줬다고. 예를 들어서 교육개혁과 인적자원개발계획이라던가, 그 다음에 사법계획이라든가, 이런 것들이 우리 1990년대의 초에 로스쿨부터 시작해서 디자인했던 것들이란 말이야. 그것이 YS 때 5·31교육개혁으로 나왔고, 5·31교육개혁을 참여정부 때도 그 개혁안 틀을 유지하면서 내가 다 밀어줬어요. 그러니까 이것이 불가능한 것이 아니라 국가를 움직일 만한 지식인 그룹에서 이러한 합의가 이루어지면 그것이 대통령을 넘어서는 힘이 가능하다는 것을 보여주는 것이기 때문에, 지금도 내가 박세일 교수를 만나면 우리끼리는 그런 이야기를 하는 거야.

박용수: 비밀리에 만나셨나요, 아니면 공개적으로 만나셨나요?

김병준: 비밀은 아니었어요. 청와대를 설계할 때부터 박세일 교수가 아

이디어를 줬잖아요. 정책실을 만드는 아이디어를 줬고, 그것을 우리가 받아들였고. 나는 끊임없이 박세일 교수를 정부로 불러들이려고 했는데 적절한 자리나 여러 가지 입장이 안 맞아서 못 들어왔고. 내가 박세일 교수를 후보 시절에도 모시려고 내가 세 번을 찾아갔고, 그 다음에 내가 청와대에 들어가고 난 다음에도 박세일 교수를 정부에 와서 일 좀 같이하자고 내가 모시게 해 달라고 몇 번을 찾아갔거든. 그런데 박세일 교수도 아주 꼿꼿한 양반이니까, 자기가 원하는 자리, 자기가 일을 할 수 없으면 안 하는 거야. 그러니까 박세일 교수가 박근혜 대통령에게 자기를 불러들이려면 국회의원 열 명을 마음대로 할 수 있도록 해 달라고 요구했다고 하죠. 그런데 박근혜 씨가 당시에 열 명은 너무 많다 다섯 명만 하자 해 가지고 그 다섯 명이 들어간 사람이 윤건영, 이주호, 박재완 다 성공적으로 잘 했잖아요. 지금도 모여서 지식인 그룹이 당파를 떠나서 이야기하고 해보자, 그렇게 하고 있어요. 하여튼 대연정은 그렇게 된 거야.

박용수: 어쨌든 그러한 시도들이 있었지만 계속 그게 실패했던 거죠?

김병준: 실패했죠. 지금도 잘 안되죠. 지난번 대선 때에도 윤여준 장관이 나한테 국정 경험이 있는 지식인들이 모여서 국가의 백년대계를 중립적으로 설계해보자고 제안을 했어요. 그게 1990년대에 박세일, 나 이런 사람들이 하려고 했던 거거든. 그런데 1990년대에 하려고 하니까 박세일 교수는 YS가 데리고 가 버렸고 모임이 없어진 거야. 지난번에도 마찬가지에요. 정말 싱겁게 된 게 갑자기 윤여준 장관이 문재인 캠프에 합류했어요. 윤여준 장관이 문재인 캠프에 들어가게 되니깐 갑자기 파트너가 없어져서 황당했어요. 나중에 윤여준 장관이 미안하다고 했어요. 그러니까 한국의 정치권이라고 하는 것이 이렇게 사람을 뽑아 버리면 모임이 와해되어 버리고, 지식인들이 조금 더 견고하게 버텨주면 좋은데 지식인들이 또 권력

에 빨려 들어가거든. 그러다 보니 이러한 모임이 잘 안 되는 거야. 지금도 그런 꿈이 있어요, 그래서 박세일 씨는 지금도 여전히 주장하는 것이 정책 기획위원회나 21세기 위원회나 미래기획위원회 같은 것 말고 정말로 초당 파적으로 임기 보장되는 말하자면 국정기획회의 같은 것을 국가가 운영해야 된다고 주장하고 다니는데, 그게 안 되는 거야. 어느 정권이 그걸 가능하게 해 주겠어? 그렇지만 그런 게 있으면 사실 국가를 위해서 고민하는 대통령에게 도움이 되죠.

그러니까 하여튼 노 대통령이 대연정을 제안할 때는 그야말로 대통령으로서 아무것도 할 수 없다는 무력감을 가졌다고. 그것이 대연정의 표현이 었는데, 그 고민을 아직도 우리 사회가 받아주지 않고 있다고. 아직도 대통령은 막강한 힘을 가지고 있는 것으로 알지, 대통령이 그런 무력감 속에서 좌절을 하고 있다라는 것을 아는 사람은 그 청와대에 있어 본 사람조차도 모르는 거야. 정책을 담당한 사람 아니면, 국회입법을 위해서 쫓아다닌 사람이 아니면 모른다고. 이것은 굉장히 중요한 질문이고, 중요한 그 문제에요.

박용수: 미국의 경우는 대통령의 권한이 약하다는 주장도 있더라고요.

김병준: 그러니까 미국 대통령 같은 경우에는 두 가지 이론이죠. 말하자면 노이스타트(Richard Neustadt) 같은 사람은 대통령 파워를 소위 말하는 별것 아닌 것으로 보고.

박용수: 설득해야 되는 거래의 수단이 되는 건가요?

김병준: 노이스타트의 Power to persuade가 설득해야 되는 거래의 수단이고, 제왕적 대통령제를 쓴 슈레진져(Arthur M. Schlesinger, Jr.)의 경우에

는 대통령 파워를 으르렁거리는 사자같이 표현하죠. 두 사람의 내용이 좀 다르죠. 슈레진져는 닉슨을 모델로 했기 때문에 닉슨의 부정한 모습 같은 걸 주로 다뤘단 말이야. 그러니까 두 사람이 다른데 궁극적으로 그 안을 가만히 들여다보면은 두 사람 다 이야기하는 게 대통령 프레지덴셜 파워의 제약이 많다는 거야. 그런데 우리 한국은 강한 것 같지만 더더욱 제약이 많고, 특히 한국은 정당이 정당으로서 역할을 못 하는 구조로 접근해야 해요. 미국만 하더라도 민주당이면 민주당, 공화당이면 공화당의 정책라인이 어느 정도 있다고, 아이디어로지칼 클리비지 같은 것도 어느 정도 있고, 큰 차이는 없다 하더라도 그런 게 있죠. 그런데 한국의 정당은 정책적 아이덴티티가 거의 없는 구조에요.

새누리당은 대통령이 상대적으로 쉬워요. 우선 보수적 기반이 굉장히 강해. 언론부터 시작을 해서 많이 받쳐 주는 거야. 또한 선거 때에는 진보적 생각을 가진 대중이 아니면 일반 국민들이 나와서 표를 찍어줘요. 그러나 선거 끝나고 나면 이 사람들은 뒤로 들어가. 즉, 굉장한 정치적 자원을 가지고 있지만 잠재적 자원을 가지고 뒤로 들어가요. 그러나 우리 사회의 의사결정이나 국가가 돌아가는 부분에 있어서 아주 결정적 역할을 하는 중요한 사람들은 보수적 생각을 많이 가진 사람들이 곳곳의 노드마다 포진을 하고 있는 거야. 그러니까 진보나 개혁적인 생각을 가진 사람은 선거 때 이길 수 있지만, 선거가 지나면 그 다음은 온 천지 사방이 적이에요. 그러나 보수는 아니에요. 선거 때 이기면 그 다음에는 길이 비교적 탄탄대로요.

박용수: 그렇죠. 그렇다면 노무현 대통령의 대연정의 구상은 그러니까 새누리당의 대통령의 경우에는 필요없겠군요?

김병준: 필요해. 왜 필요한가 하면은...

박용수: 상대적으로 강함에도 불구하고?

김병준: 상대적으로 강함에도 불구하고 의회 구조가 이게 만만치가 않은 것이에요.

박용수: 다수당이어도 그런가요?

김병준: 다수당이어도, 더군다나 국회선진화법이 나오잖아. 이제 날치기도 안 된다고. 지금부터 벌써 법안이 통과가 안 되기 시작하잖아. 내년쯤 되면 더 안 되고 한 삼 년쯤 지나면 진짜 법안이 통과가 될 게 없어. 통과되어 봐야 거의 이것 치고 저것 치고 한 것들이 통과된다고. 박근혜 대통령은 지금은 모르지, 우려를 별로 못 느끼는 거예요. 좌절감이 별로 없을지도 몰라. 뭐를 꼭 해야 되겠다는 게 지금 눈에 안 보이거든. 노 대통령 같은 경우는 무언가를 꼭 해야 되겠다는 의지가 굉장히 강했다고. 그런데 이것이 전부 좌절된 거야. MB도 마찬가지로 좌절감을 굉장히 느꼈을 거예요. 내가 참모한테 들었더니 막판에는 그야말로 무력감이야.

이게 단순히 5년 단위에서 오는 구조 때문이 아니라 5년 단위 이상의 근본적인 문제가 한국 사회에 있고, 그것 때문에 노무현 대통령이 내각책임제를 이야기하게 되는 거야. 내각제를 하게 되면 자기 마음대로는 안 되겠지만 그래도 정책라인이 생길 것이고, 그 정책라인 속에서 정책라인을 따라가고 그 다음에 다수당이 아니면 다수 연합이 국정을 이끌어 가기 때문에 일이 될 것이라고 보는 거지. 말하자면 최소한 당청 갈등은 안 생긴다. 막판 3년차 들어가면 그때부터 당청 갈등이 시작되거든, 이명박 대통령도 그대로 겪었잖아. 박근혜 대통령도 틀림없이 또 겪을 겁니다. 당청 갈등이 시작되면 여당부터 치고 나오는 거예요. 그러나 내각제 구도에서는 그런 게 없잖아. 집합적인 의사가 이미 반영되기 때문에 집합적으로 결정한 것은 집행이 되기 때문에 그 다음에 통과가 되게 되어 있죠. 의사결정의 속도가 통상적으로 생각하면 대통령중심제가 더 빠른 것 같지만, 오히려 내각제가 의사결정의 속도가 훨씬 더 빠른 거야. 변화의 시기, 민주사회, 파워가 분산되어 있는 사회에 있어서 내각제는 더 빠른 속도의 의사결정이 이루어질 수 있지.

박용수: 노무현 대통령도 결국 내각제를 생각했다는 건가요?

김병준: 내각제를 해야 된다고 생각했었죠.

박용수: 정책결정의 책임자 입장에서는 결과적 측면이 중요하군요. 내각제를 효율성의 관점에서 접근하는 것이 독특한 발상이네요. 대체로 제왕적 대통령제의 폐해를 해소하기 위해 주장을 하는데 말입니다.

김병준: 언론, 야당, 시민사회, 이해관계자들이 있기 때문에 만약에 내각제가 시행되어 국회의 다수당하고 당청이 권력과 의회와 행정부를 모두 장악했다고 해서 독재를 할 수 있는 세상은 이미 아닌 거예요. 이처럼 외부의 견제세력이 존재하고 있어서 내각제가 안 되니까 대연정도 안 되고, 그 다음에 대통령이 원포인트 개헌을 주장을 하게 돼. 국회의원선거와 대통령선거를 일치시키면 최소한 여소야대를 막을 가능성이 크다. 왜냐하면 동시에 선거가 되기 때문에 여대야소가 될 가능이 크다고. 그러면 그나마 좀 더 나아지지 않겠냐? 그래서 그 두 개를 일치시키려면 그때가 2008년이 가장 적기라고 봤기 때문에 그때를 대비해서 개혁을 하자.

그리고 대통령 4년 중임, 국회의원도 4년마다 그렇게 하면서 둘이 동시에 하면 대통령도 여당, 국회도 여당, 이렇게 여대야소가 되면 독재하지 않겠냐는 비판이 있을 수 있는데, 그러한 비판에 대응하는 논리는 얼마든지 외부에서 견제세력이 존재한다는 것이에요. 지금 정치는 국회와 대통령만이 하는 게 아니라, 온 국민이 쳐다보고 있고, 언론이 보고 있고, 시민사회가 보고 있기 때문에 누구도 독재는 하지 못 한다. 오히려 국회의원선거와 대통령선거가 같이 가게 됨으로써 책임의식을 제고시키고, 내각제와 비슷한 구조로 갖지 않겠느냐? 왜냐하면 대통령을 두들겨 가지고 끄집어 내리면, 결국 여당은 4년 뒤에 선거에서 몰락을 하게 되어 있기 때문에 대통령을 안고 가려고 한다. 중간에 국회의원선거가 끼면 대통령을 두들기면서 자기가 마치 대통령과 차별화를 유도하기 위해서 가는데, 이건 아닙니다. 같이 임기가 끝나게 되는 경우에는 그게 통하질 않고 결국은 같이 살아야 되는 구조로 가기 때문에 내각제와 비슷한 구도로 가게 되지 않을까 해서 원포인트 개헌을 제안하는 거예요. 그러니까 이것이 결국 한국의 거버넌스 구조에 대한 고민을 대통령이 너무나 깊게 하게 되는 거예요. 대연정도 그 속에서 나오게 되는 거예요. 그리고 이 속에서 오늘 리더십 이야기하자고 했으니까, 대통령 한 사람의 카리스마나 대통령 한 사람의 지도력에 의해서는 우리 사회가 작동되지 않는다. 집합적인, 서로가 도와주는 리더십 이런 것으로 가야 되지 않겠냐는 생각을 한 거죠.

박용수: 그리고 그 대연정을 제안하셨을 때 제가 좀 관심 있게 봤었거든요. 그래서 기사도 좀 찾아보고 했었는데요. 그런데 기사 중에 제가 찾은 거 하나는 대연정 하고 한 다음에 기자들하고 간담회인가 그런 자리를 가졌더라고요. 그때 주로 노무현 대통령이 많이 이야기를 했던 게 교육문제더라고요.

김병준: 왜 그런가 하면 가장하고 싶었던 것의 하나가 인적자원 육성에 관한 기본법이에요.

박용수: 이게 지난번 시간에 조금 얘기 나왔다가 만 건데요. 그 교수님이 교육부장관을 짧게 하셨잖아요. 그때 지난 시간에 말씀하셨던 주 내용은 주로 정치적 배경이셨는데, 실제 교육개혁은 참여정부 때 별로 이렇게 성공적이라고 평가하는 경우는 별로 없는 거 같아요.

김병준: 그것 때문에 내가 경제로 갈 거냐 교육으로 갈 거냐를 고민하다가 대통령이 교육으로 가라 했는데 두 가지 배경이 있어. 하나는 광화문이 가깝다. 또 하나는 정말 안 되는 부분, 교육개혁을 통해 손을 좀 보고 싶어 하셨어. 대통령이 나한테 두 개 크게 맡기고 싶은 게 있었는데. 내가 경제로 가면은 금융개혁을 내가 할 수 있을 거라고 이헌재 부총리가 이야기를 했는데, 대통령이 이헌재 부총리 이야기를 듣고는 맞다고 해서 나를 경제부총리 자리에 지명을 했거든. 그런데 후임을 못 찾았어. 정책실장 후임을 내가 몇 사람을 추천했는데 대통령이 고개를 젓더니 "나는 정책실장이 더 중요하다. 그러니 당신이 정책실장에 더 있어라." 이렇게 되어 버린 거거든.
　그 다음에 교육개혁의 가장 기본적인 컨셉은 무엇인가 하면, 물론 교육자들이나 우리 사회의 이상주의자들이 들으면 참여정부는 도둑놈들이다, 완전히 현실주의자니 시장주의자다 이렇게 이야기를 할지 모르지만. 우리가 느낀 가장 큰 문제는 교육이 인재를 양성하고, 인력을 배출하고, 인적자원을 구성하는 데 있어서 수요와 공급이 맞질 않는다. 인력의 수요가 일어나는데 인력의 공급이 그 수요를 따라가지를 못하고 있고, 공급이 수요를 선도하지 못하고 있다는 것이죠. 그러니까 어떤 부분은 사람이 필요한데 없고, 어떤 부분은 사람이 남아도는 구조를 개혁하기 위해서 누구를 보내야 되는가 하면 내가 대통령에게 이야기를 드렸지. 결국은 수요공급을 맞추는 방법은 사범대학 출신 교육학자나 대학의 행정 하던 사람들을 교육부장관으로 보내서는 안 된다. 이 사람들은 공급만 생각하는 사람들이야, 그리고 인성 교육만 생각하는 사람들이야. 인성 교육은 대학에서 알아

서 하면 된다. 우리가 필요한 것은 국가는 산업정책과 인적자원 양성, 두 개를 같이 볼 줄 아는 사람이 교육부로 가야되는데. 기존의 사범대학 출신들이 교육부를 장악해서는 개혁이 있을 수가 없다. 그래서 김진표 경제부총리를 교육부장관으로 임명하는 거예요. 그 이유가 반대로 수요를 아는 사람을 공급체계의 수장으로 앉히는 거예요. 사람들이 왜 경제부처의 수장을 갑자기 교육부총리로 보냈느냐에 대해서 본인도 의아해 하고 당황하는 거예요. 그러나 대통령이나 나 같은 사람의 생각에는 너무나 당연해. 경제와 산업을 아는 사람이 가서 교육을 디자인해라.

그래서 이 양반이 갔는데, 안 되는 거야. 우선 대학개혁에 관해서 수도 없이 이야기하는 데도 맥을 계속 잘못 짚는 거예요. 수급을 맞추고 앞으로 우리가 산업이 어디로 가겠다는 지도가 있으면 그 지도에 따라서 공급체계를 맞춰주는 작업들을 하면서 대학개혁을 이끌어야 하는데, 이 양반이 교육부 관료들한테 포획이 되어가지고 대학개혁이라는 것은 대학 통폐합이야. 그러니까 어마어마한 예산을 지원해서 삼척대학하고 강원대학하고 합치고, 부산대학과 밀양대학을 합쳤어요. 그런데 대학통폐합이 아무 효과가 없잖아요. 학과 내의 전공이나 구조조정이 있어줘야 되는데 그걸 안 하고 대학을 합쳐요. 대학 구조조정이 통폐합하라는 것이 아니라고 이야기를 해줘도 이미 교육부관료들에게 포획을 당해서 아무것도 안 되고 계속해서 또 인성 교육으로 끌려가는 거예요.

그래서 대통령에게 제가 교육부로 가는 것도 의미가 있습니다. 결국 제가 가야지 손을 댈 수 있을 것 같기도 합니다. 대통령도 그렇게 인식을 했고, 그러면 가라 이렇게 된 거고. 그래서 가서 내가 제일 첫 번째 미팅을 전경련 상공회의소에서 갖고 수요자들에게 당신들이 와서 교육정책을 디자인하고 무엇이 필요한지 이야기를 해 주고 그것을 가지고 대학의 구조조정을 과감하게 하고 그 다음에 통폐합을 하겠다. 여기서 통폐합이란 예를 들면 앞으로 자동차 시장에서 우리가 성장 동력으로 텔레매틱스를 넣었어. 10대 신성장동력으로, 텔레매틱스가 들어가면 텔레매틱스관련 인력이 길러져야 되는데 텔레매틱스 인력이 안 길러지는 거야. 자동차에서의 시스템반도체 기술이 나오려면 기계공학과 전자공학이 융합되어야 되는데, 기계공학과 전자공학과 교수들이 서로가 벽을 쌓아 놓고 전자공학과 기계공학과로 나누어져 되어 있는데 여기서 무슨 시스템반도체나 융합 인력이 나오겠냐고? 그러니까 이것을 융합시키기 위해서는 두 분야가 붙어주어야 된다고. 이런 부분을 상공회의소 같은 데에서 강하게 외부에서 이야기를 해 주고, 언론에서도 한국 대학에서의 학과 중심의 칸막이가 얼마나 나쁜 거고 앞으로 융합이 얼마만큼 중요하다라는 것을 이슈로 이야기해 주면 정부가 그것을 받는 척하면서 나가주어야 된다고 이렇게 해서 가자라고 한 게 내 아이디어야. 그런데 이 아이디어를 교수들이 눈치를 챘다고. 그 다음에 어디가 위기를 느꼈는가 하면 교육부 관료들이 완전히 비상이 걸린 거야. 내가 가서 교육부에 가서 교육부 관료는 재경부, 산자부 관료와 붙어서도 이길 만큼 산업과 경제에 대한 지식과 정보를 가지고 있어야 된다고 천명을 했어요. 그러니 완전히 뒤집어진 거야. 기자들 역시 기존의 인성 교육과 같은 것을 주제로 기사를 작성해야 되는데, 내가 인적자원부총리로서 산자, 노동 전부를 이끌고 가겠다고 하니 놀라서 뒤집어졌어요. 나는 지금도 교육부가 그렇게 가야 된다고 봐요.

그리고 그 다음에 사내대학 육성을 했어. 군소 대학이나 경쟁력 없는 대학은 자동으로 없어진다. 왜냐하면 사내대학을 인정해 가지고, 고등학교 졸업하고 회사에 들어가면 그 회사 대학에서 4년을 졸업한 인력이 그 분야에 대해서는 일반대학 기술학과 출신보다 나은 인력이 된다. 중소기업은 중소기업끼리 중소기업중앙회를 중심으로 하게 해 주겠다. 그리고 기존대학은 사내대학에게 교양과 같은 부분을 서비스해라. 삼성전자, 현대자동차에서 근무를 하면 그 자체가 학점이 되도록 해서 사내대학을 졸업할 수 있도록 해 주겠다. 이러니깐 대학 교육이 완전히 뒤집어지는 거지. 그런데 그것을 아무도 할 수가 없잖아요, 나 아니면 못 한다고 갔는데 내가 가기 전에 쫓겨난 거요. 그 아이디어가 나오자마자 그날부터 얻어맞기 시작한 거요. 대통령하고 나는 아주 명확하게 생각을 했다고. 왜냐하면 수요 부처 장관을 보내도 안 되고, 그 앞에 윤덕홍 장관 보내 놨더니, 나이스니 니스니 이러다가 얻어맞아 끝나 버리고. 그러니까 진짜 실세가 가면 좀 달라질 수 있겠지 했다가, 실세도 못하고 나온 거예요. 이런 것들이 앞으로도 마찬가지일 것이고, 이런 부분에서 대통령이 어렵다는 것이지. 그 후에 대통령이 내가 당신 총리 보내고 싶은데, 부총리도 보호를 못 해줘. 대통령이라는 게 참 한심하다, 하고 농담 삼아서 말씀하셨지. 그러니까 이러한 것들이 전부 지금도 마찬가지입니다만 우리 국가의 전체의 시스템에 관한 문제에요. 교육부도 지금도 마찬가지지. 물론 대학은 우리가 완전 자율화시킬 의사는 없었어.

박용수: 삼불정책?

김병준: 삼불정책은 계속해서 우리가 가져가고 싶은 정책이었고, 그 이외의 것에 대해서는 자율화하려고 했어요. 그리고 나중에 대학이 정상화되면 다 포기하는 걸로. 그 다음에 초중등교육은 지방교육청, 이렇게 가면 교육부가 부총리 부처로서의 일을 하게 되는 거예요. 한번도 교육부장관이 말만 부총리지, 절대로 교육부총리가 아니거든. 인적자원부총리라 해야 되는데 인적자원부총리의 역할을 한 사람이 단 한 사람도 없었다고.

박용수: 참여정부와 노무현 대통령은 산업 인적자원에 대한 개혁을 확실하게 하고 싶었던 그게 목표였던 건가요?

김병준: 우리가 가장 역점을 두었던 것 중의 하나가 폴리텍, 기능대학들

입니다. 산업구조가 바뀌면 이것을 감당해줄 수 있는 평생교육 체계나 직업훈련 체계가 계속 돌아가 주어야 하는데, 국가는 국가대로 제대로 돌리지도 않죠. 기업은 기업대로 예를 들어서 대기업이라든가 삼성이나 현대 같은 데는 사내교육 시스템을 운영해도 돼요. 왜냐하면 여기는 교육체제 운영을 해도 다른 데 갈 데가 없어. 삼성에 있는 사람들이 다른 데 안 가거든. 중소기업은 자기들 기술교육을 시키면 교육 받은 더 우수한 자원은 삼성이나 현대로 이동을 해 버린다고. 그러니까 대기업에서 일하는 사람들은 교육을 받았다고 해서 다른 기업으로 갈 이유가 없어요. 이런 소위 말하는 외부효과 때문에 안 움직이거든. 그렇기 때문에 국가가 관리를 해서 외부효과를 내부효과로 바꾸어 줘야 된단 말이야. 그러니까 그 사람들이 조금 내고 국가가 많이 내고 평생교육 체계를 만들어 주어야 되고, 그 다음에 곳곳에 평생교육기관들을 만들어 주고, 그 다음에 국가가 재정적으로도 받쳐주고 이렇게 해야 되는데, 이게 DJ 때부터 우리가 시작을 했어. 폴리텍, 기능대학 같은 것을 열고, 그 다음에 개방대학 같은 것도 열은 거예요. 개방대학이라는 것은 누구나 가서 그 자리에서 직업교육을 받고, 다시 재교육, 재훈련을 받고 갈 수 있는 대학이에요.

그런데 교수들이 들어와 어느 날 개방대학의 이름을 다 떼어 버려요. 무슨 서울산업대학이고 어쩌고 저쩌고 바꾸어버려. 그러더니 어느 날 갑자기 일반대학을 만들어 가지고 수능시험을 치게 만들어요. 그러더니 대학 이름도 바꾸어, 서울 무슨 과학대학. 이런 변화를 그대로 보고 묵인한 교육부 관료는 용서하지 말아야 됩니다. 그런 대학이 필요하면 따로 만들지언정 국가가 디자인한 평생교육 체계를 뒤흔들면 어떡하자는 말이에요. 이것을 뒤흔드는 이유가 교육부장관이 부총리 역할을 못했기 때문이에요. 노동부까지 쳐다보고 산자부까지 쳐다봤다면 절대로 그 교육부장관이 그것을 인가할 수는 없죠. 그 기능대학의 이름을 바꾸는 것을 용서할 수가 없다는 거죠. 교육부장관만 하니까 이런 말도 안 되는 짓을 한 거예요.

앞에서 말했던 기획자들인 우리가 박세일이라든가 김병준, 김태동, 백용호 모여 가지고 디자인을 했고, 디자인의 연속성을 받쳐주고 누군가가 건의를 했으면 문제제기가 되었을 거예요. 지금도 기능대학을 바꾸고 그래서 걱정이에요. 폴리텍 대학을 지금 잘 키워놨거든, 그런데 폴리텍 교수들이 자기가 일반대학의 교수가 되려고 일반대학으로 바꾸려는 행태들은 안 되지. 이제 폴리텍은 다행히 노동부가 관장하니까 살아남은 건데, 교육부장관이 교육부의 편협한 시각만 가지고 있으니까 일반대학으로 바꾸는 것을 허가해주고 그러는 거예요. 그래서 참 아쉬운 부분이 국가의 관리체계가 어떻게 디자인이 되었느냐에 따라서 이런 일이 벌어진다고.

박용수: 대통령이 여론으로부터 보호하거나 그럴 수 있는 능력이 전혀 발휘가 안 되어서?

김병준: 대통령이 말하면 더 얻어 맞어, 한 삼 년쯤 지나면. 아직도 한국 사람들은 권력에 대한 굉장히 네거티브한 것을 가지고 있어. 그래서 권력을 쥔 사람에 대해서는 무섭도록 왜곡하고, 그다음에 엄격하고.

박용수: 논란이 되는 사안에 대통령이 개입 되면 대통령이 망가지는 거예요?

김병준: 망가지고 그 이슈도 엉망이 되죠. 그러니까 농담 삼아 노 대통령이 자기가 진짜 원하는 사업 같은 것을 밖에다 내가 이걸 지지한다고 말하지 말라고 우리들에게 이야기한다고.

박용수: 될 일도 안 된다는 거군요.

김병준: 그게 한국의 대통령의 권력이에요. 그러니까 현재 분명한 모순이 있는 거예요. 그 모순을 가지고 4년차 5년차의 대연정부터 시작해서 대통령이 거버넌스 구조에 대한 고민을 했어요. 오죽했으면 유일하게 이런 문제를 제기해준 사람이 지금 서울대학 간 강원택 교수예요. 강원택 교수를 청와대수석보좌관회의에 불러서 강의를 들었잖아요. 거기에 참여한 청와대의 수석보좌관들이 왜 강원택 교수가 와서 강의를 하는지를 이유를 모르는 거예요. 대통령의 고민이 수석한테도 전달이 안 되는 거예요. 우리 같은 사람은 왜 그걸 느끼느냐 하면 내 전공이기 때문에, 그리고 나한테는 항상 그런 이야기를 하기 때문에 그것을 느끼는데. 그리고 강원택 교수가 가고나면 이제 또 거기에 대해서 토론을 하거든. 한 시간씩 거기에 앉아가지고 하는데, 다른 사람은 "왜 불렀지?" 이러고 있어.

박용수: 그런데요, 노무현 대통령이 거버넌스가 제대로 작동 안 되고, 리더십이 발휘가 안 되는 것이 많다고 느꼈음에도 불구하고 임기 끝나고 나서 그런 상황에서 고려를 해보면 정책적으로는 임기 말쯤에는 상당히 많은 부분이 원래 추진했던 것을 성취했다고 볼 수도 있지 않나요?

김병준: 정책적으로 우리가 로드맵에 그린 것은 거의 다 대부분 많이 했어요.

박용수: 그렇다면 정치적인 또는 제도적인 여러 가지 어려움에도 불구하고 정책적인 측면은 어느 정도 성공할 수 있는 조건이 된다는 의미가 아닌가요?

김병준: 그런데 다들 부실했지. 걸긴 걸었는데 중간에 내용이 도망을 갔거나 아니면 단단하게 대못을 못 박았다고. 아주 큰 것은 대통령이 목숨

걸고 완전히 가보자 한 것은 됐어요. 예를 들어서 저런 것 있잖아. 세종시, 그런데 세종시 문제는 아주 교묘하게 이용을 한 거지, 예를 들어서 이런 거예요. 우리가 약체 정권이기 때문에 수호천사를 만들어 줘야 된다. 그 정책을 지킬 수호천사를 만들어 놓지 않으면 이 정책은 우리가 나가면 자빠져 버리고, 우리가 손 떼는 순간에 무너져 버린다. 수호천사를 만들어 주는 가장 대표적인 게 어떤 것인가 하면 세종시, 이것은 충청권과 남쪽에 있는 사람들에게 수호천사가 되어 줄 것이라는 것을 우리는 알았어요. 이것은 앞으로 어떤 대통령이 와도 이것은 쉽게 부정할 수가 없다. 오히려 더 강화하면 강화하지 이것을 쉽게 부정할 수 없다. 그런데 그것을 모르고서 어설프게 이명박 대통령이 하다가 실패한 거고. 공공기관 이전도 수호천사들이 있기 때문에 쉽게 철회가 안 된다.

그 다음에 내가 종부세 제도를 어떻게 디자인을 했는가 하면, 종부세로 거둬들이는 돈이 수조 원씩이 걷히면 그것을 한 푼도 중앙정부가 쓰지 않고서 부동산교부세라고 해가지고 지방에 다 주도록 만들었어요. 이것은 지방정부의 수호천사가 되어주는 것이지. 그런데 정당구조 안에서 제대로 못 했지. 그래서 많이 뺏겼지만 종부세 제도를 없앨 수가 없고, 또 그 종부세를 없애는 과정에서 결국 지방소득소비세나 소득세가 만들어져서 그것을 중앙정부에서 내려가도록 되어있지. 이런 식으로 정책 디자인을 할 때 정책 수혜자의 수호천사를 만들어주는 거예요. 그래도 EITC 근로소득세, 장려세제와 같이 잘 안된 것도 많아요. 우리가 인수위 당시 디자인했던 것이 MB 정부 들어와 가지고 법이 만들어진 것도 있고. 정부혁신 같은 것도 많은 부분 못한 게 많고. 제대로 작동 안 하고 원점으로 돌아가 버린 것들, 형식화된 것들, 예를 들어서 고위 공무원들 같은 것도 많이 형식화되어 버린 것들이지.

박용수: 정권이 교체가 되면 어느 정도 불가피한 게 아닌가요?

김병준: 불가피한 것도 있지만 그런 것을 제도적으로 더 단단히 박고 움직일 수 없도록 박을 수 있었지만, 국회가 더 협조해 주면 더 빠른 속도로 단단하게 박을 수 있었던 것을 못한 게 많아요. 그리고 특히 제일 아까웠던 것은 아까 전에 이야기한 외교, 인적자원 관리에 관한 기본법이에요. 대통령께서 인수위 때부터 시작해서 많이 노력한 사안인데, 결국 임기 4년 차에 껍데기만 남아 통과되어서 아무 짝에도 쓸모없는 것이 되었어요. 박근혜 대표가 기억하시다시피 사립학교법 가지고 거기에 다 걸어 버렸잖아. 그러니까 이리 나가고, 저리 나가고, 상임위에서 상정조차도 못 되어 보고, 이렇게 또 올려놓은 것 폐기되어 버리고, 이런 식으로 중요한 법안이 아까 이야기한 우리가 인적자원을 수요구조에 맞춰 준다는 거대한 계획이 실패를 해 버린 거야.

박용수: 다른 한계로 지적되는 것이 노무현 대통령이 참여민주주의 그 다음에 소통을 강조했는데, 실제 정치 현실에서 소통에 미흡했다는 것입니다.

김병준: 내가 그건 동의하기가 좀 힘든 게, 청와대에서 만들어진 데이터를 찾아서 살펴보면, 그러니까 당정협의, 그 다음에 대통령의 국회의원들하고의 대화 이런 등등을 보면 과거의 어느 정부 때보다 많았다고.

박용수: 그런 차원에서가 아니라, 가령 한미 FTA 같은 경우에 2006년 신년 기자회견에서 말씀하셔서 시민사회에서는 충격을 받았거든요. 물론 선진 통상국가라는 정책 기조에서 한일 FTA도 추진을 했지만, 한미 FTA의 경우에는 체계적으로 준비가 안된 상태에서 갑작스럽게 말씀하신 것 같아서요.

김병준: 아 국민들한테 미리 던지지 않았다? 아까 이야기했듯 개방형 통상국가라는 것은 기본적으로 던져져 있었고, 그 다음에 한미 FTA도 그 안에 들어있어서 사실 로드맵상에 다 들어있는 과제였고요. 다만 국민들이 노무현이 절대로 FTA를 한다는 것을 상상을 안 했던 거지.

박용수: 노무현 대통령께서 국민들이 한미 FTA하는 것에 대해서 상상하지 않고 있다는 것을 몰랐던 거죠?

김병준: 알죠.

박용수: 그러면은?

김병준: 알면서 그러면 개방형 통상에 대해, 한미 FTA라는 말은 따로 안 했지만, 준비를 많이 했어요. 청와대 안에서 토론을 많이 했고, 대외경제연구원은 해를 넘겨가면서 준비를 하고 그런 상태였거든. 그런데 그것을 경제수석실에서 추진을 했어. 정책실장 밑에 경제수석이 있고 경제수석실에서 한미 FTA를 준비를 한 거예요. 그 당시에 경제수석이 산자부장관을 했던 김영주 씨, 내가 실장이고. 한미 FTA를 추진하기 위해서 인력만 해도 얼마나 많은데, 통상교섭본부의 인력을, 변호사 인력을 스무 명은 더 늘렸어. 그 안에서 내부 토론도 수도 없이 많았고.

그런데 정태인 씨는 빠진 거예요. 당시에 정태인 씨는 경제보좌관실의 비서관이야, 경제보좌관실에 이 업무를 맡길 수가 없어. 경제보좌관실에는 비서관이 한 명이거든. 그리고 경제보좌관은 부처를 지휘할 권한이 없어. 경제수석은 그 밑에 행정관까지 해서 수도 없이 많은 인력을 쥐고 있을 뿐만 아니라, 경제부처를 지휘할 수 있는 권한이 있거든. 그렇기 때문에 당연히 경제수석에게 맡겼어요. 정태인 씨의 타이틀인 경제보좌관이 대외경제협의회인가하는 국민경제자문회를 담당해요. 국민경제자문회의를 담당하면서 국민경제자문회의 안에 대외협력파트가 있어. 그러니까 본인은 국민경제자문회의 비서관 겸 그 안에 대외 협력 부분이 있으니까 당연히 자기가 알아야 된다고 생각하는 거야. 그런데 정책실장이나 경제수석 입장에서는 경제비서관도 정책실장 지휘 아래 있고, 경제수석도 지휘 아래 있지만 거기다 맡길 이유가 없어. 당연히 경제수석한테 맡기는 거지. 정태인한테 내가 맡기질 않았기 때문에 정태인 본인은 FTA를 모르는 거예요. 정부 내에서 토론이 계속 있었고, 그 다음에 대통령도 개방형으로 가야 된다는 이야기를 후보 시절부터 줄곧 하고 있었죠.

노 대통령이 우리가 개방정책을 강화해야 되고, 개방해야 된다는 이야기를 후보 시절 때부터 계속 하고 있었는데도 이해를 못해. 가장 대표적인 예를 들까요? 이 양반이 농민대회를 갔어. 농업개방을 하지 말라고 농민들이 회의했는데, 거기에서 양 후보를 불렀어요. 이회창, 노무현을 불렀다고. 이회창 씨가 여의도에 안 왔어. 그날 분위기 살벌했어. 막 농민들이 와 가지고 이 양반들이 막 술도 먹고 이러고 분위기가 좀 그랬거든. 노무현 대통령이 갔어요. 노무현 후보가 여러분들 심정 다 이해하지만 개방은 거스를 수 없는 추세다 이랬거든. 돌이 막 날아왔어. 근데 이 양반은 그 돌 날아오는 걸 보면서도 거기서 개방 이야기하면서 자기 스피치 다 끝냈어요. 그 다음에 이회창, 권영길, 노무현 삼자 토론을 하는데도 권영길 씨가 개방정책에 대해서 이야기를 했거든. 그리고 신자유주의자들 개방정책에 대해서 어떻게 생각하느냐니까, 노무현 대통령이 그 후보 마지막 토론회, 권영길 씨 보고 이야기를 했어. "개방을 그런 식으로 몰아붙이지 마라, 개방은 피할 수 없는 우리의 과제고 나는 개방정책을 지지한다. 그리고 앞으로 통상국가로 우리가 가야된다."라고 천명을 했다고. 그런데 후보시절부터 가는 자리마다 통상형 개방국가, 즉 통상을 강화하고 개방을 해야 된다고 했는데, 사람들은 특히 진보라는 사람들이 자기 생각을 가지고 받아들이기 때문에 그런 이야기를 안 한 걸로 아는 거요. 나중에 기록을 다 보여주었지, TV 동영상도 다 보여주고. 이렇게 했는데도 노무현 대통령이 개방을 중요시 안 했다고 말하는 거야. 후보토론 짧은 시간에 오 분 씩을 개방의 중요성에 대해서 이야기를 하는데, 그걸 왜 안했다는 거예요? 국정 내각회의에서 심지어 농담까지 했거든. 하루는 수석보좌관회의하고 끝나고 난 다음에 꼭 아나운서 멘트하듯이 여러분 오늘 드디어 기쁜 소식이 있습니다. 외국의 투자자들이 한국에 얼마만큼 투자를 하고 말이야 뭘 하고 뭐 하면서 와서 투자액이 얼마나 늘었고 이렇다 하는 것을 꼭 그걸 중계하듯이 조크를 하는 거예요. 그런데 사람들이 그것을 진지하게 안 들은 거지.

박용수: 저도 정태인 씨가 인터뷰하고 글 쓴 것은 찾아봤습니다. 그런데 그분이 있을 때 한일 FTA는 찬성했고, 그리고 한미 FTA는 한일 FTA하고 다르다고 주장했습니다. 반면에 김현종 씨가 쓴 책을 보니 초기에 한일 FTA로 잡혀 한미 FTA 협상 준비가 제대로 구축되지 않았다고 하더군요.

김병준: 우리가 미국부터 먼저 가자 얘기했지. 미국부터 먼저 가자고 김현종 본부장이 찾아왔길래 이제 우리 그렇게 하자고 그랬고.

박용수: 그러니까 정부 내에서의 문제는 저도 이해가 되는데, 그걸 넘어서 시민사회에 대한 것은 대연정 사안도 그렇고요, 한미 FTA도 그 부분에서의 소통을 보완할 수 있는 그런 방법은 없었는지요?

김병준: 한미 FTA는 그때 던지는 것이 맞고. 왜냐하면 정부가 준비해서 이야기하는 거니까. 그 다음에 대연정은 소통이 안 된 것이 아니라 이제 시작하는 단계예요. 그러니까 내가 고민을 많이 했어. 대연정 이야기를 던지는 거예요. 그러면 그때부터 시작하는 거예요. FTA도 마찬가지로 고민을

많이 하고, 고민하는 과정에서 정부 내에서 수없이 이야기하고 난 다음에 이야기를 던지는 거예요, 던지고 난 다음에는 시작하는 거예요. 사람들은 나 같은 개인이 시작한다고 할 때에는 누구도 들어주지도 않아요. 대통령이 이야기한다고 할 때에는 이미 커져 가지고 나가거든, 그러면 "이게 결정 되었구나." 이렇게 보는 거야. 그러나 사실은 그게 아니라 대통령이 이야기한 그때가 시작이지, 한미 FTA도 그때부터 시작인 거고. 그러나 그 시작조차도 함부로 시작할 수 없기 때문에 안에서는 내부적으로 검토를 계속 하고 한미 FTA만 하더라도 우리가 굉장히 불안하지. 노 대통령도 무지하게 불안했고, 나도 불안했고, 김현종 본부장도 마찬가지고 다 불안하거든. "우리가 과연 이것을 이겨낼 수 있을까?" 하는 불안이 가슴 속에 다 있기 때문에 잘못하면 망할 수가 있고, 뿐만 아니라 역사의 죄인이 될 수가 있기 때문에 고민을 많이 하고.

그 다음에 노 대통령이 시민사회하고 이야기를 안 했다고 하지만, 그것도 거짓말이에요. 왜 거짓말인가 하면 스크린쿼터 문제, 소고기 문제와 같은 개방에 관한 이야기를 수도 없이 시민사회하고 대화를 하고, 심지어 이 양반들이 들어와 가지고 대통령한테 삿대질까지 해가면서 스크린쿼터 열면 안 된다고 그랬단 말이에요. 대화 안 했다는 이야기는 자기 말을 안 들어 줬다는 이야기인데 그건 다르지. 대통령은 스크린쿼터에 대해서 우리가 열어야 된다라는 생각을 끊임없이 이야기를 했고, 대화하는 과정에서 일부는 받아들였지, 예를 들어서 스크린쿼터를 여는 것은 할 수 없지만 지원액을 더 늘린다라는 식으로 받아들이는 거지. 그리고 그 다음에 이창동 장관을 임명할 때부터 나는 스크린쿼터를 이렇게 생각하는데 당신은 어떻게 처리할 거냐. 먼저 이렇게 하고 임명을 하는 거거든.

박용수: 이창동 장관도 처음에 임명될 때 그걸 알고 임명이 된 건가요?

김병준: 스크린쿼터에 대해서 대통령이 어떤 생각을 가진 건지 다 알지. 그러니까 이창동 장관도 거기에 대해서 반대는 하지만, 그러나 "고민하겠습니다."라고 이야기를 했고. 그러나 막판에 나갈 때에는 이창동 장관이 "제가 덮어 쓰고 나가겠습니다." 했어. 그래서 이창동 장관이 나가는 순간에 "제가 말을 던지고 가는 것이 낫지 않겠습니까?"라고 했어. 그래서 이창동 장관이 얻어맞았지. 그래도 이창동 장관이기 때문에 덜 얻어맞은 거지. 한국 감독인 당사자가 이야기를 하니까. 그렇다고 소통 구조가 완벽하다거나 이런 것은 절대로 아니고, 다만 시간적으로도 앞의 DJ 정부와 비교해도 에너지가 다르잖아요.

사실은 대통령의 건강문제도 굉장히 중요해요. 가용시간이 차이가 엄청나거든. 그러니까 노무현 대통령의 경우에는 아침 7시부터 저녁 9시까지 가용시간이고, 토요일 일요일은 책 읽고 충분히 쉬는 편이셨죠. 김대중 대통령 같은 경우는 그렇게 못하거든. 아침 한 10시부터 시작해서 오후 3시면 더 가기가 힘들단 말이야. 그러면 중간에 점심시간, 오찬시간이 가용시간인데 외빈 접견하고 뭐 하고나면 가용시간이 별로 없는 거예요. 우리는 대화를 하고 싶어도 대화가 안 돼. 그러나 노 대통령 같은 경우에는 가용시간이 길고, 그리고 아침, 점심, 저녁을 거의 혼자 먹는 법이 거의 없다고. 그러니까 누구를 불러서라도 같이 먹거든. 그러니까 그런 것이 굉장히 큰 장점이지. 우리가 가볍게 생각하기 쉬운데 가용시간의 문제는 굉장히 심각해요. 왜 그러는가 하면 하루에 한 시간 정도를 더 쓸 수 있는 사람의 그 업무량의 차이가, 특히 각료들하고의 만남은 엄청난 차이를 낳게 되어있어. 하루에 한 시간이면 삼십 분씩을 쪼개면 일 년에 한 오백 명을 더 만날 수 있어. 오백 개의 이벤트를 더 할 수 있다고. 두 시간이면은 천 개야.

박용수: 선생님 말씀을 종합해보면 야당과도 정책실장과 정책위원장 간의 관계를 통해서 협상과 설득을 시도했고, 시민사회와 언론에 대해서도

지속적으로 기회가 있을 때마다 발언을 했던 거군요?

김병준: 시민사회와 발언을 했고, 그 다음에 시민사회수석이라는 것을 아예 두었잖아.

박용수: 그럼에도 불구하고 소통이 안 돼서 결국 대연정이라는 제도개혁을 하게 되었나요?

김병준: 소통이 되도 이해관계는 조정이 안 되는 거지. 그러니까 대연정이라는 것은 이해관계로 풀자, 내가 권력을 다 줄 테니까.

박용수: 그러면 만약에 대연정이 되었다고 한다면 어떤 식으로 국정운영이 가능한 건지요?

김병준: 대연정이 되었다면 박근혜 준대통령이, 한 부대통령쯤 되는 사람이 장관도 다 임명하면서 모든 행정을 다 끌고 가고, 노 대통령이 이야기하는 몇 개의 정책만 국회에서 통과시켜 주고. 핵심 정책 이외에 국방과 외교안보만 챙기고.

박용수: 그러면 그 핵심이 북핵문제와 같은 외교안보인가요?

김병준: 왜냐하면 외교안보는 국권을 수호할 헌법적 의무가 대통령에게 있기 때문에 양보를 못 한다고. 그렇기 때문에 그것은 대통령이 챙기고 내치는 다 가져가라. 대신에 몇 개 법안은 통과시켜 달라. 인적자원 육성에 관한 기본법이라든가 이런 것은 통과시켜 달라. 그게 통과가 되면 대학등록금 문제, 대학의 개혁문제, 대학의 펀드문제, 대학개혁이 아주 주된 사업

이었다고. 그 다음에 평생교육이 그 안에 다 들어가요, 엄청난 사업이지.

박용수: 그거하고 선거법 개혁하고 같이 합니까?

김병준: 거버넌스 구조, 인적자원 육성이 어마어마한 패키지고. 이것 정도 해주면.

박용수: 다 내주겠다?

김병준: 그렇죠. 다만 국방에 관한 건 대통령이 책임을 져야되는 거죠. 이러한 것이 대연정의 요체에요. 그리고 노 대통령은 정책과 사업으로 남는 거지. 집권기간으로 남는 것이 아니라는 확실한 생각을 가지고 있었고, 그 일이 되면 내가 남는다. 그러나 이게 결국은 안 되었잖아요. 안 되고 인적자원 그 육성에 관한 거라든가 이건 다 안 되어버렸고, 그 바람에 교육부장관에 누구를 앉혀도 제대로 개혁하겠다는 사람은 쫓겨날 수밖에 없고 그러는 거예요.

박용수: 그러면 노무현 대통령의 리더십은 간단하게 번스(James Burns)의 변혁적 리더십이나 또는 노이스타트(Richard Neustadt)의 거래형 또는 설득형 리더십, 그런 유형으로 구분하기는 좀 어려운 건가요?

김병준: 어렵죠. 사실 유형으로 누구 한사람 나누기가 힘든 건데.

박용수: 전반적으로는 번스의 변혁적인 유형인가요?

김병준: 개혁적인 마인드는 틀림없고, 그 개혁을 본인이 사람을 통제해

서 가져가려는 게 아니라 시스템, 문화, 생각을 바꾸는 아이디어를 가졌거든요. 우리는 시스템이 바뀌면 많은 것이 바뀐다는 시스템론자예요. 인간의 본성에 관해서도 굉장히 법가적인 사상을 가지고 있고, 그러니까 사람이라는 것은 다 자기 이익을 추구할 수밖에 없게 되어 있다라고 보고 그렇기 때문에 시스템을 잘 만들어 놓으면 그 시스템이 사람을 움직이게 할 것이다라는 이런 생각들을 가지고 있었죠. 어떤 친구가 대통령이 자꾸 이래야 된다, 저래야 된다 하니까 유가적인 사상을 가지고 있다고 해버렸어. 그런데 유가적인 사상이 아니고 법가적인 사상을 가지고 있던 사람이다. 그리고 또 한편으로는 계몽주의자예요, 사람의 대화와 이성이 발휘될 수가 있고 그 이성이 좋은 세상을 만들 수 있다라고 믿는 일종의 계몽적인 생각 플러스 시스템론자가 다 합쳐져 있는 그런 분이에요.

박용수: 그러면 인간적인 면에서 가까이 있는 사람들한테 따뜻하셨나요?

김병준: 조크를 좋아하니까, 농담을 워낙 좋아하니까. 하루 종일 웃다가 지나갈 때도 있고 그러죠.

박용수: 사실 지난 시간에 말씀하신 것 중에서 차세대 성장산업을 최종적으로 정책실장이 결정을 하라 그렇게 맡긴 거에 대해서?

김병준: 정부혁신위원장.

박용수: 예 정부혁신위원장한테 맡긴다는 거에 대해서 발언도 못 하게 하고, 그렇게 맡기기만 하고. 그런데 정작 선생님한테는 노무현 대통령이 왜 그렇게 맡기는지에 대한 이유도 설명을 안 하셨던 거 아니에요?

김병준: 이유도 설명 안 했지만.

박용수: 그냥 돌아와서 생각을 하신 거예요?

김병준: 우리는 묘하게 잘 통했어요. 그래서 생각해보면 나한테 왜 맡기는가, 이게 그걸로 풀라는 거예요.

박용수: 그게 두 분 간의 관계에만 해당되는 사안인가요? 아니면 대부분 그런 식이었나요?

김병준: 비슷한 경험을 한 사람이 있는지 없는지 나는 모르겠어요. 그러나 나는 그랬다고. 우선 휴먼 어섬션이 거의 같아요. 그런데 누가 오리지 널인지는 몰라. 사람에 대해서 생각하는 아까 전에 법가적인 사상이니 뭐 이런 것을 이야기했거든. 그런 것이 거의 같은 거예요. 이야기하다 보면 놀랄 정도로 같아요. 그러니까 아까 수호천사를 만들어 줘야 된다 이런 것들 있잖아요. 누구라고 이야기할 거 없이 우리 입에서 자연스럽게 나와, 그러니까 내가 한마디 하면 그냥 다 알아들으셔. 그럼 대통령이 한마디 하면 내가 다 알아듣고.

박용수: 그럼 특수한 관계네요.

김병준: 그러니까 예를 들어 강원택 교수를 불렀다 했을 때에는 무엇 때문에 불렀구나 하는 것을 내가 제일 먼저 감을 잡는다던가. 또 어느 날 갑자기 대통령이 오셔가지고 마이클 무어의 볼링 포 콜럼바인(Bowling For Columbine)이라는 다큐멘터리를 보여준다고. 그것이 다른 사람들은 잘 모르는 거거든. 볼링 포 콜럼바인을 왜 대통령이 보라고 했는지. 그런데 이

제 우리 같은 사람은 무엇 때문에 볼링 포 콜럼바인을 수석들한테 보라고 하는지 감이 좀 잡히지. 그러면 내가 해설을 해줄 때가 있어요.

박용수: 대통령이 직접 설명해 주시지는 않는다는 거죠?

김병준: 설명을 해줄 때도 있어요. 해줄 때도 있지만 그 설명이라고 하는 것이 길게 설명될 수도 없는 거고, 대통령의 일이라는 것이 굉장히 제한적일 때가 있거든. 그리고 또 본인이 긴가민가할 때도 있어요. 뭔가 느꼈는데 표현을 못하는 거예요. 그러니까 볼링 포 콜럼바인 같은 것을 보라고 했는데 본인의 생각이 굉장히 복잡한데 그것을.

박용수: 확실하게 정리가 안된 시점에서?

김병준: 본인은 확실하게 정리가 안되었지만 그러나 대단히 중요하다. 그러면 나중에 우리 같은 사람한테 물어보시죠. 분명히 중요한 건데 "저 영화의 메시지가 뭐냐?" 그러면 우리 같은 사람이 해야지. 볼링 포 콜럼바인이라는 영화에서 그 애들이 총기난사를 했잖아. 그러면서 계속 마이클 무어가 질문을 던진다고. 왜 미국에서는 총기사고가 날까? 총을 많이 소유했기 때문이다? 아니에요. 인구 당 총을 많이 소유한 것은 캐나다가 더 많이 소유했어. 그런데 캐나다에서는 총기사고로 죽는 사람이 몇 명 없는데, 미국에는 왜 매년 만 삼천 명씩 총기사고로 죽어가고. 문을 안 잠가서 그렇다? 캐나다는 문 열어 놓고 살어. 미국은 삼중 사중으로 보안장치를 켜 놓고 산다고. 도대체 총기사고는 어디서 오는 것인가, 총기 소유에서 오는 것인가? 마이클 무어도 영화 안의 메시지가 굉장히 불명확해요, 볼링 포 콜럼바인에서 왜 그 아이들이 총을 쐈는지, 그런데 대통령이 느끼는 게 내가 뭔지 알아, 그럼 나도 보고서 내가 가서 이야기를 하지.

구분과 차별이다. 그러니까 미국의 고등학교에서 총 쏜 애들은 무엇을 교육을 받았는가 하면 너는 이제 인생이 끝장났다. 너는 공부 못하고 너는 고등학교에서 지지리 못난 놈이고 맨날 말썽만 피는 놈이니까 너는 인생이 끝났다. 걔는 고등학교를 졸업하기 전에 이미 절망감과 그리고 자기가 사회에서 쓰레기가 될 수밖에 없다라는 것을 느끼는 거야. 그런데 캐나다의 학생은 안 그래. 학교 안 가는 애도 자기에게도 인생이 있다는 것을 아는 거예요. 학교 안 가는 놈을 마이클 무어가 가서 묻거든. "너 왜 그 학교 안 갔냐?" 하니까 "가기 싫어서 안 간다." 이거야. "그럼 너 앞으로 어떻게 살래?" 아이가 자기는 살 수 있다 이거야, 가스 스테이션 가서 일을 하든 뭘 하든 나는 그거 가지고 살고 난 그거 잘하고 그런 거 재미있고, 그 다음에 뭐가 되어 있느냐 의료보장, 사회보장 안전망이 잘 되어 있다는 거. 미국 사회는 의료보험도 안 되어 있고 여기서 학교에서 낙오되어 버리면 그 순간에 나락으로 떨어져 버려. 그러니까 구분과 차별이 있는 사회와 없는 사회인데, 대통령의 질문은 우리가 지향하는 사회는 어디인가? 사람을 구분시켜 놓고 차별해 가지고 경쟁을 유발시키는 사회 쪽으로 갈 것인지, 아니면 우리가 조금 더 느슨하더라도 같이 나누어 먹고 하는 캐나다와 같은 사회로 갈 것인지. 대통령이 수석보좌관을 비롯한 우리들보고 이야기해 보라는 것이지. 대통령을 하는 "내 마음은 캐나다에 가 있다. 미국이 아니다."라는 메시지를 주고 싶은 거, 그러면 너희들도 대통령의 수석으로서 수석보좌관으로서 이 정도의 철학은 우리가 공유해야 되지 않느냐라는 것을 은연중에 이야기하는데, 자기 생각을 강요는 못 하고 그렇게 주는 거예요.

박용수: 그런데 저는 박선원 안보비서관이었나요? 그분의 『하드파워를 키워라』는 책을 보면 노무현 대통령은 상당히 모시기가 힘든 분이라고 표현하고 있어요. 노무현 대통령의 뜻을 맞춰서 따라가려면 쉽지가 않고 너

무 힘들다. 그래도 업무를 끝나고 나면 굉장히 보람을 느낄 수 있다라고 했더군요.

김병준: 박선원은 대통령을 잘 모르니까. 우리 같은 사람은 15년을 같이 있었잖아, 같이 1990년 초부터 국가가 어떻게 돼야 되는지를 계속 이야기를 해오던 사람이니까 우리는 너무나 편하고.

박용수: 선생님도 건강이 참여정부 이후에 굉장히 안 좋으셨고, 문재인 후보도 이가 다 빠질 정도로 힘들었다고.

김병준: 그거는 대통령 때문에 힘든 게 아니고, 상황이 힘든 거예요. 왜냐하면 정책실장이라고 하는 사람이 아침에 7시까지 출근을 해야 되거든. 그러면 집에서 일어나는 시간이 다섯 시 반, 이제 여섯 시예요. 아침에 가면 정보 보고를 받아야 돼. 국정원, 검찰, 경찰에서 최소한 세 개가 오거든. 그것을 읽어야지 업무를 시작할 수가 있는 거야. 어제 무슨 일이 있었고, 세상이 어떻고. 그럼 그걸 보는데 그걸 다 못 봐. 우리 보좌관들이 딱 붙여 준 것만 봐도 굉장히 많아요. 그걸 읽고서는 상황회의에 간다고. 상황회의에서 오늘 이제 각 부처에 해야 될 일을 이야기해 주고, 상황회의 끝나면 9시쯤 되면 벌써 회의가 시작이 되거든. 비서실장은 좀 덜한데, 정책실장 같은 경우는, 직접 주재하는 회의가 있지, 그 회의에서 장관들, 차관들하고 회의하고 대통령 주재 회의에 다 들어가야 되지. 그러니까 하루에 회의가 수도 없이 많은데 화장실 갈 시간이 없는 거야. 그리고 조금 있다가 들어오면 전화 리스트에 벌써 전화가 한 오십 개씩 있고, 리턴 콜 할 시간이 없어.

그러니까 거짓말이 아니라 어떤 때에는 화장실을 못 가고 그 자리에서 전화 받고, 이러다보니 신장이 망가지거든. 그런데다가 점심시간 나갔다가 온다, 저녁은 보통 두 번, 세 번 먹게 돼. 저녁이 왜 두 번, 세 번 되느냐면, 내가 가용할 수 있는 시간이 정례로 들어가는 게 월요일 날 아침, 월요일 날 점심 때 총리하고 대통령하고 회의 하거든 주례회동을 하니까 거기에 배석해야 돼. 그 다음에 금요일 날 저녁이 회의가 우리 8인 회의가 있기 때문에 저녁에 또 가야 돼. 이런 식으로 정례적으로 내가 참여해. 그러면 월요일부터 금요일까지 치면 밥 먹는 게 점심, 저녁 해서 열 끼인데, 그중에 통상 내가 대통령으로 인해 정해지는 정례회의가 여섯 일곱 개가 돼. 그럼 내가 가용할 수 있는 게 서너 개밖에 안 되거든, 그 서너 개를 가지고 장관들 만나고, 시민사회 만나야 되고, 언론인 만나. 도저히 불가능하지. 그러면 저녁을 두 개, 세 개씩 하게 되는데, 저녁 두 개, 세 개씩 하고 나면은 집에 들어오면 보통 열한 시, 열두 시 되거든. 그 다음에 자료 좀 보고 자고, 다음 날 아침에 다섯 시 반에 또 나가야 되거든. 이게 사람이 할 짓이 아니야. 그리고 잠시도 쉴 틈이 없는 거야. 보고라인이 벌써 다섯 개잖아. 과기보좌관, 경제보좌관, 수석 셋이 보고 해오죠, 그러니까 그 보고라인, 그 다음에 그 사람들이 보고해 오는 거, 그 다음에 하루에 문건을 열 개 씩 결재해서 올려야 되지, 청와대 회의에 참석해야 되지. 이 로드를 이겨 내기가 힘들어요.

박용수: 비서실장하고 정책실장을 분리했을 때에도 이렇게 되었는데 그러면 더 분리가 필요한 거 아닌가요?

김병준: 그래도 더 이상은 안 되지. 비서실은요 원래 분리되어 있어요. 비서실은 비서실장 밑에 수석들이 여럿이 있지만 이 수석들이 대통령한테 직보를 많이 해요. 민정수석이 직보하고, 인사수석이 직보하고, 비서실장을 건너뛸 때가 많다고요. 그러나 정책실은 안 되는 거예요. 사회정책, 경제정책, 정부조직에 관한 것 등이 전부 물려 있기 때문에 정책실장은 할

수 없이 코디네이터로서 다 알아야 되거든. 그러기 때문에 정책실장은 건 너뛸 수가 없어. 대통령이 바로 하명한 것, 예를 들어서 농업정책의 직불금 그거 어떻게 되었으면 농업비서관이 대통령한테 바로 보고해야 돼. 그리고 대통령께 이것을 보고했다는 메모 하나 오면 그걸로 끝이에요. 그런데 만약에 이렇게 저렇게 걸리는 사안들일 때에는 반드시 정책실장이 수석한테 이야기를 해야 되죠. 왜냐하면 사회정책실과 경제정책실도 서로가 또 갈등이 있을 때가 있거든. 그러니까 로드가 많은 거예요.

지금 청와대가 그래서 문제라는 거예요. 그걸 도대체 누가 하느냐 말이지. 지금 김기춘 실장이 할 수 있겠어요? 그 양반이 복지, 환경, 여성, 재정 문제, 세제, 아마 상상을 못 할 거예요. 내가 그 양반 실력을 무시하는 게 아니라, 검찰 출신이기 때문에 그런 훈련이 안 되어 있을 거라는 거지. 그러면 누군가가 지금 전체 국가 비전을 설계하고 거기에 맞춰 가지고 코디네이팅을 하고 중심축을 가진 사람이 있어 줘야 되는데, 그게 누군가 하면 아무도 안 보이잖아요. 대통령밖에 안 보이거든. 그러니까 지금 무슨 일이 일어나는가 하면은 소위 창조경제라는 건 내가 더 잘 알 거야 아마 나보고 설명하라면 내가 창조경제를 내가 5분 만에 쫙 하면 국민들이 이해할 거 같아. 그런데 창조경제를 하나 설명하는 사람이 없잖아.

박용수: 예, 이제 하나 더 여쭈어보고 싶은 게 참여정부 시기에 쟁점이 되었던 양극화입니다. 노무현 대통령도 자서전에 노동유연성 부분에 대해서 후회가 남는다고 말씀해 주셨습니다.

김병준: 양극화 대안으로 유연안정성이라는 말이 있어요. 플렉스태이빌러티, 유연하면서도 안정적인 것이 우리가 노동정책이나 양극화 문제에 대한 기본 대응방향이었어요. 2004년 6월 2일 날 정책실장을 맡아 가지고 제일 처음에 업무 파악하고 정부혁신위원장을 했지만, 역시 배울 게 많더

라고. 공부를 하고 들어갔는데, 양극화 문제가 심각한 거예요. 그래서 양극화 문제의 심각성을 우리가 대통령한테 제기를 했지.

박용수: 정부가 주도적으로 대비를 해야 한다는 거였나요?

김병준: 양극화 문제를 제기하게 된 배경이 보면 미국서 공부할 때 경험이 조금 있어요. 이탈리아의 남북부의 경제가 소위 디스컨티뉴티에요, 연속성이 떨어지는 것이 유럽에서도 이탈리아 같은 곳에서 대표적으로 나타나게 되는데, 한국도 지니계수 같은 것을 보니까 완전히 엉터리거든. 지니계수로 따지면 한국에서의 소득격차가 별로 없어요. 왜냐하면 OECD가 0.32대로 우리가 0.31, OECD 평균이라는 이야기야. 그럼 말도 안 되는 거거든 우리 감각하고. 그래서 내가 이상하다. 다른 여러 가지 지표를 가져와봐라 해가지고, 지표를 보고 소득지표 보고 다 하니까 보이죠. 그래서 이 문제를 제기하고, 양극화현상이 어디서부터 왔는가 보려고 하니까 데이터가 하나도 없는 거야. 예를 들자면 양극화를 우리가 경제가 오다가 중간에 소위 트리클링 다운이 되지 않고, 잘라지게 되는데 그 구조가 어딘가 하면 영세자영업자들의 실제 삶이 어떤가를 알아야 된다고. 그리고 그 사람들이 어디서 누가 와서 소비를 하고 골목시장 어디고. 이거 알아야지 그 구조를 이야기를 할 수 있는 거거든. 영세자영업자의 데이터가 하나도 없는 거야. 그러니까 그 앞의 정부가 이런 데 대한 고민이 없었다는 이야기지. 그래서 정말로 중소기업들하고, 영세자영업자들에 대한 어마어마한 데이터를 우리가 그때부터 콜렉트하기 시작한 거야. 실제 정부가 돈을 대서 만들어요.

그렇게 해 가면서 양극화 문제를 제기를 하게 되는데, 제기를 하는 바람에 우리가 양극화를 심화시킨 정부로 덮어 썼는데, 그거야 뭐 괜찮고. 그런데 양극화 문제를 제기했지만 쉽게 안 풀리잖아. 예를 들어 영세자영업자 같은 경우는 어떻게 살릴 것인가? 하루아침에 되는 게 아니거든. 사회 정책과 경제정책과 산업 실정이 다 어우러져 만들어져야 되는데. 이거를 우리가 패키지를 만들지 못 했다는 아쉬움이 있죠. 거기에는 복지정책, 산업정책, 일자리정책도 들어가는데 다 못했고. 그 다음에 노동 부분은 우리가 우선 유연성과 안정성이 다 들어 있어. 유연성은 사람이 기업에서 쫓겨나면 끝이거나, 아니면 노조가 있어서 내보낼 수도 없어 그러니 전부 불안해하죠. 그러니까 유연안정성을 좀 높이겠다라고 하는 것은 안정성은 비정규직을 정규직으로 전환해주는 시스템, 또 한편으로 유연성은 파견근로 같은 것들을 조금 인정해주는 것으로 딜을 하는 건데, 이게 잘 안 되었어. 우선 안정성을 기해줄 수가 없는 게 일자리를 만들어줘야 되는데 일자리가 안 만들어지잖아. 그나마 그때는 한 일 년에 한 이십만 개 이상씩 일자리가 나왔어요. 지금은 거의 안 나오고 있지만.

황창호: 실업급여와 같은 노동정책은요?

김병준: 그 부분도 강화를 많이 했죠, 그렇지만 택도 없고. 대통령이 고용안정 체계를 구축하려고 아마 역대 대통령 중에서 직업안정센터 제일 많이 간 대통령일 거예요. 가서 보니까 고용안정센터에서 고용안정을 상담해주는 요원들이 다 비정규직이야. 그러니까 자기부터 불안한 사람이 남의 직업적 안정성을 상담해주고 있는 거거든. 그래서 당장에 그 사람들부터 전부 정규직으로 전환한 그런 일도 있고 했는데, 이것이 쉬운 일이 아닙니다.
그리고 일자리를 만들려고도 별짓 다 했지. 심지어 문국현, 지금 박 대통령이 이야기한 일자리 나누기가 그때 시작된 거 아닙니까? 문국현 씨 한때 사람입국일자리위원회를 만들어가지고 그 양반을 위원장 앉혀가지고 유한킴벌리의 일자리 나누기를 한번 해보라고 했죠. 이론적으로 완벽해. 예를 들어서 내가 아침 열 시간 일해, 아니 여덟 시간 일한다 치자고 여덟

시간 일 하는 것을 여섯 시간 일 해, 여섯 시간 일 하고 난 다음에, 나머지 두 시간은 노는 게 아니라 나머지 한 시간은 생산성을 높이기 위한 교육을 훈련을 받고, 그 다음에 한 시간은 마음의 여유를 얻고 독서를 하고 교양을 위해 강의를 듣고 하면 생산성이 올라갈 수밖에 없지. 그러니까 여섯 시간 일 하지만, 생산성은 여덟 시간 일 하는 것만큼 올라가게 되어 있다고. 그리고 일자리는 20퍼센트 또는 25퍼센트가 더 생긴단 말이야. 일자리 나누기가 실제로 유한킴벌리에서 먹혀 들어갔거든. 그런데 유한킴벌리하고 여기는 다른 거야. 왜냐하면 유한킴벌리라고 하는 것은 회사가 생산성이 올라가도 시장독점성이 커가지고 공급이 얼마든지 늘어나도 괜찮은 거예요.

다른 기업은 생산성이 그어져 있고, 마켓 쉐어에 대한 불안이 있는 회사들이야. 그러니까 생산성을 더 높일 이유가 없는 회사들도 많고. 또 일자리 나누자 하면 우선 대기업 같은 곳은 노조가 들고 일어서. 나는 여덟 시간 일하고 적게 받을 가능성이 있단 말이야. 나는 열 시간 일하고 초과수당 더 받겠다는 거거든. 나중에 마켓이 줄어들면 결국은 구조조정이 될 텐데. 결국은 누군가를 잘라낼 거 아니오? 내가 왜 구조조정의 대상이 되느냐? 난 못 한다. 노조의 기득권 때문에 설득이 안 되는 거예요. 그러니까 이 사람들이 겨우 70억을 들여서 스터디를 시켜 가지고 시범사업도 하고 그랬는데 일자리도 안 늘어나고 그랬던 거죠. 실패한 사업이야. 어쨌든 유연안정성에 대해서는 고민을 많이 했는데, 그것도 그렇게 효과를 많이 거두지 못한 거고. 또 하나는 비정규직 보호법안이 부작용이 많이 생겼잖아요? 왜냐하면 비정규직을 2년 이상 채용하면 정규직 전환하도록 유연안정성과 관련 안정성을 높이기 위한 조치가 되었는데, 오히려 2년 되기 전에 정리해고하는 부작용도 일어나고 그랬어. 아쉬운 부분이죠.

박용수: 이 부분에 대해서 종합적인 체계적인 계획을 세우고 접근했던

것은 아닌가요?

김병준: 했죠. 우리 사회정책수석이 들어가 접근을 했는데, 그게 뜻대로 안 되었다는 거지. 그 과정에서 결국 우리가 자본의 이해관계와 노동의 이해관계가 다 부딪치는 거예요. 그런데 그것을 박근혜 대통령이 지금 넘어 보겠다고 이야기를 하는 거예요. 우리는 그 당시에 바세나르 협약이나 폭스바겐 사례도 연구 다 했지만, 현실적으로 자본의 극점, 노조의 이해관계와 극점을 파고들기가 굉장히 힘이 들었다라는 거죠. 이런 부분에 있어서 국회가 많이 도와줬으면 더욱 안정적으로 법체계를 정비하고 다음에 여유를 가지며 기업을 설득해보고 했을 터인데, 그런 여유가 없었던 거지. 매일같이 국회와 수석이 그냥 싸움질하고, 대통령이 조금 아쉬워하는 부분이지.

이제 마지막에 질문할 거 하세요.

박용수: 부동산 문제도 좀 남아있고요.

김병준: 부동산 이야기해 줄게. 부동산에 대해서는 노무현 대통령뿐만 아니라 당시의 청와대도 관심이 많았죠. 특히 초창기에는 이정우 위원장이 워낙 토지에 관심이 많으니까 시동을 걸었죠. 사실 부동산 문제가 굉장히 심각했거든. 이정우 위원장이 볼 땐 단순히 심각한 정도가 아니라 나중에 유동성 자금이 늘어난 것이 큰 화근이 되어 있는 세계정세 때문에 우리가 잡아야겠다고 생각했고, 노 대통령의 판단은 이것이 사회 양극화를 심화시키는 것이고, 사회 전체에 불로소득을 증가시키는 것은 사회 전체의 생산성을 떨어트릴 수가 있고, 사회적인 소요 내지는 이해관계의 마찰 때문에 사회적 안정성을 해칠 수가 있고, 여러 가지로 하여튼 잡아야 했어요. 게다가 산업으로 흘러가야 될 자금 흐름의 왜곡을 불러올 수도 있고. 하여

튼 '만약'이라고 보고 노 대통령의 생각을 정리한 겁니다.

옛날 같으면 우리 사회에서는 부동산이 위험을 완화시켜 주는 리스크 헤징 시스템으로 존재를 했어요. 즉, 중소기업들이 과감하게 투자를 하고 특히 제조업 중심의 경제일 때에는 공단에 공장을 지어 놓으면 회사가 망해도 땅은 남아요. 그래서 부동산이 메이크업하고 리스크 헤징 시스템으로도 작용을 했다 이거야. 뿐만 아니라 부동산이 소위 금융의 담보로도 작용을 할 수 있기 때문에 여러 가지 필요성이 있었어. 그런데 지금은 우리가 볼 때 이런 부동산으로서는 백해무익이다. 물론 부동산이 경기를 어느 정도 살릴 수는 있지만, 백해무익이라고 보고 잡아야 겠다라고 하는데 잡기가 쉽지가 않은 거예요.

박용수: 사실 정확하게 좀 질문을 드리고 싶은 거는요. 사실상 집권 초기에 경기가 특히 내수 경제는 매우 안 좋았잖아요? 지방 경제도 안 좋고 했으니까. 부동산을 잡는 것이 목표였는지 적절하게 관리하는 것이 목표였는지?

김병준: 아니 부동산은 잡아야 된다고 봤어. 왜냐하면 조짐이 여러 가지 좋지가 않았고, 부동산 가격이 올라가는 것은 백해무익이라고 봤으니까. 그렇기 때문에 대통령도 아주 완벽한 이유가 있었고 그렇게 해서 부동산을 완전히 잡는 거예요. 관리가 아니라 부동산을 잡아야 된다고 봤어. 그런데 안 잡히고 계속 올라가는 거지. 유동성 자금이 들어오는데 이길 수가 없어요. 특히 강남 같은데 치솟는데 막을 도리가 없는 거예요. 심리를 못 바꾸는 거예요. 우리가 심리하고 전쟁을 한 거예요. 유동성 자금하고도 전쟁을 했지만, 우리가 수요하고 싸운 적은 별로 없어. 수요는 갑자기 그렇게 늘지 않았다고, 말하자면 실질적인 수요는 전부 투기수요나 이런 것인데, 그런 투기수요에 강남은 흔들리지 않는다 하더라도, 반드시 올라갈 것이라는 심리를 유발해요. 예를 들어 내가 뉴욕 맨해튼 업타운의 아파트 한

채가 백억 씩 가는데 타워펠리스도 오십억, 백억이 갈 거다. 이런 심리하고의 싸움이 너무 힘들었는데, 대통령은 잡아야 된다고 생각했어. 그래서 전체적인 정책을 우리는 두 가지로 봤죠. 수요를 통제하는 방법, 공급을 늘리는 방법. 그런데 대체적으로 우리는 수요를 통제하는 쪽으로 갔어. 공급은 공급대로 어느 정도는 했죠. 왜냐하면 공급 자체가 적은 게 아니기 때문에, 우리는 수요를 억제하는 쪽으로 가야된다고 했지.

박용수: 그런데 초기에는 공급을 늘리는 방향으로 갔다가 후기에는 수요를 잡는 방향으로 가지 않았나요?

김병준: 아니에요. 처음부터 그 수요에 문제가 있다고 보고, 공급은 자동적으로 되는 거니까. 공급은 기존의 주택정책이 있어서 노후화된 게 바뀌기도 하고 해서 기존의 계획이 계속 가고 있는 건데, 다만 공급정책의 문제점은 수요가 집중적으로 일어나는 지역에 공급이 일어나는 것이 아니고, 수요가 없는 지역에 공급이 늘어났다는 것이죠. 예를 들어서 주택공사는 의무적으로 집을 계속 짓게 되어 있거든. 공급은 늘어나는데 문제는 강남에 공급이 늘어나고 있는 거예요. 강남은 더 이상 늘릴 곳이 없잖아요. 재개발시키는 수밖에 없는 거죠. 그러나 공급을 포기한 적은 한 번도 없고, 다만 우리는 수요 쪽에 관심이 더 많았다. 그리고 투기 억제를 우리가 주로 했는데, 투기 소득을 환수하는 방법, 수요를 줄이는 방법, 소득 자체를 환수하는 방법, 자금을 죄는 방법 등 온갖 것을 다 썼어요.

LTV, DTI를 했는데, 금융정책은 크게 두 가지가 하나는 조세정책, 하나는 금융정책. 조세정책은 세제로 때려잡는 거고, 투기를 이제 잡는 거고 그 다음에 하나는 돈을 막는 거거든. 어느 쪽을 먼저 했었어야 했느냐? 지금 나보고 이야기하라면 조금 후회가 있어. 이걸 DTI, LTV나 DTI를 금융을 먼저 규제했으면 오히려 나중에 조세로 들어가는 것이 좀 덜 발생했을 지도 모르고 그렇게 크게 누적을 안 해도 되었을 거야. 그런데 두 개를 놓고 우리가 먼저 조세를 먼저 집어넣었거든. 이 조세로서 집어넣은 게 종합부동산세야. 그 다음에 이걸로도 안 잡히니까 이제 LTV, DTI를 집어넣었던 거거든. DTI, LTV 같은 금융 규제 자체가 반시장 정책이라고. 왜냐하면 금융을 막아버리거든. 그 다음에 또 하나는 이걸 막아 버리면 자금 흐름이 어디로 왜곡되어 버리는가 하면, 한국의 금융이 후진적이기 때문에 중소기업인들이나 영세자영업자들이 집을 담보로 해서 융자를 내서 쓴다고, 이걸 막아버리는 게 돼.

박용수: 중소기업, 자영업자가 어려움에 처하게 되는군요.

김병준: 그러니까 중소기업, 자영업자의 자금 흐름을 막는 데다가, 그 다음에 또 하나는 이것이 반시장 내지는 시장억제 정책이야. 그러면 당장에 소위 보수 언론들이 중소기업 죽는다 자영업자 죽는다고 틀림없이 때릴 거거든, 또한 좌파가 반시장 정책 했다고 때릴 거거든. 그렇기 때문에 할 수 없이 일단 조세로 기본적인 것은 국가가 할 수 있는 일이니까 종합부동산세로 가는 거예요. 종합부동산세를 우리가 사람들이 그 부자에 대한 징벌적 과세라고 하는 건 언어의 장난이고, 기본적으로는 2017년까지 모든 부동산, 3억 이상의 모든 부동산에 대해서는 재산세를 1퍼센트를 부과하는 것을 목표로 하고 있었어. 왜 1퍼센트인가 하면 OECD 평균이 약 1퍼센트에요, 0.92에서 1.1 정도 된다 그러니까 우리도 그 정도는 가자. 그 대신에 거래과세는 줄이자. 등록세하고 취득세는 없애 버리던가 하고. 주택을 가지고 있으면 세금을 많이 내게 해서 공간수요를 줄이게 하자. 그러면 10억 짜리 집을 가지고 있으면 1년에 천만 원을 내야 돼. 1퍼센트 정도를 목표로 하는데 다만 공시지가 6억 이상의 집에 대해서는 세금을 부과하자, 그게 종합부동산세야. 재산세로 땡겨 버리면 그 부동산이 소재한 소재지로

가버리기 때문에 강남, 분당 이런 데만 좋아지니까, 이것을 종합부동산세란 이름으로 국세로 거둬들인 다음에 지방정부에 배분해주는 부동산교부세로 바꾸어서 내주는 거예요.

그랬던 거지, 부자에 대한 징벌적 과세는 절대로 아니라고. 그런데 종부세 가지고도 다 안 잡히니까 그 다음에 DTI로 갔는데, DTI, LTV가 아주 결정적인 역할을 했어. 사실은 이것이 시장을 줄이는 것인데, 이때는 덜 맞았어요. 하다가 안 되고 나중에 보수 언론도 겁이 난 거야. 부동산이 너무 뛰니까, 겁이 나니까 LTV, DTI를 반시장 정책이라고 때리지 않았다고. 오히려 우리가 지금 생각해도 후회는 되는데, 이걸 먼저 꺼내 놨다면 아마 좌파 정부라고 더 얻어맞고 결국은 그거조차도 작동을 안 했을 것이다라는 그런 우려가 있어요.

박용수: 그것과 관련해서 부동산 원가공개 논란이 또 있었잖아요?

김병준: 부동산 원가공개는 백 퍼센트 대통령의 말이 맞아요. 이것은 공개할 수가 없는 거야. 공개해도 안 되는 거고. A라는 회사가 부동산 회사가 있어요. 이 회사가 부동산, 건설회사 삼성물산이 삼성 래미안을 짓는다고 치자고, 그러면 래미안을 짓는데 서울에 강남에 지어가지고 돈을 벌었어요. 그런데 청주에 가서 래미안을 짓는 데 손해를 봤어. 청주에 래미안 손해를 본 것은 강남 래미안에서 메이크업을 할 수밖에 없는 거예요. 이거 원가공개해서 그 다음에 어쩌자는 이야기야? 항상 돈을 버는 게 아니잖아요. 그러니까 서로서로 해서 기업은 총체적인 이익을 보는 건데, 이것을 전부 단지별로 따져가지고 부동산 원가 공개하라 그러면 손해 보는 데는 부동산 원가 공개하라고 한 사람이 물어주나? 안 물어 주잖아요. 그러니까 이거는 자본주의 논리에 맞지도 않죠.

그 다음에 두 번째는 부동산은 특수성이 있어요. 어떤 특수성이 있는가 하면 아직까지 우리가 부동산 시장이 완벽하게 클리어하지 못해요. 예를 들어 지금 삼성이나 현대 같은 데가 자기가 기초 작업을 못 한다고. 기초 작업을 하는 데는 불합리한 자금이 많이 들어가거든, 누가 알박기도 하고 온갖 짓 다하고 말이야, 그 다음 조합원들 안 나간다 하면 뒤에 가서 뒷돈 주고 구워삶고 이런 것들이 많단 말이야. 그런데 알박기, 로비 자금, 조합원들 설득하는 이 작업을 시행사가 해요. 건설사가 들어가서 잘못하면 자기가 망하기 때문에. 그리고 이런 회사가 들어가면 주민들은 돈을 더 원하기 때문에 알박기도 더 하거든. 이 더티 작업을 하기 위해 결국 시공사에서 돈이 흘러가게 되어 있다고. 그러면 이런 부분을 도대체 어떻게 밝힐 거냐? 그러니까 안 되잖아. 눈에 안 보이는 아직도 클리어하지 못한 우리 사회의 관행이 있고 한데, 이것을 공개한들 그게 무슨 의미가 있느냐는 거예요. 결국은 공개했는데 이것저것 빼고 공개를 했거든. 그러니까 대통령이 이것은 장사의 원리에도 안 맞고, 자본주의의 원리에도 안 맞는 거다라고 이야기를 한 거예요. 그런데도 했어요, 왜? 엄청나게 얻어맞고 "너 왜 안하냐?" 해가지고 결국 한 거예요. 했지만, 그건 정말 말 안 되는 짓을 시민사회가 요구한 거다. 그러면 이 커피 값도 공개하고 다 공개해야지. 그런데 이 커피 값 어떻게 공개할 거야? 안 된다 이거지.

황창호: 시간이 많이 지났는데. 그리고 맺음말로 정책실장으로서 노무현 대통령에 대한 총괄적인 그런 그 평가를 해주십시오.

김병준: 노무현 대통령께서는 정말 세상을 바꾸고 싶어 했던 분이고 나름대로의 비전도 있었다. 비전 있는 지도자가 드문데, 노무현 대통령은 무슨 이야기를 해도 그 이야기의 조각이 나중에 큰 그림 속에 맞았어요. 그러니까 그림이 있었다는 이야기지. 어느 조각을 이야기해도 그 조각이 다른 조각과 부딪치는 일이 없었어요. 그러니까 나름의 완벽한 그림을 가지

고 있었다고 이야기할 수 있는데, 그것이 그림을 그리고 추진해 나가는 과정에서 많은 어려움을 겪고 또 한편으로는 좌절하고, 그 좌절한 것을 또 때로는 솔직하게 드러내고, 그것을 대통령하고 난 다음에까지 포기를 하지 않고 계속 의제로 던지면서 해야 되겠다라는 생각을 했죠. 그러니까 '끊임없이 그림을 가지고 추진했던 대통령이다' 이렇게 말하고 싶고.

그 다음에 추진하는 방법에 있어서는 과거 권위주의식으로 밀어붙이는 것이 아니라 '시스템을 만들고 문화를 만들고 하면서 추진을 하려고 했고', 그렇다고 해서 자기 계획을 끝까지 고집한 것은 아니고, 중간에 타협도 하고 물러설 건 물러서고 그렇게 했죠. 큰 정치철학에만 어긋나지 않으면 그렇게 해서 갔는데, 역시 어려움을 많이 겪었죠. 그림을 국민이 이해해주지 못했고. 최근에 와서 내가 느끼는 것은 우리 사회의 담론 수준이 너무 낮다 보니까, 아마 박선원 비서관이 한 이야기가 그런 걸 거예요. 따라가기가 힘들어요. 왜냐하면 거기까지 가본 적이 없기 때문에.

지금도 내가 이야기를 하잖아요. 지난번 NLL사태만 하더라도 민주당의 누구도 심지어 대통령 후보를 지낸 사람까지도 대통령의 동북아 구상을 잘 이해를 못 한 것 같다. 그러니까 제주도 해군기지를 반대하고 그랬거든. 제주도 해군기지는 노무현 동북아 구상의 가장 핵심적인 것인데, 노무현 사진을 들고서 그것을 반대하는데 왜 반대하는지 이유가 없는 거예요. 그냥 민원이 발생했기 때문에, 주민이 싫어하기 때문에, 또 구럼비 바위 얘기처럼 환경을 파괴하기 때문? 노무현 대통령은 아니거든, 그 속에서 벌써 제주도 해군기지라는 게 들어갈 때에는 중국의 무역 증강과 일본을 견제하기 위한 센카쿠 아일랜드를 비롯해서 중국과 일본이 언젠가 부딪칠 수밖에 없다는 생각이 들어있는 거거든. 그 속에서 결국 남북이 하나가 되어야지 중국과 일본의 위협으로부터 우리를 지킬 수가 있다는 생각이 들어서 NLL 가지고 논쟁을 할 시간이 없고 분쟁을 일으킬 시간이 없으니까 NLL에 대해서는 평화지대를 통해서 북한하고 화합을 하고, 그러면서 제주도는 일본과 중국을 경계하기 위한 대양해군의 기지로 키운다는 구상인데 그것을 이해를 못해.

그러니까 디멘션이 다르기 때문에 따라가기가 힘든 건데, 들어가서 보면 완벽한 그림이 있는 건데. 그것을 우리 국민이 다 이해를 해 주지 못했고, 그 구상을 좌와 우, 기존의 관념으로 나누고 따지다 보니까 일종의 좌도 아니고 우도 아니고 또 진보도 아니고 보수도 아닌 이상한 형태로 오해가 되고, 그 오해를 풀지 못하고 굉장한 어려움을 당하고 그랬던 거 같아요. 그래서 꿈이 있었던 만큼 불행한 대통령인데, 앞으로 대한민국도 앞으로 대한민국은 어떤 지도자가 나오고 간에 꿈이 있는 만큼 불행해지는 나라다. 결론적으로 대한민국은 살아서 영웅이 될 수 없는 나라다.

우리가 룰라를 이야기하는데, 룰라는 영웅이 되었거든, 룰라는 80퍼센트의 지지율로 꽃길을 밟고 퇴임을 했어요. 그런데 룰라가 이룩해 놓은 경제적인 업적보다 노무현 대통령 시절에 참여정부가 이루어 놓은 경제적인 업적이 더 크거든. 성장률에 있어서나 수출액에 있어서나 외환보유고에 있어서나 모든 것이 룰라의 성공보다 더 했으면 더 했지 덜 하지는 않았다고. 그것도 룰라는 대규모 유전이 발견되는 바람에 그 유전으로 인해서 엄청난 외화가 들어오고 했단 말이에요. 그러면서 브라질화의 가치가 오르니까 결국 그 가치가 올라가는 것을 방치해 가지고 결국 중국을 비롯한 다른 나라로부터 수입 물품이 대거 들어오게 되었고, 그것이 오히려 브라질의 중소기업, 소위 제조업을 죽이는 아주 결정적인 원인이 되었단 말이야. 그러고도 영웅이 되는 나라인데, 한국은 그렇지가 않다는 거야. 그만큼 한국의 정치 소비자들이 까다롭고 기대가 크단 말이야.

게다가 좌우 이념을 너무 따지고 그러다 보니까 새로운 아이디어, 좋은 생각, 큰 생각을 가진 사람이 살아날 수가 없는 나라다. 그래서 내가 이런 나라를 가끔씩 뭐라고 하는가 하면 살아서 영웅이 될 수 없는 나라다, 죽고 난 뒤에야 아쉬워서 찾게 된단 말이에요. 그래서 앞으로 노무현 같은 불행한 대통령이 안 나왔으면 좋겠다는 생각이 있어요. 그런데 힘들 거예요. 한국의 대통령은 앞으로 당분간은 계속 불행해질 수밖에 없고, 지금 벌써 이승만 대통령 집권하다가 쫓겨났고, 박정희 대통령 총에 맞아 죽고, 전두환, 노태우는 저렇게 감옥을 가고, 노무현 대통령 퇴임 후에 자살을 했어. 이런 대통령의 비극이 앞으로 계속될 가능성이 크다고 생각해요. 정권 말기에 만신창이가 돼서 나가고 또 퇴임 이후에 여러 가지 고초를 겪고 하는 일들이 계속 되는데 참 안 그랬으면 좋겠는데, 지금의 국민적 기대의 수준은 높고, 정치적 담론의 수준은 대단히 낮고, 권력은 쪼개져 있고, 대통령의 권력에 대한 오해는 많고, 결국 대통령은 불행해질 수밖에 없는 그런 상황이 아닌가. 그리고 그 속에서 노무현 대통령도 죽었고.

하나만 더 이야기합시다. 노무현 대통령이 자살을 하고 돌아가셨는데 그 죽음의 의미를 대한민국 국민이 잘 모르는 거 같아. 특히 누구도 모르는가 하면 소위 노 대통령의 사진을 들고 있는 진보세력, 민주당, 노무현맨인 척하거나 아니면 노무현맨이라고 주장하는 사람들도 그 죽음의 의미를 모르는 거 같아. 노무현 대통령을 누가 죽였느냐 하면 이명박 대통령이 죽였다, 검찰이 죽였다 하는데 나는 그렇게 생각 안 합니다. 노무현 대통령을 죽인 사람은 바로 누군가 하면 노무현 대통령의 그림을 이해하지 못하고 그 당시에 자기가 가진 잣대로 좌우의 잣대로 마음대로 재단하고 마음대로 농락하고 대통령을 힘들게 한 그 사람들이라고 생각합니다. 그 사람들이 아직도 자기반성이 없어요. 일국의 미래에 대한 그림을 가졌던, 좋은 그림이든 나쁜 그림이든 그 그림을 가졌던 대통령을 이해해 주려고 한번도 그러지 않고, 자기 잣대로 마음대로 재단하고 마음대로 욕하고 한 그것이 결국은 대통령을 죽였는데. 지금도 똑같이 죽음의 원인을 이명박이 죽였다, 검찰이 죽였다 이런 식의 단순하게 하는 그 정도의 담론 수준이라면 다음 대통령, 다음의 위대한 지도자를 또 죽일 수도 있다고 봅니다. 노무현 대통령의 죽음이 지금 이 순간까지 여전히 참 허무하다고 봅니다. 특히 노무현 대통령의 사진을 들고 있는 사람들에게서 더 허무함을 느낍니다. 그러니까 나 같은 사람이 정치 쪽으로 안 가는 거예요. 가면 못 살 거 같아. 매일같이 그 모습을 쳐다보면 내가 돌 것 같아. 그래서 내가 거기에 못 갑니다, 거기에 못 가고 계속해서 엉뚱한 소리만 하는 거야. 매일 울 거 같아, 매일. 그래요.

박용수: 예, 감사합니다.

이종석

전 통일부장관

전 NSC사무차장

1. 개요

이종석 전 통일부장관의 구술은 2013년 3월 11일, 18일, 25일, 그리고 동년 4월 1일 모두 4차례에 걸쳐서 연세대학교 국가관리연구원 회의실(연세 삼성학술정보관 705호)에서 이루어졌다. 이종석은 성균관대학교 정치학 박사로 2003년 3월 국가안전보장회의(NSC) 사무차장, 2006년 2월 제32대 통일부장관을 역임하였다. 그는 노무현 대통령 전반기 대북, 대외정책의 핵심적인 브레인으로 노무현 대통령을 최근거리에서 보좌하였다. 총 4회에 걸쳐 이루어진 구술은 노무현 대통령과의 인연, 정부 참여 동기와 당초 계획, NSC제도, 대북, 대외전략의 형성과 추진 과정, 국가안보 정책, 평화번영 정책의 수립과 전개, 2차 북핵위기 등 그가 NSC 사무차장과 통일부장관을 역임하는 동안 경험했던 많은 주제들을 심도 깊게 담고 있다. 구술 내용 가운데 주요한 것을 간략하게 정리하면 아래와 같다.

첫째, NSC 제도와 인적 체계의 구성과 역할에 관한 구술이다. NSC는 통일외교안보 분야를 종합, 조정하는 컨트롤 타워의 기능을 수행하는 조직이다. 따라서 NSC는 조정과 통합, 융합, 이른바 부처와 부처를 넘나드는 초 부처적인 성격의 문제들을 다룰 수 있도록 조직되었다. 주한미군 재배치 문제는 국방부 문제인 것 같지만, 그것은 시민사회와 외교문제가 관련되어 있다. NSC는 이런 문제들을 조정하기 위해 관련 부처들이 만나서 회의하고, 회의의 결과를 조정하고, 이것을 통합하고, 대통령의 뜻을 나름대로 전달할 수 있는 기구로 설계된 것이다. 정책조정실, 전략기획실, 정보관리실, 위기관리센터를 두어 범부처적 정책의 기획에서부터 조정 및 통제, 위기관리를 총괄하는 기능을 수행하였다. 이종석은 NSC가 처음에 자리를 잡는 데 무척 어려움이 많았다고 밝히고 있다. 왜냐하면 각 부처들도 NSC가 있다는 것 자체가 조정 통합을 해야 하는 것이기 때문에 처음에는 마치 자기들 권한을 빼앗아 가는 것처럼 생각했다는 것이다. 그러나 이러한 불협화음은 시행 후 한 1년 동안에 NSC가 자리 잡기 전에 국한된 것으로 2004년 이후에는 안정된 구조로 기능할 수 있었다.

둘째, 노무현 대통령의 리더십 특징과 의사결정 과정에 관한 구술이다. 노무현 대통령의 성격은 대단히 직설적이었으나, 의사결정 방식은 신중하고 절차 중심적이었다. 노무현 대통령은 사적인 독대는 갖지 않았다. 설령 그런 경우가 있다 하더라도 그 자리에서 정책이 결정되는 일은 없었다. 정책결정은 회의를 통해서 관계자들이 판단해서 올라가서 한 것만을 대상으로 했다. 또한 참모들은 대통령이 어떤 의도를 갖고 있다고 판단이 되면, 회의를 통해 의견을 모아서 결정했다. 예를 들어 북핵문제에 관한 어떤 결정이 이루어지는 경우 NSC의 행정관과 통일부, 국방부 관계자들과 모여서 판단을 하고, 그것이 중요한 판단일 경우 NSC 상임위원회까지 올라가게 되는 절차를 거치도록 되어 있다. 이 결정은 상임위원회를 거쳐서 대통령께 올라갔으나, 그렇지 않은 사안들도 동일한 절차를 밟아 처리되었다.

셋째, 평화번영 정책 계획의 수립과 비전에 관한 구술이다. 참여정부는 2004년 3월에, '평화번영과 국가안보'라는 안보전략서 발간을 통해 한반도의 평화와 안정, 남북한과 동북아의 공동번영, 그 다음에 국민 생활의 안정 확보, 이 세 가지를 국가의 기본적인 안보 목표로 정하고, 이 목표를 달성하기 위한 전략 기조 네 가지를 제시했다. 평화번영 정책, 균형적 실용외교, 협력적 자주국방, 포괄안보가 그것이다. 이종석은 이 네 가지 전략 기조가 대통령과 참모들의 일치된 철학이었으며, 평화번영 정책은 우리 통일외교안보 부서들과 공감하는 부분이 있었고 균형외교는 외교부와 마찰이 생기는 부분이 있었다고 구술했다. 또한 자주국방과 관련해서 국방부 역시 동의했으며, 포괄안보는 워낙 당연한 개념으로 문제되지 않았다고 한다. 이것이 대통령의 철학과, 참모들의 철학이었으나 부서가 이를 수용하는 데에는 상당한 시간이 걸렸다. 참여정부는 추상적인 4개의 국가전략 기조를 보다 구체화하여 세 개의 전략과제와 두 개의 기본과제를 설정했다. 전략과제에서는 현 단계의 과제가 무엇인가의 문제를 중심으로 북핵문제의 평화적 해결과 한반도 평화체제 구축 그리고 한미동맹과 자주국방의 병행발전, 또 하나가 남북한 공동번영과 동북아협력 주도였다. 전략과제라는 것은 이 시기에 해야 하는 것이고 기본과제는 항상 해야 하는 것인데, 전방위 국제협력 추구, 대외적 안보기반 확충이 그것이다.

넷째, 제2차 북핵위기에 대한 대응과 대북포용 정책과 관련한 구술이다. 제2차 북핵위기는 우리 사회의 경제문제가 심각한 상황에서 안보문제, 국방문제, 외교문제가 동시적으로 발생한 경우로 심각한 위기였다. 당시 북핵문제를 비롯해서 주한미군 감축문제, 이라크 파병문제, 주한 미 대사관 부지 이전문제 등이 겹쳐 있는 상황이었다. 미국은 북한이 농축우라늄을 가지고 있다고 실토했다고 말하는 반면에, 북한은 그런 말을 하지 않았다고 주장하는 상황에서 참여정부가 미국에게 요구한 것은 북한이 농축우라늄 시설을 가지고 있다는 것에 대한 증거를 달라고 한 것이었다. 미 당국은 그것은 실토한 북한에게 얘기해야지 왜 우리한테 얘기하느냐, 그리고 보안상의 문제로 북한이 이리저리 옮길 수 있는 위험성이 있기 때문에 그것에 대해서는 지금 얘기할 수 없다고 했다고 한다. 이러한 상황에서도 군사적 옵션이 미국의 대북정책으로 들어가서는 안 된다는 것이 노무현 대통령의 확고한 의지였다. 한미정상회담에서 북핵문제에 대해서 '모든 수단은 테이블 위에 올려져 있다'는 문구를 공동성명에 쓰도록 미국이 지속적으로 요구했으며, 노무현 대통령은 이에 반대를 했다. 모든 수단이 올려져 있다는 말은 군사적 옵션을 쓸 수도 있다는 것이다. 여기에 반대한 참여정부는 평화적으로 해결하는 것을 원칙으로 하고, 만약 해결이 안 되는 경우 추가적인 방법을 쓸 수 있다는 뜻으로 'on the table'이라는 표현을 빼고 'further step'이라는 표현을 쓸 것을 주장하였고, 이를 관철시켰다. 당시 미국이 워낙 완강하게 'on the table'을 주장해서 공동성명을 낼 필요 없다 그냥 철수

하라고 했었다고 이종석은 구술했다. 결과적으로 미국의 양보로 우리의 뜻을 관철시킬 수 있었으며, 부시 행정부가 한반도에서 미국이 북한문제를 해결하는 데 있어서 군사적인 해결은 안 된다고 하는 것이 확정이 되었다.

다섯째, 노무현 대통령 취임 초기 대북특사 파견을 미룬 것과 대북송금특검에 거부권을 행사하지 않은 것에 관한 구술이다. 대북송금특검은 평화정책이나 포용정책과 상관이 없으며, 노무현 대통령의 법률가적인 사고에 기초해 있었다. 대통령이 거부권을 행사하면 국회에서 국정조사를 하게 되고, 다시 송치해서 국정조사는 국정조사대로 하게 되고, 특검은 특검대로 받게 되는 상황이 될 것으로 예상한 노 대통령은 그러면 차라리 특검을 받는다고 결정했다. 또한 대북특사 파견을 미루었던 이유는 2003년 4월에 열릴 북미중 3자회담—당시는 극비사항—에 앞서 남북대화를 할 경우 북한의 교란전술에 말려들 수도 있다는 외교부의 입장을 수용한 결정이었다. 대신에 당시에 북한과 특사 협의를 한 측에서 북한에게 보내기로 했던 비료 40만 톤은 인도적으로 제공하는 것을 결정했다.

여섯째, 동북아균형자론에 관한 구술이다. 노무현 대통령은 동북아시아가 통합된 공동체로 나가야 되겠다는 강력한 신념을 가지고 있었다. EU의 경험에 착안하여 본다면 동아시아에서 우리가 중심 역할을 할 수 있을 것이라는 판단이었다. 그것이 능력 면에서만 중심이 아니라, 지정학적으로도 그리고 여러 역할 측면 등에서 그렇게 해야 한다고 생각했다. 그러나 그 컨셉은 우리가 중심국가가 되어야 한다는 그런 것은 아니다. 동북아시아의 균열과 패권적 경쟁 속에서 가장 피해를 본 우리가 갈등과 분열의 역사에서 통합과 연대와 평화, 나가서 통합체로 나가자고 제창하자는 생각이었다. 그러나 중심국가라는 표현이 너무 과장된 것이 아니냐는 의견에 따라 허브라는 표현으로 수정하는 과정을 거치게 되었다. 동북아균형자론은 처음부터 치밀하게 구상된 개념은 아니었다.

일곱째, 당시 한미관계에 있어서의 쟁점에 관한 구술이다. 북미 직접대화의 필요성에 관한 견해차, 대북정책의 우선순위 문제, 북핵문제의 포괄해결 방식에 대한 문제가 그것이다. 미국과 북한의 직접대화의 필요성에 관한 논란의 경우, 우리 정부는 북미 간 불신을 해소할 수 있는 기제는 직접대화임을 강조했던 반면에 미국은 6자회담의 틀을 유지하려 했다. 대북정책에 있어 우선순위의 경우, 우리는 북한의 핵문제를 최우선 순위로 두어야 한다는 입장이었다. 남북관계를 좌우하는 가장 핵심적인 문제는 당시 북핵문제였고 우리 정부는 이것을 먼저 풀어야 한다고 생각했다. 미국은 북핵문제와 동시에 인권문제, 마약문제, 위폐문제 등 여러 문제들을 제기하고 이들을 동시적으로 다루고자 하였다. 그리고 북핵문제 해결 방식으로 핵포기 또는 핵동결과 외교관계정상화, 체제안전보장 등의 포괄적 교환을 통한 문제해소 방식에 대한 이견이 한미 간에 존재했다.

여덟째, 제2차 이라크 전투병 파병 결정 과정에 관한 구술이다. 2003년 9월 초 미국의 롤리스 차관보가 3천 내지 5천 명의 경보병 여단의 지원을 요청해왔다. 당시 북핵문제, 미군 감축문제, 용산기지 이전문제 등이 갈피를 잡지 못하고 있는 상황에서 이 문제는 크게 논란이 되기 시작했다. 우리의 외교안보 라인에서는 대규모 파병의 필요성을 강하게 주장하고 있었으나 시민사회는 전투병 파병은 안 된다는 입장에 있었다. 파병결정은 노무현 대통령이 APEC에서 부시 대통령에게 북한에 대한 서면안전보장을 제의하고 이에 대한 약속을 받음에 따라 파병하는 것으로 이루어졌다. 보내지 않을 수 없는 상황에서 남북관계에 있어서 미국에 대한 레버리지로 활용하고자 한 결정이었다. 안보관계장관회의에서 2천 내지 3천 명 규모로 정해졌으며, 평화재건부대로 명명되었고, 미군이 없는 지역으로 파병할 것이 결정되었다. 동년 12월 이종석 사무차장의 방미 결과 쿠르드족 거주 지역인 아르빌로 주둔지가 결정되어 자이툰부대가 3년간 그곳에 파병되었으며 단 한 차례의 전투도 치르지 않았다. 그러나 이 결정으로 인해 시민사회의 실망에 따른 지지율 하락을 초래하는 결과를 빚기도 하였다.

아홉째, 주한미군의 전략적 유연성 문제와 관련한 구술이다. 미국은 미군이 전 세계에서의 여러 전쟁에 동시 대응하기 위해서 미군을 어느 한곳에 붙박이로 둘 수 없다는 입장을 수용해 줄 것을 요청했다. 전략적 유연성은 기동화, 신속화, 경량화가 핵심적인 내용으로 미군이 한반도에 있다가 필요에 따라 이동할 수 있게 해 달라는 것이었다. 이때 우리에게 가장 문제가 될 수 있는 상황은 우리의 의사와 관계없이 전란에 휘말리게 되는 경우였다. 극단적 논리적 가설이지만 중국과 대만 간에 분쟁이 발생하는 경우 주한미군이 이에 개입하게 된다면 한반도에서 전쟁이 일어날 가능성이 높아질 것이다. 참여정부는 이러한 경우는 어떻게든 막아야 하는 것이라고 보았다. 따라서 미군의 전략적 유연성을 인정한다고 해도 동북아 지역은 절대로 안 된다고 주장했다. 결국은 한미상호방위조약에 위배되지 않으면서 미국이 전략적 유연성을 실현하더라도 동북아 지역에서는 절대로 우리 허락 없이 움직이지 않는 조건으로 합의에 이르렀다. 당시 외교장관끼리 체결한 합의문은 다음과 같다. 첫째, 한국은 미국의 전략적 유연성을 존중한다. 둘째, 미국은 한국인의 의지와 관계없이 동북아 분쟁에 말려들지 않는다는 입장을 존중한다.

이종석 전 통일부장관의 구술은 앞에서 간추린 문제 외에도 2004년의 남북 군사적 충돌방지 체계와 NLL 경고사격 사건, 전시작전권 환수문제, 대량살상무기 확산방지구상(PSI) 참여문제, 김선일 피살사건, 반기문 유엔 사무총장 선출 과정, 남남갈등과 남북관계 등의 내용을 중심으로 풍부하게 이루어져 있다.

2. 구술

>>>>>> 1차 구술 ————————————————————

박용수: 참여정부 시기 NSC 사무차장과 통일부장관을 역임하신 이종석 장관님과 노무현 대통령 재임 당시 통일외교 정책에 관한 내용에 대해 말씀 나누겠습니다. 이 장관님, 인터뷰에 응해주셔서 감사합니다. 우선 노무현 대통령과 어떠한 계기로 인연을 맺게 되셨고, 어떻게 참여정부에서 일을 하시게 되었는지 그 과정부터 말씀해 주십시오.

이종석: 처음 노무현 대통령을 만난 것은 2001년 여름으로 기억이 됩니다. 그러니까, 제 경우는 노무현 대통령의 국회의원 시절이나, 장관 시절의 보좌진이나 비서 등을 한 것은 아닙니다. 노무현이란 사람을 알고 있기는 했지만, 그 전에는 전혀 인연이 없었습니다. 그러다가 노무현 대통령께서 부산 시장 선거에 떨어진 뒤였다고 생각이 되는데, 당시 '지방자치 실무 연구소'를 만들어서 여의도에서 계셨던 것으로 기억이 납니다. 그때 노무현 전 장관을 보좌하는 분 중에 한 분이 제게 전화를 해서, 노무현 전 장관에게 금강산 관광에 대해서 이야기를 해줄 수 없냐고 물어왔습니다. 그래서 2001년 7월인가 8월인가, 그 여름에 그 연구원에 가서 네다섯 시간 노무현 전 장관에게 금강산 분야, 남북관계에 대해서 쭉 이야기를 하고, 질문을 받고, 대답하고 했습니다. 그것이 첫 만남입니다. 그 후에 2002년 1월 달인데, 노무현 씨가 대통령 후보로 나온다고 선언했을 즈음이었습니다. 서동만 교수와 전화를 하면서 노무현 전 장관이 대통령 후보로 나오는데 도와줘야 하지 않겠느냐고 이야기가 되었습니다. 그때는 정말 그런 생각이었습니다. 솔직히 대통령 될 것이란 생각은 못했습니다. 당시는 저런 사

람을 중심으로 정치세력이 형성되면 그것 자체가 매우 의미 있고, 제가 그 분이 정치지도자가 되는 데에 도움이 될 수 있다면 그분을 도와줄 가치가 있겠다고 생각을 했었습니다.

바깥으로 드러나지는 않았지만, 노무현 대통령 경선 후보를 위한 통일외교안보 분야의 자문위원들, 비공개 자문위원을 만들어야 했습니다. 서동만 교수가 어떻게 짜면 좋겠냐고 해서, 우리가 남북관계, 통일문제, 북핵문제 같은 경우는 저와 서동만 교수가 있지만, 외교 전반에서는 윤영관 서울대 교수님이 좋겠다고 합의가 되었습니다. 그분이 그 당시만 해도 정치경제학을 하고 계셨지만, 동북아 정치외교, 특히 자주외교에 대해서도 관심이 있었거든요. 국방문제에 대해서는 우리가 하루아침에 자주국방을 할 수 있는 것은 아니지만, 국방에서의 자위적 역량을 강화시켜서 우리의 능력에 맞게, 우리가 지킬 수 있는 능력을 함양시키는, 그러한 쪽으로 저나, 서동만 교수나 같은 생각을 했고, 노무현 후보도 그럴 것이라 보았어요. 그리고 국방연구원에 있는 서주석 박사를 참여시키기로 했습니다. 그래서 이제 윤영관 교수에게는 서동만 교수가 전화를 하고, 서주석 박사에게는 제가 했습니다. 이제 서동만 교수만 공개가 되고, 이른바 비공개적인 통일외교안보 분야의 자문을 했던 겁니다. 그 이후부터 자문을 하면서 대통령 후보가 되었고 그리고 대통령 당선되셨습니다. 당선 후에도 가끔씩 뵙고 그랬습니다.

대통령 당선되시고 난 다음에, 12월 24일 크리스마스 이브에 부르시더라고요. 저를 포함해서 다섯 사람을 불렀어요. 우리 네 사람과 문정인 교수, 이렇게 다섯 명을 불러서, 북한 핵문제를 반드시 평화적으로 해결하라고 하셨습니다. 그래서 네 명의 자문 위원단에 문정인 교수가 포함된 이른바 북핵 테스크포스팀이 결성되었습니다. 결국 그 네 명을 대통령 인수위원으로 임명을 하셨습니다. 그래서 그때 제가 인수위원으로 2003년 1월 1일부터 2월 25일까지 활동을 하게 되었습니다.

인수위 활동을 조금 더 이야기를 할까요? 인수위원이 되면 대통령 당선자가 해놓았던 공약들을 좀 더 정교하게 체계화시키고, 그것을 국정운영에 대입할 수 있도록, 적용할 수 있도록 만들어야 하지 않습니까? 그래서 이제 그 일을 하는데, 저는 통일부를 담당하면서, 국정원을 부로 맡았고, 서동만 교수가 국정원을 정으로 담당하고, 외교부를 부로 담당했습니다. 그리고 윤영관 교수가 외교부를 정으로 담당하고, 국방부를 부로 담당하고, 그 다음에 국방부를 서주석 박사가 정으로 담당하고, 통일부를 부로 담당하는 식으로 4개 통일외교안보 부서들을 서로가 정, 부로 크로스해서 맡았어요. 그 과정에서 저 같은 경우는 통일, 북한 한반도 평화체제 구축 등을 우리 전문 위원들과 같이 만들었습니다. 사실 그 이름도 제가 지었습니다만, 평화번영 정책 이런 것도 그때 인수위에서 했습니다. 그리고 당시에 국가안전보장회의(NSC) 조직을 저와 서동만 교수님이 주도적으로 만들었습니다. 노무현 대통령께서는 어떤 생각을 하셨냐 하면, "너희들은 정치학자들이니까 이걸 하고 돌아가라." 그래서 저희는 인수위 끝나고 돌아간다고 생각을 했어요.

그 당시 1월 초에 캘리 차관보 일행이 북한 핵문제, 고농축우라늄 사건이 터지고 나서 한국을 방문해서 당선자 쪽을 만났는데, 노무현 대통령 당선자가 당신들은 돌아갈 사람들이니까 있는 그대로 소신껏 미국하고 얘기를 하라고 우리에게 말씀하셨습니다. 그래서 정말 정치적, 외교적 용어를 섞지 않고 솔직한 대화를 나눴던 기억이 나요. 윤영관 교수는 초기에 노무현 대통령에게 가정교사 식으로 외교 분야를 자문해서 외교부장관으로 되었습니다만 저는 실제로 돌아갔어요. 그 이전에 생각이 있고 없고 간에 내 자리가 있는 것도 아니고, 그리고 돌아간다고 공언을 했었습니다.

그런데 어떤 일이 발생했느냐 하면, NSC로 새롭게 구조를 바꿨단 말이죠. 통일외교안보 분야를 종합 · 조정하는 컨트롤 타워로서 NSC를 만들어 놓았는데 이게 잘 안 되는 거예요. NSC가 제대로 조직이 되지 않고 움직이지 않아 난리가 난 거예요. 그래서 만든 사람이 들어와 해결하라고 해서 3월 중순경에 노무현 대통령의 참모로서 NSC 사무차장으로 들어가게 되었습니다. NSC 기구는 처음 임동원 외교안보수석이 운영하셨지만, 그때는 NSC 몇 개의 상임위원회 실무 중 몇 가지 회의만 했지, 실질적으로 NSC라는 컨트롤 타워를 가지고 국정을 운영한 것은 아니란 말이죠. 그런데 우리는 미국식 모델을 따라서 바꿨잖아요. 문제는 이것을 만들어 놓기는 했는데, 운영자들이 운영을 못하는 상황이었어요. 그러니까 만든 사람이 들어와서 운영해라 이렇게 된 것이지요.

박용수: 어떤 점이 문제가 된 것인가요?

이종석: 제가 들어갔을 때는 NSC의 실장조차 안 뽑혀 있었어요. 그리고 NSC라는 조직 자체가 조정과 통합, 융합, 이른바 부처와 부처를 넘나드는 초 부처적인 성격의 문제들을 다룰 수 있도록 만들어져 있습니다. 어떠한 중요한 국가 사안이 터졌을 때, 외교부나 통일부나 국방부가 각자 처리할 수 있는 그런 현안도 있겠지만, 부처를 넘어서는 문제들, 예를 들어 북한 핵문제라던가, 또는 주한미군 재배치 문제 같은 것들이 있지요. 주한미군 재배치 문제는 국방부 문제인 것 같지만, 그것은 시민사회가 관련되어 있고, 외교문제가 관련되어 있으니까, 여러 부처들이 관련된, 이런 문제들을 조정하려면, 이들이 만나서 회의를 해야 하고, 회의의 결과를 조정하고, 이것을 가져다 통합하고, 대통령의 뜻을 나름대로 전달할 수 있는 기구가 필요했던 것입니다. 국가안보에 관한 정책조정실이라는 것을 만든 것이지요. 통일비서관, 국방비서관, 외교비서관, 이렇게 두어서는 각 부서의 이해만 대변해서 대통령에게 올라가지, 이들이 올려 보내는 것들이 국가전략적 관점에서, 대통령이 보는 국가의 총체적 이익의 관점에서 조정되는 것은 아니란 것이지요. 그래서 정책조정실이란 것을 만들고, 대한민국 통일

외교안보가 나아가는 큰 전략적 목표, 그 다음에 현안 중에서 아주 중대한 국익이 되는 사안들, 예를 들어 북핵문제라든가 이런 사안들을 특별하게 기획하고 관리하기 위해서 전략기획실이란 것을 둔 것이지요.

국가정보원과 같이 엄청난 정보기구나 각 대사관을 통해 외교부에서 나오는 정보들은 국가적으로 굉장히 중요한 정보입니다. 그런데 각 부서에 보내 주는 것들이 있기는 하지만 오로지 대통령 한 사람을 위해서 보고되는 것 이외에는 많지 않아요. 너무 많은 정보가 사장되는 것이지요. 정보는 강물처럼 흘러야 됩니다. 정보는 생산돼서, 그것이 쓰일 수 있는 적재적소에 흘러야만 완성되는 것입니다. 그런데 한국에서 정보라는 것이 그렇게 안 되었던 것이지요.

그래서 정보관리실이라는 것을 만들어서 국정원과 각 부에서 나오고, 민간까지 해서, 거기에서 매일같이 나오는 일일 정보를 취합해서, 대통령에게만 보고하는 것이 아니라, 각 부서의 고위 책임자들이 전부 다 같이 볼 수 있게 만든 것입니다. 그러니까 통일안보를 아우르는 시각에서 정보들을 가져다가 융합해서, 대통령을 비롯하여 국무총리, 각 부처의 국장급들이 볼 수 있게 한 겁니다. 초기에 "NSC가 정보를 관리하면 국정원은 뭐냐?" 하는 문제가 제기되었습니다. 그것은 국정원장이 대통령에게 특별 보고할 것은 직접 보고하고, 수많은 감별되지 않고 그냥 흘러가는 일반 정보를 가지고 그렇게 간다는 것이지요. 특별히 대통령에게 보고할 것이 있으면, 그것까지 다 가로채서 한다는 그 말이 아닙니다. 그래도 처음에는 각 부처들의 경계가 무척 심했습니다. 특히 국정원이 그랬습니다.

제가 NSC에 있던 3년 동안 일일정보를 매일같이 생산했습니다. 정보보고서가 많지도 않아요. 세 꼭지 정도로 구성하여 딱 한 장씩 매일 작성했습니다. 거기에 무엇을 했느냐 하면, 우선 정보 생산부처를 실명화했습니다. 어디서 북핵문제에 대해 누가, 무슨 말을 했다는 것이 외국 어디서 나오면, 가로 열고, 이것은 국정원 어디서, 이것은 주미 대사관 어디서라고 적어 저희들이 만든 것이 아니라 여기서 만든 것이라고 해주었습니다. 그렇게 하니까 나중에는 국정원에서도, 외교부에서도 엄청 좋아했습니다. 왜냐하면 그동안 다 사장되었던 것들이 다 실명화되어 보는 사람들은 NSC를 보는 것이 아니라, 그 부서들이 한 것이라고 보이니까. 그래서 원원하는 것이지요.

그리고 들어가 보니까 위기관리실이 있었는데, 사실 위기를 관리할 수 있는 시스템이 못 되더라고요. 그래서 위기관리 지침부터 시작해서 많은 것을 만들어서 위기관리실이 제대로 가동되도록 했습니다. 위기관리라 표현하면 군사적 상태가 아닌 것을 얘기하는 거예요. 전쟁이 나면 위기관리가 아니고 전쟁 상태이니까요. 비군사적인 상태에서 위기들이 많습니다. 예를 들어서 화물연대에서 파업을 했는데, 화물연대 파업으로 인해서, 국가 수송 기능의 1/4로 떨어졌다 그러면 국가위기인 거예요. 그 매뉴얼도 다 우리가 만들었어요. 산불과 같은 자연재해의 경우에도 그것이 심각해지면 재난관리에 속하며, 이런 것도 위기관리센터의 업무의 한 부분입니다. 국가 핵심 기능과 관련한 위기관리가 있고, 일반 자연재난이 있는데, 나중에 우리가 33개인가의 표준 매뉴얼과 278개의 실무대응 매뉴얼이라는 것을 만들었는데, 그것에 앞서 우리가 재난관리 기본지침이란 것을 만들었어요. 그 기능을 수행하기 위해서 만든 것이 위기관리센터입니다. 정보관리실, 정책조정실, 전략기획실, 위기관리센터, 이 네 가지를 두었는데, 제가 말하는 이 컨셉은 옛날에는 없던 것이에요.

그런데 이렇게 만들어 놓은 NSC가 실장조차도 구성되어 있지 않은 상황에 봉착한 거예요. 국정운영이란 것이 짧은 시간도 그냥 지나갈 수 있는 것이 아니잖아요? 그러니까 결국 대통령께서, 3월 5일로 기억을 하는데, 상황이 그렇게 되니까, 2월 25일 날 정부가 출범해서 열흘이 지나서, 그 당시 윤영관 교수님은 장관으로 갔기 때문에 빼고, 서동만 선배와 서주석 박사와 저를 부르고, 청와대에 라종일 보좌관, 김희상 국방보좌관, 반기문 외교보좌관, 그리고 비서실장을 불러서 회의를 했던 거예요. "NSC에 사무처장을 따로 둔다. 안보보좌관이 안 맡는다." 대통령께서 이것은 안보보좌관이 가지고 있어서는 안 된다 하셨고, NSC 사무처장을 따로 둔다는 말은 너희들 중에서 한 명이 맡아서 하라는 이런 뜻이었겠죠. 며칠 뒤에 이광재 국정상황실장이 만나자고 하더니 NSC 사무처장을 대통령께서 맡으라고 하신다고 하더군요.

그래서 NSC 사무처장을 누가 맡을 것인가는 서동만 교수와 의논했었습니다. 벌써 그때 청와대에 들어가 있었던 김진향, 류희인 위기관리센터장 등 여러 명으로부터 이 문제에 관해서는 이미 듣고 있었습니다. 이 사람들이 NSC를 실무 수준에서 움직이려고 하는데, 잘 안되니까 연락이 왔어요. 그리고 대통령께서 그날 안보보좌관과 NSC 사무처장을 분리한다고 말씀하신 이후, 제가 서동만 선배에게 "이건 형이 맡으세요."라고 이야기했었습니다. 그러니까 서 선배가 강력하게 "난 아니다."라고 하시더라고요. 나중에 국정원에서 무엇을 하시려던 것 같아요. 나중에 국정원 기조실장이 되었잖아요. 사실 저는 그때까지도 생각이 없었습니다. 저는 벼슬에 관심이 없는 깨끗한 사람이란 것이 아니라, 본래 생각하지 못했으니까.

대통령 말씀이 있고 한 2~3일 있었는데, 청와대에서 들어가 있던 김진향 박사에게서 전화가 왔습니다. 아마 라종일 보좌관이 법규를 가지고 대통령께 올라갔다는 말이었을 거예요. 국가안전보장회의법에 보니까, NSC 사무처장은 대통령의 외교안보 분야의 정무직 비서관이 맡게 되어 있습니다. 그러니까 대통령 비서가 아닌 국가직인 차관급이 사무처장을 맡을 수가 없고 안보보좌관이나, 외교보좌관이나, 국방보좌관 중에 한 명이 맡아야 되는 거예요. 만약에 제가 NSC 사무처장을 맡으려면 청와대 비서실에다가 하나의 보좌관을 새로 만들어야 하는 것이니까 이건 말이 안 되는 것이죠. 그래서 NSC 차장으로 국가직 차관을 두는 것으로 된 거예요.

그 일 이후에 이광재 국정상황실장에게 곧장 만나자는 연락이 왔습니다. 그때 저는 상황 돌아가는 것을 알고 있었으니까 A4 용지에 대통령께 드리는 건의사항을 적어가지고 만났습니다. "제가 학계로 다시 돌아왔습니다. 학계에서 제가 열심히 하고 있습니다. 그리고 제게 NSC 차장이라는 자리를 주시는 것에 대해서 굉장히 감사히 생각하고 있습니다. 그런데 정말 저한테 자리를 주시려면 3월 5일 결정하신 것처럼, 차장이라고 하더라도 저한테 실권을 주십시오." 지금도 그 건의서를 제가 가지고 있습니다. 건방진 거였지요. 대통령 뜻은 안보보좌관이 잘 안되니까 차장을 하라는 것이었는데, 정무직 비서관 식의 차장으로 들어가서 무슨 재주로 청와대에서 업무를 장악할 수 있겠어요? 그래서 이광재 실장님께 대통령님한테 이것을 꼭 전해드리고, 그것에 대해서 대통령님 말씀을 들은 다음에 해 달라 그랬습니다. 이게 얼마나 시건방졌겠어요? 그리고 소식이 없더라고요.

그런데 4~5일이 지났는데, 청와대 정찬용 인사보좌관이 들어오라고 연락이 왔습니다. 들어갔더니 NSC 상태와 대통령의 염려와 의사를 들었습니다. 제가 거기서 "고맙습니다만 제가 이 청와대 문을 들어설 때 숙제하지 않은 학생이 교문을 들어서는 심정으로 들어왔습니다. 제가 대통령께 이런 것을 드렸는데 아직 답을 못 받았습니다." 그랬더니, 정찬용 보좌관이 깜짝 놀라서는 스톱시키고, 알았다고 대통령님께 여쭤보겠다고 했어요. 그리고 답도 없이 3~4일 있다가 발표가 났어요. 나중에 대통령께서 국무회의와 수석보좌관회의에서, 국가안보보좌관은 대통령의 자문교사로서 의전을 보좌하고, 대외정책, 안보정책을 총괄하는 사람은 NSC 차장이라고 지시를 했습니다. 그래서 제가 NSC 차장이 되었고, NSC를 만들어 갔던 것이지요.

박용수: 노무현 대통령이 국가안보보좌관에게 정책 보좌 기능을 맡기지 않고, NSC와 기능을 분리시킨 다른 이유가 있나요?

이종석: 처음에는, 우리가 NSC를 만들었고 당연히 국가안보보좌관이

NSC를 관장하고, NSC를 직접 지휘 통솔하게 되어 있죠. 그리고 제가 NSC 차장일 때도, 형식은 그렇게 되어 있는 거죠. 실제 내용은 대통령이 차장이 하라고 그랬지만 말이에요. NSC라는 것이 처음으로 청와대 내에서 대통령의 비서 역할로서의 기구로서 나온 것 아니에요? 그런데 그 비서 역할의 장이 국가안보보좌관인데, NSC가 전에부터 그런 역할을 했더라면 국가안보보좌관이 인수받아서 하는 것이니까 괜찮았을 텐데, 이때는 새로 만들어서 해야 하는 것이니까 특단의 능력이 필요했던 것이죠. 그런데 만드는 것, 그리고 운영하는 것, 그것이 쉬운 일이 아니잖아요? 이게 너무나 안된다고 봤겠지요. 그러니까 주변에서도 그러면 만든 사람들을 데려다가 해야 한다는 이야기가 나왔겠지요.

처음 구상하고 만들 때 대통령과 자문위원들이 의기투합했던 것이 몇 가지 있어요. 전시작전통제권, 이것은 기본적으로 환수를 해야 한다. 쉽게 말하면, 국가가 제대로 되기 위해서 우리가 무엇을 해야 한다는 것에 대한 의식은 분명했습니다. 그 다음에 통일외교안보, 이런 중대한 국가 안보 현안에 대한 것은 범부처적으로 종합할 수 있는 컨트롤 타워가 필요하다. 미국의 National Security Council(NSC) 구조를 벤치마킹할 수 있다. 이것은 한나라당 사람들도 많은 부분 동의하고 있었던 거예요. 대통령과 우리는 NSC를 운영해야 된다는 인식의 합의가 있었던 거예요. 대통령의 뜻이 그랬기 때문에, 우리 뜻도 그랬지만, 우리 뜻을 관철한 것이 아니라, 대통령 뜻도 일치되었기 때문에 그것을 했어요. 그러니까 대통령도 이것을 제대로 하는 것이 중요하니까 만든 사람들이 들어와서 해라. 그래서 그렇게 되었던 겁니다.

박용수: 과거 국민의 정부 때도 NSC가 있긴 있었죠?

이종석: NSC가 있었습니다. 장관들이 일주일에 한 번씩 만나서 하는

NSC 상임위원회라는 것이 있었고, 격주로 차관보들이 모여 회의하는 실무 조정회의가 있었습니다. 사무처는 그 회의를 운영하는 기구였어요. 운영실이 거기에 붙어있었어요. 그런데 노무현 대통령 시기의 NSC는 단순히 회의를 운영하는 것이 아니었습니다. 통일외교안보 분야, 특히 국가안전보장회의의 의장은 대통령이니까 NSC 사무처가 대통령을 보좌해야 한다는 생각이었습니다. 결과적으로 NSC 사무처가 통일외교안보 수석실을 흡수한 것이지요.

박용수: 보다 더 정확하게 여쭤보고 싶은 것이, 국민의 정부 때는 임동원 장관님이 거의 대부분을 통괄하고 강한 영향력을 행사했던 것으로 알고 있는데요. 그런 기능을 할 만한 분이 참여정부 때는 없었기 때문에 그런가요? 아니면, 그런 식으로 하는 것이 문제가 될 수 있다고 보았기 때문에 역할을 분리했던 것인가요?

이종석: 아닙니다. 그러니까 NSC 사무차장하고 라종일 안보보좌관님과의 역할 분담은 구조적인 문제가 아니라 상당히 기술적인 문제예요. 구조적인 문제가 그 당시에 안보보좌관이 NSC를 총괄적으로 운영하지 못한다고 판단했었는데, 안보보좌관을 경질할 수 없잖아요? 그래서 차장이 그 역할을 했던 것입니다. 김대중 정부 시절에도 NSC 구조가 매우 중요하다는 것을 알고 있었어요. 그러나 NSC 구조가 매우 중요하고 외교안보수석 비서관실 자체가 NSC 구조로 움직여야 한다는 것을 알고 있었지만, 그것을 못 했어요. 통일비서관, 국방비서관, 외교비서관이 있지만, 이들이 컨트롤 타워로 집중되지 못하고, 회의에서는 장관들끼리 얘기하면 그것들이 반영은 되지만, 컨트롤 타워로서의 조정, 통합하는 기능을 갖는 부서가 없었기 때문에 제도적으로는 받쳐주지 못한 겁니다. 내용적으로는 임동원 장관이 끌고 가려고 했었습니다.

그런데 참여정부 때는 무엇이 달랐느냐 하면, 북한 핵문제의 경우 청와대 행정관들이 주관이 되어서 관계 부서의 과장급들부터 과장급 회의를 합니다. 여기에서 의견을 만들어 갖고 와서 회의하고, 거기서 일정한 수준으로 조율이 되면, 차관보급들, 그리고 중간에 국장급들 회의도 있는 것이죠. 차관보들은 NSC 실무조정회의라고 해서 일주일에 한 번씩 항상 모이는 거예요. 그러니까 거기서 의견을 조정해서 나온 것을 일주일에 한 번씩, 장관들이 모여서 상임위원회에서 상의하고, 결정하고, 필요한 것은 대통령께 보고하고, 이렇게 하는 것입니다.

국민의 정부 때는 장관들이 일주일에 한 번씩 모입니다. 그것을 위해서 차관보급 회의가 이 주일에 한 번 정도, 한 달에 한두 번 열렸습니다. 그리고 그 다음에 없고, 그러니까 쉽게 말하면, 위에는 모이는데, 밑에는 없는 겁니다. 이건 말이 안 되는 거예요. 왜냐하면 밑에서부터 모여서 올라가야 하는데, 그냥 위에서 바로 올라갑니다. 그러면 굉장히 많은 문제가 발생해요. 예를 들면 이번에 외교부에서 뭔가 관철시키는데, 통일부가 마음에 안 들면, 그러면 그래도 이것은 하자. 그래도 그냥 넘어가주면, 다음에 통일부가 뭔가 어려운 일이 있으면, 결정해 주세요. 이런 식으로 말이죠. 쉽게 말하면 미필적 담합이라는 게 형성될 수 있는 거지요. 그리고 밑에서부터 올라가지 않기 때문에 검증이 되지 않고 올라가는 거예요.

그나마 김대중 정부 때는 초창기에 NSC 구조를 만들어서 운영을 해본 거예요. 그러나 우리는 제도적으로 만든 거지요. 모든 문제가 밑에서부터 부처 간의 협의가 이루어져서 올라갑니다. 그냥 올라오는 것은 없는 겁니다. 예를 들어, 핵문제가 터졌다면, 갑자기 장관들이 모이는 것이 아니고, 밑에 실무자들부터 의견 조정이 되면서 거기서부터 합의되는 것과 안 되는 것을 추려서 올라가는 방식입니다. 그게 컨트롤 타워입니다. 컨트롤 타워는 머리만 있는 게 아니거든요. 이런 것이 정책조정실이지요. 그리고 전략기획실의 경우, 중장기 전략을 NSC 전략기획실에서 짜는 게 아니라 부서에 있는 전략팀들이 다 올라와서 같이 짜는 거예요. 그러니까 다릅니다.

박용수: 네, 알겠습니다. NSC에 대해서 외부에서 볼 때에는 권한이 집중된 것이 아니냐, 견제가 안 되는 것 아니냐, 이런 이야기도 많았습니다. 또한 국방 전문가가 쓴 책에 보니까, 청와대 내부에서 NSC를 견제하는 시스템이 상당히 치열하게 작동되고, 거기에 대해서 대통령도 조정하는 데 힘들어했다는 설명이 있었습니다.

이종석: 사실 NSC가 처음에 자리를 잡는 데 무척 어려움이 많았습니다. 왜냐하면 각 부처들도 NSC가 있다는 것 자체가 조정 통합을 해야 하는 것이니까, 처음에는 마치 자기들 권한을 빼앗아 가는 것처럼 느끼기도 했었습니다. 그러나 대통령의 뜻을 받들어 대통령의 철학을 전달하거나, 제시하거나, 의견들을 모아서 올리거나 이런 일들을 한 번도 해본 일이 없습니다. 그러니까 처음에는 이것을 만들어 가는데 일 년 정도 걸렸어요. 그리고 아마 신문 같은 것을 뒤져보면, NSC와 부처 간의 불협화음과 관련된 얘기들은 거의 2003년도에 집중될 거예요. 특히 이라크 파병, 2004년, 2005년이 되면 간혹 한두 개 문제가 된 것, 그것도 뭔가 만들기 위해서 언론이 한 것 외에는 없을 만큼 NSC가 굉장히 안정된 구조가 되었습니다. 왜냐하면, 부처들이 다 이익이 된다는 것을 알고 있거든요. 그 복잡하고 어렵고 엄중한 문제가 터졌을 때, 주무 부처가 자기 혼자 책임지는 게 아니라 관련 부처들이 함께 대처하고 책임져야 한다는 것이 NSC 구조입니다. 부처들이 바깥에서 얘기하는 것처럼 월권이라는 것은 존재할 수 없는 거예요. NSC 차장도 그렇습니다. 대통령의 지시를 받은 것인데 월권이라는 것이 어디 있겠어요? 그리고 청와대 외교안보 수석실에서 그런 일을 했으면, 월권이라는 얘기가 안 나왔을 거예요. 우리는 통일외교안보 수석실이 없고, NSC 사무처가 된 것 아니에요? 그러니까 대통령의 비서기구라는데, NSC에

서 인사나 이런 것은 관여해본 일이 없거든요.

NSC는 노무현 대통령의 공약과 철학을 부처들과의 조율 속에서 현실에 맞게 투사시키는 역할을 하는 거예요. 그러다 보니까 노무현 대통령의 철학이 결국 협력적 자주국방이라고 표현했지만, 한미관계에 대해서, 우리가 반미 하는 것도 아니고, 협상이 있는 한미관계가 되어야 한다고 보았으니까요. 이러한 노 대통령 자체의 생각이 한국의 보수적인 세력하고는 선이 굉장히 많이 달랐단 말이죠. 거기서 불협화음이 나오고 또 그것을 비판하는데, 그 비판은 대통령에게도 가지만 대통령을 보좌하는 자리에 있던 제게 집중되는 것이지요. 이라크 파병문제의 경우에도, 이라크 파병을 반대하는 사람은 전투병 파병했다면서 지지 철회하겠다고 했고, 그때 우리 지지의 반이 떨어져 나갔어요. 보수 쪽에서는 대규모 전투병 파병 안 했다고 비판합니다. 그런데 우리는 국익이 무엇인가를 보니까 특전사는 가지만 절대로 비전투병이라고 이야기해도, 실제로 가서 단 한 번 전투도 안 하고 단 한 명의 부상자도 없이 왔어도, 여전히 우리는 그 당시 엄청난 비판을 받았던 것이지요. 그런데 대통령은 보수와 진보 모두의 대통령이지 어느 한 쪽만의 대통령은 아닙니다. 국가이익이라는 것은 항상 절충되어야 하는 것이지 한쪽으로만 갈 수가 없는 것이죠. 그런데 그 대통령의 뜻을 반영한 것이 NSC인데, 조선일보나 동아일보는 NSC가 반미, 탈레반 집단이라고, 공격을 하는데, 대통령이 자주 노선을 걷길 원하는 사람들이 볼 때는 투항주의에요. 미국에 투항한 세력이란 말이죠. 이 세력 중에 일부가 청와대 내에서 대통령의 뜻은 이건데 미국에 대해서 뒤로는 협상으로 다 내주었다면서 견제가 몇 번 들어왔죠. 그렇지만 어떻게 대통령 뜻을 기망하고 할 수 있겠어요. 우리 같은 사람들은 역사 속에서 평가받는 것이기 때문에 그냥 욕을 먹고 넘어가는 것이지만, 전혀 사실이 아니지요.

박용수: 그리고 이와 관련하여 나중에 NSC 차장 퇴임 이후에 통일부장

관이 되시잖아요? 그래도 역시 통일부장관이 통일외교 정책을 추진하는데, 좀 더 실질적인 힘을 발휘할 수 있기 때문에 그렇게 된 것인가요?

이종석: 대통령께서는 2005년 여름쯤 돼서, 저를 국가안보보좌관을 시키고 싶어 하셨어요. 그래서 실제로 당시 권진호 안보보좌관을 국정원장으로 보내고 저를 그 자리에 두려고도 하셨는데 잘 안됐어요. 하지만 대통령은 저한테 국가안보보좌관을 맡기려고 하셨고, 제가 NSC 차장인데, 하도 차장이 뭐한다 뭐한다 하고 한나라당에서 특히 많이 비판하니까, 대통령께서 저를 보다 명실상부하게 일을 하게 만드는 것에 대해서 신경을 계속 쓰셨습니다.

그런데 저는 생각이 좀 달랐어요. 왜냐하면 안보보좌관이 되면 공세가 더 심해질 것이라는 얘기도 있었고, 또 한편으로는 이것이 굉장히 중요한 얘기인데, 대통령의 비서로서 들어가서 얼마나 버틸까하는 이런 얘기들이 있었죠. 저도 청와대라는 곳이 참 어려운 곳이라는 것을 알고 있기 때문에 속으로 얄팍한 생각을 하는 거죠. 얼마나 버티고 나오면 그래도 남들한테 저것도 못하고 나왔다는 소리를 안 들을까, 6개월? 그러다가 6개월 정도만 버티고 나오면 되지 않을까? 그랬는데, 결국 1년 지나고, 2년 지나고, 3년 지났습니다. 대통령비서관은 지금도 내 경험적인 주관적인 판단이지만, 최대 2년 정도가 적절하다는 생각이 들어요.

대통령은 민주적인 절차에 의해서 선거로 뽑힌 사람이에요. 대통령은 가장 강력한 개성을 갖고 있는 사람이라고 봐야 해요. 그래서 대통령이 된 겁니다. 처음에는 대통령한테 자유롭게 말씀드렸습니다. 노무현 대통령은 말은 자유롭게 하게 내버려두는 분이었습니다. 1년쯤 지난 시점에서도 '대통령님 이건 아닙니다'라고 직접 말씀드릴 수 있었습니다. 저 같은 경우에는 많은 말씀을 드렸는데, 대통령께서 업무를 다 파악하시면서 조금씩..., 1년 반쯤 지나면 '이건 아닙니다'라는 말씀을 드리기 어려워집니다. 그러니까 2년만 지나면 끊임없이 나갈 생각만 하는 겁니다. 솔직히 그때는 너무 힘들더라고요. 힘든 것뿐만 아니라 제가 할 만큼 했고, 대통령께 사표도 여러 번 냈습니다. 그래도 3년까지만 하면 연말에는 무조건 그만둔다. 물론 2005년 여름에 국가안보보좌관하라고 하셔서 마지막에 결국은 제가 하겠다고는 했는데, 그때도 물론 설득을 많이 하시고, 그런데 그것이 나중에 권진호 보좌관님이 국정원장으로 못 가시면서 제가 대통령께 "그냥 이 자리에 있게 해주십시오." 해서 그냥 무마가 되고 2005년 가을을 맞이한 것이죠. 연말을 맞이해서 솔직히 떠나려고 마음을 먹었습니다. 그때 NSC 차장, 말이 차장이지 대한민국 통일외교안보는, 저는 그렇게 생각 안 해도, 조선일보나 동아일보를 보면 "저놈이 다 말아먹었다."고 그랬으니까, 사람들은 제가 날아가는 새도 떨어뜨린다고 생각을 했으니까. 그쯤이면 됐지, 제가 뭘 바라겠어요? 정말 그때는 그랬어요.

그리고 이제 더 이상은 대통령을 못 모신다고 생각했습니다. 왜냐하면 대통령과의 관계에서 제 기가 밀리는 거예요. 완전하게. "아, 이건 아닙니다." 이렇게 말하는 것이 힘들어지는 겁니다. 그래서 제 보좌관에게 대통령께서 놔주시지 않는다고 해도 이제는 그만한다고 했습니다. 그런 처지였는데, 어느 날 대통령께서 12월에 들어가지고, 정동영 장관이 국회로 돌아간다는 겁니다. 그때는 그냥 아무 대답도 안 하고 지나갔는데, 12월 중순경에 대통령께서 부르시더라고요. 대통령께서 독대 같은 거 안 하는 분이세요. 대통령께서는 반드시 누가 옆에 앉아서, 사적으로 이루어지는 대화는 거기에서 정책결정이 이뤄지지도 않고, 회의를 거치지 않으면 안 됩니다. 저도 3년을 대통령을 청와대에서 모셨는데, 3년 동안 대통령과 단둘이서 만나서 얘기한 것은 두 번밖에 안돼요. 일요일 날 전화를 하셔서, "식사했어요?" 이러시면서 들어와 보라고 그러십니다. 그럼 둘이서 편하게 얘기를 하는 거지요. 그 한 번이 이라크 파병할 때고, 또 한 번이 2005년 12월입니다. 그때 기억이 생생합니다. 이해찬 총리, 정동영 통일부장관 두 분이 저를 통일부장관으로 추천했다는 거예요. 저는 제가 나가서 NSC 상임위원장을 맡고, 다시 편재하라는 말씀으로 이해했습니다. 그래서 그때 시스템도 고치고 그런 일도 있었습니다. 그러나 중요한 것이 무엇이냐 하면, 청와대 참모가 아무리 유능하고 대통령 신임을 받아도, 입각을 하게 되면 청와대 참모 역할을 할 수 없는 것이고, 그러면 청와대의 누군가가 그 역할을 대신할 수밖에 없는 것이기 때문에, 대통령이 아무리 내각에 나가서 청와대 참모진을 관리하라고 해도 그것은 안 되는 거예요.

통일부장관이라는 것은 사실 생각도 못했었습니다. 솔직히 NSC 차장은 안 하겠다고 버텨도 봤지만 통일부장관 나가라고 할 때는, 그렇지 않았습니다. 통일부장관은 그래도 어쨌든 간에, 북핵문제, 남북관계에서 출발했기 때문에, 그것은 해야 하는, 참 마다할 입장은 아니었기 때문입니다. 대통령 뜻은 제가 통일부장관으로 나가면 남북문제를 풀어봐야 되겠고, 정 장관을 대체해서 할 수 있는 사람이 누구냐? 그러면 청와대는 어떻게 할 것인가? 일단은 제가 계속 영향을 줄 것을 원하셨을 겁니다.

박용수: 노무현 대통령 리더십과 관련된 질문입니다. 대통령께서는 자유롭게 토론을 하는 것에는 다 동의를 하셨는데, 시간이 지날수록 '노'라는 대답을 하기 어려웠다는 그런 말씀을 하셨습니다. 아무래도 초기에 가능했던 것이, 시간이 지날수록 어려워지는 건가요?

이종석: 그것은 제 경험, 다시 말해서 청와대 비서실에서의 경험이라는 것이죠. 내각의 장관들은 어떻게 느꼈을지는 모르겠습니다. 제가 얘기하는 것은 노무현 대통령을 두고 하는 것이 아니고, 대통령이라는 자리에 앉은 사람은 누구보다도 강한 개성과 결단력을 가진 사람이기 때문에, 그런 대통령의 참모가 되는 데에는 아무래도 2년 이상은 안 넘기는 게 좋겠다는 것이었습니다. 대통령의 총무비서관이나 그런 자리는 다르겠지요. 우리는

국가정책을 다루는 사람 아니에요? 그런 경우는 그렇다는 것이고, 그렇다면 내각은 어떨까? 내각의 장관은 대통령과의 관계가 청와대 비서진들이 갖는 것과는 다르잖아요. 제가 통일부장관으로 있으면서는 계속 있으면 큰일나겠다는 생각이 들기 이전에 장관직이 끝났기 때문에 그것은 모르겠습니다. 다만 대통령 비서직의 경우에는 2년이 넘어가니까 그렇더라, 그러니까 바꿔주어야 하는 거죠. 제 얘기는 대통령도 이후에 새로운 사람이 돌아오면 새로운 관계를 갖게 되지 않은가 하는 그런 얘기에요.

박용수: 어느 정도 힘들어지나요?

이종석: 고갈이 된다고 생각해요. 제가 생각할 때는, 관계에 있어서 자유롭게 말하는 것이나, 대통령을 모시는 데 필요했던 지혜가 고갈된다고 봐요. 저는 상당히 힘들어지더라고요. 저는 3년 했지만, 2년주의자예요. 대통령의 정책참모들은 2년을 넘기는 것은 안 좋다.

박용수: 포괄적으로 노무현 대통령의 리더십이 균형을 중시하시는 부분을 말씀하셨고, 열린 토론 그런 것을 말씀하셨습니다. 그런데 어떤 경우에는 대통령의 강한 성격을 말씀하셔서 복합적이네요.

이종석: 노무현 대통령은 이런 사람이에요. 굉장히 직설적이기 때문에 많은 사람들은 노무현 대통령의 정책결정이 성급하고, 조급할 것으로 생각을 해요. 굉장히 신중하지 않게, 직설적이고, 말을 함부로 한다는 식의 이미지들로 비판하는 사람들이 있습니다. 그러나 노무현 대통령의 직설적인 그런 성격과는 전혀 다르게 노무현 대통령의 결정 방식은 엄청나게 신중하고 절차 중심적이었어요. 노무현 대통령은 일단 사적인 독대는 일단 없고, 있다 해도 독대에서 결정은 없습니다. 정책결정은 회의 구조를 통해서

관계자들이 판단해서 올라간 것만 갖고 가능하다 판단하는 입장이기 때문에, 예를 들어서 대통령과 관저에서 밥 먹고 나서 대통령이 "이거 해라." 이렇게 결정하는 것은 안 되는 거예요. 대통령이 그런 의도를 갖고 계시다고 판단이 되면, 회의를 통해 의견을 모아서 결정을 하는 거죠.

그래서 항상 절차가 굉장히 중요합니다. 북핵문제에 관한 어떤 결정이 이뤄지려면 관련된 부서들이 협의를 해서 그 결과가 계속 올라와요. NSC의 행정관이 여기에 지금 통일부, 국방부, 어디 모여서 다음과 같이 판단을 해서, 이런 결정을 해서 다음과 같이 의사 판단을 했습니다. 그것이 중요한 사안이면, 그 판단이 NSC 상임위원회까지 올라가겠지요. 상임위원회를 거쳐서 대통령께 올라가지만, 그렇지 않은 것도 이렇게 했습니다. 그 다음에 청와대에 오면, 그것이 주한미군 문제 같으면, 담당자인 NSC 차장뿐만이 아니라, 시민사회 수석비서관실에서 의견을 반드시 내야 됩니다. "지금 이런 식으로 주한미군 기지문제를 판단하게 되면, 이것은 주민 반발이 있어서 안 된다." 등의 의견이 반드시 붙어야 돼요. 그래서 참조 부서의 의견이 붙습니다. 대통령이 볼 때는 담당관이 한 것과 참조 의견 모든 것을 다 볼 수 있는 거지요. 그게 시스템이에요. NSC 차장이 대통령에게 올릴 때에도 "이러한 의견의 결과 저는 이렇게 생각합니다." 또는 "이런 것으로 판단됩니다. 그래서 재가해 주시기 바랍니다." 그러면 대통령은 "열람했다." 또는 "좋은 생각입니다. 그러나 누구와 다시 상의해 주세요." 아니면 "이 지시대로, 결정대로 처리 바랍니다."라고 말씀을 적지요. 그러니까 과정 자체 하나하나가 관련된 부서나, 사람들이 전부다 참여한 것이 실질적으로 확인돼야 결정을 하는 것입니다.

박용수: 그 과정이 항상 대통령의 의중에 맞는 것은 아니지 않습니까?

이종석: 그런 과정을 밟는 것이 때로는 대통령의 의중에 맞지 않는 것이

생기죠. 그러면 대통령의 참모들이 할 일이 생기는 거죠. NSC에서도 이건 대통령께서 반대는 안하시지만 이런 쪽으로 갈 수밖에 없지 않느냐라고 하면, 대통령과 다른 의견을 그냥 올리는 것이 아니라, 대통령께 필요한 자료를 몇 개 올려드려요. "이런 자료를 한번 보시죠. 대통령님 이건 지금 이런 뜻입니다." 이렇게 해서 올라가요. NSC 사무처에서 대통령과 인식의 조율을 할 수 있는 자료를 올리고 하는 거지요. 대통령께서 너무 단호하게 내려보내면 고치기 어려운 부분이 생기니까 절충시켜야 되는 겁니다. 경우에 따라서 대통령께서 다시 내려온 것 중에서, 이것이 대통령 뜻이 확고하시고 이것이 대세에 지장이 없다고 그러면 대통령 뜻대로 가고, 이건 대통령께 다시 한 번 올려야 한다 그러면 그때 또다시 곧장 회의를 다시 해서 올리는 것이 아니라, 대통령의 생각을 바꿀 수 있는 판단 자료를 모아서 하거나, 전문가 간담회를 조직해서 '한번 들어보시죠' 해서 대통령님 생각을 유연하게 만들 수 있도록 해야지 그냥은 안 되요. 제가 뭐라고 부탁하는 것은 안 돼요. 그것은 불가능합니다. 사람들은 그렇게 생각해요. 대통령하고 나하고 이러고저러고 해서 된다고 생각해요. 그런데 그런 경우는 없어요. 다 그런 식의 결정 과정을 거쳐서 가야 하죠. 대통령은 무척 합리적인 사람이라, 자기가 그렇다고 생각해도 이게 아니라고 하면 다시 생각하시지 막 주장하지는 않아요. 그러나 대통령께서 결정한 것을 바꾸는 것은 무척 어렵기 때문에, 대통령께서 어떤 생각을 하고 계신 것을 나름대로 생각을 해서, 혹시나 우리가 올리는 것이 어떤가를 다 살펴보고 올려야 합니다. 그렇지 않으면 그것도 문제가 되죠. NSC 하나뿐만이 아니라 부서들이 같이 협의된 것을 올리는 것이니까요.

또 어떨 때는 대통령 뜻은 이런데 부처는 안 따르는 경우도 많아요. 특히 미국과의 관계에서 대통령은 다 따져보라고 하시니까, 그 경우는 대통령 뜻이 확인되기 전에 부처와 계속 협의를 해서 보다 더 합리적인 판단이 중요하지 않느냐고 말하면, 해당 부처가 처음에는 NSC가 끼어든다고 생각할 수도 있습니다. 그런데 사실은 대통령님의 뜻이 무엇인지 알지만, 대통령님 지시라고 강압적 지시로 비추어지게 하기보다, 서로 합의가 이루어져야 한다고 생각했습니다. 대통령의 뜻이 전달되어야 한다는 것이 우리 생각이기 때문에 경우에 따라서는 대통령 뜻을 부처에 그냥 전달하는 것이 아니라, 대통령 뜻과 비슷한 생각을 가질 수 있는 공간을 마련한 다음에 그곳으로 투사시키는 것이 참모들이 해야 할 역할이에요. 어떤 참모들인가에 따라 다르죠. 생각을 해보세요. 맨날 '대통령 지시입니다'라고 떨어지는데, 자신이 갖고 있던 생각과 다른 경우에 대통령에 대한 불만도 생기고 그러잖아요? 그것보다 먼저 이런 의견을 모았는데, 모으고 나서 대통령이 이렇게 생각하시는 것을 미리 건의를 올리면, 대통령은 맞았다고 이러는 건데, 대통령께 부담을 드리지 않는 길이 그런 거죠. 그런 건 아주 기술적인 측면이지만, 그런 섬세한 절차가 청와대 참모들이 해야 할 일이라는 생각이 들어요.

장훈각: 그럼 제도를 통해서 대통령의 의지가 투사되는 기제였다고 NSC를 이해하면 되겠습니까?

이종석: 네.

장훈각: 내용적인 측면에서 대통령의 전형적인 통일외교안보에 대한 인식, 그 다음에 어떻게 풀어나가야 된다라는 구상, 그리고 장관님께서 처음에 청와대에 들어가셨을 때의 생각들, 예를 들어 어떻게 관계를 풀어나갈 것인지, 어떻게 미래상을 펼쳐보겠다는 그런 내용적인 측면을 시기별로 말씀을 해주신다면 좋겠습니다.

이종석: 일단은 우리가 참여정부가 무엇을 하려고 했는지, 노무현 대통

령이 어떤 생각을 가졌는지는 다른 정부를 이해하는 것보다 쉬워요. 왜냐 하면 우리는 2004년 3월에 「평화번영과 국가안보」라는 안보전략서를 냈어 요. 이것은 국민의 정부 때도 이것을 시도하다가 안 됐는데, 우리는 국민 들이 적어도 대한민국이 통일외교안보에서 어디로 가고 목표가 무엇인지 는 공유해야 한다고 생각해서, 처음 낸 거예요. 사실 이것이 굉장히 중요 한 문서인데, 한국 사회가 정치적으로 갈라져 있다 보니까 평가를 못 받는 거죠.

처음의 국가의 이익을 그 당시 초창기 때 잡은 거죠. 2004년 4월에 나왔 으니까, 2003년에 작업을 한 것이죠. 한반도의 평화와 안정, 당연한 얘기겠 지만, 남북한과 동북아의 공동번영, 그 다음에 국민 생활의 안정 확보, 이 세 가지를 국가의 기본적인 안보 목표로 정하고, 이 목표를 달성하기 위한 전략 기조를 네 가지를 썼어요. 하나가 평화번영 정책, 남북한 관계의 한 반도에 중심을 해서 확고한 안보태세를 갖추지만, 대화와 협력을 통해서 한반도의 평화번영을 이룩하겠다. 그 다음에 두 번째가 외교인데, 균형적 실용외교라는 거죠. 그러니까 그때만 해도 균형외교를 그냥 쓰기가 어려 웠어요. 왜냐하면 반미라고 비판들을 많이 했습니다. 지금은 많이들 균형 외교라는 말을 쓰지만, 그때는 우리가 이렇게 쓰니까 반미라고 그랬어요. 그래서 이때는 균형적 실용외교, 물론 균형외교 하겠다는 것이죠. 만약에 우리가 균형외교를 안 했으면 실제로 반기문 사무총장이 나올 수 없었을 거예요. 유엔 사무총장은 미국이 지지해야 되면서도 중국과 러시아, 프랑 스가 반대하지 않는 사람이 되어야 하는데, 그것은 친미라고 인식되면 안 되는 거예요. 그 다음에 국방, 자주국방이라고 하니까 이것이 또 반미다 이런 얘기를 합니다. 그래서 협력적 자주국방, 우리가 단순히 모든 것을 다 하겠다는 것이 아니라 국제협력을 하면서도 자주국방을 하겠다. 그리 고 포괄안보를 지향한다. 이것이 네 가지 전략 기조죠.

여기에서 대통령 철학이 보여요. 이것이 다 대통령 철학과 관계가 있어요. 평화 관련 정책은 결국은 포용정책을 발전적으로 계승한다는 얘기입니다. 그 다음 균형적 실용외교는 사실 일방적인 대미 의존 외교를 넘어서서 한미동맹을 기축으로 하되 새로이 성장하는 중국과의 관계를 발전시키겠다는 것이었습니다. 우리 때만해도 이미 한-중 경제관계가 굉장히 심화되고 있었습니다. 이런 속에서 결국 균형외교를 실리에 기초해서 추진한다는 취지에서 실용외교라고도 했습니다. 협력적 자주국방, 이것이야말로 전시작전통제권을 가져와야 하고, 우리가 할 수 있는 범위 내에서는 우리 국방을 책임지는 자세가 필요한 것이죠. 그 다음에 또 하나는, 이제는 단순하게 이야기해서 총 들고 싸우는 안보만 있는 것이 아니다. 하다못해 은행에 전산시스템이 망가져도 국가위기가 되기 때문에 백업 시스템을 구축해야 합니다. 그리고 환경도 심각한 안보문제입니다. 그래서 포괄안보를 실제로 지향한다. 그런데 이것을 실천하기 위해 위기관리센터를 만들었습니다.

'평화번영 정책', '균형적 실용외교', '협력적 자주국방', '포괄안보' 이 네 가지 전략 기조가 대통령과 참모들의 일치된 철학이었어요. 국민의 정부 5년을 거쳤지만, 평화번영 정책은 우리 통일외교안보 부서들과 공감하는 부분이 있었는데, 균형외교는 외교부와 마찰이 생기는 부분이 있었고, 자주국방과 관련해서 국방부야 말할 것도 없었고, 포괄 안보야 그런 게 없었어요. 대통령과 참모들의 철학은 일치했지만, 부서가 이것을 수용하는 데에는 상당한 시간이 걸렸습니다. 더욱이 우리 사회의 분위기가 노무현 대통령이 얘기하는 게 맞다고 인정한 것이 아니라 반미라는 컨셉을 갖고 계속적으로 몰아치고 반대하는 부분이 있었어요. 주류 언론과 한나라당이 거기에 있었기 때문에 어려웠던 것이지요. 지금 그것을 탓하는 것은 아닙니다. 여기에 맞추기 위해서 대통령과 참모들의 의견만 갖고는 안 되기 때문에 무수한 토론이 있었습니다. 물론 아래의 토론부터 시작해서, 부처와 NSC와의 토론, 부처와 장관들과의 관계에서 서로 조율을 위한 수많은 토론이 있었습니다. 물론 다 맞춰지지는 않았겠죠. 그렇지만 그러면서 맞춰져가는 것이죠. 대통령도 현실의 일부를 양보하고, 또 부처들은 대통령 철학을 받아들이고 이런 식의 절충하는 조율 과정들이 2003년부터 있었고 2004년부터 본격적으로 가동되지 않았나 합니다.

국가의 전략 기조를 이렇게 네 가지로 정해서 세 개의 전략과제와 두 개의 기본과제를 잡았어요. 전략 기조인 평화번영 정책, 균형적 실용외교, 협력적 자주국방, 포괄안보 이것은 추상적이니까, 이것을 보다 구체화하기 위한 현 단계의 전략과제가 무엇이냐? 그 대안으로 북핵문제의 평화적 해결과 한반도 평화체제 구축, 한미동맹과 자주국방의 병행발전, 또 하나가 남북한 공동번영과 동북아협력 주도, 이렇게 세 개의 전략과제가 나왔습니다. 전략과제는 이 시기에 해야 하는 것이고 기반과제는 항상 해야 하는 것인데, '전방위 국제협력 추구', '대외적 안보기반 확충'의 컨셉을 가지고 한 것이죠.

가장 중요한 컨셉은 아까 말씀했던 것처럼 평화번영 정책, 균형적 실용외교, 협력적 자주국방, 포괄안보입니다. 이 내용을 따져보면 철학이 달라지는 측면이 있었어요. 사실은 국민의 정부 때 김대중 대통령, 임동원 통일외교안보특보는 정말 철학적으로 NSC적 마인드와 리더십을 가지고 있는 분들이었지만 당시 시스템이 갖춰진 것은 아니었어요. 우리가 들어갔을 때, 부처들은 여전히 부처 이익을 중시했습니다. 그런데 우리는 아까 말씀드렸던 제도를 통해 국가를 운영하려 했기 때문에 힘이 많이 들었죠. F15 전투기 도입 과정의 일화와 같은 일은 NSC가 제도화된 상황에서는 불가능하지요. 그 큰 문제가 NSC에서 판단되어 대통령에게 오고가는 이런 시스템이 있었다면 불가능했던 일입니다. 지도자가 그런 마인드를 갖는 것도 중요하지만, 근본적으로 그것으로 다 해결이 안 되거든요. 역시 제도로써 이것을 뒷받침해 주어야 하는 겁니다. NSC는 그런 제도였습니다.

2005년 12월 달에 제가 통일부장관으로 가면서 NSC 사무처를 다시 통일외교안보정책실로 바꾸었습니다. 야당에서 NSC 사무처가 위법하다든가 위헌적 요소가 있다고 하면서 끊임없이 공격해서, 안 되겠다 싶어서 바꾸었습니다. 개편하고 나서도 NSC 기능을 하도록 부서는 동일했어요. 정책조정실, 정책조정비서관, 전략기획실, 전략조정비서관, 그 다음에 정보관리실장은 정보관리비서관, 위기관리센터는 위기관리비서관에게 맡겼습니다.

박용수: 노무현 대통령 시기에 논란이 되었던 것이 동북아균형자론, 동북아 중심국가, 그리고 이것과 관련하여 미국과의 관계, 중국과의 관계, 여기에서 어떻게 한국의 입지를 정할 것인가 하는 문제들이 논란이 되었습니다. 그 당시에는 어떤 식으로 해명하셨는지요?

이종석: 저는 동북아를 남북관계나 북한관계의 측면 등 주로 한반도를 중심으로 봤는데, 저보다 먼저 동북아 전체에 대한 관점에서 인식을 가지고 있던 분들이 있었습니다. 대통령도 그러셨던 것 같아요. 노무현 대통령의 생각에는 동북아시아가 통합된 공동체로 나가야 되겠다는 강력한 신념이 있었어요. EU의 경험에 주목하셨고, 그렇게 본다면 그 중심이 우리가 아닐까 생각하셨습니다. 그것이 능력 면에서만 중심이 아니라, 지정학적으로도 그리고 여러 역할 측면 등에서 그렇게 해야 한다고 했습니다. 그 컨셉은 우리가 중심국가가 되어야 한다는 그런 것이 아니고, EU 모델처럼 동북아가 갈등과 분열의 역사에서 통합과 연대와 평화, 나가서 통합체로 나가야 하는 역사로 전환되어야 하지 않겠는가. 동북아시아의 균열과 패권적 경쟁 속에서 우리가 가장 피해를 본 것이 아닌가. 그래서 우리가 제창하고 나가서 하자 그랬던 겁니다. 그렇게 하다 보니까 동북아 중심국가라는 표현이 과장된 것이 아니냐, 그래서 허브라는 표현으로 바꾸었습니다. 대통령의 생각은 그랬습니다. 2005년에 들어오면서 일본의 독도 도발

을 경험했고, 주한 미군 감축문제가 이미 현실화되어 있었습니다. 그리고 전시작전통제권도 우리가 개입하고 있었기 때문에 전체적으로 우리가 이제는 뭔가 할 수 있지 않은가 판단했습니다. 대통령 생각은 그랬어요.

그리고 대통령은 기본적으로 한미동맹 자체는 필요하고 그것은 우리의 중요한 자원이라고 인식하셨습니다. 그러나 그것만 가지고는 안 되고, 이제 우리가 보다 균형 잡힌 자세를 가져야 한다. 동북아에서 일본과 중국 사이에서의 패권적 갈등에서 중심을 잡아야 된다. 그래서 동북아균형자론에서의 균형을 얘기할 때에는 처음에는 일－중 관계에서의 균형을 얘기하셨던 것이었어요. 그러나 궁극적으로는 모든 면에서 우리가, 그 당시에는 이렇게까지 정의를 못했지만 지금 돌이켜 보면, 사안 사안에 있어서 균형을 잡을 수 있으면 해야 되는 거죠. 9·19공동성명 같은 경우 동북아균형자론에 따르자면, 우리가 사실은 미국도 설득하고, 북한도 설득했으니까요. 그러나 그때는 대통령도 그것을 가지고 동북아의 모든 것을 다 재편하겠다는 그런 생각이 아니고, 무언가 당위적으로 띄워 놓았는데, 그 말을 조선일보가 들고 와서 무슨 능력도 없이 동북아균형자냐, 반미하는 것이냐고 비판하면서 결과적으로 굉장히 부각되었어요.

그런데 대통령이 치밀하게 동북아균형자를 준비해서 내놓은 것이 아니라 국회 연설에서 처음 말씀하셨던 것이었어요. 대통령께서 그런 당위적인 말씀을 하시고, 그것을 정책적으로 구체화시킨 단계까지 가지 않은 것이었습니다. 대통령이 동북아균형자라는 말씀을 하실 때도, 한미동맹을 말씀하신 다음에 우리가 동북아의 균형자 역할도 해야 한다고 했던 겁니다. 그것이 2월 20일인가 국회 연설을 할 때도 그냥 지나갔어요. 3월 8일 공군사관학교에서 연설할 때도 그냥 지나갔어요. 그랬는데, 3월 언젠가 정부고위관리가 익명으로 조선일보인가 인터뷰를 하면서 이제 북방삼각시대가 진 것처럼 남방삼각시대도 갔다는 식으로 발언한 것이 신문에 크게 났어요. 그러면서 "이게 무슨 소리야, 뭐 한미동맹 끝났다는 얘기야?" 그러면서 전에 낸 노무현 대통령의 균형자론을 꺼내면서 크게 이슈화되었어요.

우리 입장에서는 동북아균형자론이 의도했던 것보다 훨씬 더 과장되게 논쟁이 붙어 버렸어요. 미국 사람들도 처음에는 그것이 무슨 소리인지 모르고 있다가 한국에서 크게 문제가 되니까 관심을 갖게 되고, 후에 미국이 기분 나빠한다는 이야기가 있어서 보니까, 그것이 균형자론이에요. 한국의 국내 분열상을 미국의 지도자들이나 한반도 전문가들이 보면서, 한국 언론이 반미적인 걸 왜 하냐고 하니까 균형자론이 결국 나쁜 것이라고 생각하고, 그런 식으로 몰려간 것이죠.

그런데 그 과정에서 저나 참모들이 그것에 적극적으로 대응해서 균형자라는 것이 이런 것이라고 그 장점을 부각시켰어야 했습니다. 그때 우리는 중일관계에서 균형을 잡는 것으로 조금 수세적으로 균형자를 설명을 했어요. 저는 지금도 모든 문제에서의 균형자가 아니라 한반도에 관련된 부분에서 우리 이익과 관련해서 할 수 있다면, 균형자라는 것이 왜 나쁜가, 모든 것을 다 균형을 잡는 것이 아니라 분야별로 잡을 수 있는 데는 잡을 수 있을 것 아니냐 하고 치고 나갔어야 하지 않은가 생각합니다. 사실 새누리당이 작년도 1월 달에 발표한 정당정책을 보면 균형외교가 거기에 있어요. 그때는 엄청나게 욕을 먹었는데, 사실은 욕먹을 만한 내용은 아니었습니다. 대한민국이 균형을 잡는 나라가 되어야 한다. 그러나 지금은 우리가 그럴 능력은 안 되니까 현실에 맞춰 가면서 그것을 지향한다. 이런 정도로 서로 간에 타협을 보면 되는데 그것이 안 되었죠. 또 한편으로 학계에서는 19세기 유럽에서의 균형자 이야기를 하면서 이론적으로도 안 맞는다고 했어요. 유럽의 균형자(balancer)라는 말은 유럽에서나 적용할 수 있지, 어떻게 여기에서 사용하느냐면서 비판적 경향이 강했어요. 사실 대통령이 균형론자라고 말할 만큼 이론화시킨 것도 아니지만 이런 당위적인 미래가 있어야 하지 않겠습니까?

그때 돌이켜 보면 한두 가지가 아니죠. 제가 통일부장관 인사청문회 1호 대상자입니다. 인사청문회법이 바뀐 다음에, 제가 2006년 2월 장관에 내정되어 첫날 첫 번째, 대한민국 국무위원 인사청문회 1호입니다. 그런데 같은 날 박근혜 한나라당 대표에게 인사하러 갔더니 만나주지 않는 거예요. 왜냐하면 한나라당에서는 청문회 결과 보고서를 채택했는데, 안에서 원희룡이나 몇 사람들은 괜찮다 하고 한나라당의 지도부는 부적격자라고 반대했었습니다. 그런데 제가 위장전입, 표절, 병역 회피, 세금 포탈, 아무것도 걸리는 게 없는 거예요. 제 집사람이 우리 애들 이념 교육시키는 데에다 논술 교육시켰다고 전여옥 의원이 거론한 것… 오로지 자기 코드에 맞는 사람을 심었다는 것 하나 가지고 부적격이라고 했지요. 그때 제가 청문회를 겪으면서 그랬습니다. "한나라당이 정권 잡았을 때 이런 식으로 하면, 한 명도 임명되기 어려울 거다." 이명박 대통령된 다음에 웬만한 것은 다 넘어갔어도 낙마가 나오고 했잖아요? 그래서 옛날 생각 못한다는 건데, 참여정부는 물론 다 잘했다고는 못합니다. 못한 것도 있고 회한도 있지만, 너무나 일반적인 것들, 굳이 때릴 이유도 없는 것을 정치적으로 때려 노무현 대통령과 참여정부를 너덜너덜하게 만들어 놓은 게 한두 가지가 아니에요. 균형자론 같은 것이 대표적이죠. 대통령이 연설에서 우리가 이런 나라가 되어야 한다고 미래를 이야기했던 건데.

그런 일을 경험했기 때문에 저는 그런 얘기를 해요. 민주당 사람들한테 나도 그런 얘기를 했어요. 대세에 지장 없는 것 가지고, 특히 효율성의 문제에 접근하는 문제에 대해서는 어차피 인정해줘야 한다. 민주주의에 문제가 되는 것, 정치적으로 문제가 있는 것이라면 몰라도 그렇지 않은 것은 걸고 넘어질 필요가 없다. 예를 들어서, 외교통상부에서 통상교섭본부를 어디로 가져가느냐 하는 것은 효율성의 문제인데, 그것을 가지고 목숨 걸지 마라. 근본적인 것이 아니면 걸면 안 되는데, 과거에는 근본이고 뭐고 관계없이 모두 걸렸습니다. 그런 아쉬움이 있는데, 동북아균형자론도 저는 그런 것 중에 하나였다고 생각해요. 노무현 대통령이 평소에 생각하시던 것이 그런 것이에요. 노무현 대통령이 튼튼한 한미동맹을 기반으로 해서 한편으로는 동북아균형자를 추구해야 된다고 그랬던 겁니다. 그것이 잘못된 거예요? 아까도 말씀드렸지만, 반기문 유엔 사무총장이나 9·19공동성명 같은 일은 균형외교가 아니면 안 되는 것이거든요.

장훈각: 선생님, 수고하셨습니다. 시간이 많이 지나 1차 구술은 여기까지 듣겠습니다.

〉〉〉〉〉 2차 구술

장훈각: 오늘 구술은 선생님께서 NSC를 국가 중요 기관으로 키어나가는 과정에 관한 부분부터 보다 자세히 말씀해 주십시오.

이종석: 김대중 대통령 시절부터 NSC가 있었죠. 그것은 장관급들이 모여서 국가안전보장회의 상임위원회를 매주 한 번씩 열고, 또 상임위원회를 보좌하기 위해 한 달에 두 번 정도 차관보급 실무책임자들이 모이는 실무조정회의가 열렸습니다. 그런데 이러한 기구들은 청와대의 외교안보수석비서관실에서 NSC적 기능을 나름대로 발휘하기 위해서 만든 것이었지 청와대 자체에 대통령 보좌기구로 정책통합·컨트롤 타워 역할을 함으로써 위기에 즉각 대응할 수 있는 그런 체계를 가졌던 것은 아니었습니다.

NSC 문제의식과 통일외교안보 체계가 도입되는 초기 단계의 실마리가 김대중 정부에 있었다면, 참여정부에 와서 노무현 당선자는 대통령 후보시절부터 NSC체제를 전면적으로 도입하자는 판단을 하고 있었고, 또 대통령을 보좌하던 저희 자문위원단들도 같은 생각이었습니다. 그리고 저희뿐만이 아니고, 그 당시 외교안보 쪽에 전문성이 있던 여야 국회의원들도 상당수 그런 생각을 했던 것 같습니다. NSC체제는 청와대 외교안보수석비서관실을 없애고, 그 대신에 국가안전보장회의(NSC) 사무처가 그 역할을 하게끔 했습니다. 국가안전보장회의 사무처를 대통령의 비서기구 기능을 할 수 있도록 개편하면서 정책조정실, 전략기획실, 정보관리실, 위기관리센터 등 3실 1센터를 둔 NSC 사무처를 만들었습니다. 당시 비서관이라는 이름을 붙이지 못한 이유는 국가안전보장회의가 헌법상 대통령을 자문하는 국가기구로 규정되어 있었기 때문에 국가안전보장회의 사무를 처리하는 NSC 사무처도 국가기관이어서 법률상 대통령의 비서 기관으로 표시할 수는 없었습니다. 그러니까 실제 대통령을 보좌하는 비서 기능을 했지만, 형식으로는 일반 국가기구적인 성격을 가졌기 때문에 정책조정실 등으로 표현했던 것이었습니다.

과거 같으면 청와대 안에 통일비서관실, 외교비서관실, 그리고 국방비서관 이런 식으로 각 비서관이 각 부처에 맞게 하나씩 있었습니다. 예를 들어서 통일부나 외교부에서 어떤 일이 발생되면 외교부나 통일부에서 파견되는 비서관이 보고받고 그가 외교안보수석에게 보고하면 대통령에게 보고가 되고, 또 대통령 지시는 라인을 통해서 전달되었습니다. 그러나 정말 중요한 사안은 북한 핵문제처럼 외교부, 통일부, 국방부, 국정원까지 관련되는 범부처적인 사안입니다. 과거에는 그런 사안들에 대해서 국가적 수준에서 조정하고 조정된 결과들에 대해 대통령이 승인을 하면 그것이 다시 각 부처로 정책으로 하달되는 그러한 시스템이 조직적으로 제대로 안 되어 있었던 것입니다.

국민의 정부 때는 그 시스템이 안 되어 NSC 상임위에서 어떤 합의가 되어 대통령이 받아들이면 외교안보수석실을 통해 내려 보냈습니다. 서무 사안과 같은 일반 사안들은 각 부서에서 독자적으로 처리할 수 있지만, 북핵문제라든지 주한미군 재배치 문제 등과 같이 여러 부서들이 관련된 사안들은 다루기 어렵습니다. 주한미군 재배치 문제의 경우 한수 이북에 있는 미군이 사용했던 땅들을 받아들이는 대신 다른 지역의 땅을 수용해야 하기 때문에 그 지역의 주민들과 관련되어 있고 돈이 드는 문제이기 때문에 국민들이 민감하게 받아들이는 사항입니다. 이 문제는 결국 시민사회 영역과도 관련이 되어 있다는 말이 됩니다. 이 주한미군 문제를 논의하면서 국방부는 땅문제, 외교에서는 협상문제 등 각 부처의 관련 문제들을 각각 이야기하다 보면 종합적으로 어느 것이 정확하게 가는 길인지 알 수가 없지 않습니까? 그래서 국방부, 외교부, 청와대 내의 시민사회수석비서관실 등 관련된 부처들이 모여서 논의할 수 있는 시스템, 이런 역할을 할 수 있도록 만든 것이 바로 NSC 사무처였고, NSC 사무처 내에 있는 정책조정실이 그런 역할을 했습니다. 그리고 국가의 중장기 전략기획이나 국방계획이나 대단히 중요한 문제들을 여러 부서들이 모여 전략적으로 판단, 중장기 국가전략을 기획해 내는 부서로 전략기획실을 두었습니다. 그 다음에 정보가 강물처럼 흐를 수 있는 유통망을 구축하기 위해서 정보관리실을 두었습니다. 국가정보원은 많은 인력이 투입된 정보기관입니다. 그런데 여기에서 생산된 국가정보가 대통령이나 특수한 사람들만 볼 수 있다면, 아무리 양질의 정보들이 생산되어도 필요한 곳에서 제대로 활용되지 못할 가능성이 높습니다. 그래서 생산된 정보를 필요한 곳에 유통시킬 때 정보실명제를 실시했습니다. 다시 말해서, 정보가 유통될 때 반드시 정보가 생산된 부서를 실명화하여 필요한 곳에 보냄으로써 정보에 대한 신뢰도를 높이고 생산자에 대한 책임감과 긍지를 확보하고자 했습니다. 그 다음 참여정부가 들어서까지 위기관리에 대한 기본체계가 잡혀있지 않았습니다. 그래서 이제라도 대통령을 중심으로 체계적으로 국가적인 위기를 관리하자라는 구상에서 위기관리센터를 만들어 새로운 시스템을 구축했습니다.

그리고 공식적으로 3개 회의를 만들었는데, 하나는 매주 목요일에 정례적으로 장관들이 모여 논의하는 NSC 상임위원회입니다. 국가안전보장회의로 의장은 대통령입니다. 하지만 대통령이 항상 회의를 주재할 수 있는 것은 아니기 때문에 통일외교안보 사항을 항상적으로 관리하고 논의할 수 있도록 상임위원회를 구성했습니다. 상임의원장은 대통령이 지명하는데, 참여정부 때 공식적으로 대통령으로부터 지명을 받은 것은 정동영 장관, 그리고 저였습니다. 그렇게 장관들이 일주일에 한 번씩 모이는데, 밑에서부터 의견이 취합된 후에 장관들이 모이는 것입니다. NSC 상임위원회가 열리기 직전에, NSC 사무차장 주재로 외교부 차관보, 통일부 정책실장, 국방부 정책실장, 국정원의 1, 3차장실에 있는 선임국장들, 국무총리실의 통일외교 담당 심의관, 이 사람들과 NSC의 정책조정실장, 전략기획실장 등이 일주일에 한 번씩 회의를 갖습니다. 여기에서는 NSC 상임위원회까지 올라갈 사안들에 대한 범부처적인 사안들에 대해 논의를 하는 거죠. 그것을 가지고 상임위원회가 열리는 거예요. 물론 그 전에 과장급들이 모이는 일이 있긴 하지만 정규적인 것은 아니었지요.

그 다음에 또 하나는 정보관리실을 만들어 놓고 정보를 NSC에서 여기저기에서 그냥 가지고 오라고 하면 부처들이 위화감과 소외감을 느끼게 될 가능성이 높으니까, 2주에 한 번씩 NSC 차장이 주재하는 정세평가회의를 했습니다. NSC 실무조정회의, 정세평가회의도 NSC 차장이 진행합니다. 국정원에서는 1, 3차장실에서 나옵니다. 실무조정회의를 할 때는 1, 3차장실에서 다 나오는 경우도 있고 한 사람만 나오는 경우가 있는데, 정세평가회의에서는 반드시 1, 3차장실이 다 나왔어요. 외교부에서는 외교부 정책실장이 나오고, 물론 그 사람이 안 나오는 경우 그 다음 국장이 대리로 나오는 경우도 있습니다. 국방부는 국방정보본부장, 통일부에서는 정세분석국장이 참석합니다. 통일부 같은 경우는 북한 관련된 내부 정세, 북한의 물가문제, 외교부는 중차대한 사건, 예를 들면 이라크 정세, 국정원은 국정원 수준의 문제, 국방부는 북한의 핵문제 등의 주제를 가지고 2주에 한 번씩 모여 회의를 하고, 그곳에서 평가된 것들을 대통령에게 보고하고, 그 내용을 통일외교안보 부서의 핵심 국장급 이상들에게 보내주는, 이런 식의 정세평가회의, 실무조정회의 두 개가 밑에 있고, 그 위에 NSC 상임위원회의가 있는 것이죠.

NSC 상임위원회는 말씀드린 것처럼 통일부장관, 외교부장관, 국방부장관, 국정원장, 청와대에서는 국가안보보좌관, NSC 사무차장, 외교보좌관, 국방보좌관, 비서실장이 나왔어요. 그러나 NSC 상임위원회는 어디까지나 NSC의 핵심멤버들이 하는 상시적인 회의이고, 대통령이 주재하는 국가안전보장회의는 대변인이 공식적으로 발표를 하고 청와대 본관(집현전)에서 1년에 몇 번 합니다. 그리고 대통령이 긴급할 때에는 수시로 안보관계 장관회의를 소집합니다. 그때는 대통령, 총리 외에 필요하면 합참의장, 육군총장 등 관계자들이 모여서 하는 형식이죠. 이런 식으로 회의가 많아요. 핵문제 때문에 IAEA에서 문제 삼았던 적이 있었는데, 이런 경우는 과기부장관이 그 안건에 대한 논의가 끝날 때까지 상임위원회에 계속 참여하는 방식의 안보관계 장관회의인 거죠. 예산이 문제가 될 경우는 기획예산처장관이 참여하는 그런 식의 구조입니다.

이런 구상을 가지고 인수위원들이 만들어 놓고, 국가안보보좌관은 라종일 교수가 되었고, 그분이 NSC 사무처장을 해야 하는 것이죠. 사무처에 필요한 사람이 몇 명쯤 되고, 기능이 어떻고, 업무 분장이 어떻다는 것들에 대해 이미 그림이 그려져 있으니까 국가안보보좌관은 이것을 알고 있어야 한다는 말이에요. 그리고 2월 25일에 대통령실에 인수인계가 되고 외교안보수석실을 NSC가 대신하게 되면, 그 체제로 바뀌어야 되잖아요. 이 준비가 다 되어야 하는데 아무것도 준비가 되지 않았던 거예요. NSC 사무처장이 NSC를 조직해야 하는데 그것이 제대로 진행이 안 되었던 거죠. 그리고 우리가 NSC 사무처를 만들 때에는 외교보좌관과 국방보좌관이 청와대에 있다는 생각을 안했어요. 대통령은 NSC가 보좌를 하고, 만약 국방에 대해서 추가로 알고 싶으면 자문회의 등을 열어서 지혜를 구하면 되는 것으로 생각했습니다. 그래서 국가안보보좌관이 처장이 되는 NSC 사무처가 있고, 그 밑에 차관급의 차장을 두도록 만들어 놓았습니다. 그렇게 만들어 놓고 그 옆에 또 외교보좌관, 국방보좌관이 따로 있으면 외교부는 마치 외교보좌관 통해서 얘기해야 하는 것처럼 느낄 수 있고, NSC가 컨트롤 타워의 역할이 아니라 중구난방이 될 수 있지 않겠어요. 그런데 보좌관이 된 분들도 NSC에 대한 경험이 없기 때문에 무엇을 어떻게 해야 하는지는 몰랐던 상황이었습니다. 그리고 청와대 비서실이 아니라 형식으로는 국가기구다 보니까 청와대에서 NSC를 고려할 이유가 없는 거였던 거죠. 옛날에도 회의를 위한 NSC 사무실이 있었단 말이에요. 청와대 귀퉁이에 보좌관 있는 방 하나, 회의를 위한 방 하나 해서 3개의 방을 NSC용으로 쓰고 있었습니다. 그 방들은 NSC 것이니까 누가 건드리지는 않았던 겁니다. 그런데 NSC 사무처가 외교안보수석실을 확대해서 만들어졌음에도 외교안보수석실이 사용하던 방들은 이미 다른 부서가 쓰고 있어서 NSC가 일할 공간이 없는 곤란한 상황이 되었습니다.

대통령도 북핵문제를 포함해서 여러 통일안보 사항이 발생이 되고 수많은 일들이 있으니까, 관심을 못 두고 계시다가 하루 이틀 지나고 나서 보고가 되었습니다. 그리고 그 당시에 몇 가지 중대한 업무들이 매끄럽게 진행되지 않았던 모양이에요. 보고 며칠 뒤인 3월 5일, 대통령이 윤영관 장관을 제외하고 저와 서동만, 서주석 등 세 명의 전직 인수위원들과 비서실장, 안보보좌관, 국방보좌관, 외교보좌관을 모아놓고 이 상황을 어떻게 하면 좋겠냐는 논의를 하게 됩니다. 거기서 NSC를 안보보좌관이 맡는 게 아니고, 따로 차관급으로 사무처장을 맡아서 관장을 하는 것으로 하게 됩니다. 물론 대통령이 말씀하실 때는 만든 사람 중 한 명이 와서 하는 것을 전제로 했겠죠. 대통령이 국방보좌관, 외교보좌관 앉아계시는데 말씀을 하셨습니다. "여러분은 저의 가정교사입니다. 부처에 영향을 미치는 것, 부처의 정책결정에 영향을 미치는 것은 NSC 사무처가 합니다." 왜냐하면 그 당시에 반기문 외교보좌관, 김희상 국방보좌관이 부처에 영향력도 있고, 외교비서관실이나 국방비서관실도 없고, 그 역할을 NSC 정책조정실이 해야 하는데 정책조정실장은 아직 임명도 안 된 상황이라 NSC는 작동하지 않는 상태였습니다. 또 부처는 관성이 있으니까 줄을 대고 말이 오가는 상태였습니다. 그러니까 이 사람들이 입이 이만큼 나왔을 거 아니에요. 부서가 처음 생길 때는 항상 그래요. 보좌관은 대통령의 가정교사라고 얘기해도 힘을 가지고 싶어 하니까 항상 갈등이 생기게 마련입니다. 왜냐하면 맡는 사람들이 수십 년간 해당 분야에서의 베테랑이니까요. NSC는 실무자로 기껏해야 육군 대령, 해군 대령이 앉아 있고 거기에 아직까지 NSC 처장이 학자 출신이라 장악은 안 되는 상황이었으니까 대통령도 그렇게 말씀하신 것이죠.

대통령께서 제가 맡으라고 하셔서 3월 15일~20일쯤에 들어갔습니다. 말씀드렸던 것처럼 차장이 실권을 갖는 상태로 임명이 되어 들어갔습니다. 첫날 임명이 되어 들어갔더니 좁은 사무실에 20여 명 정도가 앉아 있는 거예요. 각 부처에서 외교안보수석비서관실에 파견되었다가 아직 돌아가지 않는 사람들, NSC에 파견된 사람들이 모여 있었습니다. 4개의 실을 만들어야 하는데, 사람은 있고 방이 없는 상황이었습니다. NSC에 공무원을 파견받는 숫자는 융통성이 있습니다. 그런데 민간인을 NSC에 직원으로 채용하는 것은 별정직 공무원이 되는 것입니다. 그런데 청와대비서관실에서 임명하는 것보다 NSC에서 임명하는 것은 훨씬 까다롭습니다. 왜냐하면 청와대는 정무직의 성격을 띠는 비서관이 되고 행정관이 되는 것이기 때문에 큰 이력이 없어도 되지만, NSC는 국가 정규 공무원이기 때문에, 예를 들면 전략기획담당관을 박선원 박사를 시키려고 했더니 3급이 되려면 박사학위를 받은 다음에 그 분야에서 10년 이상 특정 경험이 있어야 하니까 자격

조건이 안 되었고, 이런 식으로 임명 자체가 힘들었습니다. 쉽게 말하면, 서기관 시켜야할 사람을 사무관 시켜야하고 3급 시켜야 할 사람을 4급 시켜야하는 문제가 발생하니 사람들이 일하려고 하지 않았습니다. 게다가 당시 시민사회수석비서관실 등이 만들어지면서 방을 구한다는 자체가 불가능한 상태였어요. 기가 막히더라고요. 그런데다가 NSC 차장은 국가기구의 차관급이기 때문에 대통령비서실의 수석비서관은 아닙니다. 그러니까 저는 NSC 차장이지만 대통령 주재 회의 때 앞자리에 앉지 못하고 배석 1번 이었습니다. 통일외교안보를 핵심적으로 관장하는데도 비서실에서는 당연히 그렇게 생각했던 거죠. 대통령께서 2004년 탄핵문제가 종결되고 나서 특별 지시를 했습니다. "NSC 차장을 수석보좌관회의에 정식으로 앉혀라." 그리고 NSC 차장이 통일외교안보 분야의 인사문제에 관한 청와대 인사위원회에 저나 국가안전보좌관 둘 중에 한 명이 들어간다는 것으로 정리되는 것이 1년 반이 걸렸습니다.

그 당시에 밖에서는 이종석이 무소불위의 권력을 가지고 있다고 하는 얘기가 돌고 있었습니다. 2004년 6월, 김우식 비서실장님으로부터 대통령이 이종석을 앞에 앉히고 청와대 인사위원회에 참여시켜라, NSC 사무처장으로 이종석을 승격시키라고 하셨던 두 가지 지시를 전해 받았습니다. 김우식 비서실장은 저보고 그것을 연구를 해서 기안하라는 말씀을 하셨고, 그래서 그 지시를 받고 기안해서 대통령께 올렸더니 민정에서 첩보가 있다고 연락이 온 거예요. 이종석이 앞자리에 앉고 권력을 강화하기 위해서 NSC 사무처장으로 자신을 격상시키려고 보고를 올린다고 한다는 내용을 대통령님께 보고드리려고 하는데 그 전에 확인하려고 전화했다는 내용이었습니다. 그래서 저는 대통령님께서 직접 지시한 내용이니, 그대로 보고하시라고 말씀을 드렸습니다. 워낙 보안이 생명이기 때문에 대통령과 제 자신 사이에 이뤄지는 것들을 바깥으로 얘기하지 않았는데, 이를 두고 권력을 강화하고자 한다는 식의 말들이 많았지요. 제가 비록 민간에서 들어갔지만 통일외교안보 하는 사람들은 원칙은 철저히 지켜야 되지 않겠어요?

돌이켜 보면, NSC의 공간이나 인력, 예산확보 문제는 우여곡절이 많았습니다. 청와대가 생각보다 시설이 낙후되어 있습니다. 그곳에 80여 명 인력이 들어가야 하는데 그때 상황에서는 20명 들어갈 공간도 안 나오는 거예요. 여기저기 찾아도 없어서 결국 청와대 바깥으로 나가는 수밖에 없는 처지였습니다. 그런데 중차대한 통일외교안보 문제를 가지고 대통령을 보좌하는 기구가 세종로 정부종합청사에 있으면 어떻게 하겠어요? 그러니 대통령한테 말씀드려서 힘을 빌릴 수도 있겠지만, 그렇게 하게 되면 저는 이제 청와대에서 떳떳하게 일을 못 하는 거지요. 그래서 할 수 없이 들어간 곳이 국가안전보장회의를 할 때 들어가는 환기 시설도 없는 지하벙커였습니다. 전략기획실, 위기관리센터, 정보관리실 등 세 개의 부서가 그곳으로 들어갔습니다. 아무리 환기를 해도 냄새는 어쩔 수가 없었고, 이른 아침 7시 전부터 근무를 하니 눈병이 나는 직원들도 많았는데 버티는 수밖에 없었습니다. 그렇게 버티다가 문제가 해소된 것이 2004년 5~6월 즈음으로 가건물이 지어져서 그곳으로 들어갔습니다.

그 다음에 이 인력 충원 과정을 통해서 제가 아주 조직에 대해 선수가되었어요. 우리 직원들, 특히 민간에서 들어간 사람들에게 모두 직급을 줘야 하잖아요. 서기관 이하는 행자부 소관이고 부이사관 이상, 3급 이상은 중앙인사위 소관이었습니다. 이 채용 과정에서 안 된다는 말을 엄청나게 들었습니다. 어떤 사람에 대해서는 대통령께서 오셔도 이건 안 된다는 말도 들었어요. 당시 중앙인사위원회 위원장이 조창현 교수님, 이성렬 중앙인사위원회 인사처장과 그 밑의 담당관까지, 그 다음에 행정자치부 김두관 장관, 최양식 차관, 6급 주사까지 다 찾아다니면서 조직을 구성했습니다. 그리고 예산문제가 있었습니다. 예산은 국회에서 확보해야 하는데 그것이 쉽지 않았습니다. 위기관리 시스템을 구축하는 예산, 우리 직원들 예산인데 청와대비서실 직원들에 비해 우리 직원들을 위한 직무수당이라는 것은 없다는 거죠. 그게 아마 1급 정도 되면 80만 원~100만 원이 되었었고, 그 밑에 급은 좀 낮습니다. 적지 않은 돈이기는 하지만 대통령을 보좌하는 기구에 있는 사람으로서 유일하게 차별화된 보상이기도 했습니다. 그런데 비서실은 있는데 여기는 없다고 하니 직원들의 사기가 떨어질 수밖에 없죠. 어느 것 하나도 해결해 주는 사람이 없어요. NSC 차장인 제가 책임자이니까 모두 책임져야 하는 부분이었습니다.

제가 했던 정책에 대해서만 사람들이 알고 있지 조직과 인사와 예산, 이런 것들은 알려지지 않은 얘기입니다. 역사적으로 없었던 조직이 만들어질 때, 어떤 어려움들을 겪는지 차라리 백지상태에서 시작한다면 그림이 그려지는데, 이전에 유사한 조직들이 있었을 때 이 과도기에서 얼마나 어려움을 겪는가 하는 것에 대해서는 잘 모릅니다. 더욱이 얼마나 그것이 유용했으면 박근혜 대통령이 벤치마킹 시도를 하겠어요? 어쨌든 그것이 만들어지는 과정에서 조직, 인사, 예산을 어떻게 만들어가야 하는 것인가 자체가 굉장히 어려웠습니다.

당시 제가 직원들이 청와대를 보좌하는 기구의 요원으로서의 자부심을 갖고, 다른 비서실에 있는 사람들에 비해 결코 뒤떨어지지 않는 대우를 받게 해주겠다고 생각했었습니다. 그렇게 해주지 않으면 좋은 사람이 NSC에 오지 않기 때문에 그런 대우를 해주지 않을 수가 없습니다. 그런 것들도 어떻게 보면 제도로서 청와대가 왜 좋은 사람을 챙기나 하는 말이 나오게 되기도 하지만, 애초에 좋은 인력을 뽑을 수 있는 시스템이 구축되어 있지 않은 상황에서, NSC 차장으로서 대통령을 보좌하기 위해서 항상 좋은 인력을 충원해야 했고, 그러한 과정들이 상당한 정도로 어려웠습니다. 과거 외교안보수석비서관실 같은 경우는 부처가 일정하게 대통령의 지시를 받기는 하지만 부처이익을 대변하잖아요? 그런데 NSC는 부처이익이 아니라 부처이익과 대통령이 바라보는 국가이익을 조정통합하려고 하니 그것이 달가울 사람이 어디 있겠어요. NSC의 조정통합 기능에 대한 효과를 느낄 때까지 약 1년 정도의 시간이 걸렸습니다. 예를 들어 핵문제, 북한의 도발이라는 엄청난 문제가 발생했을 때 통일부, 국방부가 혼자 끙끙 앓으며 힘들었던 것이 NSC가 책임을 안고 하니 각 부처들의 입장이 편해졌습니다. 그렇게 실효적 효과를 느낄 때까지 꽤 시간이 필요했던 것입니다.

박용수: 노무현 대통령 2004년 6월경쯤 탄핵 직후에 NSC 사무차장을 뒷자리에서 앞자리로 옮기고자 했던 것이 대통령의 인식의 변화에 기초했던 것인지요?

이종석: 대통령께서는 끊임없이 그런 생각을 하셨던 거예요. 대통령이 2003년 3월 5일 회의를 하시면서 "NSC 사무차장이 직접 관리하라. 안보보좌관은 내 가정교사를 하고 내 외교 업무와 의전 업무를 해라."라고 결정을 하셨을 때 그대로 잘 되었으면 당연히 앞자리에 앉으려고 했는데 법률상 국가직은 안된다고 하니 형식에서 어그러진 것이죠. 제가 공격을 받은 것 중에 하나가 차장이 월권한다는 것이었습니다만, 실제로 안보보좌관이 앉아 있는데 일은 사무차장이 하는 상황이었습니다. 이것이 법률을 바꾸면 되지만 한나라당이 다수당인 상황에서 법률을 어떻게 바꿉니까? 노무현 대통령이 변호사시고 굉장히 합리적인 분이니까 아마 일은 일대로 하면서 저렇게 뒷자리에 앉아있는 것은 아니지 않나 하는 생각을 하셨던 것 같습니다. 그리고 그것을 해소시키기 위해서 계기를 보아 그렇게 하시지 않았나 생각합니다. 당시 NSC가 어느 정도 성과를 내고 정착이 되는 것을 보셨거든요. 신문에 보면 2003년 가을에는 부처 간 불협화음이라는 얘기가 집중적으로 나오지만 2004년 봄이 돼서는 조용했다는 것은 어느 정도 안정이 되었다는 얘기입니다.

그리고 법을 바꾼다는 게 쉬운 일이 아니었습니다. 수석보좌관회의에서 말석에 수석보좌관 자리에 앉는 것은 말이 되는데, NSC차장이 처장이 되는 것은 법을 바꿔야 하는 거예요. 법을 안 바꾸고 할 수 있는 방법은 제가 남북관계보좌관이나 다른 보좌관을 맡으면 되는데, 그렇게 되면 청와대에 수석급 인사 한 명 늘렸다 등등 얼마나 말이 많겠어요. 더욱이 2004년 여름 즈음에는 통일외교안보 분야에서 이종석이라는 이름이 계속 대두되던 상황이었기에 대통령께서 뭐 하나 더 해주려고 하면 엄청난 논쟁거리가 될 수밖에 없는 상황이었습니다. 그래서 제가 대통령님께 자리에 그대로 있게 해달라고 말씀을 드렸습니다. 법을 바꿀 수도 없고, 처장이 안 되어서 불편한 것은 없으니까 그대로 있겠다고 말씀드렸습니다. 그런 것들이 바로 NSC가 가는 과정입니다.

이런 것이 부처가 새롭게 대체될 때 슬기롭게 하기 위해서는 그것을 구상한 사람들이 그 조직을 맡아서, 조직이 실제로 출범하기 전에 어느 정도 준비를 했어야 했는데 그런 부분들이 초기에 진행되지 않았던 겁니다.

장훈각: NSC 초기에 부처가 어느 정도 모습을 갖추기까지 부처 내부적으로 가장 논란이 많았던 구체적인 사안을 꼽는다면 어떤 것이 있는지요?

이종석: 처음에 들어갔을 때 이라크 파병부터 걸렸습니다만, 의료, 건설이 들어갔었기에 여기에서는 큰 문제가 없었습니다. 두 가지 문제가 크게 논란이 되었었는데, 하나가 북한 특사문제입니다. 처음 들어갔을 때 당시 핵문제를 비롯해서 남북한 간에 할 얘기도 많으니 특사를 보내야 하지 않느냐는 입장을 가진 사람들이 있었습니다. 2003년 4월 초였습니다. 지금도 기억이 남는데, 화창한 일요일에 대통령을 모시고 관저에서 회의를 하는 과정에서 특사를 보낼 것이냐 말 것이냐 하는 것에 대해 격렬한 토론이 있었습니다. 북한은 받겠다고 했어요. 이때 외교, 안보, 국방 쪽에 있는 분들이 북한의 교란전술에 말릴 수 있다고 해서 논란 끝에 특사를 보내지 않는 것으로 결론이 났습니다. 저는 당시 특사를 보내야 한다고 주장을 했었

기 때문에 개인적으로 유감이 남습니다. NSC 구조니까 가능한 것이지만 그것이 들어가자마자 대통령이 주재해서 토론을 했던 건이었습니다.

그리고 며칠 후에 있었던 EU에서 북한인권결의안을 제기하는 것에 대한 NSC 상임위원회회의였습니다. 과거 김대중 정부 때는 EU가 인권결의안을 내는 것 자체를 반대했지만, 당시는 그렇게 가기는 어렵고, 그렇다고 해서 안보리결의안에 찬성할 수는 없는 상황이었습니다. 지금 북한의 인권문제가 심각한 것은 알고 있지만, 남북관계의 역사라는 것이 일촉즉발의 대결상태가 이어져왔기 때문에 인권문제도 내정간섭의 성격을 갖는 것이기에, 이 살얼음판을 걷는 와중에 찬성은 안 된다고 보고 기권을 하자고 했습니다. 외교부에서는 찬성을 해야 한다고 격렬하게 주장하니 합의가 되지 않아 대통령의 판단을 받아야 했는데, 대통령이 기권을 하라는 쪽으로 손을 드셨습니다. 그런데 외교부가 불참을 했어요. 불참 행위는 기권행위보다 더 부정적인 뜻이 되는데, 왜 외교부가 더 강경한 반대를 뜻하는 불참을 택했는지는 아직까지도 의문입니다.

이렇게 두 가지 사항을 보신 것처럼, 회의 구조를 통해서 결국은 결론이 나지요. 대통령이 두 번 다 결정을 하게 되었죠. 초기에는 이 과정을 놓고 NSC가 쥐고 흔들었다는 등의 얘기가 돌았습니다. 북한에서 특사를 받겠다고 했는데 우리가 안 보냈다는 것, 그 대신에 북한에 쌀 40만 톤을 지원하겠다는 얘기가 오갔습니다. 인도주의적인 차원에서 지원했던 것이 기억이 납니다. 어쨌든 간에 그것은 알려지지 않았습니다. 왜냐하면 가야한다고 주장했던 사람들이 말을 하지 않으면 알려지지 않게 되는 것인데 NSC가 얘기하지 않았기 때문이죠. 그런데 유엔안보리결의에서 불참한 내막들은 알려졌어요.

이런 문제들과 관련해서 후에 격렬한 파장이 일어난 일이 이라크 파병을 둘러싼 문제입니다. 그야말로 대통령의 뜻이나, NSC나, 이것은 합의가 이루어지지 않았던 것입니다. NSC 내에서도 합의가 이뤄지지 않는 구조가 있습니다. 이라크 파병 같은 경우, 국방부나 외교부는 아주 강력하게 대규모 전투병 파병을 해야 한다고 했습니다. 그런데 대통령의 시각에서 보면, 한미동맹이나 북핵문제 그리고 국민들의 이념적 지형 등 여러 상황들을 봤을 때 파병은 불가피하다. 그렇다고 우리가 전투병으로 보내서 전투를 하게 되면 엄청난 문제가 발생한다. 그래서 비전투병으로 보내되 한 3천 명... 그런데 우리는 우리의 특수한 방식이 있으니까... 당시 이라크에는 민병대라는 것이 있었습니다. 그래서 우리가 무장을 하기는 하지만 직접 전투하지 않고, 민병대를 잘 훈련시키는 방법으로 해서 평화재건지원부대에 3천 명을 파견한다고 했습니다. 그러니까 외교부나 국방부에서는 반대가 심했습니다. 이런 경우에는 10번 20번 회의를 해도 합의가 안 납니다. 이런 문제들이 대통령의 결단으로 NSC의 안으로 결정이 되었습니다. 이런 일들이 NSC의 독단이라는 말들이 나오는 요소가 되었죠.

장훈각: 북한 인권문제 같은 경우에 외교부가 사실은 협의체의 결정을 따르지 않은 것과 마찬가지 아닙니까?

이종석: 따랐는데, 찬성하지 않고 기권해야 하는데 불참한 것이 의아하긴 했지만, 그것을 따지고 들면 그 자체가 분란이 되니까 그냥 지나갔죠.

장훈각: 만약 협의체의 결정에 각 부처가 따르지 않는 경우에 책임 추궁이라든지 강제와 같은 조치들은 없습니까?

이종석: 따르지 않을 수 없죠. 왜냐하면 NSC 상임위원회가 협의만 해서 끝나는 경우에는 의견 교환만 하고 끝나지만 결정해야 하는 부분에 있어서는 NSC 상임위원회가 직접 결정을 하는 구조가 아니라, 대통령이 결정하는데 참고가 될 수 있도록 하는 것입니다. 왜냐하면 NSC 상임위원회 자

체가 대통령 자문기구니까요. 그래서 대통령이 지시했을 때 그대로 행하지 않을 때는 NSC의 결정을 받아들이지 않은 것이 아니고, 대통령의 지시를 무시하는 것이기 때문에 큰일나는 문제입니다. 다만, 기권과 불참의 문제는 해석상의 문제이고, 만약에 찬성을 했다면 그것은 문제가 되는 것입니다.

장훈각: 어떤 면에서는 타협 내지는 문제를 만들지 않는 범위에서 문제를 마무리 지은 것으로 보면 됩니까?

이종석: NSC 사무처 입장에서 그것을 문제 삼아서 대통령께 이것은 이렇게 다르고 저렇게 다르기 때문에 문제를 삼아 누구를 추궁해야 한다고 하면 대통령이 그렇게 하겠지만, 그렇게 되면 우리가 게슈타포가 되는 거죠. 더욱이 초기에 서로 조정하는 과정에서 불참과 기권 사이의 미묘한 뉘앙스를 가지고 따지고 들어가면 장악을 못합니다. 힘으로는 제압하겠지만 진심이 따라오지 않는 경우가 되는 겁니다.

박용수: NSC에서 합의가 안 된 채로 대통령님께 보고가 되면, 그 다음 대통령이 판단하는 데 있어서는 아무런 보좌를 받지 않는 구조입니까?

이종석: 아니오. 대통령은 국가안전보장회의를 열거나 안보관계장관회의를 열어 최종 결정을 위한 논의를 하게 됩니다. 유엔 북한 인권결의안 같은 경우는 며칠 내에 결정을 하고, 이라크 파병 같은 중대 사안, Proliferation Security Initiative(PSI) 같은 경우에는 회의를 몇 번이고 계속합니다. 통일부 장관 때 PSI 가입 반대할 때도, 대통령께 올라간 다음에도 바로 결정을 안 하시고 수많은 논의 후에 결정하시죠.

박용수: 그렇다면, 북한 특사 때는 바로 결정을 하신 것입니까?

이종석: 특사문제는 극도의 보안이 요구되는 문제이기 때문에 누구와 다시 추가 합의를 할 수가 없어요. 그래서 공식적인 안보관계장관회의가 아니라 대통령 주재의 안보간담회의를 관저에서 했던 것이고, 그런 보안이 생명인 사안들은 대통령이 그곳에서 말씀을 듣고 그 자리에서 결정을 하는 것이죠. 거기에서 간다 안 간다 하는 것은 물론 굉장히 중차대한 문제지만 사실은 알고 보면 55 대 45나 51 대 49인 거지, 제가 볼 때는 7 대 3 정도이고 가야 한다고 생각했지만, 대통령이 볼 때는 참 어려운 결정 아니겠어요? 물론 대통령께서 '이번은 보내지 맙시다' 하는 결정을 내리신 것에 크게 작용한 것이 있다면, 당시 외교장관이었던 윤영관 장관님에 대한 대통령님의 신뢰가 컸고, 의견 대립이 너무 팽팽했는데, 대통령님이 딱히 확고한 입장을 가지고 있지 않은 경우 어떻게 하겠어요?

그리고 또 하나 중요한 것이 북한 핵문제였기 때문에 미국과 북한 사이에 전쟁 일보직전 얘기가 나올 때였는데 이때 대화를 하러 간다고 하니까, 너무 중차대한 거란 말이에요. 그런데 외교장관이 이게 잘못되면 어떻게 될지 모른다고 하니, 대통령인들 거기서 어떻게 하겠어요? 대통령도 고민 안 할 수가 없는 거죠. 그런데 한쪽에서는 '그게 아닙니다, 이럴 때일수록 우리가 가서 북한에 영향력을 투사해야 합니다'라고 하니 그것도 맞는 말 같고, 다른 한쪽에서는 외교장관이 '3자회담이 어떻게 해서 이루어졌는데, 여기에 부정적인 영향을 미치게 될지 모른다'고 하니, 결국은 그만두셨던 것이죠. 지금 제가 말씀드린 것은 2003년 4월 초 때 얘기니까, 그때는 진짜 안보의 IMF 시대라고 할 만큼 어마어마하게 많은 일들이 터졌었어요. 북한 핵문제 때문에 미국의 U2기가 정찰을 하니까 미그29가 거기에 근접해서 위협하고, 대통령께서 자제하라고 하니까, 도대체 누구편이냐고 막 그랬었거든요. 나중에 부시가 회고록을 냈잖아요, 『결정의 순간(Decision Points)』

이죠. 책을 보면 2003년 봄에 실제로 북한을 공격하려고 했었고, 장쩌민에게 얘기도 했다는 것이 나와요. 그때 아주 심각했었습니다.

장훈각: 인수위 시절에 대해 말씀 부탁드립니다.

이종석: 인수위 시절에는 큰 격론이 있지는 않았습니다. 왜냐하면 노무현 대통령께서 후보 시절에 이미 대북포용 정책을 발전적으로 계승하고 한반도에서 평화체제를 구축해 나가겠다고 말씀하셨고, 한미관계에 대해서는, 바깥에서는 그것 때문에 의혹이 넘쳐지는 부분이 있지만, 한미관계를 보다 수평적인 관계로 만들어가겠다라고 말씀하셨기 때문입니다. 일단 인수위라는 것은 아무래도 정부가 교체 되어서 인수 작업을 하는 것 아닙니까? 그러다 보니 정부에 있는 관료들이 인수위의 정책에 대해 다른 얘기를 하거나 그런 것은 없었죠. 다만 바깥의 분위기가, 소위 야당의 분위기나 이런 부분들이 이 정권이 반미적으로 가지 않겠나, 외교안보에서 아마추어리즘 아니겠냐 하는 의혹을 자꾸 제기하는 부분이 있었습니다. 그러나 안에서는 핵문제 같은 경우도 대화를 통해 평화적으로 해결해야 한다는 입장을 이미 천명하고 있었기 때문에, 대통령 당선되자마자 2002년 12월 24일에 윤영관 장관, 서동만 교수, 저, 서주석 박사, 문정인 교수, 이렇게 다섯 사람을 불러서 북핵문제를 꼭 평화적으로 빨리 해결해야겠다, 책임지고 하라는 지시가 있어서 북핵 TF팀이 구성이 되었습니다. 그중에 문정인 선생은 빠지고 네 사람이 인수위원이 된 것이죠. 그래서 그 팀이 한반도평화체제구축안 그 다음에 대북포용 정책을 발전적으로 계승하고 이를 평화번영 정책이라고 명명하여 최종 결정을 했습니다.

그리고 국방문제에 있어서 자주국방 쪽으로 입장을 정했습니다. 그러나 당시에는 그 표현을 확고하게 하지는 않고 조금 조심스럽게 표현을 했습니다. 노무현 대통령께서는 미국과 북한 사이에 이러다가 전쟁이 일어날 수 있다는 위기의식을 많이 가지고 계셨습니다. 예를 들어서 미국과 북한 사이의 사건이, 아까 말씀 드렸던 것처럼 U2기와 미그29기가 서로 간에 충돌 위험성이 있고, 그런 경우에는 북한에서만 원인을 찾으신 게 아니고 미국도 자제해야 하지 않느냐는 생각을 하셨습니다. 이런 면에 대해서 국내의 소위 동맹을 중시하는 분들은 마치 미국에 대해 반기를 드는 것처럼 비난을 했는데, 대통령께서는 그때 정말 이러다 전쟁이 일어날 지도 모른다고 생각하셨어요.

그때 진짜 위기였냐고 말씀하시는 분이 있을지 모르지만, 저희는 정말 위기의식을 많이 느꼈어요. 그러다 보니까 북한도 설득하고, 미국이 좋아하지 않을 것을 알면서도 군사적 옵션이 미국의 대북정책으로 들어가서는 안 된다는 것이 노 대통령의 강박관념 같은 것이었습니다. 후에 부시의 자서전에서 2003년도에 자신들이 북한을 공격하겠다는 의사가 있다는 것을 장쩌민 주석한테 얘기했다는 그런 얘기가 나옵니다. 그래서 정말 심각했었구나, 노 대통령의 당시 판단이 정말로 절실했구나 하는 게 다시 느껴졌습니다. 그때는 경제가 주식시장도 그렇고 신용불량자들이 양산되는 등 아주 안 좋은 때라서 한미동맹이 흔들리면 경제가 안 좋아진다 하는 얘기들이 팽배했습니다. 사실은 경제에 대한 스트레스가 굉장히 큰 속에서 또 안보문제, 국방문제, 외교문제가 발생해 있었죠. 북핵문제, 주한미군 감축문제, 하다못해 주한 미대사관 부지 이전문제, 이라크 파병문제까지 겹치고, 이런 식으로 2003년도 봄부터 여름까지 문제가 이어져 오니까 진짜 정신이 없고 힘들었습니다. 이런 와중에도 초창기 인수위원회 시절에는 인수위원들 사이에서 통일외교안보 사안에 대해 큰 이견이 존재하지 않았습니다. 그렇기 때문에 NSC 사무처를 만드는 것도 되고, 평화번영 정책, 북핵문제 평화적 해결, 한반도평화체제의 구축과 같은 정책 기조들이 형성될 수 있었습니다. 물론 대통령께서도 그런 판단을 하셨습니다.

참여정부는 북핵문제에 대해서 어떤 해법을 나름대로 생각하는 것이 있지 않습니까. 예를 들어서, 미국이 북한이 농축우라늄을 가지고 있다고 실토했다고 말하는데 북한은 그런 말 하지 않았다고 하고. 그래서 미국에게 미안하지만 북한이 농축우라늄 시설을 가지고 있다는 것에 대한 증거를 달라고 했어요. 그 당시의 미국 행정부는 부시 행정부고, 부시 행정부는 9·11 테러를 당하고 나서 불과 1년밖에 안 지났을 때였습니다. 당시의 미국은 2차 대전 이후에 군사주의가 가장 팽배했던 시절입니다. 아마 미국의 역대 정권 중에서 가장 군사주의적인 정권이 부시 행정부라고 저는 봅니다. 이런 부시 행정부가 몰아붙이는데, 거기에 대해서 우리가 이의를 제기한 것도 아니고 북한이 농축우라늄 시설을 가지고 있는지 우리도 확인을 해야 설득이 되니까 증거를 보여 달라고 한 것인데, 미국은 '아니 그것은 실토한 놈한테 얘기해야지 왜 우리한테 얘기하느냐, 그리고 보안상의 문제로 북한이 이리저리 옮길 수 있는 위험성이 있기 때문에 그것에 대해서는 지금 얘기할 수 없다'고 했습니다. 모욕적인 일이었지만, 그러면서 우리에게 믿으라 이거예요. 우리는 이런 미국의 말에 보다 더 명확한 증거가 필요하다고 했습니다. 왜냐하면 북한이 농축우라늄을 가지고 있다고 확인되는 순간 경수로 건설을 중단해야 하기 때문입니다. 그것이 미국이 원하는 것이기도 했습니다.

이미 김대중 정부 말기에 우리가 정부를 인수하기 전에 김대중 정부가 경수로 사업 중단하는 것을 반대했어요. 왜냐하면 우리 돈이 다 들어가지 않았습니까? 김영삼 대통령이 해주겠다고 승인함으로써 우리가 70%를 내게 되어 있잖아요. 그리고 경수로 짓기 전까지 북한 핵을 동결하는 조건으로 미국이 매년 50만 톤의 중유를 제공하기로 했었는데, 미국은 중유를 제공하지 않겠다, 경수로 더 이상 지어줄 필요가 없다, 제네바합의는 파기되었다고 나왔습니다. 이것은 청천벽력과도 같은 일이니까 김대중 정부 때도 그것은 더 알아봐야 하지 않냐, 그때까지는 경수로 개발 중단할 수 없고, 중유 제공해야 한다고 하면서 반대했죠. 그러니까 북한에게 중유를 공급하지 않겠다고 2002년 11월인가 부시 정부가 일방적으로 통보했습니다. 여기에 대해서 한국 정부가 2002년 12월까지 경수로 건설을 중단하되, 그 때까지는 중유를 공급하기로 했습니다. 여기에 대해서 북한은 동결된 핵 다시 열겠다고 하면서 튀어 나갔잖아요. 그 상황에서 대통령에 당선이 된 거예요. 그러니까 노 대통령 머리 속에는 핵문제가 꽉 차있죠. 우리 능력 으로 해결할 수 있는 있는 것이 아니잖아요. 미국과 북한 사이에 있으니 까, 미국한테는 증거를 달라고 얘기할 수밖에 없는데, 그 얘기가 바깥으로 나가게 되면 미국을 의심한다는 비판을 받고, 한미관계가 이상하다는 얘 기가 나오는 거예요.

그 다음에 우리가 자주국방이라고 하면 마치 반미 한다고 하는 비판들 이 많았어요. 아니 자주국방이라는 게 반미와 무슨 상관이 있나요? 우리 능력되는 데까지 자주적 국방능력을 갖는 것은 보수가 더 얘기해야 할 것 이지요. 그런데 끊임없이 반미주의 이런 얘기가 나오니까 미국 사람들은 더욱 더 노무현 정부는 반미적인가 하는 식으로 생각하게 되어서 2003년 에 정부가 구성되어 나가는데 분위기가 너무 안 좋았습니다. 거기에 북한 핵문제가 있었고 한편으로는 주한미군 재배치 문제가 이미 김대중 정부 말기 때부터 나와 있었습니다.

주한미군 재배치 관련 용산기지 이전은 노태우 대통령이 후보 시절에 민족자존 회복의 일환으로 작전통제권 환수와 더불어 공약으로 내세웠던 것입니다. '작전통제권환수'와 '한수 이남으로 용산기지를 내려 보내겠다' 이 두 가지는 노태우 대통령 후보의 대국민 공약이었습니다. 대통령 당선 후에 내려가라고 했는데 미국이 거절했습니다. 역대 정부는 미국이 이전 하겠다는 것을 말렸던 적이 없습니다. 김대중 정부는 미국이 고층건물 짓 는다고 할 때도 못 짓게 했어요. 왜냐하면 내려가야 하니까. 참여정부에 와서 내려가겠다고 하니까 내려가라고 한 것인데, 군에서 내려가면 큰일 난다고 하고 또 바깥에서 안보 불안 얘기가 나옵니다. 그래서 노 대통령은 조영길 국방부장관을 불렀고 제가 배석했습니다. 국방장관은 용산에서 평택 밑으로 내려가면 안보가 문제가 없다고 했습니다. 대신 국민이 불안하게 생각할 가능성이 있다고 했습니다. 안보상 왜 문제가 없냐하면 유사시에도 미군의 지휘소, 지휘벙커는 따로 있고, 변하는 것이 아닙니다. 대통령이 듣고 있다가 "국민들이 불안하게 생각할 수 있는 부분에 대해서는 국민을 잘 설득해서 하도록 하세요. 용산에서 내려가는 것으로 합시다." 그렇게 된 거예요.

그런데 용산기지가 내려가면 미군이 철수하는 것이 아니라 우리가 요구해서 이전하는 것이라서 평택에서 토지나 건물 등을 모두 우리가 지어 주어야 합니다. 그런 이유들로 인해서 용산기지 이전한다니까 이게 반미 아니냐 하는데 그것은 반미랑 상관이 있는 문제가 아닙니다. 게다가 핵문제의 경우 우리는 절대로 군사적 옵션이 포함되어서는 안 된다는 핵문제에 대한 몇 가지의 원칙이 있었어요. 그런데 이게 쉽지 않았습니다. 미국은 모든 수단은 테이블 위에 올려져 있다고 말합니다. 그런데 우리는 모든 수단이 테이블 위에 올려져 있다고 하면 안 된다는 거였습니다. 군사적 옵션이 올려져 있다는 얘기니까요. 우리는 평화적으로 이 문제를 해결해야 한다는 결론이 나와야 하는 겁니다. 반면에 미국은 이것을 받아들이지 않으려고 했습니다. 이런 문제를 두고 정부를 반미라고 비판하는 목소리들이 있었습니다. 그럴 때마다 노무현 정부의 이미지는 반미로 포장되는 거예요. 그것은 반미와는 상관없는 일인데...

한미정상회담에 가서 노무현 대통령이 "제가 만약에 북한에서 태어났다면 지금 정치범수용소에 있지 않겠는가?"라는 말씀을 하셨잖아요. 그 말이 국내적으로 문제가 되었었습니다. 말씀이 좀 그러셨긴 했지만 그래도 노무현 대통령이 참 대단한 분이에요. 왜냐하면 한미정상회담이 끝난 후에 애썼다고 NSC 간부들 데리고 대통령 관저로 올라오라고 하시더라구요, 3명의 실장과 한 명의 센터장을 포함해서 선임행정관들까지 한 10명 정도 데리고 올라갔어요. 그때 NSC 시민사회 담당 행정관이 김창수 선임행정관이었는데, "대통령님께 말씀드릴 거 없어요?"라고 했더니, "대통령께서 정치범수용소 얘기를 하셨는데 그것이 국내에서 논란이 있고, 사실은 적절하지 않았던 것 같습니다."라고 직설적으로 얘기했습니다. 대통령이 가만히 듣고 계시다가 "제가 좀 과했지요?"라고 하시더군요. 그런 얘기가 가능한 분이십니다. 여하튼 한미정상회담에서 공동성명 만드는데 정말 힘들었던 것이 무엇이었냐 하면, 북핵문제에 대해서 모든 수단은 테이블 위에 올려져 있다고 하는 것을 미국이 계속 요구하는 거예요. 우리는 안 된다고 반대를 했습니다. 모든 수단이 올려져 있다는 말은 군사적 옵션을 쓸 수도 있다는 말 아니에요? 결국은 평화적으로 해결하는 것을 원칙으로 하고, 만약 잘 안 되면 추가적인 방법을 쓸 수 있다는 뜻으로 'on the table'이라는 표현을 빼고 'further step'이라는 표현을 썼습니다. 그렇게 미국을 설득, 설득을 해서 추가조치라는 말을 넣었는데, 이 추가조치라는 말이 북한에 대해서 뭘 하려고 한다면서 또 엄청 욕을 먹었습니다. 그때 제가 직접 지휘를 했었는데 사실은 미국이 워낙 완강하게 'on the table'을 주장해서 공동성명할 필요 없이, 그냥 오라고까지 했었습니다. 그런데 국내에서는 'futher step'이라는 말을 가지고 북한을 무력으로 어떻게 할 수 있는 길을 터주었다고 해석을 해서는 논란이 아주 컸었어요. 우리의 의지와 상관없이 그런 일들이 많이 발생하더라고요.

그때 한 가지 얻은 것은 한반도에서 미국이 북한문제를 해결하는 데 있어서 부시 행정부조차도 '군사적인 해결은 안 된다'는 것이 확정이 되었다는 점입니다. 노무현 대통령이 그때 군사적 옵션을 제거하기 위해 미국에게 많은 우호적인 제스처를 쓰기도 했지만, 그 대신에 노무현 대통령은 전쟁으로 갈 가능성은 막아냈다고 봅니다. 그 과정에서 많은 어려움이 있었고, 국내에서 협조를 받은 것이 아니라 '미국 말을 좀 듣지'라는 식의 논조들이 많았습니다. 그리고 우리는 미국과의 협상에서 미국이 요구를 하거나 할 때 "안 돼요." 혹은 "알겠습니다."라는 둘 중의 하나의 대답 외에 "글쎄요, 생각을 조금 더 해보죠.", "우리는 의견이 이렇습니다. 어때요?" 하는 한미관계를 만들고 싶었습니다. 이렇게 협상이 있는 한미관계를 구축하려고 자꾸 따지고 하니까 미국 사람들도 불편한 것이겠지요. 그런데 우리도 국민이 있잖습니까? 아무리 동맹이라도 우리도 우리의 이익이 있지 않느냐 이렇게 되니까요. 그 와중에 북핵문제를 그렇게 가닥을 잡았습니다만 그것만으로 끝난 것이 아니고 한미 현안이 발생하기 시작합니다.

한미 현안이 한국과 미국의 이해관계가 틀어져서 발생한 것은 아닙니다. 김대중 정부 말기부터 참여정부 초기까지 미국이 한국 정부에 요구한 안들이에요. 2003년에 주한미군 재배치 문제, 용산기지 이전문제, 주한미군 감축문제, 이라크 파병문제, 이런 문제들이 한꺼번에 다 터져 나온 거예요. 이런 문제들이 터져 나올 때마다 북핵문제를 군사적 옵션이 아니라 평화적으로 하자는 이 하나도 힘들었습니다. 거기에다가 초기 북핵문제라는 것은 3자회담으로 갔단 말이죠, 6자회담이 아니라. 그러니 "아, 우리가 빠졌다." 이런 얘기가 나옵니다. 거기에다가 용산기지가 밑으로 내려간다고 하니까 "왜 내려가게 하느냐, 안보상 문제가 있을 텐데..." 하는 이야기들이 또 나옵니다. 그 상황에서 미국이 주한미군 감축을 준비하고 있는 겁니다. 우리는 몰랐습니다.

지금 한반도에서 북핵문제 때문에 안보 상황이 민감하고, 한미동맹이 흔들린다 하니까, 언론상으로는 동맹이 흔들려 있는 상황이에요. 정치적으로 일부러 그랬을 수도 있고, 아니 그렇게 믿었는지는 모릅니다. 여하튼 많은 사람들이 그렇게 믿었어요. 그런데 우리가 보기에 한미관계에 그런 문제는 없는데도 불구하고 동맹이 흔들린 것처럼 이야기들 합니다. 이런 상황에서 만약에 미군이 1만 2천5백 명을 3만 7천백 명에서 줄인다고 하면, 정권이 미국에 어떻게 했길래 이렇게 되는 것이냐 하면서 난리가 날 판입니다. 미국도 그런 눈치가 있었던 것 같습니다. 미군 감축이라는 게 한국 정부가 싫어서가 아니라, 당시 기동화, 신속화 경량화 이런 식으로 적은 숫자의 부대로 많은 화력을 가지고 신속하게 움직일 수 있는 부대로 전략을 바꾸려는 것이지만, 여기다 대놓고 한국 정부에게 감축하겠다고 나오면 어떻게 되겠나 하는 그런 것이지요. 미군은 지상군이 10개 사단밖에 안돼요, 주한미군 한 개 사단이 4만 명입니다. 한국에도 있고 워싱턴에도 있고 물론 다른 곳에도 있습니다. 그중 2사단 주력이 한국에 있는 겁니다. 그런데 많은 군대가 필요한 건 아니지 않느냐, 어차피 유사시에는 미군이 직접 개입하게 되니까. 그래서 미국에서는 1만 2천5백 명을 빼겠다 그렇게 생각했던 겁니다. 미국은 그 계획을 조기에 우리에게 통보하지 않았습니다. 5월 즈음 그런 소문이 나기 시작하면서 분위기가 흉흉해졌습니다. 미국 대사관은 아니라고 부인을 하고요. 그러던 중에 6월 말 어느 날입니다. 차영구 국방부 정책실장이 서주석 전략실장을 만나자고 해서 한 이야기가, 미국 럼즈펠드 국방장관이 싱가폴에서 열린 샹그릴라회의(아시아 안전보장회의)에서 조영길 국방장관에게 잠시 만나서 얘기할 것이 있다면서 감축 얘기를 하더라고 하더군요. 미국이 감축 얘기를 했다는 얘기죠. 아직까지 정상적 통로를 통해서 이야기해온 것도 없는데...

앞뒤를 다 끼워 맞춰보니 이것은 분명히 미국 정부가 감축계획을 가지고 움직이고 있다는 판단이 섰습니다. 그런데 우리한테 통보를 안 했다는 것이 말이 안 되는 거지요. 좀 이상한 것 같다고 생각했습니다. 그때가 공휴일이었는데 보고서를 써서 대통령께 긴급보고를 올렸습니다. 샹그릴라회의에서 이런 얘기가 있었고, 언론의 논조는 이렇고, 다른 방면에서는 이런 이야기들이 나오고 해서 이런 것들을 종합적으로 볼 때 미국이 계획을 가지고 있는 것 같다 말씀드리니, 대통령께서 심각하게 생각하시더라고요. 그때 부시 대통령에게 친서를 쓰기로 했습니다. 대통령 생각은 이렇습니다. 지금 너무 많은 문제들이 걸려 있는 상황에서 감축문제에 대한 이런저런 얘기들이 나오고 있으니 유감스럽다. 당신들이 그런 계획들을 가지고 있으면 얘기를 하자. 많은 안보 현안들이 있는데 당신들이 중구난방으로 터뜨리면 대처가 안 되니까, 10월 달에 APEC 정상회담에서 이야기하자. 그런 내용의 편지를 써서 라종일 보좌관이 라이스 보좌관에게 전달하기로 했어요. 그게 7월 즈음인 것 같습니다. 그 다음 날인가 안보보좌관이 친서를 가지고 공항을 나가는데 윤영관 장관님이 제게 전화를 하셨습니다. '안보보좌님이 감축 얘기 가지고 간다는 것은 너무 오바하는 것 같다. 미국의 어느 누구도 감축 이야기를 하지 않고, 외교부에서도 공식적으로 들은 것이 없는 상황인데 대통령이 친서를 쓴다는 것은 지나친 느낌이 있다'는 것이었습니다. 대통령은 감축문제를 비공식적으로 흘려서 혼란스럽게 하지 말고 나하고 이야기하자 하는 것인데, 만약 미국이 계획하지 않은 일이라면 굉장히 창피한 일이니 가면 안 된다라고 얘기를 하신 거죠. 그래서 제가 "아니, 장관님 정확하게 저희들이 판단한 겁니다."라고 했더니, 장관님이 허바드 대사를 만나보시고 정말 아니라고 하면 친서는 전달하지 않겠다고 하셔서 그렇게 하시라고 얘기를 했어요. 그러고 나서 조금 뒤에 전화를 하셨어요. 허바드 대사를 만났는데 미국에서 2월달에 미군 감축이 결정이 되었는데 미안하다고 하더랍니다. 미 국방부는 한미정상회담 전에 한국 정부에 통보를 하거나 아니면 한미정상회담에서 하자고 했는데, 미 국무부에서는 그러면 한미동맹 끝내자는 얘기나 마찬가지라고 반대했답니다. 럼스펠드가 성질도 고약하고, 동맹을 망가트렸다고 평가받기도 합니다. 오바마가 대통령이 되기 위해서 Foriegn Affairs에 출사표 낼 때 부시 행정부가 동맹관계를 다 깨뜨렸다고 했는데, 그게 다 럼스펠드 얘기였습니다. 하여간 럼스펠드의 생각이 말이 안 되니까 시간을 두고 알려야 한다고 해서 연기를 했지만 사실은 결정이 된 것은 맞다고 했다는 거예요. 윤 장관도 황당했던 거지요. 그러고 나서 후에 알아보니까 롤리스 차관보가 한국에 와서 반기문, 김희상 보좌관을 만나서 통보를 했다는 겁니다. 그것을 대통령께서 보고를 받으셨는지 안 받으셨는지는 모르겠어요. 보고를 받으셨다면 제가 갔을 때 편지를 써서 하자는 그런 반응을 보이시진 않으셨을 것 같은데, 그렇다고 보고를 안 했을 것 같지는 않은데 잘 모르겠습니다. 하여간 청와대에도 이미 말을 했다는 거예요. 그것을 나중에 알았습니다. 그러니까 NSC의 권위가 그때 5월, 6월까지만 해도 형성이 잘 안 되어 있던 거지요.

감축문제는 10월까지도 가지 못했습니다. 대통령께서는 미국이 10월에 가서 이야기하고 싶어 한다면 논의하지 않아도 좋다고 생각하셨습니다. 그런데 미국에서 자꾸 이런저런 말이 나오니까 대통령께서 "그러면 미국과 감축협상 해라. 역사적으로 우리가 반대한다고 해서 미국이 감축 안 한 적 있냐? 대신에 공개적으로 해라. 국민 속이지 말고." 국민에게 공개해라 하니까 외교안보 쪽의 장관들, 참모들이 절대로 공개하면 안 되고, 절대로 협상하면 안 된다고 반대를 했습니다. 그리고 제게 이 사람 저 사람이 와서 절대로 대통령께서 협상하면 안 되고, 국민에게 공개하면 큰일난다고 하더군요. 그 와중에 이라크 파병문제도 뜨거운 감자였습니다. 그래서 "미국에게 절대로 안 된다고 해서 미국이 받아들입니까? 그게 안 되면 어떻게 할 겁니까?" 했더니, 그래도 그분들은 공개하면 안 된다고 했죠. 대통령은 굉장히 명료했어요. "협상해라. 공개해라." 그러면 사람들이 또 안 된다고 하고 그랬습니다. 그런 차이가 있었어요. 이런 문제가 NSC와 외교안보 부처들 간에 계속 갈등이 되는 사안들이었습니다. 이런 일들이 있을 때마다 한 쪽에서는 대통령과 그 옆에 NSC는 반미 자주파라는 얘기를 하죠. 사실 반미 자주파는 아닙니다. 우리는 경험을 했거든요. 그리고 미군감축이라는 것이 다 나가는 게 아니고 2만 5천 명 남겨 놓고 나간다는데, 미국이 지상군은 10개 사단밖에 없는데 그중에 1개 사단이 붙박이가 돼서 아무것도 못 해서 안 된다고 이야기하는데, 바짓가랑이 잡을 수는 없는 것이 아닌가 하는 생각을 했습니다. 그런 일들이 발생하면서 부처들과 이견들이 많이 생겼습니다. 남북관계 관련해서는 통일부가 국민의 정부부터 이어져 왔기 때문에 큰 이견이 없었어요.

한미동맹 재조정 문제와 관련해서는 우리가 굉장히 자주적인 무엇을 하자고 한 것은 아니고 우리는 합리적으로 해보자, 저는 합리적인 수준이라고 생각을 했어요. 처음에 용산기지 내려가는 문제도, 절대로 내려가면 안 된다는 거예요. 제가 들어가서 보니까 사령부는 남는 쪽으로 얘기가 되더라고요. 그리고 개발부지 및 미군에 주고 남아 있는 용산기지가 80몇 만 평이 남아있었습니다. 그중에서 사령부 터를 어느 정도 주어서 사령부는 남고 용산기지는 평택 내려가려고 한다는 것이었습니다. 그래서 속으로 평택은 평택대로 기지 다 해주고, 용산은 용산대로 해주면 이게 뭔가 하는 생각이 들었습니다. 이미 외교안보 쪽에서는 대통령께 안 된다고 해서 그렇게 해 놓았더라고요. 처음에는 용산기지가 다 내려가는 게 아니었어요. 처음에는 용산기지가 다 내려가지만 최소 인력 1천 명 정도, 사령부는 남는다. 저는 솔직히 이해가 안 갔지만, 이해 안 간다고 이야기하지 않았어요. 왜냐하면 이미 결정된 것이기도 하고, 또 오해를 할 상황이니까 더 이상 말을 하지 않았습니다.

다만 그때 제가 기본적으로 NSC 관련된 회의를 주재하면서 그때 뭘 했냐면, 국방부를 통해서 미군이 1천 명 정도 남기 위해서 필요한 부지 평수가 어느 정도 되느냐를 조사했어요. 우리는 줄이려고 하는데 미국이 달라고 하는 평수가 많은 거예요. 60만 평 정도 남았는데, 미군이 달라고 하는 것은 20만 평 이렇게 되니까, 용산기지 이전한다고 해놓고 국민들한테 욕만 먹게 생겼잖아요. 그런데 나중에 가니까 대테러 때문에 더 많이 달라는 거예요. 28만 평이 필요하대요. 본래 10몇 만 평까지 줄여 가는데 우리는 도저히 안 된다고 했고, 미군은 내려가겠다고 했죠. 그래서 대통령이 국방장관 불러서 안보에 영향이 없는가를 물었던 것이고, 국방장관이 영향이 없다고 한 일이 있던 거예요. 그래서 NSC나 저는 "아니, 그럼 못 주죠, 28만 평의 땅을 어떻게 줘요?"라고 한 것이고, 국방부나 이런 곳에서는 "주고라도 해야죠." 이렇게 나온 것입니다. 이런 것이 다 갈등처럼 비추어진 거예요. 이런 것들이 용산기지 이전과 관련되어 처음부터 무조건 다 내려가는 것도 아니었다는 거죠.

박용수: 북핵에 대한 내용 관련해서, 'on the table'과 'further step'이 실질적으로 외교적인 의미의 차이가 있나요?

이종석: 북한 핵문제 관련해서 'on the table'의 의미는 미국은 모든 군사적 옵션을 올려 놓겠다는 것이고, 우리는 그게 아니라 북한 핵문제를 해결하기 위해서 평화적이고 외교적인 방법으로 해놓고, 그 다음에 그것이 안되었을 때는 추가적으로 조치를 할 수 있다고 하는 것이니 굉장히 다른 것이죠.

박용수: 그렇다면, 미국이 이 협상에서는 어느 정도 양보를 했다고 생각하는 것인가요?

이종석: 그럼요, 미국은 양보를 한 거죠. 지금도 기억하는 게 청와대 본관으로 회의를 하러 올라가는데 박선원 선임행정관한테 미국에서 전화가 왔어요. 미국 측이 완강하다는 내용이었죠. 그때 이수혁 차관보하고 박선원 박사가 가 있었습니다. 그래서 제가 "그럼 돌아오라 그런다고 그래."라고 말을 했죠. 매달려 보라고 하면 협상이 안 되거든요. 이종석이 돌아오라 그런다고 하면 미국에서는 "이종석 이 자식!" 하겠지만, 그래야만 얘기가 되는 거니까. 그래서 합의가 된 게 그렇게 된 거예요.

박용수: 당시에 북한의 핵개발 수준이 현재와 상당히 다를 것 같은데, 그때 당시에 한국 정부가 판단했던 북한의 핵개발 의지나 수준은 어느 정

도 된다고 생각하시나요?

이종석: 2003년도 초 북한 핵문제는 제네바북미기본합의서가 보여주는 것처럼 2002년 10월에 북한 농축우라늄사태가 발생하기 전에는 온전하게 북미관계였어요. 미국, 우리나라, 중국 모두 그렇게 생각했어요. 근데 그 사태가 발생하면서 부시 행정부가 북한을 압박하는 과정에서 국제사회를 끌어들인 거예요. 그러니까 오늘날 6자회담을 통해서 중국의 위상이 높아졌는데, 사실은 미국이 초대한 거예요. 사람들이 북한이 끌어들이고 중국이 하려고 했다라고 하는데, 그것이 아니에요. 미국이 한 거예요. 미국이 북한 핵실험을 한다고 우리만 위협을 받느냐 하면서 다자회담으로 넘어가게 된 거죠. 그 전에는 핵과 관련된 모든 정보는 미국에 집중되어 있었어요. 북한 핵무기를 판단할 때, 고폭실험 이런 것들은 영상자료를 통해서 알 수밖에 없는 것이고, 휴민트를 통해서 얻을 수 있는 것은 굉장히 제한적일 수밖에 없는 거니까, 그 당시 북한이 핵물질을 얼마만큼 만들 수 있느냐 하는데 있어서는 굉장히 설왕설래했었죠. 그 당시는 북한이 핵무기를 이미 1990년대부터 몇 개쯤 보유하고 있을지도 모른다 하는 얘기부터 플루토늄을 동결시켜 놓은 것을 봤을 때는 핵물질 생성을 적어도 조금씩은 하지 않겠냐 하는 얘기까지 있었죠. 다만 북한이 핵무기를 가지고 있다는 것을 옛날에 만든 것을 전제로 한 국방부 판단도 있었고, 사실 누구도 확신 못하지만 최악의 상황을 가정해서 얘기해야 하니까, 북한이 핵을 발사할 수 있으려면 탄도소형화를 시켜야 하는데 탄도소형화는 못 시킨 상태라고 봤죠.

그런데 북한 핵문제의 특징이라는 것은 일반 국제사회의 핵문제와는 전혀 성격이 다릅니다. 일반 약소국가나 중견국가들이 핵을 만들 때 모두 몰래 만들죠. 반면에 북한은 핵 없고, 핵 만들 의사도 없다고 시작을 해서, 너희들이 이렇게 찍어 누르면 우리는 핵을 만들 수밖에 없다, 만든다, 실험한다, 공감치고 협박하면서 핵실험 한 것은 북한이 유사 이래 처음이고 앞으로도 없을 거예요. 이 말은 북한 핵문제 대한 미국이나 국제사회의 대처 방식이 얼마나 어리석은 것이었는지를 보여주는 거예요. 만들 의사도 없다고 시작을 해서 나 "만들어? 만들어?", "쏴? 쏴?" 하면서 여기까지 온 거예요. 북한이 2003년부터 지금까지 그 사이에 공개적으로 핵무기를 강화시키겠다고 말하기 시작한 것이 제 기억에는 2005년에 자기네들이 핵을 가졌다고 얘기한 후부터 본격화되었는데 끊임없이 공개적으로 얘기해 왔단 말이에요. 사실은 초기에 북한 핵문제는 핵무기를 가졌다라고 해도 아주 조잡하다고 판단했고, 소형화가 안 되었다고 보았습니다. 그런데 북한이 핵을 가졌다고 생각했던 판단들이 틀렸다고 생각했던 것은 무엇이냐 하면 북한이 계속 1, 2, 3차 핵실험을 했잖아요? 정말 핵을 가지고 있다고 하면 핵실험보다는 소형화 쪽으로 했을 텐데, 그것은 확실히는 모르겠어요.

그러나 미국은 북한의 위협을 계속적으로 강조해야 하는 입장에 있어요. 그러면 북한의 정보라는 것이 실제로 국가가 갖고 있는 국가이익, 우리 국가이익이라는 것은 북한의 핵문제를 아주 정확하게 있는 대로 보는 것이 우리 국가이익이에요. 왜냐하면 우리는 북한의 핵문제가 부풀려져 한반도 위기가 고조되는 것도 원하지 않고, 있는데 없는 것처럼 돼서 과소평가 되는 것도 원하지 않아요. 왜냐하면 그러다가 언젠가 더 큰 문제가 발생할 수도 있으니까. 그런데 미국은 다를 수도 있어요. 자기들의 이해를 관철하기 위해서 과장할 수도, 과소평가할 수도 있어요. 그러니까 북한 핵의 소형화 수준에 대해서는 미국 정부 판단이 몇 개월 사이에 소형화는 불가능하다부터 시작해서 소형화 가능까지 계속 발전하는 거예요. 미국 정부 판단은 정치적이었습니다. 제가 기억하기에 미국의 정부에 있던 사람이 미국의 정부 판단의 많은 부분들이 정치에 의해서 오도되었다라고 얘기를 한 적이 있는데, 우리는 그런 것이 가장 불안한 겁니다. 과장도 과소평가도 안 되길 바라는데, 우리는 진실을 정확히 알고 싶어 하면, "왜 미국이 하는 것을 못 믿느냐?" 이렇게 나오니까 이런 것들이 스트레스였습니다.

박용수: 어쨌든 핵실험을 한 것은 이전에는...

이종석: 그 이전에도 북한이 핵을 가지고 있을 수 있다 하는 것은 군에서는 그런 믿음을 가지고 있었습니다. 또는 그렇지 않다는 사람들도 있습니다. 우리 정부의 입장은 북한이 조잡하지만 핵무기나 핵물질을 가질 수도 있다는 판단을 가지고 있었습니다. 그러나 어느 누구도 정확하게 근거를 가지고 있진 않았죠. 그것을 전제로 2002년까지는 동결 상태가 된 거지요.

장훈각: 말씀을 듣다보니, 국내의 정보, 첩보나 판단 시스템이 빠져있는 느낌이 들었습니다. 미국의 의도들을 한국 정부가 당시에 정말 몰랐었는지, 농축우라늄의 소재지와 관련해서 무엇에 근거해서 그렇게 판단하고 있었는지, 미군 감축문제에 있어서도 전혀 몰랐다고 하면 굉장히 당혹스러운 문제가 아닐까 싶은 생각이 드는데, 주한 미 대사관에서 초기에 외교안보보좌관들에게 얘기를 했다...

이종석: 6월 초에, 그러니까 대통령에게 보고하기 직전, 아주 멀지는 않고...

장훈각: 그런데 처음에 문제를 제기했던 그 시점에서 미 대사관 측에서 감축정책 자체를 부인하는, 제대로 된 정보를 한국 정부에 알려주지 않는 그런 부분들이 한편으로는 의아스럽거든요. 한국 정부의 정보수집과 관리 능력에 구멍이 있는 것 아닌가 하는 의문이 들었구요. 그리고 미국 정부가 한국 정부와 제대로 대화를 하고 있는 건가... 대사관은 사실은 정보의 흐름을 탐지하는 촉수이자 정보의 흐름을 감시하는 곳이기도 하잖아요. 그

런 부분에 대한 의문이 들었습니다.

이종석: 우선 첫 번째는 한국의 정보 능력과 판단에 있어서는 아까도 말씀 드렸던 것처럼 북한 핵문제의 경우, 주로 기술정보, 즉 항공정보, 영상정보에 의존하고, 그 다음에 휴민트가 있습니다. 휴민트를 통해 들어오는 카더라 정보도 있지만 그것을 가지고는 완성이 안 되잖아요. 북한 농축우라늄 문제가 처음 나왔을 때 우리 정부가 미국에 정보를 줬다는 얘기도 있었어요. 아무튼 북한 핵문제에 관한 정보는 미국이 압도적으로 우세한 정보를 가지고 있었고, 우리는 인간정보를 가지고 있었지만 그것을 통해서 유의미한 정보가 나오지는 않더라구요. 북한이 엄청난 통제사회라고 봐야 하는데, 북한의 핵심에 관해서 접근이 잘 안 되잖아요. 제가 보고받을 때 그런 느낌을 받았어요. 그래서 우리가 북핵문제 관해서 휴민트를 통해서 북한의 핵능력 수준을 알 수 있는 유의미한 정보가 나오기 힘들겠다는 문제의식을 느꼈습니다. 그것이 시간이 가면서 나아지긴 하지만 하루 이틀에 바뀌는 것도 아니지요. 그 다음에 미국과의 정보 흐름에 관해서는, 농축우라늄 같은 경우는 정확한 정보를 제공하지 않은 것이 아니라 정확한 정보를 가지고 있지 않았던 거죠. 갖고 있었던 것은 신문에 났던 것들, 독일에서 원심분리기 몇 기를 샀다 이런 것이었습니다. 미국 정부가 추가 정보를 가지고 있다는 것은 우리가 알지는 못하죠.

실제로 부시 행정부가 농축우라늄에 대한 더 많은 정보를 가지고 있었다면 공개가 되었겠지만, 여전히 오바마 정부 들어와서 '북한의 농축우라늄에 대해서는 지금도 진상이 무엇인지가 의문스럽다. 하지만 분명한 것은 그것으로 인해서 제네바기본합의서가 깨졌다는 사실이다'라는 말을 할 만큼, 그리고 "정보공동체에 논란이 있다."는 말을 해서 힐러리가 구설수에 오른 적이 있을 만큼 미국이 우리에게 정보를 공유하지 않은 것이 아니라, 공유할 정보 자체가 제한되어 있었다는 생각이 듭니다. 외부에서는 정보가 공유되지 않고 있다는 말이 있었지만, 웬만한 것은 한미 간에 정보가 공유되었고, 북한의 핵이나, 군사력 기타 여러 가지 문제들, 특히 항공정보 같은 경우는 우리가 해석을 해서 주어야 했던 것도 있을 정도였습니다.

그리고 감축문제는 이런 거예요. 우리가 내부적으로 한미 FTA문제가 있을 때, 미국에 대해서 어떻게 하기로 결정했다고 하더라도 2달 후에 통보하자라고 하면 그때까지 내부 보안을 지켜라, 이렇게 되는 거잖아요. 마찬가지로 감축문제에 대해서도 미국이 2월에 내부적 판단을 하면서도 한국 정부와 충돌하면 충격파가 크니까 적정 시점까지 미루기로 한 것이고, 그래서 한미정상회담까지는 안 됩니다 해서 그 뒤에 롤리스가 찾아갔던 것이, 아마 정상회담 뒤에 두 사람을 찾아왔겠죠. 이 사이에 미국 정부에서는 감축문제에 관여된 사람들이 많으니까 이런 얘기가 흘러나왔겠죠. 그러다가 럼스펠드 국방장관이 조영길 장관을 만나서 얘기했고, 그 비슷한 시점에 롤리스가 외교부장관을 만나서 얘기했는데 그 이야기를 대통령께 보고했는지는 정확하게 저는 모르겠어요. 대통령께 정확하게 '큰일났습니다'라며 보고를 했는지, '이런 얘기들이 있었는데 절대로 받아들여서는 안 되고 저희가 알아서 하겠습니다'라고 말씀을 드렸는지, 아니면 보고를 안 했는지에 대해서는... 왜냐하면 그때 NSC가 제대로 기능하던 시기가 아니었잖아요. 그때는 미국 정부도 NSC가 어느 정도 위상이었는지 판단을 못 했을 것이고, 롤리스는 김희상, 반기문 보좌관이 편하니까 그 쪽으로 갔을 것이고, 그런 상황에서 저희가 그 정보를 파악해서 조치를 한 거죠. 중간에 유감스러운 부분은 있지만 미국은 다른 속내가 있었던 것은 아니고, 한국 정부의 입장이 있으니까 조금 여유를 둔 것이고, 그런 것은 얼마든지 가능한 얘기죠. 다만, 그 사이에 얘기가 새어 나가면 안 되는데 미국이 감축문제를 두고 오래 전부터 이야기를 해왔기 때문에 자꾸 말이 오가게 된 거죠.

›››››› 3차 구술 _____

장훈각: 선생님, 우선 감사합니다. 세 번째 힘든 걸음을 해주셨습니다. 오늘은 2차 북핵위기, 이 문제가 노무현 정부 초기에 상당한 어려움을 초래하지 않았나 하는 생각이 드는데 그 부분부터 말씀을 해주십시오.

이종석: 2차 북핵위기가 10월에 발생을 해서 12월이 되면 절정으로 치닫지 않습니까? 그러다 보니까 노무현 당선자께서는 남북관계 개선을 통해서 한반도에서 평화를 정착시키고, 남북관계의 공동 이익을 넘어서 동북아시아에서의 EU 모델, EU까지는 못 가더라도 동북아시아에서의 평화와 협력을 위한 길, 갈등을 해소하고 평화와 협력을 향해 가도록 추진하겠다는 의지를 가지고 있었죠.

대선 과정에서도 국민들에게 그렇게 말씀을 하셨습니다. 그런데 북핵문제가 대선 후반기에 튀어나왔습니다. 그야말로 북한 핵문제가 다시 전쟁의 먹구름, 그야말로 갈등을 조장시킬 수 있는 위험 요소가 되었기 때문에 참여정부가 전반적인 대북정책이나 외교안보 정책을 자신이 원하는 방향대로 하지 못하는 결정적인 요인이 되었습니다. 게다가 한미동맹의 파트너인 미국 행정부는 부시 행정부였고, 부시 행정부의 성격은, 제 생각에는 2차 대전 이후에 가장 호전적인 군사주의 정권이었습니다. 그러다 보니까 한반도에서 평화를 건설한다는 것은 북한과 대화를 해야 하고 국제관계에서도 중국과 일본관계를 뭉쳐 내야 하는데 오히려 역진적인 방향으로 정세가 흘러있었던 것이죠. 많은 부분에 있어서 노무현 대통령의 구상이 그대로 실천되기에는 너무나도 나쁜 조건이었다고 볼 수 있습니다.

장훈각: 대내적인 비판이 상당했었는데요. 특히 김대중 정부 포용정책 이후에 바로 터진 일이라 대내적 문제 비판에 있어서는 어떤 대응을...

이종석: 당시 저희들은 이렇게 보았습니다. 한국에서 김대중 대통령께서 당선되고 나서 햇볕정책을 강력하게 추진하지 않았습니까? 아마 야당에서는 김대중 대통령, 즉 상대적인 진보세력 집권에 결정적인 영향을 미친 것이 대북정책에 있어서의 햇볕정책이라고 생각했던 것 같아요. 사실, 수많은 조사를 보면 대북정책이 정권 교체에 미치는 영향이 그렇게 크지 않았음에도 불구하고, 그런 관념을 많이 가졌던 것 같아요. 그런 이유로 야당에서는 대북문제나 외교안보 문제 관련 정책을 정치적인 쟁점으로 가지고 갔어요. 그건 아마 야당이 가지고 있었던 스트레스라고 생각을 합니다. 그러면서 대부분의 통일외교안보 사항에서 발생하는 문제에 대해서 정확하게 시시비비를 가리는 것이 어려워지기 시작했습니다. 다시 말해서, 북한 핵문제와 남북관계는 북한의 위협, 북한과의 관계에서 핵심적인 당사자라는 점에서는 연결되어 있지만, 북한 핵문제는 1994년에 맺어진 제네바북미기본합의서에 의해 북한과 미국과의 문제였습니다. 그렇기 때문에 2002년 말 당시 많은 사람들 머릿속에는 북한 핵문제는 미국과 북한 사이의 문제였지, 다만 우리는 잘 해결되도록 하기 위해서 애써 주는 거였습니다. 그런데 북한이 남북관계에 있어서의 도발을 하건, 핵무기를 만들겠다고 하거나 하는 모든 문제들이 야당과 거대언론에 의해 햇볕정책의 문제점으로 몰려가면서 쟁점화되기 시작했습니다. 모든 북한문제를 포용정책의 문제점으로 자꾸 환원을 시키니까 많은 분들이 북한 핵문제를 두고 햇볕정책이 잘못된 것처럼 얘기하게 되었죠. 사실은 이런 비판이 실질적인 것과 차이가 있는 상당히 정치적인 비판인 것이죠.

그러나 그런 것들이 상당히 어려운 문제들이었기 때문에 참여정부가 출범해서도 "북한 핵문제는 미국문제니까 우리는 모른다."라고 할 수 없었던 거죠. 그러다 보니까 우리가 남북관계에서도 잘하겠지만, 북한 핵문제에 대해서도 우리가 능동적이고 주도적인 역할을 해서 풀어보겠다 하는, 물론 우리가 중심이 돼서 할 수 있는 것은 아니지만, 할 수 있는 모든 것은 잘 하겠다고 해서 북한 핵문제는 불가피하게 한국 대북정책 외교안보의 가장 핵심적인 사항이 된 거죠.

하지만 참여정부 최대의 안보 현안은 북핵문제지만, 참여정부가 안보 현안을 풀기 위한 레버리지 부분에서는 명확한 한계를 가지고 있었던 거 잖아요? 북한은 미국하고만 얘기한다고 해서 우리를 껴주지도 않는 상태 이고, 미국은 우리와 협력을 얘기하지만 근본적으로 자기 관점을 가지고 북한을 대하고 있었죠. 게다가 우리는 북한 핵문제가 고조되어도 전쟁으로 가는 것은 막아야 한다는 것이었고, 미국은 상대방을 압박하기 위해서 군사적 옵션까지도 사용하겠다는 입장이었죠. 미국은 네오콘 자체가 군사주의 성격을 가지고 있는데다가, 9·11 테러를 당하고 난 이후 더욱 군사주의 정권이 되어 테러와의 전쟁을 선포했잖습니까? 2002년 1월 달에, 테러 관련해서는 북한이 어떤 영향을 미칠 것 같지는 않았는데, 이라크, 이란, 북한을 '악의 축'으로 지정하고 이라크를 첫 타겟으로 전쟁이 발발합니다. 우리는 그 조짐들을 보고 있으니까 너무 불안하잖아요.

노무현 대통령은 일단은 전쟁을 막는 것, 그 점에서 미국과의 공조가 가장 중요하다고 봤어요. 그런데 공조라는 것 자체가 서로의 이해를 맞추는 것입니다. 보수 입장에 있는 분들의 말씀도 전쟁이나 충돌은 당연히 안 된다고 말씀한단 말이에요. 그런데 미국에게 충돌은 안 된다는 것을 말하려면, 가장 중요한 것이 군사적 옵션은 안 된다고 말해야 하는 것인데, 이것을 가지고 취임하기 전부터 부딪혔던 거죠. 대통령은 북한 핵문제에 대해서는 미국과 북한 사이에서 중재해서라도 우리가 하겠다고 했지, 미국이 전적으로 옳고 북한이 전적으로 나쁘니까 미국을 우리가 따라가야 한다고 하지는 않았단 말이에요. 왜냐하면 그때까지만 해도 농축우라늄 사실에 대해서도, 아시는 것처럼, 미국은 북한이 농축우라늄을 개발했다는 것을 증거를 내놓지 못한 상태였어요. 그것이 결국엔 그 후로 8년이 지나서 저 농축우라늄 공장이 나타났기 때문에, 제가 보기에는 그것은 상관이 있다고 보기도 어렵고 그렇다고 없다고 단정할 수도 없지만, 그런 상태였기 때문에 미국과의 공조에 어려움이 있었다는 거죠.

이왕 나왔으니까 더 말씀드리자면, 북한 핵문제를 둘러싸고 인수위 때부터 말씀하셨던 것이 첫 번째는 북한 핵은 불용한다. 어떤 경우에도 용납할 수 없다. 두 번째는 북한 핵은 대화를 통해 평화적으로 해결해 나가야 한다. 세 번째는 우리가 북한 핵을 풀어나가는 데 있어서 능동적이고 적극적인 역할을 해야 한다. 이 세 가지 원칙을 가지고 있었어요.

제가 NSC에 들어와서 통일부장관에서 물러나가기까지 3년 동안 미국과 협상을 하면서 느낀 것은 미국하고 한미 공조 속에서 대북문제를 푸는 데 세 가지가 항상 걸려있었다는 거예요. 첫째는 대화의 형식. 우리는 미국과 북한의 북미 직접대화가 반드시 필요하다는 입장을 가지고 있었습니다. 그 이유는 서로 불신할수록 대화를 통해 문제를 풀어야지 대화를 하지 않으면 어떻게 풀 수 있겠냐 하는 것이었습니다. 인류가 갈등을 푸는 가장 기본적인 양식이 양자 대화 아니냐는 말로 설득했습니다만, 미국은 북한이 우리를 속이기 때문에 양자 대화를 안 하겠다고 거부하는 태도를, 물론 가끔씩은 양자 대화를 하긴 했지만, 일관되게 가지고 있으니까 잘 안되더라고요. 북미 직접대화해라 해도 미국은 싫다고 하니 6자회담이 만들어지고, 북미 양자회담은 6자회담 안에서만 하지, 밖에서는 안 한다고 하면서 굉장히 많은 문제가 있었습니다.

두 번째 문제가 된 것은 대북정책의 우선순위 문제였어요. 이 문제는 국민들이나 일반적으로 언론에서, 특히 보수적인 언론과 야당에서 북핵문제 때문에 참여정부를 공격한 것을 생각하면 굉장히 역설적이었다는 말씀을 드리지 않을 수 없습니다. 저희는 북한 핵문제에 대해서 어떤 형태건 간에 가닥을 잡지 않으면 다른 걸 할 수 없었습니다. 남북관계를 제대로 진전할 수가 있어요? 병행이라는 것 자체도 북핵문제가 악화되면 병행해 나간다고 해도 어디까지 나갈 수가 있겠어요? 북한 핵문제가 실제로 한국 안보에 얼마만큼의 위험성이 있고 한국 정세에 실질적인 영향을 미치느냐 하는 객관적인 분석보다 여론과 국민들에게 더 중요한 것은 북한 핵문제가 우리나라 안보의 명줄을 잡고 있다는 불안감이었습니다. 또 그것이 당시 현실이었습니다. 객관적으로 북핵문제가 한국 안보에서 차지하는 위치나 우리가 할 수 있는 역할의 수준을 정확히 평가하고 그것들을 공론화해서 국민들이 하나의 공통된 인식을 갖는다는 것이 우리같이 분열된 사회에서 얼마나 어려운 일입니까? 그러다 보니까 북한 핵문제에 대해서 국민들이 어떻게 생각하고, 언론은 어떻고, 정치권은 어떻게 인식하고 있느냐가 현실이잖아요. 또 그것이 정치이고 그에 기반해서 정책을 집행해 나가야 하잖아요. 참여정부 입장에서는 북한 핵문제를 해결하지 않고는, 총력을 다해서 국력을 집중시키지 않으면 다음 것을 해나가는 데 정말 어렵다고 봤어요. 그러니까 북한 핵문제가 대북정책의 최우선 순위였던 거죠.

문제는 미국과의 관계였습니다. 당시에 미국은 북한의 인권문제, 마약문제를 비롯해서 여러 문제들을 제기했습니다. 북한의 인권문제? 우리는 인정한단 말이죠. 2003년 1월 달에 켈리 차관보가 부시 대통령 특사로 한국에 왔을 때, 노무현 대통령께서 "당신들은 학계로 돌아갈 사람들이니까 당신들이 당선자 입장에서 대한민국이 처한 현실을 나름대로 소신껏 미국하고 얘기를 해봐라."고 하셔서 만났습니다. 대화를 하는 과정에서 미국이 인권문제, 핵문제 두 가지를 동시에 다루는 것을 두고, "우리도 다 안다. 인권문제도 당연히 개선해 나가야 하는데 지금 문제는 북한 핵문제라는 것이 가장 중요하고, 모든 것을 지금 다 올려놓고 해결할 수는 없지 않냐? 인권문제는 시간을 두면서 해결해 나가더라도 핵문제를 최우선적으로 얘기하자."고 했습니다. 그런데 그때 켈리 차관보가 수첩을 꺼내 읽으면서 얘기를 해요. 외교관들이 수첩을 읽으면서 말하는 것은 북한 사람들 빼고 처음 봤습니다. 그러니까 당시 미국의 네오콘들은 대단했습니다. 라이스 안보보좌관이 앉으니까 해들리 부보좌관을 비롯해서 담당자들이 다 서서 듣는 겁니다. 예상과 다른 위계적 문화에 깜짝 놀랐습니다. 2005년에는 마이클 그린이라고 아시아 담당 선임국장이 NSC를 떠나면서 대통령 특사 자격으로 한국, 일본, 중국을 돌면서 한국에 와서 제 방에 왔는데 성조기 뱃지를 달고 왔었습니다. 저는 여태까지 일반 외교관이 와서 자기 나라 국기 달고 오는 건 북한 빼고 처음 봤습니다. 그것이 미국이었어요. 여하튼 켈리 차관보가 메모를 쭉 읽고 나서 그래도 인권문제와 함께 가야 한다고 하더라고요. BDA도 마찬가지잖아요. 늘 북한이랑 미국이 이렇게 하자 해서 합의를 보고 나면 며칠 안돼서 미국이 제재를 걸었죠.

세 번째 쟁점이 되었던 것은 우리는 포괄적으로 풀자. 다시 말해서 어차피 북한이 원하는 것, 북한 핵문제라는 것은 인류 역사상 핵을 만든 나라들의 방식을 볼 때 가장 특이했던 방식, 선례가 없는 초유의 방식, 소위 말해서 "나 판을 엎을 거야."라고 공표하면서 여기까지 온 거예요. 2003년 때까지만 해도 북한은 공개적으로는 평화적 핵 이용 이외엔 핵 만들 의지가 없다고 했는데 부시 정부 들어오면서 여기까지 진행되어 온 겁니다. 그때 우리가 말한 건 다음과 같습니다. 북한이 자기네들은 핵 가질 의사가 없다고 주장하는데, 그것을 확인할 수 있는 방법은 한 가지 아니냐? 그것이 무엇이냐 하면, 북한이 핵을 포기하는 조건으로, 그리고 포기만 하는 게 아니라 사찰을 또 해야 되니까, 보고 싶은 걸 다 보는 대신 북한이 원하는 것을 다 주자. 북한이 원하는 게 뭐냐. 외교관계 정상화, 체제안전 보장, 그리고 원자력발전을 하지 않는 대신에 주는 경제적 보상입니다. 그걸 준다고 약속을 해놓고, 북한이 다 지켜서 핵을 포기한다 하면 주면 되는 것이고, 만약 북한이 말을 안 들으면 핵을 갖겠다는 의도를 가지고 거짓말한 것이니까 그때는 우리가 외교관계도 그렇고 경제지원도 조금 준 것이 손해가 되기는 하지만 중단하면 되는 것 아니냐. 다시 말해서 북한이 핵을 포기하는 것은 완전 포기가 아니면 그 다음엔 불가역적 진행이지만, 우리가 북한에게 지원하고 보장하는 부분이 나중에 북한이 약속을 어기면 가역적인 측면이 있지 않나? 그러니까 포괄적으로 북한이 원하는 거 줄 수 있는 것 주고 바꿔보자 하는 것이었습니다.

이 세 가지는 상식인들이 보면 틀린 것도 없는 말이에요. 미국의 네오콘들은 대답을 안 합니다. 왜? 논리적으로는 틀린 부분이 없으니까. 다만 첫 번째 북미 직접대화에 대해서만 자기 입장을 분명히 밝히고 나머지 얘기는 그냥 들은 체 만 체 했습니다. 한미관계에 이견이 있다 뭐다 하는 것은 사실 이런 것이었어요. 다른 것은 이견일 수가 없는 거예요. 이 세 가지를 가지고 우리는 백악관에 있는 고위관계자라도 우리 관계자가 같이 데리고 가서라도 북한과 서로 만나게 해보려고 시도를 하고 그랬습니다. 미국은 근본적으로 북한에 대한 불신 때문에 그런 것을 회의적으로 바라보고 있었고, 거기서 서로 다른 의견이 나올 때마다 언론에 의해서 과장되거나 욕을 먹거나 그랬던 거죠.

그런데 이 세 가지가 모두 해소되는 결정적인 시점이 있었습니다. 2007년의 2·13합의에요. 2·13합의는 첫째, 북미 직접대화에 의해서 이루어졌어요. 두 번째, 북한이 핵실험을 했고 북한에 대한 압박과 제재를 유엔에서 했음에도 불구하고 최우선 순위로 북핵포기 때문에 이걸 한 거예요. 셋째는 9·19공동성명에 기초에서 줄 것 다 주고 받을 것 다 받은 거란 말이에요. 사실 2·13합의는 우리가 생각하는 것보다 더 많이 주었습니다. 우리는 밀고 당기고 하는 게 있어야 한다고 생각했는데 미국이 확 줬죠. 어쨌든 2·13합의라는 것 자체가 2003년부터 2006년까지 있었던 북한 핵문제를 둘러싼 한미 간 갈등이 사실은 미국 정부가 비합리적인 태도를 가졌기 때문이었다는 것을 인정하는 거였죠. 아무도 그렇게 말하는 사람은 없었지만, 그게 바로 한미 간의 북한 핵문제를 둘러싼 갈등이었습니다.

우리가 알고 있는 건 우리는 남북관계가 최우선이지만 북한은 미국이 자신들의 생존을 위협하고 있다고 생각하는 거예요. 그러니까 우리는 "저 자식들이 속이는 것이겠지." 이렇게 생각합니다. 그러나 사실은 북한이 과거 한국전쟁이나, 그 후에 여전히 한미연합사 구조에서 작전통제권을 가지고 있고, 북한은 미국이 한국에 대한 영향력을 우리가 생각하는 것보다 더욱 과장되게 인식하고 있단 말이에요. 그러니까 북한은 한국을 볼 때 미국이라는 프리즘을 통해서 본다 이거예요. 그러니까 우리는 남북관계를 개선하고자 해도 북한은 핵문제가 미국하고 틀어지면 남북관계에 대해서도 일정하게 경직된 태도를 보이는 겁니다. 사람들이 얘기하는 통미봉남이라든가 또는 미국과 관계가 안 좋으니까 한국과 잘해보겠다 하는 것은 사실 현실에서는 잘 안 나타나는 겁니다. 왜냐하면 북한이 가지고 있는 대외 위기의 가장 강력한 동인이 미국이기 때문에 미국발로 갈등이 발생하면 그것이 다른 대외적 관계에 다 영향을 미치는 겁니다.

박용수: 조금 더 구체적으로 2002년 10월에 켈리 방북과 2003년 1월에 북한의 NPT 탈퇴 간에 질적인 차이나 어떤 다른 의미가 있는 건가요?

이종석: 그건 진행이죠. 그건 우리와 상관없이 2002년 10월 달에 켈리 차관보가 북한에 가서 강석주하고 대화를 한 후에, 켈리의 말은 "가졌다고 했다."고 한 것이고, 며칠 뒤에 북한은 "우리는 그렇게 말한 적 없다."고 했습니다. 당시 켈리 차관보를 동행했던 한국어를 할 줄 아는 사람은 두 명이 있었습니다. 통 킴*이라는 통역사, 데이빗 스트로보, 부인이 한국 사람이고 한국말을 잘 하지만 정교하지는 않습니다. 2008년, 2009년 제가 미국 스탠포드 대학에 가 있을 때, 스트로보하고 통 킴 선생에게 물어보았습니다. 당시 북한은 "우리는 그것보다 더 한 것도 가질 수 있는 권리가 있다."라고 얘기를 했다는 겁니다. 그런데 모여서 회의를 해서 가지고 있는 것으로 결론을 내고 보고를 했다는 거예요. 아무튼 그렇게 됐어요. 그렇다고

---

* 한국명 '김동현'(편저자 주).

북한이 농축우라늄이 없다는 뜻은 아니고, 없는지 있는지는 우리는 모르지요. 다만 이 증거를 미국에서는 북한이 고백했기 때문에 북한이 HEU 시설 자료를 내놓아야 한다는 얘기고, 주변국은 북한이 아니라고 하니까 미국에게 증거를 달라고 한 거잖아요.

그런데 미국은 기정사실화해서 들어가는 거예요. 미국이 이렇게 끌고 들어가는 이유는 북한이 제네바기본합의를 위반했다는 것이었습니다. 북한이 제네바기본합의를 위반했기 때문에 1994년 10월 달에 클린턴 정부 때 맺어진 제네바기본합의는 이미 파기되었다. 이것은 지킬 필요 없다. 북한을 압박하고 응징하기 위해서는 북한과의 기존의 합의들은 다 깨졌다는 것을 얘기하는 거예요. 제일 먼저 한 것은 북한이 합의를 깼기 때문에 경수로 건설을 중단하라는 것이었습니다. 왜? 경수로는 합의를 이행하는 것을 조건으로 했기 때문입니다. 그런데 경수로 건설은 김영삼 대통령이 클린턴 대통령에게 70% 비용을 대주겠다고 해서 그 비용으로 건설 중이었는데, 이거기가 막히잖아요. 돈은 우리가 대고 있는데 중단시키자 하면 어떻게 하자는 것인지...

김대중 정부 때 이야기입니다. 조금 더 자세히 상황을 알고 해야지요, 지금 북한이 가졌는지 안 가졌는지 모르는데, 지금 당장 북한이 제네바합의를 깼다고 해서 경수로를 중단한다면 북미 간의 아무런 합의 없이 한반도는 전쟁의 위험 속에 빠지는 게 아니냐 하는 것이 국민의 정부 입장이었어요. 그런데미국이 제네바합의에 따른 미국의 의무, 중유 50만 톤 지원을 11월부터 중단하겠다고 나섰습니다. 그래서 마지막에는 중유를 12월까지 중단하는 것으로 하고, 경수로 문제를 추후 논의하는 것으로 합의를 봤어요. 나중에 결국 중단을 하게 되고, 그 대신에 중대 제안도 하고 이렇게 되는데, 북한이 열 받았잖아요. 이후에 폐연료봉을 재처리하겠다 하는 선언이 있었죠. 그 선언하고 나서 며칠 후인지, 그 전인지, 서산호 사건이라고 미국이 아라비아해에서 북한의 서산호에 미사일이 실려 있다고 해서 나포

했습니다. 국제법적으로 안 되는 건데... 후에 아랍에미레이트가 항의해서 풀어주었습니다. 이러한 사건들로 서로 갈등이 증폭되는 거지요. 그러면서 북한의 NPT 탈퇴가 된 거예요.

박용수: 대북특사 파견을 미룬 것과 대북송금특검에 거부권을 행사하지 않은 것들이 임기 초 험악한 상황에서 참여정부가 대북포용 정책을 조심스럽게 전개한 것인가요?

이종석: 그것은 이런 거라고 봐야겠죠. 대북송금특검은 평화정책이나 포용정책하고는 상관이 없어요. 그것은 노무현 대통령이 가지고 있는 법률가적인 사고에 기초해 있어요. 물론 대북송금특검 문제는 저도 잘 몰라요. 왜냐하면 그것은 외교안보 소관이 아니고 정무 소관이었어요. 다만 제가 대북송금특검 받고 하는 과정에 대통령님을 뵈었는데, 그때 들은 것으로는, 대통령은 어차피 거부권 행사를 하면 국회에서 국정조사를 하고..., 결국 다시 송치해서 국정조사는 국정조사대로 하게 되고, 특검은 특검대로 받게 되는 상황이 될 것이다. 그러면 차라리 특검을 받는다 이런 말씀을 하시더라고.

박용수: 그렇다면, 대북관계의 문제가 아니라 국내정치의 문제였던 것입니까?

이종석: 국내정치의 문제였어요. 제가 아는 한은, 제게 말씀하신 것이 아니라 대통령이 다른 분들하고 얘기하는데 저는 옆에서 들은 것이었습니다. 저는 통일외교안보에만 상관이 있는 것이지 나머지는 저와 관계있는 게 아닙니다. 청와대 참모를 하면서 가장 중요한 덕목 중의 하나가 자기 소관이 아니면 알려고 하지 않는 것입니다.

특사 보내는 문제는 다음과 같아요. 3월 말경에 문희상 비서실장이 날 부르셨습니다. NSC 차장이라서 그런지 "아마 당신이 가게 될 것 같은데 준비를 좀 해라." 하면서 북한에 우리가 특사를 보낼 것 같다고 말씀을 하시더라고요. 그리고 저는 보안이니까 비밀을 유지하고 가만히 있는데, 대통령께서 4월 초에 벚꽃이 흐드러지게 필 때였습니다. 그러니까 그게 10일 전후쯤 되었을 것 같습니다. 그때 대통령께서 특사문제를 말씀하셨습니다. 이날 같이 논의되었던 문제가 북미중 3자회담이었습니다. 윤영관 장관이 파월을 만나서 이미 부시 대통령이 그런 얘기를 했고, 4월 달에 곧 북미중 3자회담이 열린다는 것이 아직 발표가 안 된 것인데 우리에게 극비로 알려준 것이었습니다. 이렇게 중차대할 때 북한과 남북대화를 한다고 하면 북한의 교란전술에 말려들 수도 있다는 입장에서 말씀하셨습니다. 그건 아마 외교부의 입장이었겠죠. 그래서 그걸 가지고 격론이 벌어졌습니다. 북한을 전공했다는 저나, 정세현 통일부장관이나 몇 분들은 '그건 그렇지 않다. 북한이 북미관계는 개선하면서 우리와는 하지 않는 그런 짓을 하지는 않는다. 북한은 하면 같이하고 아니면 뭐 이런 거다'라는 논리로 말씀드렸습니다. 그러나 외교장관님이나 외교부 국방보좌관 이쪽 분들은 교란 위험성이 있다 해서 아주 큰 격론이 벌어졌습니다. 그래서 대통령님께서 그러면 이번에는 특사를 보내지 말자. 그런데 당시에 비공식으로 만나서 북한과 특사협의를 한 사람들이 북한에게 아마 쌀인가 비료 40만 톤을 보내기로 했나봅니다. 그건 인도적으로 제공하지만, 특사는 보내지 말자. 왜냐하면 한, 미, 중 3자 협의가 있으니까.

그런데 그 3자 협의는 우리에게는 굉장히 위험한 것이었습니다. 우리는 북한 핵문제로 인해서 어마어마하게 스트레스를 받고 있기 때문에 우리가 빠진다는 것으로 인해 얼마나 욕을 먹게 될지 모르는 일이잖아요. 그러나 노무현 대통령이 그때 한 말씀이, "일단 성사가 돼서 문제가 해결되는 게 중요하지 우리가 참여하느냐 안 하느냐는 형식의 문제는 지금 당장 중요하지는 않다. 언젠가 우리가 참여를 하겠지만 처음부터 하느냐 마느냐 때문에 판을 어지럽힐 수 없진 않겠냐." 이렇게 말씀을 하셨어요. 그래서 결국 특사 파견은 하지 않는 것으로 했는데, 저는 굉장히 아쉬웠습니다. 대북송금특검 문제도 있는데 특사를 파견했으면 그런 것들에 대한 오해를 불식하고 한편으로는 남북관계도 할 수 있는 기회가 아닐까 생각했습니다. 이것을 가지고 그러면 대통령께서 포용정책에 대해서 생각이 없었던 것 아니냐고 생각할 수도 있지만, 그런 건 아닙니다. 윤영관 장관님이 외교장관이 된지 얼마 안 되었을 때였고, 외교부에서 가장 강력하게 추진했던 일입니다. 대통령께서 윤영관 장관님을 가정교사를 겸할 만큼 굉장히 신뢰하셨어요. 그래서 초창기에 윤영관 장관님의 강력한 주장을 나름대로 받아들이셨던 거 아닌가 합니다. 그리고 모든 정부라는 게 출범할 때 그 정책이 셋팅이 되는 과정에서의 조절이 중요해요. 그런 건 대통령의 윤영관 장관에 대한 믿음 그런 것으로 봐야한다고 저는 당시에 그렇게 생각했어요.

박용수: 비공식 라인이 그 당시에 따로 가동이 되고 있었나요?

이종석: 아, 비공개 라인, 공식－비공개지요. 정부기관의 비공개 라인들이 접촉을 하는 겁니다. 그러니까 제가 인수위 때 임동원 특사와 동행해서 다녀와서 그 뒤에 대통령 취임하시기 전후해서 비공개 라인에서 특사 파견에 의견이 일치가 된 거였습니다. 물론 특사 파견이 되었으면 그것이 정상회담으로 갔을지 아닐지 모르지만, 그것은 당시 정세가 힘들고 복잡했기 때문에 단정할 수 있는 건 아니죠. 왜냐하면 특사를 파견해서 뭘 의논할 것인가까지 논의에 들어가지 못했습니다. 외교부가 제시한 중요한 주장 중 하나가 한미관계의 중요성을 생각해서라도 그렇게 하면 안 된다 하는 거였습니다.

장훈각: 좀 덧붙여 가지고요, 아까 켈리와 강석주 회담 가운데 통역에 문제, 통역의 오류였다고 일반적으로 알고 있었는데요. 선생님 말씀을 듣고 보니까 통역의 오류라기보다는 저쪽에서 얘기한 것은 그대로 전달을 했을 텐데, 말의 의미를 두고 '이건 이거다' 하고 판단을 한 것이 아닌가 생각이 드는데요.

이종석: 제가 들은 걸로는 바로 정확하게 그것 같아요, 토론을 통해서 해석을 단정으로 만든 것 같습니다. 한국말 할 줄 아는 두 사람은 '우리도 가질 권리가 있다'는 식으로 얘기했다는 거죠.

장훈각: 두 가지 가능성이 있을 것 같은데요. 하나는 말을 종합적으로 판단했을 때 '미국은 이렇게 판단한다'고 할 수도 있고, 판단을 이렇게 하는 것이 무리가 있더라도 밀고 나가자.

이종석: 그 당시 보고는 정확하게 했겠죠. 예를 들어 '북한이 이렇게 말했는데, 이것은 가졌다는 뜻입니다' 이렇게 하지 않았을까요? 현장에서 아주 명료하게 결론을 내려서 보고하지는 못 했을 것이고, 해석을 했을 가능성이 있습니다. 다만 미국 정부는 북한이 고백을 했다고 발표를 했으니까 그 사이에 무엇인가가 있었겠죠.

장훈각: 보통 외교문서들을 보면 probably라는 단어를 많이 쓰는데요.

이종석: 근데 미국 정부는 어쨌든 probably라고 한 것이 아니라 북한이 confirm 한 것으로 했으니까.

장훈각: 그런데 보고서에서도 그렇게 했겠지만 종합평가의 결과 북한이

가졌다고 판단된다라고 해석할 가능성이 있어 보입니다.

이종석: 그렇게 해석할 가능성도 있겠죠. 그건 안 물어 봤습니다. 다만, 미국에서도 이 문제가 단순한 실체의 문제라기보다는 정치적인 문제의 성격을 많이 가지고 있더라고요. 힐러리가 오바마 당선된 직후에 국무장관이 되었잖아요? 그때 인도네시아에서 동경 가는 비행기 안에서 이런 얘기가 나왔습니다. "우리 정보 커뮤니케이션 내에서도 북한의 고농축우라늄에 문제에 대해서는 논란이 있다. 그러나 2002년 10월 달 상황에서 우리가 확고하게 알고 있는 것은 그런 논쟁이 있는 그 문제 때문에 기본합의서가 완전히 유린되었다는 사실이다." 그 다음에 기자들이 부적절한 발언이라고 해서 힐러리가 쏙 들어갔던 적이 있습니다. 미국에서도 그런 인식이 있었던 것이죠.

장훈각: 핵문제를 푸는데 2002년 말, 2003년 초 이 시점에서 우리 한국 정부가 북한에게 직접 문제를 해결하고자 하는 싸인을 주거나 제의를 하거나 하는 등의 노력을 하지 않았나 싶습니다. 그리고 미국 말고도 중국이나 북한에게 어떤 노력을 했었나요?

이종석: 2002년 2003년 당시는 이렇게 보시면 되죠. 북한은 한국 정부가 북한 핵문제에 대해서 언급하는 것에 대해 '너희가 그런 것을 말할 자격이 있느냐'고 문제시 하던 때라고 볼 수 있겠죠. 왜냐하면 핵문제는 미국하고의 문제다 이렇게 주장했으니까요. 그리고 실제로 우리가 핵문제에 대한 얘기를 했지만 우리가 제도적인 통로에서 발언권을 가지고 있었던 건 아니잖아요. 그러다 보니까 우리가 핵문제에 대해서 북한과 아주 구체적으로 논의하면서 설득할 수 있는 상황이 되지 못했던 것이죠. 더욱이 중요한 것이 무엇이냐 하면 북한에 대해서 부시 행정부로부터 우리가 북한을 설

득할 만할 정도..., 그 이야기는 부시 행정부로서는 약간의 양보가 될 수도 있는데, 이것을 받아내기가 어려운 거죠. 2003년도 1월 말에 임동원 특사가 방북해서 김대중 대통령 친서를 김정일 위원장에게 김용순을 통해서 전달했습니다만, 거기에도 우리 정부의 창의적인 아이디어가 있지는 않았어요. 다만 미국의 진의가 이러이러 하니까 하면서 북한을 설득하는 건데, 새로운 아이디어를 가지고 설득할 수는 없었어요. 왜냐하면 미국이 뭘 줘야지만 가져갈 수 있는 거잖아요. 중국도 '북한 핵문제에 대해 개입을 해야 돼 말아야 돼' 하면서 저울질할 때가 그 시점이란 말이죠. 그러다가 중국이 북한 핵문제에 개입하기 시작한 것은 3자회담 때였습니다. 2003년 봄이죠. 그리고 중국이 적극적으로 한 것이 아니라 미국이 다자틀을 통해 압박하기 위해서 끌어들인 것이지요.

장훈각: 북한문제를 노태우 정부까지 가보면 베이커 미 국무장관이 일본과 소련, 중국까지 포함해서 6자협의체를 제안합니다. 직접적으로 6자회담을 만들자는 것은 아니고, 6자가 참여해서 다자적인 노력으로 북한문제를 해소시키자고 건의를 했고, 노태우 대통령 입장은 소련과 일본은 안 된다, 중국하고 미국, 남북한 이렇게 4자 정도로 하자. 일본은 한국문제에 개입하지 않았으면 좋겠고, 소련은 한국 정부의 스터디가 좀 더 필요하다. 이런 것이었거든요. 그 당시에 중국과 수교 이후에 중국을 핵문제에 활용할 수 있는 여지가 노태우 정부 때부터 형성되어 있지 않았나 하는데요.

이종석: 중국은 북한 핵문제에 굉장히 조심스러운 입장이잖아요. 그리고 미국에서 노태우 대통령 때 그렇게 얘기하고, 우리가 김영삼 대통령 때 4자회담이라는 걸 만들잖아요. 4자회담이 전혀 진척도 없고 핵문제는커녕 엉뚱한 얘기만 하다가 끝나지 않습니까? 북한이 핵문제에 대한 당사자 인식의 변화가 없는 한 사실 별로 의미 없는 얘기죠. 왜냐하면 두 행위 주체

중 하나인 미국이 그런 얘기를 하는 것이지 북한은 동의하지 않았던 거죠. 북한을 움직이게 만드는 데 있어서 영향력을 가진 것은 중국과 미국이고, 2003년 봄이 되어서야 비로소 핵문제와 관련된 것이 국제화되고 다자화된 거죠. 그전에 있었던 것은 다큐멘터리로서는 의미가 있지만, 각자가 실제 논의구조 속에 제도적으로 들어가서 힘을 발휘할 수는 없었다고 봐야죠.

장훈각: 그 시점에 한국 정부의 통일에 대한 전망은 어떠했는지 궁금합니다. 경수로 건설하는 데 한국 정부가 상당한 비용을 대잖아요. 김영삼 정부하에서는 통일에 대해서 상당히 낙관했다고 알고 있습니다. 북한에 경수로를 지었을 때 결국은 우리의 것이 되기 때문에 경수로 건설에서 돈을 좀 더 낸다고 해서 크게 걱정할 것은 아니라고 정책결정자들이 생각을 했다고 알고 있습니다.

이종석: 그럴 가능성이 있죠. 왜냐하면 1996년 김영삼 정부 후반기 들어와서 청와대 정책기획수석께서 국방연구원에서 크게 뭘를 한다고 해서 참여한 적이 있습니다. 그것이 북한에 대한 시나리오였습니다. 제가 북한 정세에 대해서 맨 앞에 분석하고, 그것을 기초로 시나리오가 쭉 나옵니다. 그 논의는 북한의 붕괴가 전제가 되는 것이었습니다. 그런데 저는 당분간 북한이 붕괴되지 않을 것이라고 했기 때문에 그때 제 것은 못 나왔습니다. 그때 그러한 프로젝트를 무수히 만들어냈고 청와대, 통일부를 비롯해서 김영삼 정부 특히, 후기에 들어와서는 북한이 망할 것이라는 생각을 강하게 가지고 있었다고 해요. 그래서 그런 영향이 있었던 것인지도 모르겠어요. 그러나 더 직접적인 것은 제네바합의도 그렇고 한반도문제에 대해서 한국 정부가 완전히 소외되고, 한 것도 없다면서 워낙 비난이 심해지니까 결국 그것을 붙잡은 거죠. 한국형 원자로라는 이름을 가지고, 미국 입장과

도 맞아 떨어지면서 우리의 역할론이라고 한 것도 컸다고 봐요. 우리가 합의를 했으니까 우리가 지켜야 되지만 말입니다. 물론 갈루치조차도 제네바기본합의를 해놓고 나서 "북한이 그때쯤 되면 망할 줄 알았다." 이렇게 얘기를 하지만, 그런 건 좀 무책임한 얘기라고 봐요. 근본적인 것은 그 당시에 정세 인식이나 필요성이 우선이고 그 다음에 장기 전망이지, 장기 전망 때문에 현실에서 큰 결정을 그것에 의존해서 하는 건, 나는 그건 2순위였다고 봐요.

장훈각: 그러면 노무현 정부 초기에는 북한의 존속 가능성을 전제로 하고 북한 핵문제에 접근했다라고 생각을 하면 되는 건가요?

이종석: 그렇죠. 노무현 대통령을 자문했던 사람들이 북한체제가 쉽게 무너지지 않는다라는 것을, 뭐 세상 사람들이 다 아니까 당연히 그런 전제로 했죠.

장훈각: 이제 한미관계 문제로 넘어가겠습니다. 한국 정부의 대미 접근방법은 얘기를 해주셨습니다. 주한미군 철수문제, MD 한반도 배치문제, 이라크 파병문제에 대해서 우선 전반적으로 말씀 부탁드리겠습니다.

이종석: 주한미군 철수문제는 없었어요. 감축이라는 말하고 철수는 다른 거죠, 그러니까 철수는 없는 거죠. 3만 7천5백 명의 주한미군을 2만 5천명 정도로 줄인다고 했을 때의 감축에 관한 건데, 우리가 감축을 하는 건 대한민국 안보에서 크게 위협되는 요소는 없다고 전문가들이 판단을 했어요. 그렇지만 국민 심리 상태나 여론이 정책에 미치는 영향들이 컸던 것이었죠. 특히 그 시기가 미국이 전 세계적으로 신속화, 기동화, 경량화라고 해서 작전수행 방식이 달라지잖아요. 그런 기조를 가지고 전 세계에 있는

미군을 재편했죠, 미군이 본토보다 해외에 나가있는 숫자가 더 많은 거니까요. 그래서 지상군 중심으로 되어 있는 주한미군을 줄이겠다는 계획을 가지고 있던 거죠. 이 계획은 순수하게 군사적인 측면에서의 구상이었다고 봐야죠. 부대가 철수하지 않는 이상은 군사전략상으로 무슨 큰 차이가 있겠어요. 전략적으로 차이가 있으면 빼든지 했겠지요. 그런데 그것이 발표되었을 때 한쪽으로는 이라크전쟁이 발생하고, 한쪽에서는 북한 핵문제로 복잡한 정세였습니다. 미국과의 관계에서 우리도 입장을 표명할 때가 되었다라고 생각한 노무현 후보가 당선이 되었고. 거기에서 나온 단어니까 묘한 승수효과가 나타난 거잖아요.

장훈각: 노무현 대통령께서는 미군의 감축에 대해 어떻게 인식하고 계셨나요?

이종석: 노무현 대통령이 반미주의자는 아닙니다. 과거 1960년대 월남전쟁에 참전할 때는 피복까지 미국 것을 받아갔지만, 이라크 파병할 때는 우리 돈, 우리 총, 우리 월급으로 미국을 도와주는 나라로 바뀌었다는 거예요. 노무현 대통령은 우리 몸집과 능력이 바뀐 만큼 한미관계도 거기에 맞춰서 조정을 하자는 너무나 상식적인 얘기를 한 거예요. 우리 대한민국에 미국보다 더 미국적으로 생각해야 한다는 분들이 있다 보니까 그분들이 그냥 반미라고 부른 거예요. 그러니까 이런 감축계획이 발표되면 미국이 노무현 정부에 본때를 보여주려고 하는 것이라고 해석을 하고, 이것을 미국의 국방부에 있는 매파나 네오콘 일부가 처음에는 몰랐는데 한국 언론의 상황을 보고 이용하기 시작한 면이 있습니다.

원래 감축문제는 미국의 전략계획에 따라서 움직인 것이고, 반미니 뭐니 하는 것과는 전혀 상관이 없었던 거죠. 미국 국방부하고 국무부 사이에서 2003년 초에 감축을 하기로 내부적으로 판단을 해놓고도 이것을 한국

정부에 통보하는 시점을 놓고서도 굉장히 고민을 합니다. 미 국방부는 이것은 전략에 대한 문제니까 그냥 참여정부 출범하자마자 통보해 버리자, 국무부는 그렇게 되면 한미관계 끝난다, 노무현 대통령이 한미정상회담으로 미국 방문하고 돌아가기 전까지 절대 말하면 안 된다고 맞부딪히고, 그것이 미국의 빅마우스들이나 네오콘들의 움직임에 민감한 사람들로부터 감축론 이런 것들이 조금씩 흘러나온 겁니다. 그리고 2003년 6월에 우리가 확인을 한 것이죠.

그때 노무현 대통령은 감축하게 되었을 때, 미국의 감축이 우리 안보상에 큰 위험요인이 되느냐고 하셨어요. 큰 위험요인은 안 된다고 했죠. '미군의 감축은, 우리가 감당할 능력이 있는 범위라면, 범위 내에서는 받아들여야 한다. 그리고 미국이 우리가 안 된다고 해서 안 한 적은 없지 않느냐'는 것이 노 대통령의 생각이었어요. 월남전 당시 월남에 파병한 상태에서도 7사단을 뺀 적도 있으니까요. 그 대신에 지금 북핵도 터진 복잡한 상태에서 지금 이 문제를 얘기하면 여러 가지 어려움이 많으니, 10월 달에 부시 대통령을 만날 때 얘기를 하자고 했습니다.

국내에서는 그 얘기를 듣고 외교안보 관계 거의 모든 장관들이 절대로 미군의 감축을 받아들이면 안 된다, 국민들에게 공개해서도 안 된다고 했습니다. 대통령은 '부시 대통령과 얘기한 후에 공개하겠다. 공개하지 않고 감축문제를 논의한다는 것은 국민들을 속이는 것밖에 안 된다. 하지만 부시 대통령 만나기 전까지는 얘기하지 말라'는 입장이었습니다. 왜냐하면 아직까지 미국이 공식적으로 통보한 것은 없었으니까요. 그러나 결국은 외교장관이 허바드 주한 미 대사에게 전화를 했고 이때 이실직고해서 알게 되었잖아요? 친서를 보낸 다음에도 감축문제가 계속 나오는 거예요. 그래서 허버드와 8월인가 9월에 만나서 얘기를 했어요. "감축하자. 우리 안보가 위험스럽지 않은 범위 내에서. 그리고 공개적으로 해야겠다는 것이 대통령의 지시다."라고 말을 했어요. 당시 언론은 안보문제에 대해서는 물론 우리 참여정부에 대해 비판적이고, 관용도가 굉장히 낮았어요. 그러니까 이실직고 안 하고 숨어서 몰래 하면 정권이 흔들리는 상황이 올 수도 있다고 생각했습니다. 8월 말, 9월 초에 그 얘기를 시작했는데 미국은 우리에게 이라크 추가 파병을 요청할 때였어요.

공개한다고 하니까 깜짝 놀란 거지요. 대통령께서 "10월 달에 만나서 얘기하자, 그때까지 자꾸 언론에서 나오는 것에 대해서는 유감으로 생각한다."고 했습니다. 그 이유 중 하나가 용산기지 문제 포함해서 이런 저런 현안들이 있으니까 그랬던 거지요. 허바드 대사가 "본국에 물어 보겠습니다." 했는데 본국에서는 공개에 부정적이었지요. 대통령께서는, 노무현 대통령은 그냥, 뭐랄까 꼼수가 있는 게 아니라 정확한 분이에요. 대통령이 그렇게 제게 말씀하셨고, 제 생각에도 옳으니까 수행을 하는데, 제 머릿속에는 하나가 더 있었죠. 미국이 절대 공개하지 못할 것이라는 거죠. 왜냐하면 미국이 이라크에 파병해 달라고 요청하고 있고, 북핵문제가 터져 있는데 이게 나오면 미국이 무슨 짓을 하고 있는 것이냐 하는 소리가 나올 거 아니에요. 이 문제로 미국하고 우리하고 교착상태가 된 거죠. 대통령은 "논의를 아예 시작을 안 한다면 우리는 발표를 안 할 수 있다. 2004년 말까지 감축문제를 일체 논의하지 않는다고 하면 우린 공개하지 않고 그냥 지나가겠다."고 했습니다. 그러니까 2004년 말이면 부시 대통령 임기 말 시절이었습니다. 결국 2004년 가을로 합의를 봤어요. 그래서 가을이냐 여름이냐 하다가 합의본을 만들었습니다. 결국 허바드 대사는 자기 입맛에 맞게 위에 보고를 한 것 같습니다. 허바드는 아마 '한국 정부의 요청에 의해서'라고 보고를 올렸을 것 같아요. 그것은 전혀 사실이 아니고 거꾸로인데, 우리가 '봐주세요'라고 한 것이 아니거든요. 나중에 끊임없이 얘기가 나와서 노무현 대통령이 APEC 정상회담 때 유감을 표명했어요. "자꾸 이야기들이 온다. 그러면 우리는 공개할 수밖에 없으니 그냥 협상을 하자."라는 노무현 대통령의 제안에 부시 대통령이 거기에 대해 각별히 당부도 하고 했었습니다. 결국은 2004년 5월에 주한미군을 이라크로 차출하면서 얘기가 터져서 공론화되었습니다.

지금도 일부에서 우리가 미국에게 협상을 늦추자고 부탁을 했다고 하는 이야기가 있어요. 그것은 옳지 않습니다. '협상하자. 공개하자'고 하니까 미국이 안 된다고 그랬습니다. 그래서 협상을 안 하고 갔더니 미국이 일방적으로 여단 병력을 이라크로 뺀 거예요. 그 문제로 난리가 나지 않았어요? 그래서 공론화시켰죠. 그때 또 정부에 대해서 비난이 많았지만 우리 나름대로 원칙이 있었습니다. 그래서 국방부정책실장 안광찬, 이명박 정부에서 위기관리 실장하고 그랬는데 안광찬 정책실장과 롤리스가 협상을 했습니다. 국방부에 "우리가 안보위기 없이 뺄 수 있는 방법이 무엇이냐?"고 물었죠. 그랬더니 4년에 걸쳐 감축하는 것인데, 미국은 2년에 걸쳐서 빼겠다는 것이었습니다. 2004년 여름쯤인데 NSC상임위원회 지침으로 4년간 1만 2천5백 명을 뺀다는 것을 우리 안으로 정했습니다. 이 안은 우리 군에서 그렇게 빼는 것이 제일 안정적이라고 해서 정해진 것이었습니다. 그렇게 하자고 했더니 미국에서 줄다리기만 하고 협상을 안 하려고 하는 거예요.

어느날 갑자기 안광찬 실장이 굉장히 다급한 소리로 전화를 했습니다. 롤리스와 마지막 담판을 하러 가는데, "롤리스가 본인들의 안을 안 받아들이면 2004~2005년에 다 빼겠다고 합니다."라고 하더라고요. 안광찬 실장은 저에게 '그냥 2년 받으세요' 하는 대답을 받고 싶었던 것처럼 들렸습니다. 롤리스는 한국말도 알면서 한국의 언론을 이용할 줄 아는... 이 롤리스가 국방부수석부차관보까지 했고, 동아시아 담당 책임자입니다. 롤리스가 안광찬을 겁박을 한 거지요. 제가 그래서 안광찬 실장에게 "그냥 나가라고 그러세요. 왜 협상이 필요하냐? 그냥 나가라 그러세요."라고 했습니다. 이렇게 얘기를 해야만 가서 안광찬 실장이 롤리스에게 이종석이 그러려면 당신들 계획대로 나가라고 그런다고 하면서 스트레스를 치워줘야 그걸 가지고 협상을 하는 거예요. 실제로 그 다음 날 아침에 우리 안으로 협상이 됐다는 전화가 왔죠.

박용수: 한미관계에서 미 대사가 차지하는 위상이나 의미가 어떠한지…, 대사를 통해서 논의하다 보면 왜곡되는 부분도 있는 건가요?

이종석: 그런 것은 아니죠. 모든 미국 대사들은 그 나라를 대표하고 있는 것이죠. 그래서 왜곡될 가능성은 많지 않습니다. 아까 얘기한 것처럼 감축이나 이런 문제들을 한국 정부가 버티면서 공개하자고 하니까 대사가 중간에서 자기 식으로 보고할 수는 있지만, 일반적으로 전달해야 하는 내용은 그대로 보고하겠지요. 다만 이런 게 있는 거죠. 미국으로서 대한민국은 중요한 나라이기는 하지만 자기들이 관리하는 많은 나라 가운데 하나죠. 미국에서는 몇 단계 걸쳐서 있는 문제가 대한민국에서는 대통령이 몇 날 며칠을 안보관계 장관회의에서 결정할 문제라는 정책결정 구조상의 비대칭성이 있는 겁니다. 그 얘긴 미국에서는 한국문제에 대해서 부시 대통령한테 전달할 말씀이나 핵문제 같은 건 정확성이 요구되지만, 그 외에는 멀리서부터 들어가는 거니까 대사가 융통성을 가질 수 있는 부분이 생기는 거지요. 그렇지만 우리는 그렇게 할 수 없지요. 우리 안보니까, 대통령 직접 관심사니까 이런 비대칭성이 생길 수밖에 없죠. 이런 건 약소국과 강대국 사이에서 나타나는 거예요.

우리가 과거처럼 미국 대사에 전적으로 의지하지는 않습니다. 왜냐하면 지금은 주미 한국 대사관의 역할도 비중이 있고, 그 다음에 미국의 동아태 차관보와 우리도 긴밀하게 연결되어 있고 네트워크도 많이 있습니다. 참여정부 때도 부시 대통령과 아무 때나 통화할 수 있는 등, 사람들이 참여정부 한미관계 안 좋다고 하는데, NSC 끼리의 전화, 대통령끼리의 전화를 보면 그런 얘기들이 무색해보이죠. 그러니까 네트워킹이 굉장히 많기 때문에 박정희 대통령 시대와는 다르지요. 그러다 보니까 지금은 대사가 누구냐에 따라 역할이 달라집니다. 크리스토퍼 힐 같은 경우는 역할을 좀 한다거나, 성 김이나, 스티븐스 등은 좀 떨어질 수는 있겠지요.

장훈각: MD 한반도 배치문제와 이라크 파병문제에 대해 보다 구체적인 결정 과정에 대해서 말씀 부탁드리겠습니다.

이종석: MD는 국민의 정부 때 이미 정책이 결정되어 있었습니다. 미국이 말하는 MD체계가 한국적 현실에서는 맞지 않습니다. 다들 알고 있는 것이지만, 북한에서 수도 서울까지 종심이 짧아 MD로는 어떻게 대처할 수가 없는 거죠. MD는 대륙간탄도탄이나 거기에 버금가는 장거리 미사일에 대해서 요격하는 것인데 우리는 이미 북한의 장사정포에 의해서 수도 서울이 사정권 내에 들어와 있고, 그 짧은 거리에서 대응하기가 어렵기 때문에 미국이 얘기하는 MD의 효용성이 굉장히 낮다고 판단을 했습니다. 그 판단은 국민의 정부 때 이루어졌고, 노무현 대통령은 물론 참모들도 동의를 했습니다. 군에서도 그러한 판단에 대해서 이견은 없습니다. 참여정부는 군사적으로 전략적으로 효율성은 굉장히 떨어지는데, 동북아에서 특히 중국을 긴장하게 만들면서 한중관계에 부정적인 역할을 미치는 것이나, 비용문제를 생각하면 할 필요가 없고 다른 방식으로 대응을 하자는 판단이었죠.

박용수: 미국의 군수산업 로비가 어느 정도까지 영향을 미칠 수 있는 것인지요?

이종석: MD 자체가 군수산업의 로비가 있었는지는 모르겠어요. 우리가 MD와 관계없이 에이왁스(AWACS), 조기경보체제를 갖춰야 한다는 것이 공

군의 판단이어서 에이왁스를 들여오려고 했었습니다. 이 보잉사 에이왁스 가격이 조 단위로 엄청 비쌉니다. 미국이야 세계를 상대로 해야 하니까 에이왁스의 정보 투사 범위가 넓은데 우리는 그것보다 좁잖아요. 그런데 이스라엘에서 그걸 개량했고, 가격이 4분의 1 정도여서 그걸 들여오려 했습니다만, 미국이 이스라엘과 우리 쪽에 압력을 넣어서 결국 못했어요. 미국의 군수산업체가 자기들의 이익을 관철하기 위해서 엄청나게 애를 많이 쓰죠.

북한의 최첨단 무기체계는 러시아 체계로 되어 있다고 봐야 됩니다. 그래서 우리가 옛날에 소련에게 주었던 차관 중에서 받지 못한 것이 있었는데, 러시아는 이를 방산품으로 주기를 원했습니다. 러시아제 탱크는 대대 병력으로 있는데, 그 외에 항공이나, 잠수함 부분에 대해서 얘기를 했더니 호환성 문제가 있더라고요. 잠수함은 또 러시아 축전지가 무겁다고 하고. 그런 얘기를 NSC에서 군에 한 것은, 약간 비효율적인 측면이 있을 수는 있지만, 북한의 최첨단 무기체계를 우리가 장악할 수 있는 것 아니냐 하는 입장이었는데 생각보다 잘 안 되었습니다. 우리 군이 가지고 있는 미국 군수장비에 대한 의존적 사고를 갖고 있었다는 것 외에 또 한편으로는 미국의 군수업체들은 끊임없이 새로운 무기들을 팔려고 애를 쓰는 것은 사실입니다.

장훈각: 미국의 압력을 말씀을 해주셨는데요.

이종석: 군수산업의 압력이에요. 미국 정부가 직접 압력을 넣는 게 아니라, 간접적으로는 서포트가 되지만 미국 정부가 나서서 하지는 않았죠. 물론 미국 정부 고위관계자가 간접적으로 서포트하는 경우는 있을 수 있습니다. 국가 대 국가인데, 쉽게 말해서 우리가 값싸게 이스라엘에서 사고 싶어도 우리한테만 압력 넣는 게 아니라 이스라엘에도 압력을 넣으니까

요. 미국의 군수산업체라는 것이 이해관계가 굉장히 넓게 얽혀 있는데 그 전체를 다 파악하기 어렵고, 제가 그런 입장에 있었던 것이 아니기 때문에...

장훈각: NSC에 직접적으로 영향을 미친다거나 접근을 한 것은 아니었나요?

이종석: 아니죠, 그렇게는 안 하죠. 한다면 실무적인 부서나 이런 데에 그 필요성을 더 강조해서 하게 만들지... NSC한테 오면 정치적인 문제가 되잖아요.

장훈각: 이라크 문제로 넘어가겠습니다. 이라크 전투병 파병문제가 노무현 정부에게는 상당한 정치적 부담이었습니다. 이 문제가 처음으로 논의되기 시작했던 과정부터 NSC에 계시면서 겪었던 어려움이나, 결정에 대한 소회에 대해 말씀을 부탁드립니다.

이종석: 2차 파병인 거죠. 2003년 9월 초인데, 그때 이미 추가 파병을 요청할 것이라는 소문은 파다하게 퍼져 있었습니다. 롤리스 차관보가 NSC에 찾아 와서 3천 내지 5천 명의 경보병 여단을 지원해주면 좋겠다고 요청했습니다. 그것을 받고 우리가 고민을 하는 거죠. 왜냐하면 당시 북핵문제나 다양한 문제가 터졌을 때였으니까요. 그때 한미동맹에 대한 강조가 엄청나게 심했어요. 노무현 정부는 반미적일 것이라는 예단 속에서 보수적인 언론이나 사람들이 동맹을 지키기 위해서 무엇이든지 다 해줘야 한다는 압박이 굉장히 강해지고 있던 시절이었고, 대통령의 지지기반은 동맹을 무시하는 것은 아니지만 우리가 자주적인 모습을 보여야 할 것 아니냐면서 서로 부딪힐 때였습니다. 참 어렵더라고요.

무엇보다도 북핵문제도 있지, 감축문제는 완전히 어떻게 할지 결정이 안 된 상태지, 용산기지 이전이니 뭐니, 안보의 IMF라고 할 정도로 엄청나게 많은 사태가 펼쳐 있는데, 이번엔 이라크에 전투병을 보내 달라는 거잖아요. 그러면 이라크 전에 개입이 되게 되고, 그 늪에 빠지게 되면... 하는 이런 시나리오들이 나오니까 엄청나게 고민이 되는 거죠. 그때만 해도 사람 한두 명 다치는 것도 걱정이 될 때였는데, 정부 내에서 입장이 갈려 있었습니다. 국방외교안보 라인은 미국이 원하는 것은 해줘야 한다고 생각했어요. 처음에 요청한 건 3천에서 5천 명이었는데, 한 달도 안돼서 인도나 터키에 대한 요청을 그들이 거절함으로써 우리에 대한 기대치가 더욱 커졌어요. 왜냐하면 우리는 신중하게 결정해야 한다며 결정을 못하고 있었고, 우리 김희상 국방보좌관 등등 해서 대규모 전투병 파병을 강력하게 주장하던 때였어요. 시민사회는 파병은 안 된다고 하고, NSC에서는 입을 딱 다물고 있었죠. 저는 전투를 해서는 안 된다는 생각을 가지고 있었지만 답이 없으니까 입 다물고 있었습니다. 시민사회 쪽은 파병은 곤란하지 않냐, 한편으로 파병은 안 할 수가 없으니까 전투병 파병은 안 된다는 입장이었어요. 그런데 그 사이에 우리가 조사단도 보내고 하는데 우리 외교 라인과 안보 라인에서는 대규모로 보내야 한다는 것이 공론화되었습니다.

대통령이 어느 날 저를 부르시더라고요. 10월 10일경이었습니다. 집에서 점심 막 먹고 샤워하고 있는데 집으로 전화가 왔어요. 대통령께서 집으로 전화하는 경우는 보통 없는데, 밥 같이 먹을 수 있냐고 해서 먹었다고 하니까, 들어올 수 있냐고 해서 제가 집이 분당인데 얼른 들어갔습니다. 대통령님하고는 원래 독대라는 게 없어요. 제가 대통령을 3년을 모시면서 단둘이 만난 것은 딱 두 번밖에 없어요. 대통령은 무조건 독대는 없고, 옆에 부속실장이나 누가 들어오는 사람이 있어도 회의구조가 아닌 곳에서 결정된 것은 결정사항이 아니라고 생각했습니다. 사람들은 보내라 그러지, 당신은 이 전쟁이 정의의 전쟁이 아니라는 것을 빤히 알지, 한 쪽에서는 동맹이 위험하다라고 얘기하지 하니까... 대통령이 그때 제게 몇 시간 동안 얘기를 하셨어요. 지금도 참 가슴 아프게 다가오는 것이..., 우리 외교관들이 미국을 얼마나 설득할 수 있겠나 하는 좌절감을 표현하시더라고요.

10월 16일인가 17일 아침에 조찬에 윤 장관님이랑 저를 부르셨습니다. 18일 저녁에 시민사회 대표들을 다 불러놓고 대통령님이 의견을 듣게 되어 있는데, 18일에 국가안전보장회의를 열어서 "일단은 이라크 파병을 한다는 것을 결정한다, 그러나 규모와 성격 부분에 있어서는 추후에 정한다."라는 것을 그 회의에서 결정하자고 대통령께서 고통스럽게 말씀하셨어요. 미국에게 일단 파병한다는 것은 알려줘라 한 거예요. 그런데 저는 시민사회 대표들을 만나 아무것도 결정된 사항이 없다고 했는데, 뭐라고 할 수도 없고 정말 힘들었습니다. 그런데 그 일이 문화일보인가 어디로 새어 나갔어요. 결과적으로 시민사회 대표를 만나기 전에 파병을 결정한 것처럼 된 거지요. 그것을 계기로 해서 시민사회에서 파병 반대가 일었어요. 대통령께서 결정한 것은 파병한다는 것이고, 규모와 성격은 결정 안 했는데, 제일 중요한 것은 어떤 성격과 규모로 간다는 건데.... 참 힘들었습니다.

그때 노무현 대통령이 노린 것은 미국이 북한에 대해서 서면안전보장을 해주면 핵문제에 대해서 북한이 포기할 수 있는 가능성이 생기지 않겠냐 해서 우리가 그걸 중재를 섰어요. 결국은 APEC 정상회담에서 미국이 서면보장해줄 용의가 있다고 해서 우리 대통령도 선물을 준 거예요. 그런데 이런 과정들 때문에 우리가 이라크 파병을 북핵문제에 이용했냐 안 했냐 이러는데, 우리가 북핵문제에 미국이 협조 안 하면 파병 안 하겠다라고 하는 것은 아니었습니다. 당연히 외교라는 게 레버리지를 만드는 거 아니에요? 우리가 레버리지를 만들려고 했던 것은 사실입니다. 다만, 핵문제에 관해서 미국이 우리말을 안 들으면 파병 못 한다 이런 얘기는 없는 거지요. 북한에 대한 서면안전보장을 부시가 해준다고 하는 게 거기서 나온 거예요.

대통령이 APEC 정상회담 다녀오시는 그 사이에 국내에서는 파병 결정

자체가 대규모 파병론자들의 의견에 힘을 실어주는 격이 돼서, 언론에 파병해야 하는 숫자가 천 명, 2천 명씩 올라가서 나중에는 1만 2천 명까지 되더라고요. 대통령이 돌아오신 후에 제가 말씀을 드렸습니다. "아무래도 이제 정리를 해야 할 것 같습니다. 2천 내지 3천 명 정도를 보내고, 어느 부대가 가든 관계없이 전투병적 성격을 가지면 안 됩니다." 일반적으로 사람들은 무기를 들었으면 전투병이라고 생각합니다. 그러나 우리는 가서 무엇을 하느냐를 중요하게 생각했습니다. 아직까지 용어에 혼동이 있습니다만, 경계 서고, 이라크 민병대 훈련시키고 그게 어떻게 전투병이에요? 그러한 내부 판단을 대통령하고 나하고 그즈음에 하고 있었어요. 그리고 정무 쪽에서도 그 정도면 어느 정도 설득할 수 있지 않겠나 생각했습니다. 그런데 18일 날 이미 시민사회는 돌아섰기 때문에 설득이 안 되더군요. 언론에서 하도 크게 부풀려 놔서 가만히 있다가는 1만 2천 명 전투병이 가야만 되고, 미국이 그런 식으로 알고 있다가는 한미동맹에서는 큰 문제가 되겠더라고요. 그래서 대통령님의 허가를 받아 조복래 연합뉴스 차장을 롯데호텔로 불러서 점심을 같이 먹으면서 이야기해 주었습니다. "2천 내지 3천 명의 비전투병의 파병이 적정하다."라고 청와대 핵심 관계자로 해서 불러줬어요. 그랬더니 그 다음 날부터 조선일보는 제가 했다는 걸 알고 이종석 차장이라고 실명을 거론하면서 3일 동안 사설을 쓰더군요. 아닌 밤중에 홍두깨처럼 2, 3천 명 비전투병이라고 하니까...

안보관계장관회의를 열어서 2천 내지 3천 명을 규모로 잡았습니다. 왜 그렇게 잡았냐 하면 미국이 처음에 3천에서 5천 명을 얘기를 했기 때문에 미국말을 어느 만큼은 듣겠다는 뜻으로 그렇게 잡은 거예요. 대신에 평화재건지원부대라고 고건 총리가 아이디어를 냈어요. 우리는 비전투병이라고 했는데, 시민사회는 총 들었으니까 전투병이라고 했습니다. 우리가 가서 할 수 있는 것이 무엇인지 연구를 했죠. 그래서 나온 것이, '특정 지역을 맡겠다, 우리가 있는 지역은 미군이 절대 있으면 안 된다' 미군이 있으면 전투를 하게 되니까요. 그리고 '어느 지역을 맡든 우리는 이라크 민병대를 훈련시키겠다'고 했습니다. 그러니까 미국은 '어떻게 전투를 안 하고 지역을 맡느냐? 의료·건설부대 같은 경우는 전투부대가 그 앞에서 지켜주고 하는 것이 있지만...' 하는 분위기였어요.

미국이 이해 안 하는 것도 있었지만, 우리 외교관들이나 국방 관료들도 동의하지 않는 의견들이 많았습니다. 그때 이수혁 외교부 차관보가 "아니 그래도 보내주면 고맙다는 얘기를 들어야 되지요."라고 하면서 굉장히 긍정적이더라고. 그래서 대통령한테 이수혁 차관보를 추천해서 협상단 대표로 미국에 보냈습니다. 그래서 이수혁, 서주석 전략기획실장, 차영구 국방부 정책실장 이렇게 해서 미국에 보냈어요. 우리의 안을 미국에 주고 왔는데, 미 국방부 반응이야 시니컬하지 않겠어요? 고맙다는 얘기도 듣지 못하고 돌아왔습니다. 그러고 나서 일주일에서 열흘 동안 너무나도 고통스럽고 긴장된 날을 보냈어요. 미국이 만약 그렇게 할 거면 그냥 보내지 말라고 할 경우, 노무현 정부가 다시 한미동맹 깨뜨린다는 비판이 나올 것이고, 부시 정부가 고맙다고 나올 경우에는 성공하는 것이지만...

그 직후에 이라크 남부에서 폭탄 테러가 나서 이태리 경찰부대원 열 몇 명이 죽었습니다. 분위기가 더 험악해졌어요. 상황이 이렇게 되니까 미국은 한국이라도 더 와야겠다는 생각을 하게 됩니다. 럼스펠드 미 국방장관이 한미안보연례협의회 참석차 한국을 방문했는데, 방문할 때까지는 미국 정부가 한국에 제안을 어떻게 할 것인지, 증원해 달라고 할 것인지, 아니면 오지 말라고 할 것인지, 오케이 할 것인지 결정 못 하고 있는 상태였고, 더군다나 럼스펠드가 와서 말 함부로 하고 나면 우리는 또 막 뒤흔들릴 것 아닌가 하는 걱정을 하고 있었습니다. 그 와중에 허바드 대사에게 백악관에서 연락이 온 거죠. "한국 정부에 감사하다." 그렇게 해서 자이툰 부대가 파병된 것입니다.

그런데 속으로는 불만이 있었습니다. 제가 12월 달에 미국에 직접 갔습니다. 당시 월포비치라고 국방부 부장관이 자기는 이해가 안 된다는 거예요. 그래서 제가 다른 건 얘기하지 말고 당신들이 가지고 있는 지역 중에서 하나를 우리에게 맡기라고, 그러면 우리가 죽이 되든 밥이 되든 알아서 할 것이라고 했습니다. 미군 한 명도 필요 없다고 그랬더니, "그런 뜻이냐? 알았다."고 해서, 관리 방식은 우리 방식대로 하기로 하고 돌아왔습니다. 월포비치가 네오콘의 핵심입니다. 그 후에 파병을 했습니다. 처음에는 키르쿠크 쪽으로 가려고 했어요. 그쪽이 석유도 나고 해서 가려고 했는데 중대 병력으로 공항을 지키는 미군 병력이 있더라고요. 그래서 그 병력을 빼달라, 그 병력을 빼고 우리가 다 맡아야 하겠다고 했습니다. 미군이 있으면 테러가 발생하고 우리 방식대로 안 되니까 그렇게 했습니다. 그러나 미국은 키르쿠크 공항은 뺄 수 없다고 하더라고요. 그래서 속으로는 잘 됐다고 생각했어요. 왜냐하면 더 안전한 지역으로 갈 수 있으니까요. 그래서 골라서 간 곳이 아르빌입니다. 그곳은 쿠르드족들 지역이에요. 쿠르드족은 터키, 이란에 흩어져 있는 민족입니다. 우리는 치열한 전투지역, 수니파들이 있는 전투지역은 가고 싶지 않았습니다. 그런데 미국도 이제 자기들이 핵심 전력이 있는 데는 빼고 싶어 하니까 결국은 아르빌이 된 것이지요. 외교적으로 우리가 협상을 잘한 거죠. 그 협상을 한 사람이 김장수 작전본부장이에요. 저와 손발을 맞춰서 했습니다. 이라크 파병문제는 전적으로 제가 담당했어요. 파병을 적게 하니까 모두 싫어했습니다. 이런 과정을 거쳐 자이툰부대를 파병을 했습니다. 자이툰부대가 한 3년인가 있었는데 그 사이에 단 한 차례의 전투도 안 했어요. 비전투병 맞잖아요. 다만, 한 명이 자살을 했어요. 아직까지도 정당한 평가를 못 받고 있는 것이 안타깝지만...

2003년 말 2004년 초부터 파병을 하고 2004년 말에 대통령께서 자이툰부대를 전격적으로 방문을 하셨죠. 그때 APEC 정상회담이 남미에 있었습니다. 남미에 열흘 가까이 다녀오시자마자 그 다음에는 유럽에서 ASEM이 있어서 3일 만에 바로 가시는 일정이었습니다. 남미에서 오셔서 굉장히 피곤하실 텐데 저를 부르시더라고요. ASEM이 유럽 몇 개 나라를 돌고 프랑스에서 돌아오시는데 중간에 자이툰부대를 들르시겠다는 거예요. 깜짝 놀랐습니다. 테러공격 대상이 되니까 수송기가 착륙할 때도 그냥 내리지 않고 박격포 때문에 지그재그로 내려야 하는 굉장히 위험한 곳입니다. 게다가 대통령께서 짧게 귀국하셨다가 출국하시는데 그 사이에 대통령께서 아르빌에 들어가실 수 있는 준비를 해야 합니다. 그런데 이게 보통 일이 아니란 말이지요. 대통령이 비밀리에 아르빌에 들어갔다 나온다는 것은 보통 작전이 아닙니다. 그래서 동방작전이라 이름을 붙여서 했습니다. 대통령님 시간이 빠듯한데 진짜 그렇게 하셔야 겠냐고 했더니, 그럼 지금 못 가면 구정 때 가야지 하시더라고요. 그래서 열흘 만에 극도의 보안 작전을 통해서 대통령이 자이툰부대에 가서 병사들 만나는 감격적인 순간들이 있었습니다.

박용수: 대통령께서 파병 결정을 한다는 말씀하실 때 그 직전에 시민단체 인사들과 모임을 갖기로 하셨잖아요?

이종석: 모임을 갖기로 했지요. 그런데 대통령께서 그렇게 말씀을 하실 줄은 몰랐지요. 시민단체 인사들과의 모임이 있는데...

박용수: 원래는 대통령께서 그분들께서 얘기를 듣고 난 후에 결정을 하셔야 하는데 왜 그렇게 바뀐 거죠?

이종석: 그것이 아마 APEC 정상회담을 위해서 대통령이 곧 출국을 해야 하는 시점이었습니다. 대통령은 가급적이면 갔다 와서 모든 결정을 하는 것으로 마음을 먹었는데, 부시를 만났을 때 어떤 레버리지를 가져야 한다

고 외교 쪽에서 건의를 많이 하니까 고민을 무척 많이 하셨을 거예요. 또 유엔에서 이라크 파병 다국적군을 지지하는 결의안이 막 통과되었습니다. 그게 큰 영향을 미쳤지요. 대통령의 고민은 솔직한 거죠. 보내는 건 보낼 거 아니냐? 그리고 성격이나 규모에 대해서만 계속 논의하면 될 것 아니냐 하는 판단이 있었을 거예요. 미국하고의 전략에서도 써먹고, 국민들에 대해서도 예의를 지킨다는 차원에서 어렵지만 그런 판단을 하셨을 거예요. 그 결정은 대통령이 직접 내리신 겁니다. 그건 제가 낸 아이디어가 아니거든요. 물론 외교부 쪽에서는 빨리 해야 한다고 했지만, 저는 대통령께서 다녀오신 다음에 하실 줄 알았습니다. 그날 오후에 회의가 있었기 때문에 차라리 회의 다음 날 만나서 하시거나 했어야 하는데, 저하고 외교장관을 불러서 말씀을 하셨어요. 그런데 그것이 어떻게 새어 나갔는지...

장훈각: 그것이 새어 나갈 수 있는 정보가 아닌 것 같은데요. 최고정책 결정자의 판단이 있은 지 바로 얼마 안 된 시점이고.

이종석: 시점도 시점이지만... 외교장관은 외교부에 얘기를 하셨을 것 아니에요. 그것이 누구의 책임이라기보다는, 그렇게 한 이야기가 밖으로 나가면 부정하지 않는다는 거예요. 아시는 것처럼 대통령이 솔직하고 직설적이잖아요. 그래서 인정해야지 하시더라고요, 그래서 할 수 없이 인정했지요.

박용수: 국내정치적으로는 상당한 부담이었잖아요?

이종석: 부담이었죠. 그런데 제가 볼 때는 이 기술적인 문제가 사실은 시민사회 쪽을 완전히 등을 돌리게 한 것이에요. 아직까지도 내내 아까운 대목입니다. 제가 김기식 참여연대 처장까지 설득해 놓고 대통령께서 이

렇게 하신다고 했는데, 일이 이렇게 되니까 배신당했다는 생각을 하는 거지요.

장훈각: 이야기가 끝난 다음에 결정이 되었으면 다른 문제인 것이죠.

이종석: 그 순간 보안 유지를 할 것도 아니에요. 이미 대통령이 그런 판단을 하신 이상 시민사회에 나가서 먼저 말씀을 하겠다는 생각을 하신 거예요. 대통령 성격에 제가 아침에 이렇게 결정을 했는데 회의에 나가서, "여러분 말씀 듣겠습니다." 이렇게 못 하시거든. 그래서 나는 그 순간 큰일 났구나 생각을 했습니다. 대통령의 솔직한 성격이 나온 것이지요.

장훈각: 흘렀다기보다는 이미 결정이 난 것에 대해서 오픈을 한 거라고 봐도.

이종석: 오픈이 안 되었어도 대통령께서 아마 저녁 때 만나서 나는 일단은 보내겠다는 말씀을 하셨을 거예요, 틀림없이. 노무현 대통령을 잘 모르는 분들은 여러 가지 음모론을 얘기하는데 그분은 그런 점에서 특별한 사람이에요. 꼼수라는 것에 대해서 아주 싫어하는 스타일입니다.

박용수: 정치적으로는 상당히 부담스러운...

이종석: 참모인 저는 엄청 부담스러웠지요. 대통령은 어쩌면 그랬을지도 모릅니다. 이미 마음속으로는 결정을 해놓고 만나서 다른 이야기 듣는 척 하는 것... 대통령이 제일 싫어하는 것이 남대문시장에 새벽 4시에 나가서 같이 오뎅 먹으라고 하면 "왜 나한테 전시행정 하라고 하느냐. 나한테 쇼하라는 것 아니냐. 진정으로 감동을 주지도 못 하면서 감동처럼 보이

게 하느냐?"는 말씀이었습니다. 그리고 대통령께서 헬기를 많이 타고 다니셨어요. 왜냐하면 도심을 지나갈 때 교통이 많이 통제되니까. 비 오거나 할 때 헬기 못 타고 다닐 때도 있어요. 그러면 수석보좌관이나 관계된 사람들이 따라가잖아요. 처음엔 저는 제 차를 타고 가는 줄 알았어요. 그렇게 행차 동선이 길어지면 국민들이 불편하잖아요. 그래서 대통령 차, 경호실장과 비서실장 차, 그 다음에 청와대 마이크로버스에 수석비서관들이 옹기종기 이렇게 포개 앉아서 타고 가는 겁니다. 어떤 때는 앉아서 우리끼리 수다를 떨어요. 한번은 막 수다를 떨고 있는데 뒤에서 연합뉴스 기자 한 분이 누워 있다가 일어나는 거예요. 뭐 대단한 얘기를 한 건 아니지만. 그런 식으로 항상 국민 편에 서셨습니다. 우리는 마이크로버스를 타고 다녔어요. 그런데 한 번도 대통령이 그래서 그걸 타고 다녔다고 얘기한 사람이 없어요, 이제 얘기하고 싶더라고요.

>>>>> 4차 구술

장훈각: 오늘은 인터뷰 마지막회입니다. 대미관계에 있어서 참여정부의 전략적 유연성 문제, 그리고 안보와의 관계에서 한국 정부의 입장이 어떠했는지 그 부분부터 말씀해 주시면 감사하겠습니다.

이종석: 미국이 처음 전략적 유연성에 대한 개념을 얘기할 때는 그 개념도 정확하게 형성이 안 되어 있었습니다. 다만 미군이 그 수도 적고, 전 세계에서의 여러 전쟁에 동시 대응하기 위해서 미군을 어느 한 곳에 붙박이로 만들 수 없다고 하면서 수용해 달라는 것이었어요. 기동화, 신속화, 경량화가 핵심적인 내용이었습니다. 우리는 한미상호방위조약도 있고 주한

미군은 북한에 대한 억지력의 기본이기 때문에 곤란하다는 입장을 가지고 있었습니다. 미국이 이 문제를 협의하자고 해서 대통령께 보고를 드리고 논의를 했습니다. 전략적 유연성을 보장해 달라는 말의 핵심 내용은 미군이 다 나가겠다는 것이 아니라, 미군이 한반도에 있다가 필요에 따라 나갔다 들어왔다 할 수 있게 해 달라는 것이었어요.

미군의 전략적 유연성이라는 것이 실현되기 위해서는 한국의 안보가 항상 안정적으로 유지된다는 것이 첫 번째 전제였고, 이것은 미군이 당연히 그렇게 해 준다고 하죠. 그리고 두 번째가 가장 핵심이고 논란이 되는 것이었는데, 미군이 전략적 유연성이라는 것을 세계적으로 발휘한다고 했을 때, 예컨대 미군이 평택에 있으면서 동북아시아에서, 굉장히 극단적인 겁니다만, 중국과 대만 사이에 분쟁이 나서 이 문제를 해결하기 위해 주한미군을 동원한다 하면 3차 대전이 되어 버리는 것이죠. 이것은 순전히 논리적인 것이기는 하지만 어쨌든 논리적으로는 상정이 가능하고 국민들이 의구심 갖는 것이 이런 문제였으니까요. 만약에 대만 문제에 미국이 중국과 교전함에 따라 주한미군이 대만으로 전개된다면 당연히 중국은 한국을 타겟으로 삼지 않겠어요? 이것은 안 되겠다는 거죠. 이런 이야기는 동북아 지역은 절대로 안 된다라는 거였어요. 이것을 미국에게 관철하기 위해서 미국이 전략적 유연성을 발휘하기 위해서 군대를 빼거나 이동시킬 때는 우리 대통령의 재가를 받아야 한다고 했고, 미군은 미국 대통령이 아닌 다른 원수의 지휘를 받는 경우는 있을 수 없다고 나왔던 겁니다.

그래서 우선 논의해 본 것이 서로 협의해서 적용하는 것이었습니다. 이것이 1번 케이스입니다. 그런데 우리 간다, 안 돼 싫어, 갈 거야, 이러다 보면 미국이 가 버릴 수가 있어요. 처음에는 이 1번 케이스대로 해보려고 했는데, 후에 보니까 1번 케이스는 결국 곳간의 열쇠를 양쪽에서 다 가지고 있는 것과 마찬가지였습니다. 그래서 고민하다가 나온 것이 한미상호방위조약에 법적으로 위배되지 않으면서 미국이 전략적 유연성을 실현하더라도 동북아 지역에서는 절대로 우리 허락 없이 움직이지 않게 하기 위한 것입니다. 결국 이런 합의를 봤습니다. 외교장관끼리 체결한 합의문입니다. 첫째, 한국은 미국의 전략적 유연성을 존중한다. 두 번째는 미국은 한국인의 의지와 관계없이 동북아 분쟁에 말려들지 않는다는 입장을 존중한다. 이런 두 가지 합의를 봤어요. 이 합의를 볼 때 지금은 유엔 대사로 있지만 김숙 북미국장이 롤리스를 만나 사적인 자리에서 왜 그렇게 얘기했는가 하는 것을 대만 케이스 같은 우려를 예를 들어서 얘기했어요. 공적인 회의 석상에서 말하기는 조금 어려운 이야기였습니다. 그리고 제가 이러한 사항들을 외교부에 내려가서까지 기자들에게 설명을 했는데 안 믿더라고요.

　그 합의문은 아까 언급한 두 가지 사항을 모두 존중하게 되어 있어요. 사람들은 전략적 유연성을 존중한다는 이야기만 합니다. 저는 이것도 또 다른 진보 사대주의라고 생각해요. 동북아 문제에 우리 의지와 상관없이 개입되는 것을 반대한다는 것을 미국이 존중한다고 했으면 후자도 존중해야 된다고 생각해요. 전자는 미국의 요구대로 되고 후자는 안 될 거라고 보느냐는 생각에 많이 서운했던 적이 있었어요. 동북아 지역에서는 미국은 어떤 경우에서도 움직일 수 없다고 못 박고 싶었어요. 그때 노무현 대통령께서 하시는 말씀이, "현재의 우리는 그렇게 하고 싶은 것이지만, 그것은 후대의 대한민국 주권을 가진 정부와 국민이 결정할 일이지 우리가 지금 딱 못 박을 일은 아니다. 그러니까 우리의 의지와 상관없이 분쟁에 휘말리는 일은 없다는 것을 존중한다고 하면 되지 않겠느냐?"라고 법률가답게 합리적으로 말씀하시더라고요. 그래서 그렇게 두 개를 잡아서 했던 것이었어요. 그런데 전략성 유연성에 대해서는 많은 분들이 한국이 무조건 양보했다고 알고 있어요. 절대 그런 것은 아니거든요. 미국이 나갈 때도 안보사항에 이상이 없는 경우, 이라크 같은 곳에 나갈 때는 우리가 막을 수는 없지만 동북아는 안 된다는 거죠. 그게 전략적 유연성의 핵심이고 내용인데 이 과정에서 진보, 보수 양쪽에서 수많은 비판을 받았습니다. 많은 분들이 아직도 한국 정부가 미국에게 전략적 유연성을 넘겨줬다고 말씀하시는데 정말 잘못된 것입니다. 동북아 외 지역에까지 안 된다고 하면 그건 미군을 철수하라는 말이나 마찬가지인데 어떻게 하느냐 해서 그렇게 합의를 보았습니다.

장훈각: 참여정부의 자주국방 정책, 전시작전권환수 문제, 그에 대한 대응으로 한국군의 지휘능력 강화체계 이런 것들이 어떻게 이뤄졌는지 말씀 부탁드립니다.

이종석: 노무현 대통령과 2002년 외교안보 자문팀을 구성했던 핵심 멤버들, 결국 인수위원이 되었던 서동만, 윤영관, 이종석, 서주석 4인이 의기투합하는 지점이 자주국방이었습니다. 무슨 얘기냐 하면, 대한민국이 능력이 닿는 데까지는 자기 능력만큼 자기 국가를 지키고자 하는 의지가 필요하다. 이것에 대한 주권의식이 의기투합의 지점이었습니다. 노무현 대통령은 기본적으로 우리가 지킬 수 있을 만큼은 지키고, 그 외에 안 되는 만큼을 도와 달라고 해야지, 6 · 25 이후 50~60년이 지나 우리가 이라크 파병할 때 수송기 하나를 얻더라도 우리가 내고, 월급도 우리가 지급하는 등 이렇게 능력이 달라졌는데 어떻게 지금도 똑같은 의존을 얘기하느냐 이거죠. 또 대통령이 가장 싫어하는 말이 '인계철선'이었어요. 서울에 미국 사람이 한 10만 명쯤 살면 전쟁이 나면 자동적으로 미군이 개입된다 하는 말이 제일 싫다 이거예요. 아니, 우리가 북한이 쳐들어오면 지킬 수 있는 능력을 가지고, 안 되는 부분이 어디인지 찾아서 도와 달라고 말해야지, 이런 식의 일방적인 의존이 우리 사회에 의존 심리를 만들고, 우리나라가 정상적이고 건강하게 크는 데 너무나도 큰 저해요인이 된다는 생각을 하고 계셨어요. 대통령의 자주국방 의지는 후보 때부터 가지고 있었던 것이었고, 그것은 반미가 아니라 전 세계적으로 작전통제권을 가지고 있지 않은

나라는 대한민국밖에 없다는 것이죠. 단 만 명의 군대를 가져도 그 나라 최고지도자가 통수권을 갖는데 우리는 그게 아니라는 것이죠.

옛날에는 이승만 대통령이 국난위중의 상태에서 작전권을 넘겨줬지만 이제 받아올 때가 되었다. 그리고 그것은 반미나 한미관계의 균열이 아니고 정상적이고 건강한 한미관계의 발전이라는 생각이었어요. 사실은 이러한 것들이 정치적인 쟁점이 안 되었으면 당연히 그렇게 받아들일 수 있는 것인데, 누가 옳다 그르다 얘기하는 게 아니라, 모든 것을 반대하는 그런 대립 구도다 보니까 대통령을 반미로 몰아간 것이죠. 작전통제권환수 문제는 노태우 대통령 후보 시절에 나온 것입니다. 거의 15년 지난 것 아닙니까? 처음에 어떻게 하면 우리가 자위적 국방 능력을 가질 수 있을 것이냐를 따져 봤어요. 자주국방이라는 용어를 바로 쓰려고 했는데 또 당신들이 다 지키겠다는 것이냐, 미국을 무시하는 거냐 이런 말이 나와서 저희들이 국가안보전략서에서 협력적 자주국방이라고 명명했지만 대통령 의지는 명확했죠.

대통령께서는 당선될 때부터 계룡대에서 자위적 국방 강화를 강조하셨어요. 2003년 여름에는 자주국방 로드맵을 만들었습니다. 우리가 작전통제권을 환수한다는 것을 군에서는 반대하죠. 그러면 '환수한다고 전제하고 능력이 될 수 있게 하는데 필요한 군비확충 로드맵을 만들어 봐라' 해서 그 로드맵을 만들었어요. 제 기억으로는, 그 로드맵에 따라 2012년까지면 다 된다고 해서 그때쯤 미국에게 작전통제권 환수를 얘기하자고 했어요. 처음엔 미국이 어떻게 대응할지 몰라 조심스럽게 접근하다가 2005년쯤 시작했어요. 처음에는 미국이 난색을 표명하는 듯한 느낌을 주더니 조금 지나니까 전략적으로 판단을 한 것 같아요. 미국이 동의함에 따라 자주국방과 작전통제권 환수 로드맵이 만들어지고 합의가 되었습니다. 전에 럼스펠드가 굉장히 신경질적이고 독특한 사람이라고 했잖아요. 그 당시에 우리가 2012년 4월 달에 하자고 했는데 굳이 2011년 가을로 하자고 하다가,

김장수 씨가 장관이 되고 나서 게이츠로 국방장관이 바뀌면서 우리가 원했던 2012년으로 합의가 되었어요.

미국이 작전통제권을 돌려주겠다고 하고, 우리가 받고 그렇게 한 것이 아니라는 점이 중요합니다. 미국은 처음에는 회의적이었지만, 자기들이 판단하고 나서부터는 굉장히 적극적이었거든요. 뒤에 가서는 미군은 빨리 돌려주고 싶어 하고, 우리는 안 받고 싶어 하고 이렇게 된 것입니다. 이명박 정부 들어오면서 "우리가 무슨 능력이 있는가?"라는 회의론이 나오면서 얘기가 그렇게 된 거예요. 그리고 작전권 환수문제는 반미의 문제가 아니라 호혜적인 한미관계의 기초를 놓자고 한 것입니다. 그러한 한미관계는 거대 중국과 우리가 협력해 나가는 데 있어서 굉장히 중요한 자산입니다. 나름대로 균등을 추구하는 한미동맹이면 중국이 우리를 상당히 존중하고, 능력을 인정하고, 레버리지를 인정하는데, 그게 아니고 미국한테 끌려가고 의존하면 중국은 거꾸로 갑니다. 그래서 한미동맹이 자산이 되기 위해서는 건강한 한미동맹이 필요하다는 게 노무현 대통령의 생각이었고 그게 바로 자주국방, 전시작전통제권 환수였던 것이죠.

장훈각: 당시 반대론을 한마디로 말하면 용미론이었습니다. 세 가지 측면인데, 우리 군의 현실적인 능력의 문제, 경제적인 부담의 문제, 또 하나는 실제 전시상황에서 우리가 작전통제권을 가지고 있는 경우 미국의 지원문제, 그리고 미군과의 작전에 지장이 초래되지 않을까 하는 우려입니다. 여기에 대해서는 어떻게 판단하셨는지 말씀 부탁드리겠습니다.

이종석: 군에 물어봤어요. 뭐가 필요하냐 했더니 필요한 것이 항공 전력, 미사일 전력, 정보 자산이 필요하다 해서 계산해 봐라 했어요. 우리가 대응하고 대치하는 군대는 소련이나 중국 군대가 아니라 북한군이잖아요. 북한의 국민총생산이 우리나라 국방비보다도 적은 시점에서 10여 년을 살

고 있습니다. 그 속에서 우리가 얘기하고 있는 거잖아요. 대통령께서 국방연구원에게 남북한 군사력 비교를 지시하셨는데, 민간 전문가들은 항상 우리가 훨씬 앞섰다고 말해요. 군에서는 항상 조금 뒤졌다고 말해요. 대통령은 통수권자이기 때문에 군의 판단을 받아들여야 해요. 그래서 당신들 판단에서 언제까지 할 수 있는가라고 해서 2012년이 나온 것이고, 참여정부 때 국방비를 8~9%씩 늘린 것도 그 이유에서였어요. 우리 현실에서 국방비를 줄이면서 자주국방을 달성하고 전작권을 가져올 수 있는 길은 없으니까요. 그래서 국방능력에 대해서는 우리에게 상당한 실력이 있지만 작전 지휘능력이 없기 때문에 그런 거잖아요, 현대화된 무기체계와 정예화된 군대가 있더라도, 이런 것들을 활용하고 기획하는 작전 기획력이 있어야 하는 거잖아요. 평시작전통제권이 무슨 의미가 있습니까? 평시라는 말이 의미가 없는 거예요. 전쟁을 수행하는 것이 작전인데, 우리나라가 만들어 낸 거예요. 노태우 대통령의 공약을 지키려고 했는데 지키지 못하니까 할 수 없이 둘을 나눴던 것이지요.

장훈각: 두 번째는 경제적인 부담의 문제입니다.

이종석: 경제적인 부담은 참여정부가 만든 로드맵에 따라서 8~9% 정도를 얘기한 거죠. 근데 그 정도 부담을 지지 않고 끊임없이 의존적으로 살 수는 없잖아요.

장훈각: 그 돈을 경제 부문에 투자를 하게 되면 훨씬 더 낫지 않겠냐는 비판이 있었습니다.

이종석: 그게 우리나라에 경제물신주의가 강하게 들어오면서 자기 공동체에 대한 존엄에 대한 생각들이 굉장히 약해졌어요. 이 나라가 정말 제대

로 된 자기 능력을 가지고 산다는 게 얼마나 중요한데... 미국에게 안보를 맡기고 우리가 나머지 돈을 경제적으로 투자하자는 것은 우리의 삶이 계속 의존적 삶을 사는 것을 계속적으로 인정하는 거예요. 의존이라는 것은 의존으로 끝나는 것이 아니에요. 저는 우리 모든 구조 속에 그 의존심리가 퇴행구조를 만들어 놓았다고 생각합니다. 그런 점에서 그렇게 얘기하면 전 세계에 미국과 동맹을 맺고 있거나 가까운 많은 나라들이 미국한테 다 맡기고 군대를 안 키워도 되잖아요. 우리나라보다 긴박하지 않은 나라도 많은데 왜 그런 나라들이 군대를 키우겠어요. 미국이나 중국이나 러시아 몇 개 나라만 군대가 있으면 되는데 그렇게 하지 않는 이유가 뭐냐 이거예요. 고구려, 신라, 백제부터 역사의 수많은 부족국가조차도 군대를 왜 갖느냐는 말이죠. 자기 나라는 자기가 지켜야 한다는 가장 중요한 국방주권의 문제까지도 잊어버리는 그런 경제동물이 되어 있던 시절이 있었죠. 지금은 그런 일이 덜하지만, 한때 IMF 이후에 어려우니까 그런 얘기들이 먹혔던 적이 있었습니다.

장훈각: 실제로 전쟁이라는 상황이 있다 한다면, 한국군과 미군의 작전지휘에 문제가 될 수 있지 않느냐는 의견이 있습니다.

이종석: 그러면 모든 나라들이 자기를 보호해 주거나 자기보다 큰 나라에게 전시작전권을 다 주고 있어야 하잖아요. 지금까지 수많은 전쟁이 있었는데 그 전쟁들이 치러지는 방식이 그 나라가 전쟁을 수행하다가 모자란 부분을 와서 도와주고 전쟁 과정에서 필요하면 연합사를 구성하는 것이죠. 나토라는 것도 전쟁이 나서 어디에 가게 되면 나토에 차출되는 각국의 군대만 나토의 지휘권을 갖죠. 그 나라 자체에 있는 군대가 아닙니다. 그래서 어느 나라나 다 주권을 가지고 있으면서 필요하면 그렇게 하는 것인데, 보편적인 경우는 이야기하지 않고 우리나라의 경우만 두고 말하

는 것은 말이 안 됩니다. 북한의 경우도 중국과의 관계에서 마찬가지에요. 1950년에 유엔군이 밀고 올라가니까 중조연합사가 구성되었는데 해체됐죠? 그러면 북한에도 중조연합사가 있어야 할 것 아니에요.

그 다음에 자주국방을 하나 말씀드리자면, 자주국방은 하나는 대북억지력이라면 또 하나는 통일된 이후의 대한민국이 동북아에서 모든 강대국과 일대일로 대결할 수 있는 것은 아니지만 그들이 우리를 함부로 넘보지 못하게 하는 군사능력을 갖는 것도 포함되어 있었어요. 모든 면에서 중국이나 일본과 똑같은 군사력을 갖는 것이 아니고, 이른바 전략적 거부 능력이라고 표현하는데, 기본적으로 상대방이 공격을 했을 때 상대방도 심대한 타격을 받을 수밖에 없는 것을 의미했습니다. 싸움에서 지더라고 상대방이 쉽사리 공격을 못하는 거니까요. 미사일 전력이나 항공 전력이나 그런 것이죠. 이런 전력을 대북억지력을 넘어서서 우리가 미래를 보고 지금 발전시켜 놓지 않으면 통일된 이후에는 발전이 쉽지 않거든요. 그런 2단계 사고를 가지고 있었다고 말씀드릴 수 있습니다.

박용수: 자주국방과 전시작전권 환수는 국내정치적인 측면에서 보면 보수 쪽에서 싫어하고, 자주국방은 진보 쪽에서 싫어하는 입지가 협소해질 수 있는 전략이었는데 그것을 과감하게 추진하고 시행을 하셨잖아요. 정치적으로는 상당히 부담스러웠을 텐데 그러한 것을 추진할 수 있었던 노무현 대통령의 리더십 스타일에 대해서 듣고 싶습니다.

이종석: 노무현 대통령은 기본적으로 합리적이고, 실현 가능한 부분이라고 판단되면 거기에 대해서 결단하는 결단력이 있었어요. 합리적인 판단과 결단력, 합리적인 판단이 모든 걸 다 잘 결정한다는 말이 아니라 합리적으로 이거다 하는 것이 있으면 일단 하는 스타일입니다. 이라크 파병에 있어서도 사실상 비전투병 파병을 실현함으로써 보수 쪽에서는 적다고 비

판하고 진보 쪽에서는 보냈다고 비판을 많이 했습니다. 그렇지만 본인이 보기에는 이것이 정의의 전쟁이 아니라고 하더라도 보내지 않을 수 없다고 판단을 하신 거죠. 그러나 우리 병사들의 희생을 최소한으로 막을 수 있고, 미국과의 관계에서 레버리지를 가질 수 있는 지점이 어디냐 하는 것을 딱 잡은 것이란 말이죠. 노무현 대통령의 생각에는 제대로 된 나라라는 것은 일단은 국방주권을 가져야 하고, 국민이 어느 나라에 의존하기보다는 서로 호혜적이어야 한다는 사명을 강하게 가지고 있는 국가를 의미했어요. 그리고 그런 나라를 만드는 것을 자기 시대에 하지 않으면 또 늦춰진다고 생각했습니다. 노무현 대통령은 이상적인 것 같지만 정책은 굉장히 현실적이었어요. 제가 항상 느끼는 놀라움은 통일외교안보 정책 해놓은 것을 보면 현실적이지 않은 것들이 별로 없다 할 정도로 굉장히 현실적이었어요.

그런데 논리적이었기 때문에 미국하고 안 맞는 것이 많았던 것뿐이었어요. 생각했던 것보다 미국 네오콘들은 논리적이지 않은 경우가 많았습니다. 대통령의 머릿속에는 자주국방, 전작권을 환수하는 것이 굉장히 중요한데, 그것을 위해서 군이 대비할 수 있는 기간에 대해 군이 제시한 근거를 무시하고서는 리더십을 발휘할 수 없다고 생각했어요. 그래서 국방비를 늘린 거죠. 대통령은 국방비를 무조건 늘리고 싶었던 것은 아니에요. 한꺼번에 모두 성취할 수 있는 것은 아니니까요. 전작권 환수를 통해서 자주국방을 하고, 대외적 의존 심리를 낮추는 그런 나라를 만드는 초석을 마련하기 위해서는 그런 기회비용도 필요한 것이고, 또 준비기간과 관련해서는 군의 판단이니까 이것을 받아주어야 한다고 생각해서 그렇게 한 것입니다. 대통령이 볼 때는 이 모든 것이 합리적인 것이죠. 그리고 우리 현실적인 자원 내에서 가능하다고 본 것이죠.

문제는 정치적인 측면에서 진보와 보수 양쪽에서 다른 얘기를 합니다. 진보도 보수도 욕을 하는 지점들이 많았어요. 그 이유는 대통령은 진보,

보수의 문제가 아니라 제대로 된, 합리적인 판단을 하려다 보니까 항상 많은 조소를 받았습니다. 정치적으로 하려고 했으면 항상 우군을 만들었겠죠. 노 대통령은 합리적, 현실성, 결단 그것이 특징이었습니다. 노무현 대통령의 직설적 성격이 사람들 앞에서 막 나타나는 그런 면이 있고, 그것 때문에 많은 비판을 받기도 했습니다. 그러나 정책결정에 있어서는 단 한 번도 회의를 통하지 않고, 본인이 화나서 말을 했어도 회의를 하지 않으면 정책으로 되지 않는 그런 합리주의자였어요. 정치적 이해타산을 너무 따지지 않았습니다. 시민단체를 불러 말씀하시는 것과 관련해서 NSC에서도 두 가지 안을 검토를 했어요. APEC 정상회담 전에 말씀하시는 것과 다녀와서 말씀하시는 것의 장단점을 비교해서 가시기 전에 하시는 것은 그다지 유리하지 않다고 말씀드렸습니다. 대통령이 고민을 하시다가 "일단은 부시 만나기 전에 보낸다는 말을 해야겠다."고 하셨어요. 세속적인 정치인이라면, 오늘 저녁에 시민단체와 만남이 있으니까 일체 함구하고 내일 내가 발표하는 걸로 하지, 이렇게 하지 않겠어요? 그걸 못 참는 거예요. 일단 내가 그렇게 생각했는데 내가 가서 다른 무슨 말을 해, 그러면 내가 거짓말을 하는 거잖아, 이렇게 생각하시는 분이셨습니다. 이야기했던 것이지만, "남대문시장 좀 나가세요. 나가셔서 그 새벽 4시에 상인들 손 좀 만지시고 이러세요." 이렇게 말씀드리면, "나, 나갈 수 있어. 나갈 마음도 있어. 그러나 국민들이 쇼한다고 하면... 내가 매일같이 나갈 수 있는 것도 아니고..." 그러시는 분이셨어요.

박용수: 한미협상에서 활용하기 위한 레버리지 이런 부분도 아니고, 처음부터 있는 그대로...

이종석: 있는 그대로죠. 지난번에 말씀드린 것처럼 감축협상 하는데 "그래, 협상할 수밖에 없으면 협상하자. 하는데, 국민들에게 공개해라. 국민들

에게 나중에 속인다는 말을 들을 수 있는 사항이다. 공개해라."라고 하셨지요. 굉장히 철저한 분이십니다. 또 다른 예가 2004년 2월 달인가 북한에서 6자회담을 재개하겠다고 통보를 해왔어요. 중국과 미국에게도 했습니다. 그게 주말이었던 것 같아요. 이렇게 되면 북한이 일본에게는 통보하지 않았지만, 미국이 일본한테 얘기할 것이고, 일본에서는 2~3일 내지 3~4일 사이에 언론에 흘러나오게 되어 있어요. 그래서 월요일 아침에 수석보좌관회의 하기 직전에 대통령께 보고하면서 이렇게 말씀드렸어요. "6자회담 재개의 전망이 밝아지는 것 같다는 한 말씀만 해주세요. 어차피 며칠 뒤면 일본 언론에 흘러나옵니다. 그러니까 그냥 뜬금없이 말씀해주세요."라고 했더니, 대통령님이 빤히 쳐다보시더니 "관둡시다."라고 하시는 거예요. 굉장히 부끄러웠는데 그런 스타일이에요. 꼼수니 하는 그런 것에 대해서는 체질적으로...

박용수: 협상에서요, 지난번에 말씀하셨듯이, 투레벨 게임에서 국내에서 반대가 강하면 협상에서 좀 유리한, 그런 판단은 안하신 건가요?

이종석: 그런 판단은 당연히 있지요. 그러나 이라크 파병과 관련해서 미국과의 관계에서는 투레벨 게임하는 것이 쉽지가 않았어요. 왜냐하면 한국의 여론이 보내면 된다 안 된다 반반으로 나눠져 있었기 때문입니다. 투레벨 게임이라는 것은 뒤에서 강하게 밀어붙이는 세력이 있어야 하는데, 양편으로 나뉘어져서 목소리를 내는데 그게 되나요. 투레벨 게임이 되는 부분은 경제 쪽이었어요. 외교안보 분야에서는 특히 한미관계에 있어서는, 투레벨 게임이 0으로 작용합니다. 미국과 다른 소리를 내면 한미동맹이 깨질까봐 한국 정부를 책망하는 목소리들이 크기 때문에 협상이 너무 어려워요. 한국어를 구사하는 미국 관리들은, 극소수지만, 그 현상을 활용해서 한국 언론에 자기들이 원하는 걸 만들기 위한 책략을 쓰는 경우도 있었어요.

장훈각: 이제 주제를 바꿔서요, 남북군사충돌방지합의가 있었잖습니까? 이 부분도 상당히 논란이 많았습니다. 한쪽에서는 "휴전선에서 방송하지 말라는 얘기냐, 말이 되느냐?"라는 비판까지 있었습니다. 당시에 결정을 하시기까지의 과정과 논란이 되었던 부분이 정부 내에서는 어떤 것이었는지 말씀 부탁드립니다.

이종석: 천안함 사건 난 다음에 몇몇 언론에서 '회담하면서 이종석 차장이 북한의 요구 다 들어주라고 지령을 내렸다'고 기사를 쓴 적이 있어요. 대한민국의 대통령을 보좌하는 NSC차장이 하는 행동을 지령이라고... 지령은 간첩들한테 내리는 것이 지령 아니에요? 대한민국 대표들에게 지령을 내리겠습니까? 2003년 6월 달에 노무현 대통령께서 서해교전 1주기에 2함대 사령부를 방문하십니다. 침몰했던 참수리호를 보시고 더 이상 서해에서 남북 간에 교전이 일어나지 않을 수 있는 특단의 조치를 강구하라는 지시를 NSC에 하셨어요. 그때부터 서해상에서 충돌을 방지할 수 있는 장성급 군사회담을 부단히 추진합니다. 북한에서는 휴전선까지 다 하자 합니다. 우리도 그것에 대해 반대할 이유는 없잖아요. 저도 어릴 때 삐라 같은 거 주워서 파출소에 신고하고 그랬던 소년이었지만, 우리의 DMZ라는 곳은 적대와 대결, 서로 비방전 하는 곳이잖아요. 그래서 삐라 같은 것 서로 뿌리지 말자고 했어요. 우리가 원하는 것이 그런 남북관계잖아요. 그런데 우리가 원하는 것만 할 수는 없는데, 우리 군이 원하지 않고 북한은 원하는 그런 것이 한 가지 있었어요. 북한이 볼 때 우리 군에서 몇 군데 네온사인으로 선전을 하는 것이 있었는데 그 네온사인까지 뜯자고 했습니다. 우리 군에서는 "그건 못 뜯겠다, 그게 효과가 좋다."고 했어요. 정부 입장에서는 그것이 효과가 좋다는 것은 알지만, 남북이 NLL에서부터 시작해서 휴전선까지 총체적으로 충돌을 방지하자 것인데... 국가전략이라는 것은 큰 틀에서 결정되잖아요. 일방적으로 군사력을 축소하는 것도 아니고, 휴

전선상에서의 비방과 충돌을 줄일 수 있는 길을 만들자는 것이니까요. 이 문제를 가지고 실랑이를 벌이는 과정에서 네온사인은 철거하지 않는 쪽으로 얘기하려고 했더니 북한이 그러면 안 하겠다고 나왔습니다. 군에서 얘기하는 것이 틀렸다는 것은 아니지만, 남북관계를 개선하고 적대적인 긴장 상태를 완화하기 위해 상대방에 대해서 선전하지 말자고 하면서, 우리 것을 놔둔다는 것은 설득력이 떨어지는 것 아니냐? 그리고 대통령 말씀도 있었고 해서 NSC상임위원회에서 결정을 했어요. 결정이 나면 누가 전달합니까? 당연히 제가 하잖아요. 그래서 날짜까지 규정을 해서 어디서부터 어디까지를 정해서 휴전선에 보이는 모든 광고물, 확성기를 철거시킨 거죠. 그 다음에 서해상에서는 수신호를 다 만들어 6월 1일인가 2차 남북장성급회의에서 합의를 봤어요.

　사실 북한이 가장 원하는 것은 식량입니다. 식량이나 비료는 인도주의에 기초해서 지원하는 부분입니다. 그런데 우리는 국민의 세금을 걷어 식량이나 비료를 지원하기 때문에 정부도 일정 정도는 북한에게 아쉬운 얘기를 할 수밖에 없어요. 예를 들어 비료를 주면 이산가족 상봉이나 그런 것과 엮는 거예요. 이게 알게 모르게 그렇게 되는 것이죠. 쌀 같은 경우는 남북관계의 군사적 긴장완화 조치처럼 굵직굵직한 문제가 있을 때 "우리가 그냥 주면서 아무것도 못 받으면 바보 아니냐." 이렇게 이야기하거든요. 국민들에게는 인도주의적 지원이라고 하지만, 북한하고 협상할 때는 그렇게 이야기합니다. 그리고 이것이 협상의 과정이죠. 2004년 6월 달에 2차 남북장성급회의에서 남북한 간에 NLL과 서해상과 비무장지대에서의 충돌방지합의문이 합의되는 그 순간 평양에서 열렸던 남북경협추진위원회를 통해 40만 톤의 쌀 지원 합의가 이뤄졌어요.

　장훈각: 군사충돌방지합의가 있고 바로 한 달 뒤인 7월 14일, NLL에서 남측이 경고사격을 하는 사건이 있었습니다. 정치적으로 큰 논란이 있었

습니다. 당시 이 사건을 두고 북한과의 상호작용에 있어서 어떤 문제점이 있었는지요? 그리고 이 사건과 관련한 남남갈등의 문제도 굉장히 컸었는데, 이에 대해 어떻게 대응을 하셨는지요? 그 사건의 전개 과정과 파급에 대해서 설명을 부탁드립니다.

이종석: 7월이었죠, 어느 날 갑자기 합참에서 보고가 올라왔습니다. 지금 NLL에서 우리 군이 북한에 대해서 경고사격을 했으며, 내려오던 북한 경비정이 퇴각을 했다는 내용이었어요. 그게 발표가 되었습니다. 단순히 북한 함정에 대한 경고사격의 문제가 아니라 바로 한 달 전에 남북이 합의해서 그런 일이 없도록 하기로 했는데 어떻게 이런 일이 있느냐, 휴지 조각 합의문 만든 거 아니냐는 식으로 언론에서 들고 나와 정부가 정말 난처했어요. NSC에서 언론에 나오기 전부터 합참에 물었어요. 북한이 NLL을 넘어 왜 내려오는 것인지, 우리 군이 경고사격하기 전에 경고 메시지 보냈는지. 그랬더니 "보냈다고." 하고, 답이 없었냐고 했더니 "없었다고." 하니 얼마나 난감해요. 신호를 할 수 있게 주파수를 맞춰 놓았거든요. 우리는 신호를 보냈다는 거예요.

언론에서 정말 대서특필했습니다. 우리도 크게 낙심하고 있었어요. 다음 날 아침에 국정원 고위 간부가 얼굴이 누렇게 되어서는 저를 찾아왔어요. 서해상 일대를 감청하는 부대가 있습니다. 그 부대에서 남북이 송수신하는 내용들을 매일 합참 지휘통제실과 국정원에도 보내주는 거예요. 그것을 가지고 와서 제게 보여주는 거예요. 보여주는데..., "야, 너희 왜 내려오냐, 저거 쫓아 내려간다."는 등 북한에서 반응한 것들이 다 나오는 거예요. 우리는 그런 것이 없다고 보고받았는데 무슨 말이냐? 합참에서 NSC 위기관리센터까지 올라오는 기록에는 그 내용이 없어요. 그래서 난리가 난 거죠. 그 전에 우리가 해군 작전사령관한테도 어떻게 된 것이냐고 물었거든요. "없습니다, 아닙니다."라고 했어요. 합참지휘통제실장도 "아닙니다."

국방부장관은 "모르겠습니다." 합참의장이 보고받았는지는 모르겠어요. 못받았다고 봐야겠죠. 국방장관은 못 받았어요. 대통령이 물었을 때도 "아닙니다."라고 대답했어요. 이것은 그야말로 기망이잖아요.

청와대가 군에게 질문한 것은 북한에 경고 메시지를 보냈을 때 대답이 왔느냐는 한 가지였습니다. 그런 적 없었다고 했었습니다. 군에서 완전히 허위로 얘기한 거죠. 차라리 "있었는데 기만전술로 생각했습니다." 이러면 그만이에요. 대통령이 묻는 건 잘못을 확인하겠다는 게 아니고 "우리가 합의까지 했는데 어떻게 된 것이냐?" 이것을 물은 거예요. 그래서 사건이 커졌습니다. 그 와중에 박승춘 국방부 정보본부장이 군이 이런 이유로 경고 사격을 한 것인데 청와대에서 우리 군만 잡으려고 한다고 하면서 몇 개 주요 언론을 불러놓고 얘기를 한 거예요. 현역 쓰리스타가. 아, 우린 깜짝 놀랐어요. 이 사람이 왜 이러나? 나중에 들은 이야기로는, 합참 지휘통제실에 파견됐었던 부대에 장교가 소령이었다는데, 그 소령이 녹취록에서 북한 수신 빠진 것 보고 항의까지 했다는 거예요. 여하튼 이분 얘기가 대통령이 물어본 것에 대해 기망했다는 이 객관적 사실, 엄청난 국기 문란에 대한 그런 내용이 아니고, 청와대가 지금 군을 핍박하고 있는 식으로 흘렸어요. 여론이 그렇게 돌더군요. 그것 때문에 마치 청와대가 군을 핍박하고 있는 것처럼 믿는 사람도 생겨나고, 이념 싸움처럼 돼버렸죠. 전혀 그게 아닌데…

장훈각: 사실관계 관련한 보도를 쭉 봐도 정확하게 안 잡히는 게 있었는데요. 그러니까 NLL을 넘어온 교신 내용을 보면 내려가는 배는 중국배다 하는 얘기가 나오거든요. 경고사격은 내려오는 북한 선박에게 했다는 내용이잖아요.

이종석: 그렇죠. 왜냐하면 중국배를 쫓아오는 북한 경비정에다가 한 거니까요.

장훈각: 내려가는 것은 중국배라고 저쪽에서 이쪽으로 교신을 보냈고...

이종석: '중국배'라는 표현, "저거 쫓아간다."라고 했는데, '저거'라는 것이 중국배였죠.

장훈각: 기사에는 "내려가는 건 중국배다."라고 되어 있어서 사실관계에 대해 한동안 혼동했었습니다.

이종석: 하여튼 내 기억에는 "저거 쫓아간다."는 표현을 했는데, 중국배를 쫓아간다는 그런 얘기를 한 것은 사실입니다.

장훈각: 합참에서 NSC에 보고한 시간을 확인하는 문제가 논란이 될 수 있는 부분이 있을 것 같습니다. 국정원에서 NSC요원을 통해서 합참의 단자함을 열어서 보고한 시간을 확인했다는 기사가 있습니다. 그 부분에 대해서 설명을 부탁드립니다.

이종석: 우리 NSC에서는 군, 경, 소방 3명이 1개조로 3개조가 돌면서 24시간 끊임없이 확인하거든요. 그런데 적혀 있는 대로 확인했는데 다르다고 하니까, 그리고 합참도 자기주장을 하니까 난감할 밖에요. 그래도 어떻게 확인을 할 길이 없더라고요. 그래서 그것을 확인하려고 과학적으로 이것저것 해보았던 기억은 나지만, 특별히 스파이작전 하듯이 합참 몰래 합참의 단자를 열거나 할 필요는 없었습니다. 열고 싶으면 지시해서 열면 되는 것이니까요. 시간 확인하는 것인데 합참이 안 열어주겠습니까? 그런 말들이 마치 007 스파이작전처럼 얘기되는데, 언론을 통해 과장되어서 왜곡되는 경우가 많아서 그런 것 아닌가 합니다. 그런 식으로 스파이작전처럼 하는 것은 있을 수 없죠.

장훈각: 당시에 왜 사실대로 보고를 하지 않았는가도 중요하다고 생각합니다. 노무현 대통령께서는 허위보고가 있었다는 그 문제도 고쳐야 하지만, 왜 허위보고를 했는지 근원적인 문제 해결을 위해서도 고민을 하지 않으셨을까 하는데요.

박용수: 그것과 관련해서 사후적으로 허위보고를 한 사실에 대해서 어떤 조치가 취해졌는지도 말씀 부탁드립니다.

이종석: 저도 허위보고를 하게 된 것이 계획적인 일이었다고는 생각하지 않아요. 쏘고 나서 보니까 이게 문제가 되었다 생각했겠죠. 군이 엄중한 국가기강 문란이라는 것을 생각 못하는 어떤 나이브함 같은 것이 작용하지 않았나 생각합니다. 그러나 그 뒤에 대통령이 질문했을 때에는 아니라고 했더라도 나중에 사실이 밝혀졌을 때에는 잘못된 부분을 시인했어야 하는데, 무엇을 잘못했느냐는 식으로 나오니까 문제가 더 심각하게 되었던 일입니다. 말씀드린 것처럼 한쪽에서는 군에 대한 핍박으로 몰고 갔잖아요. 대통령께서 대대적인 징계를 할 수도 있었지만, 고민을 많이 하셨을 거라고 봐요. 그때 윤광웅 국방보좌관이 중간에 나서서 이 문제를 완화시켜 해소하는 쪽으로 중재 역할을 많이 했어요. 그래서 옷을 벗기기보다는 좌천시키는 쪽으로 마무리를 지었습니다. 몇 사람들은 다음 진급에 영향을 받았죠. 그렇지만 곧장 중징계를 내리거나 파직을 시키지는 않았습니다. 결국은 박승춘 정보본부장은 스스로 전역해서 나갔고, 발생한 기망에 대해서는 징계, 그렇지만 파직된 사람은 없었던 걸로 기억합니다.

장훈각: 당시 언론을 보면, 물론 일각입니다만, 노무현 대통령과 관계가 좋은 장성이나 지도부로 바꾸려는 기회, 다시 말해 군 구조개혁의 기회로 활용하는 것 아니냐는 비판이 있었습니다. 그런 비판은 노무현 대통령도

알고 계셨을 것 같습니다.

이종석: 많은 사람들이 그런 사항을 음모론 쪽으로 보잖아요? 어떤 면에서는 당연한 것이기도 합니다. 그런데 노무현 대통령의 성격은 그런 면에서는 대단히 분명하잖아요. 그 일을 가지고 군부재편 이런 것으로 이용하려고 생각하진 않으셨습니다. 그런 일련의 일들이 이후에 영향을 미쳤을지는 모르지만 당시에는 그렇게 생각하지 않았습니다.

장훈각: 며칠 전, 미국이 '통남봉북'으로 한반도 정책을 바꾸겠다, 지금까지는 북한하고 양자대화에 응하려고 하고 있었는데 앞으로는 북한하고 양자대화 없다, 남한을 통해서 북한과 대화하겠다고 했습니다. 아무래도 핵문제에 있어서 남한 정부가 소외된 시기가 있었습니다. 그리고 핵문제를 중심으로 해서 6자회담에서 한국의 역할이 너무 작은 것 아니냐 하는 우려와 비판들이 있습니다. 6자회담 관련해서 북한－미국과의 양자회담 문제, 중국의 입장 그리고 한국의 역할에 관해 말씀 부탁드립니다.

이종석: 얘기하기 전에 경험이니까 말씀드리면, '통남봉북'하겠다 하는 것은 조금 억지스러운 이야기입니다. 미국이 언제 북한하고 양자회담을 했어요? 오바마 정부 들어와서 미국과 북한이 언제 유의미한 양자회담을 해 봤습니까? 이제 와서 해보려고 했는데 할 의사가 없다고 하는 것은 앞뒤가 잘 맞지 않습니다. 국제정치라는 것을 보면, 가식과 허세와 진실이 너무 섞여 있어서 문제가 진전되지 않고 항상 맴도는 경우가 많습니다. 북핵문제가 그런 것들 중에 하나죠. 미국은 북한에 대해서 가지고 있는 레버리지는 거의 없어요. 중국만큼 북한에 대해서 레버리지를 가지고 있는 나라도 없습니다.

원래 북핵문제는 북미 양자적 성격을 가지고 있었어요. 2002년 10월 이

전까지는, 제네바북미기본합의서라는 말이 보여주는 것처럼 전 세계 사람들은 북한 핵문제는 북한하고 미국 둘이서 해결하는 것인 줄 알았어요. 그런데 2002년 10월에 제임스 캘리 미 국무부 차관보가 북한에 갔다가 북한이 고농축우라늄 개발을 하고 있음을 고백했다고 말해요. 북한은 또 미국 측 주장은 진실이 아니라고 했습니다. 이 일을 계기로 부시 행정부가 자기 혼자 해결하기 힘들고, 북한 핵문제를 왜 나 혼자만 하냐 중국도 책임이 있지 않느냐 하면서 중국을 끌어들인 겁니다. 오늘날 중국이 6자회담을 통해서 동아시아에서, 세계에서 중요한 외교적 행위 국가로 성장하는 데 그 밑바탕을 깔아준 것은 미국이에요. 처음에는 북·미·중 3자로 갔지만 궁극적으로 다자로 간다고 전제했기 때문에 이듬해 2003년 여름 다자로 가게 됩니다. 우리는 6자회담을 하면서 과연 어떻게 한국의 외교력을 성장시킬 것이냐 하는 것이 고민이었죠.

중요한 것은 우리가 항상 창조적인 아이디어를 내야 되고 적극적이어야 합니다. 그걸 실행할 수 있기 위해서는 기본적으로 북한하고의 관계에 있어서 남북관계에 일정한 끈을 가지고 있어야 합니다. 그리고 균형외교 이런 것이 가능해야 합니다. 왜냐하면 우리가 합리적인 판단이 아니고 한쪽으로 치우쳐 있다고 하면, 중국이나 미국은 우리의 말을 듣지 않을 것이기 때문에 균형적인 노력이 필요할 것이라는 생각이 들어요. 대표적인 예가 9·19공동성명이에요. 2003년부터 2006년 말까지 6자회담 과정 속에서 한국과 미국이 끊임없이 협력하면서 서로 의견이 맞지 않았던 것은 세 가지 이유였습니다. 첫째는 양자대화를 해야 한다. 두 번째는 북한문제는 인권문제를 비롯해서 여러 가지가 있었지만 최우선적으로 핵문제부터 해결해야 한다. 세 번째는 포괄적으로 접근해야 한다. 이 세 가지를 미국이 다 하지 않았어요? 한미 간의 갈등은 알고 보면 이것이었지 다른 게 아니었어요. 2·13합의 때 미국이 다 바꾸었습니다만, 그때나 지금이나 북미 양자 간에 협상을 안 하려고 하는 것은 마찬가지였어요.

박용수: 6자회담 초기에는 부시 정부가 북한과의 직접대화 의사도 없고, 어떻게 보면 6자회담을 회피하려는 모습도 보였습니다. 2004년 중반이었나요, 부시 대통령이 북한과 합의할 의사가 있다는 입장을 표명합니다. 그 이후에 6자회담을 통해서 전향적으로 사안이 해소될 수 있었던 것은 미국 정부의 입장 전환이 결정적인 사항이었던 것 같은데 그것이 어떻게 가능했었는지요?

이종석: 입장 전환은 크게 보면 두 번 있었던 거예요. 하나는 9·19성명 때, 또 하나는 2·13합의 때에요. 2005년과 2007년, 두 번에 걸쳐 미국 정부의 입장 변화가 있어요. 입장 변화가 두 번이라고 해서 이쪽에서 저쪽으로 움직인 게 아닙니다. 9·19공동성명 전에 입장이 변화했다가 BDA사건 이후 다시 또 돌아갔다가 2·13 때 다시 돌아온 겁니다. 부시 정부는 정말 완고했었습니다.

그리고 9·19공동성명은 엄청나게 어려운 과정 속에서 만든 북핵문제를 풀기 위한 기본 장전입니다. 지금도 매우 중요한 장전이지요. 공동성명을 만들어 낼 때 참여했던 한 사람으로서 이런 말을 하면 자화자찬일지도 모르지만, 9·19공동성명은 한국 정부가 주체적으로 무언가를 만들어 냈던 일이었어요. 그렇기 때문에 한국 외교의 홀로서기에 있어 가장 중요한 전환적인 계기라고 볼 수 있습니다. 부시 행정부가 양자대화를 안하겠다고 했을 때, 우리가 이런 말을 했어요. 한 예를 들면, 6자회담에서 힐 차관보 당신은 중국, 일본, 러시아를 방문해서 양자회담을 하면서 북한만 제외하면 그게 말이 되느냐, 6자회담을 위한 양자회담인데 하지 않겠다고 하면 말이 안 된다고 설득했습니다. 미국의 실무책임자들은 해야 된다고 이야기하면서도 지도부의 완고한 생각을 뚫지를 못하는 것이었어요.

6자회담에서 무엇인가를 만들어 내야만 그 안에서 양자협상도 하는 것인데, 그리고 더 중요한 건 양자회담 하는 것이 목적이 아니라 해법을 만드는 거잖아요. 북한은 6자회담에서 미국이 북한을 인정하지 않으니까 나오지 않겠다고 해서 3차 6자회담 이후 오랫동안 공전이 됩니다. 그래서 우리가 하나 아이디어를 냅니다. 방금 전에 말씀드렸죠? 창조적인 아이디어가 필요하다고. 그것이 '중대제안'이라는 거예요. 미국은 북한의 경수로를 완전 중단시키겠다, 제네바기본합의는 다 끝났다고 말합니다. 그런데 미국말고도 일본, EU도 다 동의하니까, 경수로 문제를 끝내긴 해야 하는데 어떻게 끝낼까 고민을 하다가 나온 생각이 북한이 완전히 핵을 포기한다면 한국에서 북한에게 200만kW의 전력을 지원하겠다는 것이었습니다. 이게 굉장히 중요합니다. 왜냐하면 북핵문제는 두 개의 고리가 있어요. 하나는 체제안전보장이고, 또 하나는 경제적 보상의 고리에요. 그러니까 경제적 보상에 대해서는 우리가 책임지겠다는 것이었어요. 당시에 한국전력에서는 200만kW 이상의 여유 전력이 있었고, 북한이 우리에게 200만kW의 전력을 제공해 달라고 한다면, 한반도에서 전쟁은 끝나고 새로운 시대가 열리는 거니까요. 그렇게 되면 북한은 아마 받지도 못하고 안 받겠다고 하지도 못할 거예요. 그러면 국제사회에서 다른 나라들도 그걸 분담하려고 했을 거예요. 그만큼 이 카드는 엄청 중요한 것이지요. 그래서 이것을 중대제안으로 갖고 있었고, 정동영 장관이 2005년 6월에 북한을 방문했을 때 김정일 위원장에게 제안한 겁니다. 그러니까 김 위원장이 놀랐어요. 북한이 가동중인 전력이 200만kW 정도인데, 이걸 송전한다고 하니까… 그런데 송전하려면 기술적으로 휴전선에서 북한과 한국의 송전선을 연결해서 주는 방법은 없어요. 전기의 질이 너무 다르기 때문입니다. 제일 좋은 방법은 북한의 가정이나 공장에 곧장 들어가는 겁니다. 김 위원장 입장에서는 북한의 그 전력난에서 엄청난 희망이지만, 이걸 받는 순간 경제적으로 예속이 된다고 생각한 거예요. 안 된다고도 못하고 또 좋다고 할 수도 없으니까 대답을 하지 못했습니다.

당시 한국은 북한이 6자회담에 다시 나오게 하기 위해서 많은 노력을 기울였었습니다. 4차 회담에 북한이 참석했던 것은 중대제안 문제 외에도 한미 정상 간에 약속된 안전보장에 관한 약속도 큰 요인이 되었습니다. 노무현 대통령이 6월 10일 즈음에 부시 대통령이랑 정상회담을 통해서 몇 가지 합의를 보았습니다. 그것을 바탕으로 미국이 절대로 북한을 공격하지 않을 테니까 걱정하지 말고 6자회담에 나오라는 말을 전했습니다. 정동영 장관이 김정일 위원장한테 6자회담 나오겠다는 승낙까진 받지 못했지만, 거의 비슷하게 언질을 받고 돌아와서 4차 6자회담이 시작되는 것입니다. 4차 6자회담이 시작되는 내내 체제안전보장 문제가 핵심이었고, 경제적인 문제는 어차피 한국이 다 해주겠다는 것에 대해서 모든 나라가 다 동의했어요. 이 중대제안이라는 것은 공동성명이 만들어질 때까지 계속적으로 경제적 보상에 대한 안전판이 되었고, 공동성명에도 한국이 한 이 공언을 확인한다고 명기했습니다. 한국 정부가 이러한 제안을 했다는 것을 상기시키는 형식으로 말입니다.

그 와중에도 체제안전보장이라는 것에 대해서 미국이 굉장히 부정적이었습니다. 9·19공동성명이 나가기 직전에는 우리 대통령께서 유엔에 가 계셨고, 반기문 장관이 워싱턴과 뉴욕에서 미국을 설득하고 있었고, 정동영 장관은 평양에서 장관회담을 하고 있었고, 서울에서는 제가 조정했습니다. 그렇게 총력을 기울였어요. 마지막에는 만약에 6자회담에서 거의 합의되고 있는 이야기를 미국이 받아들이지 않게 되면, 미국이 모든 걸 뒤집어쓰는 상황까지 갔어요. 그렇게 9·19공동성명이 나갔죠. 그때 느낀 점은 우리가 창의적인 아이디어로 중대제안을 냈기 때문에 경제적 보상이라는 하나가 떨어져 나감으로써, 중요한 마지막 고리, 다시 말해서 그 당시 제일 어려웠던 경수로 제공문제를 적절시점에 논의하기로 하면서 공동성명을 끌어낼 수 있었다는 것입니다. 미국의 의지를 꺾을 수는 없습니다. 북한도 꺾을 수 없어요. 왜냐하면 한 쪽은 힘이 세고, 한 쪽은 고집이 세기 때문에 못 바꿔요. 그럴 때 우리가 적정한 아이디어를 가지고 양쪽을 설득하거나, 우리가 설득하지 못하면 중국, 러시아와 그 다음에 일본과 협력을 했죠. 일본도 그때 납치문제 때문에 굉장히 보수적이었지만, 일본이 미국과 협력을 해서 부정적인 목소리를 내지 않도록 하기 위해서 총력을 다했습니다. 그렇게 9·19공동성명을 만들어 냈습니다.

그런데 9·19공동성명 만든 뒤 이틀인가 3일 후에, 미 재무부가 BDA문제를 터뜨리면서 북한에 대한 금융제재를 하게 됩니다. 금융제재를 계속 가져가면서 9·19공동성명이 빛을 잃게 되고, 북한은 양자회담을 또 안 하게 되고, 그러면서 마지막에는 핵실험까지 갑니다. 보통 약소국가의 핵실험이라는 것은, 강대국도 그렇지만, 자랑하면서 하지는 않잖아요. 숨어서 하는 것이 보통입니다. 그런데 북한은 너희들이 이렇게 나오면 우리는 핵실험을 할 수밖에 없다고 공언하면서 실제로 핵실험까지 했습니다. 그해 10월에 핵실험이 있고, 11월에 미 중간선거에서 부시 행정부가 대패합니다. 그때 부시 대통령이 럼스펠드 미 국방장관을 해임시키면서 노선을 바꿉니다. 바뀐 노선은 우리가 그동안 주장했던 것, 즉 북미가 직접 대화하고 핵문제에 제일 먼저 집중하겠다, 그리고 핵포기와 관계개선을 포괄적으로 교환하자는 2·13합의를 하게 된 거죠. 우리가 기대했던 거보다 더 많이 제안해서 우리도 정신이 없었습니다. 그때가 제가 장관을 그만두고 나올 시점이었어요.

박용수: 참여정부의 대북정책, 안보정책이 굉장히 어려운 여건에서도 결과적으로는 정책의 기본에서는 큰 성과를 얻기도 했으니까 그것에 대해 관심이 있었습니다. 그것의 결정적인 계기로 저는 6자회담의 타결로 봅니다. BDA 제재문제로 타결 직후에 빛을 잃기는 했지만 긍정적인 방향으로 가닥을 잡을 수 있었던 계기는 9·19가 아닌가 생각합니다. 9·19합의 직전에 있었던 정동영 장관의 제안이라든지 미국의 정책 전환의 기준 등 이 시기 상황에 대해서 조금 더 구체적으로 말씀해주시겠습니까?

이종석: 북한 핵문제에 관해서 발생하는 많은 문제가 북미 간의 불신에 기인한다라고 다들 생각하시는 것처럼, 당시 저희도 어떻게 해서든지 북한과 미국의 고위관계자들이 직접 대화할 수 있는 자리를 마련하는 것이 중요하다고 봤어요. 당시에 미국의 NSC와 우리 NSC는 밖에서 생각하는 것보다 훨씬 가깝게 소통하고 있었거든요. 그래서 그쪽의 고위관계자를 우리 쪽 고위관계자가 대동해서 북한을 방문하는 것과 같은 아이디어를 내기도 하는 등 굉장히 많은 고민을 했어요. 그러나 잘 안 됐습니다. 잘 안 되니까 어떻게 할까 하다가 중대제안을 만들었던 것이지요. 북한을 움직이는 경제적인 유인책으로 중대제안을 통해 우리가 밑질 것은 없다고 보았습니다. 북한이 받으면 대립이나 전쟁을 막을 수 있으면서 북한 경제에 대해서 나름대로 레버리지를 갖는 것 아니겠어요? 당시는 북한이 안 받을 수 없다고 보았습니다. 그리고 이것이 변형되어 우리가 낼 부담이 줄어들게 되면 외교적으로 좋은 성과라고 생각을 했습니다.

이렇게 북한을 움직이는 것도 중요하지만 또 한편으로는 그것만 갖고는 안 되는 것이 미국이 북한을 신뢰하지 않는 상황에서 북한체제의 안전보장과 같은 문제는 어떻게 되겠냐 하는 것이었습니다. 그래서 미국에게 "북한의 체제안전보장을 해준다는 것 자체가 불가역적이거나 많은 비용이 드는 건 아니지 않느냐? 미 의회가 불가침협약을 체결하는 것에는 반대한다 하더라도 관계정상화는 중요한 계기가 되니까 북한과 관계정상화는 가능한 것 아니냐? 만약 북한이 핵포기에 대한 약속을 저버리면 다시 끊으면 되는 것 아니냐? 서방이 해줘야 할 것은 불가역적인 것이 아니라 가역적인 것이다. 북한이 일단 핵을 완전 폐기하고 나면 불가역적인 것 아니냐? 한번 해보자."라고 끊임없이 이야기했습니다.

당시에 미국 내에서도 북한문제는 단순히 핵문제 하나로 풀 수는 없다고 본 것 같아요. 그래서 미국 국무부를 중심으로 해서 보다 큰 틀에서 북한을 개방으로 끌어내고, 평화문제를 다루는 틀에서 북핵문제를 다루는 게 도움이 되지 않겠냐는 논의들이 나온 것 같아요. 그 영향을 받아서인지, 우리가 그동안 여러 차례 미국에게 그런 얘기를 해도 귓등으로도 듣지 않았는데, 2005년 7월에 라이스 국무장관이 "평화체제 문제를 북한과 논의할 의사가 있다."는 메시지를 반기문 장관에게 전달합니다. 그래서 그것을 딱 잡았습니다. 평화체제 문제는 당연히 북한－미국만이 하면 안 되죠, 우리가 같이해야 되니까요. 그 내용이 결국은 9·19성명의 합의문에도 들어가게 됩니다. 그런 노력을 하는 과정을 통해서 끊임없이 맞추어가는 거죠. 우리 혼자 안 되니까 중국이 또 나서기도 했어요. 9·19공동성명이라는 것은 양자 간에 성립된 합의문이 아니라는 것이죠. 다자간에 합의되었는데, 그 속에는 양자 간의 합의 내용이 들어가 있는 거죠. 이러한 틀과 관련해서 미국의 실무책임자들은 우리가 한 얘기에 동의해요. 그런데 상부를 설득하는 문제가 어려웠습니다. 그래서 그때 세게 밀어붙였죠.

장훈각: 이제 남남갈등 문제로 시각을 돌려보겠습니다. 북한 핵과 관련해서는 제일 하기 쉬운 이야기는 '답이 없다'는 건데요. 그만큼 어려운 문제라는 것입니다. 특히 북한 핵문제와 퍼주기 논란은 당시에 대단히 첨예했던 논란거리였었습니다. 핵문제와 퍼주기 논란에 대해서 NSC는 어떤 입장을 가지고 있었으며, 대응 방안, 해결책은 어떻게 세우셨는지요?

박용수: 핵실험 사건과 관련해서 그때가 가장 대북포용 정책이 위기였는데, 이에 대한 설명도 부탁드립니다.

이종석: 남남갈등이라는 게 참 어려운 거예요. 그것이 제가 지난 시간에도 말했지만 김대중 대통령이 당선되는데 햇볕정책이 굉장히 중요한 역할을 했다는 것이 야권의 생각이었어요. 그러다 보니 대북정책이 사사건건 정치적인 쟁점이 되는 거죠. 이해할 수 있지요. 그래야만 상대방보다 우위

에 설 수 있다고 보았으니까요. 조사해보니 결과적으로 그건 아니었지만, 이 문제를 해결하려고 해도 철학을 바꾸지 않는 한 쉽지 않은 문제였습니다.

북핵문제에 대해서 노무현 대통령과 청와대가 가지고 있던 생각은 우리가 당사자이면서도 우리 혼자 해결할 수 있는 문제는 아니라는 것이죠. 북한과 미국과 같이 우리 말을 듣지 않는 사람들, 우리가 말을 들어주어야만 될까 말까 하는 사람들이 관련되어 있어서 우리에게 절박한 문제이긴 하지만 우리가 할 수 있는 역할은 대단히 제한되어 있다는 것입니다. 한반도의 위기는 북한 핵개발이라는 것이 하나가 있다면, 그 위기 이전에 원천적으로 남북 간의 첨예한 군사적 대립이라는 전통적 위험이 있다는 것이죠. 문제는 전통적인 위험이 지난 수십 년간 모든 남북 간의 분쟁과 갈등의 원인이라는 것입니다. 그래서 북핵문제가 남북 간의 전통적인 안보위협구조로 전환돼서 영향을 미치는 것을 막는 것이 우리에게 대단히 중요한 것 중 하나로 봤어요. 그래서 북핵이 악화돼도 남북 간의 긴장이 악화되지 않도록 기존의 고리를 끊음으로써 한반도에서 남북 간의 군사적 긴장을 완화시키려고 노력했어요.

그러나 국민들은 그렇게 보지 않는 거죠. 예를 들어서, 대북정책이라는 자체가 남북관계에 있어서 할 수 있는 것과 북핵에 관해 할 수 있는 것이 있습니다. 그런데 남북관계에 관해 개선이나 진전이 있으면 그 모든 것들이 북핵문제에도 같은 정도로 영향력을 가질 것으로 생각하는 경향이 있어요. 결과적으로는 남북관계 개선이라는 것이 핵문제가 악화되면 발목을 잡히게 돼 있어요. 게다가 알게 모르게 일부에서는 북핵이 악화되면 이것을 남북관계에 투사시키려는 움직임들이 있잖아요. 이러한 현상을 막으려고 하면 또 북한에 대한 편들기처럼 보이는 구조라...

그래서 남북관계 관련해서는 두 가지 목표가 핵심이라고 보았습니다. 하나는 한반도 안정이라는 것이고, 또 하나는 우리가 어디로 나아갈 것인지에 대한 판단인 거죠. 노무현 대통령이 동북아 시대를 많이 강조했어요. 한국이 발전할 수 있으려면 결국 경제적으로 북방을 뚫고 나가는 것 외에는 없다. 그러려면 북한과의 협력이라는 것 자체가 이런 식으로 지체가 되면 안 된다. 남한과 북한 간의 남북관계라는 것 하나만 있는 것이 아니라 북중관계도 있잖아요. 지금처럼 심각하지는 않았어도 당시에 그런 조짐은 있었어요. 그래서 우리는 남북관계에서 일정한 모멘텀을 유지해야 된다는 생각들을 가지고 있던 거예요. 하다못해 북한에서 급변사태가 발생했을 때에도 남북관계가 개선이 되고 있을 때라야 우리에게 레버리지가 있는 것이지, 그렇지 않으면 중국이 있는데… 이런 생각까지 포함돼 있으니까, 우리의 전략은 굉장히 복잡한 거죠. 이런 것 때문에 우리는 핵문제와 남북관계개선이라는 것을 동시에 발전을 시켜야 한다고 본 것이죠. 물론 남북관계를 개선시켜서 핵문제 또한 개선되도록 해야 하지만, 어느 쪽의 악화가 다른 쪽의 악화로 이어지는 것은 막아야 된다고 생각했죠.

언론이 협조를 했으면 국민들을 설득할 수 있었을지도 모릅니다. 그러나 참여정부가 언론 대처에 무능했고, 그런 무능이 결국 국민들이 '모든 것이 퍼주기'라는 생각을 하게 한 것 아닌가 해요. 양으로 따지면 우리가 국민－참여정부 다 합쳐서 10년간 2조 1천억 원 정도더라고요. 북한에 대한 모든 지원은 말이 지원이지 남북관계나 북핵문제를 진전시키기 위한 전략을 기초로 하는 것이에요. 말씀드린 것처럼 전력송전 이런 것이 대표적입니다. 또 하나는 장성급회담하면서 쌀 40만 톤이 같이 갔잖아요. 인도주의적으로 좋으나 싫으나 이산가족들이 만나야 하니까 비료가 같이 갔습니다. 그리고 우리 미래전략으로서 한국 경제를 북한과 함께 풀 수 있는 길을 만드는 것, 개성공단 같은 공동의 성장동력을 구축하려 했어요. 이런 것들이 남북관계를 진전시키고, 군사적 긴장을 끊임없이 완화시켜야 하는 과제를 해결하려는 전략적 관점에 기초하고 있습니다. 이 세 가지 전략을 기초로 한 지원이 때로는 퍼주기로 보였던 거죠.

지원 과정을 구체적으로 보면, 사실 어떤 것 하나도 말이 인도주의지 "우리도 세금 내는 국민이 있는데 어떻게 하느냐?"면서 다 명분을 걸었어요. 그런데 그것을 다 공개적으로 이야기 못 하잖아요. 이번에는 뭘 걸었다는 식으로요. 그러다 보니까 수치만을 보고 "2조 1천억 원을 10년 동안 했어?" 하는 이야기가 나오는데 그렇게만 볼 것은 아닙니다. 우리가 북한에 쌀을 지원하는 경우 북한이 원하는 쌀은 국제미입니다, 안남미 같은 쌀 말이에요. 우리 쌀보다 가격이 1/5 정도밖에 안 돼요. 우리 농수산부는 우리의 남은 쌀을 가져가라고 해요. 우리 쌀 잉여를 처리해야 되니까요. 농수산부가 우리 농민들 보호하기 위해서 한 거잖아요. 그런 것을 다 포함해서 약 60 몇 억 달러를 지원해줬다 이렇게 나오는 겁니다. 여기에는 김영삼 대통령이 경수로 지어주자고 한 것도 포함되어 있어요. 국회에서도 미국에서도 우리를 그런 식으로 비판한다는 말까지 있었어요. 진영 위원실에서 60 몇 억 달러, 8조 얼마... 우리가 했던 것의 거의 4배를 이야기하는 거예요. 그래서 그 내용을 설명하면 그 순간에는 사람들이 알아듣지만, 또 조금 있으면 다시 퍼주기라는 말이 나오는 거예요.

우리가 퍼주기가 아니라는 것을 설명하려면 3단논법이 필요한데, 퍼주기란 말은 너무너무 명료한 말이에요. 너무나도 강한, 너무나 매력적인 말이에요. 이것을 넘어서는 길은 남남갈등이 어느 정도 해소돼서 우리 사회가 최소한의 컨센서스, 난 과거 정부가 북한에 준 것에는 반대하는데, 그래도 정확한 금액은 2조 1천억 원이군, 민간까지 합치면 2조 4~5천억 원이 되네. 이렇게 이야기되면 좋겠는데, 우리는 그것이 잘 안되는 사회가 아닌가 싶어요.

장훈각: 당시에도 우리가 주는 것은 좋다, 그런데 북한에 대한 레버리지를 못 갖는 것이 문제 아니냐 하는 얘기가 있습니다.

이종석: 북한에 대해 우리가 원하는 레버리지가 무엇이냐는 거죠. 북한한테 현금을 주지 않았어도 현금 이야기 나오지 않습니까. 북한에게 우리가 쌀을 40만 톤을 지원했다 그래서 북한이 "아, 그러면 핵실험 안 하겠습니다." 이렇게 쉽사리 나오겠습니까? 그러니까 도대체 북한에 대한 레버지리가 뭐냐는 거죠. 남북한 간의 지난 10년간을 따져봤어요. 합의가 이뤄진 것 중에 80%는 남한이 북한에 제시한 거예요. 다만 그게 북한에게 제안한 순간이 아니라, 몇 번 제시해서 나중에 이루어진 거예요. 그러니까 항상 우리가 끌려다니는 것처럼 보이는 겁니다. 사실은 우리가 다 한 것이나 마찬가지입니다. 개성공단도 우리가 요구한 것이지 북한이 먼저 말해서 이루어진 것이 아니잖아요. 약간의 착시현상이 있는 거죠. 이걸 넘어서야 해요.

박용수: 북한의 미사일 발사 후에 잠시 인도적 지원을 중단한 상황이 있지 않았나요?

이종석: 우리는 스커드미사일로 인해 이미 북한의 사정권에 내에 있는 것이고, 장거리 미사일 문제는 미국이 걱정하는 겁니다. 솔직하게 전 그때 북한의 장거리 미사일이 우리에게도 위협요인인 것은 맞지만, 미국이 제일 먼저 나서서 대응할 것이고, 우리는 뒤따라가면 되는 것이지 우리가 앞장서서 나설 문제는 아니라고 생각을 했어요. 그런데 그런 말을 하지는 못해요. 북한이 장거리 미사일 발사했을 때, 햇볕정책이 실패했다고 이야기하는데 어떤 면에서는 우리도 그렇지만 미국이 제일 많이 실패했다고 봐야 하지요. 북한을 막지 못했으니까. 제 생각의 기초는 그랬죠. 제가 통일부장관 재직 시에 북한에게 수차례 말했습니다. "당신들이 장거리미사일을 시험발사하게 되면, 우리는 쌀이고 뭐고 못 준다. 제가 통일부장관 목이 열 개라도 못 준다. 장거리 미사일 발사하면, 나는 할 수가 없다." 그리

고 실제로 완전히 확정된 상태는 아니었어도 북한에게 쌀 40만 톤을 주기로 되어 있었는데, 줄 수 없다고 한 거죠. 그걸 사전에 공지했어요. 북은 말로만 그러겠지 진짜 안 주겠냐는 생각을 했던 것 같아요.

저는 적어도 통일부장관 하면서 북한에 대해서 유화적으로 하기 위해서 그냥 주거나 한 적은 없습니다. 제가 통일부장관 때 납북자지원특별법을 만들었어요. 통일부에 가서 제가 직접 사람들 모아서 작업을 했죠. 그리고 북한에 가서 협상하면서 "탈북자가 만 명 가까이 되는 시대에 체제 선전할 게 뭐 있냐? 그런 거 없으니까 납북자, 국군포로 그 사람들 돌려보내라. 북이 원하는 것이 뭐냐? 경제적으로 보상하겠다. 남포항을 다시 개발하고, 고속도로에 아스팔트를 깐다고 하면 깔아주겠다."라고 했습니다. 가기 전에 국민들에게 "납북자, 국군포로 문제를 풀기 위해서 저는 경제적으로 보상하겠다." 하고 갔다 왔어요. 해야 할 것 하는데 언론은 끊임없이 한 쪽으로만 내려치는 거죠.

박용수: 전체적인 국정의 기준은 인도적 지원과 군사적인 것을 분리하는 건가요?

이종석: 반드시 줘야 하는 것은 줘야 하겠지요. 북이 장거리 미사일을 시험 발사했을 때 전부터 주던 비료 가운데 다 주지 못한 것이 있었어요. 그것이 계속 넘어가고 있었어요. 약 2만 톤인가 그랬어요. 당시 김용갑 의원이 그 문제로 호되게 비판을 했습니다. 그래도 저는 이미 약속이 되어 있어서 넘어가야 하는 것은 준다는 입장이었어요.

그러나 거기에는 임계점이 있다고 봤죠. 북한이 미사일을 발사하는데 거기다 대고 쌀을 지원한다 그러면 감당할 수 있겠어요? 미국은 개성공단을 중단해야 된다고 하는 판인데, 거기다 국내 언론 또한 감당이 안 되었는데요. 저는 개성공단이나 금강산관광이 중단되는 것은 있을 수 없는 일이라 생각해요. 그것은 한 번 중단하면 다시 돌아오기 너무 어렵습니다. 최악의 경우 불가능할 수도 있어요. 그러나 쌀은 나중에 다시 줄 수 있잖아요. 그래서 일단 중단을 시킨 것이죠. 그리고 그러한 조치는 미리 조건을 붙여 예고를 했어요. 이미 미사일은 발사한 것이니 여기서 더 나아가지 않고 6자회담에 복귀하면 주겠다고 그랬어요. 미사일 발사 다음 행보는 뻔한 것 아니에요? 핵실험 하는 것이지요. 쌀을 보냈는데 핵실험을 한다면 우리의 정권이 유지되겠어요? 쉽지 않다고 봐요. 6자회담 나왔으면 그것으로 끝났을 거예요. 여하튼 제가 제안했던 이 거래를 북한은 받지 않았습니다. 왜? 미국이 자기네들을 인정하지 않으면 핵실험까지 간다는 것이었으니까요.

그 문제를 두고 정부 내에서도 논란이 있었습니다. 통일부장관으로서 저는 세금을 내고 있는 모든 국민들을 생각해야 한다고 보았어요. 지금도 후회하지 않습니다. 제가 한 결정에 대해서 잘못한 것이라고 진보 쪽에서 많이 이야기합니다. 그러나 대한민국이라는 나라는 진보, 보수가 다 있는 곳이고, 정부는 모두를 대표하는 정부입니다. 간단하지 않지만 이런 상식에 기초해야 된다고 생각합니다. 정말 극단적인 상황에서도 쌀이 넘어갈 수 있다? 그것은 쉽지 않죠. 사실은 정말 어려운 결정이었습니다. 대통령도 승인을 하셨지만, 그 문제에 대해서는 후에 유감으로 생각을 하셨어요.

장훈각: 인도적 지원문제와 정치적 문제가 연관이 되어야 하느냐 아니냐 하는 것은 지금도 논란이 되고 있는 문제입니다. 막상 정책을 결정해야 하는 입장에 서게 되면 쉽게 결론을 내기에는 어려움이 많을 것으로 생각됩니다. 이제 정리를 하는 것이 좋겠습니다. 대외정책에 대한 총평을 부탁드립니다. 그 전에 고건 총리 직무 대행 시에 대북문제를 어떻게 다루셨는지, 핵실험 이후에 정부의 대응은 어떻게 이루어졌는지에 대해 말씀 부탁드립니다.

이종석: 핵실험 이후부터 말씀드리겠습니다. 내 역할은 여기까지다 싶었습니다. 통일부장관은 핵문제와 관련해서 많은 것을 결정할 수는 있는 자리는 아니었지만 책임은 제가 질 수밖에 없다고 생각했어요. 어찌되었든 간에 참여정부에서 NSC 차장으로 북핵문제를 3년간 책임자의 위치에서 다루었고 통일외교안보에 관해서는 제가 가장 많이 알려져 있었잖아요. 그리고 이 와중에 자리에 앉아 있다고 해도 제가 무슨 힘을 갖고 일을 해나가겠나 싶었습니다.

북핵문제를 다루면서 어떤 순간이 절망적이고 마지막일 것 같은 느낌을 받아요. 북한이 핵을 가졌다고 선언한다든가, 북한이 핵실험하면 세상이 끝나는 것 같은 그런 것이지요. 하지만 북핵문제로 세상이 끝나지 않는다. 절대로 단기적으로 해결되지 않는다는 교훈을 배웠습니다. 핵실험이 있은 직후 시장 움직임부터 체크했어요. 시장이 크게 요동하지 않는다고 하더군요. 너무 마음이 놓이더군요. 한편으로 여기서 또 다음으로 가는 거다. 어차피 이것으로 전쟁이 나는 것도 아니고... 여기서 다시 꿋꿋하게 정리하고 밀고 나가야 살지 아니면 안 된다는 생각이 들었어요. 이것은 그동안의 경험을 통한 거죠. 그래서 어떻게 해서든지 간에 이 상황을 뚫기 위해서는 정상회담을 통해서 대통령께서 김정일을 만나실 수 있게 해서 다음을 뚫어야겠다고 보았습니다. 그리고 미국이 요구하는 개성공단 폐쇄와 같은 문제는 계속 반대했습니다. 그런 요구가 있을 때마다 우리가 원해서, 우리가 필요해서 했던 것들을 그만둔다면 자해 행위에 불과하고, 그렇게 하고나면 정말 우리 미래가 없다고 생각했어요.

그리고 총체적으로 포용정책이 위기였었어요. 그래서 포용정책이 여전히 유용하다고 얘기를 해야만 하는 되는 상황인데, 그러면 다들 반발이 너무 심했죠. 북한 핵실험이라는 건 지금 남북관계를 중심으로 한 것임에도 불구하고 일단 뒤집어 썼고, 그것은 그건 현실이니까, 대통령께서도 "포용정책이 지금 효용성이 있는가 걱정이다."라고 하셨다고 신문에 났습니다.

그래서 윤태영 부속실장에게, 그때는 연설기획비서관이었나…, 대통령 최측근이니까, 대통령께서 이런 말씀하셨는데 어떻게 된 것이냐고 물었습니다. 왜냐하면 제가 대통령을 존경하고 모셨던 그 끈 중에 하나는 포용정책이거든요. 그런데 대통령께서는 "그게 아니다. 통일정책은 당연히 일관되게 한다."고 하셨습니다. 후에 미국에서도 많은 요구가 왔었죠. 금강산, 개성공단… 결국 전부 다 끊을 수 없다고 버티었습니다. 금강산관광에 대한 보조금 같은 것 가지고 끌면서 버티는데, 참 어려웠어요.

그 와중에 미국이 PSI에 정식 가입하라는 요구가 있었습니다. 외교부뿐만 아니라 청와대 내 일각에서도 강력하게 주장을 하는 거예요. PSI라는 것은 북한의 핵물질이 외부로 유출되는 것을 막자는 것이죠. 우리는 북한이 핵을 갖지 못하게 하는 것이 목표인데, 확산을 얘기하고 있으니까 저는 그 자체가 굉장히 마음에 안 들었어요. 우리는 비핵화를 하려고 하는 것인데, 미국은 벌써 북한이 핵을 가지고 있다고 생각하는 것인지. 또 하나는 어차피 여기서는 남북해운합의서를 갖고 있기 때문에 하려면 얼마든지 할 수 있는데, NLL선상이나 한반도 공해상에서 검색을 잘못하면 전쟁이 날 수도 있는데, 왜 그렇게 하는 것인지. 그리고 PSI가 당시에 다른 나라들이 다 가입한 것도 아니고 그렇게 대단한 게 아닌데, 그래서 가입은 안 된다고 주장했어요. 해도 몇 가지 조건에 대해서는 어떻게 하겠다고 했어요. 무척 괴로웠죠. 그때 한명숙 총리도 도와주시고, 김근태 당의장이 도와주셔서 통일부장관직에서 사의를 표명한 후라 제게 힘은 없었지만 아주 대전선이 발생했고, 결국 PSI 가입을 안 하게 되었죠. 천안함 사건 이후에 이명박 정부가 가입을 했을 거예요. 그때는 여기서 끝이 아니다. 국가와 국민이 살아야하기 때문에 끝이라고 생각해서는 안 된다. 그런 생각 속에서 임했던 것 같습니다.

박용수: 장관 재직 시에는 노무현 대통령과 자주 만나셨나요? 특히, PSI

문제를 가지고...

이종석: 장관인데 당연히 만나지요. 청와대 있을 때처럼 매일 만나는 것은 아니지만. 대통령께서도 PSI문제에 대해 판단하기 어려워하셨습니다. 안보실장은 해야 된다고 하는데, 그래도 3년간 당신을 모셨던 통일부장관은 안 된다고 하니까... 결국은 대통령께서 PSI에는 가입하지 않는 것으로 결론을 내셨습니다.

박용수: 그러면 처음에는 가입할 생각이 있으셨던 건가요?

이종석: 대통령 귀를 잡고 있는 참모가 안보실장이니까, 안보실장이 계속 얘기하니까 추진을 해봐라 이렇게 된 거예요. 저는 청와대 안보관계회의에 가서는 불리하니까 당을 끌어들이는 거지요. 당정회의를 해야 하고, 당정회의를 하면 또 나름대로 도와주시니까요. 아마 다른 통일부장관은 그 상황에 대응하기 어려웠을 겁니다. 부자가 망해도 몇 년 간다고, 사표를 제출했던 때였고 통일부장관직에서 나와 있었지만 그랬습니다. 아마도 대통령께서 믿어주신 것도 있고, 또 정부 내에서나 당 쪽에서는 의견을 같이하시는 분들이 있어서 가능했을 거예요. 청와대에서 안보관련 보좌관들이나 외교관계 장관들끼리 모여서 하면 아무래도 상황이 달라질 것 아니에요? 그러니까 저는 더 큰 틀을 요구했던 것이지요. 김근태 당의장이 이 문제를 당과 협의하지 않고 처리하면 절대로 가만히 안 두겠다고 말씀하셔서 제가 고맙게 생각하고 있습니다.

장훈각: 고건 총리 직무대행 시의 상황을 간단하게 말씀을 해주시고, 총평으로 마무리를 짓겠습니다.

이종석: 대통령 탄핵이 되었을 때 NSC는 D-0부터 해서 하나하나 대행께서 어떻게 일을 수행해야 하는지에 대한 것을 만들어서 통과된 직후에 대행을 뵙고 드렸어요. 사실은 탄핵기간 동안에 관저에 올라가서 비공식적으로 중요한 사항은 보고를 드렸죠. 저는 대통령의 참모니까 당연히 그래야 되고, 물론 권한대행께도 보고를 드렸습니다. 대통령께 충실히 보고드려서 감을 잊지 않으시게 했습니다. 당시에 대통령의 의중이 무엇인지를 말씀 안 하셔도 알고 했던 기억이 납니다. 그때가 4월 봄이었는데, 벚꽃 핀 마당을 내려다보시는 대통령의 표정이 아직도 선합니다. 아, 저 바깥세상, 정말 저 세상으로 나가고 싶다... 그 마음이, 자유로운 몸이 되고 싶어하시는 그 모습이... 그리고 대통령 자리라는 것에 대해서도... 이 자리에 내가 앉아 있는 것..., 이런 것에 대한 깊은 상념을 가진 얼굴이 아직도 눈앞에 보이는 듯 생각이 나요.

장훈각: 노무현 대통령의 대북정책에 대해 4일에 걸친 대단원의 막을 내려주시죠.

이종석: 도움이 되셨나 모르겠습니다. 저는 굉장히 유익한 시간이었습니다. 돌이켜 보면 노무현 대통령은 대북정책, 대미정책, 대외정책을 하시면서 항상 우리의 존엄성, 자존에 대한 생각을 기반으로 하셨습니다. 그것은 북한에 대해서도 마찬가지였습니다. 북한이 좀 도발적인 행동을 하면 굉장히 기분 나쁘게 생각하셨어요. 바깥으로 나타지 않아서 그렇지 굉장히 그러셨습니다. 그리고 대단히 합리적인 판단, 아무리 화를 내시다가도 사리를 판단해서 말씀을 드리면 그것에 대해서는 더 이상 말씀을 안 하셨어요. 성격은 직설적이었지만 판단은 굉장히 조심스럽고 신중했습니다. 항상 설명 가능한 정책, 설명 가능한 관계들을 중시했습니다. 한미관계도 당장 수평적이고 대등한 관계는 안 되겠지만 수평을 지향하는 균등한 한미관계가

바로 우리가 살길이라고 보셨어요. 중국과의 관계에서도 새로운 모색이 필요하다는 보셨습니다. 국민들에 대해서도 국민들을 속이지 않는 진정성이라고 생각하셨지만, 그러한 대통령의 마음이 실제로 국민들에게 전달이 안 되면서 많은 아쉬움이 있었다고 봅니다.

훗날의 사가들이 우리의 시점을 보면서, 저 사람들은 최소한 설명 가능한 정책을 만들어 냈구나, 무엇 하나를 하더라도 그 자체로서는 항상 합리적인 틀이 어떤 것인지 생각했구나, 항상 전략적 경로라는 것을, 그것이 옳은지 그른지, 아니면 얼마만큼 심화된 것인지, 아니면 천박하고 소박한 것인지, 그런 것에 대한 판단은 차이가 있을지 모르지만, 전략적 경로를 그리면서 하나하나를 두려고 했었구나 하는 그런 생각들을 해주기를 바랍니다. 왜냐하면 그런 마음으로 국가안보전략서도 처음 만들었고, 위기관리 지침부터 시작해서 많은 것들을 했습니다. 대통령을 모셨던 저로서는 그러한 노력들이 제대로 평가받을 수 있으면 좋겠다는 바람을 갖고 있습니다. 그리고 노무현 대통령이 정말 얼마나 진지하게 국정을 운영했고, 국가위기를 극복하기 위해서 봉사했는지가 밝혀지기를 바랍니다. 너무 가슴 아픕니다. 대통령을 생각하면... 저도 그렇게 되는 데 일조했으면 좋겠습니다. 마지막으로 말씀드리면, 제 기억이 정확하지 못해서 이야기를 다르게 한 것도 있을 수 있고, 수치가 잘못된 것도 있을 수 있지만, 단 하나도 제 머릿속에 없던 것을 꾸며내서 말하지 않았다는 점에서 적어도 허위인 내용은 없다는 것을 제가 보증해서 말씀드립니다.

장훈각: 감사합니다. 오랜 시간 수고 많으셨습니다.

성경륭

전 국가균형발전위원회 위원장

비서실 정책실장

1. 개요

현재 한림대 사회학과 교수로 재직 중이며 노무현 정부하에서 청와대 정책실장과 국가균형발전위원회 위원장을 역임한 성경륭 교수와의 구술 인터뷰는 2회에 걸쳐 실시되었다. 첫 번째 인터뷰는 2013년 1월 31일 실시되었고, 두 번째 인터뷰는 2014년 2월 14일 실시되었다. 총 7시간에 걸쳐 진행된 인터뷰에서 성경륭 교수는 노무현 대통령과의 인연, 대선 과정에 참여한 계기, 대통령 당선 직후 인수위 활동 내용, 국가균형발전위원회의 기능과 역할, 조직 구성, 그리고 노무현 대통령 시기에 있었던 주요 정치 사건 등에 대해 소상히 구술하였다.

성경륭 교수는 서울대 사회복지학과를 졸업하고 미국 스탠포드대학에서 사회학 박사학위를 취득하였으며 그 후 한림대 사회학과 교수로 임용되었다. 노무현 출범 직후 국가균형발전위원회 위원장에 임명되었고 노무현 정부 후반기 2007년도에는 대통령비서실 정책실장을 역임하였다. 정치사회학과 사회복지 분야를 전공한 성경륭 교수는 16대 대통령선거 직전부터 노무현 후보 캠프에 참여하였고 선거 직후 인수위원회에 참여하여 노무현 정부의 국정 목표와 과제 등을 설정하고 그 추진 전략을 세우는 작업에 참여하였다. 노무현 정부가 주창한 국정 목표 '국민들과 함께하는 민주주의', '더불어 사는 균형발전', '평화와 번영의 동북아 시대'는 노무현 정부의 성격과 특징을 잘 보여주고 있다. 이 목표하에서 12대 국정 과제를 선정하였고 참여, 분권, 균형 등은 중요한 정책 방향의 키워드가 되었다. 이 가운데 성경륭 교수는 국가균형발전을 위한 정책 개발과 전략을 세우는 일에 참여하였다.

총 7시간에 걸쳐 진행된 인터뷰에서 성경륭 교수가 들려준 주요 구술 내용은 다음과 같다.

첫째, 대선 직전 캠프에 참여한 과정에 대한 이야기이다. 성경륭 교수는 2002년 6월 국민대학교 김병준 교수의 연락을 통해 선거캠프에 참여하였고 10여 명의 자문교수단이 구성되었다고 한다. 자문단 교수는 선거 현장에 직접 참여하지는 않았고 주로 정책자문의 역할을 하였다고 한다.

둘째, 인수위 참여 과정에서 국정 목표를 세우고 전략을 확립한 내용에 대한 구술이다. 참여정부 명칭은 처음에는 국민참여정부로 불렀지만 토론 과정에서 이정우 교수의 제안으로 참여정부로 명칭이 정해졌다고 한다. 국정 원리는 노무현 대통령의 철학이 반영된 것이며 12대 국정 과제는 인수위에서 많은 토론과 논의를 거쳐 확정되었다고 한다.

셋째, 열린우리당 창당과 그 의미에 대한 구술이다. 성경륭 교수는 당시 상황은 조직화된 무정부주의가 존재하는 무질서한 상태였으며 새롭게 태어난 거대 정당을 어떻게 운영해야 하는가에 대한 준비가 부족했다고 진술하였다.

넷째, 비전 2030에 대한 이야기이다. 당시 노무현 대통령은 복지 시스템을 대폭 바꾸어야 된다고 생각하고 있었고 복지예산을 대폭 늘려야 한다고 생각하고 있었다고 한다. 그러나 2006년도부터 예산조달 방식을 둘러싸고 저항이 거세졌지만 결국 정부 재정지출 중 복지 관련 비용을 20%에서 28%로 늘리게 되었다고 한다. 세간에서 말하는 부채 증가, 부동산 투기 등을 야기했다는 비판은 잘못된 것이며 단지 세계적인 경제 흐름을 정확하게 인식하지 못하고 있었다는 점은 인정하는 구술을 하였다. 주요 경제정책의 결정은 대부분 관료 집단이 했으며 한국 사회의 관료 구조의 특성상 경제정책의 기조를 바꾸기 힘들었다고 한다.

다섯째, 이명박 정부 출범 전 인수인계 과정에 대한 구술이다. 이명박 정부의 실무진들은 인수 과정에서 적대적인 태도를 보여주었고 노무현 정부가 준 보고서, 자료 등을 전혀 활용하지 않았다고 한다. 인사 데이타베이스도 활용하지 않았으며 국가정책 데이타베이스도 마찬가지였다고 한다.

여섯째, 국가균형발전위원회 조직 구성과 운영에 대한 구술이다. 성경륭 교수는 국가균형발전위원회는 다른 조직과는 달리 대통령이 참여하는 회의가 여러 차례 열렸고 정부의 다양한 부처에서 파견된 50여 명의 공무원들이 있었으며 메트릭스형 조직을 갖추었다고 한다. 위원회가 독자적으로 정책 방향을 정하면 핵심적인 과제에 대해서는 대통령께 보고했다고 한다.

국가균형발전위원회는 지역주의를 청산하고 성장 위주의 정책으로 나타난 폐해를 없애 지역 간 균형발전을 위해 노력했으며 노무현 정부 5년 동안 최대치의 일을 했다고 자평하였다.

일곱째, 혁신도시 건설에 관한 일화이다. 공공기관 이전을 둘러싸고 부처별, 지역별로 갈등이 일어나자 이를 줄이기 위해 일종의 '삼협전략'을 사용했다고 한다. 모든 중요한 문제는 당사자와 협의하며 모든 사안을 모두 협의하고 협의한 내용에 대해서는 모두 동의하도록 협약에 의해 추진한다는 것이다. 기관의 예산, 인력, 재산 등을 공식화해서 계산하고 그 무게를 평가해 종합 점수를 내서 기관 배치를 하고 기관장, 노조와 충분히 협의해 실시하였다고 구술하였다. 혁신도시 건설 과정에서 삼성전자가 아산 탕정 지역에 디스플레이 공장을 건설하고 이를 위해 천안 지역에 작은 도시를 개발하는 권리를 주고자 했으나 이것이 토지 투기의 특혜가 될 우려가 있어 취소했다고 한다. 기업들이 대도시로 멀리 갈수록 인센티브, 즉 세금 등의 특혜를 주어 유도하는 방식을 취했다고 한다. 이 과정에서 나타난 부동산 투기와 지가 상승은 잘못된 평가이며 실제로 부동산 상승은 과장되어 언론이 보도했다고 보았다.

위원회는 국가균형발전특별회계를 만들었고 사업이 끝날 시점에는 예산이 7조 원가량 되었다고 한다. 5천억은 신규 증액된 예산에서 충당했고 나머지는 부처 예산들로 보충했다고 한다. 그 후 동시에 균형발전 5개년계획을 지역에서 직접 수립하도록 했고 그 계획을 뒷받침하는 자금이 균형특위회계예산이 되는 것이었다고 구술하였다.

여덟째, 위원회 활동에 대한 노무현 대통령의 지원에 관한 내용이다. 노무현 대통령은 위원회 활동에 대해 관심이 많았으며 평소 균형발전 정책이 가장 애정이 간다고 발언하였다고 한다. 간혹 노무현 대통령은 위원회 회의에 참여하지 않아도 됨에도 불구하고 일부러 참석하여 위원회에 힘을 실어 주었다고 한다. 심지어는 총리 주재 장관회의에서도 총리가 직접 위원회 사업을 챙겨주고 힘을 실어주어 일을 처리하는 데 어려움이 줄어들었다고 한다.

마지막으로 노무현 정부의 역사적, 정치적 의미에 대한 평가이다. 김대중 정부는 김영삼 정부의 과실을 처리하느라 시간을 보낸 비운의 정부였고 이 때문에 개혁적인 정책을 충분히 실시하지 못했다고 평가하였다. 반면 노무현 정부는 성장과 분배의 문제를 적극적으로 결합시켰으며 한반도 평화 정착을 위한 노력을 했지만 몇 가지 부족한 점도 있다고 보았다. 이 때문에 참여정부는 미완의 개혁정부로 평가할 수 있다고 구술하였다.

2. 구술

〉〉〉〉〉 1차 구술 ──────────────

윤민재: 오늘은 전 청와대 정책수석과 국가균형발전위원장을 지내신 성경륭 선생님을 모시고, 인터뷰를 진행하도록 하겠습니다. 먼저 첫 번째 질문을 드리겠습니다. 노무현 대통령과 첫 인연을 맺게 된 사연을 말씀해주십시오.

성경륭: 노무현 대통령과의 첫 인연은 2002년 6월 중순경 시작되었습니다. 저는 그분하고는 개인적으로 특별한 인연이 없었습니다. 2002년 6월경 이미 민주당 대통령 후보로 결정이 된 상태인데, 상당히 긴 시간 동안 후보에 대한 지지율 변동이 굉장히 많았습니다. 특히 보수 언론들의 공격이 조직적으로 많았습니다. 제가 그 시기에 참여할 때 노 대통령의 지지율이 15% 정도로 떨어지던 최악의 시기였습니다. 그때 마침 국민대학교의 김병준 교수에게 연락이 와서 '한번 만나보았으면 좋겠다'라고 해서 만났더니, '지금 정책자문단을 만들어야 되는데 같이 좀 참여했으면 좋겠다'라고 제안을 했습니다. 거기에 제가 흔쾌히 수락을 하였습니다. 그 이유는 노 대통령에 대한 특별한 사적인 관계 때문이라기보다는, 보수세력이 강고하고 보수 언론들의 힘이 강한데, 지금 민주당 후보가 지더라도 다음을 도모할 수 있을 정도의 시민사회나 정치적인 지형의 세력 기반을 구축한 다음에 져야 된다고 생각했습니다. 지금처럼 언론들이 흔들고, 보수세력들이 흔들고 해서 자기주장 한 번 해보지 못하고, 민주당의 공식 대통령 후보가 무너져선 안 된다고 생각했죠. 그러니까 그때는 이분이 대통령에 당선될 것이라는 큰 기대를 가지고 참여한 것이 아니고, 어떻게든 민주세력이 비

참하게 무너지는 것을 막고 작은 힘이라도 좀 보태야 되겠다하는 그런 뜻으로 참여한 것입니다.

윤민재: 그러면 2002년 6월에 공식적으로 캠프에 참여하신 것입니까?

성경륭: 좁은 의미의 캠프였죠. 노무현 후보를 모시고 가까이에서 움직이는 비서진들이 캠프를 형성하고 있었는데, 우리 자문교수단은 별도의 형태로 관여를 했어요. 그때 김병준 교수가 양쪽을 연결하고 있었습니다. 또 조재희 박사라는 사람이 간사 역할을 하면서 두 분이 주로 연결을 했고, 우리 자문교수단은 극히 작은 규모인 한 10여 명 정도로 구성이 되어 있었습니다.

윤민재: 그러면 국민대 김병준 교수님 주도로 열 분 정도 모았고, 자문교수단이 출범한 것이네요. 그 당시 열 분 교수님이 전공별로 나누어져 있었습니까?

성경륭: 그렇지요. 경제학, 정치학, 사회학, 행정학으로 최대한 분화를 한다고 했는데, 규모가 작다 보니까 그렇게 분화가 잘 되었다고 보기 힘들지요. 저는 개인적으로 노무현 후보 진영에 총괄적인 기획, 이슈라고 할까요? 그런 일을 담당했죠. 노무현 대통령께서 지방화와 같은 문제에 관심이 많으셨기 때문에 지방을 어떻게 살릴 수 있을 것인가 하는 관점에서 지방분권, 균형발전, 이런 문제에 집중을 했습니다.

윤민재: 그럼 열 분 교수님들이 집단 토의나 중요한 회의를 할 때 노무현 대통령 후보도 참여하는 경우도 있었나요?

성경륭: 그런 시간이 있었지만 어떤 주제를 정해 놓고, 집중적으로 토론을 못했던 것 같습니다. 어떤 중요한 정책 아젠다를 만들 때 김병준 교수나, 조재희 박사가 중간에 서서 캠프와 연결했습니다.

윤민재: 팀을 운영하고 정책 개발을 할 때 노무현 후보로부터 경제적인 지원을 받았습니까?

성경륭: 이것은 자원봉사 차원에서 하는 것이었기 때문에 우리가 쌈짓돈을 털어서 한 것입니다.

윤민재: 그러면 대선 때 정책을 만들어내고, 아젠다를 설정하는 데 주로 역할을 하셨는데요. 다른 선거 활동도 있었습니까?

성경륭: 그때 우리 자문교수단들은 특별히 선거 과정 그 자체에 깊이 관여하지는 않았습니다. 최근에 보면 교수들이 지원 유세에 참여하는 경우도 있는데 그때는 당의 역할이 지금보다 훨씬 중추적인 역할을 수행하였습니다. 따라서 우리 자문교수단들은 선거 현장에서는 일정한 거리를 두고, 주로 정책자문의 역할을 하였습니다.

윤민재: 참여정부란 말이 탄생된 배경이 궁금한데요. 그 말이 만들어진 배경이 있었습니까?

성경륭: 네, 노무현 정부의 공식 명칭을 정하는 문제였는데, 인수위 시기에 제가 기획조정분과에 참여를 하였고, 기획조정분과에서 몇 가지 초안을 만들어서 그것을 대통령 당선자가 주관하는 대통령인수위 본회의, 전체 회의에 상정을 하였습니다. 초안에서는 이전 정부인 국민의 정부와의

연속성도 생각하고 다음 정부가 역점을 둘 것은 무엇인가 하는 점을 고민했습니다. 그래서 첫 번째 안으로 제시된 것이 국민 참여정부입니다. 제 기억으로는 이거 말고도 시민정부도 있었고요. 그런데 단연 국민참여정부 안을 지지하는 분들이 많았습니다. 토론으로 진행되었는데, 그 토론이 결론으로 가는 단계에서 가장 중요한 역할을 하신 분이 이정우 교수입니다. 이분이 국가를 중심으로 한 용어를 피하는 것이 좋지 않으냐고 말씀하셨죠. 민주화 시대이고, 우리는 낮은 권력을 지향하기 때문에 참여정부라고 하는 것이 어떻겠느냐는 제안을 하였고, 노무현 대통령 당선자가 바로 받아들였습니다. 일종의 대의민주주의가 민주주의의 첫 출발이지만, 시간이 가면 갈수록 국민이 중심이 되고 참여가 확대되는 흐름이 있었기 때문에, 참여정부로 방향이 잡힌 것입니다.

윤민재: 네, 알겠습니다. 국정 목표를 보면 국민들과 함께하는 민주주의, 균형발전 사회, 평화와 번영의 동북아 시대, 이렇게 큰 축이 마련되고, 그 다음에 국정 원리, 실천 분야 같은 것들이 나뉘어졌는데요. 국정 목표 설정도 자문단 교수들이 역할을 한 것인가요?

성경륭: 주요 국정 목표는 인수위 단계에서 분과별로 설정되었습니다. 그리고 참여정부 명칭을 정하는 문제, 국정 목표, 핵심 12대 국정 과제, 이것을 조정하고 총괄하는 역할을 기획조정분과가 하는 것이지요. 그래서 이 분과에서 다른 분과의 의견도 취합하고, 과거 대선 과정 중에 조언을 받았던 분들의 도움을 공식, 비공식적으로 구하고, 그런 여러 과정을 모아서 3대 국정 목표 초안을 만들게 됩니다. 그 다음에는 전체 회의에 제안하고, 토론도 하고, 최종적으로는 대통령 당선자가 채택하는 그런 과정이었기 때문에 매우 원활하게 진행되었다고 볼 수 있습니다.

여기서 특별히 강조해야 할 것은 국정 원리에 대한 것입니다. 여덟 가지 국정 원리는 백 프로 노무현 대통령 당선자의 철학과 원리가 반영된 것입니다. 이분이 국회의원 시절부터 수많은 사회집단을 만나지 않았겠습니까? 민주주의라는 것은 갈등을 무시할 수도 없고, 또 갈등이 정치 현장에 너무 투입이 많이 되면 정치가 흔들리기 때문에, 사회적 갈등과 정치적 제도로서의 민주주의 사이에는 긴장관계, 때로는 모순 대립관계가 존재하게 되는 것이지요. 그래서 어떤 원리를 적용해야 사회문제를 해결할 수 있는가, 갈등을 풀 수 있는가라는 것들을 염두에 두고 중요한 원리들을 찾아갔습니다. 그래서 노 대통령을 모시고 일을 하면서 여러 면에서 배우고 느낀 게 많이 있는데, 이분은 항상 원칙과 현실이 있다면 이 둘 사이에 상호작용을 하는 점을 중시했습니다. 이러한 문제들이 있을 때 어떠한 원리를 적용하면 되는 것인가? 어떤 새로운 원리를 개발해야 되는 것인가? 이런 식으로 계속 사고를 하시는데, 그 과정을 통해서 정리된 것이 국정 원리라는 것입니다. 이것은 평소 그분의 지식이기도 하고, 소신이기도 합니다. 민주주의의 어떤 가치를 계속 유지하면서 사회문제, 정치문제를 잘 풀어서 민주주의의 성과를 높이는 일이 중요합니다. 사회 여러 세력이 공존하고, 협력하고, 그럼으로써 민주주의의 질을 높일 수 있는 그런 원리가 무엇인가 고민을 해야 합니다. 그러한 점들을 노 대통령은 고민했죠.

윤민재: 요즘에 보면 인수위에 참여하셨던 분들이 정치 현장에 진출하는 경우가 많이 있는데요. 그 당시에 선생님께서는 인수위 기획분과에서 일을 하셨는데, 인수위가 끝나면서 노무현 정부가 출범할 때 입각 등 권유를 받으셨습니까?

성경륭: 저는 바로 국가균형발전위원회 위원장으로 갔지요. 참여정부의 정부조직과 관련해서 중요한 대목이 하나 있는데, 새 정부가 등장하면 정부조직을 개편한다고 합니다. 우리는 정부조직이 국민의 정부를 승계하는

정부였기 때문에, 정부조직 개편을 하지 않았습니다. 그 대신 12대 국정과제위원회를 운영했습니다. 여기에서 정말 역점을 두고 추진해야 될 대통령 과제를 찾았습니다. 대통령의 의지를 실어서 추진해야 할 과제를 대통령 프로젝트, 대통령 과제라고 했지요. 이것을 12대 국정과제위원회가 실현한다고 보았기 때문에, 통상적 정부조직과 국정과제위원회가 모두 중요한 비중을 가지고 일을 한다고 보았습니다. 우리는 이것을 매트릭스형 정부조직이라고 보았습니다. 경제, 산업, 교육, 국방, 이렇게 분야별 정부조직이 있고, 이와 12대 조직이 서로 교차하면서 매트릭스를 형성한다고 보았습니다. 국가균형발전위원회엔 전부 12개 부처가 참여하였습니다. 여기에 수많은 대통령 과제가 있는 것이지요. 바깥에서는 옥상옥이란 식으로 정부 기능이 중복된다는 이야기를 했습니다만, 우리 역사상 소위 매트릭스형 정부조직을 실험해본 최초의 정부였고, 이것을 통해서 모든 국정과제위원회가 똑같은 수준의 좋은 성적을 거둔 것은 아니었지만 몇몇 분야는 국정과제위원회가 아니었으면, 도무지 할 수 없는 그런 중요한 성과를 냈다고 봅니다.

윤민재: 결국 노무현 대통령이 권유를 하신 것입니까?

성경륭: 네, 그렇습니다.

윤민재: 그 당시에 지역주의 타파도 노무현 정부가 내세운 주요한 과제인데요. 그런데 참여정부의 초대 내각과 청와대 진영이 구축되는 그 인사 내역을 보면, 부산, 경남 출신 분들이 집중적으로 배치된 것이 아니냐 하는 비판이 있었습니다. 인재의 균형 선발과 어긋나는 면도 있었다고 보는데, 이러한 지역주의에 대한 공세를 어떻게 보십니까?

성경륭: 저는 어디서, 누가, 어떤 배경으로, 어떤 근거로 그렇게 주장했는지를 우선 따져볼 필요가 있다고 봅니다. 노 대통령이 인사보좌관으로 정찬용 씨를 선임하였습니다. 대개 참여정부 기간 내내 민정을 영남 쪽에서 많이 담당했고요. 인사수석은 주로 호남 쪽에서 많이 담당했습니다. 인사수석실에서 하는 것은 인재를 발굴하고, 천거하는 기능을 하는 것이고, 민정은 검증 기능을 하는 것이기 때문에 균형을 잡도록 했습니다. 대통령이 광주 출신의 정찬용 수석에게 그러한 역할을 맡겼다는 것은, 특별히 인사문제에 대해서는 특정 지역에 치우치지 않겠다는 뜻으로 이해합니다. 정부 쪽에서 일하는 사람들은 그런 원리와 기능이 잘 작용했다고 봅니다. 그러나 밖에서는 어떤 이유로 그렇게 말하는 것인지 모르겠습니다. 호남 쪽에서 최근까지도 인사에 차별을 받았다라고 이야기를 하는데, 그것을 납득할 수가 없습니다. 오히려 호남은 엄청나게 많이 고위직 진출을 하였기 때문에 왜 그런 말이 나오는지를 차분하게 따져볼 필요가 있습니다. 우선 인구 규모의 차이를 우리가 잘 고려해야 됩니다. 그리고 인사수석을 호남에게 맡겼다는 점은 인사를 적극적으로 발굴해라 그런 뜻이 아니었겠습니까? 우리는 그것이 대체로 잘 지켜졌다고 봅니다. 그러나 우리가 꼭 알아야 할 것은 인사의 정치학입니다. 그런 문제를 제기하는 쪽에서는 일종에 그것을 정치적으로 활용하는 측면이 있는 것이지요. 예를 들면, 내가 지지하는 누군가가 그 어떤 자리에 많이 들어가기를 바라는 쪽에서 상대방을 낙마시키기 위해서 언론을 이용하는 경우도 있습니다. 혹은 다음에 어느 특정 지역 사람들이 많이 진출하지 못하게 그렇게 이용하는 경우도 있습니다. 지역주의를 조장한다는 식의 일종의 악성 루머 같은 것을 퍼트리면서 정부에 타격을 주는 것이죠. 여기에 대해서는 반드시 객관적인 근거를 가지고 평가를 해야지, 그렇지 않으면 그런 류의 논평과 답변은 올바른 결론으로 가기가 어렵습니다.

윤민재: 개인적으로 선생님께서 내각이나 주요 기관에 추천하신 분들이 있으셨습니까?

성경륭: 추천한 분들이 있지요. 하지만 자세하게 말씀드리기는 힘들고요.

윤민재: 그 당시에 노무현 대통령 정부 출범 이후에 관련해서 여쭈어 보겠습니다. 초창기에 국초임 검사들과 대화의 시간이 있었습니다. 그것은 국민들과의 소통이라는 중요한, 획기적인 사건이었는데요. 그 이후로 보수 언론들이 이것을 트집 잡아서 맹공격을 하였습니다. 말실수라든지 실언이라든지, 공격을 하였는데, 그 대담 이후에 노무현 대통령이 사적으로 그 사건에 대해서 소감이나 느낌 등을 말한 적이 있습니까?

성경륭: 그 이후에 소감을 사적으로 듣지는 못했고, 그 직전에 제가 만나서 이런저런 얘기를 하는데 그 이야기를 하시더라고요. 그 직전에 과천 중앙공무원 교육원에서 새 정부가 출범을 했기 때문에 대통령 주재로 정부장관, 국정과제위원장이 합동 워크숍을 했는데, 그때 한참 검찰총장 인선문제로 시끄러웠습니다. 그래서 할 말이 많으셨던지, 중간에 휴식 시간 중에 차를 한 잔 마시면서 몇 사람 이야기를 하는데, 대통령이 이렇게 말씀하시더라고요. "내가 직접 공개 토론을 신청해야겠다."라고요. 그래서 그 말을 듣고 깜짝 놀라서, "공개 토론은 안 좋겠습니다."라고 말하고 말렸습니다. 아마도 이분은 검찰 쪽에서 대통령의 인사권에 대해서 저항하는 모습들을 보였기 때문에 이것이 용인되어서는 검찰 개혁도 어렵고, 다른 분야도 어렵다고 생각하신 것 같습니다. 언론에서도 그렇고, 그때 참여한 검사들이 대통령한테 그렇게 강도 높게 문제제기하던 사람들이 그 당시의 자신의 기백과 그 원리대로 사는지는 잘 모르겠습니다만, 그 이후의 검사

들을 보면 상당히 다르게 정치 검사의 특징을 많이 보여주었습니다. 전체적으로 득실을 따지자면, 득보다는 손실이 엄청나게 많았다고 봐야지요. 옳지 못한 일에 있어서는 국민들이 실제 정확하게 아는 것이 필요하고, 또 당사자들도 그런 옳지 못한 것을 교정할 수 있는 그런 계기를 만들어야 된다는 측면에서 그것이 본인에게 손해되는 것을 알면서도 그렇게 하신 것이 아닌가 생각합니다.

윤민재: 그래서 그 모임은 주위 분들은 많이 말렸는데도 개인적인 결단에 의해서 진행된 겁니까?

성경륭: 그렇게 저는 이해합니다.

윤민재: 그 다음에 중요한 사건인데요. 이 문제는 아마 국가균형발전과 연관된 문제일 것 같은데요. 행정수도 이전 문제입니다. 그 복잡한 논의들은 생략하고, 탄핵 당시에 선생님께서 청와대에 들어가서 노 대통령을 만나 뵙고 그런 시간들이 있었습니다.

성경륭: 저는 몇 차례 만나 뵈었습니다.

윤민재: 어떠셨습니까?

성경륭: 처음에는 낙담을 많이 하셨지요. 낙담한다는 것은 여러 가지 측면이 있는데, 우선 국민들이 직접 선택한 대통령을 본래 같은 당이었던 사람들이 탄핵을 한다는 것이 온당한 일인가 하는 점에서 그렇죠. 민주주의의 기본 원리를 무너트리는 일이라고 해서 낙담을 한 것 같습니다. 다른한 측면은 우리가 인수위 때부터 여러 가지 국정 과제들을 기획하고, 실행

하고 있는데, 2003년 첫해의 정치적 조건이 굉장히 안 좋았습니다. 2003년 이라고 하면, 정권이 출범한 첫해인데, 그때 소위 여당이라고 할 수 있는 사람들의 수가 마흔 여섯 명 인가밖에 안 되었습니다. 극소수의 숫자밖에 없었고, 남북관계도 북한이 미사일인가 실험을 해서 남북관계도 악화되어 있었고, 국민정부 때 카드 남발을 방치해서 카드사태도 있었습니다. 또한 부동산 투기가 늘어났고, 경제도 안 좋았고요. 이런 가운데에 행정수도와 관련된 입법도 했고, 균형발전특별법도 입법했고, 여러 가지 핵심적인 입법을 준비했습니다. 그런데 2004년 초반에 그렇게 된 것 아닙니까? 그러니까 일을 할 준비를 다 갖춰 둔 상태인데, 기가 막힌 상황이 발생한 것이지요. 그래서 대통령 자신도 굉장히 낙담하시고, 정책하는 팀들도 낙담을 했는데, 국민들이 촛불시위를 하고 그랬지요. 국민들이 이런 식으로 정치를 해서는 안 된다는 것에 대해서 강도 높게 문제제기를 한 거죠. 결론적으로 탄핵이라고 하는 이 상황이 정말 극적인 변화들을 만들어 냈다고 볼 수가 있지요.

윤민재: 열린우리당이 집권여당으로서 국회에서 중요한 힘을 발휘할 수 있는 세력을 확보하게 되었는데요. 그 세력 확보와 동시에 원내에서 세대 교체도 이루어지고, 새로운 신진 인사들이 많이 등용되었습니다. 개혁적인 분들이 많이 오게 되었는데, 반면에 과거 구 민주당은 몰락을 하게 되지요. 그 과정에서 김대중 동교동계와 열린우리당 새로운 세력 간의 세력 다툼이라든지, 이념 대결이 있었을 것 같은데요.

성경륭: 열린우리당이 과거의 민주당하고 무슨 문제가 있었느냐, 또 동교동계 아니냐 등등 문제는 그런 쪽의 문제라기보다는 노무현 대통령 후보가 공식 후보로 선정이 되었는데, 보수 언론들의 공격에 의해서 지지율이 떨어질 때 노무현 후보를 주저앉히려는 세력이 있었습니다. 그리고 그

런 혼란의 와중에서 정몽준 씨가 등장을 하니까 노무현 후보를 주저앉히고, 정몽준 후보를 옹립하려는 그런 흐름들이 있었단 말입니다. 우리나라의 정당 발전 과정, 민주주의 발전 과정에서 도저히 용납할 수 없는 일이 벌어진 것이죠. 왜냐하면 자기 당에서 당원들이 공개 경선을 통해서 당원들이 투표로서 선출한 후보이니 나중에 지면 지더라도 그것을 존중하고 인정해야 하는 일이죠. 그것을 인기가 떨어진다고 해서 배척하고, 주저앉히고, 다른 사람 쪽으로 가려고 했던 것 아닙니까? 그것들이 탄핵의 원인이 되기도 했고, 저는 탄핵 과정에서 분화될 것은 분화되었다고 봅니다. 열린우리당의 문제는 저는 그것과는 별개라고 봅니다.

사회학이나, 정치학에서 국가형성론(State Formation)에 관한 이론이 있습니다. 국가가 되기 위해서는 조세를 징수하는 기구, 재정을 지출하는 기구, 경찰 기구, 국가 기능의 분화가 일어나야 되고, 국가가 존립하기 위해서 어떤 핵심적인 원리, 공정성의 기준, 법규 이런 것들이 다 필요합니다. 그것들을 하나하나 갖춰가는 게 국가형성론이라고 보는데, 저는 비슷한 관점에서 '정당형성론'이라는 것을 우리가 연구해야 한다고 봅니다. 마땅히 정당이 되기 위해서는 정당이 추구하는 가치, 핵심 원리, 정당이 대표하려고 하는 사회 집단에 대해 당의 기구, 당의 관료, 당원이 함께 내부 사회화 과정을 거쳐야 합니다. 그래야 당이 공동으로 추구하는 목표가 생기고, 당의 결속력이 생깁니다. 이런 것들이 하나하나 갖춰져 가는 정당 형성 과정이 필요한데, 그런 관점에서 보면 우리의 정당 형성의 수준이 굉장히 낮은 것이지요.

김대중 대통령이 카리스마를 가지고 공천권과 정치자금을 쥐고 당 조직, 당의 인력 배치 등 당을 지도했을 때는 정당 형성의 수준은 굉장히 낮지만, 카리스마를 가지고 당이 일사불란하게 움직일 수 있었습니다. 그런데 이제 카리스마의 시대가 지나고, 소위 3김 이후 시대에 들어와서는 리더십도 약해졌습니다. 그렇게 됨에 따라 집단지도체제, 계파주의가 극성을 부리고, 나눠 먹기가 되었죠. 그래서 야당이 조직화의 수준이나 여러 가지 수준에서 약한 것이지요. 조직 이론에서 이런 현상을 Organized Anarchy 라고 표현합니다. 조직화된 무정부주의, 그 두 가지가 상충하는 단어입니다. 저는 민주당이 과거에도 그렇고 지금도 그렇고 거의 무질서한 상태라고 생각합니다. 항상 계파끼리 싸우고, 집단 내에서 싸우고, 지역 내에서도 싸우고, 그러면서도 당의 테두리를 벗어나긴 힘드니까 최소한의 조직화는 되어있기는 있는데, 정당 형성 수준에서 볼 때 대단히 취약한 구조를 지니고 있습니다. 그것이 열린우리당 시대가 되니까 낮은 수준의 정당 형성이라고 하는 모든 문제가 드러나는 것입니다. 노선도 애매하고, 급작하게 150명이 늘었는데, 노선 색깔, 성향, 지지하려는 집단 모두 뒤죽박죽이죠. 이질성을 기초로 한 조직적인 무정부 상태죠. 그 다음에 우리나라의 보수, 기득권 질서의 핵심을 건드리는 4대 개혁 입법을 하려고 하는데, 이때부터 이게 흔들리고 무너지기 시작한 것이지요. 서서히 내분이 생기고, 떨어져 나갑니다. 152명이나 당선되었다는 것은 역사적으로 매우 예외적인 특수 상황에서 나타난 겁니다. 그때 열린우리당의 지도부들이 어떤 시스템을 만들고, 어떤 조직 원리를 도입해야 이것이 붕괴되지 않고 제대로 정당으로 존속할 수 있느냐를 많이 연구를 해야 했습니다. 그러나 거기에 대한 노력이 부족한 상황에서 바깥하고 엄청난 싸움을 한 것이지요. 즉 외부 저항은 강하고, 내부도 취약하고, 지지세력에 대한 뒷받침도 약한 상태로 열린우리당의 생명력은 매우 약했다고 봅니다. 그 약한 것에 대한 수습과 보완이 없이 지금까지 왔기 때문에 민주당이 항구적인 지도력의 위기, 불안정성, 취약성 이런 것들을 가지게 된 것이 아닌가 생각합니다.

윤민재: 양적인 의미에서는 중요한 성원을 충원했습니다. 그 이후에 노무현 대통령이 한국 정당정치에서 새로운 모델을 시도한 것 같습니다. 그 중에 하나가 당정분리 원칙인데요. 그게 어떤 면에서 보면 획기적인 일일

수도 있는데, 또 한편으로 보면 열린우리당을 제대로 활용하지 못할 수 있는 또 하나의 계기가 된 사건이거든요. 더군다나 열린우리당이 뚜렷한 구심세력이 있었으면 그것이 가능했을 텐데, 구심세력 없이 다양한 계파와 색깔을 가진 분들이 참여하다 보니까 당정분리의 원칙에 의해서 제대로 된 협의 등이 어려웠습니다. 어떻게 보면 한국 정당정치를 약화시킬 수 있는 계기가 되었다고 해석을 하시는 분들도 있거든요. 그 당시에 당정분리가 노무현 대통령의 철학에서 나온 것이었습니까?

성경륭: 저는 그렇게 봅니다. 대통령 입장에서는 좋은 말로는 당정협의이지만 실질적으로는 협의 기구나 협의 과정을 통해 대통령이 당을 지배하는 것이거든요. 과거에는 공천권도 대통령이 가지고 있었고, 공직배분권도 대통령이 가지고 있었으니까요. 국회의원직을 유지하기 위해서는, 혹은 장관 같은 것을 한번 하고 싶은 사람은 대통령한테 목을 내걸어야 될 입장인데, 당정협의가 그 도구처럼 되니까 그런 것이지요. 또 대통령이 여당을 지배하는 길이기도 하고, 행정부가 의회를 지배하는 강력한 장치가 되기도 하니까, 대통령 입장에서는 이것이 민주주의 원리에 맞지 않는다고 생각했을 수 있다고 봅니다. 그 부분에 대해서는 이해를 하는데, 정당의 성숙 정도가 매우 낮은 단계에서 당정분리가 되니까 거의 무질서(Anarchy) 상태가 증가하는 쪽으로 진행이 된 것이 아닌가 생각합니다.

윤민재: 대통령과 정당이 분열될 수 있는 소지가 되기도 하였는데요. 만약 그렇게 되었을 때, 대통령이 자신의 정책을 자신 있게 추진하기 위해서는 지지세력이 필요한데, 그것이 어떻게 보면 시민사회겠지요. 자연스럽게 열린우리당과 갈등에 빠지다 보니까 노무현 대통령은 시민사회와 연대할 수 있는 그런 기회가 많지 않았나 생각합니다. 대표적으로 보면, 노무현 정부가 공헌한 것으로서 인정받는 것 중의 하나가 디지털 정보사회를

잘 활용했다는 점입니다. 또 다른 분들은 이것이 극단적으로 보면 포퓰리즘이 아니냐고 비판하는 사람들이 있습니다. 나중에 4대 입법 처리 과정에서 상당한 시민사회 지지자들이 떨어져 나가고 정당과도 대립과 갈등에 빠지고, 즉 어떻게 보면 고립무원 상태가 되기도 했죠. 한국 사회에서 의회 정치가 가장 핵심적인 원리라고 보았을 때, 정당정치의 기능과 역할도 상당히 무시할 수 없다고 봅니다. 혹자들은 지나치게 정당정치와 너무나 거리를 두고, 이 문제를 등한시하지 않았는가 하는 이야기들도 있습니다.

성경륭: 과거에 박정희 정부에서 전두환 정부까지는 대통령이 국가권력의 최정점이었고, 그 다음이 행정부, 그 다음에는 의회, 정당 이렇게 수직적인 구조에서 움직였죠. 야당의 경우에는 김대중 총재가 있었고, 저쪽에는 김영삼 총재가 있었고, 강력한 독재에 대항하기 위해서 강력한 야당 총재가 전권을 가지고 지배하는 역시 또 다른 의미의 도구가 있었습니다. 그러면 노무현 시대에서는 대통령과 여당, 정당의 관계를 어떻게 할 것인가라는 점이 중요했습니다. 즉 새 모델이 필요했는데, 이것은 점진적인 방법으로 생각해야 합니다. 점진적이라는 것은 잠시 전에 말씀드린 하위 시스템을 만들어 가면서 대통령이 직접 여당 지도자들을 만나고, 방향을 지시하고 실질적으로 지배하는 방법이 하나 있고, 빠른 속도로 당정분리를 선언해서 가는 길이 있습니다. 노 대통령은 빠른 길을 선택하신 것 같습니다. 정당이 높은 수준으로 되어있으면 별 문제가 없는 것이지요. 자율성을 부여하더라도 정당은 자기가 추구하는 목표가 있고, 내부 시스템이 있고, 인력이 있고, 구조가 있으니까 문제가 없습니다. 저는 그렇게 해석을 합니다. 그리고 다른 하나는, 이러한 내부적, 주체적 측면 외에 외부적 요소도 있습니다. 외부적 조건은 국가의 안과 밖입니다. 국가는 곧 접점에 있는 것입니다. 접점에서 내부의 어떤 요소에 대해서도 반응해야 하고, 외부의 요소에 대해서도 반응해서, 늘 최적의 국가가 생존해야 합니다. 국가는 목

표에 도달하기 위해서 최적의 수단들을 선택하고, 최적의 경로를 찾아가는 역할을 합니다. 대통령도 그러한 역할을 합니다.

참여정부가 시간이 가면 갈수록 내부 지지세력도 분열되고, 고립되고, 결국 2007년 대선에서 졌습니다. 저는 이 문제가 정당과의 관계와도 관련되어 있고 이라크 파병, FTA문제와도 관련되어 있다고 봅니다. 예를 들어 남북관계를 풀기 위해서는 반드시 미국이라는 존재와의 관계를 풀지 않고서는 남북관계가 잘 안 풀리는 거예요. 이것을 풀기 위해서 미국이 요구하는 이라크 파병에 관한 문제는 적극적으로 고려할 수밖에 없는 상황이라고 봅니다. 미국은 계속 요구를 하겠지만, 좀 최소화할 수 있는 것이지요. 느리게 할 수도 있는 것이고, 안 할 수도 있는 것이고요. 그런데 남북관계를 6·15의 정상회담을 이어받아서 진전을 시키려는 그런 입장에서는 그 부분에서 조금 더 적극적으로 고려하지 않을 수 없었다고 봅니다. FTA문제는 박정희 시대의 유산이라고도 생각합니다. 수출입 중심의 경제구조를 키웠는데 이런 상태에서 그 무역 협정에서 빠져 버리면 위기가 되죠. 예를 들어서 이런 것이지요. 우리가 미국과 거래를 하는데 일본, 중국이나 다른 나라들은 관세율 제로로 거래를 하는데, 우리는 높은 관세율을 가지고 있다는 것은 거의 정책적인 측면에서는 자살을 하는 것과 비슷하다고 보는 것이지요. 그러니까 FTA 숫자가 굉장히 늘어나고 있는데, 그런 측면에서는 선도적으로 문제를 풀지 않을 수가 없다는 겁니다. 또 그 당시 한미관계가 좋은 편은 아니었습니다. 저쪽은 미국의 보수주의에서도 네오콘이 지배하는 강경한 부시 정부이고, 여기는 개혁적 정부이기 때문에 늘 충돌이 생길 수가 있습니다. 그래서 이라크 파병도 그렇고, FTA라고 하는 문제도 복잡하게 전개됩니다. 반대하는 쪽에서는 뭐라고 이야기를 할 수 있는데, 그 접점에 서있는 대통령의 입장에서는 이 부분을 통해서 다양한 목표를 추구하는 것이지요. 그래서 우리 경제에 대한 관세율을 낮춰서 수출입 비중이 높은 경제에 부담을 줄이고, 오히려 성장동력을 만들어낼 수도 있고, 미국 쪽과의 관계를 더욱 개선하는 일에 몰두할 수도 있죠.

점점 정책과 정치의 대항면에서 노 대통령의 지지기반이 축소되는 그런 과정으로 연결되었다고 봅니다. 참 안타까운 일인데, 그러면 그 당시에 그 것을 선택 안 하고 좀 더 안전한 길로 갈 수가 있었겠는가를 묻는다면, 저 는 노 대통령으로서는 안전한 길로 가면서 아무것도 이루지 못하는 그런 선택은 매우 고통스러웠으리라 생각됩니다. 아마 그분의 입장에서는 미국 과 협력하더라도, 우리가 당연히 추구해야 하는 주권국가로서의 위상을 유지하고, 남북관계도 우리 힘으로 풀고자 했을 겁니다. 본인으로서는 최 선의 길을 추구했는데, 그것이 결과적으로는 국내정치적 측면에서는 고립 되고, 자승자박이 되는 현상이 나타났지요. 역사의 딜레마이지요. 그런 의 미에서 참 묘한 운명이라고 봅니다.

윤민재: 이라크 문제는 어떻게 보면 단순히 파병문제가 아니라 미국과 의 관계를 새롭게 정리하고, 균형외교, 자주성외교를 세운다는 측면에서 해석할 수 있는 문제라고 생각합니다. 또 한편으로는 그 문제와 남북관계 문제도 함께 연결되어 있기 때문에 폭넓은 시각에서 봐야한다는 말씀으로 해석하면 될 거 같습니다.

성경륭: 그것은 미국의 한반도에 대한 규정력이 강하기 때문입니다. 한 반도에 미군이 주둔해 있고, 미국이 이라크나 아프간에 파병 요구를 할 때 그것을 거부하기 힘든 어떤 구조적인 힘이 있다고 봐야지요. 하지만 그것 을 단순히 수용하고 끝나는 문제는 아닙니다. 남북관계를 풀고, 다른 어떤 것을 풀려고 하는 숨은 고민이 있었습니다. 이렇게 이해하기 때문에 비록 이것이 나중에 지지자가 떨어져 나가고 어려워지는 그런 상황이 있더라도, 대통령으로서 그런 판단을 할 수밖에 없는 것이 아닌가 생각합니다.

윤민재: 김대중 정부 말기에 카드대란 문제가 있었고 이 문제가 그 이후 양극화 문제와 연결되고 있습니다. 비전 2030계획은 노무현 정부가 추구했던 성장과 분배, 균형과 발전의 맥락에서 추진된 것 같은데요. 그 당시의 자료를 보면, 2030계획을 추진하기 위해서는 막대한 예산이 필요했을 것 같습니다. 이 문제에 대한 해결책이라든지 방안이 있었나요?

성경륭: 우선 비전 2030에 대해서는 한두 가지 먼저 지적해야 할 내용이 있습니다. 양극화가 확대되는 문제에 대한 대안, 생활이 어려운 사람들에 대한 삶의 기반을 대폭 확대하는 문제가 있습니다. 과거에는 정부가 성장에만 집중했기 때문에 분배나 복지를 위한 기반이 매우 빈약했습니다. 소위 조세와 복지 지출을 통해서 불평등을 줄이는 효과가 낮기 때문에, 노 대통령으로서는 복지 시스템을 획기적으로 바꿔야 한다고 생각했습니다. 이를 위해서는 예산도 조세 측면, 지출 측면에서 최대한 늘려야 할 필요성이 있었습니다. 그래서 목표를 2030년까지 전체 GDP의 21% 정도로 가야 된다고 보았습니다. OECD의 평균치 정도까지 가자라는 목표로 제시한 것입니다. 이것은 이론상으로는 복지와 분배의 선순환 구조를 만들자는 것입니다.

그런데 그것이 2006년 8월로 참여정부 임기가 끝나기 1년 반쯤 전이었는데, 예상했던 대로 예산 조달의 방법부터 시작해서 엄청난 반발이 있었습니다. 그런 면에서는 비운의 정책 기획이었다고 볼 수 있습니다. 정책 실시의 타이밍도 늦었고, 재원 조달 면에서도 많이 부족했고, 사회세력 간의 일정한 합의가 있어야 하는데 그때 정치적인 여건도 별로 안 좋았습니다. 세금을 더 내자는 것은 정치적으로 사형을 각오하는 것이니까요. 전반기에 되었어도 실행하기에는 어려웠을 수도 있는데, 중간 이후에 되었기 때문에 시간이 부족했습니다. 그래서 당시에도 조세수입에 관해서는 구체적인 안을 제출하지 못했습니다. 다만 21% 수준으로 가야된다는 데는 합의를 보았습니다. 그러기 위해서는 두 가지 길이 있는데, 하나는 내부 혁신과 재정지출의 혁신을 통해서 지출을 줄이고, 복지나 교육 분야의 인적 투자를 늘리고자 했습니다. 그리고 점진적으로 부족한 재원은 증세 등을 통해 하고자 했습니다. 거기서 끝난 것은 아니고 정부 재정지출 중 복지 관련 비용을 20%에서 28%로 늘렸습니다. 비전 2030이란 것은 미래의 프로젝트이고, 그것을 실행 못 했기 때문에 결국은 재정지출을 늘리는 것이었는데, 20%에서 28%로 늘렸으니까 상당한 노력이 있었다고 봅니다. 18대 대선에서는 핵심 아이디어를 비전 2030에서 가져가 활용하고 민주당은 당연히 그것을 채택하였기 때문에, 당시에 이루어진 그 기획이 방향이나, 가치나 핵심의 설계라는 면에서는 좋은 설계도라고 생각합니다. 앞으로 더 좋은 정부가 나와서 이 방향으로 적극적인 전환을 해 나가는 것이 중요하다고 생각합니다.

윤민재: 재원 조달 방향이나 구체적인 방법이 없어서 그렇지 국가의 장기적인 프로젝트로는 중요한 의미가 있다는 말씀으로 이해하겠습니다. 이와 관련해서 종부세도 말씀하셨습니다. 종부세라든지 대출 제한 제도, 과세 표준화, 부동산 문제도 상당히 심각했는데요. 일시적으로 잡는 데는 그런 세금 제도들이 기여를 했다고 합니다. 그러나 그 후에 보면 부동산 가격이 폭등하는 역효과가 나타나기도 했습니다. 그리고 노무현 정부 말기에 보면, 국가 부채가 280조 이상으로 늘어났습니다. 이러한 것들이 노무현 정부의 복지정책과도 관련이 있는 것입니까?

성경륭: 부채가 늘어난 것은 특별히 복지 투자 때문에 늘어났다고 보기는 힘들고, 거기에는 여러 가지 요소들이 있을 텐데요. 예를 들면, 세종시나 혁신도시를 개발할 때 정부가 예산을 바로 조달하기 힘드니까 그것을 공기업 부채 형태로 하게 됩니다. 그런 것을 통해서 늘어났을 가능성이 있

고, 저는 복지정책을 늘린 것과는 많이 관련이 없다고 생각합니다. 그 다음에 참여정부 시기의 부동산 투기에 관련한 문제에 대해서 일각에서는 정부의 정책 대응이 잘못되었기 때문이라고 보고 있습니다. 그렇지만 이에 대해서는 정밀한 분석이 필요하다고 봅니다. 개방경제이기 때문에 부동산을 과다 매입하는 투기 현상이 일어난 것은 아닌지, 국내의 자금요인, 이자율, 통화 공급, 대출 제도, 소득 수준 등 국내적 요인을 검토해야 합니다. 또한 그 당시의 세계적인 요인, 미국이나 일본의 금리문제도 고려해야 합니다. 미국도 서브프라임 모기지라는 것이 대개 경제가 한계 수준으로 갈 때 건설산업이나 금융산업이 자기들의 이윤을 추구하기 위해서, 심지어는 불량한 수준의 신용등급을 가진 사람들한테도 집을 담보로 해서 저금리로 대출을 해주잖아요. 그러니까 이미 그 시기에 전 세계적으로 낮은 금리의 자금이 도처에 흘러 다니고 있었던 것입니다. 돈이 넘치는 시대적 조건을 정확하게 이해하고, 참여정부는 무엇을 했는지를 제대로 읽고, 이 돈이 부동산에 몰릴 때 이것을 차단하거나 예방하기 위한 조치가 무엇이 있었는지 검토해야 합니다. 제 판단에 참여정부에게 책임을 물어야 할 것은, 세계적인 흐름을 정확하게 알고 있었는가 하는 점입니다. 저는 그런 인식이 철저하지 못했다고 봅니다. 미국은 신자유주의 노선을 가진 사람들과 부시 대통령 노선 때문에 그런 일이 생겼는데, 자기가 무슨 잘못을 했는지 모릅니다. 미국의 공화당 사람들은 지금도 세금을 올리면 안 된다고 주장하는 것 아니에요. 복지를 줄이겠다고 그러고, 오히려 세금을 깎아줘야 한다고 주장합니다. 그러니까 저는 미국도 그런 인식이 없었다고 봅니다. 지금 일본도 지난 10~20년을 계속해서 제로금리를 가지고 부동산을 개발하려고 해서 그것을 고스란히 아베 정부가 어려움으로 겪고 있습니다. 저는 이 분야의 전문가가 아니라서 말씀드리기는 힘들고, 개인적으로는 그 시기에 미리 충분히 예상하고 그것을 잡기 위해서는 어떤 정책이 필요한지 잘 몰랐습니다. 마지막에 불길을 잡은 수단이 종부세, DTI, LTB, DIT라고 하는 것입니다. 대출을 통제하는 것이지요.

금융위기에 대해 참여정부의 책임을 물으려면, 건설사, 은행, 국민의 책임도 물어야 합니다. 냉정하게 분석을 하면, 얼마나 복잡한 문제입니까? 정책 수단도 진화하고 사람의 인식 수단도 진화합니다. 사람의 진화 단계가 그런 고통을 경험합니다. 마치 의사가 여러 처방책을 하다가 안 듣다가 마지막에 듣는 것처럼, 이것도 진화하는 과정이기 때문에 전체적으로 너희들은 그것밖에 안 되냐 하면 어쩔 도리는 없습니다. 대부분의 논의는 참여정부가 아마추어 정권이라서 예측을 못했다는 것인데, 그럼 그렇게 되면 모든 문제가 미리 진단이 되고, 다음에는 그것을 예방할 수 있는가? 그것은 아니라는 것이지요. 국내 금리, 해외 저금리 등이 지금도 굉장히 위험하다고 봅니다. 어디서 또 저축은행사태, 기업 부동산사태가 생기거나, 더 큰 부동산 투기가 일어나거나, 돈이 흘러넘치기 때문에 어디 주식 투기가 일어나거나, 즉 어디에선가 버블이 생길 수밖에 없는 겁니다.

마치 1920년, 1930년대 대공황이 일어났을 때 아무도 케인즈의 처방에 귀 기울이지 않았던 것과 같습니다. 그러다가 30~40% 기업이 부도나고, 해고되고 엄청난 고통이 절정에 도달할 때 비로소 케인즈 의견에 귀를 기울인 것 아닙니까? 마찬가지로 진화 과정을 거치듯이 참여정부를 희생양으로 만들어 놓고 비난을 퍼붓는다고 해결될 문제는 아닙니다. 그런 과정이 필요했고, 또 그런 일이 벌어질 수 있다는 것을 인정하고 공유하는 것이 솔직한 태도라고 생각합니다. 앞으로 경각심을 가지고 대응해야 한다고 생각합니다.

윤민재: 선생님께서 참여정부의 경제문제에 대해서 상당히 객관적으로 말씀해주신 것 같습니다. 어떻게 보면 거시적인 차원에서 바라보시고 평가를 하신 것 같은데요. 그 당시에 다른 분야보다도 경제 분야에 학자적 입장에서 참여하신 분들 말고, 정통 관료들이 많은 결정들을 내리고, 정책

을 추진했을 것 같은데요. 그러면 자연스럽게 정통 관료 분들과 참여정부에 참여했던 분들 간에 어떤 시각 차이가 존재했을 것 같습니다. 경제문제에서 그런 차이들이 존재함으로서 나타나는 갈등이 있었습니까?

성경륭: 제가 아는 범위 내에서 말씀을 드리면, 경제정책은 워낙 복잡합니다. 이것은 시시각각으로 판단과 대응을 잘 못하면 국가 경제 전체에 엄청난 충격을 가져오기 때문에 대개 기존의 관행이나 시스템을 바꾸기가 힘들고, 그건 정책결정자들도 두려워하는 문제입니다. 그렇기 때문에 학자 개인이나 집단이 이 문제를 처리하기 힘들어합니다. 그런 의미에서 참여정부에서도 외부의 학자분들이 정책에 관여한 것은 초창기였지요. 초창기에도 제한된 역할을 했고, 또 대개 일 년 인사에 물러났기 때문에 국정전반에 대해서 학자 그룹들이 역할을 하기는 어려웠습니다. 대부분은 관료 집단들이 다 했다고 볼 수 있고요.

금산분리 규정을 완화하는 부분에서는 얽힌 스토리가 많습니다. 관료라는 직위는 신분보장이 되기 때문에, 큰 과오만 없으면 평생 일정기간 동안 일을 하게 됩니다. 그러면서 바깥의 수많은 이해 집단과 좋은 의미에서는 업무 협력, 안 좋은 의미에서는 지하에 안 보이는 거버먼트의 역할을 하지요. 분야별 정부 기구 관료들과 바깥의 기득권 집단, 자원을 많이 가진 여러 이해 집단들이 서로 연결이 돼서, 실질적인 정보의 교환이나 정책 방향의 설정, 구체적인 정책 내용을 결정할 때 힘든 일들이 발생합니다. 저는 그런 일들이 넓게 일어나고 있다고 생각합니다. 그중 경제 분야가 제일 중요한데, 경제 분야는 한 번도 경제 관료들 이외에 누가 들어가서 그것을 바꾼 적이 없습니다. 이런 사정은 저도 얘기하기가 쉽지 않은데, 학계에서 개발된 여러 가지 이론과 분석틀의 관점에서 보면 아직 제대로 탐색되지 않은 여러 관행과 구조의 흐름들이 존재한다는 정도로 말씀드리겠습니다.

윤민재: 선생님께서 노무현 정부 말기에 청와대에 들어가셨습니다. 정책기획실로 들어가셨는데, 그 당시에 임기가 1년밖에 안 남았기 때문에 새로운 정책을 제안하는 일은 힘드셨을 것 같습니다. 그 당시에 어떤 사업에 역점을 두고 일을 하셨는지요?

성경륭: 2007년에 5월에 들어갔으니까 극히 짧은 시기인데, 그때 10 · 3 남북정상회담 준비가 진행되고 있을 때여서 그에 대한 정책 준비를 했습니다, 그 후에는 후속 조치들, 즉 남북 간에 4개의 사업에 대해 합의를 하였기 때문에 그것을 어떻게 구체화할 것인가에 대해서 작업을 했고, 그 다음에 로스쿨 문제가 갈등이 심했는데 그것을 마무리 지었습니다. 그 다음이 FTA 협상문제입니다. 미국 측에서 FTA 합의를 했지만, 국회 비준을 거치기 위해서는 쇠고기 문제를 미국 요구대로 개방하라는 전제 조건을 내건 것입니다. FTA문제는 그 다음 문제이고요. 그쪽에서는 시간이 없다고 판단을 했고, 노 대통령이 FTA에 적극성을 보였기 때문에 미국은 '우리의 요구를 안 받아들일 수 없을 것이다'라고 판단을 했을 겁니다. 미국의 상원 위원장이라는 사람이 소가 많이 나는 몬타나주 상원이에요. 그러니까 굉장히 복잡하게 되었는데, 갑자기 관료들이 FTA를 비준하기 위해서는 이것을 해야 한다고 했습니다. 그런데 사실 이 두 가지가 무슨 관계가 있습니까? 원래는 관계가 없는 거예요. 그것은 미국의 관점입니다. 그래서 "당신이 통상 담당하는 책임자인데, 당신이 왜 한국의 논리를 가지고 접근해야지 왜 미국의 요구를 한국의 논리인 것처럼 그렇게 얘기를 합니까?"라고 했지요. 그것이 상당히 정부 내에서 논쟁이 되고, 길게 보면 2008년에 이명박 정부 들어서 촛불시위까지 간 문제의 씨앗이 된 논리들이지요. 저는 그렇게 하면 안 된다고 막았고, 노 대통령도 마찬가지 입장이었습니다. 별개의 사안을 별개로 취급해야지 그것을 선후 관계가 있는 것처럼 설정해서는 안 되는 것이지요. 국가 일이란 이렇게 어렵습니다.

잠시 전에도 말씀드렸지만, 관료들이 국내 여러 이익집단이나 여러 세력들과 연결되어 있고, 국민 이익이라는 관점을 철저하게 지키는 일이 쉬운 일이 아닙니다. 그 중심을 제대로 잡는 것이 필요합니다. 그런데 '어느 정부는 뼛속까지 친미다, 친일이다' 이런 식의 이야기를 공개적으로 말하면, 그 나라의 운명은 매우 위험해지는 거예요. 이것은 굉장히 중요한 문제입니다. '뼛속까지 독립, 자주, 국가 주권입니다' 이렇게 나와야지 정상이지요. 저는 짧은 기간이지만 이것이 이렇게 중요하구나 하는 것을 체험했습니다. 그 다음에는 정권 인수인계 마무리하는 일을 맡아서 했고, 그 다음에 앞으로 참여정부를 학문적이거나 정책의 면에서 계승하는 사람들이 참고할 수 있도록 자료를 만드는 일을 하면서 약 5개월 정도 시간을 보냈습니다.

윤민재: 그 당시에는 비서실장이 문재인 의원이셨죠? 그 당시에 정치에 참여하실 것이라고 생각은 안 하셨겠지만, 선생님이 보시기에 문재인 비서실장은 어떤 스타일이었습니까? 정권의 말기를 마무리하고, 그 정부의 의미를 남길 수 있는 중요한 사업들을 해야 하는데, 다른 분들과는 다른 독특한 스타일이 있었습니까?

성경륭: 그분은 종합적으로 사고하시는 분이지요. 그 자리가 전체를 종합하고, 체계를 세우지 않고는 일이 어렵기 때문에 그렇게 접근하는 분이었고, 그런 방향을 잘 잡는 분이었습니다. 각 단위들의 자율성을 중시하는 분이지요. 경청하고, 일을 원만하게 꾸려가고, 그런 면에서는 자기 색깔을 앞세우거나 드러내는 분이 아니지만, 시스템이 움직이게 하고, 일이 되게 하는 그런 차분한 분이었습니다. 일하는 사람들 하부 단위가 자신감을 가지게 할 수 있는 그런 리더십을 가지고 있기 때문에 지금 시대에 잘 맞는 리더십이라고 봅니다. 큰 방향을 제시하고, 각 단위들이 자율적으로 움직

이게 하는 그런 리더십을 갖고 계십니다.

윤민재: 집권 말기에 모든 역대 정권들이 그렇지만, 측근들의 비리라든지 그런 문제들이 불거지는데요. 노무현 정부 말기에 그런 사건들이 터졌을 때 청와대의 분위기는 어땠습니까?

성경륭: 제가 청와대에서 일할 때는 다 마무리되는 단계였기 때문에 그런 일이 별로 없었지요. 그것은 우리가 일반적으로 느끼는 수준의 당혹감, 이런 것이 아니었겠습니까. 그건 제가 특별하게 말씀드리기가 어렵습니다.

윤민재: 이명박 대통령이 당선되고 이명박 대통령 쪽에서 대표로 청와대에 오신 분이 누구셨습니까? 인수위 공식 멤버 말고 다른 분이 있었나요? 선생님께서도 당연히 정책실장으로서 그 문제에 관여하시고, 참여했을 것 같은데요. 그때 접촉했던 분들이 누구였습니까?

성경륭: 인수인계 과정이니까 당연히 우리는 비서실, 정책실, 안보실 각 실별로 청와대에 관한 주요 사안을 다 기록하고 정리했습니다. 제가 지시를 해서 정책실 자료 준비를 했고, 또한 청와대와 각 부처들이 연결된 이지원 시스템에 보고서도 올렸습니다. 청와대 각 실에서 만든 인계 보고서까지 우리가 만들어 놓고 연락했지만 그쪽에서는 일체 거기에 대해 반응하지 않았습니다. 우리는 공식적으로 인계할 준비를 다하고 있는데, 그 제안을 받아들인 바가 없습니다. 그리고 나중에 1월 하순쯤 저쪽하고 식사를 한 적이 있었습니다. 실장, 수석들하고 저쪽의 팀들하고 같이 식사 한번 하고 끝나버렸어요. 우리 느낌에는, 지금 제가 이 말을 하면 좀 감정이 섞인 말이 되겠지만, 어쨌든 느낌이 '과거의 경험도 존중하겠다. 여기에 우리

의 새로운 어떤 관점과 설계를 보태서 잘 하겠다'라는 것보다는 대단히 적대적인 태도를 가지고 있었습니다. '너희들하고 우리하고는 과거에도 상종한 적이 없고, 앞으로도 상종할 일이 없다' 그런 느낌을 받았습니다. 그래서 우리 보고서를 활용을 안 했습니다. 지금도 활용 안 하잖아요. 그때도 우리가 인사 DB를 다 가지고 있는데 그것도 수용한 적이 없고, 그 다음에 이지원 시스템에 들어가 있는 국가정책 DB도 수용 안 했고, 독자적으로 이명박 정부 들어와서 전자 관련 시스템을 새로 개발했다고 들었습니다. 그것은 굉장히 어리석은 일이지요. 국가의 세금을 들여 가지고 시스템을 만들어 놨는데, 자료가 다 호환되고 그것을 보태서 쓰면 되고, 안 되면 DB를 빼서 저쪽에 보관해 놓고 소프트웨어를 이용해서 쓰면 되는 것 아닙니까? 그런데 거의 모든 영역에서 점령군처럼 행동했으니까요. 지혜롭다고 생각하지는 않았어요.

윤민재: 후에 '노무현 정부 때 만든 주요 문서 등이 이명박 정부로 넘어가지는 않고 일부는 노무현 대통령이 개인 서재로 가져갔다'라는 말들이 많이 있었습니다. 국가관리 문서를 그렇게 사적으로 활용해도 되는가 하는 그런 비판도 나중에 나왔는데, 그런 이야기에 대해 어떻게 생각하십니까?

성경륭: 전달이 안 됐다는 것은 도무지 제가 이해하기 힘든 일입니다. 각 실별로 인수인계를 할 준비를 잘 해놓고, 그 의사까지 표시했는데, 그것조차 기회를 만들지 않았던 것이고, 이지원이라는 것은 인수위 쪽이니까 당연히 접속할 수 있는 권리가 있습니다. 전체 자료가 국가기록원으로 가고요. 그리고 대통령 퇴임 이후로는 법률에 의해 전직 대통령은 항상 접속할 수 있는 뒷받침을 해야 한다는 그런 법 조항이 있다고 합니다. 그래서 인수위 시기에 서로 협의를 했고, 긍정적인 이야기를 들었다고 해서 가

져간 것입니다. 그 전에 긍정적인 대답을 들었다고 하고, 내려간 이후에 전용선 설치하거나 안 될 때는 별도로 KT나 이런 데 얘기를 해서 보고를 강화하는 방식으로 하다가 전용선을 되게 했다면 문제가 안 된 것이지요. 그런데 그것을 차단하고, 처음에 했던 얘기를 다 없애버리고, 전직 대통령에 대한 예의를 지키지 않은 그런 흐름 속에서 나온 얘기지요. 그게 그 이후에 계좌 뒤지고 한 것이나 똑같은 것 아닙니까? 모욕을 주는 그런 태도를 견지했습니다. 기본적인 예의가 없는 것 아니겠습니까? 그런 특수한 사정들이 많이 있었다는 것입니다.

윤민재: 퇴임 후에 노무현 대통령이 고향으로 돌아가셨는데, 선생님 같은 경우에는 학교로 다시 돌아가셨습니다. 혹시라도 노무현 대통령께서 개인적으로 정계 진출을 권유하신 적이 없으세요?

성경륭: 이분이 저를 정치할 사람으로 안 봤던 것 같아요. 저한테는 정치에 대한 얘기는 별로 없었습니다. 정치는 정치에 맞는 DNA 같은 것이 필요합니다. 학자는 고립돼서 차분하게 하는 직업인데, 원리가 좀 다르다고 생각합니다.

윤민재: 퇴임 후에 노무현 대통령이 여러 가지 고초를 겪게 됩니다. 그때 뵙고 오신 적이 있으시죠?

성경륭: 네.

윤민재: 주로 어떤 말씀을 하셨습니까?

성경륭: 저는 목을 조여오기 전 단계에서 많이 만났습니다. 문제가 심각

해질 당시에는 아마 청와대 비서실 라인이니 민정 파트 쪽과 협의를 하셨나봐요. 우리는 정책 쪽이니까 내색을 안 하셨습니다. 그 전에는 우리와 민주주의2.0 연구소, 진보의 미래로 책을 쓰는 문제 등을 가지고 늘 학문적인 토론을 했습니다. 그리고 이분은 봉화마을을 친환경적으로 새롭게 바꿀 것인가에 대해 관심이 많았습니다. 유기농 농사 같은 쪽으로요. 그런데 문제가 집중적으로 짧은 시간에 발생했습니다. 우리도 신문 보고 알고, 그런 상태였으니까요. 그 문제에 대한 것은 제가 직접 협의를 하거나 할 수 있는 기회가 없었지요.

가끔 인터넷에 글을 올리거나 할 때, '복잡하게 진행되고 있구나' 하는 것만 알고 있었습니다. 그때 사람 만나는 일도 줄이고 있었기 때문에, 본인의 운명에 대해서 예감하고 있었지 않았나 생각합니다. 사건이 진행될 때는 우리도 그날그날 기사나 뉴스를 보고 아는 정도이지, 그렇게 급박하게 돌아갈지 몰랐지요.

윤민재: 참여정부에 대한 결론 부분인데요. 참여정부가 갖고 있는 역사적인, 정치적인 의미가 크다고 생각합니다. 선생님이 보시기에 한국 현대 정치사에서 참여정부가 갖는 역사적 의미가 무엇이라고 생각하십니까?

성경륭: 이런 구분이 적절할 지는 잘 모르겠는데, 저는 우리나라 현대사에서 여러 정부들을 몇 가지 기준으로 구분합니다. 첫째는 보수적인 독재 정부, 즉 이승만, 박정희, 전두환 정부까지는 보수적인 독재 정부이지요. 보수, 독재라고 하는 것은 권위주의적이고 국가권력, 정치권력을 자의적으로 처리한다는 의미입니다. 보수적이라고 하는 것은 정책에 있어서 안보와 성장 위주로 한다고 볼 수 있고요. 그 다음이 민주화 이후에는 보수적인 민주정부라고 볼 수 있지요. 노태우 정부, 김영삼 정부 등입니다. 민주주의 과정을 통해서 집권했지만, 여전히 안보 중심, 성장 중심이고 평화정

책, 분배정책, 복지정책을 경시했다는 의미입니다. 그 다음이 개혁적 민주 정부, 즉 김대중 정부, 노무현 정부입니다. 개혁적이라고 하는 것은 과거 안보 중심의 한반도 정책에서, 평화정책을 도입하고 성장 외에 분배와 복지를 강조하기 시작한다는 것입니다. 그런데 이명박 정부를 민주정부라고 불러야 하는지는 앞으로 논쟁이 많을 것 같습니다. 제도로서 보면 선거 과정을 통해서 당선되었기 때문에 보수적인 민주정부인데, 정책의 내용을 보면, 박정희 정부, 전두환 정부에 훨씬 근접한 보수적인 정부라고 봐야지요. 이제 박근혜 정부가 등장할 텐데, 이런 큰 흐름 속에서 놓고 보면, 우리나라가 해방부터 지금까지 보수적인 정부, 보수적인 정권이 압도적인 힘을 발휘하는 보수의 나라이지요. 보수적 지향성을 가진 세력들이 국가를 만들고, 정권을 좌지우지했고, 국민 대중들한테도 압도적인 어떤 규정력을 가지고 대중들이 그 가치체계를 받아들이도록 만드는 정부입니다. 저소득층이 부자들 감세정책을 주장하고, 부자들과 대기업을 중시하고, 성장을 중시하는 정책을 하겠다는 것을 지지한다고 하는 것은 우리나라에 보수적인 지배 질서가 정치권력의 측면에서나, 이데올로기, 헤게모니 측면에서 얼마나 깊이 침투했나 알 수 있는 거지요.

　김대중 정권은 비운의 정부라고 생각합니다. 왜냐하면 김대중 대통령은 평생을 독재하고 싸웠고, 개혁적인 사상을 가진 분인데, 이분이 하신 일은 참 불운합니다. 김영삼 정부가 한 일이 뭐냐 하면, 보수적인 아젠다, 안보, 성장 더하기 개방정책을 실시하는 겁니다. 이 개방의 끝이 외환위기입니다. 준비 없이 개방했기 때문에 김대중 정부는 파탄 상태의 나라를 이어받아서 정부를 운영했습니다. IMF의 요구사항이라는 것이 신자유주의를 철두철미하게 관철시키라는 것입니다. 자본시장을 개방하고, 금융 개방하고, 외국인 투자 개방하고, M&A 개방하고, 비정규직 정리해고를 합법화하는 일이죠. 그러니까 보수세력이 실행해야 할 정책을 가장 개혁적인 정치인이 극단적인 국가위기 속에서 다 실행한 것이 아닙니까? 저쪽이 묻혀야 할

피를 내가 묻힌 것, 이것이 참 비참한 것이지요. 흔히 무수히 많은 사람들이 참여정부 때 양극화 수치가 늘어났다고 해서 엄청난 책임을 묻는데, 저는 그러한 진단에 동의하지 않습니다. 저는 대한민국의 양극화는 뿌리가 박정희 때부터 있던 선성장 후분배, 복지 안 하는 것에 뿌리가 있는 것이고, 결정적인 책임은 김영삼 정부에 있는 겁니다. 개방정책을 관리하지 못한 탓이지요. 김대중 정부는 그 뒤치다꺼리를 하느라고 자기가 본래 하고 싶었던 정책은 하나도 못하고, 오히려 신자유주의 정책을 강요받아서 한 것 아닙니까? 그것을 하다가 보니까 카드 대란도 발생한 것입니다. 그것을 참여정부가 이어 받았는데, 솔직히 말해서 저는 속수무책의 상태로 정부를 인수하게 된 것이라고 생각합니다. 비유를 하자면, 곳곳에 기름이 쏟아져 있고, 인화성 물질이 있고, 이런 상태에서 이것을 이어 받았고, 따라서 개혁적인 정책을 충실히 할 수 있는 조건이 아니었다고 봅니다.

양극화가 노무현 정부 때문에 왔다고 보는 것은 굉장히 천박한 인식이라고 봅니다. 그렇다고 제가 면책하려고 하는 것은 아닙니다. 김대중 정부는 개혁적인 마인드와 사상에도 불구하고, 비개혁적인 정책을 할 수밖에 없었고, 이것을 노무현 정부가 인계받았는데, 이것을 손을 쓰려고 한 것이 시간이 늦었고 충실하지 못한 점이 있었다고 생각합니다. 저는 개혁의 기백은 좋았지만, 여러 조건 때문에 제대로 설계하고, 시행하려고 한 것이 빛을 못 봤다고 생각합니다. 그러나 다음에 다가올 정부는 진보적인 민주 정부라고 예상합니다. 왜냐하면 양극화, 비정규직 문제 등 이런 수습할 수 없는 엄청난 문제를 우리가 안고 있기 때문에 보수적인 정부는 더 이상 올 수 없다고 봅니다. 박근혜 정권은 기본적으로는 줄푸세 논리, 시장 개방 논리, 복지를 입으로는 떠들지만 실행을 안 하고 있습니다. 우리가 안고 있는 모순이 더욱 더 확대될 것이라고 생각합니다. 미국에 진보적인 민주 정부가 들어선 루즈벨트 정부처럼 그런 정부가 앞으로 우리나라에도 태어나야 할지 모른다고 봅니다. 보수정부가 잘 하면 문제를 줄일 수 있습니다. 그러나 완치는 못합니다. 근데 보수정부가 계속 이런 식으로 하면 도저히 수습이 안 되고, 대공황 같은 상황으로 귀결될 가능성이 있는 것이지요. 사람들이 그때 정신을 차려서 진보적인 정권을 만들 수 있다고 봅니다. 그래서 강력한 분배정책, 복지정책을 추진하리라 봅니다.

결론적으로 참여정부의 어떤 역사적인 위상이나 역할은 여기에 있다고 봅니다. 우리나라 역사상 개혁적인 정책, 즉 성장과 분배를 적극적으로 결합시키려고 하였고, 한반도 평화정책을 추진하고자 했습니다. 그러나 정권 내부의 준비의 미흡, 종합적인 역량의 부족, 여러 조건의 어려움, 외부적인 조건의 어려움 등등 여러 조건 때문에 원래 의도했던 만큼의 진도를 내지 못했다고 봅니다. 그러니까 미완의 개혁정부라고 볼 수 있습니다. 다음으로 남아있는 것은 좀 더 완성된 개혁적인 정부, 좀 더 분배와 복지와 평화에 있어서 좀 더 큰 성과를 내는 진보적 민주정부가 필요하다는 점입니다. 이 미래의 진보적인 민주정부에 하나의 주춧돌을 놓는 것이 참여정부의 의미라고 봅니다. 이번에 18대 대선에서 그런 정부가 탄생할까 기대를 했는데, 아쉽게도 여전히 우리 사회에는 보수의 헤게모니, 보수의 지배력이 강고하게 형성되어있다는 것을 알게 되었습니다. 우리 진보세력, 개혁세력에는 그만큼 큰 숙제가 남아있다고 봐야지요. 한반도에 대공황이 발생하기 전에 우리가 개입을 해야 하는데, 요즘 걱정을 하고 있습니다. 공황이 이렇게 발생하는 것이 아닐까 하는 걱정입니다. 이미 가계 부채가 1,000조를 넘어섰습니다. 국가, 정부와 공기업 전체의 부채가 1,100조를 넘어섰고, 기업 부채가 1,500조쯤 됩니다. 이 나라는 빚투성이입니다. 빚을 어떻게 정리하고, 복지를 어떻게 할 것인가 고민해야 합니다. 잘못하면 우리나라 경제나 전체 국가 운명에 중요한 변고가 생길 수가 있는데, 우리가 그것을 막으려고 애를 썼지만 결국 안 되었지요. 정상적인 루트를 통해서 진보적인 민주정부가 들어서는 일이 희망이 될 수 있습니다. 참여정부는 이를 위한 하나의 징검다리와 같은 역할을 하지 않았나 생각합니다.

윤민재: 장시간 소중한 말씀 감사합니다.

>>>>> 2차 구술 ─────────────────────────────

윤민재: 안녕하십니까. 지난 시간에 이어 성경륭 전 국가발전균형위원회 위원장을 모시고 두 번째 인터뷰 시간을 갖도록 하겠습니다. 먼저 국가균형발전위원회 조직의 구성에 대해서 알고 싶습니다.

성경륭: 국가균형발전위원회는 참여정부가 출범시킨 12개 국정과제위원회 중의 하나였습니다. 역대 모든 정부가 위원회를 가지고 있는데, 참여정부의 국정과제위원회는 대통령 직속으로 되어있었습니다. 각 위원회에 해당 관련 정부 부처의 장관들이 들어가고, 민간인들이 들어가는 구조입니다. 12개 위원회는 종횡으로 연결되는 그런 조직 구조를 갖고 있습니다. 이것을 매트릭스 형태의 정부 구조라고 말을 하는데, 아마도 역대 정부 중에서는 매트릭스 형태의 정부 구조를 처음으로 실시했다고 볼 수 있습니다. 국가균형발전위원회는 12부처의 장관들이 정식 위원으로 참여하였고, 13~14명 정도의 민간 위원들이 참여했습니다. 제가 위원장을 했지만, 사실상의 국정과제위원회라는 것은 대통령 직속의 자문 기구로 되어 있기 때문에, 매달 12개 국정과제위원회 중에 하나 정도는 대통령이 직접 회의를 주재했습니다. 과거에는 대통령이 위원회를 만들어두고, 대통령이 임기가 지나도록 한 번도 주재회의라는 것을 한 적이 없는 경우도 많은데, 이 위원회의 경우는 매달 하나 이상의 위원회가 그러한 식으로 회의를 했습니다. 국가균형발전위원회 같은 경우에는 수십 번 그런 행사를 했습니다. 그런 행사를 한다는 것은 정책을 기획한다는 것을 의미합니다. 범부처적인

일들, 또 특정 정권 아니면 하기 힘든 일들을 하죠. 이런 일은 이런 위원회가 아니면 어느 부처도 안 하는 것이지요. 예를 들어, 공공기관 지방 이전 정책 같은 것은 국정과제위원회가 없으면 기획할 수가 없습니다. 그러니까 국정과제위원회가 대단히 중요했다 볼 수 있습니다.

또 대통령의 어떤 의지를 실어서 과거 같으면 불가능한 일들을 기획하고, 실행하고, 필요하면 법을 만들고, 집행 단계가 되면 관련 부처들이 역할을 하는데, 그때는 위원회가 전체적인 집행 과정을 독려하기도 하고, 일종의 감독하는 역할도 하고, 평가하는 역할도 합니다. 그래서 어떤 정책의 기획, 제도와 실행, 평가, 이 전체 과정이 진행되도록 하는 것을 국정 과제위원회가 했기 때문에, 매트릭스형 조직이라는 것이 대단히 중요했다고 볼 수 있습니다. 우리 위원회 사무국을 보면, 위원회 산하에 직속으로 기획단을 운영했습니다. 한 60명 정도 규모가 되었고, 대부분이 각 부처에서 파견을 받았습니다. 가장 많이 파견했던 부처는 산업자원부, 건설교통부, 행정자치부, 농림부, 교육부, 과학기술부 등입니다. 이런 부서에서 국장급, 과장급, 또는 사무관 등 50여 명 파견을 받았습니다. 그리고 민간에서 지역운동, 시민운동을 하는 분들 5~6명을 뽑아 기획단을 구성을 하였습니다.

윤민재: 그렇다면 정부에서 배정된 일 년 예산이 어느 정도였습니까?

성경륭: 연간 30억 정도였습니다.

윤민재: 말씀하신 것을 들어보면, 기획단에 공무원분들 50~60여 분, 민간인이 5~6명이 참여했습니다. 어떻게 보면, 관료들 중심의 구조라고 볼 수 있습니다. 그럼 의사결정이라든지, 여러 가지 과정들을 보았을 때, 다양한 정부 부처에서 오신 관료들이 실제 역할을 한 것은 아닐까요?

성경륭: 숫자 면에서는 그렇지만, 구조면에서 각 부처들과 일종의 연합 조직처럼 되어 있었습니다. 대개 우리 위원회가 독자적으로 정책 방향을 정하고, 핵심적이고 전략적인 중요한 과제는 대통령께 보고를 하였습니다. 중요한 그 모든 정책들에 대한 전략적 결정은 청와대와 위원회의 고위 단위에서 정해지기 때문에, 공무원 파견이 많은 관련 부처가 중요한 일을 했다고 볼 수는 없습니다. 그렇지만 단일 부처가 했더라면 할 수 없는, 복합적인 정책 기획들을 다들 열심히 잘 했다고 생각합니다.

윤민재: 그것과 덧붙여서 작은 질문을 드리겠습니다. 내부적으로 갈등은 없었습니까?

성경륭: 서로 경험했던 영역이 다르기 때문에 자칫 잘못하면 충돌을 하거나, 갈등을 일으킬 소지가 많았습니다. 그렇지만 서로의 다른 경험, 전문성과 역량을 잘 연결하면 비슷한 사람들끼리 모아놓은 것보다 훨씬 더 역동적일 수 있습니다. 뿐만 아니라 정보나 경험이 다양하기 때문에 오히려 유익한 점도 많이 있습니다. 우리가 그것을 인수위를 하면서 느꼈습니다. 인수위 끝나면서 평가를 하는데 정부 구성을 하는 과정에서도 인수위 비슷한 회의를 일 년에 한 번 정도 하자고 제안들을 했습니다. 그래야 서로 다른 관점, 경험들을 공유할 수 있다고 본 것입니다. 위원회의 경우 작은 부분에서 의견의 차이나, 때로는 충돌이 있기는 했지만, 큰 틀에서 서로 영역이 다르고 관점이 다른 것이 대단히 큰 힘이 되었다고 생각합니다. 저는 오히려 권하고 싶습니다. 서로 상이한 요소들이 결합되는 것이 전체 결과를 놓고 볼 때는 더 좋은 결과를 낼 수 있다고 봅니다.

윤민재: 서로 이질적이고, 다양한 분들이 모인 것이 오히려 긍정적인 결과를 낳았다고 볼 수 있는 거군요.

성경륭: 거기에는 세밀하게 생각해 볼 문제들이 많습니다. 리더십의 문제도 있을 수 있고, 서로 이질적인 요소들을 가지고도 서로 충돌하지 않도록 조직문화를 만드는 문제 등 여러 가지가 그 속에 들어있습니다. 지금 말씀드리는 그런 미시적인 것까지를 제대로 해내면, 그것이 엄청난 힘이 된다고 봅니다. 그렇지 않으면 너무 단조로운, 일종의 단일문화(mono culture)가 형성됩니다. 결과는 뻔한 것이기 때문에, 적극적으로 서로 이질적인 요소를 섞어서, 그곳으로부터 창의적이고, 융합적인 것이 나와야한다는 생각을 하고 있습니다.

윤민재: 그러면 국가균형발전위원회의 본격적인 활동에 대해 여쭤보도록 하겠습니다. 일단 국가균형발전이라는 것이 무엇인지 궁금합니다. 그리고 이것이 한국 사회에서, 어떤 의미가 있는지 말씀해주시고 그 다음 미래에 대한 비전은 어떻게 설정하셨는지 궁금합니다.

성경륭: 국가균형발전, 지역균형발전이 우리 사회에 필요한 이유는 몇 가지 측면에서 설명할 수 있습니다. 먼저 우리 현대사를 되돌아볼 때, 박정희 정권 때부터 진행된 한국 사회 발전은 매우 기형적인 모습입니다. 성장이 될수록 오히려 불평등이 커지는 모순적인 발전을 해온 것입니다. 수출을 하려니 대기업을 키워야하고, 대기업을 키우다 보니, 중소기업과 차이가 나고, 대기업에 종사하는 사람들과 그렇지 않은 사람들 사이에 임금 격차가 나는 일이 발생합니다. 두 개가 쌍둥이처럼 물려있는 것입니다. 선 성장과 불평등이라는 것이 쌍둥이처럼 진행이 되는데, 그 불평등의 모습은 매우 다양합니다. 대·중소기업 간, 사회계층 간의 불평등의 문제가 있고, 그 다음에 지역 간의 불평등이 있습니다. 박정희 정부 시대에 빠른 성장을 하기 위해서 수도권과 영남권에 산업단지를 많이 만들고, 고속도로를 깔고, 그곳에 전력을 먼저 공급해 주었습니다. 모든 정부들이 한 번도

성장 패러다임을 바꾸지 않았기 때문에 사람들과 중요한 교통 흐름에 맞추어 산업단지가 만들어지고, 수출항이 건립됩니다. 대한민국 전체 인구가 몇 가지 축을 따라 이동을 하고 자원도 이동을 합니다. 그것의 누적 결과가 지역 불평등으로 나타난 것입니다. 여러 가지 지역 불평등의 지표가 많습니다만, 수도권과 영남권에 집중이 되고, 그것이 오늘날 정치적으로는 지역주의의 뿌리가 되는 것입니다. 대한민국은 하나의 국가이지만, '원 네이션(one nation)'이 아니지요. '투 네이션(two nation)'이 될 수 있고, 남북으로 쪼개지지만, 우리 한 영토 안에서도 영남, 호남이 쪼개져 있습니다. 박정희 정부 시대에 성장과 발전이란 선택이 그런 결과를 만들었고, 그 결과가 지역 간의 불평등이고, 그것이 계속 재생산되고 있습니다. 이것이 지역 간의 갈등을 일으키고, 국민 통합을 저해합니다. 때문에 이것을 어떻게든지 간에 바로잡는다는 것이 하나의 사회정의의 관점이기도 합니다. 사회정의의 한 형태가 '지역정의(territorial justice)'라고 하는 것이지요. 사회정의의 하위 개념이라고 볼 수 있는데, 이것이 우리 헌법에 반영되어 있습니다. 헌법 119조 2항은 경제민주화에 관한 것이고, 123조 2항은 지역 간 균형발전에 대한 것, 또는 그것에 대한 국가의 의무가 규정으로 되어 잇습니다. 그러니까 사회정의, 지역정의를 우리가 추구해야 하고, 그것은 국가 의무입니다.

미래 국가발전을 위해 선택을 한다면, 어떤 선택을 하는 것이 좋은지 고민해야 합니다. 헌법적 가치가 구현되고 미래의 국가발전의 동력을 만들어내고, 그것이 국가의 경쟁력이 되기도 하고, 지역의 자립적인 산업 기반, 경제 기반을 만드는 차원에서 고민을 해야 합니다. 한반도를 동북아, 동아시아라고 하는 열린 지역 경제권으로 생각한다면, 균형발전적인 국가 구조를 가지는 것이 훨씬 더 국가를 더 부강하게 할 것이라고 믿습니다. 지역의 경제가 활성화되면, 그 지역에서 태어난 사람들이 서울로 가지 않더라도 거기서 공부하고, 취업하고, 지역의 삶의 질을 뒷받침하는 그런 힘을 만들어내는 것이기 때문에 우리는 과거와 같은 박정희 식의 발전 모델로 가서는 안 된다고 봅니다. 이명박 정부는 발전 전략이나 여러 가지 측면에서 박정희 정부의 아류라고 보고 있습니다. 박근혜 정부는 그럼 어떻게 보느냐? 박근혜 정부는 큰 국가발전 방향을 놓고 선택을 해야 하고 헌법적 가치도 제대로 구현해야 하고, 국가발전의 어떤 방향도 올바르게 선택을 해야 하는데 그러지 못하고 있습니다.

윤민재: 국가균형발전을 말할 때 가장 핵심적인 것은 지역 간의 불평등을 해소하는 것이 첫 번째 과제이고, 그 다음 한국 사회의 불평등이라는 성장의 폐해문제를 해결하는 일입니다. 다른 한편으로 보면, 헌법적인 주요 가치를 실현한다는 차원에서 이 문제는 매우 중요한 과제일 것 같습니다. 그중에서 지금까지 지역 간의 갈등이 가장 큰 문제일 텐데요. 과거 정부를 보면 지역 간의 격차 감소와 화합을 주장했지만 항상 실패했습니다. 노무현 정부에서 등장한 분권과 균형은 새로운 개념입니다. 그렇게 보았을 때 노무현 정부가 추구한 지역 갈등 해결 정책, 지역 화합 정책 등이 역대 정부의 정책과 차별성을 갖는 가장 큰 지점은 어떤 것이라 생각하십니까?

성경륭: 박정희 정부의 경우에는 마치 군사작전을 하듯이 수출 목표를 세워서 공단을 만들고, 지역적으로도 몇 군데에만 집중을 했습니다. 그래서 나머지 지역은 제대로 성장을 못하기 때문에 격차가 드러나기 시작했습니다. 안보 차원에서도 집중된 곳을 타격을 해 버리면 너무나 피해가 크기 때문에, 그런 측면에서도 어떤 분산적인 구조를 만들어야 되겠다는 고민을 했을 것입니다. 그것을 실행했던 측면도 보입니다. 그 이후의 정부에서는 전두환 정부가 호남에 죄책감이 있고 하니까 광양, 여수, 순천 지역에 석유화학 시설을 만드는 등의 일을 했습니다. 그런 정도 한 이외에는

적어도 균형발전에 대해서는 거의 모든 정권들이 철학도 없고, 플랜도 없었다고 저는 봅니다. 김대중 정부의 경우에는 지향성은 개혁적인 정부인데, 실제로 김대중 정권이 개혁적인 정부였다고 말할 수 있을지는 의문입니다. 왜냐하면 IMF 외환위기 이후 일종의 소방수 역할을 하는 와중에 정권이 출발을 해서, 불 끄는 역할을 했기 때문에 불행한 정부였다고 봅니다. 김대중 대통령이 평생 동안 가지고 있던 생각은 대중 경제를 만든다거나 복지를 제대로 한다거나, 사회정의한다거나 그런 것들 아니었겠습니까? 그런 것을 평생 동안 추구해왔는데, 실제로 5년 동안 한 정책은 4대 부문을 구조조정한 것뿐입니다. 4대 부분 구조조정은 IMF가 요구한 조건(IMF Conditionality)을 그대로 다한 것입니다. 그것을 대행한 것이지요. 김영삼 정부가 나라를 엉망으로 만든 것을 수습하느라고 시간을 다 보냈습니다. 그렇기 때문에 사회정의, 복지나 분배문제에 집중하지 못했습니다. 김대중 정권 시기에는 지역균형발전에 대한 강조를 했지만 실제로 아무것도 실현 못 했습니다.

저는 이 점에서 모순적인 정부라고 보는 것입니다. 불행한 정부라고 보는 것이지요. 그 다음에 등장한 정부가 참여정부인데, 제 개인적인 판단으로는 균형발전 정책만을 놓고 보면 5년 단임 정권이 할 수 있는 최대치를 했다고 생각합니다. 김대중 정부 때부터 사회복지 분야의 투자를 확대하고, 분배를 개선하는 데 대한 준비가 취약했다고 봅니다. 그러니까 이제 노무현 대통령이 이를 고민하다가, 소위 비전 2030이라는 것을 제시했습니다. 그러나 좀 늦게 나왔기 때문에 제대로 실현을 못 했습니다.

사실 그때 경험을 이야기하자면, 인수위 전 단계까지 복지정책을 어떻게 해야 한다는 플랜이 나와서 정부 출범 때부터 종료 때까지 어떤 의미 있는 성과를 내는 것에 대해 문제의식은 있었습니다. 그러나 실행은 못 했습니다. 불운의 정책이 비전 2030이죠. 그러니까 우리가 진보적인 정부로서 제대로 하기 위해서는 두 바퀴를 동시에 굴려야 했습니다. 실제로는 지역정책, 균형발전 정책에 집중해야 하고, 그 다음에 복지 분야에 집중해야 합니다. 그러나 서로 조화롭게 나가지 못한 점이 아쉽습니다. 이번에 만약 우리가 18대 대선에서 이겼다면 양쪽의 축을 동시에 가동하기 때문에, 우리 역사상 정말 제대로 된 개혁정부, 진보정부로서 역할을 할 수 있었을 것이라고 생각합니다. 과거 보수 일변도의 정치 궤도를 수정할 수 있는 기획을 이번에 만들려고 했지만 그러지 못했습니다. 이 두 가지 과제가 여전히 남는 과제이고, 다음에 진보정부를 구성한다면 훨씬 더 많은 문제와 씨름을 해야 될 것이라고 생각합니다.

윤민재: 국가균형발전 정책 중에 잠시 전에 말씀하신 과제 중에 한 가지 과제는 수도권 중심, 영남권 중심의 단일 구조를 극복하는 것이었습니다. 그것을 다극화시켜야 한다는 것이 중요한 과제일 것 같습니다. 중요한 점은 수도권 과밀문제입니다. 즉 수도 이전, 신 행정수도 문제입니다. 그때 국가균형발전위원회에서 수도 이전에 대한 전략이라든지, 또는 그 가능성 여부에 대해서는 어떻게 보셨습니까?

성경륭: 2002년 대선 때 핵심 정책 공약으로 행정수도 이전문제가 채택되었고, 당시에는 엄청난 정책 논쟁이 붙었던 사안이었습니다. 그러나 선거에서 이겼기 때문에 일단 그 정책에 대해서 국민들에게 위임을 받았다고 이해를 하였습니다. 정부 출범 때부터 별도의 위원회를 두어 이 문제를 처리했습니다. 국가균형발전위원회는 그 이슈를 직접 다루지는 않았습니다. 당시 위원회는 공공기관 지방 이전, 여러 종류의 균형발전 정책과 더불어서, 공공기관 175개를 전국으로 분산 배치하고, 각 지역별로 혁신도시를 만드는 일에 집중했습니다.

이 일의 의미는 경제지리학의 파멸적 집중이라는 개념으로 설명될 수 있습니다. 경제 현상으로서는 지역적으로 고르게 분산적으로 일이 진행이 안 되는 것입니다. 농업경제는 균형 있게 분산적인 농사가 가능한데, 산업시대에 들어오면 이것이 인구가 많은 곳이 시장이 크기 때문에 그곳에 투자가 늘어나고, 공장이 늘어납니다. 공장이 늘어나면 일자리가 많기 때문에 사람들이 늘어나고, 사람이 더 모여들면 시장이 더 커지기 때문에 또 기업이 들어옵니다. 이것을 누적적인 인과 작용이라고 이야기합니다. 이것의 극단적인 형태가 파멸적 집중입니다. 한 영토 내에 다른 지역은 사람이 아무도 살지 않고, 일정한 특정 공간에 모두 다 모여드는 것입니다. 대한민국은 그렇게 갈 가능성이 있습니다. 대한민국은 계속해서 그 방향으로 인구 집중이 이루어졌습니다. 통계청에서 2060년까지 인구 전망을 하고 있는데, 다른 곳은 다 줄어들고, 수도권과 충청권으로 다 모여드는 그런 구조가 된다고 보았습니다. 현 상태를 그냥 놔두면 수도권에만 집중하고 파멸적인 집중의 흐름으로 가게 됩니다. 이 집중을 줄이고, 다른 곳에 발전 거점을 만들어서 특정한 곳으로 집중이 되지 않도록 할 수 있는 어떤 수단이 있느냐 고민했습니다. 행정수도 이전은 이 문제에 대한 강력한 수단이라고 생각합니다.

윤민재: 앞서 하신 말씀 중에 국가균형발전에 갖고 있는 과제 중에 하나가 공공기관 이전이라고 말씀하셨지 않습니까? 이 문제들은 혁신도시 건설과 결부되는 부분인 것 같습니다. 혁신도시 건설이라는 것도 새롭게 등장한 개념입니다. 과거에 지방 발전, 도시개발 이런 개념들이 있는데, 참여정부에서 추진한 혁신도시가 과거에 지방 발전 개념과 차이가 있는 것은 무엇입니까? 또 하나 질문은 공공기관 이전을 할 때 지역 간의 다툼도 발생했을 것 같습니다. 그러한 문제들을 어떻게 원활하게 해결하셨습니까?

성경륭: 근대 초기의 경우에는 도시들이 대개 행정 기능 중심으로 만들

어졌습니다. 주로 행정, 유통, 교육 이런 것들이 과거 도시의 특성입니다. 우리나라의 경우에는 박정희 정부에 들어서 산업화 드라이브를 강력히 추진했습니다. 이것을 빨리 하려다 보니까 전략적 산업 거점을 만들게 되었습니다. 즉 산업단지를 만드는 것입니다. 전력, 상하수도, 기업 지원 시설 등을 만들어주고, 그 다음에 그곳에 국가가 도로를 건설합니다. 그러다 보면 자연스럽게 직원들이 살 수 있는 배후 도시가 만들어집니다. 이것이 산업도시라는 것이고, 이는 전통적인 도시하고는 많이 다른 모습입니다.

그 이후의 도시는 주로 수도권 같은 곳을 보면 인구가 너무 많이 모여드는데, 구도심 지역은 낙후되어 있으니까 도시 외곽에 소위 신도시라는 것을 만듭니다. 신도시는 고밀도 주거용이고, 이것을 정상적인 도시라고 할 수는 없습니다. 자족성을 갖추고 과학기술 측면, 교육 측면, 문화, 생활의 측면에서 내부의 역동성을 갖추고, 삶의 질도 갖추고 있는 곳이 우리나라에는 없습니다. 그래서 기왕의 각 지역 혁신도시를 기능별로 175개 유형으로 성질과 기능을 따져서 그렇게 분류했습니다. 그 개별 지역이 추구하는 어떤 전략 산업과 매칭을 시켰기 때문에 그 지역의 산업과도 상관성이 높습니다. 그러면 이제 지역 대학하고 연결을 해서 다양한 산학협동이 일어나고, 그 가운데 새로운 기술 개발이 일어날 수도 있으며, 그것이 잘 되면 기술 개발을 통해서 첨단산업 분야의 기업들이 창업을 할 수도 있습니다. 그래서 우리가 1차적으로는 분산정책이지만, 그 다음 단계로는 그것이 새로운 산학연 협동과 새로운 기술 기업의 엔진이 되는 것으로 생각하였습니다. 실리콘 밸리의 내부 메커니즘이 그런 식으로 진행이 됩니다. 기존 지역은 주요 기관들이 모두 서울과 연결되어있고, 지역 내부에서 무언가를 하려는 조건들이 안 갖추어져 있었습니다. 수많은 하청기업들이 서울에 있는 대기업과 연결되어 있지만 지역 내에 협력 구조를 만들지 못하고 있습니다. 박정희 정권의 유산 속에 우리가 현재도 살고 있는 것입니다. 이것을 우리가 바꿔야 합니다. 그래서 우리가 10개 도시를 만들고, 이름을 혁신도시라고 붙인 것입니다. 향후 1년 있으면, 그런 시스템으로 가게 됩니다. 우리가 그 변화를 살펴봐야 합니다.

그런데 이전 기한은 정해졌는데 해당 기관들이 속해 있는 정부 부처들도 반대하고, 지역은 서로 좋은 기관들을 가지고 가겠다고 다투고, 거의 복마전 같은 구조였습니다. 그런 상황을 타개하기 위해서 이론과 전략을 하나 만들었습니다. '삼협 전략'이라는 것입니다. 첫째, 모든 중요한 문제를 중요한 당사자와 협의한다. 이것은 모든 당사자가 다 참여하는 협치 구조를 만드는 것입니다. 어느 누구도 배제하지 않고 당사자를 초대해서, 협치, 거버넌스 구조를 만드는 것입니다. 두 번째는, 중요한 모든 사안을 다 협의하는 것입니다. 마지막으로 협의한 내용에 대해서 서로 다 동의할 수 있도록 만들어서 최종 결과를 협약에 의해서 한다는 것입니다. 예를 들면, 한전은 덩치가 크니까 한전을 유치하는 지역은 오로지 하나의 기관밖에는 유치할 수 없는 것입니다.

윤민재: 어떻게 보면 합리적인 선택 시스템 같습니다. 상세히 말씀해주십시오.

성경륭: 네. 기관 하나하나의 예산, 인력, 가진 재산 등을 공식화하여 계산하고, 그 무게를 합해서 그 총합이 비슷하게 했습니다. 그렇게 해서 기관 배치를 하고자 했습니다. 그리고 기관들을 비슷비슷한 산업구조로 묶어서 보내려고 했습니다. 이것을 각 지역이 가지고 있는 지역 산업하고 일치시켜야 한다는 점을 강조했습니다. 기본 룰의 협의를 했고, 그 룰 자체를 협의하기로 했습니다. 공공기관 쪽에는 기관장하고도 협의를 했고, 노조하고도 이런 여건을 만들겠다고 했습니다. 비용, 주택, 학교 문제 등 모든 문제에 대해 노조와 협의를 했습니다. 이 모든 과정에 대해 그 후 논문을 작성했습니다. 그런 과정을 통해 스스로도 교훈을 얻었다고 볼 수 있습

니다. 제주 강정마을, 원전 폐기물 문제 등 갈등문제에 이 시스템을 적용하면 모든 문제를 해결할 수 있다고 봅니다. 누군가 힘으로 밀어붙이려고 하기 때문에 문제가 발생하는 것입니다.

윤민재: 혁신도시 주체가 세 개라고 말씀하셨습니다. 기업, 연구소, 대학입니다. 일명 산학연이라고 하는 것인데, 일반적으로 봤을 때 연구소나 대학 같은 경우에는 혁신도시 안에 포함될 수 있도록 정부가 유인할 수 있는데, 기업 같은 경우에는 다른 성격을 가지고 있습니다. 기업은 시장 영역인데 기업을 자율적, 자발적으로 끌어들일 수 있는 나름의 전략이 있었습니까?

성경륭: 혁신도시의 경우에는 산학연을 추구했지만, 거기에 들어가는 기관들은 공공기관들입니다. 먼저 지역에 존재하는 기업들끼리 협력체계를 만들고자 했습니다. 둘째는 공공기관과 관련되는 기업들이 외부에서 들어오는 것, 새로운 기업이 창업하는 것 등 여러 가지 형태를 생각했습니다. 일단 혁신도시는 부지의 여유가 있기 때문에 그곳으로 이전을 하거나, 창업하거나 하는 기업들의 경우는 법인세를 감면해주는 등 다양한 형태의 인센티브를 주고자 했습니다. 민간기업에 대해서는 기업도시에 관한 문제로 생각했습니다. 당시 삼성전자가 아산 탕정 지역에 디스플레이 공장을 크게 하고 있었는데, 그때 경제신문 같은 것을 통해서 거기에 종업원 2만 명이 넘는 대규모의 공단을 만들고자 했습니다. 그러면 종업원이 살 주택을 지어야 되고, 학교를 만들어야 되니까 작은 도시를 하나 개발했으면 하는 생각이 있었던 모양입니다. 천안·아산역 앞에 있는 몇 백만 평 땅을 개발하려고 한 모양입니다. 우리가 여러 가지 조사를 해보니까 잘못하면 큰 특혜가 되는 것으로 오인받을 수 있는 사항이었습니다. 금싸라기 같은 땅인데, 그것을 만약에 삼성전자하고 기업들한테 개발할 권리를 주면 문

제가 발생합니다. 도시 개발까지 하게 해주면 땅을 자기들이 매입하고 주택단지, 상가 같은 것을 만들어 분양을 하면 삼성은 정말 돈 한 푼 안 들이고 공장을 짓는 엄청난 특혜를 받는 것입니다.

그리고 다수의 기업들이 대도시 근교에 기업도시를 만들어 달라는 요청도 있었는데, 그것은 시장적 흐름을 따라 가면 되는 것이기도 합니다. 즉 정부가 특별 인센티브를 주어서 하는 것은 어렵지 않나 해서 여러 논의를 거친 끝에 그곳을 지역 발전 전략의 하나로, 기업도시라는 제도를 만들어 보자고 했습니다. 낙후 지역으로 들어가는 기업들한테는 도시를 개발할 수 있는 말하자면 일종의 혜택을 주고자 했습니다. 법인세, 취득세, 등록세 등 세목을 대폭 줄여주는 큰 인센티브를 주는 것으로 기업도시를 했는데, 지나고 보니까 역시 기업들은 시장 가까운 곳에서 기업 활동을 하고자 했습니다. 예를 들어, 충주, 원주, 무주, 무안 이런 곳입니다. 역시 시장의 흐름으로 갈 것이 있고, 정부의 공공정책으로 갈 것이 있는데, 공공정책으로 시장과 먼 곳에 무엇을 한다는 것은 매우 어려운 일입니다.

우리가 마지막으로 시도한 것이 2단계 균형발전 정책입니다. 지방에도 기업들이 조금 많이 내려가면 좋겠다고 생각했습니다. 기업들이 내려가는 곳은 서울, 경기도에서 가까운 충북, 충남의 북부 지역, 평택, 당진, 음성, 진천, 혹은 경기도와 가까운 지역입니다. 그 일대로 수도권 기업들이 내려왔습니다. 그런 기업들은 다 혜택을 주었기 때문에 그렇습니다. 단순히 기업들이 지방에 이전을 할 때 인센티브를 준다고 하면, 그런 현상이 생기기 때문에 이것을 차등하여 혜택을 주자는 것입니다. 대도시부터 거리가 멀수록 인센티브를 늘리는 쪽으로 설계를 했습니다. 사실은 설계는 하다가 실행은 못했는데, 3개로 분류를 했었습니다. 서울에서 수도권, 또 그리고 대도시에서부터 중간 단계 지역, 훨씬 더 먼 지역, 그렇게 나누어 거리가 멀수록 인센티브를 더 늘리는 쪽으로 설계를 했습니다. 그리고 먼 지역으로 갈 경우에는, 기업들이 도시 개발을 할 수 있도록 하는 강력한 수단까지를 포함했습니다. 지금으로서는 그것이 당시에 실행이 되었다면 어떤 결과를 가져왔을까 하고 말씀드리기 힘든 상황입니다. 공공기관을 입법을 통해서 이전하는 정책을 폈지만, 기업이 거기에 부합해서 갈 것인가 안 갈 것인가는 기업이 판단할 문제기 때문에 쉬운 문제가 아닙니다. 기업은 공공 부문의 정책적인 인센티브보다는 민간 시장에서 존재하는 사적 영역의 인센티브가 더 크기 때문에 대도시 쪽으로 밀집하는 그런 경향이 존재하는 것입니다. 이것은 정책하는 사람하고는 영원한 숨바꼭질 같은 것입니다. 그렇게 어려운 것입니다.

윤민재: 그러면 선생님께서 위원회에서 대기업들을 직접 상대해 문제들을 처리하셨습니까?

성경륭: 우리가 필요하면 기업협의를 합니다. 기업도시와 같은 정책을 수립할 때 그런 일이 있었습니다.

윤민재: 재계 순위 10위, 20위 이렇게 잘라서 하는 것입니까?

성경륭: 아닙니다. 기업 쪽은 대한상의 같은 것도 있습니다. 전경련 쪽은 몇 차례 전경련 회장단들과 협의를 했습니다.

윤민재: 잠시 전에 하신 말씀 중에 기업에 특혜를 준다는 예를 들으셨는데요. 일종의 집값 상승도 무시할 수 없는 문제라고 하셨습니다. 예를 들어서 혁신도시가 건설되고 공공기관이 이전하고 어느 기업이 어디에 들어간다는 정보를 통해서 자연스럽게 부동산 가격이 상승하게 되는데요. 그것도 어떻게 보면 일종의 부작용이라고 볼 수 있습니다. 이러한 문제가 발생하였을 때 대처할 수 있는 전략 같은 것들이 있었습니까?

성경륭: 그래서 혁신도시나 행정수도 문제가 나오면 일부 부작용이 있을 수도 있다고들 봅니다. 그래서 저희가 집값 동향을 조사하여 분석합니다. 예를 들어서 전남 나주에 그런 지역을 지정하고 나면 땅값이 몇십 프로 올랐다고 하는데, 그건 일종의 과잉 보도입니다. 중요한 것은 거기가 혁신도시 부지로 지정되기 전에 평당 가격이 얼마냐 하는 점이 중요한 것입니다. 평당 만 원하던 데가 만 오천 원이 되면, 50%가 오른 것인데, 오른 비율은 엄청나게 높아진 것처럼 보이지만, 정책을 하기 전에 가지고 있던 그 당시의 시가라는 것이 굉장히 낮은 수준입니다. 그러나 언론은 이 이야기를 안 합니다. 비율만 가지고, 그것이 몇 배 올랐다는 과장 보도를 많이 했습니다.

그 다음 당시에 수도권에 부동산 투기를 한 것은 우리나라 경제성장의 결과라고 봅니다. 지금도 미국, 일본, 유럽이 다 모두 초저금리, 제로금리인데도, 돈을 더 찍어내고 있는데요. 그 당시도 전 세계적으로 초저금리였는데, 우리는 금리가 높고, 일본은 금리가 낮으니까 일본 돈을 빌려오면 그 금리 차이를 가지고 돈놀이를 합니다. 그 당시에 나주에서 올라온 돈, 진주 혁신도시에서 올라온 돈이 얼마나 되었겠습니까? 제가 이것은 그 당시에 검증을 못했는데, 지나고 보니까 수출, 국민소득이 올라가고, 금융기관들이 투자를 권하고, 바깥의 초저금리 자금들이 유입되었습니다. 저는 그래서 벌어진 일이라고 보고 있습니다.

그 과정에 지역 혁신도시 부지에서 보상받아서 올라온 돈이 서울의 부동산 투기를 조장하는 데 얼마나 큰 작용을 했는지는 의문입니다. 전체 크기에서 보면, 그것은 세발의 피라고 생각합니다. 계속 문제를 지적하는데 저는 앞으로 엄밀하게 검증을 해야 할 부분이라고 봅니다. 왜냐하면 그것은 간단한 문제가 아니기 때문입니다. 그 당시부터 참여정부가 부동산 관리를 잘못했다고 지금까지도 욕을 먹고 있는데, 그것을 해명하기 위해서 필요하고, 국내 부동산 경기, 금융시장의 주식에 대한 경기를 분석할 때 외국자본이 앞으로 얼마나 들어오고, 얼마나 빠지냐에 하는 점을 염두에 두어야 합니다.

윤민재: 당시 혁신도시를 건설하는 등 지역개발을 할 때 주민들에게 보상하는 정책도 매우 중요하다고 봅니다. 이에 대한 대책이 있었습니까?

성경륭: 정부가 지역개발 정책을 할 때 거기에 보상해주는 것이 실제로 얼마나 작용하느냐를 보아야 합니다. 이것을 아직까지 검증을 잘 못해서 잘 모르고 있는 상태인데 검증될 필요가 있습니다. 그 다음에 그것이 투기를 조장할 수 있기 때문에 투기를 억제하려면 보상정책을 어떻게 하느냐 하는 점이 중요했습니다. 그러면 그 사업이 진행되기 전 2년간의 평균을 가지고 한다든가, 그 1년 전 가격을 가지고 한다든가 하는 대책이 있어야 했습니다. 그래서 이미 보상을 할 때 1년 전의 가격으로 하고 표준 지가를 통해 한다고 보고를 받았습니다. 그래서 이것이 굉장히 좋겠다고 생각을 했는데, 그러나 그것을 제도화하는 단계까지는 못나갔습니다. 지금도 그것을 아쉽게 생각합니다. 그런데 땅을 가지고 있는 사람들은 억울할 수 있습니다. 1년간의 변동이 반영이 안 될 수 있기 때문이죠. 그럼 기준 시가를 1년 전으로 하고 약간의 보정 장치를 만든다면, 불필요한 정부 지출을 상당히 줄일 수 있고 투기 자금을 상당히 줄일 수도 있다고 봅니다. 이것은 앞으로의 숙제라고 볼 수 있습니다.

윤민재: 이 작업과 비슷한 취지를 가지고 과거에 국가균형원을 설치하려고 했었는데 잘 되지 않았습니다. 국가균형원이라는 것이 설치는 안 되었지만, 다른 정부 부처의 업무와 중복되는 그런 일은 없었습니까?

성경륭: 국가균형원은 노무현 정부가 하려고 한 것은 아닙니다. 그것은

2001년, 2002년에 전국적으로 지방자치가 시작이 되었는데 지방자치를 할 모든 자원과 권한은 중앙정부가 쥐고 있으니까 전국적으로 분권에 대한 연구, 분권운동 등이 확산이 되었습니다. 그러다가 2001년, 2002년에 문제가 제기되었습니다. 불균형 문제, 분권 해결을 위해서 국가균형원 같은 조직이 만들어져야 한다고 보는 사람들이 있었습니다. 이것을 미래의 상원 같은 개념으로 보고, 지역 간의 갈등을 조정하고, 지역정책의 방향을 제시하고, 예산이나 사업을 계획하고, 지역 갈등 조정을 하는 것으로 제안이 되었습니다. 제안이 되었지만 노무현 정부 때에는 그것을 국가기구화하기가 애매했습니다. 지역 간에 무언가를 서로 유치하기 위해 다툼이 발생합니다. 또 크게 보면 지역주의 갈등도 마찬가지입니다. 국가와 지역사이에, 지역과 지역 사이에 이와 같은 다툼과 갈등이 항상 존재하기 때문에 그런 것을 조정하는 갈등 조정 기구 같은 국가균형원을 해보면 좋겠다는 그런 제안을 해본 적이 있습니다. 그러나 참여정부 때 이것을 국가기구로 도입한다는 문제를 본격적으로 논의하지도 않았고 채택하지도 않았습니다. 그 대신에 국가균형발전위원회가 많은 기능을 담당하였고, 또 지역 간의 갈등을 조정하는 일은 지속가능위원회에서 하기도 했습니다. 지속가능위원회 산하에 지역 갈등을 조정하는 일을 담당하도록 하고 국가갈등관리 기본법이라는 것을 만들고, 거기에 예비적 단계로서 일종의 배심원단 비슷한 배심 기구를 만든 것이 있습니다. 예를 들어 그 배심 기구가 한탄강 댐 갈등문제를 지역 주민들과 대화를 통해 풀도록 한 적이 있습니다. 개념은 국가균형원 논의를 할 때 들어 있던 내용인데, 실제로는 그렇게 진행이 되었고, 그렇게 되면서 자연히 국가균형원에 대한 논의는 진전되지 않았습니다. 지금 생각해도 국가기구 설치문제는 간단하지가 않습니다. 그것을 정부 기구나 부처로 하기도 그렇고, 별도의 어떤 정부조직 체계 내에서 적절한 위치를 만든다는 것도 아주 어렵기 때문에, 다음 어떤 정부에도 실현되기는 어렵지 않겠나 생각합니다.

윤민재: 알겠습니다. 또 다른 문제가 균형발전 사업이나 행정수도 이전 사업 등에는 엄청난 재원이 들어간다는 건데요. 재원 조달 방법도 다각도로 검토를 하셨으리라 생각합니다. 어떤 방법을 가장 중시하셨습니까?

성경륭: 우리는 국가균형발전 특별회계라는 것을 만들었습니다. 2004년부터 만들어서 지역발전, 지역개발, 균형발전 사업에 관련된 것을 회계에 넣어서 배정하기로 했는데, 처음 출발은 5조 원을 가지고 시작했습니다. 사업이 끝날 때 예산이 7조까지 늘어났습니다. 이명박 정부 들어와서는 광역권 개발 회계로 바뀌면서 최근에 보니까 12조까지 올라갔더군요. 지역발전에 배정한 돈이 그렇습니다. 5조를 조성하기 위해서 5천억 정도는 신규 증액된 예산에서 충당했고 나머지는 지역 사업하는 부처의 예산들로 보충했습니다. 그 후 동시에 균형발전 5개년 계획을 지역에서 수립하도록 요구를 했고, 그 계획을 뒷받침하는 자금이 균특 회계가 되는 것입니다. 그래서 두 개가 같이 가도록 했습니다.

5개년 계획을 수립한다는 것은 이런 의미를 가지고 있습니다. 지역발전 사업들에 대해 중앙정부가 예산에 관한 파이프를 설치하고 있으니까 중앙정부, 교육부, 농림부 등 각 부처가 수행하는 수많은 사업들이 있어서 당연히 서로 통합이 안 되는 것입니다. 그러나 지역이 발전되었으면 좋겠다는 나름의 이상향을 가지고 출발하니까 거기에 맞게 지역이 사업을 개발하고, 그 사업들이 통합적으로 운영이 되어야 합니다. 그런데 현실적으로 그것이 안 되고 있기 때문에, 지역이 통합적 비전과 플랜을 가지고 사업을 설계하는 것이 어렵습니다. 그러한 이유 때문에 중앙에서 회계를 주지만, 특별회계라는 것으로 주니까 지역에서는 통합적으로 운영이 될 것이라고 생각한 것입니다. 그런 의미로 보았을 때 저는 시도 자체는 잘 했다고 봅니다. 그런데 이것은 영원한 숙제인데요. 정부가 지금도 모든 사업별로, 부처별로 하는 수백 개의 사업에 예산을 주기 때문에, 지역에서는 그것을 통합적 관리를 하려고 했고, 이명박 정부는 그것에 대한 인식이 없기 때문에 걷어내 버린 것입니다. 지금도 박정희 정부처럼 지역행정을 그렇게 합니다. 신규 예산을 늘리는 것이 중요한 것이 아니에요, 지금도 자금은 풍부하다고 봅니다. 이것을 통합적인 계획으로 수립하느냐, 지역의 독자적인 판단으로 계획을 정하고 목표를 정해서 방향에 맞게 관리하느냐 하는 것이 중요한 것입니다. 그래서 저는 5개년 계획이 중요하다고 보았고, 그것을 위해서 균형발전 특별회계라는 것을 만들어서 이 회계에 들어오는 사업들은 중앙 부처들이 간섭, 통제하려고 하지 말 것을 요구한 것입니다. 이 사업 영역만큼은 지역이 자율적으로 판단하도록 하자라고 한 것입니다. 처음에는 5조원 규모로 해서 7조까지 늘리는 것으로 했는데, 5개년 계획 자체를 없애 버렸기 때문에 통합적 관리가 안 되고 계속해서 사업권별로 관리가 되었습니다.

저는 제일 이상적인 것은 중앙정부 예산 규모를 줄이고, 국세나 지방세를 상당히 지방으로 내려 주어서 지방이 자기 조세수입으로 지출 사업을 독자적으로 하는 것이라고 생각합니다. 그러면 이런 문제가 없는데, 이게 상당 기간 동안 중앙에 국세가 모두 들어오고 그것을 지방으로 건별로 나누는 구조로 이루어졌습니다. 그것이 앞으로 우리나라가 연방체계가 되건, 지방분권이 고도화되는 그런 단계까지 도달하기 전까지는 우리처럼 해야 합니다. 지금 이명박 정부가 사업 예산은 늘렸다고 하지만, 방식은 완전히 옛날 방식으로 가버렸고, 새 정부도 거기에 대한 인식이 없을 것이라 봅니다. 그러니까 국가행정, 지역행정이라는 것이 굉장히 퇴보했고 앞으로도 그러할 것이라고 예상합니다. 지역균형발전을 위한 예산문제가 나올 때, 규모를 얼마나 늘리느냐 하는 점이 초점이 되어서는 안 된다고 봅니다. 이미 지역은 제대로 충분히 효과를 내고, 창의적으로 기획을 하고 하는 사업자금이 내려가고 있습니다. 양에 관한 문제는 절대 아닙니다. 이것은 그 시스템 관리 방식의 문제이고, 그 다음은 지역들의 지자체 공무원들이 얼마나 충분히 학습하고 있고, 얼마나 창의적인 기획을 하느냐의 문제입니다. 그러나 많은 사람들이 저보고 균특 회계한다면서, 그렇게 심의 자금을 특별히 내려보내지 않고 무엇을 했냐고 지적합니다. 저는 그것은 핵심을 제대로 짚지 못한 지적이라고 보고 있습니다.

윤민재: 지역균형발전이라든지 혁신도시 건설 같은 경우에 일본이나 미국도 그런 사례가 있지만, 아무래도 유럽이 더 잘되어있는 것 같습니다. 그중에서 프랑스의 사례를 많이 참고했다는 자료들이 있더군요. 프랑스가 대표적으로 꼽히는 이유가 있습니까?

성경륭: 그것은 두 가지 측면입니다. 하나는 프랑스가 우리나라처럼 아주 고도로 중앙집권형 국가이기 때문이지요. 중앙집권형 국가일수록 수도의 인구 비중이 큽니다. 프랑스, 일본, 영국, 한국 다 그렇지요. 대만도 그런 국가에 해당하고요. 중앙정부가 수도에 있기 때문에, 거기에 안 가면 일이 안 되니까 다 몰려드는 겁니다. 프랑스는 1940년대, 1950년대까지 파리에 집중이 되었습니다. '그라비아'라는 학자가 1943년에 책을 썼는데, '파리 앤드 잇츠 데저트(Paris and its desert)'라는 책을 썼습니다. 파리 외에는 모두 사막이 되어있다는 말이지요. 그래서 1960년대 들어서 '다타르'라는 국가기구를 만들었습니다. 지방분산 정책을 하는 것입니다. 그래서 그 이후로 프랑스는 분산정책, 지방균형 정책을 추진했습니다. 지금은 파리권 이외에도 6대 광역권이 만들어져 있습니다. 우리가 볼 때 1960년대부터 강력한 분산정책을 안 했다면, 파리 중심으로만 가고 그것이 프랑스의 많은 문제를 양산했을 것입니다. 마침 이것은 유럽 통합 과정하고 잘 맞았다고 봅니다. 유럽 통합이 진행이 되는데 만약 파리만 되어 있었다면, 나머지는 죽어있는 것 아니겠습니까? 6대 광역권이 동시에 성장하면서, 프랑스란 나라가 실질적인 유럽 통합의 중심이 되는 것입니다. 그러한 면에서 중앙집

권 체계를 바꾸는 분권정책이 1983년 미테랑 정권부터 헌법을 바꾸면서 시작됩니다. 그래서 프랑스는 지방분권이라는 헌법개정을 하고, 지역정부에 더 많은 권한을 부여해주게 됩니다. 그래서 프랑스가 가지고 있는 국가구조, 국토구조, 그리고 그 구조를 해결하기 위해서 어떤 정책을 해왔는가 하는 점을 분석해야 합니다. 그러한 이유 때문에 프랑스 사례를 중시하는 것입니다.

윤민재: 도시를 건설하다보면 당연히 환경문제가 뒤따르게 되는데, 잠시 전에 말씀하신 것처럼 균형위원회에 다양한 부처들이 들어오지 않았습니까? 또 민간 영역도 포함되어 있고요. 환경 전문가가 참여한다든지 환경부도 같이 참여하는 시스템이었습니까?

성경륭: 환경부도 참여를 했고, 수도권 규제는 강력하게 지키려고 했습니다. 거기에는 여러 가지 이유가 있습니다. 한강 상수를 보호해야 합니다. 그래서 상수 보호구역 쪽에는 민간 기업들의 시설을 만들지 못하게 했습니다. 그런 정책은 환경부와 함께 추진했습니다. 그 부분은 국가균형위원회가 마지막까지 막아주었기 때문에, 그것이 지금까지 살아있습니다. 그러나 자연보전구역 같은 경우에는 굉장히 중요한 영역인데, 이명박 정권 들어 거의 다 풀어버렸습니다. 기업도 들어가고, 관광단지 들어가고, 최근에는 대학까지 집어넣고 있습니다. 우리가 그것을 아주 강력하게 막았습니다. 그런 점에서 당시 환경부와 협력이 잘 되었다고 봅니다. 지역의 혁신도시를 만들 때 환경운동하는 단체한테 항의를 받기도 했습니다. 그렇지만 우리가 지키려고 한 것은 예를 들어 혁신도시를 만들더라도 가능하면 축소 지향으로 간다고 한 점입니다. 신재생에너지 시스템을 도입하고 규모는 줄이고 선도적인 도시 모델을 만들고자 했습니다. 우리가 이렇게 접근했기 때문에 당시에 환경운동 단체는 우리에게 늘 불만이 있었지

만, 대화를 하면서 문제를 풀었습니다. 나중에는 균형위원회가 이런 고민을 하고 있었구나 하는 점을 인정하고 서로 대화하는 좋은 관계를 유지했습니다.

애초의 제 개인적인 생각은 공공기관을 지방으로 이전하더라도 혁신도시라는 신도시를 만들지 말고, 우리나라의 수천 개의 지방도시들, 예를 들어 강원도로 치면 춘천, 원주, 강릉, 경북은 안동, 영주, 경주, 경상남도는 진주, 마산, 전라남도 남원시, 정읍 이런 식으로 이전하자는 것이었습니다. 그런 도시들이 역사적인 도시이고, 특별한 산업 기능이 없어서 약화되는 단계이기 때문에, 그런 곳에 하나나 둘 정도 기업을 넣어주면, 특별한 도시 기반 시설을 안 만들어도 되지 않겠냐는 것이 제 생각입니다. 환경에 관한 문제도 자연스럽게 해소가 되고, 또 그 도시들을 지켜주는 버팀목이 되는 것이니까요. 그런데 협의 과정에서 공공기관 노조들이 우리가 공공시설이나 문화시설이 서울보다 나쁘니 그쪽에서 무엇을 집합적으로 모으고, 시설을 최고로 해달라는 요구를 너무나 강하게 했습니다. 그래서 결국 제가 마지막에는 수용을 했습니다. 그 문제를 가지고 논쟁이 되면 자꾸 늦어지고, 마지막에는 그 요구도 타당성이 있다고 보았기 때문이지요. 지역별로 하나의 거점이 되도록 만들자는 취지와 환경 부담을 최소화하는 측면에서 애초의 제 생각이 옳았다고 봅니다. 그러나 그것만으로 문제를 다 판단할 수는 없기 때문에, 그래서 혁신도시 쪽으로 갔는데, 그것은 앞으로 점검해야 할 문제입니다.

윤민재: 그러한 주요한 결정 내용들을 청와대나 노 대통령께 보고를 하지 않거나 혹은 노무현 대통령이 직접 회의에 참여한 경우도 있었을 텐데 주요 내용은 어떻게 결정됩니까? 직접 보고를 하고, 다시 재가를 받고, 그런 과정을 거쳤겠지요? 그러면 노무현 대통령이 그 당시에 가장 관심을 갖던 여러 가지 사업 중에서, 어떤 부분에 특히 관심을 가졌는지요?

성경륭: 노무현 대통령이 대전에서 지역 행사를 할 때, 천 명이 모인 자리에서 앞으로 균형발전 정책을 간판 정책으로 삼겠다는 그런 말씀도 하셨습니다. 그리고 '대통령이 수백 정책들을 모두 챙겨야 하겠지만, 제일 애정이 가는 정책이 균형발전 정책이다'라고도 했습니다. 이러한 의미에서 보았을 때 노무현 대통령 자신이 정말 소중하게 생각하고, 아꼈던 정책이라고 생각합니다. MB 같은 경우에는 대기업의 세금을 깎아주는 것에 대해서 정을 가질지도 모릅니다. 노 대통령은 지방정책, 균형정책에 대한 애정을 갖고 있어서, 저는 그것을 고맙게 생각합니다. 그렇기 때문에 우리가 하는 거의 모든 정책에 세밀한 애정이 있었다고 봅니다.

심지어는 우리가 중반 이후에는 '살기 좋은 도시 만들기', '살기 좋은 농촌 만들기', 이런 정책들을 했는데, 보고를 하면 굉장히 신이 나서 말씀을 하셨습니다. 아마 고향 가는 것을 염두에 두셨던 것 같기도 합니다. 고향에 가신 후 마을 만들기, 농촌 만들기, 그 다음에 생태환경, 생태농원 등에 관심을 갖게 되셨습니다. 수도권 정책도 있었고, 공간 재배치, 지역산업 정책, 지역혁신 정책, 수많은 정책이 있었는데 거의 다 그분이 굉장히 중요하게 생각해서 교감이 잘 되었다고 볼 수 있습니다. 대개 어떤 정책을 어떻게 하는가에 대해서는 대통령이 포괄적인 방향을 제시했습니다. 그러면 우리가 새로운 정책을 기획했습니다. 청와대는 이지원 시스템이라는 것이 있었는데 이것이 과학적으로 잘 되어 있었습니다. 이것을 노 대통령이 설계했습니다. 그래서 보고서를 보내면 보고서가 가는 범위를 시스템이 정합니다. 그러면 착착 올라가고, 거기에 명기된 사람에게만 가고 그 계통에서는 순식간에 보고서를 공유하게 됩니다. 그 다음에 결재 라인에 있는 사람들이 의견을 첨부해서 보내면, 대통령에게 바로 가는 거예요. 그렇게 순식간에 갑니다. 우리가 그렇게 올리면 청와대 계통을 거쳐서, 관련 부처를 옆으로 거쳐서 가는 것이기 때문에, 항상 새로운 정책이나 기획이 공유됩니다. 단 중요한 것들은 제가 별도로 보고를 합니다.

윤민재: 선생님께서 개인적으로 하시는 것입니까?

성경륭: 개인이 아니고, 위원장으로서 공식적으로 대통령께 공식 보고를 하는 것입니다. 그래서 대통령, 정책실장, 위원장 이렇게 세 사람이 하는 경우도 있습니다. 또 장관들과 함께하는 많이 모인 자리가 될 수도 있고, 사적인 자리도 있지요. 상시적으로 보고가 원 라인으로 갈 수도 있고, 중간에 관계된 정책실의 관련 라인들이 챙겨서 가는 것도 있고, 중요한 것은 제가 직접 가게 됩니다.

예를 들어서 '농촌을 살리기 위한 신 활력 사업' 이란 것을 해보자라는 제안을 할 수 있습니다. 그러면 정책의 설계에 대해서 여러 팀이 붙습니다. 대개 결론이 나면 여러 프로세스를 거치고 정리가 되는 것은 대통령께 별도로 보고합니다. 국정 과제 회의를 거칠 때도 있습니다. 대통령, 위원, 민간위원이 참여하는 회의로 제가 사회를 보고, 그 자리에서 제가 준비한 보고서를 공식 발표합니다. 그런데 이것이 사전에 조정이 되어야 하는 것입니다. 그것 때문에 제가 대통령을 직접 만나서 사전 보고를 하고, 좋다고 하시면 공식 절차를 거치는 것입니다. 여러 단계가 작용을 합니다. 그래서 국정 과제 회의에서 이것을 토론하고, 또 토론하는 과정에서 수정할 것은 수정을 하고 결국에는 국가의 공식정책이 되는 것입니다. 국무회의에서 결론이 난 것과 동일한 효과를 가지기 때문에 그렇게 해서 하는 경우도 있고, 그리고 지역을 순회를 하면서 지역의 유지들, NGO 대표들과 함께 대규모로 국정과제위원회를 하는 수가 있습니다.

대통령이 국민들과 소통하는 그런 기회를 만들 때마다 여러 단계들이 있습니다. 그런 단계마다 아주 복잡한 단계를 거쳐서 일이 진행됩니다. 많은 정책 영역이 있는데, 제가 볼 때는 우리하고 교감이 제일 잘 되었고, 또한 제일 역점을 두고 했기 때문에 정책이 잘 진행되었다고 생각합니다. 어떻게 보면 단독정부 부처보다 일을 많이 했으니까요. 그리고 일들이 여러 부처에 걸치는 일들이 많은데, 저는 그것 역시 대통령의 결심과, 대통령의 지지가 있었기 때문에 가능했다고 생각합니다. 우리가 했던 일을 일반화하기 어려울지는 모르지만 어쨌든 우리는 고생도 많이 했고 욕도 많이 먹었지만, 진도가 잘 나갔다고 봅니다. 모든 것이 노 대통령의 공이라고 생각합니다. 그렇게 지원하지 않으면 곳곳에서 다리를 걸 수 있습니다. 그러다 보면 다툼과 갈등으로 일을 할 수가 없습니다. 위원회 차원에서 부처 간에 예산, 인사 등에서 여러 가지 갈등이 있을 수 있는데, 그것을 만약에 위원장이 다 조정해야 한다면 실제로 일하기가 힘들지 모릅니다. 그런데 대통령이 많은 것을 챙겨주었습니다. 또 어떤 때에는 균형발전위원회가 안 가도 되는 자리임에도 불구하고 대통령이 챙겨서 참석하게 되는 경우도 있습니다. 청와대 비서관들, 장관들이 그것을 다 보니까, 아무도 대들고 그런 일이 없었습니다. 늘 고맙게 생각합니다. 그래서 저는 이것을 굉장히 큰 행운이라고 생각하고, 역시 대통령과의 관계가 굉장히 중요하다고 봅니다. 이것은 특별히 제가 대통령에게 설득해서 그런 것이 아닙니다. 본인이 중요하다고 생각해서 관심을 가져 주셨고 중요한 일을 마침 제가 맡았고, 그러다 보니까 서로 공감이 잘 된 것입니다.

옛날에는 일이 잘 되었다는 느낌을 받으면서도 왜 잘되는지 몰랐습니다. 왜냐하면 공공기관 이전 같은 문제는 몇 군데에서 다리를 거는 어마어마한 일인데 잘 될 수가 없지요. 그것을 진행할 때, 대통령이 지시에 의해 청와대 비서실장 주재의 차관회의를 청와대에서 했습니다. 총리 공관에서는 총리 주재로 관련 장관과 수석들과 회의를 약 2달 동안 매주 들어갔습니다. 제가 알기로는 동일한 안건을 놓고 청와대, 총리실이 다 나서서 조정한 사례가 없었습니다. 대통령과 총리의 조율이 잘 되니까 어느 장관이나 누가 나서서 '이것은 안 됩니다'라고 말을 할 수 있겠습니까? 그래서 이것이 어느 한 위원회나, 위원장이 잘해서 되는 그런 일이 아니지요. 시간이 한참 지나고 나서 보니까, 대통령과 총리가 관심을 가진다는 것이 거의 불가능해 보이는 일을 가능하게 하는 힘이구나라고 생각하게 되었습니다. 사회학에서 파워가 무엇인가를 보면, 지배하는 것, 이네이블링(Enabling)하는 것 그 두 가지가 다 포함된다는 것입니다. 파워가 지배하는 모티브도 있고, 선한 일을 이루게 하는 힘도 있는데, 저는 그러한 면들이 있지 않나 생각합니다.

윤민재: 어떻게 보면 대통령이나 국가의 주요 포스트에 있는 분들의 리더십으로 표현될 수 있을 것 같습니다.

성경륭: 그렇습니다. 이론으로 알아도 체험을 할 때는 모르는 경우가 있는데 지나고 보니까 저는 항상 마음이 불안한 상태였습니다. 어마어마한 일들이 진행되는데, 175개 기관 중에 노조가 있는 곳이 한 90개쯤 됩니다. 노조에서 하루에 하나씩 건물을 점거한다고 생각해 보세요. 90개를 점거하면, 석 달을 저항할 수 있는 겁니다. 처음에는 한 1주일만 버티면 안 되겠나 했는데, 이것이 간단한 일이 아닙니다. 제 힘으로는 제약을 못하는 것입니다. 저희와 협약은 했지만 누구라도 문제제기를 하면, 도미노처럼 무너지게 됩니다. 그래서 도미노를 막기 위해서 협약 방식을 썼지만, 마지막에 어느 쪽에서 거부하는 것을 막을 힘은 없는 것입니다. 그것이 무너지지 않고 추진된 것은 대통령의 힘, 총리의 힘이 아니면 설명이 안 됩니다. 저는 한참 다 지나서 이런 생각을 했습니다. '권력이라 하는 것은 이런 힘이 있기 때문에 선한 권력, 선한 정부를 만들어야 된다'고 생각했습니다. 이게 굉장히 중요합니다.

윤민재: 그만큼 노 대통령이 평소부터 애정이 있었고 관심을 가졌던 사업이기 때문에 부처 간의 갈등과 같은 큰 문제없이 잘 진행되었다고 생각합니다. 어떻게 보면 선생님에 대한 노 대통령의 개인적 애정도 담겨 있기

때문에 가능했다고 생각합니다. 그만큼 선생님을 신뢰했고, 믿었기 때문에 큰일을 맡기신 것이고요. 그러다보면 내부에서 선생님을 견제한다든지 그런 움직임이 따르지 않았습니까?

성경륭: 제게 그것을 말해주는 사람이 없지요. 2003년 4월 9일 위촉을 받아 2008년 2월 25일 날 청와대에서 나왔습니다. 노 대통령과 하루도 떨어지지 않았으니 그런 의미에서 보면 유일무이할 것입니다. 그런 과정에서 제가 5년을 일하면서, 한 번도 제가 이것을 사적인 생각으로 일에 임한 일이 없습니다. 사리사욕을 추구한 적이 없고, 오로지 일을 위해서 헌신했습니다. 대통령하고 생각이 잘 맞고 디테일한 것은 상의를 안 해도 만나서 이야기를 하다보면, 같은 방향을 생각하고 있으니까 어떤 일을 할 때도 방향 설정이나 세부적인 내용을 기획하는 것이 잘 맞았다고 생각합니다. 나중에 일 진행을 보면 주위에서도 '저 사람한테 특별 대우를 한다'는 식으로 생각을 했을 수도 있겠습니다. 간헐적으로 그런 얘기가 들리기도 했지만, 우리는 일체 그런 것에 개의치 않았습니다. 그리고 사적인 생각이 일체 없었기 때문에 아마 다른 곳에서 시빗거리가 될 수 없었겠지요. 저는 그렇게 생각합니다. 그리고 적어도 그것이 크게 문제된 적이 없었기 때문에 전체적으로 보면 노 대통령의 덕이라고 생각합니다. 또 같이 일했던 사람들도, 그런 세세한 것들에 구애받지 않고, 일을 했기 때문에 좋은 흐름으로 5년을 보냈다고 생각합니다.

윤민재: 끝으로 국가균형발전위원회가 5년 동안 많은 일들을 하셨는데요. 국가균형발전위원회가 추진한 정책, 업적들이 갖는 역사적, 정치적, 사회적 의미들에 대해서 간단히 말씀해주십시오.

성경륭: 네, 잠시 전에도 말씀드렸다시피, 박정희 시대 때부터 소위 '성

장 발전'이라는 것을 하는데, 저는 그러면 초기에 선택한 방향이 그 이후에도 올바른 방향으로 가고 있는 것인가, 아니면 지금은 궤도 수정을 해야 하는 것인가에 대해 늘 그런 생각을 갖고 있습니다. 초기에 열심히 한 그 공로에 대해서는 인정을 할지라도, 너무 성과와 속도에 집착했던 그 선택의 방향에 문제가 있었다고 봅니다. 대기업 위주, 수출 위주의 방향이었고, 성장하면 분배가 이루어질 것이라고 생각했다는 겁니다. 성장을 달성하기 위해 국가자본을 집중시키다 보니 여러 가지 부작용이 생겼습니다. 성장이라는 옆에 필연적으로 불평등이라는 것이 연결이 되어있습니다. 저는 이 모순을 어떤 형태로든 수정하지 않으면, 성장과 경제발전도 어렵고, 국민 통합도 어렵다고 봅니다. 사회가 유지될 최소한의 통합적인 틀을 만드는 것도, 그 다음 단계의 성장의 잠재력을 만드는 것도 어렵다고 보기 때문에 두 가지 수술이 필요하다고 봅니다. 하나는 사회정의인데, 분배와 복지를 어떻게 강화할 것인가 하는 문제입니다. 지역 간의 불평등을 어떻게 약화할 것인가 하는 점도 중요합니다. 경제민주화를 위해 대기업, 중소기업 간의 지배 방식의 문제, 정의롭지 못한 구조를 바꾸는 것이 필요합니다. 그중 하나가 지역 불평등인데, 이것을 최대한 정확하게 인식하고자 노력했고, 그 방향을 전환시키고자 했습니다. 지역에 최소한의 조건을 만들고, 그 토대 위에 발전 구조를 다각화한다는 의미를 갖고 일을 시작했습니다. 우리가 기계적인 성장을 한다고 한 적도 없는데, 늘 보수세력은 우리를 그렇게 몰아갔습니다. 그렇지만 이 방향으로 전환하는 것이 지속 가능한 발전의 토대라고 봅니다. 이거야 말로 우리가 한 번도 추진하지 않았던 새로운 길입니다. 우리 위원회가 새로운 길의 한 축을 만들고, 그 방향을 잡고 축을 만드는 데 나름 노력을 하였다고 자평합니다.

노 대통령 시기에 비전 2030과 같은 분배, 복지정책이 동시에 되었다면 좋았을 것이라는 아쉬움은 있습니다. 진보정부, 개혁정부라는 면에서 보면, 그때 그 맹아를 우리가 갖고 있었다고 생각합니다. 경제민주화까지 세 개의 축을 생각할 수 있겠습니다. 이것이 이번 18대 대선에서는 경제민주화와 복지 쪽이 강조가 되고, 지역정책의 경우에는 쟁점화되지는 않았으나, 이것은 계속 심화, 확대되고 있는 모순이기 때문에 이 세 가지 축에 대해 앞으로 진보세력들이 방향을 잡아야 된다고 생각합니다. 이 세 가지 중에 지역 간 균형과 같은 문제는 초기에 토대를 만들었기 때문에 다음에 새로운 진보 정부가 들어서면, 좀 속도를 내서 할 수 있는 그런 바탕이 될 수 있다고 생각합니다. 복지와 경제민주화 쪽은 아마 박근혜 정부가 들어서도 큰 진전이 없을 것이라 봅니다. 시늉만 할 것이라 봅니다. 그래서 나중에 이 부분까지를 결국 맡아서 해야 하는데 그런 의미에서 어떤 역사적인 전환의 초기에 어떤 정책 기획, 설계, 추진을 시도했다는 점에서 의미가 있다고 봅니다. 그러나 5년 단임제에서 보수정권으로 넘어갔기 때문에 어떤 정책은 폐기되거나, 약화되거나, 왜곡되는 일도 있었습니다. 이것이 자생적인 뿌리를 가지고, 스스로의 힘으로 갈 수 있는 국가의 새로운 제도와 틀을 만들어야 합니다. 그러나 거기까지 가지 못했기 때문에 할 일이 엄청나게 많은 것입니다. 방향은 잡았으나, 실질적 진전을 이루는 것은 미흡했다고 볼 수 있겠습니다. 그러한 점들이 아쉬운 점들로 남아 있습니다.

윤민재: 네. 여러 가지로 미래의 새로운 정부들이 귀담아들어야 할 소중한 조언이라고 생각합니다. 말씀 잘 들었습니다. 지난번에 이어 좋은 말씀 감사합니다.

정동영

전 통일부장관
열린우리당 당의장
17대 대통령선거 후보

1. 개요

정동영은 비록 이른바 '친노 인사'로 분류되지는 않지만 참여정부 핵심 인사 가운데 한 사람이다. 그는 2003년부터 참여정부 시기 여당이었던 '열린우리당'의 창당을 주도하였고 2004년 7월부터 2005년 말까지 통일부장관 겸 국가안전보장회의(National Security Council, NSC) 상임위원장으로 남북 관계를 둘러싼 외교 분야에서 핵심적인 역할을 담당하였을 뿐만 아니라 2007년 대선 국면에서는 '대통합민주신당'의 창당을 통해 대통령 후보에 이르렀다. 이번 구술은 지난 2014년 7월 23일, 7월 30일, 8월 8일, 8월 18일 등 4회에 걸쳐 여의도 소재 (사) '대륙으로가는길' 사무실에서 이뤄졌으며, 이 구술을 통해 그는 본인의 정계 입문 전후의 생애사와 함께 노무현 전 대통령의 당선 과정과 핵문제, 개성공단 등 남북관계, 그리고 2007년 대통령선거에 이르는 정치 과정을 자신의 평가와 함께 구술하였다. 구술 내용을 간략하게 요약하면 다음과 같다.

1953년 휴전일에 순창에서 태어난 그는 1972년 서울대학교 국사학과에 입학한 후 1974년 유신반대 시위와 관련하여 구속, 징집되었다가 1978년 졸업과 함께 문화방송 기자가 된다. 문화방송에서 뉴스 앵커, 미국 로스앤젤레스 특파원, 북한부 기자 등으로 일하다 1997년 대선을 앞두고 정계에 복귀한 김대중 총재가 창당한 '새정치국민회의'에 언론계 인사로 발탁되어 1996년 총선을 통해 고향인 전주에서 국회의원에 당선된다. 이후 이른바 '옷로비 사건' 등으로 지지율의 하락을 경험하고 있던 여당 내부에서 동교동계의 2선 후퇴를 주장하는 정풍운동을 벌였으며 이 운동의 결실이 대통령 후보의 상향식 공천 방식인 '국민참여경선'이었다. 그는 이 참여경선 방식은 자신이 주도한 정풍운동의 성과이며 노무현 전 대통령이 '새천년민주당'의 대통령 후보가 될 수 있었던 결정적인 조건이었다고 평가했다.

이후 노무현 대통령 후보가 지방선거의 실패 등으로 지지율의 하락에 따른 어려움에 처해 있었을 때, 강금원 씨를 통해 노무현 후보의 도움 요청을 받았으며 노무현 후보와 '엠베서더 호텔'에서 만난 이후 돼지저금통 모금 사업을 통해 노무현 후보를 본격적으로 돕게 되었다. 제16대 대통령 선거 과정에서 가장 큰 사건의 하나였던 선거일 전날 정몽준의 지지철회 사건은 노무현 전 대통령이 가진 연정의 파트너로서의 정몽준에 대한 불만족과 마지막 날 유세 당시에 벌어진 두 캠프 사이의 감정 충돌 등이 원인이 되었다고 평가하였다.

대통령 당선 이후 노무현 당선자는 북한 핵문제를 비롯하여 대북송금특검, 이라크 파병문제 등등의 정치적으로 어려운 문제에 직면하게 된다. 자신이 대통령 당선자 특사로 다보스 포럼 결과를 보고하는 과정에 있었던 일화를 소개하면서 노무현 당선자가 초기부터 북한문제에 대한 평화적 해결 원칙을 확고하게 가지고 있었다는 점을 강조했다. 하지만 초기 김대중 전 대통령의 특사와 함께 갔던 노무현 전 대통령의 특사인 이종석 박사를 김정일 국방위원장이 만나주지 않는 등 북한문제가 쉽게 풀리지 않은 데다 당시 야당이었던 한나라당이 추진한 대북송금특검을 참여정부가 수용함으로써 남북관계 경색이 한동안 지속되면서 시간을 허비하였다고 당시 상황을 평가하였다. 반면, 이라크 파병문제는 참여정부의 NSC가 잘 작동하여 외교의 명분과 실리를 동시에 얻은 중요한 사례로 평가하였다.

자신이 주도적 역할을 했었던 열린우리당 창당에 대해 정동영은 "실패한 실험"으로 규정했다. 당시 자신을 비롯한 열린우리당 창당세력은 노무현의 당선을 사람들의 정치개혁에 대한 열망의 반영이라고 잘못 해석했던 결과라고 평가했다. 정치개혁 그 자체보다는 당시 비정규직의 급속한 증가 등으로 표현되는 민생고를 어루만질 수 있는 노선 중심의 정당이 필요했다는 것이다. 정동영을 초대 당의장으로 선출한 열린우리당이 50명 미만의 국회의원을 가진 소수 정당으로 시작하였으나 재래시장 살리기 등 민생 노선에 집중하여 짧은 시간 내에 지지율 1위의 정당으로 도약하면서 대통령 탄핵 이전에 이미 성공한 정당이 되어 가고 있었으며 이러한 성공이 노무현 대통령의 탄핵을 초래한 원인이었다고 평가했다. 이러한 평가는 열린우리당이 2004년 5월 총선에서 과반수를 차지한 원인을 오로지 탄핵에서만 찾는 지배적인 시각에 대해 반론을 제기했다는 점에서 의미 있는 주장이다. 다만, 자신이 총선 직전 이른바 '노인 발언'에 대한 책임을 지고 당의장직을 사퇴하면서 초선 국회의원들을 주축으로 구성된 당에서 리더십이 발휘되지 못했다는 점을 아쉽게 생각하였다. 원내 다수였던 우리당이 천정배 원내대표를 중심으로 추진했던 이른바 '4대 개혁 입법'에 대해서 신문법, 국가보안법, 사학법, 과거사법을 하나로 묶어 정치 쟁점으로 만든 데다 강경파가 주도하여 전부 아니면 전무식으로 추진했던 것을 패착으로 보았다. 특히 찬양, 고무, 불고지죄 등 국가보안법의 독소조항들을 개폐하지 못 했던 것을 안타깝게 생각하였다.

총선에서 열린우리당이 과반을 획득한 이후 정동영은 김근태, 이해찬 등과 함께 입각하는데 김근태 당시 원내대표와 통일부장관직을 놓고 경쟁하다 대통령의 결단으로 통일부장관직을 수행하게 되었다. 그는 통일부장관이자 NSC 상임위원장으로 노무현 대통령의 국정 철학인 평화번영 정책을 실현하기 위해 노력하였으며 대통령 또한 그의 정책을 전적으로 뒷받침해 주었다고 보았다. 개성에 인구 50만의 공업도시를 건설하는 안은 김대중 정부 시기 남북 사이에 이미 합의했던 것으로 그는 이를 추진하기 위해 도널드 럼스펠드 등 미국 부시 행정부의 인사들을 설득하는 등의 외교적 노력을 기울이는 한편 남한 입주 기업인들과 정례 모임을 가지면서 지원하였다. 그는 개성공단이 경제통합을 통한 남북통일의 실질적인 모델을 제공해준다는 점에서 높이 평가하였으며 한반도 평화체제의 정착과 대기업이 참여하는 더 큰 규모의 경제협력으로 나아가지 못하고 있는 상황을 안타깝게 생각하였다. 한편, 남북 사이의 인적 교류를 북한의 변화를 유도 할 수 있는 중요한 계기로 인식하고 있었으며 자신의 통일부장관 재임기간 동안 10만여 명의 남한 주민이 북한을 방문하였던 점을 중요한 성과로 지적하였다. 특히, 자신의 2005년 6·15 특사 방북을 계기로 형성된 분위기가 이후 6자회담을 통해 9·19 선언으로 결실을 보았으나 이 선언이 실행되지 못하고 있는 상황을 안타깝게 생각하였다. 그는 9·19 선언이 핵문제를 비롯한 한반도 긴장 상황을 해소하기 위한 중대한 이정표가 되어야 한다는 점을 강조하였다.

이러한 그의 노력에도 불구하고 2005년 말 한반도의 긴장이 다시 고조되자 정동영은 그에 대한 책임을 지고 통일부장관직에서 물러난다. 당초 2004년 말 노무현 대통령은 이종석 NSC 사무처 차장을 경질하려 하였으나 정동영은 자신이 사직하고 당으로 돌아갈 것을 건의하였다. 이후 2005년 말 노무현 대통령은 정동영의 장관직 사퇴를 만류하였는데 그는 이것을 대통령의 자신에 대한 정치적 배려였다고 회고하였다. 대통령의 만류에도 장관직에서 물러난 그는 2006년 초 전당대회에서 다시 한 번 당의장에 선출되어 지방선거를 지휘하게 된다. 당시 전당대회에서 경쟁하였던 김근태의 건강이 많이 쇠약해진 상황이었다고 회고하면서 안타까움을 드러냈다. 당의장이 된 이후 정동영은 청와대를 찾아 3·1절 골프 파문으로 구설에 오른 이해찬 총리의 사퇴를 건의하였는데, 노 대통령은 그의 건의를 거절하였다가 정동영이 청와대를 떠나 당으로 돌아가는 길에 수용 의사를 알렸다고 회고하였다. 또한 지방선거 과정에서 여권 대선 후보들 가운데 상대적으로 지지율이 높았던 고건 전 총리에게 수도권 후보들에 대한 지원을 요청하였으나 고건 전 총리는 이를 거절하였다. 정동영은 이 거절이 고전 총리가 지방선거 패배 이후 정동영의 부재 속에서 여권의 지도자로 부상할 수 있는 기회를 놓친 결정이었다고 평가하였다. 지방선거 패배 이후 노 대통령은 강금원 씨를 통해 정동영의 재보선 출마를 수차례 종용하였으나 그는 대통령의 뜻을 거스르고 한국을 떠나게 된다. 그는 이 사건이 자신을 암묵적 차기 후보로 배려해준 대통령과 자신의 사이가 소원해지는 시작이었다고 보고 있었다. 둘 사이의 관계는 귀국한 정동영이 김대중 전 대통령의 뜻에 따라 민주당 등 범여권 통합을 주장하기 시작하면서 악화되다가 그가 열린우리당 중심이 아닌 새로운 범여권 신당을 추진하면서 화해하기 어려워진다. 그가 대통합민주신당의 후보가 된 이후 인사차 노 대통령에게 전화하였을 때 대통령은 열린우리당 해체에 대한 노여움을 명시적으로 드러냈다고 회고하였다. 그는 이러한 갈등이 당면한 정치 환경에 휩쓸리지 않고 정치적 원칙을 지키고자 했던 대통령과 정권 재창출을 통해 김대중, 노무현 대통령의 외교, 통일정책을 이어가고자 했던 자신의 견해가 충돌하였던 것으로 평가하였다.

우여곡절 끝에 대통합민주신당의 대통령 후보가 된 정동영은 참여정부의 평화번영 정책을 계승한 평화경제론과 중소기업 우선 정책인 '중통령'이라는 구상으로 대선에 임하려 하였으나 대통령선거는 이미 압도적 지지율을 보였던 이명박 후보의 비리문제가 쟁점이 되어버린 상황이었다. 후보로서 자신이 당선에만 힘을 기울이기보다 패배하더라도 이후 어떤 정치적 전통을 남길 것인지를 고려하지 못했다는 점을 안타까워했다. 대선 이후 거리의 시민들과 함께했던 자신의 행보는 이러한 점에 대한 반성에서 출발하였다고 회고하였다.

전반적으로 이번 구술은 대통령이 면담 요청을 언제든 받아줄 정도로 신임하였던 참여정부의 핵심 인사이면서도 대통령의 측근으로는 분류되지 않은 인물의 시각을 보여준다는 점에서 의미가 있다. 다시 말해, 노무현 대통령의 독특한 리더십 스타일을 측근들에 비해 한걸음 떨어져 관찰하였고 따라서 다른 구술자들과 비슷한 듯 하지만 약간 다른 어조의 해석을 제시하고 있다. 예를 들어, 정동영은 노무현 대통령이 당선자 시설부터 가지고 있었던 평화주의 원칙을 존경하였고 이를 실현시키기 위해 노력하였지만 대북송금특검, 대연정 구상 등은 참모진이 대통령을 잘못 보좌한 결과라고 평가하였다. 또한, 김대중 정부에서 노무현 정부를 거치는 기간 동안 대통령의 개인적 성격으로만은 환원되지 않는 범민주당계 정치세력들의 전통의 한 측면을 보여주고 있다는 점에서도 의미있는 구술이었다. 김대중 전 대통령의 정계 복귀 이후 창당된 새정치국민회의를 필두로 민주당 계보의 정당들은 다양한 정치세력들의 이합집산의 결과로 통합되거나 분열해왔다. 특히, 열린우리당의 창당은 2002년 대통령선거를 전후로 벌어졌던 이들 정치세력들 사이의 갈등의 산물이라고 할 수 있다. 이번 구술에서 나타난 범민주당계 정치세력의 실현되지 않은 정치적 잠재력과 내적 갈등 상황은 앞으로 남한 정치사를 연구함에 있어 주목해야 할 가치가 있는 측면이라고 생각된다.

2. 구술

〉〉〉〉〉 1차 구술 ————————————

박광형: 이 인터뷰는 노무현 대통령 통치구술사료집 발간을 위한 것으로 오늘은 노무현 대통령 재임 당시의 여당이었던 열린우리당 창당에 중요한 역할을 하셨고 이후 통일부장관과 NSC 상임위원장을 지내셨던 정동영 전 장관님을 모시고 구술을 듣겠습니다. 구술은 2014년 7월 23일 수요일 오후 2시부터 여의도 사단법인 대륙으로가는길 사무실에서 진행됩니다. 장관님, 안녕하십니까?

정동영: 네, 안녕하세요?

박광형: 우선 바쁘신 가운데서도 구술을 통해 후대 학자들에게 노무현 대통령 재임 시기를 연구할 수 있는 소중한 사료를 남겨주시기 위해 시간 내주셔서 감사합니다.

정동영: 저도 영광입니다.

박광형: 대학교 전공과 관련해서 사료를 남기시는 데 특별한 감회가 있으실 것 같은데요. 장관님께선 1972년도에 서울대 국사학과에 입학하신 걸로 되어있는데요. 당시의 정치적 상황과 학생운동에 몸담게 되신 계기에 대해서 설명해 주시겠습니까?

정동영: 네, 저희가 유신 학번이에요. 대학을 들어갔는데 그해 10월 달

에, 이른바 10월유신이란 게 선포되었는데, 느낌이 개인적으로 이제 인간이 아니구나, 자유로운 인간이 아니고 동물의 반열로 추락했다는 그런 모멸감을 느꼈어요. 일제히 기본적인 인권은 몰수되었으니까요. 청년으로서 참 받아들이기 힘든 폭압체제였고, 그래서 친구들하고 서클 활동도 하고 토론회도 했습니다. 평상시 같았으면 통상적으로 학생들이 모여서 독서하고 토론하는 것이 단속의 대상이 될 수 없는데, 어쨌든 그걸로 구류도 살고 구속도 되고 몇 번 고초를 겪었어요. 2학년 때인 1973년 10월, 유신 치하에서 처음으로 학생들의 저항의 목소리가 터져 나왔어요. 서울대학교 문리대학에서의 10월 2일 반유신 시위가 첫 봉화불이었거든요. 1972년 10월 27일이 유신이니까 만 1년 동안은 정말 동토의 왕국처럼 얼어붙은 침묵의 시간이었고, 1973년 10월 서울 문리대 시위로부터 유신에 대한 저항이 시작됐다고 볼 수 있죠. 그때 운동장 돌고 구호 외치다 잡혀가서 한 달 동안 구류 살고 무기정학 당하고 그게 시작이었습니다. 그 다음 해에 민청학련 사건에 연루되어서 긴급조치 위반으로 석 달 남짓 구속됐었죠. 그리고 강제징집되었는데 징집된 뒤에 유학생간첩단 사건에 포섭이 됐다 해서 국군보안사에 붙들려 가서 보름 동안 아주 모질게 고문당했습니다. 그런 것들이 대학 시절에 지워질 수 없는 화인처럼 남아 있는 거죠. 그때는 뭐 운동을 했건 안 했건 대부분의 청년 학생들이 유신체제에 대해서 저항감과 모멸감을 느끼고 있던 시기였죠. 간략하게 얘기하면 그렇습니다.

박광형: 민청학련 사건이란 말은 나중에 들으셨다고 말씀하셨는데요.

정동영: 네, 사실은 1974년 3월 4일 민주청년학생총연맹 사건이라고 정부가 발표를 했는데, 그건 학생들에게는 생소한 이름이었어요. 각 대학의 책임자가 있고 그래서 맨 위의 인혁당 분들이 있고 그 위에 김일성 사진을 딱 내서 신문을 보면 우리가 김일성 부하예요.(웃음) 체제 전복세력이죠.

핵심은 전국에 있는 대학생들을 연계해서 연합 시위를 벌이려고 하는 계획에 있었죠. 저는 당시에 문리대 3학년 올라가기 전이었는데, 명륜동 성균관대 옆에 창현교회에서 창현교회모임이라고 매주 역사 세미나 같은 게 있었어요. 거기 스물댓 명 멤버가 있었는데 나중에 민청학련의 하부 조직으로 몰려서 거기 있는 친구들이 구속되었어요.

장훈각: 당시 학생들의 대북 인식이나 통일관은 어땠었는지요? 1980년대 학번 같은 경우는 북한에 대해 굉장히 호의적인 측면이 있었습니다만, 1970년대 학생들은 어땠나요?

정동영: 냉전의 한복판에 있었기 때문에 남북문제나 통일문제에 대한 깊이 있는 인식은 없는 상태였고, 다만 1972년 7·4 공동성명이 발표됐을 때 '통일이 가까웠나 보다' 하는 인식 정도였죠. 자주, 평화, 민족대단결이라는 3원칙이 발표되고 이후락 중앙정보부장이 평양에 가고 박성철 부수상이 서울에 오는 등 남북 교류 방문이 있었다는 사실들이 어느 날 깜짝 발표가 되었을 때는 굉장히 흥분되고 그랬죠. 남북문제의 물꼬가 터지는 가보다 하구요. 근데 불과 석 달 14일 만에 10월 17일 유신의 도구로 쓰인 거죠. 남북 분단 상황을 적대적 공생, 즉, 서로를 적대하면서 서로를 체제 연장에 이용한 거죠. 놀라운 것은 유신독재체제 선포 전에 평양에 두 번 알려줬단 거죠. 또 그것을 빌미 삼아서 북에선 아마 김일성 수령 독재를 강화하는 헌법을 개정하는 데 서로를 이용한 거죠. 지금 시점에서 보면 독일에서 베를린 장벽 무너진 지가 25년인데, 왜 전범국가인 독일은 25년 전에 벌써 통일로 갔는데, 온전하게 제국주의, 식민주의의 피해자로서 해방을 맞이한 우리는 같은 해에 강제 분단돼서 70년째 분단의 질곡에서 헤매고 있는가 하는 점입니다. 그 핵심을 보면 결국 독일은 분단을 국내정치에 동원하지 않았다는 점입니다. 냉전의 한복판에서도 분단문제를 어떻게 넘

어설 것인가는 정파의 문제가 아니었어요. 여당이건 야당이건 고민했거든요. 근데 우리는 끊임없이 분단문제를 선거 때마다 국내정치에 동원했습니다. 그 원조가 7·4 공동성명을 10월유신의 도구로 써먹은 겁니다. 참 안타까운 일이죠.

장훈각: 독일 같은 경우엔 통일이란 말을 꺼내면 상대방이 받아들일 땐 흡수된단 불안감이 있기 때문에 통일에 대해서 공개적으로 이야기하지 않는다는 원칙이 있었다고 하더라고요.

정동영: 우리는 통일을 구호로서만 활용하는 것이지 실질적인 내용과 방법론에 대해서는 비어있는 경우가 많죠. 껍데기만 갖고 통일을 얘기하는 거죠. 기왕 통일 얘길 하시니까 그 7·4 공동성명 3원칙은 지금도 유효해요. 우리의 분단문제를 평화적인 방법으로 우리 민족끼리 풀어가고 민족의 동질성을 회복하자는 원칙이 통일될 때까지 계속해서 유효할 원칙입니다. 그리고 그게 비로소 실천에 옮겨진 게 6·15입니다. 1974년에서 2000년 6·15니까 26년이 지나고 나서 김대중 대통령 정부가 진행했던 6·15와 6·15의 결과로서 실천했던 3대 남북화해 협력 사업, 금강산 관광, 철도와 도로 연결, 개성공단 사업... 이것으로 구체적으로 손에 쥘 수 있는 실체로서 남북 화해협력의 결과물을 보이는 거죠. 그런데 2000년 6·15 시대가 열렸는데 지금 2014년이면 벌써 15년쯤 흘렀습니다. 이게 2000년에서 7년 진전되다가 다시 7년 뒤로 돌아간 듯한 안타까움이 있습니다.

박광형: 민청학련 얘기로 다시 돌아가면 창현교회 역사 세미나 모임이 하부 조직인 것처럼 묘사되었다고 하셨는데 실제로 어느 정도 관계가 있는 겁니까?

정동영: 거기에 참여한 친구들이 다 1973년 10월에 운동장에서 유신 타도 시위에 참여한 문제의식을 가진 친구들이었고, 역사 세미나를 지도한 선배가 이철, 김효순 이런 민청학련의 핵심 주동자들이었기 때문에 다 사실은 유신체제의 불만을 가지고 유신체제는 바뀌어야 된다는 확신을 가진 학생들이었습니다. 조직이라기보다 세미나 모임을 통해서 정보 교류도 하고 봄이 되면 학생회를 구성해서 시위가 일어나면 거기에 역할을 하는 조직체였던 건 맞죠. 거기서 제가 간사 역할을 했어요. 나중에 그걸로 아마 구속이 되고 그랬는데, 지금으로 보면 실정법상 아무것도 걸 수 있는 게 없죠. 모여서 공부하고 토론하고 했는데 그리고 민청학련 사건은 막상 당일 날 시위도 변변하게 못 했어요. 예비검속이라 그럽니까? 핵심들은 미리 다 잡혀가서 전국 대학에서 동시다발적으로 연합 시위를 하겠단 계획은 불발됐어요. 거기에 학생 프락치들이 있었죠. 그때 중앙정보부의 혁혁한 공이 프락치를 심고 그 사람들을 통해 정보를 빼내고 미리 붙잡아 갔던 것이었습니다. 저희 동기생들 가운데 구속된 친구들이 한 50~60명 되는데 그때부터 모임을 만들어서 몇십 년째 계속 모임을 해요. 30년 됐을 때 2002년인가 언저리에 책을 하나 냈죠. 마로니에 마당모임에서 그 1970년대 대학 풍경에 대해서 각자 글을 써서 『새벽을 엿본 마로니에 나무』라는 제목으로 책을 하나 냈죠. 거기 핵심 내용 중 하나에 민청학련 사건이 사전에 누출되고 일망타진 되었던 비화도 있어요.

그 얘기를 조금 더 기록으로 남기자면, 그때는 데모하는 데에 있어서 학생회가 맨 앞에 나오기 때문에 학생회를 조직하는 게 굉장히 중요했죠. 학생회장이 3학년에서 뽑혀 나오는데 우리가 3학년이 되었으니까 3월 달이면 학생회를 구성한단 말예요. 불 보듯 뻔하게 봄 학기가 시작되고 3월 말 또는 4월 되면 유신에 대한 저항의 목소리가 터져 나올 텐데, 그 화약을 짊어지고 불 속으로 들어가는 역할이 학생 지도자란 말이죠. 사실 결단하기가 쉽지 않은데 선배 그룹으로부터 추천된 사람이 있었어요. 근데 결과적으로 그 친구가 가룟 유다가 된 거예요. 창현교회 멤버는 아니었는데 학생회장을 하고 밀고자가 돼서 일망타진되고 그 친구는 나중에 한나라당 국회의원에 당선이 됐죠. 영화 같은 스토리가 있습니다.(웃음)

박광형: 그래서 강제징집되셨는데 1978년에 문화방송으로 입사하시고, 1982년에 정치부 기자가 되셨습니다. 학생운동으로 옥고를 치르시고 갑자기 기자로 가게 되신 과정에 대해 말씀해 주십시오.

정동영: 제도권 기자가 된 건데, 정체성 혼란을 겪었죠. 군대 징집돼서 갔다 왔는데 학적이 살아있었어요. 민청학련 사건이 1974년인데 전국 대학에서 구속된 학생이 천 명쯤 됐어요. 나오자마자 군대 징집이 됐습니다. 그 전에 2학년 때 구류 한 달을 살 땐 학교에서 무기정학을 받았는데 학교에서 구속되어 있는지도 몰랐나봐요. 그땐 워낙 혼란스러웠는지 규모가 커서 그랬는지 나와서 군대에 갔는데 학교에서 제적을 하거나 하는 처분은 안 했어요. 제대하고 학적이 있으니까 복학을 하고 그 다음 취직을 하게 되고 그래서 창현교회 멤버 또는 마당모임이라는 우리 친구들 중에 거의 유일하게 직장 생활을 하게 된 드문 예가 됐어요. 늘 제적돼서 밖에 있거나 운동에 몸담고 있거나 하는 친구들한테 미안하고 죄의식 같은 것도 있고 그랬어요.

박광형: 그 사건하고 관련해서 학교에서 징계 처리가 나왔는데 빠지신 건가요?

정동영: 그때 구속되었던 사람들 가운데 저뿐만 아니라 다른 분들도 실형을 받지는 않았어요. 기소유예 처분을 받은 거죠. 서대문구치소에 넘겨졌다가 그냥 중앙정보부를 거쳐서 풀어줬는데 그게 법적으로 징역형을 받

았다든지 이렇게 됐음 처분을 받았을 텐데 저하고 같이 풀려났던 친구들은 다 학적이 살아 있었어요.

박광형: 그때 구속되었던 분들은 어떻게 처리되었나요?

정동영: 정확한 숫자는 모르지만 구속자는 전국 대학에서 천여 명이 넘는데 민청학련 사건으로 기소돼서 그땐 고등군법회의에서 재판을 받았죠. 최저형이 5년, 10년, 15년 사형을 언도받았는데, 이철 전 의원 같은 경우는 사형 언도까지 받았고, 그 숫자가 몇십 명 되죠. 그때 구속됐던 각 대학의 천 명이 어떻게 처리됐는지는 잘 모르겠어요. 각 대학별로 다르지 않았을까 싶어요.

장훈각: 1987년까지 기자 생활하시는 동안은 한국 민주주의의 격동기였잖아요. 1985년의 5·3인천사태 이후에 1986년에 건대사태, 1987년에 박종철, 이한열에 이어 6·29까지 이어지는 한국 민주주의의 전환기였었는데요. 그때 정치부 기자 생활을 하시면서 어떤 기분이셨는지요? 정치부는 자원을 하셔서 하신건가요?

정동영: 그건 아니죠. 최초에 인사 발령을 받고 사회부 기자를 하다가 정치부 기자를 1982년부터 4, 5년 했죠. 그중에 2년은 외교부를 담당했고 국회 기자로 참여했는데 전두환 5공 정권 시절에 늘 품속에 사표를 써 가지고 다녔어요. 이거 내 청춘을 이른바 제도권 기자로 살아가는 게 맞는가 라는 자괴감이 늘 있었죠. 돌이켜 보면 제가 1978년 12월에 문화방송에 입사했는데 그땐 문화방송과 경향신문이 같은 회사였어요. 10개월 뒤에 1979년 10·26시해 사건이 나죠. 김재규 중앙정보부장의 총에 맞아서 박정희 대통령이 시해되는데 그때 제가 사회부 기자였는데 오원춘 사건이라고 안

동에서 가톨릭 농민회와 관련해서 용공조작 사건이 있었어요. 그때 신입 기자인데 오원춘 사건 관련해서 저한테 방송보도 리포트를 하라는 명령을 받았는데 내 양심으로 그건 내가 취재한 것도 아니거니와 이건 분명 조작된 보도인데 내 이름으로 할 수가 없다고 그걸 거부했습니다. '아 이 회사는 못 다니겠구나' 하고 생각했어요. 그땐 뭐 권력에 완전히 장악된 친여 제도권 매체죠. 데스크에서 보면, 새카만 신입기자가 시킨 일을 안 하니까 다툼이 일어났습니다. 그걸 무마하려고 직속 상사가 그럼 설악산 가을에 대해 특별 취재를 갔다 오라고 해서 갔어요. 가면서 '아 이게 마지막이다. 갔다 와서 그만둬야 되겠다' 하고 카메라 기자와 둘이 가면서 사표 쓴 것을 보여주었습니다. 이게 마지막이다 싶어 그날 저녁에 그 친구하고 술을 잔뜩 먹고 일어났는데 아침에 뭐가 술렁술렁해서 보니까 박정희가 죽었다는 거예요. 그럼 사표 낼 이유가 없겠다 싶어서 다시 다니게 됐는데 어쨌든 늘 떳떳하진 않았어요. 1986년인데 정신적으로도 좀 소진되었기도 했고 소낙비를 피하고 싶은 생각도 들고 그래서 1986년 8월부터 연수 차원에서 영국에 1년 가게 되죠. 1987년 그때 제일 엄중한 시기였는데 어떤 면에서 보면 국내에 없었다는 그것도 미안함이 있죠. 개인적으로는 회사를 피하고 싶다는 그런 생각이었지만 결과적으로는 격동의 역사 현장에서 빠져 있었다는 측면이 있죠.

박광형: 한국에 있었으면 사표 쓰셨을 뻔하셨네요.

정동영: 글쎄요. 목구멍이 포도청이라고 그럭저럭 다녔을지 모르지만, 그 시기를 회피한 것에 대해서는 미안함이 있습니다.

박광형: 그 이후에 노조 창립에 참여하셨다고 알고 있습니다.

정동영: 네. 1987년 9월 초에 제가 영국에 일 년 있다가 와서 후배들을 보니까 노조 움직임이 있더라고요. 거기에 40여 명 후배 기자들하고 같이 노조 창립에 참여하지요. 저희가 제일 선배 그룹이었어요. 기자로선 10년 차쯤 됐는데 저희 동기생이 다섯 명인데 다섯 명이 전부 함께 참여해서 처음으로 이제는 진짜 기자다운 기자를 할 수 있을지도 모르겠다하는 그런 기대를 하게 됐죠.

박광형: 그 기대가 잘 충족이 되셨나요?

정동영: 네. 환경은 바뀌었어요. 노조가 생기고 직선제 헌법에 의해서 생긴 노태우 정부가 군사정부이긴 했지만 언론은 장악할 수도 없고, 해서도 안 되고, 하지 않겠다고 했기 때문에 숨 쉴 공간은 있었죠. 제가 1988년 총리실을 출입하면서 1년 동안 '0시 뉴스'라는 걸 했어요. 자정에 하는 0시 뉴스는 그래도 자율권이 있었어요. 왜냐하면 감시, 감독하는 사람들이 밤엔 없기 때문에 젊은 피디와 기자들이 모여서 수시로 말썽이 생기곤 했죠. 간부들하고 부딪히고. 지금도 생각나는 일화가 1988년 4월에 총선거 때 있었어요. 1988년 초에 안동에 돈 봉투사건이란 게 났어요. 안동에 민정당으로 나온 후보가 권중동이란 노동부장관을 지낸 사람이었어요. 지금 생각하면 25~26년 전 얘긴데, 1980년대 1990년대까지는 선거라는 게 다 불법이지만 돈을 많이 썼잖아요. 그런데 돈을 쓰면 유권자한테 전달이 돼야 되는데 중간에 다 새는 거예요. 수도 파이프가 가정으로 안 들어가고 중간에 다 새니까, 이분이 무슨 아이디어를 냈냐면 우편으로 집집마다 돈을 배달한 거예요. 그런 기상천외한 아이디어를 내가지고 집집마다 만 원, 2만 원 넣어서 번지 내에 투입을 하는 거죠. 이걸 우편 행랑에 수만 장을 넣을 그런 발상을 할 수 있다는 게 아마 세계적인 뉴스가 될 만한 건데 이게 투표 이틀 전인가 터졌어요. 안동에서 발생했는데 신문에 한 줄도 안 나는 거예

요. 보도 통제를 하는 거죠. 물론 당연히 9시 뉴스에 안 나갔습니다. 그걸 취재한 안동에 정윤호 기자라고 후배 기자가 있었는데 0시 뉴스에 연락을 해온 거예요. 피디하고 제가 '큰 뉴스 아니냐. 생방송으로 다루자'고 해서 당시엔 마이크로웨이브 시스템으로 지방을 연결했는데요. "돈을 봉투에 넣어서 집집마다 배달하는 어처구니없는 사건이 일어났습니다."라고 밤 12시에 보도하고, "현장 연결해서 알아봅시다." 그러고는 열심히 취재해서 기자가 어디 도망가 있는 권중동 후보를 찾아가서 마이크를 들이대고 인터뷰를 하는데, 후보자는 "난 모르는 일이다." 하는 변명 육성까지 내서 아주 종합적으로 그걸 다뤘어요. 상당히 긴 시간 10분 넘게 다뤘던 것 같아요. 그랬더니 좀 지나니까 안에 방송하는 스튜디오가 있고 밖에 조종실이 있는데 간부들이 다 뛰쳐나온 거예요. 난리가 났어요, 난리가. 저 녀석 끌어내라 이거죠. 나오면서 "아니 이게 왜 기사가 안 됩니까? 기사지 않습니까?"라고 했습니다.(웃음) 그 일로 완전히 미운 오리 새끼가 되었어요. 그 다음 날 신문 보니까 신문에 안 났어요. 어쨌든 그러고 나서 여소야대가 됐어요. DJ, YS, JP 야권 삼당이 합쳐져서 다수가 되고 민정당이 소수가 되는 여소야대가 됐는데 청와대에서 자기들끼리 분석한 요인 중 하나가 매체 장악 실패였습니다. 그 사례 중 하나가 MBC에서 돈 봉투사건이 대대적으로 보도된 것이었고, '이건 누수 현상이다. 이걸 확실히 잡아야 된다'는 얘기가 있었다고 몸조심하라고 제 지인 한 사람을 통해서 연락이 온 일도 있었습니다. 그런 저런 충돌이 계속 생기니까 회사도 부담스러웠고, 1989년 되면서 0시 뉴스를 폐지하죠. 그 프로그램을 폐지해 버리고 아나운서가 진행하는 뉴스로 바뀌었습니다. 저는 기자였고 기자로서 그 프로그램을 진행하는 진행자였는데 0시 뉴스란 프로그램 자체의 성격을 바꾸어 버리면서 폐지했어요.

그리고 절 LA에 나가라고 했습니다. 회사에선 절 보호해준 측면도 있었죠. 말썽 일으키지 말고 놀다가 와라 그래서 특파원으로 가서 3년 있게 되죠. 가서도 밥값은 했어요. 어디 가면 뭔 일이 팍 터지는 거예요. 기자로선 일복이란 건데, LA 지진 나지, 폭동 나지, 걸프전쟁 나니까 파견 가지, 조용하진 않았어요. 제가 일복이 있다는 게 LA에 3년 조금 더 있다가 들어왔는데 들어와 보니까 북한부라는 데로 발령을 냈더라고요. 북한부가 기자들이 별로 선호하지 않는 부서예요. 1992년도인데 노태우 정부 말기 때 대개 한직이라고 합니다만 뭐 공부를 해보고 싶은 생각도 있고 북한부 가서 3년 있었는데, 인생은 새옹지마예요. 나중에 통일부장관을 하면서 보니까 그때의 경험이 굉장히 큰 도움이 됐습니다. 왜냐하면 많은 사람들을 만나게 되잖아요. 남북관계하는 학자들이라든지 전문가들, 이북에서 온 사람들 만나고 취재했으니까요. 또 내가 간 지 얼마 안 돼서 김일성 주석이 사망해서 북한부가 각광을 받는 거예요.(웃음) 일화를 하나 얘기하면 김일성 주석이 사망했는데 아직 실체가 확인이 안 됐잖아요. 외부 세계가 다 김일성이 사망했다고 하지만 거기는 서양 언론이 있는 것도 아니고 그걸 언젠가는 밖에 공개할 것이라는 정보가 들어왔습니다. 평양에서 일본의 TBS인가 후지 TV인가로 송출을 한다는 정보를 듣고 그걸 전기 도전하듯이 중간에 해킹 비슷하게 한 거죠. 물론 일본 측엔 양해를 구하고요. 우리도 좀 쓰자 이렇게 해서 평양에서 밤 10시 반쯤 됐나 김일성 시신을 금수산 궁전이란 데에 안치해 놓고 참배하는 장면을 외부 세계에다 내보내는 거예요. 그게 보니까 처음 보는 장면이죠. 그때 방송의 프로그램이 '오 변호사, 배 변호사'이런 프로그램이 있었어요. 오세훈 시장이 변호사로 방송에 나와서 하는 것인데요, 그것 때문에 아마 유명해진 걸 거예요. 잠깐 그 프로그램을 끊고 평양에서 송출되는 화면을 흘려보낸 거죠. 화면만 있으니까 해설을 해야 되잖아요. 제가 전화로 연결해서 보면서 해설을 했어요. 예를 들어서 맨 앞에 김정일 위원장, 그 뒤에 딸 김경희 등 장의 위원 서열인데 북한 내의 권력 이동은 없는 것 같다, 저 사람이 누구고 무슨 역할을 하고 그걸 해설을 했단 말이에요. 북한부를 한 3년 했으니까 전문가죠. 그건 세계적인 특종이죠. 우리 국민들도 저녁에 무슨 연속극 같은 걸 보다가 김일성 시신을 보게 되니까 충격이지요. 방송을 한 번 더 하라고 해서 재방송 두 번하고 했어요. 회사로 봐선 특종이잖아요. 상을 받아야 할 텐데 그 다음 날 아침에 아주 박살이 납니다. 전 국민에게 추모 분위기를 조성했다구요. 왜냐하면 평양에서 온 화면의 배경음악에 장송곡이 깔려 있었단 말이에요. 나야 차분하게 객관적으로 설명하는 거지만 김일성 추모 분위기를 조성했다는데 알고 보니 정동영이 체제 전복세력이다, 호남 출신의 DJ 지지자다, 별소리를 다 들었어요. 아니 실컷 회사를 위해서 (웃음) 일 했는데 그런 일화가 있었죠.

박광형: 그 이전에 김일성 주석 사망 관련해서 일본발 오보들이 종종 있었던 것으로 기억합니다.

정동영: 그렇죠. 종종 있었죠. 양치기 소년처럼 될 뻔했는데요. 그게 1994년 7월 9일 날 발표가 되었는데 그 전날 사망했죠. 그때로부터 십 며칠 뒤 7월 25일 날 정상회담이 예정되어 있었어요. 김일성-YS 정상회담이 1994년 7월 25, 26일, 그게 이뤄졌어야 됐죠. 한반도가 냉전 질서에서 탈냉전의 세계적 흐름에 합류해 갈 수 있는 그 기회가 날아가 버린 거죠. 그리고 느닷없이 조문파동 이런 게 생기고 국내 여론이 분열되고 굉장히 불행한 일이 돼버렸죠. 참 남북관계를 생각하면 계기, 계기마다 불운한 것도 많이 작용했어요.

박광형: 그 이후에 1996년에 15대 총선 때 국회의원에 당선되시면서 정계에 본격적으로 입문 하셨는데요. 국회의원으로 공천되는 과정에서 어떤 분들이 오셔서 제안하셨는지요?

정동영: 김대중 총재가 정계 은퇴 약속을 번복하고 다시 정계에 복귀하면서 '새정치국민회의'를 창당하죠. 그러면서 역풍 속에서 주력했던 것이 새로운 피의 수혈이었어요. 천정배, 추미애, 신기남, 김민석, 김한길, 정세균 등등 지금 야당에서 활동하는 분들 가운데 그때 충원된 사람들이 많죠. 1996년 총선을 앞두고 당시 여당인 신한국당에서 방송 쪽에 있는 사람들을 많이 데려갔어요. 박성범, 이윤성, 맹형규 이런 방송에서 이름이 알려진 진행자가 이쪽엔 한명도 없는 거지요. 우리도 데려올 사람이 없는지 전부 찾아봐라. 이런 거예요. (웃음) 그래서 제가 영입 제의를 받은 거죠.

박광형: 구체적으로 어떤 분들이 제의를 하셨었나요?

정동영: 박지원 대변인이 절 만나서 정치해보지 않겠느냐 제안을 했었고, 그 뒤에 권노갑 고문도 만났죠.

박광형: 그 제안을 받으셨을 때 생각은 어떠셨는지요?

정동영: 즉석에서 결심할 순 없는 거니까 정치를 할 수 있는지 검토할 시간을 달라 했습니다. 제가 그때 생각했던 건 정권 교체가 한 번도 안 일어났는데 정권 교체가 한번은 일어나야 정상적인 민주국가가 되는 것 아닌가, 특히 아무리 언론 노조를 만들고 방송 노조를 만들고 언론자유운동을 해도 결국 언론이 권력으로부터 자유로워지려면 계속 정권 교체가 일어나야 권력의 족쇄로부터 풀린다는 생각이 첫 번째였어요. 하나는 정권이 바뀌어야 된단 거고 두 번째는 언론의 자유를 위해서도, 언론의 독립을 위해서도 정권 교체를 하는 것이 의미가 있겠다는 생각으로 투신한 거죠.

박광형: 첫 선거운동 해보셨을 때 느낌은 어떠셨어요?

정동영: 저는 아주 편하게 정치 입문한 거죠. 제 고향인 전주에 가서 출마한 거니까, 그 당시는 제왕적 총재 시대죠. 공천권은 제왕적 총재에게 있는 것이고 김대중 총재로부터 공천을 받아서, 당시 야당의 절대적인 지지기반인 호남에 출마했으니까 제 힘으로 당선된 건 아니죠. 다만 새로운 사람이고 방송을 통해서 알려진 얼굴이다 보니까 유권자들이 좋아하고 저한테 90% 지지를 보내주셨으니까 15대, 16대 출마할 때마다 최다 득표를 만들어주었으니까 제가 결초보은을 해도 모자라죠. 그게 또 정치인으로서 힘이 실리는 계기도 됐어요. 초선이지만 최다 득표로 당선시켜준 거에 대한 무거운 책임감을 느끼는 거죠. 기대에 부응해야 되겠다, 그런 사명감도 생겼습니다.

박광형: 정권 교체의 중요성 외에 정치권에 들어오시면서 이 부분들은 정말 중요하게 대응해야 된다거나 내가 전문적으로 해볼 수 있을 것 같다는 분야를 염두에 두셨나요?

정동영: 정치를 바꿔보고 싶었어요. 그게 나중에 열린우리당 창당으로 이어지게 되죠. 지금도 정치에 대한 불신이 심각하고 어느 때나 정치는 다 혐오와 경멸의 대상이라고 할 수 있습니다. 그렇지만, 그런 경구가 있잖아요. 정치를 경멸하는 국민은 경멸당할 만한 정치밖엔 가질 수 없다고요. 불행하게도 우리는 계속 정치를 경멸하는 그런 시대에 살고 있단 말이에요. 정치를 하는 것이 좀 명예로울 수 없을까 하는 열망이라고 할까요, 그런 생각을 가졌죠. 근데 정치에 입문해서는 제가 김대중 총재의 대변인, 새정치국민회의 대변인을 맡아서 세 번 했고 40개월을 했으니까 정치를 하면서 주로 초반에는 대변인 생활을 한 거에요. 가장 오래 한 사람 중에 하나죠. 김대중 대통령이 당선되는 데 일역을 했다면 '정동영이가 말하면 사실인 것 같다. 정당 정파의 대변인인데 저 사람이 이야기하면 사실 같다는

착각을 일으켰다' 그런 반응들이 있었는데 그런 게 도움이 됐었겠죠. 새정치국민회의의 당 이미지를 새롭게 하는 데에요. 그리고는 여당이 되고 2000년에 재선이 됐는데, 그때 가진 생각이 정권이 교체되면 좋은 세상이 올 거라고 다들 기대했는데 국민은 여전히 실망했다는 것이었어요. 특히 IMF의 고통 속에서 민생은 더 어려워졌단 말이죠. 더 피폐해지고 그런 속에서 또 정권에 대한 지지율도 떨어지고 각종 게이트 사건과 부패 스캔들은 터져 나오고 젊은 40대 정치인으로서 분노라 그럴까요, 정치개혁에 대한 열망에서 이제 쇄신정풍운동에 앞장서게 되는 거죠. 제가 2000년 8월에 전당대회 당 지도부 경선에 출마해서 최고위원에 당선됩니다. 정치를 시작해서 4년 반쯤 됐을 때인데요, 아직 초년생이지요. 근데 느닷없이 지도부가 된 거죠. 초년생으로서 당을 쇄신하겠다는 약속을 가지고 당선이 됐고 그 중압감이 있었으니까 쇄신정풍운동, 구체적으로는 2000년 12월 2일 청와대에서 만찬 최고위원회를 하는데 제가 핵심 측근들의 퇴진을 요구하죠. "동교동계가 2선으로 후퇴하는 게 맞습니다." 하고요. 그래서 파동이 생겼죠. 그게 일과성으로 끝난 게 아니라 계속 되거든요. 2000년 12월부터 2001년 내내 그러면서 김대중 총재가 총재직 사퇴하고 탈당하고 이런 국면이 도래해요. 그래서 당이 혼란에 빠지는데 국민경선이라는 걸로 수습의 돌파구를 열죠. 그게 2002년 봄이었고, 정권 재창출의 기반과 에너지가 됐다고 생각합니다. 쇄신정풍운동이 없었으면 노무현 정권의 탄생은 없었다고 생각해요.

장훈각: 쇄신정풍이 없었으면 노무현 정권이 없었다고 판단하시는 이유를 좀 더 설명해주시겠어요?

정동영: 아마 쇄신정풍운동이 없었으면 국민경선이란 게 불가능했을 것이고 국민경선이란 게 없었으면 노무현 현상이 만들어지기 어려웠겠죠.

그리고 또 쇄신정풍운동이 있었기 때문에 국민들 사이에서 여당에 대한 새로운 기대를 갖게 되는 측면도 있었겠죠.

장훈각: 당 총재직에서 물러날 것을 주장하셨을 때 정부 특히 기존의 당 중심부하고 상당히 많은 마찰이 있었을 것 같은데요.

정동영: 소장파 최고위원 한 사람이 주장한다고 확 바뀌겠습니까? 그런 데 당내에 그걸 지지하는 목소리들이 있었기 때문에 힘이 실리는 거고 민심이 그걸 지지하고 있었다고 봐야지요. 물론 상당 부분 당시 김대중 정부에 대해서 적대적인 보수 언론에 의해서 침소봉대되고 부풀려진 측면이 있었지만 그러나 언론과 싸워서 이길 수 없잖아요. 또 민심이란 건 언론을 통해서 형성되는 것인데 그럼 언론과 싸우기만 할 것이 아니라 그 민심에 부응하고 그 어려운 언론 조건 속에서도 국민들에게 다가가야 되는 것이지요. 어쨌든 옷 로비사건 같은 것들이 침소봉대된 거죠. 사실 실체는 없잖아요. 실패한 로비사건이었는데 완전히 정권 차원의 부패인 것처럼 됐잖아요.

장훈각: 일반 시민들의 눈엔 그렇게 보였으니까요.

정동영: 언론에 의한 왜곡 침소봉대죠. 그러나 어쨌든 권력을 가진 쪽에선 민심이 비판하고 질타하면 민심하고 싸울 순 없잖습니까. 늘 겸손하게 낮출 수밖에 없는 것이죠. 그걸 요구한 게 쇄신정풍인 거죠. 민심이 그렇게 요구하니까 청와대도 쇄신해라, 권력의 실세들도 자숙하고 물러나라, 이런 요구들을 하게 되는 거죠.

박광형: 그게 '새벽21'이라는 소장파 모임이 있었다고…

정동영: 네, 그것도 있었고 쇄신정풍운동에서 제일 중요했던 건 바른정치모임이라는 의원들 그룹이었어요. 천정배, 추미애, 신기남, 김민석, 임종석, 송영길, 이종걸 등등 초재선 의원들이 열댓 명 있었어요. 든든한 후원 지지 그룹이었죠.

박광형: 그분들이 모여서 당개혁 같은 방향을 논의하면 어떤 얘기들이 나왔나요? 동교동계 2선 후퇴 이후 당개혁 방향에 대한 동의들이 있었는지요?

정동영: 우선 제일 굵직한 건 역시 나중에 국민경선을 요구한 거죠. 정당 쇄신, 청와대 쇄신을 끊임없이 요구했고 권력 핵심부를 바꿀 것을 요구했어요. 그리고 이제 2001년 11월에 김대중 총재가 총재직을 사퇴하시니까 당이 자꾸 분란이 있고 혼란스러웠어요. 김대중 총재 없는 야당이란 건 생각을 못 해본 시대였으니까요. 그때 저나 몇 사람들이 다가오는 2002년 대선에서 국민경선이란 걸 통해서 당을 쇄신하고 안으로부터 에너지를 뽑아 올리자라는 주장을 해서 10만 경선, 즉 10만 명의 선거인단을 모집해서 경선을 치르는 미국식 프라이머리 시스템을 도입하자는 주장을 했습니다. 그래서 실제 선거인단을 모집하고 추첨해서 7만 명이 대통령 후보를 뽑는 경선이 된 거죠. 2002년 초가 되면서 바로 경선 준비에 착수한 거죠. 그런 것들이 초재선 의원들 그룹의 혁신운동, 정풍운동 같은 에너지가 있었기 때문에 가능했던 거죠. 지난 얘기지만 당시 가장 유력했던 이인제 후보는 반대했어요. 노무현 후보조차도 반대했어요. 왜냐하면 그때는 만여 명으로 된 대의원들을 체육관에 모아 놓고 선거하는 방식이었는데 그렇게 되면 지역 위원장을 누가 더 많이 확보하느냐, 특히 동교동계가 당의 주류니까 동교동계가 누굴 지원하느냐에 따라서 후보가 정해지니까 이인제 후보가 제일 유리했겠죠.

장훈각: 이인제 후보가 국민경선을 반대한 이유는 알 것 같은데요. 노무현 후보는 왜 반대했습니까?

정동영: 노무현 후보는 나름대로 지역을 순회하면서 대의원들과 접촉을 많이 했기 때문에 이걸 뒤집어 역전할 수 있다는 자신감을 가졌던 것 같아요. 쇄신정풍운동에는 일정한 거리를 갖고 있었어요. 물론 후배 의원들로서는 여기에 힘을 실어주지 않는 것에 대해 섭섭하게도 생각했지요. 그렇지만 본인의 여러 가지 판단의 영향을 받았던 것 같아요.

박광형: 정풍운동하고 왜 자신이 거리를 두었는지에 대해서는 노무현 대통령 회고록에도 정확한 설명이 없는 것 같습니다.

정동영: 왜냐하면 쇄신정풍운동을 지원하면 동교동계와 갈등관계에 빠지게 되니까 경선을 준비하는 입장에선 부담스러웠겠죠.

장훈각: 바른정치모임의 구성의원들이 학생운동을 통해서 성장했던 아주 당시로서는 서슬 퍼런 그런 분들이셨을 거란 생각이 드는데 그런 측면하고도 관계가 있을까요?

정동영: 바른정치모임은 오히려 전문 분야 출신들이 주축을 이뤘다고 볼 수 있죠. 천정배 의원이든 추미애 의원이든 법조인 출신들이고 운동권 출신들이 주류를 이루는 건 아니었어요.

장훈각: 김민석 의원 등이 있었는데요.

정동영: 김민석, 임종석, 송영길 등 학생운동가 출신들인데 초선 의원들

이었으니까 재선 의원들이 선배 그룹으로 후배들을 같이 포섭을 해서 충원을 한 거죠.

박광형: 당시 노무현 후보는 엄밀하게 말해서 동교동계에서 사랑을 받는 정치인은 아니었던 것으로 기억을 하는데요. 그럼에도 불구하고 정풍운동과 거리를 뒀던 것은 앞으로 다가올 대선 출마를 염두에 두고 굳이 반대편에 섬으로써 받아야 되는 정치적 부담을 피하고자 했던 것 같다고 평가를 하시나요?

정동영: 저희들은 그렇게 이해를 합니다.

박광형: 그럼에도 불구하고 아까 섭섭해 했었다고 하셨는데요.

정동영: 그때 당시엔 의원이 아니었던가 그랬습니다. 부산에서 2000년에 실패 했죠. 당시에는 원내가 아니었기 때문에 같이 원내에서 활동하는 그런 입장은 아니었습니다.

박광형: 약간 전으로 돌아가면 1998년에 노무현 전 대통령이 종로에서 재보선으로 당선되셨을 때 초선 의원으로서 지원 유세를 하셨다고 들었는데 노무현 대통령을 처음 만난 건 언제였습니까?

정동영: 그때 같은데요. 선거 지원 유세 가서 처음 대면한 것 같아요. 그 전에는 다른 당에 있었으니까요. 노무현 대통령이 꼬마 민주당을 하면서 새정치국민회의를 만들 때 안 왔죠. 처음부터 결합하셨던 것 같진 않아요. 김근태 의원은 처음부터 김대중 총재가 당을 만들 때 결합했던 것 같은데 그 이후에 대선 국면에 들어온 것 같네요. 1997년 대선 때 합류한 것 같아

요. 이부영 의원이나 이런 분들은 한나라당 쪽으로 갔고 대선 과정에서 하신 것 같아요.

박광형: 첫인상은 어떠셨는지?

정동영: 부산 출신 정치인으로서 호남이 주 기반인 야당에, 말하자면 김대중 당에 있다는 걸 고맙게 생각했습니다. 드물잖아요. 김정길 의원하고 노무현 몇 사람 없었기 때문에 귀한 존재였죠. 특히 대선에서 이기기 위해서 영남에서 얼마나 득표를 더 올릴 수 있느냐가 관건이었는데, 목표가 15%를 넘는 거였으니까요. 그런 점에서 노무현 의원이 존재 가치가 굉장히 귀한 거였죠.

박광형: 노무현 대통령의 인간적인 인상에 대해 설명해 주시겠습니까?

정동영: 저하고는 주로 국민경선에서 일면 경쟁하고 일면 협력하는 입장이었죠. 그땐 많이 스킨십을 가졌다고 할까요. 늘 같이 연설하고 경쟁하고 했으니까요. 그런데 국민경선 때는 저는 7명 중에 4등쯤 했다가 꼬리가 하나씩 하나씩 없어지니까 4등이 꼴찌가 되고 앞에도 없어지니까 3등이 꼴찌가 되고 4등 하다 3등 하다 다 없어지니까 2등, 둘이 남아서 했습니다. 저는 왜 끝까지 그 경선을 가게 됐냐면 '이 경선은 내가 만든 거다'라는 자부심이 있었어요. 쇄신정풍운동, 10만 경선을 주장하고 경선이 만들어졌으니까요. 그리고 누굴 돕는 참모보다는 날 한번 던져 본다는 오기도 있었죠. 막상 경선에 들어가서는 이 경선을 완성하여 기록을 남기는 것이 경선이 중간에 무산되는 것 보단 한국 정치 발전에 도움이 될 것이라고 보았습니다. 대통령 후보를 결정하는 방식으로서 최초의 경선이었거든요. 경선을 주창했던 사람으로서 경선을 완성해야겠단 생각이 강했어요. 근데 실

제론 경쟁에서 패배한다는 게 굉장히 괴롭죠. 그때마다 상처인데 16번을 했거든요. 16번을 지고 온다는 게 죽을 지경이었죠.(웃음) 결과적으로는 어쨌든 노무현 후보에게 경선으로 대통령 후보가 되었다는 절차의 정당성을 부여한 셈이죠.

박광형: 아까도 얘기가 나왔습니다만, 처음에 이인제 후보가 유리할 것이라고 생각했는데 노무현 후보가 광주 이후에 돌풍을 일으켜 후보까지 됐는데요. 그 당시 함께 경선에 참가하셨던 입장으로서 그 중간에 그것이 그렇게 바뀌는 과정에 대해서는 어떻게 보셨나요?

정동영: 핵심은 아마 노 후보가 살아온 일관된 궤적 그리고 호남 기반 정당의 영남 후보라는 것 두 가지가 혁신을 일으킨 것이죠. 제주에서는 1등 한화갑, 2등 이인제, 3등 노무현, 4등이 정동영이었어요. 울산을 거쳐서 2002년 3월 인데 광주에서 폭발한 거죠. 광주시민들이 전략적 판단을 하는 거죠. '누굴 후보를 만들어야 김대중 정부 이후에 정권 재창출을 기약할 수 있는가. 노무현이다' 이렇게 본 거죠. 광주 시민의 선택이죠.

박광형: 당초 예상과는 굉장히 다른 결과가 나온 것 자체가 국민경선이 그때 돌풍을 일으킨 중요한 이유 중 하나였던 것 같은데요. 실제로 현장에서 느끼시는 분위기들은 예상과는 다른 결과가 나올 것이라고 느낄 수 있는 그런 상황이었습니까?

정동영: 제주에서 막 시작할 때만 해도 그런 기미를 찾긴 어려웠죠. 경선이 매주 토요일, 일요일 그랬던 것 같아요. 제주, 울산 첫 라운드에서는 그런 기미를 찾기 어려웠습니다. 아마 울산에서 노 후보가 2등쯤 했나 그랬을 거예요. 결정적인 세 번째 라운드가 광주인데 광주에서 폭발한 거죠.

광주에는 한화갑이라는 호남을 대표하는 실세 정치인이 있었단 말이죠. 제주에서 1등 했지만 그것이 큰 폭발력을 보여주진 않았어요. 조직의 힘으로 1등이 됐는가보다 그랬죠. 역시 정권 재창출에 대한 열망이 노무현 후보를 통해서 흐른 거죠. 그 판단을 광주 유권자들이 한 거고 노무현 후보를 돕는 사람들이 치밀하게 잘한 것도 있겠죠.

장훈각: 경선 과정에 장관님은 지지층이라든지 경선을 도와주는 선거조직이라든지 이런 것들을 확보하고 계신 상태였나요?

정동영: 저는 그냥 단기필마였습니다. 쇄신정풍운동이란 명분, 정치를 바꾸자는 기치였지 준비되지 않았죠. 준비 정도로 보면 사실은 경선에 출마하면 안 되는 거였는데요. 처음부터 물론 다 희망을 갖고 시작하는 거지만 경선의 대의가 첫 번째였어요. 국민경선에서 참여해서 이걸 완성해야겠다는 대의가 첫 번째였고 두 번째는 정치 혁신의 태풍이 불면 내가 후보가 될 수도 있다는 걸 기대했습니다. 후보 중엔 가장 젊었으니까요. 2002년이니까 마흔아홉 살이죠. 만으로 따지면 48년 몇 개월 되니까 유일한 사십대 후보였으니까, 사십대 돌풍을 기대해본 것이죠.

장훈각: 노무현 대통령의 스탭들은 당시 잘 구축되어 있는 상태였습니까?

정동영: 노 대통령은 2002년 경선 2년 전에 부산에서 낙선하면서 생긴 노사모라는 에너지가 있었는데 기존 정치판에서는 처음 보는 그런 팬덤이 경선장을 압도했죠. 다른 사람들은 전통적인 방식의 지지자였던 반면에 당원이 아닌 열혈팬들이잖습니까. 과거의 조직이란 건 연줄과 같이 밥 먹고 조직 활동비도 내려 보내고 하는 그런 전통적인 것과 달리 자기 돈으로

밥 먹고 자기가 기름 넣어서 차 몰고 와서 시간 쓰고 봉사하고 하는 정치 문화에서 최초의 반란이었죠. 그 에너지가 이인제나 다른 후보한테는 없었죠. 신무기를 하나 들고 있던 셈이죠.

장훈각: 강풍이었고 전혀 새로운 경험이었죠.

정동영: 새로운 태풍이 분 거죠.

박광형: 후보가 되신 이후에도 노무현 후보의 지지율은 올라갔다, 내려갔다를 많이 반복하셨는데 선거운동 자체가 굉장히 드라마라고 할 수 있을 정도로 엎치락뒤치락 하는 과정이었는데요. 선대위원장으로 바라보시는 선거 과정은 어땠나요?

정동영: 2002년에 후보가 노무현 후보가 됐는데, 후보가 돼서 대통령선거에 이르기까지 우여곡절이 많죠. 경선에서 노 후보가 되고 저는 경선에 낙선자인 상태에서 좀 떨어져 있었어요. 6월 지방선거에서 졌어요. 또 2002년 지방선거에서 여당이 참패합니다. 근데 후보가 그때 어떻게 보면 제대로 된 판단이었는지 모르지만 '영남에서 단체장을 한 석도 못 가져오면 내가 후보를 사퇴하겠다' 이렇게 엉뚱한 약속을 걸어가지고 위기를 자초했어요. 안 됐잖아요. 그래서 점점 추락하기 시작했습니다. 제가 8월 정도까지는 캠프나 이런 것들과 거리가 있었고 역할도 그땐 없었죠.

후보가 추락해서 위기 상태였던 어느 날 누가 찾아 왔어요. 그 사람이 강금원이란 분인데 한두 시간을 혼자 실컷 떠들더라고요. 이 사람 정체가 뭔가, 노무현이란 사람과의 인연에 대해서 얘기하는 거예요. 도와달라고. 어려운데 도와주면 다음번 5년 뒤에는 자기가 날 후보를 만들어주마, 나를 업고 돕겠다고요. 생전 처음 보는 사람이에요. 따지고 보니까 저랑 동향이고 전라북도 사람인데 연배도 비슷한 친구고, 친구의 친구더라고요. 근데 돌아간 뒤에 노무현 후보에게서 전화가 왔어요. 혹시 실례하지 않았느냐고. 신뢰하는 사람이다 그렇게. 엉터리는 아니구나 하고 생각했어요. 저는 좀 괴상한 사람이단 느낌을 받았는데 노 후보가 전화를 했더라고요. 그래서 저와 강금원, 노무현 이렇게 맺어집니다.

9월 초인가 대선 지지율이 3등이던 노무현 후보를 김근태 선배와 함께 만났어요. 셋이 엠베서더 호텔에서 만나기 전에 그 옆 신라호텔에서 김근태 선배를 먼저 만났어요. 김근태 선배도 경선에 참여했다가 중간에 포기하고 떨어져 있었거든요. 제가 제안한 게 "노 후보가 보자는 게 도와달란 건데 도와야 되지 않겠소, 같이 합시다." 했습니다. 근데 김근태 선배는 답을 안 했어요. 이후 셋이 만났는데, 핵심은 '어려운데 역할을 맡아서 선거 좀 도와 달라' 그거였죠. 세상에 안 계시니까 그런데 김근태 선배가 거기서 끝까지 대답을 안 했습니다. 노 후보와 김근태 의원하고는 그 뒤에도 서먹서먹했죠.

엠베서더 호텔에서 만난 이후에 저한테 주문한 게 뭐였냐면 만 원씩 백만 명에게 백억을 걸어 주는 일을 맡아 달라는 거예요. 그래서 '국민참여운동본부'라고 해서 돼지저금통운동을 시작하죠. 국민참여운동본부를 만들고 거기에 공동 본부장으로 추미애 하고 저하고 둘이 앞장서고 바른정치모임에 있던 초재선 의원들도 참여해서 백억은 안될지 모르지만 돼지저금통 캠페인을 시작한 거죠. 기억이 나는 게 자갈치시장에 네 시 반에 가서 두 시간, 세 시간, 일곱, 여덟 시까지 600개쯤 되는 자갈치 아지매 가게를 돌았습니다. "부산 사람 노무현이 좀 도와주소, 정동영입니다."라고요. 양복에 생선 비린내 칠갑이 될 만큼 열정적으로 도왔죠. 그리고 자갈치시장 앞에서 국제시장 앞까지 지하철을 타고 까만 쓰레기 비닐봉지에 돼지저금통을 몇백 개씩 지고 옵니다. 이건 완전 앵벌이 수준이지요. 지하철 전동차에서 "안녕하십니까?" 하고는 (웃음) 거기서 파는 거예요. "부산 사람 노무현이 좀 도와주십쇼." 하면서 저금통 하나씩 나눠주는 거예요. 몇 사람은 바닥에 내동댕이치는 사람도 있었고 그걸 옆의 칸에 가서 하고 해운대까지 가고 그때 노사모분들이 다음엔 정동영이 도와주어야 된다고 자기들이 느낀 거예요. 진짜로 선거운동하면서 지하철을 타면서까지 앵벌이 노릇으로 돼지저금통운동을 했으니까요. 그래서 사실 노사모의 일부가 나중에 저의 핵심 지지세력이 되어줬죠. 어쨌든 저는 2002년 대선 과정에서 돼지저금통 전국적으로 팔러 다니는 역할을 했죠. 그래서 저는 '돼지 아빠', 추미애는 '돼지 엄마'. 저금통 수거 이벤트도 하면서 노 후보한테는 큰 힘이 됐죠.

선거 한 달 전 12월 초인가 정몽준, 노무현이 단일화하는 그날 대전에서 유세를 했어요. 대전 은행동 사거리인가, 대전 시내 마지막 유세하고 버스를 타고 올라오는데 밤 12시에는 발표가 되는 거예요. 얼마나 착잡하겠어요. 같이 버스를 타고 오는데 '솔아 솔아 푸른 솔아' 노래를 계속 부르더라고요. 역지사지해 보니까 어떤 심경일까 후보가 되면 좋은데 만약 정몽준이 후보가 돼버리면 역사상 정통 야당이 대선 후보를 못 내고 해체되는 경우가 되잖아요. 속이 타겠다 싶더라고요. 어쨌든 하늘이 도와서 후보가 됐어요.

선거운동 마지막 날이 12월 18일이죠. 19일 투표 날 이틀 전에 부산 서면 로터리에서 유세가 있었어요. 많이 왔죠. 몇 천 명, 밤중에 5천 명, 만 명 부산에서 세몰이하고 거기서 노 후보가 부산갈매기 노래도 부르고 유세 마치고 그 다음 날 새벽 비행기로 올라오는데 비행기 옆자리에 같이 탔어요. 노 후보가 "선거하면서 두 가지가 좀 여한이 남는다." 그러는 거예요. 새천년민주당 후보 노무현인데 중간에 당명을 바꾸자고 고집을 해서라도 바꾸는 것을 밀어붙이지 못한 게 후회가 된다. 그리고 또 하나는 정몽준을 너무 가깝게 끌어들였다. 그 두 가지를 얘길 했어요. 이 이야기를 하는 이유는 여기에 사고의 단초가 있었던 것이라고 생각되기 때문입니다. 마음속에 '정몽준이가 너무 가까이 왔다 만일 당선이 되면 큰 부담이다' 하는 그런 심적 부담이 있었던 것 같아요. 그리고 김포공항에 내려서 제가 먼저 양천사거리 그 다음 영등포, 제가 한 시간 앞에 가서 먼저 선행 유세하고 후보가 오면 또 가고 마지막 날 하루 종일 릴레이로 쭉 갔어요. 그래서 마지막 유세가 종각이었습니다. 직전에 명동에 서 있던 유세 때부터 좀 충돌이 있었어요. 단상에 노무현, 정몽준, 저도 올라가고 김민석도 올라가고 여러 사람들 올라가면서 소란이 있었는데 거기선 사고가 안 터졌어요. 근데 마지막 종각에서 천여 명 마지막 유세하는데 연단에 내가 올라가려고 하는데 못 올라오게 누가 막았어요. (웃음)

박광형: 그럴 수가 있나요?

정동영: 후보만 둘이 있으라는 거지요. 그래서 노 후보가 정몽준과 둘이 있는데 정몽준 쪽에서 나를 못 올라오게 막았겠지요. 그러자 노 후보가 화를 내면서 올라오게 하라 해서 올라가서 찬조 연설 유세를 짧게 했죠. 그리고 나는 내려와서 떠났단 말이에요. 근데 그 직후에 노 후보가 이야기할 때 정몽준 지지자들이 '정몽준! 차기는 정몽준!'이라는 플랜카드를 들고 있었거든요. 정몽준을 세워 놓은 상태에서 조금 흥분된 상태에서 김칫국물 마시지 말아라, 정동영도 있고 추미애도 있다고 했습니다. 정몽준은 모욕을 당했다고 생각한 거예요. 내가 그 후보 철회했단 소리를 듣고 아차 했습니다. 명동에서도 한번 실랑이가 있었고 여기 와서도 올라가는데 경호원들이 못 올라가게 하고 그러면서 그게 흥분사태를 만든 거거든. 그날 밤에 난리가 난 거잖아요. 그 말이 직접 도화선이거든. 물론 내건 명분은 '북한과 미국 간의 갈등이 생기면 우리가 중재하겠다는 것은 한미동맹을 중시하는 자기 입장에선 용납할 수 없는 발언이다. 북한과 미국 사이에서 가운데 입장을 중재한다는 대미관에 동의할 수 없다,' 그걸 명분으로지지 철

회한다고 했지만 그건 아니고 사실은 그 장면이거든요. 그날 밤을 성당에서 기도하고 꼬박 샜어요. 역사적인 단일화가 틀어지는 단초를 제가 제공했잖아요. 찬조 연설 안 했음 되는 건데요. 마지막은 종로 다음에 동대문이었는데 종각에서 하고 정몽준이 가버린 거지요. 가서 지지를 철회해 버린 거예요. 아무튼 그날 밤 12시에 당의 고문들 이런 분들이 정몽준 집에 가라 막 등 떠밀고 노 후보는 '내가 대통령 안 하면 안 했지 안 간다' 이렇게 실랑이 하고 그러다가 어쨌든 노 후보가 고집을 꺾고 갔잖아요. 문도 안 열어주고 문전박대했잖아요. 그것이 사람들의 동정심을 자극하기도 했고 하늘이 도왔죠.

저는 그 철회로부터 자유로울 수 없는 데에 있었죠. 사람들이 알면 나한테 얼마나 또 원성이 쏟아지겠는가 싶으니까 그 죄책감이 있었죠. 내가 그 자리를 피했어야 되는데 괜히 찬조 연설한다고 올라가면서 흥분시켜가지고 이렇게 됐나, 이걸로 해서 역사가 뒤바뀌면 이걸 어떻게 감당하나 정말 고민스러웠죠.

장훈각: 제가 처음 듣는 말씀 중에 강금원 씨가 먼저 오셨단 얘기였습니다. 저희들이 지금까지 알고 있는 건 경선에 끝까지 참여해주신 선거 과정에서 열심히 이런 데에 대해서 굉장히 높이 평가하셨고 그 이후에 차기 대통령 후보로 나서는 데 상당히 많은 도움을 주기로 결심하셨다고 알고 있었습니다. 강금원 씨를 선생님께 보내서 의사 타진을 해서 도와달란 얘기가 있었다는 것은 몰랐는데요.

정동영: 그건 아마 강금원 씨가 먼저 그렇게 했을 거예요. 정동영 좀 데려오겠다고 했겠죠. 대통령이 보냈다기보다는 본인이 동향이기도 하고, 난 처음 본 사람이지만, 또 본인 신분을 인정받아야 되니까 노 후보에게 전화 한통 해 달라 그래서 전화한 거겠죠. 그리고 그 이후에 계속해서 강

금원 씨는 그 약속을 지키기 위해서 노 대통령한테 저에 대한 부정적인 얘기 같은 게 입력되면 저를 위해서 변호인 역할을 꾸준히 해줬죠.

장훈각: 그 만남이 선생님께서 노 대통령의 선거운동에 적극 도움을 주는데 역할을 했다고 생각하십니까?

정동영: 당연히 도와야 되는 거죠. 제가 정치적 판단을 하고 행동을 하는 원칙에서 보면 당이 뽑은 후보인데 도와야 되지만 요청을 받은 것이니까 그 뒤에 노 후보가 같이 보자고 해서 구체적으로 나한테 제안을 해서 국민참여운동본부란 걸 만들어낸 거죠.

장훈각: 차기에 대한 기대감 같은 건 갖고 계셨는지요?

정동영: 그때는 지지율이 십 몇 퍼센트 떨어져 있었으니까 앞이 안 보일 때였죠. 안 보일 때고 우선 당면한 건 어떻게 돌파해 내느냐 이거였습니다.

장훈각: 당선되신 이후에는요?

정동영: 당선되고 나서 다음다음 날인가 제가 이이화 선생이 쓴 『문화군주 정조의 나라 만들기』라는 집에 있던 책에다 '정조 같은 개혁군주 역할을 하시오'하고, 사인해서 드린 기억이 나요. 어쨌든 굉장히 고맙게 생각하신 것 같아요. 당선되고 맨 먼저 왔던 데가 국민참여운동본부였어요.

박광형: 후단협운동이 전개되는 과정을 당내에서 보신 입장에서 평가를 해 주실 수 있으신지요?

정동영: 후보단일화를 하자는 주장은 그 자체로 나쁜 건 아니죠. 가치중립적인 좋은 얘긴데 그건 그분들은 후보를 노무현 후보를 염두에 둔 게 아니라 정몽준 후보가 되어야 한다는 생각을 갖고 한 거죠. 당시 민주당의 당원 입장에서 보면 그것은 당원으로서 길은 아닌 거죠. 저도 후보단일화는 필요하다고 봤어요. 그래서 노무현 후보가 위기에 처하고 정몽준이 떠오르고 할 때 어떻게 이 후보단일화를 성사시킬 것이냐 하는 논의 자리 같은 데 같이 가서 듣고 그런 적은 있지만 선택해야 되는 입장에서는 당연히 당원으로서 같이 경선을 한 후보를 돕지 않으면 경선 불복이 되는 거잖아요. 같이 경쟁했는데 손 들어줬으면 그 후보를 위해서 노력하는 건 당연한 의무죠. 저는 선택의 여지가 있었던 건 아닌데요. 중진 의원들 중심으로 해서 노 후보의 가능성이 낮다고 보고 처신을 한 거죠. 그게 노 후보한테 굉장히 자존심의 상처도 주고 스트레스가 많았겠죠. 그렇게 어려울 때 노무현으로 가야 된다고 했으니까 그건 좀 큰 힘이 됐겠죠. 잘나갈 때 가서 그런 게 아니라 가장 어려울 때, 가장 바닥에 있을 때 결합해서 국민참여운동본부를 만들어서 해보겠다 했으니까 고맙게 생각했던 것 같아요.

박광형: 후단협의 배후에 동교동계가 있다고 얘기할 수 있습니까?

정동영: 김대중 대통령 임기 말에 대통령의 의도라기보다는 결국 구명도생, 각자도생 이런 차원에서 일어난 것이겠죠. 다 머리가 굵은 중진 정치인들이었으니까 소장파들은 별로 없었죠. 연세가 좀 들고 다선 의원들이 주로 움직였죠.

박광형: 크게 보아 조직적 결정은 아니었다고 할 수 있다는 말씀이신가요?

정동영: 더 자세히는 모르겠어요. 후단협에 그쪽 분들이 많이 참여했죠.

박광형: 2003년 초에 다보스 포럼에 당선자 특사 자격으로 참석하셔서 새로 들어오는 정부의 동아시아에 대한 구상이랄까 이런 것들을 밝히는 역할을 하셨다고 들었습니다. 그 강연 내용들이 동아시아의 철도 연결이라든가 당시 이광재 실장 등이 얘기했던 자원 외교 이런 것과 일맥상통한 것들이 있는 것 같은데요. 실제로 참석하기 전에 어떤 이야기를 할 것이다, 이런 것들을 인수위하고 조율을 하셨던 적이 있으셨습니까?

정동영: 12월 달에 당선되고 1월 달에 당선자 특사를 미국, 중국, 일본, 러시아에 파견했죠. 저한테는 다보스 포럼에 특사로 가면 어떠냐는 제안이 왔어요. 당선자가 직접 가는 게 좋겠다고 건의를 했어요. 다보스 포럼이 신자유주의를 중심 가치로 전파하는 걸로 출발했지만 어쨌든 세계의 정치 경제 아젠다를 만들어내는 그런 기능도 있고 2003년 초에 브라질의 룰라와 동아시아의 노무현 당선자 두 사람을 무대에 올리기로 해서 쭉 교섭을 해왔거든요. 그런데 노 당선자가 그때 당선되자마자 북핵문제가 굉장히 악화되고 있었습니다. 1차 핵위기 이후 10년 만에 2003년 12월 대선 막바지에 다시 영변 원자로 봉인한 걸 풀고 또 NPT 탈퇴를 얘길 하고 그래서 당선되자마자 북핵 폭풍에 말려있었기 때문에 당선자로서 자리를 비우기가 굉장히 부담스러웠던 것 같아요. 반면에 전 세계에 대고 세일즈 할 수 있는 좋은 기회이긴 했죠. 어쨌든 저한테 좋은 기회를 준 셈이었어요. 이광재 실장과는 전혀 상관이 없어요. 그땐 당선자가 막 되고 났으니까 자원 외교 이런 개념은 없을 때였고요. 왜냐하면 12월에 선거였고 막 인수위 꾸리려고 하는 판이었죠. 그럴 때였는데 연설에서 당선자 메시지가 전해져야 하기 때문에 인수위 쪽과 실무적 조언을 한 거죠. 북핵문제에 대한 연설이었어요. 왜냐하면 세계의 관심이 북핵위기 때문에, 한반도에서 전쟁

이 일어나는가 하는 점에 집중되어 있었기 때문에 거기서 제시한 게 북핵 해결과 북한판 마셜 플랜을 제안한 거죠. 국제사회에다 대고 '핵을 내려놔라, 대규모 인프라 건설 지원 등을 남한 정부가 주도해서 하겠다'고 얘길 한 거죠.

그때가 1월 말인데 그 전후해서 대북특사가 실패했어요. 핵 위기가 생기니까 마지막으로 김대중 대통령이 대북특사를 보냅니다. 거기에 당선자 쪽 특사를 같이 보내죠. 그게 이종석 박사였습니다. 그런데 김정일 위원장이 안 만나죠. 그래서 첫 단추가 잘 안 꿰어진 거죠. 부시 정부의 강경파가 득세하고 있었거든요. 럼스펠드를 비롯해서 체니 부통령, 월포위츠 국방부장관 등등 포진해 있었는데 그 친구들이 2001년 9·11 이후 2003년에 이라크를 침공했잖아요. 그리고 또 북한 핵문제를 압박하고 있었기 때문에 굉장히 엄중한 상황이었어요. 그때 기억나는 것 중 하나가 지금 부통령 하는 바이든, 그땐 상원 외교위원장이었는데 그분을 만났어요. 만나서 한 시간 반, 두 시간쯤 얘기했는데 본인이 한 시간 50분을 얘기하더라고요. 만나본 사람 중에 가장 다변이 바이든 상원의원이었어요. 미국 가서도 본 적 있는데, 이분은 민주당이고 대화파예요. 그래도 미국은 초당 외교를 하니까 미국 내의 핵심 얘길 듣는 거잖아요. 그 사람의 결론이 뭐였냐면 부시, 체니, 럼스펠드 이 친구들이 비정상적인 강경파여서 비관적으로 본다고 굉장히 심각하게 얘기해서 저도 굉장히 마음이 무거웠어요. 영변을 폭격할 가능성도 있다고 얘길 하고 주한미군을 동원해서 북을 때릴 가능성에 대해서 굉장히 우려한다는 것이 핵심적인 얘기였습니다. 부시에 대해서 얘기하고 럼스펠드에 대해서 얘기하고 체니에 대해서 얘기하고요. 그래서 내가 다보스에서 돌아와서 빨리 보고해야겠다 싶어서 연락을 했더니 부산 지방의 어디에 당선자가 있었어요. 그래서 내가 그럼 저녁에라도 보고를 하자 해서 김포공항에 갔어요. 부산에서 돌아와서 밤 9시경인가 김포공항에서 차를 타고 명륜동 자택까지 가면서 차중에서 다보스 다녀온 얘기를 했어요. 그중 핵심이 바이든 얘기죠. "심상치 않습니다. 네오콘 매파들에 대해서 비관적으로 봅니다." 그땐 노 대통령도 머리를 싸매고 있을 때고 1월 말인데 아마 대북특사가 실패하고 온 그 언저리쯤 될 거예요. 2월 25일이 취임이니까요. 그런데 노 당선자의 반응에 나도 깜짝 놀랐는데 노 대통령이 "용납할 수 없습니다."라고 하더라고요.

장훈각: 폭격하는 것에 대해서요?

정동영: 네. 아무리 미국이라도 용납할 수 없죠. 만일 그렇다고 하면 우리가 총을 거꾸로 잡아서라도 전쟁은 막아야죠. 근데 표현이 너무 거칠어서 정말 단호하다는 느낌을 받았어요. 이런 의지라면 굉장히 결연하고 단호하게 용납할 수 없다는 표현이니까 한미동맹을 깨서라도 전쟁에 협조할 수 없다는 의지죠. 그때 솔직히 경외심을 느꼈습니다. 확고한 자기 신념을 갖고 있는 평화주의자란 거죠.

장훈각: 일반적으로 상상하기엔 그런 말씀을 들었을 때 일단 고뇌부터 할 것 같아요. 어떻게 할 수 없는 상황이었는데 그렇게 단호하게 말씀하셨다는 게 저도 의외입니다.

정동영: 북핵문제라는 먹구름에 대해선 대선 때부터, 1월 초부터 계속 고민해 오던 주제였는데 이미 확신이 심중에 있었던 거예요. 그걸 내가 느꼈어요. 한미동맹 때문에 전쟁에 끌려 들어가는 일은 없다는 단호한 표현이 너무 거칠어서 최고 통수권자가 그런 의지를 가졌다는 것에 순간 경외심과 함께 정말 돌출적인 지도자란 느낌이 들었어요. (웃음)
근데 그때 내가 느낀 게 있어서 2년 뒤에 김정일 위원장을 설득하는 데 내가 무기로 썼어요. 특사로 갔을 때 핵포기를 설득하면서 그렇게 표현은

안 했지만 노무현이 어떤 사람이라는 걸 전했지요. 김정일 위원장의 최고 공포의 대상은 미국의 공격이었거든요. 미국은 절대 공격 못 한다고 내가 얘기하는 핵심 논리로 에둘러서 말했죠. 미국이 북을 공격하려면 남한 내에 있는 미군을 쓰지 않고는 공격할 수 없다. 우리 대통령이라고는 말 안 했지만 "남한 국민이 원하지 않는다. 노무현 정부와 남한 국민은 미군 시설을 인간 띠로 에워싸서라도 전쟁에 반대할 거다. 남쪽의 협조 없이는 전쟁은 안 되는 거다. 우리를 믿어라. 우리하고 손잡아라. 미국이 자기를 칠지 모른다고 전전긍긍하면서 왜 남쪽과 터놓고 하지 못 하는가?" 하구요. 핵포기를 설득하고 북미관계를 도와주겠다고 말 하면서 노 대통령이 평화주의자이고, 그의 전쟁 반대는 확고하다고 했어요. 나는 그게 조금은 도움이 됐다고 생각합니다.

박광형: 첫 번째 내각에서 파격적인 인사가 많았었는데요.

정동영: 그러네요. 저는 초기 내각 땐 잘 몰랐고 아마 당에서는 현역의원은 들어간 사람이 없었던 것 같아요. 나름대로 전략적 포석으로 총리는 보수적이고 안정감이 있는 고건 총리를 선택하고 자신의 철학을 구현할 장관은 부서의 수장이면서 대통령의 참모죠. 나름대로 깊이 고심하고 전략적 판단을 했다고 봅니다. 아쉬운 건 역시 헌법에 내각제적 요소가 있는데 잘 살리지 못해 왔다는 겁니다. 장관은 전문성도 있어야 하지만 기본적으로 정치인이에요. 주로 관료 출신 장관이 어느 정부나 압도적으로 많거든요. 나중에 제가 장관을 하고 나서 내린 결론은 관료 장관보다는 정치인 장관이 낫다는 것이에요. 내각의 1/3, 즉 상당수가 당에서 가면 이게 책임정치하고도 연결되거든요. 당이 후보를 만들어서 당선자를 만드는 거죠. 정권을 만드는 거잖아요. 근데 단임제이기 때문에 책임을 대통령한테 물을 길이 없어요. 다음 선거에는 안 나오니까요. 대통령이 아니면 당이 책

임을 져야 하는데 그래서 대통령과 당이 같이 정부를 운영해야 책임정치에 맞죠.

또 하나는 장관을 해 본 경험으로 보면 관료는 초년부터 승진과 보직, 두 가지가 관심이에요. 그거보다 더 중요한 가치는 없어요. 그러다 보니까 자연스럽게 관료 출신 장관은 각 부처의 대표가 되어 부처이기주의에 휩싸여 국정을 개혁하기 정말 힘듭니다. 그냥 유지 관리하는 데는 괜찮습니다. 그러나 뭔가 사회를 개혁하고 정치를 개혁하고 내정을 개혁한다고 했을 땐 관료팀을 가지고 개혁정부를 이끌긴 어렵습니다. 근데 상대적으로 정치인은 늘 우선순위가 표란 말이에요. 유권자가 국민이란 말이에요. 어떤 정책이 국민한테 도움이 된다, 안 된다가 주 기준으로 들어가 있어요. 그리고 꼭 부처이기주의의 대표여야 할 필요는 없는 거죠. 관료 출신 장관은 이 정권의 성격에, 대통령 철학에 봉사하기보다는 부처가 관행적으로 해온 논리와 이기주의의 포로가 되기가 십상이거든요. 그런 점에서는 내각을 어떻게 구성할 것인가에 대해서 당과 토론 같은 것도 있었으면 좋았겠다고 생각했어요.

박광형: 첫 내각이 생길 땐 당과 긴밀한 협의가 있었다기보다는 청와대 참모 중심으로 내각이 구성되었다고 보시나요?

정동영: 초기 내각에 대해선 제가 잘 모르니까 그냥 넘어갔으면 좋겠는데, 뒤에 들은 얘기로는 당에서 총리를 냈으면 좋겠단 검토를 당선자가 했다고 그래요. 예를 들면 한화갑 대표 같은 경우가 총리 후보가 될 수 있었을 텐데 그분이 노 후보와 원만하지 않았어요. 아쉬운 대목이 만일 한화갑 이분이 총리가 됐더라면 아마 그 이후에 행로가 많이 달랐을 것 같아요. 열린우리당 분당사태 같은 걸로 치닫지도 않았을 것 같고 그 점에서 당에서 총리가 나왔음 하는 아쉬움이 있죠.

박광형: 취임 초기에 대북송금특검과 1차 이라크 파병 관련된 문제는 외교와 남북관계 사안이기도 하지만 국내정치와 밀접하게 연관되어서 있었습니다. 대북송금 때문에 보수층이 이반했다면 파병문제로 인해 진보적 지지층이 이반한 큰 사건들이었는데요. 당시 참여정부의 외교정책의 기조라고 할 수 있는 동북아균형자론과 관련해서 당시 대응을 어떻게 평가하셨는지요?

정동영: 질문이 복합적인데요. 대북송금특검 이건 잘못했다고 봅니다. 이라크 파병은 어쩔 수 없는 부분이 있었죠. 균형외교 이건 지금 십여 년 지난 후에서 보면 선견지명, 선구자적 통찰력이 있었다고 봐요. 대북송금특검은 사실 백해무익한 거죠. 물론 야당의 정치 공세로 시작된 건데, 햇볕정책을 계승한 참여정부가 특검을 통해서 정상회담의 과정을 다시 파헤친 것이 실질적으로 참여정부의 초반 2003년과 2004년의 대북관계 동결, 정체의 결정적 요인이란 말이죠. 그런 점에서 남북 화해 협력정책이 5년 왔는데 노무현 대통령이 평화번영 정책이란 대북정책을 입안해서 펴는데 있어서 스스로 장애물을 설치해버린 거니까요. 그리고 환경이 안 좋았잖아요. 북핵문제가 불거져 있는 상황이었고요. 그러니까 김대중 정부와 노무현 정부가 십 년 동안 남북관계에 있어서 같은 선상의 철학을 공유하고 있었는데, 그게 2002년 대선 국면에서 더 느려지고 2003년 초에 대북송금으로 해서 장애물이 설치되고 북핵문제가 덮치고 이러면서 2002년에서 2004년까지의 동력을 잃어버린 거죠. 굉장히 귀중한 시간을 잃어버린 것에 가깝죠. 그래서 거부권을 행사했어야 한다고 봅니다.

국회에서 과반수가 한나라당이니까 대북송금특검을 밀어붙였단 말이죠. 그러나 거부권을 행사하면 2/3로 재의결해야 되기 때문에 그건 불가능하죠. 거부권 행사의 갈림길에서 노 대통령이 법률가적 판단을 내린 것이 아니었는가, 추정합니다. 한나라당이 제기한 의혹들이 법률적으로 위법의 소지가 있고 그랬었다면 법률가적 판단이 아니라 정치가로서의 판단을 내렸어야 한다고 봅니다. 그걸 보좌한 참모가 누군가 있었다면 그건 잘못된 보좌였다고 생각합니다. 대북송금 문제는 남북관계의 귀중한 시간을 잃어버린 요인이었다는 점이 안타깝고요.

이라크 파병은 아주 슬기롭게 NSC체제가 빛을 발한 사례였습니다. 노무현 정부의 정체성으로 보면 미국의 요구를 거절해도 되죠. 그러나 상대 정부가 강성 네오콘 정부인데 그 핵심은 국익이잖아요. 그냥 정치인 노무현, 일반 운동가 입장에서는 거절할 수 있는 거지만, 통수권자로서, 국가원수로서는 막스 베버가 얘기하는 이른바 신념윤리와 책임윤리 사이의 갈등 속에서 국익을 어떻게 지켜내느냐 하는 것이 중요하죠. 특정 지역을 한국군이 맡는다는 명분을 가지고 물론 특전사를 보냈지만 비전투 요원으로 보내서 한 명의 희생자도 안 났잖아요. 내용으로는 신념을 잘 지켜낸 겁니다. 이라크 파병을 했다는 것 때문에 진보적 지지자들이 떨어져 나가고 그럴 수 있지만 NSC라는 시스템이 잘 작동했다고 봐요. 외교, 안보, 통일, 분야의 정책조정을 하고 총괄하는 기능이 잘 발휘된 겁니다. 왜냐하면 과거에는 외교안보비서관실에 외교비서관, 국방비서관, 통일비서관이 있었지만 연락반이거든요. 사실 통로 혹은 정거장 역할이죠. 부처에서 보고하면 대통령한테 보고하고 지시하면 내려주고 이런 건데 사실 외교부나 국방부는 파병하자는 입장이 있었죠. 근데 대통령의 철학은 좀 다시 검토해 보라는 건데요. 그런데 NSC라는 대통령을 보좌하는 통합 조정 시스템이 만들어지니까 그걸 정보 수집해서 판단하고 전략을 세우고 파병을 하되 비전투 요원을 파병을 통해서 위험을 줄이고 하는 것들을 효과적으로 잘 했다고 봐요. 저도 당시에는 언론으로부터 입장이 뭐냐는 질문을 많이 받았어요. (웃음) 그 베버의 얘길 인용한 기억이 나요. 나도 신념으로는 파병하면 안 된다. 어떻게 주권국가를 막 쳐들어가느냐는 거지요. 이건 국제법상 근거가 없는 것이지만 한미동맹체제 속에서 국익이란 관점에서 검토한다면 고민할 수밖에 없고 노 대통령 판단을 지지한다고 했어요. 하여튼 이라크 파병문제는 그래도 주어진 여건 속에서 슬기롭게 잘 대처했다고 봅니다. 균형외교를 제일 비난하고 그런 게 한나라당이었는데 박근혜 후보 공약이 균형외교에요. 이제는 우리 국민도 당연히 미국하고도 동맹으로 지내고 중국하고도 친하게 지내고 그걸 상식으로 받아들이잖아요. 근데 10년 전만 해도 한미동맹을 이탈해서 중국하고 친하게 지낸단 말이냐고 큰일 나는 것처럼 말했죠.

그 점에서 저는 노무현 대통령이 정치인으로서 외교, 안보, 통일 관련해서 전문성을 닦을 기회는 없었지만, 이분의 기본적인 정치철학과 원칙에 입각해서 외교와 안보문제도 빠르게 학습하고 본인의 관점으로 잘 소화한 결과물이 균형외교라고 봅니다. 실제 우리가 가야 할 길이 균형외교죠. 꼭 미국과 중국 사이에서 균형이 아니라 중국과 일본 사이에서, 미국과 북한 사이에서, 또 북한과 중국 사이에서 우리의 역할이 있는 거죠. 성공작이 9·19 공동성명입니다. 9·19 공동성명은 한국 정부의 균형자로서의 역할이 없었으면 만들어지지 않았어요. 4대 강국을 조정한 거 아닙니까. 미국과 중국 사이에서, 그리고 남북 사이에서, 북한과 미국 사이에서 부지런히 뛰어다녔습니다. 마지막 장면에 이런 게 있었어요. 당시 9·19 직전에 노 대통령이 뉴욕을 방문 중이었어요. 유엔에서 부시 대통령과 정상외교를 진행했어요. 그리고 반기문 외교부장관이 라이스 미 국무장관을 만나서 미국을 설득하고, 그 당시 제가 평양에 가 있었어요. 장관급 회담하면서 북쪽의 실력자들한테 타결해야 된다는 것을 설득하고 그렇게 대통령을 정점으로 해서 참여정부팀이 전부 붙어서 9·19 타결에 역할을 했습니다. 제 입장에서 보면 북으로 가는 디딤돌이 그 석 달 전 2005년 6월 17일 제가 특사로 가서 김정일 위원장과의 회담 혹은 담판을 한 것이었던 거죠. 노 대통령이 가진 균형외교의 철학을 가지고 북한을 설득했고, 미국을 설득했고, 중국도 협력했습니다. 9·19 성명의 요점은 세 가지입니다. 북이 핵을 포기하겠다, 미국이 수교해주마, 세 번째는 평화체제로 가자. 그건 아마 통일로 가는 과정에서 끊임없이 우리가 이정표로 삼게 될 한반도 평화의 작은 마그나카르타 같은 그런 의미가 있다고 봅니다. 냉전에서 탈냉전으로 가는데 있어서 북핵포기, 미국과 수교, 그 다음 평화협정 전환 다 들어가 있는 거잖아요. 거기에 역할을 할 수 있었다는 게 제가 정치를 하는 과정에서 가장 보람 있게 생각하는 부분입니다. 그 과정에서 노무현 대통령이 전폭적으로 뒷받침해 주었죠.

박광형: 대북송금으로 다시 돌아가면요. 초기에 거대 야당인 한나라당을 거스르면 정국이 경색될 것을 우려했단 점, 검찰을 믿지 못 하기 때문에 오히려 특검이 낫지 않겠느냐 하는 정치적 판단이 있었다고 문재인 비서실장 회고록이나 노무현 대통령 회고록에서 공통적으로 강조하고 있는 것 같은데요. 당시 당에서 보시기에 그 판단에 대해 다르게 보셨는지요.

정동영: 저는 그 판단에 동의하지 않습니다. 왜냐하면 그렇게 해석하거나 설명할 순 있겠지만 남북정상회담을 특검에 넘겨서 수사하게 한다는 건 지지자의 입장에서 보면 배신감 느끼게 하는 거죠. 거기서부터 참여정부의 기반이 허물어지기 시작했다고 봅니다.

장훈각: 그럼 당에서 정부에 건의하셨습니까?

정동영: 당에선 다 거부권 행사해야 된다고 했죠. 근데 그때 저도 좀 제대로 역할을 못 한 거에 대해서 안타깝게 생각합니다. 물론 평당원으로서 제가 당대표나 다른 직책이 없었으니까 소극적으로 행동했었지만 좀 더 적극적으로 거부권을 촉구했어야 한다고 보는데, 그 역할이 미흡해서 안타깝게 생각하죠. 거부권을 행사할 거라고 봤어요. 당에서는 결국 요청했죠.

나는 적극적으로 반대했고, 한나라당이 밀어붙였지만 거부권 행사를 하면 무산되기 때문에 첫 단추를 잘못 끼웠어요. 결과가 말해주는 것입니다.

장훈각: 결과라고 하시면?

정동영: 남북관계 경색과 함께 국내에서 지지기반이 허물어진 거예요. 지지기반이 배신감 느낀 거고요.

박광형: 노무현 정부에서 벌어진 또 하나의 드라마가 열린우리당 창당부터 시작해서 총선에서 과반을 획득한 과정인 것 같습니다. 노무현 후보의 당선 이후부터 열린우리당 창당에 이르는 과정을 설명해 주십시오. 당선 직후에 개혁적 신당 창당이 필요하다는 선언들이 계속 있었던 걸로 알고 있습니다. 그 과정에서 장관님께서도 역할을 하셨습니까?

정동영: 개혁적 신당이 2002년 대선 직후에 제기된 것은 후단협에 대한 반작용이었죠. 후단협에 대한 반작용으로 개혁적 신당이 필요하다고 그때 앞장섰던 분이 조순형 의원이에요. 그것은 일과성으로 지나갔습니다. 결론부터 얘길 하면 열린우리당 실험은 실패했죠. 참 안타까운데 정당은 결국 노선과 이념으로 가야 되는데, 열린우리당에 특정한 노선과 이념이 있었는가, 반성할 대목이 있죠. 정치개혁의 명분을 걸고 나왔는데 시대를 잘못 읽었다고 봅니다. 왜 시대를 잘못 읽었냐고 생각하냐면, 2003년 신당을 향해서 에너지를 쏟고 있을 때 국민은 각박한 삶의 현장에서 고통받고 있었단 말이죠. 2002년에서 2004년까지 비정규직이 가장 폭증하던 시기였어요. 국민의 민생 고통이 가장 가중되던 시기였거든요. 사실은 정치 노선이 아니라 민생 노선을 껴안았어야 했어요. 노무현의 당선을 잘못 해석한 겁니다. 노무현의 당선을 정치 쇄신, 정치 혁신이라는 걸로 받아들였고 그렇

게 읽혔어요. 그런데 그 뿌리에는 도저히 먹고 살기 힘들다는 이른바 1998년 IMF 이후에 난자하게 피 흘리고 잘려 나가고 구조조정되고 한 그 어려움에 대한 새로운 대안, 새로운 희망을 노무현 정부에 건 거죠. 노무현 대통령을 만든 핵심 그룹 사이에 공유된 정서는 정치를 개혁하는 것이 시대적 과제이자 열쇠다, 이렇게 해석한 거예요. 저는 그래서 열린우리당이 성공하지 못한 게 거기에 핵심이 있었고, 열린우리당을 만드는 데 중요한 역할을 했던 저의 한계였다고 봅니다. 그걸 꿰뚫어 보지 못했고 정치개혁이란 기치를 가지고 당을 만들면 성공할 수 있다고 생각한 것이 굉장히 한계가 있었다고 고백합니다.

장훈각: 아까 말씀하신 것처럼 노 대통령께서도 대선 과정에서 당명을 바꿀 필요가 있었다고 말씀하셨다고 들었는데요. 후단협의 문제도 있었지만 당명을 바꿔야겠다고 생각했던 이유가 어떤 것이었는지요?

정동영: 국민들의 당시 정치개혁의 열망이 있다고 읽었던 것이죠. 후단협에 시달린 부분도 있을 것이고 제가 그건 기억이 가물가물한데 가을 언저리에 당명을 바꾸자 하는 논란이 있었던 것 같아요.

장훈각: 그럼 신당에 대한 논의는 당내에서 시작이 됐다고 보아야 합니까?

정동영: 그렇죠. 당내에서 시작된 거죠. 자율적인, 자발적인 움직임이었어요. 그리고 개혁적 신당 얘기가 당선 직후에 나왔을 때 당선자가 제주에 잠깐 쉬러 가 있었는데 긴급히 전화해 와서 정대철 의원 등 몇 분에게 브레이크를 밟아달라고 자제 요구를 했죠. 이후 바른정치모임이 결국 열린우리당 창당의 주역으로 가는데요, 우리는 정당개혁을 한국 정치개혁의

핵심으로 봤어요.

장훈각: 당시 반대하시는 분은 안 계셨는지요? 당명을 바꾼다거나 당을 재조직화하는 문제에 동교동계는 어떤 입장을 가지고 있었는지요? 또 거기에서 강력하게 그러지 말자고 하셨던 분은 안 계셨는지요?

정동영: 당연히 동교동계를 중심으로 해서 반대가 있었죠. 신당을 추진하는 팀은 바른정치모임을 중심으로 한 초재선 그룹이 주동력이었고, 탄력이 잘 안 붙었죠. 그러다가 2003년 5월인가 6월인가 양재동에서 정치개혁 신당 추진 모임을 가졌는데 그때 당내 인원의 절반이 넘는 60여 명의 의원이 거기에 참여를 해요. 그때 최고로 관심이 고조되고 그러다가 지지 부진해지죠. 그러다 9월 달인가 당내에서 폭력사태가 나요.

박광형: 당무회의에서 이미경 의원이 머리채를 잡혔던 사건이 있었지요.

정동영: 머리를 잡아채는 해프닝 같은 사건이 촉발되면서 같이 못 하는 거 아니냐는 의견이 탄력을 받았습니다. 총선이 다가오고 있었거든요. 그 사건이 촉발돼서 소위 초재선 위원 강경파 중심으로 해서 탈당 결의가 이뤄지고 35명이 탈당하고 한나라당에서 몇 명 나오는 것이 그게 또 한 촉진제가 되요. 이부영, 이우재, 김부겸, 김영춘, 안영근 다섯 명인데, 독수리 오형제라고 그랬어요. 또, 유시민, 김원웅이 있었습니다. 35명, 5명, 2명해서 42명으로 열린우리당이 시작되었지요.

박광형: 처음에 신당을 추진해야 된다고 얘기했던 조순형 의원도 나중에 민주당에 남아 계셨고 계속해서 개혁적 정당이 필요하다고 주장했던 추미애 의원도 결국 민주당에 남는 선택을 하면서 신당 추진파와 계속 갈

등을 빚었던 상황이었던 것 같은데요. 그 두 분이 빠져서 민주당에 잔류하시는 계기들은 어떻게 주어진 건가요?

정동영: 그건 그분들이 다 잘 알 텐데. (웃음) 두 분은 정치적 선택을 그렇게 한 거죠. 그런데 정당개혁의 핵심은 정당 내부의 기득권을 해체하는 것이라고 보았어요. 사실 3김 시대 정치란 건 일인지배 정당이고 그 다음 단계로 김대중 대통령 퇴임 이후 당은 실력자들을 중심으로 한 과두제 정당이죠. 그런 정당을 개혁하고 싶다는 꿈을 가졌다고 말씀드렸는데, 이 과두제정당으로부터 벗어나 상향식 정당을 건설하는 것을 우리의 시대적 과제로 삼은 거죠. 물론 그것도 시급한 과제였지만, 정당개혁도 필요하지만, 국민의 요구는 다른 데에 있었다는 거죠. 새로운 정당을 함에 있어서 당이 노선과 이념을 가지고 이걸 구현하기 위해서 적극적으로 동조하는 지지세력을 규합하는 과정으로서 창당이 아니었다는 점에서 뼈아프게 생각한다는 거죠.

장훈각: 노 대통령 이후에 다시 정권이 넘어가게 되는…

정동영: 그 핵심 이유가 거기에 있습니다. 노선의 정치를 했어야 되는 거죠.

박광형: 집권 이후에 여당 안에서 벌어진 갈등을 총선을 염두에 둔 당권 투쟁으로 보는 사람도 존재하는 것 같습니다. 신당을 창당하실 때 다음 해에 있을 총선에서 공천권 행사 등을 염두에 두셨는지요?

정동영: 공천권 때문에 창당한 건 아니고요. 아래로부터의 상향식 공천을 지향했지요. 정당 권력의 핵심은 공천권이란 말이죠. 그리고 그 공천권

은 대통령 후보, 국회의원, 지방선거 세 종류가 있는데 대통령 후보 공천 권은 국민경선을 통해서 아래로 내려갔어요. 다가오는 총선에서 국회의원 공천은 상향식으로 이루어져야한다는 것이 열린우리당 창당의 중요한 명분이었죠. 거기에 당권을 누가 잡고 하는 건 표면적인 실제 명분은 아니었죠.

장훈각: 어떤 면에서 보면 정치적인 이상주의라고 할 수 있겠네요.

정동영: 네, 정치적 이상주의죠. 열린우리당은 실제 상향식 공천을 실천했죠. 백 퍼센트 한 건 아니지만 시도했고 상당 부분 문화를 만들어냈고 그게 또 새바람을 일으키는 데 도움을 주었고요. 그러나 정치적 과제보다 더 중요한 삶의 문제를 간과했다는 거죠.

박광형: 2003년 11월에 작은 여당으로 열린우리당이 시작됐고요. 장관님께선 1월 창당대회에서 첫 당의장으로 선출되셨습니다. 이미 창당 이전부터 갈등을 빚고 있던 민주당과 한나라당에서 장관 해임 안을 건의하거나 아니면 감사원장 후보 임명 동의안을 부결시키는 등의 행태를 보이고 있는 상황에서 여러 가지 난관이 예상되었습니다. 당의장으로서 이 난관을 극복할 전략을 가지고 계셨습니까?

정동영: 워낙 숫자가 작았으니까요. 40몇 명을 조금 넘었나 그래요. 그래도 태부족이죠. 열린우리당이 9월 달에 탈당하고 11월 달에 창당 준비위를 만들고 1월 달에 전당대회로 가는 그 몇 달 동안의 과정에서 한 번도 한 자릿수 지지율을 벗어나본 적이 없어요. 5% 정당인가, 이미 지지율로만 보면 실패한 정당처럼 되어 있었죠. 열린우리당 내에서 간선제, 직선제 논쟁이 있었어요. 열린우리당의 지도체제를 간선제로 하자는 의견을 우린

받아들일 수가 없었죠. 지금 정치개혁을 하자고 온 마당에 당 지도부를 간선제를 한단 말이냐는 거지요. 간선제를 주장한 게 유시민 의원하고 이해찬, 김원기 이런 분들이었죠. 그래서 바른정치모임 그룹하고 부딪히죠. 근데 열린우리당에 참여한 사람들은 간선제를 받아들이기 어렵죠. 아니 지금 정당을 상향식으로 개혁하자고 해놓고 당의장부터 간선제냐고 문제제기를 하면서 간선제 안이 뒤집히죠. 당헌의 초안을 만들어서 처리하려고 그러다가 중앙위원회라는 기구에서 토론을 통해서 뒤집힙니다. 그리고 제가 1월에 당의장이 되죠. 당의장이 되면서 몽골기병론, 민생정당론, 민생제일주의 등을 내걸고 속도감 있게 움직이니까 1월 달부터 지지율이 급상승하면서 불과 한 달 만에 30%를 넘었어요. 2003년까지는 움직이지 않던 지지율이 2004년이 되고 전당대회를 하면서 활기 있게 움직이니까 새 정치에 대한 기대가 열린우리당으로 폭발한 것이죠. 그래서 정당 지지율이 30%가 넘고 한나라당이 2등으로 추락하고 70석 이상의 구민주당이 3등으로 주저앉고 이러면서 사실 탄핵으로 간 거죠. 열린우리당이 신당으로 창당되서 지지율이 치솟지 않았으면 탄핵으로 갈 이유는 없었겠죠. 제가 1월 전당대회 당시 당의장 될 때 사실 내부 목표는 100석이었어요. 총선에서 100석짜리 정당을 건설한다는 거였는데 지지율이 올라가고 그리고 탄핵 국면에 거치면서 결과적으로 152석, 5·16 쿠데타 이후에는 민주세력이 최다의석을 한 거에요. 그렇지만 152석의 비극이 있죠.

장훈각: 비극이라고 하시면?

정동영: 152석을 가졌으면 국정을 주도하고 성공했어야 하는데 지지율을 유지하는 데에 실패했다는 거죠. 2004년 초에 30%, 40%에 육박했던 지지율이 하반기 가면서 쭉 내려가기 시작했습니다.

장훈각: 당내에선 그 이유를 어떻게 판단하고 계셨는지요?

정동영: 예를 들자면 1월 11일 날 제가 당의장이 되고 첫날인 1월 12일에 지도부회의를 남대문시장으로 소집했습니다. 1월 12일 새벽 5시에 남대문시장에 집결하시오. 겨울이고 추운데 새벽 4시, 5시에 모였을 거예요. 모여서 남대문 새벽시장 상인들과 대화하고 같이 해장국을 겸한 간담회에서 그분들이 제안을 한 거예요. 재래시장이 죽어 가는데 지난 십몇 년 사이에 전국에 5천 개 있던 재래시장이 3,300개가 문을 닫고 1,700개밖에 안 남았는데 이대로 하면 다 없어질 것이므로 국가가 지원을 해야 된다구요. 그런데 국가가 지원하려 해도 법적 근거가 없었어요. 거기서 우리가 첫 번째 열린우리당 지도부 첫 회의에서 결의한 것이 우리가 과반수가 되면 1호 법률로 재래시장 특별법을 재정하겠다는 것이었습니다. 그 다음 날도, 그 다음 날도 계속 민생 현장으로 달린 거죠. 택시기사들, 쪽방촌 거주자들, 장애인, 사회적·경제적 약자들과 호흡을 같이하는 정당이 된 거죠. 국회의원 회관에서 전국 재래시장 상인 대표대회를 열었어요. 천여 명이 참석했는데 해방 이후 전국의 시장 대표가 한 자리에 모이는 건 처음 있는 일이었어요. 재래시장에서 사람들이 와서 재래시장의 자기 처치 현실에 대한 발표 사례를 쭉 하는데, 그 자리가 아주 눈물바다를 이루었어요.

법안 초안을 발표하고 하면서 시장 민심을 휘어잡기 시작했죠. 대표적인 게 대구의 서문시장, 칠성시장을 갔을 때인데, 제가 김대중 후보 때나 노무현 후보 때 그 시장을 수행해서 방문했을 때는 그런 환영을 받아보지 못 했어요. 열린우리당 지도부가 왔을 때 시장 상인들이 그 자리에 도열해서 박수를 보냈어요. 이해관계가 연결된 거예요. "아 그래? 당신들 찍으면 우리를 도와준다고?" 천장을 씌워 주겠다, 주차장을 만들어 주겠다, 상가번영회 운영자금 지원해 주겠다, 상인들이 요구한 것들을 법안으로 발표하고 설명했습니다. 이랬을 때니까 전국의 재래시장에서부터 민심이 일어난 거죠. 예를 들자면 민생 노선에다 면면이 새로운 저 사람들을 보면 뭔가 좀 달라지겠구나 하는 기대가 실리면서 노무현 당선이 새정치 현상이었다면 열린우리당에 대한 지지가 몰린 게 새정치였고, 뭔가 현실에 만족하지 못하는 많은 사람들이 변화를 요구하는 거였죠.

장훈각: 그 당시 민심은 정치하면 자기하고 다른 리그의 게임이라고 생각했었는데 그 사람들의 행동이 내 생활하고 밀접하게 연관될 수 있었다고 느낀 시발이었을 거예요. 그렇게 열린우리당이 시작을 했는데 왜 민생을 놓쳤는지요?

정동영: 안타깝죠.

박광형: 이제까지 장관님의 설명은 열린우리당 성공의 모든 비결은 탄핵 때문이라는 기존의 설명과는 다르게 들립니다.

정동영: 탄핵 전에 이미 성공했죠. 앞서 말씀드린 대로 열린우리당은 탄핵 때문에 느닷없이 탄돌이 국회의원이 됐다, 이렇게 되었는데요. 1월, 2월 달에 열린우리당은 이미 성공했어요. 성공한 상태에서 탄핵 강풍이 몰아친 거죠. 2월 달에 이미 1등으로 올라섰으니까 그 결과로 탄핵이 온 것이죠.

박광형: 대통령께서 여당에 입당하신 건 탄핵이 정리되고 난 이후였습니다. 당시 김근태 원내대표는 3월에 입당하라고 촉구하시기도 하셨고요. 그럼에도 불구하고 대통령께서 계속 입당을 안 하시다가 과반수가 넘고 나서 입당하셨는데요. 그 당시 대통령 입당 시기와 관련해서 장관님께선 어떻게 인지하셨는지요?

정동영: 입당할 수 없는 입장이었죠. 왜냐하면 대통령의 열린우리당이 잘 됐으면 좋겠다는 그 발언 때문에 탄핵발의를 하느냐 마느냐 그런 국면이었기 때문에 입당하고 싶어도 할 수 없는 입장이었죠.

박광형: 그게 대통령의 지지율과의 상관관계 때문에 시기를 조율하고 있었던 것은 아니었나요?

정동영: 구체적인 건 잘 기억을 못하겠는데요. 어쨌든 당이 만들어졌으니까 대통령이 입당을 해야 여당이 되는 거죠. 그런데 11월 달에 창당 준비 위원회, 1월 달에 전당대회, 그리고 대통령 발언이 말썽이 된 게 그 언저리일 거예요. 12월, 1월경 창당 전후 과정에서 날짜가 언제인지 모르겠는데 시비가 중앙선관위에서도 문제가 있다 판정하고 이러면서 선거 전에 입당을 꼭 원하는 입장은 아니었어요. 왜냐하면 당이 순풍을 받고 있었기 때문에 대통령이 들어와야 어떻게 의지해서 지지율을 올리고 이런 상황이 아니라 하루 자고 나면 계속 지지율이 올라가는 그런 거였으니까요. 우리 정당사에 없어요. 5% 지지받던 정당이 갑자기 10%, 15%, 30%를 넘어가 버리는 사례가 없었죠. 중요한 얘기는 아까 드린 말씀처럼 이미 열린우리당은 탄핵 전에 성공했었다는 것이죠.

박광형: 민주당과 한나라당 사이에 개헌을 매개로 탄핵에 대한 협조가 이루어졌다고 인식하는 사람들도 있는데요. 실제로 현실화되진 않았습니다만 그런 논의들이 언제부터 시작된 건가요?

정동영: 민주당이 의석은 우리보다 많은데 3등 정당으로 추락하게 되니까 출구가 안 보이는 상황에서 한나라당이 주도하는 탄핵 국면에 편승한 거죠. 한민 공조하면서 민주당이 몰락해 버리잖아요? 정치적으로는 총선

전략으로 한 거죠. 탄핵은 총선 전략 차원에서 한 것일 거고 탄핵이 되면 그 뒤에 여러 가지 자기들 뒷얘기는 많이 있었겠는데 잘 모르겠고요.

박광형: 탄핵 이후에 특히나 과반수를 획득하시면서 굉장히 정치적 자신감을 가진 시기였던 것 같은데요.

정동영: 열린우리당의 문제 중 하나는 152명인데 초선이 108명이었어요. 70%가 넘죠. 전부 경험이 없는 초선들이 의욕이 넘쳐서 들어왔으니까 정체성을 만드는 것, 단일 대오를 만드는 것, 개혁과제 전략을 잘 짜는 것 이런 것들이 필요한 상황이었습니다. 그런 상황에서 개인적으로 제가 선거 과정에서 이른바 노인 발언에 대한 책임을 지겠다고 해서 제가 비례대표 의원직을 사퇴하고 선대위원장직도 사퇴하고 다 내려놓았죠. 그런데 선거를 치러야 됐기 때문에 당의장은 맡고 있었는데 선거가 끝나고 나서 누구도 물러나라는 사람이 없었는데도 당의장을 그만두었습니다. 그건 내 정치 인생에서 가장 잘못된 판단을 한 것 같은데요. 그러니까 열린우리당을 위해서도 그렇고, 제 정치 행로를 되돌아보았을 때도, 그때 제가 1월에 당의장이 돼서 4개월 뒤에 그만두는데, 지금 생각하면 더 끌고 갔어야 되었다고 봅니다. 그래도 152명을 통괄할 힘은 저밖에 없었어요. 이후 입각하면서 당을 떠나버렸단 말이죠. 그러면서 저의 개인적인 길이 달라지고 열린우리당은 열린우리당 대로 길이 달라졌어요.

장훈각: 선후가 어떻게 되나요? 입각 제의를 받고 나서 당의장을 그만두신 건지?

정동영: 제가 그만둔 건 5월 중순이고 입각은 7월 1일이었죠.

장훈각: 입각을 염두에 두고 당의장을 그만두신 건 아니죠?

정동영: 네, 그 이후죠. 거기서 아쉬운 대목은 5월 3일 박근혜 당시 한나라당 대표하고 저하고 5·3 새정치 협약이란 걸 맺습니다. 그게 뭐냐면 국회의 문화를 바꾸자는 것인데 국민들이 질타하는 싸움 등등의 기존 정치문화를 바꾸자하는 합의를 만든 거죠. 그거를 실행을 못 해 본 것에 대한 아쉬움이 있어요. 그래서 제가 5월 17일쯤인가 그만둔 것 같은데요. 그리고 신기남 의원이 이등 최고의원이었으니까 승계를 했는데 신기남 의원이 8월인가 도중하차를 해요. 3개월 만에 부친 친일 같은 시비에 휘말리면서부터 리더십이 붕괴되기 시작한 거예요. 그때 2004년부터 2014년까지 10년 동안 지금 민주당의 이름이 바뀌었지만 민주당으로 친다면 10년 동안 비상대책위원장을 포함해서 당 리더십 자리에 있던 사람이 스물 몇 명이에요. 정확히는 모르겠는데 스물 서너 명 되나요. 이렇게 되면 평균 4개월 내지 5개월 되니까 리더십을 발휘할 수가 없게 되는 거죠. 조직에 있어서 리더십은 척추잖아요.

장훈각: 정치가들이 아쉬워하는 부분 중 하나도 사실은 한국 정치에서 여대야소가 공정한 선거에 의해서 이뤄진 적은 없거든요. 그리고 정치적인 소수가 대통령이 된 경우도 없었고, 대통령이 여대야소라는 국회를 가져본 적도 거의 없는 한국 정치에서 당시의 열린우리당과 노 대통령이 어떤 정치적인 리더십을 발휘하지 못한 것에 대해서 상당히 많이 아쉬워하고요. 그 이유 중의 하나로 말씀하신 것처럼 열린우리당의 리더십 부재의 문제가 있는 것 같은데요.

정동영: 리더십이 붕괴된 거예요. 그 기점이 제가 당의장을 사퇴한 거였는데, 그건 약속을 지킨다는 미생지신이었지요. 지금 생각하면 판단을 잘

못했다고 봐요. 무한 책임을 지겠다고 선거 끝나면 사퇴하겠다는 약속을 지킨 건데, 그 부분에 있어서는 좀 더 현실적 판단을 했어야 한다고 생각합니다. 당을 쥐고 적어도 연말까지는 밀고 갔어야 열린우리당이 제 역할을 했겠죠. 왜냐하면 4월 달에 과반수 정당이 되고 나서 며칠 있다가 그만둔 거니까요. 그 점에서 아쉬움이 있죠. 그 뒤의 지도자가 잘 이끌고 갔으면 좋은데 지도자가 넉 달, 다섯 달 계속 교체가 됐으니까요.

박광형: 그럼 국회 과반 획득 이후 장관님이 입각을 하신 거나, 이해찬 의원이 총리로 간 것이나, 김근태 의원이 장관직으로 입각하신 거나 그런 것들이 이제부터 제대로 개혁을 해보자 하는 자신감을 의미하는 건 아니었나요?

정동영: 그건 아니고요. 자신감의 발로라기보다 152명이란 여당이 됐으니까 김근태 대표는 원내대표였고 제가 당의장이었으니까 당의 대표성을 가진 사람을 내각에 배치함으로써 당과 정부를 연결한거죠. 좀 아쉬운 부분은 노 대통령이 처음에 출범하면서 당정분리를 선언했단 말이에요. 그게 잘못된 거라고 봅니다. 저하고 김근태 장관이 들어간 건 그게 일정 부분 수정된 거죠. 대통령제하에서 당정을 분리하면 무책임 정부가 돼 버려요. 당과 정부를 분리해 버리면 단임제인데…

장훈각: 행정 관료 조직만 남는 건데요. 정치가 없어지는 것이고요.

정동영: 그렇죠. 대통령과 관료만 가지고 국가를 국정을 이끌어 가는 것인데 그건 책임정치의 원리에 어긋나고 실질적으로 힘이 안 실리기도 하고요.

박광형: 그 당시를 바라봤던 사람들 중에는 청와대와 정부와 당이 잘 소통하지 못한다는 시각이 존재합니다. 문재인 의원 회고록에 보면 '8인 회동'이라는 표현이 나오는데 그게 실제로 큰 역할을 했나요?

정동영: 주요 현안을 조율했었죠. 일주일에 한 번씩 총리공관에서 당에서 몇 사람 청와대 정부 몇 사람, 이렇게 해서 저녁 하고 만났습니다. 총리하고 김근태 장관, 그리고 저는 그때 정부 사람으로 친 거죠. 나름대로 의미 있는 소통 채널이죠. 당정이 모여서 현안에 대해서 의견 조율은 한 거니까요.

박광형: 4대 개혁 입법 과정에서는 정부나 청와대는 약간 뒷짐 지고 있고, 당내에서 일부가 추진하다가 그 동력이 떨어졌다 이런 얘기들도 많은데요.

정동영: 네 가지를 그렇게 묶은 건 실수 같아요. 과거사법, 사학법, 신문방송 개혁법, 보안법 이렇게 묶은 것은 좋은 전략은 아니었던 것 같아요. 그리고 보안법에 대해서는 완전 폐지를 고집했던 것이 실책이었어요. 그러니까 독소조항을 걷어내고 이름이라도 걷어냈으면 대체입법으로 가든지 하는 절충안으로는 한나라당이 받는 거였거든요. 그때 이른바 소수의 강성파 의원들이 주도해서 전부 아니면 전무 이런 식으로 접근했던 것이 대단히 어리석은 판단이었다고 봅니다. 지금 그 피해자가 얼마나 많이 나옵니까. 보안법 7조 고무·찬양 금지 등 이런 독소조항들을 보더라도 그렇지요. 리더십의 문제인 거죠. 리더십이 약해지고 붕괴되고 이러면서 152명이라는 힘을 못 써본 거죠. 그게 안타깝죠. 참 돌이켜 보면 제 잘못도 많고 제 책임도 많고 그래요.

장훈각: 전환기로서 의미가 있을 거라 생각됐거든요. 거대 여당, 진보 대통령이 계속 정권의 계속성을 유지해줬으면 남북관계도 상당히 많은 변화가 있지 않았을까 그런 아쉬움도 있고요.

정동영: 제일 아쉬운 건 그겁니다. 사회·경제적 아젠다에 집중했어야 한다, 정치의제가 아니라 민생의제를 정권의 과녁의 초점에다 놨어야 한다, 어떻게 삶의 질을 개선할 것인가, 비정규직 문제를 어떻게 해소할 것인가, 자영업자 문제를 어떻게 해소할 것인가, 이 문제를 가지고 당도 씨름하고, 정부도 씨름하고, 청와대도 씨름하고 그랬어야 저는 국민이 정권을 다시 줬을 거라고 생각합니다. 그게 잘못돼 버리니까 건설회사 사장한테 맡겨보자 이렇게 가버린 거죠.

박광형: 오늘 장시간 구술해주셔서 감사드립니다.

⟩⟩⟩⟩⟩ 2차 구술 ───────────────

박광형: 이 인터뷰는 노무현 대통령 통치 통치구술사료집 발간을 위한 것으로, 오늘은 노무현 대통령 재임기간 여당이었던 열린우리당 창당에 중요한 역할을 하셨고 이후 통일부장관과 NSC 상임위원장을 지내셨던 정동영 장관님을 모시고 구술을 듣겠습니다. 특히 오늘 2차 구술에선 북한 문제를 중심으로 해서 남북관계, 국제공조, 남남갈등 등을 중심으로 장관님의 구술을 듣겠습니다. 구술은 2014년 7월 30일 수요일 오후 2시 여의도 대륙으로가는길 사무실에서 진행됩니다. 장관님 오늘도 시간 내주셔서 감사합니다.

정동영: 영광이죠.

박광형: 지난 구술에서 열린우리당을 창당하시고 탄핵 과정을 거쳐서 다수당이 되는 과정까지 구술해 주셨는데요. 오늘은 통일부장관으로 재직하시면서 하셨던 중요 역할들에 대해 구술을 듣도록 하겠습니다. 2004년 7월에 통일부장관이 되십니다. 복지부장관직이 제안되었으나 장관님께서 통일부를 원하셨던 걸로 알려져 있습니다. 장관님의 입각 과정에서 청와대와 오갔던 이야기를 비롯해서 통일부장관이 되시는 과정에 대해서 설명해 주십시오.

정동영: 네, 말씀처럼 노무현 대통령이 청와대에서 만났을 때 입각 제안을 하시면서 복지부장관을 얘기했어요. 근데 솔직히 말씀드려서 준비가 되어있지 않았어요. 복지 분야에 관해선 공부가 되어있지 않았고 국회의원에서 상임위를 해 본 적도 없습니다. 10년 전 얘긴데, 지금은 그때 복지부장관을 했어야 마땅했다고 생각이 듭니다. (웃음) 시대의 요구를 잘못 읽은 거예요. 노무현 정부의 탄생에서 대중들의 열망은 새로운 정치였지만 그건 삶의 질을 개선시켜 달라는 열망이 거기 들어 있었다고 봅니다. 왜냐하면 2003년에 참여정부가 출범하는데 2002년, 2003년, 2004년이 제일 서민 생활이 어려워진 시기란 말이죠. 비정규직 숫자가 폭증했고 그리고 이제 IMF의 구조조정 여파가 본격적으로 고통으로 나타나는 시기였기 때문에 사실 구조조정의 고통과 상처와 아픔을 어루만지고 상처를 싸매고 하는 일, 그것에 참여정부의 정책 과녁이 맞춰져 있어야 됐어요. 그 점에서는 어떤 면에서 보면 사회보장의 확충, 복지의 확대, 이게 그 시대적 요구였는데 저는 그때 당에 있으면서 정당을 바꾸는 것을 정치의 주제로 설정한 거거든요. 그 연장에서 자연스럽게 복지부는 제가 할 수 있는 분야가 아닌 것 같다, 가능하다면 남북관계를 좀 다뤄보고 싶다는 의사를 표명한 거죠. 남북관

계를 해보고 싶단 의사를 전한 뒤에 통일부장관 자리가 경합이 됐어요. 김근태 의원께서 통일부장관을 희망해서 경합, 각축이 된 거죠. 물론 장관인사권은 대통령이 갖는 거죠. 근데 한 사람은 직전 당의장 한 사람이고 한 사람은 원내대표를 하고 있는 사람이니까 아무래도 본인들의 의사를 존중하게 되는데요. 그때 제가 완강하게 통일부장관을 희망을 했고 노 대통령이 임명권자로서 계량을 하다가 저를 통일부장관으로 임명한 걸로 압니다. 그것 때문에 김근태 의장은 많이 서운해 하셨는데…

장훈각: 결정이 되기 전에 김근태 장관님과 어떤 조율이 있었나요.

정동영: 그런 건 없었습니다.

장훈각: 전적으로 노무현 대통령이 결정을 하신 건가요?

정동영: 그렇습니다. 노 대통령이 저한테 복지부장관을 제안한 이유 가운데 하나는 노 대통령으로서도 경제적 양극화의 심화와 IMF의 고통이 서민층에 집중되는 이런 현실을 파악하고 복지 분야의 예산을 좀 대폭 늘려야 되겠다, 정부의 역할을 강화해야 되겠다, 그런 생각을 가지고 있었던 것 같아요. 그래도 당의 책임자였으니까 복지부장관을 하면 힘 있게 복지재정을 확충할 수 있을 거라고 생각했다고 봅니다. 사실 예산은 각 부처에 전쟁이거든요. 그런데 대통령이 뒷받침해 주고 힘 있는 장관이 와서 하면 아무래도 예산 뒷받침하기가 좋지 않겠나하는 이유가 첫 번째였을 것 같고, 또 하나는 선거 과정에서 빚어진 말실수, '노인들 투표하지 말라' 그랬다 해서 정치적, 정략적으로 이용됐는데 노 대통령으로서는 그 부분을 벌충해줘야 되겠다, 복지부장관을 하면서 노인복지에 많이 신경을 쓰면 그런 부분도 상쇄될 수 있지 않겠나 하는 그런 인간적, 정치적 배려도 있었

다고 생각합니다. 굉장히 고맙게 생각했죠. 그러나 저로서 사양할 수밖에 없었던 것은 복지 분야에 대한 공부가 안 되어 있었고 경험이 없는 상태에서 내가 잘할 수 있겠단 자신이 없었어요. 남북관계는 그래도 꾸준히 관심 가지고 김대중 대통령의 햇볕정책의 옹호자로서 그것을 계승, 발전해야 되겠단 의지가 있었기 때문에 해보고 싶었습니다. 또 개인적으로는 공교롭게 제가 휴전협정이 되던 날 세상에 나왔는데 거기에 대한 자기암시 같은 것도 있었죠. 언제까지 이런 휴전 상태에서 우리가 살아야 하는가 하는 그런 원초적 문제의식, 또 공교롭게 제가 기자를 하면서 북한담당 기자로 상당 기간 일한 경험 등등, 그래서 남북문제에 대한 열정이 열망이 있었던 거죠.

장훈각: 통일부장관에 입각하시면서 노 대통령께서 통일외교안보 부분을 총괄하는 역할을 맡기셨습니다. 그때 입각하시면서 처음에 어떤 포부나 계획들을 구체적으로 가지고 계셨습니까?

정동영: 이종석 장관 책에도 나오지만 7월 달에 제가 입각할 때 직위는 통일부장관이었지만 저한테 부총리 지위를 부여한 거죠. 안보관계 장관회의에서 통일부장관은 부총리 지위에서 대통령의 외교안보 분야의 의제관리를 맡아주길 바란다고 대통령께서 지시를 했다고 합니다. 그때 현안으로 탈북자 문제, 개성공단 문제, 서해 평화정착 문제, 동북공정과 역사왜곡 문제, 이런 것들이 있었어요. 저는 7월 1일 장관으로 취임하며 취임사에서 책상 위에 있는 개성공단이 아니라 거기서 생산된 물건을 직접 만질 수 있는 그런 개성공단으로 만들어보는 것이 내 포부이고 그걸 위해서 통일부 전체의 역량을 집중하자고 했습니다. 그리고 또 하나 제가 제시했던 것이 접촉을 통한 변화, 그러니까 북으로 가는 문턱을 없애서 대화와 접촉을 통해 변화를 기대해야 한다는 것이었어요. 북이 못 오게 하려고 문턱을 높이

면 할 수 없는 거지만 우리 쪽에서 문턱을 높일 이유는 없다, 문턱을 없애자, 이런 포부를 밝혔어요. 2005년 12월 31일 퇴임하는 그 1년 사이에 우리 대한민국 주민등록증을 가진 사람이 이북 땅을 밟은 사람이 10만 명 선에 이르러요. 그게 지금까지 남북관계사에서 최다 기록입니다. 2005년에 말이지요. 금강산 관광객을 빼고죠. 그땐 개성공단 출입자뿐만 아니라 각종 민간 교류를 100% 지원했습니다. 북으로 가고자 하는, 북으로 가는 길을 찾는 사람들에겐 다 기회를 제공한 거죠. 만나야 변화가 되는 거 아니냐 해서요. 저는 상당히 의미 있게 생각합니다. 6·25가 끝나고 김대중 대통령 취임할 때까지 2,500명이 이북 땅을 밟았어요. 1953년에서 2000년 정상회담이니까, 한 50년 사이에 2,500명이면 1년에 50명꼴이잖아요. 그거와 비교하면 2005년에 10만 명 수준으로 올라갔다는 것은 획을 긋는 의미가 있죠. 물론 남북정상회담 이후에 이 숫자가 몇천 명에서 만 단위까진 갔어요. 2004년에서 2005년 사이에 한 10배 늘어난 거죠.

취임 초부터 개성공단에 집중했습니다. 개성공단은 2000년 6·15로 정상 간의 합의된 것이었습니다. 2000년에서 2004년까지 만 4년, 5년이 되도록 터를 고르는 작업만 진행이 됐지 물건은 나오지 않은 상황이거든요. 가서 보니까 장애물이 있는 거예요. 뭐냐면 미국의 입장이었습니다. 미국이 2003년에 이라크전쟁을 시작하고 또 네오콘이 주도하는 대북 압박정책을 시행할 때였어요. 이 국면에서 이북에다가 공장을 짓는 게 맞느냐, 속도조절을 하는 게 맞다 등등의 속도조절론이 강력하게 나오고 있었어요. 그래서 외교부라든지 청와대도 부지불식중에 굳이 서두르겠단 의지는 없었어요. 근데 제가 가서 악셀레이터를 밟은 거죠. 이거 좀 빨리 속전속결로 밀어붙여야 된다구요. 그래서 노무현 대통령한테 말씀드린 요지도 우리가 개성공단을 빨리 가면 갈수록 우리의 발언권이 생기게 된다, 우리 영향력 확보 차원에서라도 해야 된다는 것이었어요. 그래서 맨 처음 7월 달에 바로 준비한 것이 개성공단에 공장을 짓기 위한 절차를 서두르는 것이었어요. 그 절차 중에서 핵심 절차가 미국의 허락을 득하는 거였어요. 미국에는 EAR(Export Administration Regulations)이라는 일종의 수출통제법이 존재했습니다. 미국의 입장에서는 북한이 적국이잖아요. 북한, 쿠바, 이라크, 이런 나라에는 미국의 지적재산권이 10% 이상 있는 그런 물자를 갖고 갈 수 없다는 것이지요. 가지고 가려면 미국 상공부의 허락을 득해라 이렇게 되어 있어요. 그러니까 특히 공장을 짓는 데 있어서 기계나 설비나 물자 가운데 컴퓨터 관련된 것이 대부분이잖아요. 근데 컴퓨터의 원기술은 미국 것이에요. PC에 보면 중앙처리장치(CPU)는 '인텔 인사이드'라고 딱 찍혀 있잖아요. 컴퓨터를 가동하는 원리는 기본적으로 미국 기술이라고요. 공장 짓는데 가령 재봉틀에도 요새는 다 자동화, 전자화되어 있어서 기계 설비에는 미국의 원천 기술이 다 들어있죠. 그럼 절차를 밟아야 되잖아요. 그 절차를 밟는 독촉 일을 한 거죠. 제가 가자마자 맨 먼저 시행한 것이 들어가고자 하는 업체들, 무역 협회, 가령 기계공업 협회라든지 섬유 협회라든지 이런 협회들하고 통일부가 TF를 꾸렸어요. 어쨌든 미국의 EAR 법을 피해야 하니까요. TF를 강남의 무역 협회 꾸려서 매일 거기서 작업을 했어요. 거기서 가령 신원 에벤에셀이라는 옷 공장을 짓는다면 거기 공장을 짓는 데에 들어갈 기자재 목록을 작성하는 거예요. 그리고 실무협상단을 미국에 보냈어요. 통일부, 외교부, 산업자원부 이런 데 실무팀을 만들어서 미국 상무부에 파견해서 교섭을 벌이도록 하고 8월에 제가 미국에 갑니다. 이 문제를 설득하려고 핵심적으로 만난 사람이 라이스 안보보좌관, 콜린 파월 국무장관, 럼스벨트 국방장관인데, 키는 국방장관이 쥐고 있는 거에요. 이라크전쟁의 지휘 부서고 속도조절론의 진원지가 미군부란 말이죠. 사실 파월 국무장관 같은 경우는 아주 우호적이었어요. 계속 그 프로젝트 해도 좋은 거다, 우리는 찬성한다고 했는데 국무부와 국방부 입장이 다른 거죠. 럼스펠드를 설득한 얘기가 『10년 후 통일』에도 자세히 나오는데 어쨌든 럼스펠드를 설득한 거죠. 미국 사람들은 합리적인 이유로 납득이 되면 흔쾌히 거기서 또 받아들이는 미덕이 있더라고요. 미국 정부가 속도조절론으로부터 적극적인 협력 쪽으로 입장을 바꾸죠. 사실 그때부터 속도를 내서 2004년 말에 물건이 나오잖아요. 제 자랑을 겸해서 이야기하자면 제가 일을 맡으면 몰두하는 성격이 있는데 핵관련해서 상황 등을 이리저래 재고 앞뒤 재고 하다보면 일이 쭉 늘어지죠. 장관 취임하면서 해결해야 될 과제로 내걸고 밀어붙이니까 그 성과로 2004년을 넘기지 않고 1호 공장이 돌아가고 그때부터 증설로 간 거죠. 지금 생각해도 잘 판단했다고 생각되고요.

그 이후에도 계속 제가 개성공단에 분양받은 업체 대표들을 매달 만났어요. "애로사항이 뭐냐, 도와주겠다." 심지어 제가 지나쳤던 측면도 있었는데, 그분들이 제로금리를 원했어요. 남북협력기금에서 대출 30억, 50억씩 받는데 이것이 남북 사업의 프론티어, 평화 개척자이기도 한데 특혜를 줘야 될 거 아니냐는 거지요. 협력기금 대출하는데 이자 붙이지 말고 달라는 거였어요. 저는 그 말에 일리가 있다고 보았는데 대통령이 정면으로 반대했죠. 그건 기본적으로 시장경제의 금융 질서에 어긋난다는 거였어요. 토론을 하긴 했는데 제가 졌죠. 그분들한테 제로금리로 하는 것은 내가 못 도와드리지만 다른 건 내가 다 도와드리겠다고 하면서 개성공단 입주 업체들이 장관하고 매달 간담회를 하면서 정부가 하는 건 그때가 처음이자 마지막이에요. 사실 장관들 바쁘기도 하고 업체들 맨날 만나서 얘기 듣고 그러기 쉽지 않죠. 더더구나 이명박 정부 이후에는 업체들이 정부 근처에도 가지 못 했으니까요.

그분들하고 일심동체가 돼서 밀어붙였는데 2005년에도 남북관계가 계속 안 풀리고 그랬었어요. 노 대통령이 질책을 했습니다. 너무 과속하는 것 같다구요. "차근차근 좀 하는 게 좋다, 특히 만에 하나 남북관계가 파행이 돼서 인질사태가 벌어지면 어떻게 하려느냐, 거기에 대한 대책은 있느냐?" 그렇게 얘길 해서 제가 토론하기를, "그렇기 때문에 지금 가야 되는 겁니다. 이게 주먹만 한 정도로 개성공단에 몇 개 들어가고 말면 상황에 따라서 언제든지 닫힐 수도 있고 날아가 버립니다. 어떤 상황이 와도 이것을 닫을 수 없을만한 규모로 가야 됩니다." 가능한 한 속도감 있게 진행해야 된다고 했는데 두 번인가 노 대통령한테 질책을 들었어요. 내가 굽히지 않았습니다. 대통령께서 그럼 장관이 책임지라고 했어요. 지금도 그 판단이 옳았다고 생각합니다. 그랬기 때문에 이명박 정부 시기 연평도 포격, 천안함 때도 닫히지 않고 갈 수가 있었다고 봅니다. 123개 공장, 5만 명인데요. 물론 작년에 4차 핵실험하고 나서 남북관계가 경색되고 험악해지면서 전쟁 위기설 등등 해서 5개월 닫혔죠. 그 닫힌 기간에 그분들은 정말 거의 절반쯤 죽었다 살아난 거지만요. 그분들 속이 오죽했겠습니까? 그렇지만, 처음으로 개성공단이 국민들에게 알려졌어요. 개성에 그렇게 많은 공장이 들어가 있었던 걸 국민들이 몰랐어요. 그때 역설적으로 국민들이 개성공단에 대해서 이해하는 상황이 벌어졌죠. 또 하나 전쟁 운운하는 그런 상황 속에서도 죽지 않고 살아났기 때문에 이제 개성공단에 가있는 분들에게 이제 죽진 않겠구나하는 확신을 준 측면이 있어요.

개성공단은 책 한 권을 쓸 만큼 많은 이야깃거리가 있습니다만 국내에 있는 30여 개 국가산업공단과는 차원이 다른 거죠. 북한영토 아닙니까? 북한 영토 안에 남한의 자본과 기술이 가서 북쪽의 노동력과 토지가 결합해서 윈윈(win-win)하는 거거든요. 개성공단의 경제 외적 의미는 유력한 제3의 통일방안이라는 것이죠. 독일식 통일방안이 있을 수 있고 베트남식 통일방안이 있을 수 있지만 우리에겐 둘 다 어렵죠. 베트남식 무력 통일은 용납할 수 없는 거고 독일식 통일방안은 비현실적인 거죠. 또 동독과 북한이 다르고 한반도와 독일이 다른 상황에서 일방적인 흡수통일은 불가능하고 바람직하지도 않아요. 그런 상황에서 한국형 통일방안을 우리가 알기 쉽게 얘기할 수 있는 게 개성공단식 통일방안입니다. 개성공단은 지금 30만 평으로 돌아가고 있어요. 그걸 원래 계획대로 2천만 평으로 하면, 근

70~80배 크게 느는 거죠. 그런 개성공단을 해주에, 나진, 선봉에, 원산에, 남포에 만들면 사실 경제통합이잖아요. 경제통합은 바로 국가연합 단계를 의미합니다. 지난 10년 민주정부에서 깔아놓은 토대가 있기 때문에 국가연합 단계까지는 단임제 대통령제하에서 5년이면 가능하다고 봅니다. 개성공단은 공단을 넘어서서 한국형 통일의 모델이라고 볼 수 있죠. 거기에 대해서 아무튼 제가 정치를 시작해서 20여 년 오는 동안에 가장 자부심을 느끼는 부분입니다.

장훈각: 개성공단과 관련된 질문들을 더 드리겠습니다. 위키리크스에서 유출된 문서들 가운데 개성공단 입주자들을 인터뷰한 미국 정보 문서가 있습니다. 거기에 업체 관계자가 미국 관리한테 초기에 장관님께서 개성공단이 규모를 제대로 갖추게 되면 백만 명 정도의 인원들이 일하게 될 거다라고 말씀을 하셨다고 되어 있는데 그러한 말씀을 하신 적은 있으신지요? 계획은 50만 명이었던 것으로 알고 있습니다.

정동영: 네. 50만이죠. 100만이라고 얘기한 것 같진 않고요. 잘 아시다시피 구체적인 개성공단 프로젝트는 정주영 회장이 진행을 한 거죠. 소 떼 천한 마리를 몰고 가서 김정일 위원장과 통 큰 담판을 통해서 신의주, 해주를 거쳐서 개성으로 낙찰이 된 거죠. 개성공단에 대한 설계도는 경상남도 창원공단을 모델로 해서 3단계까지 완성했을 때 2천만 평, 50만 명 규모로 설계된 거죠. 창원이 50만 공업도시거든요. 제가 늘 강연이나 이럴 때 얘기합니다만, 여기에서 핵심은, 노동력 조달입니다. 정주영 회장이 물었습니다. 여긴 50만 공업도시가 되려면 노동력만 35만이 필요한데 개성 인근 전체인구가 30만밖에 안 되는데 노동력 조달을 어떻게 할 건가하고요. 김정일 위원장이 서슴없이 "그렇게 다 완공하는 단계가 되면 인민군대 30만 명 옷 벗겨서 공장에 집어넣으면 될 거 아니오?" 하고 대답했어요. 통

큰 발상인데 북쪽 지도자의 머릿속에 그런 발상을 하게 했다는 것, 얼마나 가슴 뛰는 얘깁니까. 그렇다면 그 발상을, 그 상상을 현실로 옮기는 게 정치잖아요. 인민군대 군복을 벗겨서 공장에 넣게 하는 것, 이게 지금 남북이 가야 할 길이죠. 그건 바로 군비 축소, 감군으로 이어지는 것이고, 한반도의 평화체제를 얘기하는 거고, 한반도의 통일로 가는 대문이 열리는 걸 의미하는 거잖아요. 개성공단이 거기까지 내다볼 수 있는 프로젝트였단 게 핵심이죠.

장훈각: 당시는 중국 노동자의 반값, 생산성은 70~80%로 충분히 사업성이 있다고 판단을 하고 있었다고 하는데요. 그런 경제적인 부분도 처음에 고려가 됐었는지요?

정동영: 처음 설계할 때 정주영 회장이 요구한 것 중 하나가 인건비를 세계에서 가장 싸게 책정해야 경쟁력이 생긴다는 것이었습니다. 두 가지 조건만 맞으면 단기간 내에 세계적인 공단으로 만들 자신이 있다는 것이었죠. 하나는 인건비, 두 번째는 토지비용. 둘 다 김정일 위원장이 허락한 거죠. 인건비는 50불에다 세금 15%해서 57불 50센트로 시작해서 1년에 5%씩 임금을 올리는 걸로 했어요. 지금 10년 됐으니까 올라서 잔업 수당까지 포함하면 130불 내지 140불 수준이라고 해요.

장훈각: 한 15만 원 정도군요.

정동영: 중국의 절반 수준이죠. 토지비용은 우리 국민의 세금으로 감당한 겁니다. 1조 정도가 투자 됐죠. 1단계 백만 평에 용수 저수지를 만들어서 물 공급하고, 전기는 문산에 송전탑 세워서 10만 킬로와트 고압선으로 전기 끌어다가 3, 4만 킬로와트 썼나요. 지금 쓰는 게 2, 3만 킬로와트 정도

밖에 안 썼을 겁니다. 123개 업체가 쓰고 있는데 여력이 있죠. 그리고 구획 정리하고 포장하고 가로등까지 세우고 폐수처리장도 세우고 기술교육하는 교육센터도 만들고 거의 공단으로서 완비되어있죠. 지금 그중에 30만 평만 가동하고 국민의 세금으로 조성된 나머지 70만 평 정도가 7년 째 놀고 있는 거죠.

장훈각: 공단 전체는 다 완성이 된 상태에서 가동이 안 되고 있는 건가요?

정동영: 백만 평의 1단계는 완공되어 있고 입주만 막고 있는 거죠. 2010년 5·24 조치로 해서 공장의 확대 증설을 일절 불허했죠.

장훈각: 원자재 구입도 문제 같은데, 지금은 남한에서 다 들어가잖아요. 북한에서 물건을 사오는 방법이 훨씬 더 경제적인 것 아닙니까?

정동영: 그것은 다음 단계로 가야 되죠. 북쪽에 소기업이라든지 이런 기업을 세우게 해서 거기서 물자를 조달하고 이렇게 되면 실질적으로 북한이 개방경제의 실험에 들어가게 되는 거죠.

장훈각: 1단계에서부터 그 작업을 하지 못했던 이유는 어디에 있는 거죠? 처음부터 한국 쪽에서 그렇게 계획을 짜서 제시해준 건지, 아니면 상호협의에 의해서 결정이 된 건지, 미국이 걸림돌이 된 것인지요?

정동영: 그렇진 않고요, 기본적으로 개성공단을 통해서 북이 시장경제에 대해서, 회계라는 게 뭔지, 금융이란 게 뭔지, 노무관리 같은 게 왜 중요한지, 생산 제조 물류 판매 이런 등등에 대해서 이해하게 되는 거죠. 세제,

회계, 금융, 교육 이런 것들을 비로소 인식하게 되었기 때문에 처음부터 북쪽에 자체 공장을 설립해서 합작을 하는 단계에 가있지 않았습니다. 기본적으로 북이 개성을 하나의 독립된 특구로 설정해서 남한의 공단을 만들고 거기에 북의 노동력을 조달 공급하는 그런 개념으로 설계가 된 거죠. 중국의 경제특구처럼 개방경제를 표방했다는 청사진이 아직 없는 거죠. 이걸 통해서 그다음 단계로 가려고하는 단계에서 막힌 겁니다.

장훈각: 북한은 항상 남과 교류 접촉을 하면서 주민들에 대한 파급력을 가능한 한 최소화시키는 쪽에 상당한 노력을 기울이고 있잖아요. 남한과의 경제협력 특히 개성공단 경우에도 그런 게 작용했다고 보시는지요?

정동영: 그럼요. 정주영 회장의 해주를 내달라는 주장을 김정일 위원장이 받지 않았어요. 현대 입장에서는 항구가 있어 물류에 편리한 해주가 적합한데, 북의 입장에서는 해군 사령부가 있는 해주는 안 된다며 개성은 어떠냐고 제안했어요. 근데 정주영 회장이 속으로 깜짝 놀랐단 거에요. 왜 놀랐냐면 정회장이 군사 지식은 없지만, 개성은 전략적 요충이라는 거지요. 6·25 때 남진로이자 유엔군의 북진로로, 서울에서 가장 최단거리에 있는 군사적 요충입니다. 거기에 지금 북한 군대의 화력이 가장 밀집되어 있는 데잖아요. 장사정포라든지 탱크라든지, 사단, 포병여단 등등해서 병력도 밀집되어 있는 곳인데 거기를 공단 지역으로 열어주는 것이 가능하겠냐고 반문했지요. 북한 군부의 반발을 어떻게 하겠는가 했는데 그건 김정일 위원장이 군부를 설득할 자신이 있다고 했다고 보고서에 써있더라고요. 김정일 위원장은 개성은 최남단에 있으니까 북한 전역으로 자본주의 시장경제가 확산되는 것을 막을 수 있다고 볼 수 있고, 또 마음속으로는 개성은 원래 남쪽 땅이었는데 6·25 때 우리가 획득한 것이니 거기를 쓰라고 할 수 있는 심리적 요인도 있었지 않을까 짐작을 합니다. 어쨌든 개방

의 파급력을 두려워하면서도 실제 개성공단을 하기로 한 이후 김정일 위원장이 부지런히 중국 순방을 다니잖아요. 중국이 개혁개방한 신천이라든지, 상해, 청진, 광저우, 무한 등등을 2001년 초에 가서 근 보름 동안 둘러보았습니다. 해안선을 따라서 개혁개방을 하는 걸 본인이 학습하고 또 고찰단을 보내서 학습도 시키고 이렇게 준비를 차근차근 단계적으로 하던 차였죠. 그러니까 가정해서 말한다면 정권이 바뀌지 않고 국민의 정부, 참여정부에 이어서 민주정부가 계속 됐다면, 저에게 기회가 주어졌다면, 아마 그 방향으로 갔을 겁니다. 전 그렇게 생각해요.

장훈각: 경협에 있어서 대기업이 들어갔다면 파급력이 좀 더 컸을 텐데 그 방법은 논의가 안 됐었나요?

정동영: 북은 삼성이나 현대가 오길 간절히 원하죠. 그런데 대기업 입장에서 거기에 들어가려면 기본적으로 정치군사적 불안이 해소되어야 합니다. 다른 말로 하면 한반도에 평화체제가 정착되어야 하는 거죠. 지금 정전협정 상태잖아요. 이런 상태에서 대기업이 조 단위로 투자하기에는 위험부담이 너무 큰 거죠. 그러니까 정치군사적인 그런 위험요인만 제거된다면 대기업이라고 안 가겠습니까. 기업이 돈 벌 수 있다면 사막이든 전쟁터든 다 가지 않습니까.

장훈각: 개성공단 입주 기업의 동기도 경제적인 것이라고 하더군요.

정동영: 네. 그래서 민주정부 시절엔 대기업들이 내부 연구소에 북한 파트를 다 뒀죠. 다가올 북한 투자 시대, 북방경제 시대를 대비하는 그런 연구기능도 설치하고 그랬었는데 그게 거의 없어졌죠.

장훈각: 대기업이 정치적인 불안으로 인해서 북한에 투자하는 것을 꺼린다는 건가요?

정동영: 기본적으로 대북 투자에서 정치와 경제가 동전의 앞뒤와 같죠. 영향을 바로 받지 않습니까.

장훈각: 대기업이 들어가기에는 개성공단은 북한의 산업과 연계시키려고 하지 않았던, 너무 폐쇄적인 형태인데요. 대기업이 들어가는 것은 원자재나 필요한 물자들이 북에서 공급이 안 된다면 쉽지 않을 것 같은데요?

정동영: 북은 한국 기업뿐만 아니라 일본, 중국 등 다른 나라에서도 기업을 유치할 생각을 가지고 있죠. 그런데 기본적으로는 북이 국가관리 능력이 부실하죠. 지금 제대로 먹여 살리는 것조차 못 하잖습니까. 기본적으로 산업구조는 농업국가 수준에 머물러 있는 거고, 산업화가 안 되어 있는 거죠. 산업을 돌리려면 기본적으로 동력인 전기가 있어야 되는데 북에는 지금 전기를 700만 킬로와트 정도 생산할 수 있는 설비밖에 없습니다. 우리가 7천만 킬로와트 정도 생산하거든요. 남쪽에 비해서 1/10인데 700만 킬로와트만 다 생산해도 집에 불은 켜고 살 수 있을 거예요. 근데 실제 생산하는 건 250만 킬로와트 정도지요. 인공위성으로 보면 밤에 거의 암흑천지잖아요. 평양만 불빛이 좀 보이고. 그러니까 산업이 우리 1960년대와도 비교가 안 되는 것 같습니다. 1960년대에 불은 켜고 살았잖아요. 공장도 짓기 시작하고. 북은 땅속에 석탄이 있는데 갱도마다 다 물이 찼어요. 왜냐하면 표토는 이미 다 긁었고 속으로 파 들어가면 물이 나오잖아요. 물을 퍼내려면 전기가 있어야 되는데 전기가 없으니까 물을 못 퍼내고 물을 못 퍼내니까 석탄 생산을 못 하고 석탄 생산을 못 하니까 전기 생산을 못 하고 이런 악순환의 고리에 빠져있는 거죠. 그래서 사실 북한 핵문제도 그

출발점은 전기문제에서 출발합니다. 또 그렇게 명분을 내걸고 있고요. 이중 용도인 거죠. 대외적인 협상에서 우리는 전기 때문에 원자력발전 해야되겠다고 말하는 것인데 그래서 북한을 다시 설계하려면 북한의 전력문제를 어떻게 해결할 것인가를 고민해야 해요. 우선 지금 개성공단 같은 데는 송전탑 세워서 해결한다고 하지만 3단계가 완성되어서 50만 공업도시가 된다면 송전탑만 갖고는 불가능해요. 전기문제가 핵문제하고도 연결되어 있고 북한 경제개발의 출발점에 있는 것이죠.

장훈각: 대기업이 들어간다고 했을 때도 미국의 EAR에 저촉되는 문제는 똑같이 남아있을 것 같습니다.

정동영: 그러니까 대기업이 들어가는 것의 대전제는 한반도 정전체제의 변화, 그러니까 지금 휴전 상태인데, 적어도 전쟁을 종결했다는 선언이 있어야지요. 이건 정치적 결단으로 할 수 있어요. 가령 오바마, 시진핑, 김정은, 박근혜 등 네 지도자가 모여서 한반도의 전쟁을 끝내자고 선언하면, 교전 당사국끼리의 합의로 종전은 되죠. 그럼 종전이 거기서 끝나는 게 아니라 평화협정으로 가야 될 거 아닙니까. 1991년 12월에 남북 불가침으로 화해 협력에 관한 기본 합의를 했지만 그건 정치적 선언이었죠. 평화를 제도화하기 위해서 국제조약의 규범을 갖는 정전협정을 대체하는 평화협정을 맺고 그리고 미국과 중국이 그것을 보장하는 형태로 진행되는 과정에서 대기업도 마음을 낼 수가 있죠. '이제 한반도에 더 이상 전쟁은 없다, 더 이상 남북이 다시 적대하고 대치하는 일은 없겠구나,' 이런 환경이 조성이 되면 들어가지 말라고 해도 대기업이 들어가는 거죠.

박광형: 이전에 대북송금의 법안에 대한 거부권을 행사하지 않는 것들이 이후에 남북관계 발전에 큰 장애물로 작용했다고 말씀해 주셨는데 실

제로 통일부장관이 되셨을 때 그런 것들을 체감하신 부분이 있었습니까?

정동영: 제가 간 건 2004년 7월 1일이었는데 그전까지 남북관계가 1년 반 공전한 것은 그 영향이 컸죠. 그리고 제가 2004년에 가서 새롭게 시도를 해보려고 했는데 아주 공교롭게 두 가지 악재가 겹쳐요. 베트남에서 탈북자 400명을 실어온 것 그리고 김일성 주석 사망 10주기 조문에 관한 거였어요. 그건 둘 다 공교롭게 저로 바뀌기 직전에 전임 장관이 결정을 해놓은 상황이었는데 그 후폭풍이 제가 취임하고 나서 밀려온 겁니다. 통일부장관으로 가자마자 굉장히 어려움을 겪었죠. 참 안타까워요. 제가 남북관계를 본격적으로 한 게 실질적으로는 7, 8개월밖에 안 되죠. 그 절반 정도를 북쪽의 굉장히 감정적인 반응, 이런 걸로 해서 허비하죠. 북쪽에선 늘 우리에게 자존심은 목숨보다 귀하다 이렇게 얘기하잖아요. 조문 불허와 북한에서 이탈한 주민 400명을 베트남에서 실어온 것에 대해서 자신들의 체면이 깎인 거라고 해서 반발이 컸죠. 베트남 그 문제는 제가 장관 취임해보니까 이미 반기문 외교부장관이 베트남에 가서 그쪽 외교부장관하고 합의문도 다 체결하고 언제 송환한다는 것까지 정해진 거여서 뒤집기가 어려운 형편 속에서 진행되었어요. 문익환 목사 10주기에 북쪽이 조문단을 보냈거든요. 그래서 문익환 목사 가족이 북쪽에 김일성 주석 조문사절로 가겠다고 했는데 전임 장관이 일단 조문단은 불허한다는 방침을 언론에 밝히고 난 상황에서 문익환 목사님의 사모님과 가족만이라도 가는 선에서 남북 경색을 피해보려고 시도했는데 그게 잘 안 됐어요. 그게 왜 기억이 나냐면 김대중 대통령이 질책을 하셨어요. '정식으로 조문단은 안 되지만 가족들이라도 보냈으면 남북관계에 역풍이 불지 않지 않았겠냐' 그러셨어요. 사실은 가족들만 북한에 보내는 방안을 추진했는데 중간에 잘 안 됐습니다, 이렇게 설명해드린 기억이 나요. 그 두 가지 때문에 2004년 하반기와 2005년 상반기까지 남북관계가 동결됐죠.

장훈각: 통일부장관이 되신 전후로 문성근 특사의 방북은 알고 계셨습니까?

정동영: 알고 있었던 것 같은데요? 언제 갔나요?

장훈각: 2003년, 노 대통령 집권 초기입니다. 이종석 장관 책에도 박용길 장로님 그분도 아들이 다녀온 걸 모르는 상태에서 조문을 이야기하기에 진퇴양난이었다고 했는데요.

정동영: 참여정부가 출범하면서 당선자 시절에 국민의 정부 김대중 대통령 임기 마지막 때 임동원 특사를 보내면서 이종석 인수위원이 같이 갔는데 그때 특사 파견이 불발 됐죠. 김정일 위원장과의 면담이 안 이뤄졌으니까 그리고 나서 문성근 씨를 특사로 파견했는데 그것도 불발이 되고 그런 것들이 이른바 대북송금특검하고도 연결된 거죠.

장훈각: 특별히 북에서 그 사건하고 관련해서 특별한 언급을 한 사례들이 있습니까?

정동영: 북이 특검에 대해 맹비난하고 그랬죠.

장훈각: 장관님께서 통일부장관으로 계실 때도 직접 겪으셨나요?

정동영: 그땐 대북송금특검 국면은 지나간 거고 탈북자 문제, 조문문제 이게 현안이었죠. 그걸 가지고 계속 비난하고 그랬어요. 돌이켜 생각하면 북쪽에 정책결정 과정에 한 사람에게 집중되어 있다 보니까 전체 국면을 좀 냉정하고 합리적으로 판단하고 끌고 가는 데 있어서 문제가 있지 않은

가 하는 생각이 들어요. 김정일 위원장의 입장에선 자기 아버지 10주기인 데 남쪽에서 조문을 거부하는 것은 패륜 아니냐, 이런 다분히 감정적인 문제로 해서 남북관계가 후퇴한 거죠. 대북송금특검 그건 그거고 새정부가 들어섰으니까 새정부와의 다시 기본 입장도 맞춰보고 조율하는 그런 것들이 필요한데 북의 입장에서 봐도 실책인데요. 정책결정과정이 한 사람에게 독점 되어 있는 그런 폐해 같아요. 폐해이기도 한데 그런 특성을 갖고 있기 때문에 남북관계는 실무 외교로 안돼요. 결국 북쪽의 최고지도자와의 소통, 이게 핵심이죠. 정상외교가 핵심이에요.

장훈각: 조선일보 보도에 따르면 대북송금특검 관련해서 정몽헌 씨가 정상회담의 대가를 준 게 맞다라는 발언을 한 적이 있거든요. 혹시 그 문제에 대해서 통일부장관을 하면서 진위 여부에 관련된 정보나 보도를 들으신 적이 있는지요?

정동영: 그건 없습니다. 실제 현대가 금강산 관광을 포함해서 대북 사업의 독점권을 가졌잖아요. 상거래에서는 독점권을 주면 당연히 거기에 대한 지불을 하는 거잖습니까. 사실 핵심은 5억 달러 송금을 왜 해 줬냐는 것인데 개성공단 조성하고 운영하는 등 대북사업 독점권을 현대에 준 것에 대한 대가를 지불한 거죠. 준 건 분명한데 결국 대북 사업의 독점권에 대한 대가라는 게 특검 결론 아닌가요?

장훈각: 저희도 특검의 결과는 알고 있지만 혹시 이 부분에 대한 보고를 받은 적은 없으신지요?

정동영: 그 부분은 자세히 모르고 있습니다.

장훈각: 노무현 대통령께서 정 장관님과 이종석 NSC 차장에게 당신들의 목표는 통일이지만 자신은 오히려 평화라고 하신 적 있습니다. 목적을 통일로 두냐, 현재의 중기적인 평화에 두냐에 따라서 대북정책의 향후 프레임 자체가 달라질 것 같거든요.

정동영: 노 대통령의 현실 인식에 동의합니다. 무슨 얘기냐면 통일과 평화라는 게 상충되는 개념은 아닙니다. 그러니까 통일을 목적으로서의 통일로 볼 거냐, 과정으로서의 통일로 볼 거냐 하는 거죠. 평화를 강조하는 것은 통일을 과정으로 보겠다는 겁니다. 그러니까 그 통일은 평화적인 통일이어야 하고 단계적인 통일, 점진적 통일이어야 한다는 세 가지 원칙이거든요. 근데 흡수통일론자들이 주로 목적으로서의 통일을 얘기합니다. 박근혜 대통령이 말한 통일 대박론도 그런 의구심으로부터 자유롭지 않죠. 북이 붕괴하고 흡수되면 빨리 통일이 될 거다, 통일이 되면 대박이 될 거다, 그런 건데 이건 과정으로서의 통일, 평화적, 단계적, 점진적 통일과는 다른 통일을 이야기하고 있는 거죠. 노 대통령이 이야기한 건 바로 과정으로서의 통일을 얘기한 거죠. 통일을 부정한 것이 아니라 결국 평화적인 과정을 거쳐서 통일로 가는 것을 보다 분명하게 정리한 것이라고 생각합니다.

장훈각: 그럼 구체적인 방안으로 제시된 것들이 있는지요?

정동영: 참여정부의 대북정책은 평화번영 정책이라고 명명이 됐고 그전에는 국민의 정부는 햇볕정책 혹은 대북포용 정책이라고 했었죠. 그 철학적 기조는 맥을 같이 해요. 공존하겠다는 거죠. 공존을 통해서 단계적으로 접근하겠단 것이죠. 그런데 그 이명박 정부에서 특히 두드러졌습니다만, 공존이라거나 상생, 즉 북을 인정하는 바탕 위에서 뭔가 같이 손잡고 해보

겠다는 것은 굉장히 미약했죠. 표출은 안 하지만 혹시 적대와 증오를 안에 가지고 북은 없어져야 할 체제거나, 우리가 흡수해야 할 대상이거나, 그런 심정을 가지고 북을 본 것이 아닌가 합니다. 있는 대로의 북한이 아니라 보고 싶은 대로 본 거죠. 결국 우리가 북을 인정하고 공존의 바탕 위에서 평화적 통일을 추구하는 것은, 현실로서 북이 실재하기 때문이죠. 해방 이후 우리의 역사에는 세 단계가 있잖아요. 하나는 국가보안법 시대로, 분단에서 40~50년 동안 1990년까지 갑니다. 국가보안법에서는 가령 기본적으로 저쪽에 들어가면 그게 불법이잖아요. 그러니까 잠입, 탈출, 회합, 통신, 불고지 이게 전부 범죄입니다. 북을 불법단체로 보고, 존재를 인정하지 않는 그런 법체계 속에서 반 세기가량 살았기 때문에 장사도 못한 거잖아요. 거기에 대전환이 일어난 것은 군인 정권이지만 노태우 정부의 7·7 선언 아닙니까. 1988년 7월 7일의 선언은 올림픽에 의해서 강제된 측면이 있죠. 올림픽을 LA나 모스크바 올림픽처럼 반쪽짜리가 아니라 동유럽 진영도 다 참여하는 것으로 만들고 싶었기 때문이었죠. 7·7 선언의 핵심이 북을 인정하고 공존한다는 거고, 북한이 미국하고 일본하고 가까워지는 것을 도와주겠다는 거죠. 거기서 남북 교류협력법 시대로 넘어가는 거죠. 국가보안법과 양립하는 거죠. 서로 장사를 하는 거죠. 홍콩으로 물건 보내서 돈을 주고받는 게 아니라 직접 보내고 만나기도 하는 시대입니다. 그 다음이 2000년 정상회담 이후인데 이걸 법으로 반영한 것이 남북관계 기본법이었는데 합의를 하려고 하다보니까 남북관계 발전법으로 이름이 바뀌었어요. 그 정신이 뭐냐면 남북 간에 만나서 합의하면 그 합의에 법률의 효력을 부여한다는 것이에요. 국가보안법상 불법단체이므로 법체계가 상충하는데 이게 남북관계의 특수성을 반영하는 거죠. 정상적이라면 국가보안법은 마땅히 정리가 되어야 하는 거죠.

장훈각: 노무현 대통령 대북정책의 기본 프레임을 정리해 주신다면요?

정동영: 노 대통령이 인생 역정에서 외교통일위원회에서 활동했거나 또 남북문제나 외교안보 분야에 대해서 식견을 쌓을 그런 기회는 없었던 것 같아요. 그럼에도 불구하고 이분이 아주 선이 굵고 분명한 확고한 자기 철학을 갖고 있었습니다. 그건 자기 나라는 자기가 지킨다는 것과 남북 간의 전쟁은 안 된다는 겁니다. 통일은 잘 모르겠는데 평화적으로 살아야지 전쟁은 안 된다는 확고한 평화주의자로서의 입장과 내 문제는 내가 풀어야 된다는 자존, 자주의 입장이죠. 어떤 면에서 보면 박정희 시대 7·4 성명의 기본 원칙이 사실 7천만 민족의 공통분모거든요. 자주, 평화, 민족 대단결은 당시 시대정신을 반영한 거라 생각합니다. 어떻게 보면 상식이지만 노 대통령은 그것을 체화한 지도자였다고 봅니다. 그리고 그것을 국가 최고 책임자로서 적극적으로 정책화하려고 했어요. 그것이 국방 분야에서 자주국방으로 나타난 것이죠. 전쟁할 때의 지휘권은 당연히 우리가 행사해야 된다는 것, 용산기지 이전, 주한미군 재배치 등등은 내 나라는 내가 지켜야지 미군을 한강 이북 휴전선에다 깔아 놓고 자동으로 개입되게 하는 건 비겁한 것이라는 거죠. 대단히 상식적이면서도 우리가 수십 년 동안 관행처럼 또 너무 깊숙이 강대국 의존하는 것에 젖어서 감히 그것을 언설로 주장하거나 또 정책화하는 것을 어떤 지도자도 감히 못 했던 거죠. 그 점에서 노 대통령의 훌륭함이 있다고 생각합니다.

저는 노 대통령을 존중했고, 존경했고 노 대통령은 저를 NSC 위원장으로 임명하면서 100% 뒷받침해 줬어요. 그리고 기본적으로 제가 가진 대북관, 외교안보관과 노 대통령의 관점은 거의 일치했습니다. 그 점에서 제가 소신껏 할 수 있었어요. NSC 위원회 구성을 보면 다 저보다 연장자였어요. 고영구 국정원장, 윤광웅 국방부장관, 반기문 외교부장관, 권진호 안보보좌관, 한덕수 국무조정실장, 이런 분들과 김우식 비서실장이 비상임으로 오셨어요. 제 생각과 관점이 대통령의 관점과 거의 일치한다는 확실한 믿음이 있었기 때문에 조율하는 데 어려움이 없었어요. 충분히 참석자들이 의견을 개진하면서 한 라운드 돌면 이견이 나오죠. 두 번째 라운드에서는 공통분모가 도출되고요. 그것을 바탕으로 제가 판단하고 결론을 맺어서 대통령 테이블에 놓으면 대통령에 의해서 거부된 적은 거의 없어요. 어떤 면에서 보면 충분히 토론을 거쳐서 대통령이 양질의 보좌를 받았다고 볼 수도 있어요.

외교 안보, 남북관계에 관해서 가령 10가지 이슈가 떨어지면 대개 대여섯 가지 정도는 남북관계였어요. NSC 위원장은 통일부장관이 하는 게 맞아요. 외교 안보, 통일문제에서 주 이슈가 남북관계에요. 두 개 정도 비중이 외교, 한 개가 국방, 나머지 한 개가 기타 사안이 되거든요. 전체 사안 중에 60%를 남북관계가 차지하니까 어쨌든 제가 주무장관이고 그런 의미에서 NSC를 끌고 가는 데 잡음이 한 번도 없었던 것 같아요. NSC가 나름대로 팀으로서 기능을 했어요. 참여정부의 외교안보팀으로요. 적어도 2004년 7월부터 2005년 말까지 NSC 위원장을 하면서 그런 기억이 있습니다. 그래서 외교안보 분야는 특별히 팀웍이 중요하다는 것이 단일한 목소리가 나야 되거든요. 그 점에서 NSC체제는 꼭 필요하다 그랬는데 이명박 정부가 맨 먼저 없애버린 거잖아요. 만날 때 마다 그쪽 정부 사람들한테 NSC 부활시켜라, 이건 국가를 위해서 정말 필요한 거라고 조언했어요.

장훈각: 핵문제로 화제를 돌리겠습니다. 미국이 고농축우라늄 문제를 제기하고 북한이 NPT를 탈퇴하면서 2차 북핵위기가 시작되었습니다.

정동영: 잠깐, 제가 NSC 위원장 할 때 작전계획 5029는 안 된다는 결론은 내렸거든요. 그 전에 존재했던 건 개념계획 5029이었어요. 개념계획은 책상에서 연구는 해볼 수 있다는 차원으로 실전 상황에 병력과 자원들을 어떻게 배치, 배분, 운영하느냐 하는 그런 계획은 들어있지 않기 때문에 그냥 한번 도상에서 연습해본 거란 말이죠. 제가 NSC 위원장 할 때 NSC회

의를 거쳐서 분명하게 작전계획화는 안 된다는 정부의 입장을 정했거든요. 한반도전쟁 발발 시에 상호방위조약에 의해서 한미동맹이 대응하는 작전계획이 5026, 5027, 5028 등이죠. 이건 한미동맹에 의거한 거예요. 그건 합당한 근거가 있죠. 그런데 비전시에 북쪽에 재난이 생겼단 말이에요. 백두산 화산이 폭발하는 재난이든, 쿠데타가 나든, 아니면 저쪽 지도자의 변고가 생기든 이것은 당연히 이건 대한민국 정부가 이 한반도 상황에 대해서 정치적으로, 외교적으로, 군사적으로 판단하고 주변국들과 협의하고 해야 할 주권에 관한 문제란 것이 첫 번째 이유이고, 두 번째로는 유엔헌장을 보면 어떤 국가의 무력행사는 타국으로부터의 침략을 받았을 때 자위권 행사 차원에서 할 수 있는 거지 가령 북한이 우리를 공격한 것도 아니고 내부의 혼란이 생겼는데 우리가 들어가면 그건 국제법상 침공이에요. 그건 유엔헌정 위반이란 것이고 우리 헌법정신에도 어긋나고 정전협정도 무력화하는 겁니다. 그런 점에서 만일 이명박 대통령 시절에 이 개념계획 5029를 작전계획으로 작성했다면 이건 엄청난 국가적 재앙이라 생각합니다 이건 언젠가 확인해 봐야 될 문제라서 기록으로 남기고 싶어요. 근데 현재 보면 그게 이명박, 박근혜 정부를 거치면서 그 물꼬가 터져버린 게 아닌가하는 의구심이 있어요. 확인해볼 필요가 있겠다고 생각해요.

장훈각: 이제 북핵문제에 대한 질문을 드리겠습니다. 미국이 고농축우라늄 문제를 제기하고 북한이 NPT에 반발해 탈퇴한 이후 북미중이 3자회담 첫날 북한 대표가 핵무기 갖고 있다고 발언하게 됩니다. 장관으로 계실 때 노 대통령께서 핵무기에 대한 본인의 인식이나 어떻게 해야 된다는 대책 등에 대해 말씀하신 건 없는지요?

정동영: 노 대통령은 북핵불용 원칙을 확고하게 가졌고 그것을 위해서 노력을 했죠. 북핵불용이라는 입장과 충돌하는 입장이 나왔을 때 거기에

대해서 굉장히 격정적으로 반응하고 그랬어요. 2005년 초에 북이 핵무기 보유 선언을 하게 되지 않습니까. 저도 그때 사의표명을 했죠. 북이 핵보유 선언하게 되니 이종석 처장을 경질하려 했죠. 이종석을 경질할 일이 아니라 내가 NSC 위원장이고 남북관계 사령탑인데 제가 그만두겠다고 했는데 그때 노 대통령이 고민이 깊었던 것 같아요. 2006년에 핵실험 했을 때 노 대통령의 평화 기조가 순간적으로 휘청 했잖아요. 대북포용 정책이 재고되어야 하는 거 아니냐고요. 그때 김대중 대통령 역할이 컸죠. 김대중 대통령이 북의 핵실험은 미국의 대북 강압정책에 대한 반발인 것이니 우리 입장에서 대북포용 정책을 포기하게 되면 미국의 강압정책에 휩쓸려 들어가게 되어 우리의 입지가 없어져 버린다고 조언했어요. 그래서 다시 원상복구 했습니다만 처음에 핵실험하고 나서 첫 발표 기자회견에서 좀 약간 흔들리는 모습을 보였죠. 그 점에서는 남북관계에 대한 뿌리 깊은 철학과 확신을 가진 김대중 대통령의 판단이 돋보였다고 봅니다.

어쨌든 노 대통령은 임기 내내 양쪽에서 시달린 겁니다. 한쪽은 벼랑 끝 전술로 계속 밀어붙이지, 미국은 미국대로 이라크 치고 나서 북한에 대한 압박으로 악의 축이라고 규정했잖습니까. 부시 정부가 등장하자마자 9·11 나고 2003년 연두교서인가 거기에서 북한은 악의 축이라고 했고 폭정의 전초기지라고 했고 군사적 옵션은 항상 테이블 위에 있다고 그랬죠. 미국의 북한 지도자에 대한 모욕과 그 틈바구니에서 끊임없이 시달렸죠. 핵실험도 했구요. 그러나 어쨌든 그런 환경 속에서 최선을 다해서 평화를 지키고 남북관계를 발전시키는 데 사력을 다한 기간이었고 일정 부분 성과도 만들었어요. 그런 환경에 보수적인 정권이었다면 어떻게 됐을 것인가를 생각해보면 선명하게 대비가 되죠. 지난번에 조 바이든 의원이 다보스 포럼에서 한 얘기처럼 미국의 네오콘으로서는 북한을 힘으로 제압하는 것이 미국의 국익에 나쁘지 않다 이런 판단을 하고 있었기 때문에 북과 대화하는 건 보상이라고 그랬잖아요. 그런 어려움 속에서 한반도의 평화를 그래도 나름대로 최선으로 관리했다고 생각합니다.

장훈각: 2005년의 핵보유 선언 직후 개성공단 확장문제와 관련해서 노 대통령은 확장하지 말고 현상 유지하라고 말씀하셨는데요.

정동영: 제가 듣지 않은 거죠. 북한이 핵보유 선언하고 나서 그 얘길 했어요. 노 대통령이 현상 유지하면 되니 계속 하지 말라고 했는데 제가 위기일수록 우리가 흔들림 없이 가야 우리의 목소리가 있는 것이고 내가 통일부장관 하려는 이유가 이건데 나는 포기할 수 없다고 했습니다. 이 상황에서 아마 관료 출신 장관 같으면 대통령이 그렇게 화내고 얘기하는데 어떻게 자기주장을 합니까. 저는 정치인이었고 장관은 항상 하는 것도 아니고 내가 있는 동안엔 개성공단을 최고의 가치로 파악했기 때문에 노 대통령이 지시가 안 먹히니까 나중에 화를 버럭 내고 그랬어요. 책임지라고요.

장훈각: 자주 화내셨나요?

정동영: 제가 노 대통령에게 질책을 당한 거죠. 개성공단에 대한 속도를 조절하라는 거죠. 또 하나는 2005년에 8·15 북쪽의 사절단이 와서 동작동 국립묘지를 참배하겠다고 했을 때 무슨 이유론가 대통령이 반대를 했어요. 사절단이 오기 전에 사전일정 협의하잖아요. 그 과정에서 노 대통령은 동작동 일정을 받지 말라고 했습니다.

장훈각: 북이 먼저 제안한 것이었나요?

정동영: 북이 제안한 거죠. 남쪽에 오는 북쪽의 대표단이 동작동을 참배하는 일정 합의를 원한다 했어요. 그건 중요한 사안이니까 대통령과 협의

를 해야 되는데 대통령 입장이 딱 정해져 있었어요. 그건 안 하는 게 좋겠다고요. 근데 그걸 안 하면 제2의 6·15 시대를 해보자고 해놓고 이게 뭐야 하면서 전체가 틀어지는 거였거든요. 제가 그 두 달 전인 2005년 6·15에 평양에 가서 김정일 위원장을 만나서 장시간 대화하고 담판하고 핵포기 설득하면서 남북관계를 다시 제2의 6·15 시대로 가자고 해서 수순을 밟아가는 거였어요. 제가 평양에 갔다 오자마자 한 조치가 제주 해협에 북한 선박 항행을 풀어버린 겁니다. 그때 군에서 엄청난 반발이 있었죠. 물론 민간 선박에 한한 것이지만 6·25 이후에 한 번도 안 풀었던 건데요. 제가 확신을 가지고 있었어요. 저는 남북관계를 풀지 않으면 어떻게 우리가 핵문제에 대해서 역할을 하겠는가 하는 생각이었어요. 특사로 가서 제가 직접 설득했고 직접 얼굴 표정을 보면서 할 수 있겠구나 하는 확신을 가졌어요. 그래서 주거니 받거니 주거니 받거니 하는 중인데 북이 동작동 오겠다는 엄청난 결단을 내린 건데 그걸 대통령이 그건 받지 말라고 했어요.(웃음)

장훈각: 노 대통령께서 이유에 대해서는 설명을 해주셨나요?

정동영: 이유는 설명이 안 됐어요. 느낌에는 정상회담을 추진하고 있었는데 평양에 가면 북쪽은 동작동에 참배했는데 우리가 김일성 주석 시신을 모시는 금수산 궁전의 참배를 거부할 수 없잖아요. 그 문제 관해서 참모들의 의견 제시가 있었던 것 같아요. 그런데 그건 그때 해결할 문제이고 당장이 남북관계를 풀어가는 거에서 결정적인 고비였는데요. 그렇지만 대통령을 어떻게 설득합니까. 제가 임동원, 정세현, 박재규 전직 장관들 모셔서 의견을 들었어요. 전임 장관들도 다 하는 게 좋겠다고 했지만 노 대통령은 요지부동이었어요. 그래서 마지막으로 이해찬 총리의 도움을 요청했어요. 매주 화요일 날 국무회의가 있으니까 그때 나 좀 도와줘야 되겠다구요. 지금 이북에서 동작동에 가겠다는데 대통령이 무슨 이유인지 하지

말라고 그러는데 이거 안 하면 전체적으로 망가진다구요. 국무회의 끝나고 나오면서 바로 옆에 조그만한 별실로 들어가서 나하고 이해찬 총리, 노무현 대통령 셋이 앉아서 동작동 참배를 안 받았을 때 발생할 문제점들에 대한 보고서를 내밀었죠. 노 대통령이 총리의 의견을 구하니 정 장관 말이 맞다고 했습니다. (웃음) 이해찬 총리에 대한 신임이 각별했으니까 책임지라고 하면서 허락했어요. 사실 소란이 있긴 있었어요. 극보수 단체들이 반대하고 이런 일 있었지만 6·25 참전 전몰장병 11만 명 위패가 모셔져 있는 곳에 북쪽 김정일 위원장을 대리하는 대표단이 와서 헌화하고 참배했다는 게 6·25에 전쟁의 한 챕터 넘기자는 화해의 제스츄어잖아요. 김정일 위원장의 뜻이잖아요. 그때 정치인 장관이었으니까 대통령을 끝까지 설득해서 결정을 뒤집을 수 있었지 관료장관 같으면 못 하지요. 제 나름대로는 이게 어긋나면 안된다고 판단했어요. 전체적으로는 6자회담이 1년 여 만에 다시 재개되고 핵협상이 시작이 되는 등 핵문제와 관련해서 뭔가 작품을 만들어 보려고 하는 상황이었죠. 결국 지렛대는 남북관계가 터지는 거거든요.

북이 또 어느 날 요구해온 것이 아리랑 축전이라고 대동강 능라도 경기장에 10만 명 학생들이 체제선전 마스 게임하는 데 남쪽에서 관광객 만 명을 보내라고 요구가 온 거예요. (웃음) 난감하죠. 6월 17일 김정일 위원장하고 저하고 두 시간 반 동안 단독회담, 그 다음 오찬회담 두 시간 반, 총 다섯 시간을 만났는데 그걸 한 문장으로 줄이면 통 크게 해보자는 것이거든요. 통 크게 해본다는 첫 번째 조치가 제주해협 통행이었고, 통 크게 한게 동작동 참배 이거 아니에요? 저쪽에서 또 요구한 것이 아리랑 축전에 만 명 관광객을 보내는 거였어요. 이건 평상시 같으면 상상할 수가 없는 일인데 베이징에서 6자회담은 돌아가고 있는 상황이었어요. 그래서 2005년 9월, 10월에 걸쳐서 몇천 명이 갔다 왔어요. 그런 바탕 위에서 9·19가 탄생하게 되는 겁니다. 남쪽을 믿고 한번 해보자 해서 조선민주주의 인민

공화국은 현존하는 핵무기와 개발 중인 핵 프로그램을 포기한다고 합의한 거죠. 원래 미국은 폐기한다는 뜻의 디스멘틀을 넣으려 했어요. 북이 스스로 알아서 한다는 의미로 어벤던 문구를 넣었어요. 영문을 어떻게 넣었는지 모르겠어요. 한글로는 포기한다, 이렇게 됐는데요. 지금까지 북한 핵 역사에서 북한이 스스로 핵을 포기한다고 국제사회에 나선 적이 없었는데, 이 합의가 그냥 나온 게 아니잖아요. 6월에서 9월까지 이 과정이 있는 겁니다. 그 과정 속에서 9·19가 만들어졌어요. 아까 말씀드린 것처럼 통일로 갈 때 핵문제 해결 때까지 결국 9·19를 이정표로 갖고 가야죠. 이게 한반도 북한 핵문제 해결에 있어서의 하나의 대장전이라고 봅니다.

장훈각: 당시 6자회담의 쟁점 중의 하나가 그 문제였었는데요, 미국은 고농축우라늄이라는 프로그램을 포함한 모든 핵무기를 요구를 했던 거고 북한은 고농축우라늄은 가지고 있지 않다고 끝까지 주장을 했었습니다. 근데 그 당시의 한국 정부에선 고농축우라늄 보유 가능성에 대해 어떤 판단을 하고 계셨나요?

정동영: 그러니까 독자적으로 특별한 정보원은 없죠.

장훈각: 정보원 파견 같은 것도 나중에 하시지 않았을까 싶은데요.

정동영: 인간정보를 통한 특별한 정보는 없었고요. 기술적으로는 물론 정보 공유 차원에서 미국이 갖고 있는 정보가 알루미늄 원통 등등해서 결국 파키스탄 칸 박사 아닙니까? 북으로 봐서 우라늄 쪽으로 가야 할 여러 가지 필요성들이 있잖아요. 우라늄은 갖고 있는 거고 또 숨기기도 쉽구요. 이런 문제를 떠나서 기본적이고 핵심적인 게 결국 미국과 북한의 뿌리 깊은 불신이잖아요. 불신과 적대가 해소되지 않고 있는데 북으로서는 어떻

게든 뭔가 여지를 남겨둬야 되는 거고 미국은 미국대로 절대 북을 신뢰하지 않는 거고 이런 속에서 결국 한국이 적극적으로 거기에 들어가서 역할하지 않으면 북핵문제 해결은 불가능입니다. 21세기가 도래하면서 미국이 계속해서 세계의 강대국으로 남기 위해서는 군사력에 있어서 최강국이어야 한다는 거고 군사력이 최강국이기 위해서는 군사비를 세계 최고로 계속해서 지출해야 한다는 거죠. 세계 최강의 군사력과 군사비용을 지출하기 위해선 어딘가 갈등과 대결의 전선이 있어야 되는 거예요. 그 점에서 북이 보는 미국은 결코 미국이 북을 인정하지 않을 것이다 하는 불신이 있는 거죠. 미국의 속성을 봐서 미국 국익에 있어서 끊임없이 적대하고 대결하는 정책을 포기하지 않을 거라는 불신이죠. 그러니까 우리가 핵을 내려놓으려면 너희는 적대를 포기하라고 북이 계속 얘기하는 근본 이유가 거기 있는 거예요. 그래서 사실 9·19에서도 미국이 북한과 정상 국가로서 국교를 수립한다고 하면서 국가로서 존중하고 있지만 흔쾌히 한 건 아니에요. 잘 안될 것이라고 보면서 그냥 아주 마지못해 응해온 것이거든요. 그러니까 우리가 여기서 주목해야 할 것은 아직도 한반도의 운명은 미국의 손바닥에 있다는 현실입니다. 이 현실을 보고 그 속에서 미국을 계속해서 설득하고 또 북한을 설득하면서 어떻게 평화를 지켜 나가고 '과정으로서의 통일'을 밀고 갈 것인가, 그게 제일 근본인 것 같아요. 그 점에서 노무현 대통령이 얘기한 균형외교라는 게, 한미동맹 포기라고 공격당했지만, 우리가 살길이죠. 한미동맹과 다자협력 이 사이에 균형을 잡는 거예요. 한미동맹은 유지 발전시키면서 계속 갖고 가는 거고 다자협력을 계속 균형적으로 추구하는 것이지요. 정전체제가 60년 된 이유가 일방적으로 한미동맹만 추종해서잖아요. 정전체제가 그럼 앞으로 몇십 년 또 가란 말이에요? 이걸 변화시키려고 참여정부가 좁게는 한반도 문제, 나아가 동북아시아 중국과 일본 사이에서, 한미동맹과 다자협력 사이에서, 또 북한과 미국 사이에서 균형을 잡는 철학으로 접근했어요. 그런 점에서 노무현 대통령의 외교안보 남북관계에 대한 철학은 다시 재조명받고 평가 받아야 된다고 봅니다. 참여정부 5년 동안에 공과가 있죠. 그런데 적어도 외교안보 남북관계에서는 자주라는 측면, 평화라는 측면, 민족동질성 회복이란 측면에서 가장 헌신적으로 열심히 했고 성과도 있었던 정부라는 점은 제가 자랑스럽게 생각합니다.

장훈각: 8월 15일에 사절단이 왔을 때 임동욱 부장하고 회담을 하셨다고 알고 있습니다. 그때 주로 논의 됐던 게 어떤 것인지요?

정동영: 정상회담 문제가 주제였어요. 워커힐 호텔에서 밤 12시가 넘은 시간이었어요. 이분이 포도주를 좋아하고 술이 엄청 셌어요. 술 때문에 아마 일찍 작고한 것 같은데요. 참 인상적인 장면이 있었어요. 오찬환영회를 하는데 우리 6·15 민간 위원회 쪽 분들을 많이 초청하고 남북분들이 함께 자리를 했어요. 거기서 분위기가 고조되자 고은 선생한테 즉석에서 시낭송을 부탁을 드렸어요. 고은 시인이 즉석시를 낭송하셨는데 그래서 제가 임동욱 부장한테 고은 시인이 했는데 좀 하시라고 했죠. 남북 접촉사에서 북쪽이 준비되지 않은 시를 낭송한다거나 이런 의미가 있는 메시지를 내놓은 일이 없죠. 의례적이거나 비공식적이고 비정치적인 말을 주로 하는 거죠. 아마 그게 처음 있는 일이었을 거예요. 이분이 냅킨에다가 메모를 하더라고요. 기록으로 남겨놨어야 되는데 있는지 모르겠네요. 하여튼 남쪽에 와서 보니 흐르는 한강이 대동강과 다를 바가 없고 여기 남산을 올려다보니 평양에 을밀대와 다를 게 없고 어디 숭례문을 비교했던가 동대문인가 그런 즉석시를 지어서 낭송을 하고 했었어요. 문재가 뛰어난 분이더라고요. 임동원 장관은 뭐라 그랬냐면 임동욱이란 사람은 뼛속까지 공산주의자이고 아주 지독한 협상가라고 했어요. 임동원 원장을 많이 괴롭혔던 것 같아요. 그러면서 두 분이 정도 들고 친하죠. 저하고 만날 때 풀리는

시기였는지 상대적으로 유연했어요. 임동욱이 그럴 줄 몰랐다는 식으로 임동원 장관이 말했죠.

그때 워커힐에서 밤에 만나서 얘기할 땐 정상회담 얘기하는데 먼저 내가 전기를 200만 킬로와트 주겠다고 그랬거든요. 중대 제안이란 게 전기 때문에 동력이 없어서 원자력 개발 못한다는데 핵을 내려놓으시면 우리가 주겠다는 거였어요. 그땐 경수로 중단 시켰고, 그것 때문에 한 발도 앞으로 못 나가는 때였단 말이죠. 경수로 문제가 돌파구를 찾아야 6자회담이 성과물을 내는 거지요. 그래서 200만 킬로와트, 이 제안이 없었음 9·19는 없었어요. 북이 연변 원자로를 동결하는 대신 200만 킬로와트 경수로를 지어주겠다는 것이 제네바 북미협정이잖아요. 1994년에 클린턴이 영변을 폭격하겠다는 계획까지 다 만들어서 실행 직전에 카터 특사의 방북으로 국민 협상국면으로 돼서 제네바합의까지 되지 않습니까. 제네바합의는 무력으로 해결하겠단 걸 합의문으로 바꾼 거란 말이죠. 대신 경수로를 지어주겠다고 했는데 이 경수로를 못 지어 주겠다 해서 이게 어그러졌단 말이죠. 이유는 북이 우라늄을 만들지 않느냐는 문제제기였어요. 한치 앞을 내다보기 힘든 국면에서 6자회담이 멈춰 있었는데 이걸 재개하려면 뻔히 이 경수로 문제가 나올 텐데 미국은 완강하죠. 미국의 입장에서 경수로는 절대 안되고, 북한은 경수로 없인 절대 안 되는 거고요. 그럼 둘이 부딪히는데 다리를 놔야 될 거 아니에요. 만일 경수로가 안 되면 우리가 200만 킬로와트의 전기를 주겠다는 답을 가져온 거예요. 김정일 위원장은 6월 17일 날 평양에서 제 제안을 듣고는 굉장히 의미 있게 경청하더라고요. 처음 듣는 얘기니까 내심 깜짝 놀랐을 거예요. 그전에 임동욱 부장이 계속 절 보고 갖고 온 중대 제안이 뭔지 얘길 하면 면담을 주선하겠다고 했어요. 나는 만나기 전엔 얘기할 생각이 없다고 했어요. 자기들도 특사가 뭔 얘길 하려 그러나 궁금했던지 돌아오는 날인데 만나자해서 만난 거에요. 근데 역시 김정일 위원장이 고수긴 고수더라고요. 듣더니 남쪽의 제안을 잘 들었고 여기에 대한 답변은 우리가 충분히 검토해서 드리겠다고 노련하게 뒤로 미루더라고요.

장훈각: 초반에는 조총련 조선신보를 통해 안 받겠다고 나왔었거든요. 한 달 정도 지난 뒤였을 겁니다. 6자회담을 위한 실무 접촉에서도 안 받는다고 임동욱 부장이 와선 다른 얘기를 했던 건가요?

정동영: 아니 그 얘기를 한 거죠. 200만 킬로와트 제안에 대해서 감사하지만 우리가 전력주권을 포기할 수 없기 때문에 우리가 지금 그것을 수용하긴 곤란하다고 했지요. 그러면서 정상회담과 관련해서 의미 있는 제안을 한 게 6월 17일 저하고 만났을 때 좋다 그랬거든요. 2000년 6·15 선언 마지막에 제 2차 정상회담을 조속한 시일 내에 서울에서 개최한다라고 합의 됐단 말이에요. 근데 2000년인데 2005년까지 5년 동안 안 됐거든요. 6월 17일 김정일 위원장한테 제안한 것은 서울 개최는 우리가 포기하고 2차 정상회담을 장소는 북에서 정하지만 백두산이든 한라산이든 어디든 개성이든 평양이든 시기는 3개월 내에 하자는 것이었어요. 평양 갔다 온 뉴스보도에 김 위원장이 나한테 귓속말하는 장면이 텔레비에 나왔었어요. 사람들이 귓속말로 뭐라 그러냐고 많이 물었는데 특별한 얘긴 아니라고 답했어요. 정상회담과 관련해서 좋은 소식을 보내드리겠다는 얘기를 귀에다 대고 하더라고요. 임동욱 부장이 답을 가져온 거예요. 미국의 태도를 봐야 되겠다고 시간을 조금 더 달라는 것이었죠. 6자회담이 열리고 있었으니까요. 내 주장은 6자회담 결과를 보고 할 게 아니라, 정상회담을 해서 이걸 추동을 해야 되는 거였지요. 임동욱 씨가 한 얘기가 제3국에서 하면 어떻겠냐고 했습니다.

장훈각: 워커힐에서요?

정동영: 그 제3국은 러시아를 얘기한 것 같았어요.

장훈각: 제3국 어디라고 특정한 건 아니죠?

정동영: 어디라곤 안 했는데 블라디보스토크나 이르쿠츠크를 얘기한 걸로 보여요. 두 군데죠. 그때 대답이 "그것은 어렵다, 남북 정상이 만나는데 한반도 내에서 만나야지, 제3국의 간섭을 초래할 수도 있는 것이니 한반도 바깥은 아니라고 본다."였어요. 저는 제주도도 좋고 한라산도 좋고 백두산도 좋고 금강산도 좋고 개성이든 평양이든 어디든 장소를 정해서 빨리 하자고 주장했어요. 사실 그때 김정일 위원장이 결단했어야 했어요. 그래야 9 · 19가 탄력을 받아서 가죠. 9 · 19까진 우리가 만들 수 있었는데 네오콘이 비틀어 버리잖아요. 비틀어 버리는 자세한 내용을 제가 저의 책에 썼어요. 그리고 핵실험으로 가버리지 않습니까. 김정일 위원장이 실기한 게 그때 한번 있고 그전, 2000년에 김대중 대통령하고 6 · 15 정상회담하기 한 달 전 5월 달에 북경에 갑니다. 그래서 장쩌민 주석을 만나요. 6월에 김대중 대통령을 만나요. 7월에 푸틴을 만나요. 모스크바 철도여행을 한 달 가잖아요. 그래서 정지 작업을 다 하지 않습니까. 그리고 10월에 조명록 차수를 백악관에 보내잖아요. 북미적대역사 60년에서 그게 하이라이트입니다. 2000년 10월 12일 미국과 조선이 적대관계를 청산한다는 조미 공동 코뮈니케를 발표하죠. 그리고 조명록이 제안한 게 미국 대통령이 평양에 와서 정상회담 하는 것이죠.

장훈각: 근데 왜 군복을 입고 그 얘길 했을까요?

정동영: 비행기 내릴 때 민간 복장이었고 다 그랬는데 그때 복장 코드도 다 얘기했단 거죠. 백악관 들어올 때 갑자기 아침에 군복을 딱 바꿔 입고

오니까 제지할 틈도 없이 기습적으로 그렇게 한 거예요. 그건 연출이죠.

장훈각: 아직 당신들과 전쟁이 안 끝났다는 메시지를 전하려 했던 걸까요?

정동영: 그런 메시지도 있고 선군주의의 표상이기도 할 것이고요. 말하자면 이게 세계 미디어를 통해서 나갈 텐데, 미디어 연출이죠. 북이 그런 건 뛰어나요. 어쨌든 평양 초청합니다. 지금도 북은 그걸로 돌아가자는 거죠. 북미관계는 2000년 10월 12일, 핵문제는 2005년 9·19로요. 이 두 개를 다시 어떻게든 다시 부활시켜야 합니다. 그것이 우리 정부가 할 일이고 해낼 수 있는 일이죠.

그런데 김정일 위원장이 서둘렀어야 해요. 한 달쯤 서둘렀으면 클린턴이 가방 싸서 평양으로 갈 시간이 있었는데요. 10월 공동 코뮈니케 이후에 미국은 올브라이트를 평양에 보내지 않습니까. 평양에 보내서 미사일 문제에 대해서 논의하죠. 김정일 위원장이 우리의 동맹국이었던 소련은 이미 해체되었고 우리의 혈맹이었던 중국은 남쪽과 수교했고 우리 입장에서 우리가 미국과의 적대관계가 해소된다면 미사일은 왜 가져야 되느냐고 솔직한 얘길 한 거에요. 올브라이트가 놀란 게 미사일 관련해서 한 10개 질문했는데 거의 아주 꿰고 있더란 거죠. 미사일 기술적인 문제까지 다 꿰고 있더라고요. 미사일 모라토리움 합의를 한 거죠. 그러니까 그때 클린턴이 페리 프로세스의 윌리엄 페리 전 국방장관과 평양 갈 준비하고 팀 짜고 있었던 거죠. 그러니까 이게 한반도에 운명의 여신이 가혹한 것이, 엘 고어가 떨어져 버리잖아요. 11월 4일 그냥 떨어진 게 아니라 수개표니 뭐니 해서 한 달 동안 난리치고 그 과정에서 도저히 평양을 갈 수 없는 상황이 되버린 거고요. 그러니까 김정일 위원장이 정상회담 등을 이런 걸 조금 서둘렀어야 돼요. 일 년쯤 아니면 최소한 한 달이라도요. 거기서 운명이 뒤틀

립니다. 역사의 가정법이란 게 허무한 거지만 참 안타까워요. 2000년 5월 북중, 6월 남북, 7월 북러, 10월 북미 조미 코뮈니케, 거기서 탁 막혀 버리잖아요. 1992년 기본합의서가 1992년 대선의 희생물이 됐죠. 그 다음 2000년 북미 공동 코뮈니케가 2000년 대선의 희생물이 되어버린 것, 2005년 9·19는 2007년 2·13합의로 살아나서 냉각탑 폭파까지 진척되지만, 그게 2007년 대선에서 좌절됩니다. 한반도의 평화문제는 결국 정치적 상황과 함수관계에 있는 거죠.

장훈각: 특사로 가셨을 때 국정원에서 실무자단도 따라갔다고 알고 있는데요. 장관님 가시기 전에 정상회담에 대한 논의가 있어왔고 어느 정도 진행된 상태에서 확답을 받으러 가신 건가요?

정동영: 아니, 정상회담이 추진이 안 됐었어요. 백지상태였죠. 필요성은 제기됐지만 정상회담은 상대가 있는 거니까 상대가 주거니 받거니 해야 되는 것인데, 그 전에 단동에서 국정원 채널이 있었어요. 사람 만나서 타진하고 이런 것들은 있었지만 정상회담이라는 건 고도의 정치적 결단이 필요한 건데 그런 결단이 나온 건 그때가 처음이죠. 사실 참여정부가 2003년에 출범해서 2년 반 경과했을 때 제가 첫 특사가 된 셈이죠. 김정일 위원장과 회담을 하면서 정상회담을 공식으로 제안하고 북이 그걸 받아들인 것이죠. 정상회담 원칙은 합의를 한 거죠. 제가 2005년 12월 달에 당으로 복귀하느냐 마느냐에서 고민한 게 그 부분이었어요. 정상회담을 어쨌든 끌어내야 되는데 내가 이걸 마무리해야 되는 거 아닌가라는 것인데요. 그리고 노 대통령도 저한테 선택권을 줬어요. 무슨 장관 하겠다고 들어가는 것도 그만큼 노 대통령이 저한테 배려해준 것이고 장관을 더 할 것인지를 본인이 판단해서 결정을 하라고 한 건 이 다음 선거에 여당 대선 후보는 아무래도 정동영밖에 없지 않겠느냐 하는 생각으로 저에 대해서 배려를

많이 했어요. 그래서 정상회담을 어떻게든 끌어내야 된다는 것과 2006년에 5월 31일 지방선거가 다가오는데 열린우리당은 내가 앞장서서 만들었는데 책임을 져야 되지 않겠는가하는 그런 의무감 사이에서 고민하고 당으로 가겠다 해서 12월 말 그만 뒀어요. 그런데 지금 생각하면 판단이 잘못 된 것 같아요. 좀 더 했어야... (웃음) 왜냐하면 정상회담 하긴 하는데 2007년 10월 3일 하잖아요. 대통령선거 두 달 전에 정상회담이 무슨 의미가 있습니까. 의미는 있지만 그 1년 전에 했어야지요.

장훈각: 어떤 면에선 차기 후보를 위해서도 하는 게 낫다고 노 대통령은 판단했을 수도 있을 것 같아요.

정동영: 그러나 효과는 제한적이죠.

장훈각: 본인에겐 제한적인데 이게 긍정적인 영향을 줄 수도 있을 텐데요.

정동영: 어떻게든 2006년에는 정상회담을 끌어냈어야 2007년 임기 마지막 1년이라도 시도를 해보는 거 아니겠습니까. 예를 들자면 원산에 조선단지 구상 같은 거 이건 삼성, 현대, 대우, 이런 대기업들이 제안한 거거든요. 조선이 일등이긴 한데 중국한테 쫓기잖아요. 지금 벌써 선복량 톤수로는 이미 중국이 일등이고, 우리가 첨단 선박이 많으니까 수주 액수로는 일등인데 이것도 이제 뒤집어져요.

장훈각: 조선소 같은 경우 미국과의 관계가 풀려야 실현 가능한 계획 아닌가요?

정동영: 개성공단의 예에서 봤듯이 남과 북이 합의하면 저는 충분히 미국을 설득할 수 있다고 봅니다. 이북 원산 아래 안변항에다 짓는 조선소는 저기술 선박이에요. 화물선이라든지, 여객선이라든지, 조선소에서 똥배라 부르는 건데 주로 노동집약적인 용접 작업이 주인 그런 건데, 그걸 지금 대련이나 천진이나 이런 데서 해오잖아요. 거기보단 북한의 입지가 훨씬 가깝죠. 그렇게 되니까 우리 조선 기술을 중국에 자꾸 이전해 주는 결과가 되잖아요. 물론 조선 기술이 노르웨이에서 독일, 영국, 일본을 거쳐 우리에게서 중국으로 건너가고 있는데요. 그래도 원산, 안변하고 거제, 울산하고 연결하는 조선 클러스트가 만들어지면 앞으로 한참 동안은 조선 산업에서 세계적 경쟁력은 갖거든요. 윈윈이죠. 얼마나 좋은 프로젝트입니까. 그럼 개성공단 못 없앴듯이 조선소 계획 세워서 갔으면 아마 이명박 정부 들어와서도 백지화하기 어려웠을 겁니다.

박광형: 능라도 축전에 만 명 넘게 보내셨던 상황에 대해서도 회고해 주십시오.

정동영: 2005년 9월, 10월에 전국에서 관광객을 모집했어요. 항공료 플러스 숙박비 해서 3박 4일에 150만 원 정도 됐을까요. 작은 돈 아니었지만 그때 부산, 목포, 대구에서 많이들 갔어요. 매일 300명, 400명씩 전세기가 계속 김포공항에서 평양 순안공항으로 실어 날랐죠. 이게 남북관계사에서 없는 일이었어요. 그때 보수 언론에서 제가 칼럼, 사설 등등으로 완전히 종북 장관으로 (웃음) 수백 번 얻어맞았습니다. 무슨 짓을 하는 거냐 지금 북한에 체제 선전극을 하는데 남쪽에서 관광객을 모집해서 평양 관광한다는 명목으로 뭐하는 일이냐고요. 그런데 반대로, 가서 정말 한 명이라도 뭔 사고를 냈으면 난 책임을 져야 될 입장이었어요. 갔다 온 사람들한테 국정원 통해서 설문조사도 하고 그랬어요. 80% 가까이가 북에 대해서 이

미지가 나빠졌어요. 사람 살 데가 아니라는 거죠. (웃음) 그러니까 반공 교육을 확실하게 한 거에요. 보수의 걱정과는 반대로 이북의 실상에 대해서 본 거에요. 특히 아이들을 뙤약볕에서 굴려 가지고 한국 같으면 가능합니까. 10만 명 마스게임을 기계같이 하고 카드를 들고 동영상을 해요. 이건 전 세계에서 북한만 할 수 있는 거에요. 전체주의 국가이니까 되는 건데요. 한명도 남겠단 사람이 없었어요. 다 돌아왔고 역설적으로 북한을 이해하기도 한 건데요.

그런 것들이 합쳐져서 2005년 1년 동안에 북한에 10만 명이 갔다 온 겁니다. 나는 변함없이 북으로 가는 문턱을 없애서 만나야 이해하고, 이해해야 북이 변한다고 봤어요. 남쪽에서 등 떠밀고 박 박사보고 살라 그러면 살겠어요? 안 살지. 1950년, 1960년대는 어선타고 월북도 많이 했지만 요새 월북하는 사람 없잖아요. 그런 것처럼 자신감을 가지고 우리가 열어야지요. 그래서 제가 통일부장관할 때 금강산에서 범민련회의 같은 행사할 때 내가 책임지겠다고 하고 범민련을 보냈어요. 그게 전에 한총련 사건 있고 나서 몇 년 동안 일절 대북 접촉이나 교류 금지 했었는데, 남북 교류라는 원칙에 예외를 둬선 안 된다고 생각했어요. 독일의 동방정책이라는 게 작은 발걸음 정책, 접촉을 통한 변화 아니겠습니까. 그게 옳다는 신념을 갖고 있었기 때문에 책임지겠다고 했어요. 그때 검찰도 반대하고 국정원도 많이 반대했었어요. 그런데 법에 보면 그거 대한민국 국민이 이북에 가고 안 가고는 통일부장관 권한이죠. 내가 권한 행사하고 문제 생김 내가 책임지겠다는 거죠. 그렇게 했는데 한번은 내가 식은땀 난 적이 있었죠. 뭐냐면 탈북해서 여기 온 사람이 어떻게 해서 금강산을 가버린 거예요. 우리입장에선 대한민국 국민인데 이북에선 반역자지요. 북한을 이탈했으니까. 이게 연합통신에 한줄 났어요. 뉴스 나는 건 막았는데 이북에선 실시간으로 들여다보기 때문에 알죠. 근데 이북이 모른 척 하고 눈 감았어요. 그런 아찔한 순간도 있긴 있었는데요.

장훈각: 억류할 수도 있었잖아요.

정동영: 네. 탈북자니까 북한이 억류할 수 있죠. 우리는 대한민국 국민이니 보호해야 되고, 굉장히 복잡한 문제가 발생하는 거예요. 그리고 또 제가 제한 없이 금강산 가라 했던 거에도 제동이 걸리는 거예요. 그쪽에 현대 직원도 있고 해서 실시간으로 계속 이상이 없다는 보고를 받았는데 결국 무사히 다시 넘어 왔어요. 이북에서 몰라서가 아니라 눈 감은 거예요. 자기들도 문제가 생기면 골치 아프니까요. 그런데 김정일 위원장 만나기 전에도 임동욱 부장이, 한총련이나 범민련 사람들까지 예외 없이 보내고 했던 것에 대해 저를 높게 평가했다고 하더군요. 평가받기 위해서 한 건 전혀 아닙니다만 이북으로 봐선 진정성을 갖고 남북관계를 정말 풀어 보려고 하는 사람이다 하는 그런 자료는 됐겠죠.

장훈각: 김정일 위원장을 만나셨을 때 느낌이나 잘 안 알려진 대화를 하신 게 있다면 그런 부분을 더 듣고 싶습니다.

정동영: 근데 저하고는 좀 통하는 느낌을 받았어요. 앉았을 때 저하고 터놓고 얘기를 하고 싶다는 느낌이 좀 있더라고요. 모두에는 준비해 간 대통령의 친서를 읽었죠. 노무현 대통령이 김정일 위원장한테 보내는 메시지 원론적인 거지만 남북관계를 잘해 보자 하는 것 하고 그 다음 한 얘기가 200만 킬로와트 제공하겠다는 중대제안 설명했어요. 김정일 위원장 본인으로서도 참여정부가 되고 2년 반이 됐으니 어디선가 물꼬를 터야 되는데 작심을 한 것 같았어요.

장훈각: 혹시 당시 200만 킬로와트 제의하실 때 발전소를 휴전선 비무장지대 내에 건설할 수도 있다는 얘기도 하셨었는지요?

정동영: 그런 구체적인 얘기까진 없었습니다. 국내 언론에서 여러 가지 아이디어들이 나오기도 했죠. 그 전 5월 달에 쌀, 비료 인도 지원에 대한 협상을 해서 타결됐었기 때문에 북도 이제 방향을 전환해야 되겠다는 작심을 하고 김정일 위원장이 대좌를 한 거죠. 2003년, 2004년, 2005년 상반기까지 굉장히 냉랭하던 남북관계를 전환하겠다고 작심한 것 같았어요. 하나는 남북관계 축이 있고, 하나는 6자회담 축이 있잖아요. 지금까지는 계속해서 핵문제는 미국하고 할 얘기지, 남쪽이 끼어들 문제가 아니라고 잘랐거든요. 그런데 제가 핵문제 얘기하는데 듣더란 말이죠. 지금까지는 사실 2005년까지 핵문제에 대해서 남북장관급 회담에서도 그렇고 정상회담에서도 그렇고 어디서도 공식적인 토론이 된 것이 그게 처음이에요. 처음이자 마지막이기도 하죠. 저의 설명 가운데 하나가 지금 참여정부가 반환점을 돌아서 시간이 없다는 거지요. 지금 노무현 정부만큼 북한과 대화가 될 수 있고 협력할 수 있고 진정으로 북을 돕고자하는 정권이 또 나온단 보장이 없다고 말했습니다. 남북관계를 통 크게 열어가려면 핵문제 해결해야 하고 우리 민족끼리 다 얘기하자면서 핵문제는 왜 남북 간에 얘길 못 하는가 하구요. 그리고 '실제 북한이 미국과의 적대관계를 해소하려면 우리를 활용하지 않고는 어렵다, 당신들 보단 우리가 잘 알지 않느냐, 가깝지 않느냐, 우리를 활용해라 도와주겠다'는 것이었어요. 그때는 아마 사담 후세인이 막 잡혀죽은 직후였어요. 그 후세인이 체포되어가지고 몇 달 안 됐던 것 같은데 북한도 공포를 느끼고 있었어요. 미국이 김정일을 타격할지 모른다는 그런 공포 분위기 같은 것을요. 김정일 위원장한테 북은 미국이 북을 무력으로 어떻게 해보려고 하는 거에 대한 두려움을 갖고 있는 걸 안다고 했습니다. '현재의 조건 속에서는 미국이 북을 치려면 국내에 있는 미군 기지를 이용할 수밖에 없다, 그런데 그것은 남한 국민이 반대한다, 그리고 노무현 대통령의 생각도 확고하다, 전쟁은 어떤 경우에도 용납할 수 없다, 어쩌면 그런 상황이 도래하면 남쪽 국민들은 미군 기지를 인

간 사슬로 에워싸서라도 전쟁에 반대할 것이다'라고 얘기했죠. 나중에 안기부에 남기는 속기록에는 뺐던 것 같기도 하고요.

워낙 얘기하다 보면 어느 대목에서 느낌이 있잖아요. 굉장히 진지해지는 빨려 들어가는 듯한 느낌이랄까요. 설득력 있는 얘기죠. 최고 통수권자인 대통령을 포함해서 남쪽의 국민이 전쟁 반대 의지를 강하게 갖고 있단 것을 아마 처음 전달한 걸 겁니다. 북한의 최고지도자한테 특사가 와서, 미국이 쳐들어오기 때문에 우리는 핵을 못 놓는다는 얘긴데 칠 수 없으니 핵을 내려놓으면, 북미 적대관계 해소를 위해서 우리가 도와주겠다는 거지요. 그러려면 6자회담에 나오라는 거고요. 김정일 위원장이 아쉬워하는 조미 공동 코뮈니케도 다자간 합의의 결과라면 그렇게 깨지지 않았을 거라는 거죠. 6자회담은 북에게 유리한 판이라는 거구요. 그런 것들에 대해서 김 위원장이 반론을 안 하더라고요. 얘기를 주거니 받거니 하는데 대답은 6자회담을 나오겠단 얘긴 선뜻 안 해요. 결국 마지막에 세 번째로 '난 특사로 와서 여기에 대한 답을 못 들으면 내려갈 수가 없습니다, 특사한테 뭔가 선물을 줘야 될 거 아니오' 했지요. 그 과정에서 동등한 주권국가로서 우리를 대해 준다면 다음 달이라도 내가 못 나갈 이유가 없다고 했어요. 다음 달이란 말을 썼죠. 내 목표가 6자회담을 재개시키는 건데 목표달성을 한 거였죠.

어찌됐건 거기서 통 크게 해보자하는 게 그 이외에도 이산가족 화상 상봉문제라든지 개성공단 사업문제라든지 여러 가지 현안을 두 시간 반 정도 얘기하면 할 얘기 거의 다 하죠. 점심시간에 옮겨서 나머지 더 얘기했어요. 한마디로 압축하면 하여튼 통 크게 한번 하자 그리고 나중에 '제2의 6·15 시대'라고 명명이 됐죠. 북에서도 저도 그렇게 설명을 하고 그 뒤에 2006년인가 2007년인가에 조선신보에서 한번 썼어요. 북이 핵포기 선언한 2000년 조미 공동 코뮈니케는 남북정상회담을 통해서 남북 간에 뭐가 쌓이니까 그렇게 갈 수 있었고 2005년 핵을 포기 한 건 정동영 특사가 와서 김정일 위원장하고 서로 신뢰를 갖게 되고 대화를 한 결과라고 정리한 문건이 발표된 적 있었어요. 결국 거기서 얘기되는 건 핵문제나 북미 적대관계 해소문제는 결국 남북문제가 먼저 통 크게 진행이 될 때 된다는 것을 저쪽도 인정한 거죠.

장훈각: 노태우 대통령의 남북회담 같은 경우에도 사실은 북미관계, 북일관계의 전제 조건이 남북관계 개선이잖아요. 그래서 어떤 면에선 북핵문제도 현재는 북미의 문제로 바라보는 게 짙은데 그것의 선결 조건은 남북관계 개선을 통해서 북핵문제 해결의 어떤 실마리를 마련해 가는 것도 방법이지 않을까요?

정동영: 그건 선후가 바뀐 거죠. 왜냐하면 YS 때가 그랬거든요. YS 때 원래는 남북정상회담을 추진하려다가 김일성 주석 사망으로 무산되고 그래서 우리 국내적으로는 조문파동으로 소용돌이가 치는데 제네바에서는 북한하고 미국하고 대화가 되잖아요. 그러면서 그때 한국 정부는 조문파동이니까 남북관계는 완전 등을 돌린 상태에서 우리 한국 외교관들이 하는 일은 협상장을 돌면서 어떻게 돌아가는지 얻어듣는 것 주미 대사관 직원들이 하는 건 국무성에 가서 북한이 뭐라고 그러던가를 귀동냥하러 다니는 것이 우리 정부의 역할이었어요. 당사자가 아니라 완전히 주변의 구경꾼 되어버린 거죠. 그래서 거기에 끼어들기 위해서 제네바합의문에 한 줄 들어가잖아요. '북미는 한반도의 평화를 위해서도 남북대화가 중요하다는 데에 인식을 같이 하고 북한은 남북대화의 성의를 가지고 임한다'는 한 줄 넣었어요. 그걸 넣어준 대가가 '경수로의 70%인 3조 5천억을 우리가 부담한다' 그거 아니었겠어요. 10년 뒤인 2005년에 9·19는 우리 남북이 소통하니까 우리가 주도해서 미국을 설득하고 중국과 조율하고 북한을 설득하고, 일본은 우리 따라다니면서 우리한테 사정했어요. 납치문제를 어떻게

의제에 하나 끼워 달라고요. 이게 어떻게 보면 균형외교라는 말로도 풀 수 있고 한반도 문제에서의 우리의 주도권 행사라고도 볼 수 있고요. 그런데 그것이 남북이 소통이 되고 남북관계가 활발해야 우리가 영향력을 행사할 수가 있죠. 제가 평양에 가서 김정일 위원장을 만나고 온 뒤에 제가 느낌으로 미국이 우리를 굉장히 존중한다는 느낌을 받았어요. 제가 힐 대사를 맨 먼저 만나서 설명 해주고 그 다음에 미국을 가요. 미국 가서 핵심은 체니를 만나는 건데요. 대한반도 정책의 핵심이 강경파의 수장인 부통령 체니였으니까, 그때는 국무장관이 라이스였네요. 그때 아이디어를 낸 게 직접 워싱턴으로 안 가고 뉴욕으로 가서 키신저를 먼저 만나서 설명해서 도와달라고 부탁하고 워싱턴에 왔는데 힐 대사나 키신저 박사나 제가 만난 라이스 장관이나 그때 안보보좌관이 라이스 후임으로 스티븐 해들리였어요. 그전에 갔을 때보다 남북관계가 터지고 북에 가서 김정일 위원장을 만나고 온 거에 대해서 듣고 싶어 했어요. 그러면서 느낌이 남북관계가 원활해야 우리 정보가 더 가치 있게 되잖아요. 정보를 쥔 사람이 힘 있는 사람이에요. 남북관계가 단절되고 북이 가령 장성택 처형 어쩌고 그러니까 왕이 중국 외교부장과 케리 미 국무장관이 통화해서 지금 북한에 이상이 있는 상황에 대해 서로 대화하는데 우리는 뭐에요. 완전히 손님 신세로 되어버리지 않습니까. 극명하게 대조가 되죠. 참여정부 때 제 경험으로 확신컨대 우리가 한반도 문제에 대해서 우리가 주인 노릇을 하려면 남북관계 정상화와 남북대화가 필수조건이다, 남북대화 없이 한반도 문제, 북핵문제를 포함해서 동북아시아의 평화안정을 얘기할 수가 없다는 거지요. 저로서는 행운이기도 하지만 저의 역할이 조금 거기 보태진 측면도 있고 개성공단 만들고 확장한 과정과 북핵문제를 대화를 통해서 합의를 만드는 이 두 가지에서 앞으로도 계속해서 출발할 수밖에 없습니다.

장훈각: 말씀을 듣다가 시간을 가는 줄 몰랐는데 약속드린 시간이 다 되

었습니다. 오늘 구술 감사합니다.

〉〉〉〉〉 3차 구술 ──────────────

박광형: 남북관계발전법에 관한 문제입니다. 그 당시에 국회에서 임채정 안과 정문헌 안 사이에 쟁점들이 있었습니다. 두 법안의 쟁점들과 하나의 법안으로 형성되어가는 과정에 관한 내용들에 대해 말씀을 듣고 싶습니다.

장훈각: 참고로, 2003년 4월에 임채정 의원 및 36인이 남북관계발전 기 본법안으로 발의를 하였지만 폐기되었습니다. 2004년 8월에 임채정 의원 등 125명이 남북관계발전 기본법안을 다시 발의하고, 동년 11월에 한나라 당의 정문헌 의원 등 18명이 남북관계 기본법안을 국회에 상정하여 법안이 나오게 됩니다.

정동영: 이 법은 2003년과 2004년에 두 번, 16대, 17대 국회에 의원입법 으로 발의가 되었습니다. 1950년대의 보안법에서 1994년 즈음에 경제협력 법으로 바뀌는데, 정상회담 이후 달라진 보안법 시대에 남북관계를 규율 하는 법이 있어야 된다라고 해서 남북관계의 기본법을 만들자 하였고, 이 것을 의원입법형식으로 추진하자고 하여 시작된 것입니다. 정부가 그것을 제정하기로 방침을 정하였고, 그렇게 나온 법안으로 당시 여당과 야당을 설득하는 과정이 있었습니다. 나중에는 기본법이 아닌 관계발전법으로만 절충되었는데 그래도 법적 근거가 만들어지는 게 중요하다 하여 타협을 한 것입니다.
 핵심은 남북 간의 많은 회담과 합의의 법적 효력에 관한 문제입니다. 그

래서 그 발전법에 근거하여 남북회담과 합의문의 성격이 법적인 효력을 갖게 된 것이 가장 핵심입니다. 보안법 체계에서 본다면 반국가단체에 속하는 북한의 구성원들과 합의한 것이 어떻게 법의 효력을 갖게 되느냐는 기묘한 상황이 됩니다. 법률가의 눈으로 본다면 세계적으로 이런 사례가 있을지 모르겠습니다만 보안법, 남북관계발전법이 모두 살아있는 상황에서 이것을 뭉뚱그려 해석하는 것이 관계의 특수성이라고 할 수 있습니다.

장훈각: 당시 논의됐던 핵심적인 문제들 가운데 하나가 기본법이라는 표현을 쓸 것인가에 관한 것이었습니다.

정동영: 야당이 그 부분에 대해서 강력하게 반대했었습니다.

장훈각: 그 다음은 북한을 어떻게 부를 것인가 호칭의 문제가 굉장히 중요한 문젯거리였었습니다. 통일부장관으로서 어떤 견해를 가지고 계셨는지요?

정동영: 법이 통과되는 것에 대해서는 상당 부분 정부의 태도가 중요한 부분입니다. 왜냐하면 국회에 법을 내놓고 계류되면 세월아 네월아 하고 지나가거든요. 당시 의원입법으로 발의한 것이 있었고, 2005년 내에 기본법을 만들자고 통일부 간부들과 목표를 세운 것이지요. 제가 이것은 연내 제정해야 된다라고 목표를 세우고 정부발의 법안은 아니지만 정부가 발의하고자 하는 내용이 의원입법 형태로 나와 있으니까 통일부도 적극적으로 밀어붙인 것이지요.

박광형: 특별히 의원입법 형식이 바람직하다고 판단하신 이유가 있으세요?

정동영: 왜냐하면 전체 법을 100건으로 보면 정부발의 건수는 70%를 차지합니다. 전에는 90% 됐을 거고요. 물론 법안의 세세한 부분을 고치는 것까지 건수로 치니까 그렇긴 한데, 의원발의의 장점이 뭐냐 하면 여야를 아우를 수 있다는 것입니다. 여당과 야당의 협상을 통해 가능한 부분인데 정부발의를 하면 야당과 부딪치게 되고 정부 대 야당의 관계가 됩니다. 특히 남북관계 문제가 이념문제로 경직이 되면 사실 처리하기가 쉽지 않은 점이 있지요. 그래서 여당이 발의하고 야당이 거기에 대안발의를 하면 절충하기가 쉽습니다. 그래서 입법 기술상 국회에서 의원발의 하는 법 중에서 상당 부분이 정부가 우회하는 통로로 의원입법의 형식을 취하는 경우가 꽤 많습니다.

장훈각: 처음 발의된 게 2003년인데요, 그때도 통일부에서 관심을 가진 법안이었나요?

정동영: 그건 잘 모르겠습니다. 2003년에 발의는 되었지만 국회에서 자동으로 폐기되었고, 2004년에 다시 발의되어 있었는데, 2005년에 남북관계가 활발해지면서 이걸 뒷받침하기 위해서 법적으로 새로운 체계가 필요하다 해서 통일부가 전면에 나선 것이지요. 야당에 계속 설명하고 여당이 주도하고 그랬습니다. 그래서 12월 30일인가 국회 마지막 날 제가 여기 와서 할 일은 다했다고 하면서 종무식을 했던 기억이 납니다. 그런데 원래 야심은 남북관계에 관한 기본법을 만든다는 생각을 가지고 덤벼들었는데 호랑이를 그리려다가 고양이 정도밖에 못 그렸지만 그러나 안 그린 것보다는 낫다고 봅니다. 아쉬운 부분이지요.

장훈각: 남북관계발전법은 당시의 필요성뿐만 아니라 새로운 남북관계를 모색하는 하나의 전기가 되는 상당히 중요한 법안이고, 여야 합의로 남

남갈등을 극복한 하나의 예라는 점에서 큰 의미가 있습니다.

정동영: 남북관계 기본법이 남북관계발전법으로 약화됐지만 그렇게라도 법적 근거를 만들 수 있었던 것은 참 다행스러운 일이었습니다. 아쉬운 것은 그 전에 제가 통일부로 왔을 때 2004년 말 과반수를 가진 여당이 국가보안법을 폐기하거나 또는 대체입법으로 가지 못한 것이 아주 중대한 실책이고, 그것이 아마 참여정부와 열린우리당 실패의 결정적으로 중요한 부분이라 생각합니다. 물론 국가보안법 폐기에 대해서 반대하는 세력도 강했지만 이 부분을 확고하게 뒷받침하는 세력 또한 작지 않단 말이죠. 그러면 폐지는 아니어도 국가보안법 대체입법 또는 형법에 그 조항을 살리거나 이른바 독소조항을 걷어내는 것 등은 한나라당도 타협할 수 있었거든요. 이렇게라도 타협해서 갔어야 참여정부와 열린우리당이 최소한의 지지기반을 가지고 곤경에 빠지지는 않았을 것 아닌가 하는 아쉬움이 있는 겁니다.

박광형: 두 번째 질문입니다. 2003년 일이라고 알고 있는데요. 미국 쪽에서 먼저 미군 감축문제를 다음해로 연기하자 했다고 대통령께 보고 드렸는데 국정상황실에서 알아보고 이것은 NSC와 외교부가 대통령을 속인 사건인데 실제로는 NSC에서 먼저 요구했다 외교부에서 먼저 요구했다 이렇게 진실 공방이 있었습니다. 그 당시 상황을 회고해 주시겠습니까?

정동영: 철수 부분이 아니라 전략적 유연성 문제였을 거예요. 대통령이 직접 지시를 했죠. NSC 위원장이 쥐고 그 당시 민정수석 문재인 수석과 누구누구를 지명해주면서 이 문제에 대해서 결론을 내리라고 하셨습니다. 계속 논란이 있었으니까요. 자세한 건 기억이 안 나는데, 결론은 대통령을 속인 건 아니라고 그렇게 났던 것 같아요. 실제 서로 불통에서 온 부처 간

의 장벽이나 칸막이에서 오는 것이 있었고, 또 하나는 한미관계를 보는 시각에 분명한 차이가 있었습니다. 외교부는 기본적으로 워싱턴을 중심에 놓고 생각하는 경향이 있고, NSC는 우리의 주권을 중심에 놓고 사고를 하는 게 강해서 서로 충돌하는 경우가 많이 있었습니다. 어쨌든 중요한 것은 외교안보 국방통일에 관한 의제는 대통령 의제잖아요. 그러니까 대통령이 어떤 철학과 신념을 갖고 있느냐가 이 문제를 지배하는 거예요. 그리고 철학이 없으면 이게 갈팡질팡 우왕좌왕하는 거죠. 나쁜 철학이라도 있으면 한 방향으로 가는데 철학이 없으면 이게 뒤죽박죽이 되는 거예요. 그런 점에서 노무현 대통령은 '자기 나라는 자기가 지켜야지'라는 가장 소박하지만 기본적인 철학, 아니 독립적인 주권국가인데 우리나라는 우리가 지켜야지 지킬 수 있는 능력을 가져야지 그런 자부심을 가져야지라고 하는 당연한 것이면서도 당당한 것이라는 생각을 하고 계셨습니다. 그런 당당한 자주적 자세, 북한에 대해서도 중국에 대해서도 미국에 대해서도 일본에 대해서도 그런 당당함을 보이고자 하셨습니다. 아마 김대중 대통령이 지혜로움이 돋보였다면 노무현 대통령은 주체성과 당당함이 돋보였다고 할 수 있습니다. 그러다 보니까 가끔 파열음 불협화음이 생기기도 했습니다. 그러나 당시에 말하자면 한미관계가 불편하고 이 정권의 핵심부가 반미성향을 띤다라고 보수 언론을 통해서 집중적으로 비판된 것은 왜곡된 거예요. 반미성향이 아니라 내 나라의 주권을 우선시하고 자주국방을 얘기하고 남북관계에서 우리의 주도성을 얘기하는 건 지극히 당연한 것임에도 불구하고 너무 언론환경이나 지식인 사회 이런 부분들이 한쪽으로 몰았던 경향이 있었습니다.

박광형: 그것과 관련해서 특히 외교부와 청와대 입장 사이에 잘 맞지 않는 점이 몇 번 드러난 경우가 있습니다. 첫 번째는 6자회담을 앞두고 콘돌리자 라이스 국무부장관이 왔을 때 북한의 안전을 보장하겠다고 노무현

대통령께 얘기했을 때, 한미 간에 그 문제에 대해 논의했던 사실이 보고가 되지 않은 경우가 있어서 대통령께서 화를 내셨다는 말이 있습니다. 두 번째는 6자회담 당시에 평화체제를 만들기 위한 평화체제라는 문구가 들어가도록 노력하라는 훈령을 내렸고, 장관님께서도 그렇게 말씀하셨다고 나와 있었는데요. 그 훈령을 보내는 것도 모자라서 실제로 박선원 비서관이 훈령을 제대로 따르는지 감시하도록 보내는 일까지 있었다고 알려져 있습니다. 외교부와 청와대 사이에 통일부 청와대 사이의 엇박자라 그럴까요, 그 부분들은 어떻게 보시는지요?

정동영: 박선원 비서관을 9·19 6자회담에 배석하도록 베이징에 보낸 것은 꼭 감시관으로가 아니라 당연히 NSC에서 가야 되는 것이었습니다. 그런데 이 평화체제 문제에 관해서는 관료기구의 관성이 있잖아요. 관료기구는 정권이 바뀌어서 대통령이 들어서면 그 대통령의 철학을 잘 실현할 수 있도록 뒷받침해야 되잖아요. 그런데 관료제의 특성상 자기들의 관성에 따라서 대통령을 끌어오려고 움직이려고 하는 것 역시 자연스러운 것이기도 하겠죠. 그것이 국가를 위한다고 믿는 것이겠죠. 외교부는 평화체제에 대해서 회의적이었습니다. 그런 점에서 노무현 대통령이 생각하는 평화체제와 반기문 장관이 생각하는 평화체제 사이에는 상당한 간격이 있었다고 보는 거죠. 그러니까 노 대통령이나 저는 '지금 전쟁 끝나고 60년이 됐는데 아직도 정전체제가 뭐냐'라는 소박한 문제의식에서부터 시작해서 정전체제에서 평화체제로 넘어가려면 기본적으로 작전권은 있어야지 그리고 이미 북한은 전쟁을 할 수 없는 국가다. 전쟁이 불가능한 주변 동북아 질서가 형성되어 있다. 이런 정세판단을 한 반면에 국방부는 국방부의 속성상 주적으로서 북을 보는 것이고, 외교부는 늘 회의적이었습니다. 그리고 북의 제의를 이른바 위장평화공세로 간주해 왔어요.

콘돌리자 라이스 국무장관과 관련한 문제는 이렇습니다. 부시 미 대통령이 2005년 초에 콘돌리자 라이스 안보보좌관을 국무부장관으로 임명했는데 그 라이스 장관 밑에 부장관 로버트 젤릭(Robert B. Zoellick)이라고, 나중에 세계은행 총재를 한 사람이에요, 이 사람이 동유럽과 소련의 변화에 대해 상당히 저명한 전문가예요. 젤릭이 한반도 냉전해체와 관련해서 동유럽의 변화 모델을 적용해서 장문의 보고서를 콘돌리자 라이스에게 냈어요. 동아시아 냉전을 해결하는 핵심은 정전체제를 평화체제로 바꾸는 것이라는 내용이었습니다. 미 국무부장관은 전 세계 200여개 국가를 머릿속에 집어넣어야 되니까 한 분야 한 지역에 정통하긴 어렵잖아요. 그런데 자기가 믿고 맡긴 부장관이 그런 개념 틀을 제시하니까 그렇게 이해하고 있었던 거죠. 그 생각을 미국 뉴욕에서 반 장관을 만났을 때 던진 것 같아요. 그것은 굉장히 중요한 사안으로 대통령이 알아야 할 일이죠. 그런데 보고를 하지 않았습니다. 당시 우리 외교부장관은 미국의 국무장관이 평화협정, 평화체제에 대해서 얘기한 의미에 대해 제대로 이해하고 대응하지 못했던 것 같아요. 보고가 없는 상황에서 라이스가 취임하고 청와대에 와서 얘기하면서 "반 장관에도 전에 이야기했습니다만, 평화체제 문제에 대해서 관심이 있습니다."고 말했습니다. 엊그제 "북은 폭정의 전초기지다."라고 이야기를 해서 북한의 강한 반발이 있었는데, 국면을 경색시킨 장본인이 와서 문제를 평화적으로 풀어야 되고 평화체제에 관심이 있다고 하니까 깜짝 놀랐던 거지요. 또 하나는 반 장관에게 이야기를 했다는 말은 들어본 적이 없잖아요. 그래서 콘돌리자와 면담이 끝난 뒤에 "아니 반 장관 무슨 얘기요?"라고 말이 나온 겁니다.

평화체제 이야기 조금 더 하자면, 어쨌든 그 이후에 6자회담이 일 년여 만에 북경에서 재개되잖아요? 6자회담이 타결로 갈 때 우리가 제일 챙겨야 할 부분은 핵문제에 대해서 문서를 만드는 것인데, 선언적일지라도 정전체제를 평화체제로 바꾸는 내용이 문서에 포함되는 것이 역사적 의미를 갖는다고 생각했습니다. 그래서 제가 당시 협상 대표인 송민순 차관보에게 누누이 이야기했어요. "당신이 이번에 협상을 타결한 것 자체도 역사적이지만 거기에 평화체제라는 이 네 글자가 들어가게 되면 외교관으로서 두고두고 명예로운 일이 될 거다. 꼭 관철하시오."라는 주문이었습니다. 2005년 9월 19일에 베이징 공동성명 타결 전에 마지막에 문구 조정에서 걸림돌은 평화체제 문제였어요. 미국에서도 크리스토퍼 차관보를 보좌 겸 감시하러 미 NSC에서 온 팀이 굉장히 까다롭게 간섭했습니다. 그중에 평화공존(peaceful coexistance)이라는 문구는 과거 냉전 시대에 소련이 선전 공세로 상투적으로 쓰던 건데 이 말을 받아들일 수 없다고 했습니다. 송민순 차관보가 조어(造語)에 능해요. 굉장히 머리가 좋은 분이에요. 송 차관보가 그러면 한글로는 평화공존이라고 쓰고, 영어는 coexistence라는 말은 피하고 exist peacefully together, 이렇게 바꾸면 되지 않겠냐고 했습니다. 그런 고비를 넘어서 정전협정의 당사자들이 모여서 평화체제 논의를 시작한다고 합의했습니다. 이 구절이 빠졌으면 지금 언제 어디서 그 얘길 다시 시작합니까? 이 틀이 만들어졌다는 것 자체가 굉장히 역사적으로 의의가 있다고 봐요. 그 점에서 저는 NSC 위원장으로서 그런 기여를 했다는 것에 보람을 느낀 겁니다. 이제 그게 진행이 안 되고 있어서 그렇지 논의할 수 있는 토대는 있는 거잖아요? 남북관계가 풀리고 논의를 시작하면 9·19에 명시된 대로 당사국 미국, 중국, 남북한이 모여서 이 정전체제를 어떻게 할 것인지 논의를 시작하자라고 할 수 있는 것이죠. 그것이 만들어졌다는 것에 의미가 있죠.

장훈각: 국방부나 외교부는 비교적 보수적인 스탠스를 취한다고 볼 수 있잖아요?

정동영: 그 부처의 속성상 그렇습니다.

장훈각: 부처 간 견해차가 NSC가 큰 차원에서 운영되는데 어떤 지장을 주었다거나, 아니면 문제를 어렵게 했다거나 하는 일들이 NSC 상임위원장으로 계신 동안 없었는지요?

정동영: 이렇게 볼 수도 있어요. 체크 앤 밸런스라고 할 수 있습니다. 외교부, 통일부, 국방부 시각이 다 다르니까요. 또 국정원이 있고 NSC가 있고 이렇게 되니까 다양한 관점에서 얘기가 되니까요. 제가 한 1년 반 NSC를 이끄는 과정에서도 가끔 견해 차이가 있었습니다만, 한 라운드 돌아가고 다시 "아, 그래요? 다 들으셨으니까, 더 얘기해보시죠."라고 사회자 입장에서 이야기합니다. 그때 고영구 원장이 국정원장이셨는데 그분이 아주 유능한 판사 출신의 법률가잖아요. 두 바퀴 정도 돌면 대개 고영구 원장이 "그러면 답이 대개 나왔네요." 이러면서 이분이 정리하는 거예요. 도움을 많이 받았어요. 국방부, 외교부, 통일부가 각각 입장이 다를 수 있죠. 조정안을 내면 다들 만족해 하고 상당히 효율적으로 운영된 팀이었다고 생각해요. 윤광웅 국방부장관, 반기문 외교부장관, 고영구 국정원장, 한덕수 국무조정실장, NSC 권진호 안보보좌관, 이종석 NSC 사무차장, 그리고 김우식 비서실장이 가끔 참석했습니다. 견해 차이가 있긴 했어도 늘 한 방향으로 움직여 왔어요. 그것이 9·19를 만들어 낸 엔진이었습니다. 그 NSC 상임위원회체제에서 실무적으로는 NSC 사무처가 든든하게 뒷받침을 했습니다. 거기서 정세분석, 전략기획, 정책조정 이런 것들을 처리했습니다. 고급 실무 레벨인 차관보 레벨에서 다 정리가 되고 그 위에 장관급 회의체가 상설로 돌아간 것이죠. 그 모델이 대한민국의 외교안보 통일팀의 가장 바람직한 모델이죠. 대통령이 직접 일일이 하나하나 의제에 개입하지 않아도 걸러지잖아요. 실무 레벨, 고위실무 레벨, 장관급 레벨. 이렇게 해서 정리 정돈이 되고, 대통령이 보좌를 받는 거죠. 대개는 99퍼센트 그대로 갔습니다.

박광형: 가장 논쟁이 많이 됐던 케이스로는 어떤 문제들이 있었는지요. 합의가 잘 안 이루어졌거나 논쟁이 격했던 케이스를 든다면 어떤 것들이 있었는지요?

정동영: 전략적 유연성이니 주한미군 감축문제 또 평택기지 이전문제들이 있었습니다. 최근에도 보면 연합사는 용산에 남아야 된다 하는 이런 게 있잖아요. 하나하나가 다 부처 나름대로 합리적 근거도 있고 또 부처 이기주의도 있는 문제이기도 합니다. 미국은 파병을 요청하고, 핵문제는 지금 벌어져 있고, 거기에다가 주한 미군 감축문제까지 걸려 있었잖아요. 감축 문제는 미국의 세계 전략에 따른 거잖아요. 럼스펠드라는 사람이 21세기에 어떻게 미국의 국가이익을 지키고 운영할 것인가 하는 구상을 내놓잖아요. GPR(Global Posture Review)이죠. 그 핵심이 전략적 유연성이에요. 붙박이로 한 곳에 두지 말고 유연하게 날아다닐 수 있게 만들자, 기동군을 하자는 겁니다. 그 개념이 부시 때 채택이 되어 실행이 되는 과정에서 주한 미군도 3만 8천 명 붙박이로 둘 게 아니고, 1만 2천 명을 감축하자는 것이었습니다. 그 부분에 대해서 대통령의 입장은 분명했거든요. 미국이 자기들 국익에 의해서 그런 결정을 했다면 당당하게 받아들이고, 미군의 감축으로 인해 허술해진 우리 국방능력을 어떻게 효과적으로 잘 보완하느냐하는 것에 초점을 맞춰서 진행하면 된다는 생각이었습니다. 반면 국방부나 외교부는 어떻게든 막아야 된다는 입장이었어요. 관점이 다른 거예요. NSC는 대통령이 그런 철학을 관철하도록 뒷받침을 해주는 것인데, 노 대통령의 현실 인식이 훨씬 더 현실에 기반하고 있는 거죠. 우리가 가면 안 된다고 떼쓰고 붙잡은들 미국이 세계 전략하에서 해외 주둔 미군을 재배치하는데 되겠어요? 내 나라는 내가 지킨다는 당당한 자존심과 그런 주체성을 가지고 대하는 것이 맞다고 봅니다. 그 점에서 노무현 대통령이 역사적으로 평가받아야 된다고 생각합니다.

장훈각: 2005년 1월에 국방백서에서 '주적'이라는 표현을 빼잖아요. 그것도 NSC에서 논의가 이루어지지 않았습니까?

정동영: 그렇죠. 그러니까 이게 NSC 같은 시스템이 없으면 아마 과거 정부 때도 시비가 있었을 거예요. 한쪽에서는 시대착오적이라고 하고 또 다른 한쪽에서는 뭔 소리냐 하면서 사안이 사회적 갈등으로 비화되거든요. 그걸 그때도 몇 차례 회의했었는데, NSC에서 다듬어서 원만하게 잘 됐어요.

장훈각: 이 문제를 처음 제기했던 쪽은 어디였습니까? 국방부에서 상정한 것인가요?

정동영: 그건 아니죠. NSC 사무처 차원에서 제기된 걸로 압니다.

장훈각: 사무처에서도 독립적으로 의제를 상정할 수 있는 것이었나요?

정동영: 그러니까 정책조정 또 전략기획, 정세분석, 이런 과정에서 각 부처의 크고 작은 현안들이 올라오니까, 아까 말씀드린 고급 단위의 실무 조정을 거쳐서 NSC로 던져지는 것이죠. 주적문제는 처음 나온 건 아닙니다. 김영삼 정부 때 이미 나왔었나? 당시 NSC에서 왜 그것이 의제화되었는지는 기억이 분명치는 않아요. 그러나 그때 원만하게 잘 처리되었습니다.

장훈각: 국방부에서 특별하게 반대하지는 않았고요?

정동영: 네. 충분히 자기들 입장을 개진할 수 있었고, 또 합리적인 토론이 있었고 그리고 받아들일 만큼 대안이 제시되었습니다. 제가 그 문구는 기억 못하지만 이런저런 군이 걱정하는 우려를 해소할 수 있는 그런 대안

으로 정리가 됐던 것 같습니다.

장훈각: 당시에 보수 쪽의 비판이 굉장했었고, 정부가 군에 압박한 결과로 이야기했던 논조들도 있고 했던 것 같아요. 그런데 실제 결정 과정에서는 그런 건 없었다는 말씀이시죠?

정동영: 네. NSC회의의 장점이 바로 그런 경우죠. 국방부장관이 이걸 빼면 안 된다고 했겠죠. 주적이라는 문제에 대해서 쭉 돌아가면서 얘기하고, 다시 또 얘기하고... "대안을 이렇게 해 봅시다." 얘기하면서 하루에 결론이 안 나면 그 다음 회의에 부쳐서 다음에 논의하고 합니다. 그리고 그 발언은 장관이 하지만 혼자 하는 게 아니라 다 걸러서 올 것 아닙니까? NSC 실무회의의 각 부처 간 조정도 하고 그러니까 그 과정을 통해서 소통이 이뤄지는 거죠. 부처 간 소통이 충분히 이뤄지니까 강압으로 한 부처가 반대하는데 밀어붙이고 그런 건 없었어요.

장훈각: 전작권 문제 같은 경우도 언제까지 하면 되겠냐고 노무현 대통령이 질문한 것에 대해 완벽한 자주국방은 아니어도 전작권을 환수받고 부족한 부분을 채우는 데 2012년이면 될 것 같다는 국방부의 보고에 따라 2012년으로 하는 것으로 결정되었다고 알고 있습니다.

정동영: 원래 처음에 노 대통령이 물어 봤을 때는 "2010년경이면 됩니다." 라고 했다가 2012년이면 된다고 해서 2012년이라고 했습니다. 아마 2012년 4월 17일로 날짜를 잡았을 겁니다. 작전권을 이승만 대통령이 미군사령관한테 넘겨 준 게 1950년 7월 14일경입니다. 6 · 25 나고 나서 미군들 참전하고 2주인가 7월 14일인데 그것을 거꾸로 2012년 4월 17일 날 그런 뜻이 있었다고 한 기억이 납니다. 그랬는데 그게 2012년에 북한의 핵실험 관계로

2015년으로 했고, 어제는 보니까 2020년 이후로 얘기한다고 들었어요. 이것은 한반도의 냉전 질서를 2020년까지 끌고 가겠다는 말밖에 안 돼요. 결국 4강의 이해관계가 한반도 상공에서 교차하는데 그걸 뚫고 어쨌든 이 냉전을 종식시키려면 북한의 결단을 촉구하고 북한을 국제사회로 끌어내어 정전체제를 평화체제로 만들어야 하는데 작전권 없이 주체가 됩니까? 계속 작전권을 가지고 있는 미국과 2인 3각으로 묶여서 북한과 얘기를 할 수밖에 없는 거죠. 정말 이건 반역사적 사고라고 생각합니다.

장훈각: 선생님 계실 때도 NLL문제에 대한 구상을 가지고 계셨는지요?

정동영: 그렇죠. 김대중 대통령 때 월드컵 할 때 인가요? 1차, 2차 서해교전 있었습니다. 서해가 화약고잖아요. 휴전선에서는 크게 충돌이 일어날 가능성은 별로 없다고 봐요. 노 대통령이나 정부 사람들이 이 문제를 계속 끌고 가는 게 아니라 뭔가 해법을 찾아보자 하는 문제의식을 가지고 있었습니다. 제가 2005년 6월 17일에 김정일 위원장에게 제기한 주요 의제 중의 하나가 NLL문제였습니다. "육지에서는 북쪽 영토에다 개성공단도 만드는데 바다에는 개성공단을 왜 못 만듭니까."라는 것이 제 제안이었습니다. 김정일 위원장도 흔쾌히 받아들였습니다. 그동안은 남쪽 정부가 NLL은 절대 불가침의 성역처럼 북쪽이 말도 못 꺼내게 완고한 입장이었는데, 이 정부가 NLL에 대해서 대화점을 찾아보자고 하니까 저쪽에서는 좋아했겠죠. 이런 측면도 있겠지요. 그러나 현실적으로 늘 거기가 화약고가 되어 있는 것이고 해결해야 하는 과제입니다. 김정일 위원장이 그때 "육지는 선이라도 있지만 바다는 선도 똑똑치 않은데, 거기서 총질을 하고 싸우는 것은 바람직하지 않습니다. 이 문제에 대해서 협의를 합시다." 이렇게 말했어요.

NLL을 영해선이라고 이야기하는 것은 맥락을 모르는 사람들이 하는 말입니다. 사실 박정희 정권이 영해선을 인천 앞바다까지 밖에 못 그었잖아요? 근본문제입니다. 분단문제의 가장 갈등적 요소인 NLL문제 이것을 국내정치에 동원하고 국내 선거에 이용한 세력, 이게 핵심문제입니다. 그 결과는 뭐냐, 수시로 충돌이 일어나서 민간인이 다치고 죽고 불안정해지고하는 그 뿌리는 결국 냉전세력, 분단세력에 있다고 봅니다. 참 불행한 일이죠.

장훈각: 한국 정부가 북한에게 NLL 관련해서 제안한 것이 그때가 처음이었나요?

정동영: 그 전에는 일절 없었죠. NLL은 타협의 대상이 아니라고 했으니까요. 그런데 1992년 기본합의서에서 양쪽 이견이 있다는 걸 인정하고 별도의 합의된 군사경계선이 획정될 때까지는 현재 상태를 유지한다고 했습니다. 그것은 남측 요구대로 된 겁니다. 왜냐하면 북은 계속 인정하지 않았는데 그걸 유지한다고 그랬으니까요. 그런데 1991년 12월의 그 상황은 베를린 장벽 무너지고, 동독이 없어지고, 동유럽이 붕괴하고, 소련이 해체되었죠. 그 다음에 한중수교가 임박한 상황 속에서 절체절명의 위기에 몰렸던 북한 정권이 굉장히 기울어진 운동장 협상에서 끌려들어 간 겁니다. 그 후에 NLL문제가 본격적으로 제기된 것은 2005년이죠. 노무현 대통령의 생각은 서해를 화약고에서 육지의 개성공단처럼 그러한 평화의 공간으로 만들어 보자는 것이었어요. 개성공단이 없을 때는 거기가 전부 포병부대, 남쪽을 향해서 방사포 장사정포하고 포병여단하고 정예 2개 사단과 주둔지였습니다. 그런데 공장에 모여서 오손도손 물건을 만들고 얼마나 천지개벽했어요. 왜 바다는 못 만드는가 하는 그런 문제의식이죠. 그렇게 하면 누구에게 득이 됩니까? 아무래도 서해 연평도 도서에 사는 주민들과 우리 국민들이 직접적 수혜자가 되는 것이죠. 이런 정치를 할 거냐 아니면 계속

해서 이걸 정권 잡는 데 이용할 거냐, NLL 소동이 그거 아니겠습니까?

박광형: 얘기가 길어졌습니다만 처음에 구술해 주셨을 때 장관은 관료 출신보다는 정치인이 낫겠다는 의견을 피력해주셨는데요.

정동영: 압도적으로 저는 그렇게 생각합니다.

박광형: NSC에서 경험이 그렇게 생각하시는 데 영향이 있었나요?

정동영: 제가 다른 부처 장관들 보아도 아주 특별한 전문성이 요구되는 부처가 아니면 일반 부처의 경우에는 내각제에서는 관료는 차관까지밖에 못합니다. 내각제는 선출된 국민의 대표가 각 부서를 관장하는 거죠. 어느 국가나 마찬가지지만 관료기구가 비대해지고 오래 정치하다 보면 국민을 위한 봉사보다는 자기 자신들의 이익에 봉사하는 경우가 많습니다. 대표적인 예가 부처 이기주의고 칸막이이고 이런 것들입니다. 그리고 최근에 나오는 관피아니, 모(某)피아니 이런 현상들이 드러나는 거죠. 보통 정치인과 관료 장관과는 차이가 있어요. 관료는 대게 9급, 7급, 행정고시 등 이런 데서 시작해서 출발하잖아요. 사무관, 서기관, 과장, 부이사관, 이사관, 관리관, 차관보 이렇게 올라오는데, 그 과정에서 그분들의 능력이 그중에서도 선발되고 능력 있어서 올라오는 분들이지만 주로 승진, 보직 이런 게 주 관심이에요. 그래서 장관이 되면 그 부처의 보호자가 되는 반면에 개혁가가 되기는 힘들죠. 그 조직 안에서 성장해서 정상까지 왔을 때 그 조직을 개혁하기는 힘들다는 거죠. 그런데 정치인은 외부자이잖아요. 외부자로서 그 부처의 이해관계로부터 비교적 떨어져 있습니다. 그리고 정치인은 늘 기본적으로 유권자, 즉 표를 의식하는 사람들이잖아요. 국민에게, 유권자들에게 어떤 영향을 미치는가 이런 관점에서 우선 사고합니다. 우리

헌법도 의원내각제적인 요소가 있기 때문에 의원내각제에서 내각을 담당하는 것은 준용해서 각 부 장관을 정치인들이 장관을 하는 것이 개혁 내각을 꾸리는 데 맞지 않느냐라는 생각이 들어요. 그냥 이대로가 좋다, 이대로 그냥 사고 없이 잘 관리하는 데는 관리 출신들이 능하겠지만, 무엇인가 현상의 변화를 시도하고 개혁을 이루어 보려면 정치인 내각이 맞지 않을까 생각합니다.

박광형: 아까 외교문제에 당당한 지도자로서 대통령에 대해서 경외감까지 느끼셨다고 그러셨는데 그 당당함이 좀 지나치다고 생각하셨던 시기도 있었던 것 같아요. 2004년 11월 12일에 노무현 대통령께서 미국 LA에 있는 국제문제협의회라는 곳에 가서 연설을 하기로 했는데요. 장관님께서도 그렇고 주변 참모들도 그렇고 연설 내용이 너무 과격하다고 해서 문구 수정을 해야 한다고 하셨던 것 같습니다.

정동영: 기억이 잘 나지는 않는데 자료가 있을 겁니다. 아무래도 참모들은 대통령한테 그걸 직접 얘기하고 고치기가 쉽지 않으니까 저를 활용한 거죠. "대통령님한테 얘기 좀 해 주십시오."라고 해서 확인해보았어요. 정확한 문구는 기억이 나지 않습니다만, 북핵문제와 관련해서 부시 정부의 강압정책에 제동을 거는 문장이었는데 너무 거칠었습니다. 그래서 제가 관저로 찾아갔죠. 항상 제게 큰 특혜를 준 것은 제가 연락하면 늘 100퍼센트 시간을 줬습니다. 그때가 방미 준비 때문에 굉장히 촉박한 때였어요. 출발 직전이죠. 하루 이틀 전 아침에 이런 문제가 있었습니다. 이렇게 안 해도 충분히 의사 전달할 수 있다고 했습니다. 대통령은 제 말을 받아들였어요. 그렇게 고쳤는데도 파문이 생겼어요. 북이 미사일 쏘고 하는 것이 자기들 자구책으로 그러는 것이다, 아마 그 말이었을 겁니다.

장훈각: 그렇게 해석할 수도 있다는 의미인가요?

정동영: 그런 대목이었어요. 좀 완화시켰는데도 파장이 컸었죠. 그 시작은 너무 일방적인 한미, 미한관계죠. 한국은 늘 미국이 얘기하면 예스, 예스 하고 따라가는 관계로부터 때로는 "NO, 그건 아니야."라고 말하는, 일방관계에서 쌍방관계, 쌍무관계로 가자는 겁니다. 일방통행이라는 건 비정상이죠. 전에는 말하면 "예." 하고 잘 들었는데, 자꾸 아니라고 말하고, 이렇게 되니까 미국 입장에서는 불편했겠지요. 하지만 주권국가로서 그건 당연한 거죠. 저도 많이 배웠습니다. 그 과정에서 이렇게 볼 수 있겠구나 많이 배웠습니다.

장훈각: 선생님의 견해를 여쭙고 싶은데요. 참여정부가 노력했던 것은 북한과 남한의 안보문제가 남북관계 발전에 영향을 미치는 고리를 끊으려고 했던 게 가장 중요한 목적이었지만 아무래도 임계점은 있는 것 같습니다. 북한에 쌀을 제공하는 협의를 진행하는 와중에도 북한이 미사일 발사를 했어요. 거기에다 그냥 쌀을 주기는 어려웠지 않았을까 합니다. 선생님의 경우 그러한 임계점이 있다면 어떤 것이 있을 수 있다고 보시는지요?

정동영: 시간은 흘렀지만 전쟁을 했고 미군이 여기 있고, 그리고 미국과 북한이 아직도 적대관계에 있고, 이런 한계가 있는 거죠. 남북관계를 풀어가는 데에 있어서는 한국의 독자적인 힘만 가지고는 이 분단체제를 넘을 수가 없습니다. 우선은 평화체제가 돼야 통일 레일에 카펫이 깔리는 거 아니겠습니까? 통일로 가는 삼(三)원칙, 평화적으로, 단계적으로, 점진적으로 가는 것인데 그 과정에서 대한민국 정부의 힘만 가지고는 할 수 없는 구조가 있습니다. "외교관 한 명이 십만 군대의 역할을 할 수 있다."는 탈레랑이라는 프랑스 외교 장관의 말처럼 현재 우리는 외교에 능해야 합니다. 그

래야 남북관계만이 아니라 한미관계를 어떻게 밀고, 당기고, 조절하고, 한 중관계를 어떻게 활용하고, 한일관계, 한러관계까지 이런 5차 방정식쯤 되는 어려운 문제를 풀어나갈 수 있을 거예요.

여기에서 가장 중요한 것은 중심이죠. 중심이란 대통령의 철학을 말해요. 국가 지도자가 어떤 철학을 가지고 있느냐가 중요하다고 봐요. 지금 다시 한반도 주변의 파도가 굉장히 높잖아요. 격랑이 일고 있는데, 이 격랑 속 에서 이 한반도호가 어떻게 항로를 찾아가는가 하는 것인데, 대통령은 항 해사라고 할 수 있죠. 항해 지도를 보고 암초를 피해야 되는 것이고, 태풍 을 피해야 하는 것이죠. 목적은 평화와 평화적인 통일로 가는 것인데, 지 금 항해사가 잘못하면 좌초될 수도 있고, 잘못하면 대한민국호 자체가 비 극에 처할 수도 것 아니가 합니다. 과연 이명박 대통령과 박근혜 대통령이 김대중 대통령이나 노무현 대통령에 비해서 어떤 외교안보, 통일에 있어 서 확고한 철학을 가지고 있는가, 또 본인이 가지고 있지 않으면 어떤 인 적인 역량을 주변에 가지고 있는가 하는 그런 점에서 의문이 듭니다. 이 두 분에게는 이 시대가 요구하는 이 한반도호를 안전하게 운행해 잘 헤쳐 나갈 그런 지도를 보는 눈이 부족하지 않은가 하는 생각이 듭니다.

박광형: 국내문제로 잠시 넘어가겠습니다. 대연정 구상이 통일부장관으 로 계실 때 나온 것으로 기억하는데요.

정동영: 그 아이디어를 누가 입력했는지 그 사람이 알고 싶은데, 참모가 누가 있었을 거 아니에요. 대통령이 갑자기 아이디어를 생각할 수는 없 고… 저는 소연정을 했어야 한다고 봅니다. 열린우리당 152석에 민주노동 당이 12석인가 13석인가 그랬어요. 안정적 과반수잖아요. 그리고 사회경제 적 약자들이 가장 힘들어지는 시기였거든요. 그분들에게 룰라처럼 갔어야 된다고 봅니다. 룰라는 실제 빈곤층의 숫자를 상당히 줄이잖아요. 그 사람

들이 열렬한 룰라의 지지층이 되었어요. 그런데 우리는 중산층이 빈곤층으로 툭툭 떨어지고 있는 상황에서 나온 것이 대연정이에요. '한나라당과 열린우리당의 차이가 없다' 이렇게 말을 하면 정치적 허무주의에 빠지게 되는 거죠.

　개인적으로는 제가 평양에 가기 며칠 전에 청와대에 가서 보고도 하고 그랬어요. 당시 노 대통령의 관심은 평양에 있지 않았어요. 왜냐하면 별로 기대를 안 하는 분위기였어요. 6·15 5주년이라고 하지만 핵문제는 진행되고 있고, 6자회담은 멎어 있는 등 남북관계가 경색되어 있었어요. 그래서 통일부장관이 평양에 간들 무슨 큰 물꼬를 트겠는가 하는 회의적인 시각이 정부 내에 있었습니다. 6·15 5주년 공동 민간행사입니다. 거기 통일부장관이 얹혀 가는 거예요. 별 기대를 안 했어요. 의미가 없다고 봤어요. 심지어 제가 김대중 대통령께 조언을 구하러 동교동에 갔습니다. 김대중 대통령께서 뭐라고 했냐 하면 "평양에 처음 가시는가? 그냥 편하게 다녀오시오." 그러시더군요. 김대중 대통령에게 굉장히 서운했죠. 내 나름대로는 뭔가 어떻게 해보려고 전략도 갖고 가고, 중대 제안도 만들고 그랬는데, 김대중 대통령도 그랬고, 노무현 대통령도 제 평양행에 대해서 특별한 기대나 관심이 크지는 않았어요. 그런데 그때 제게 대연정 얘기를 한 겁니다. 평양 얘기를 하러 갔는데 관심은 거기 있었어요. 청와대 뒷산에 정자가 하나 있어요. 산길을 따라서 나가면서 당시 박근혜 당대표에게 제안해 볼 생각이다 총리 포함해서 내가 다 주겠다고 그 얘기를 하시길래, "박근혜 대표가 안 받을 겁니다. 현실성이 있겠습니까?"라고 부정적으로 얘기했습니다. 아무튼 당시 대연정 문제에 굉장히 골몰해 있었어요. 저도 처음 듣는 얘기기 때문에 "되겠어요?" 이런 반응이었습니다. 저는 남북관계, 평양에 골몰하고 있었기 때문에 "김대중 대통령을 초청하시는 것은 어떻겠습니까…, 아니면 동교동을 한번 전격 방문하시는 건 어떻습니까?"라고 말했습니다. 왜냐하면 2003년 특검 이후 2005년이 될 때까지 김대중 대통령과의 관계가 불편했고, 남북관계도 지지부진했고, 그래서 "박근혜 대표와 손잡는 것보다 우선 김대중이라는 지도자와, 민주적인 두 지도자가 손을 잡는 모습이 그게 더 중요하지 않습니까?"라고 얘기를 했는데 노무현 대통령이 대답을 안 하더란 말이죠. 그래서 아직 좀 그 부분이 불편할 수도 있고 시선이 다른 데 가 있었어요. 그 장면이 6월 초입니다. 6월 6일, 7일 됐나? 그리고 평양에 다녀 온 뒤에 총리 관저에서 수시로 모였어요. 책임 장관이라고 해서 정부에서 4명, 당에서 3명인가 오고, 청와대에서 비서실장이 오고해서 8인 모임이 있었어요. 거기에 대통령이 왔어요. 와서 대연정 얘기를 한 겁니다.

박광형: 문재인 의원 회고록에 따르면 6월 말 8인 모임입니다.

정동영: 거기에서 거의 전원이 안 된다고 얘기했어요. 대부분의 참석자들이 반대하니까 노 대통령도 밀어붙이기 간단치 않겠다 이렇게 생각하셨겠죠. 그리고 후에 그게 어떻게 해서인지 서울신문에 나왔어요. 그것도 노 정권에 큰 상처가 됐죠. 그러고 나서 부랴부랴 공론화했습니다. 이게 박근혜 대표를 대통령 만들어 주는 데 디딤돌 역할을 했죠. 우리는 독일과는 다르죠. 대연정의 방향이 잘못되었었다고 생각해요. 아쉬운 부분입니다.

박광형: 이후에 통일부장관 마치시고 당으로 복귀하셨는데요. 오랜 공백에도 불구하고 1월 당 대회에서 다시 당의장으로 선출되셨습니다. 그 이유에 대해서 설명해주세요.

정동영: 노 대통령이 2004년에 탄핵이 풀리고 다시 대통령직에 복귀했는데, 그 뒤에 국민적 지지기반을 확충하지 못했죠. 여기에 대연정 등의 악

재가 겹치면서 민심과 지지기반을 많이 잃었죠. 지방선거는 다가오는데 전패의 위기에 처해 있는 상황이었어요. 그런데 저는 열린우리당을 앞장 서서 만들었고 초대 당대표였잖아요. 그 책무감 때문에 "독배인줄 알지만 독배라도 어쩔 수 없다."고 하면서 전당대회에서 다시 당의장이 되었습니다. 그것이 2006년 2월이었습니다. 그리고 5월 31일에 지방선거가 있었죠. 5·31 지방선거..., 전라북도 도지사 1명을 빼고는 전멸했죠. 정부에 있는 가용 자원을 모두 끌어다가 전면에 세워 봤는데, 민심이 무너지니까 어쩔 수 없었어요.

이 문제와 관련해서 남겨놓고 싶은 것이 하나는 이해찬 총리에 관한 대목이고, 하나는 고건 총리에 대한 대목입니다. 이해찬 총리가 삼일절에 골프를 쳤다고 해서 보수 언론에서 대서특필한 적이 있습니다. 그때 노 대통령이 마침 러시아 순방인가 정상회의로 국내에 안 계셨어요. 엊그제 전당대회에서 당의장이 돼서 지방선거 준비해야 하는데 당 내부가 허물어지고 있는 거죠. 그래서 제가 의원들에 대한 당의장의 서신을 통해서 "첫째, 함구하시오. 둘째, 여러분들의 의견을 개별적으로 개진하시오. 셋째, 의원들의 의견이 모아지면 그것을 책임지고 의견을 관철하겠소."라고 했습니다. 대통령이 귀국할 때까지 이렇게 함구령이 내려져서 열린우리당이 그 얘기를 안 하는 거예요. 그런데 언론에서는 계속 스캔들이 솜사탕처럼 커졌지요. 문서로 받기도 하고, 면담 통해서 확인하기도 해서 의원들 중 약 80퍼센트 이상이 이해찬 총리가 사퇴해야 선거를 치르지 아니면 불가능하다는 의견이었습니다. 그래서 대통령이 귀국하자마자 만나서 '당에서 의원들이 이렇게 봅니다'라고 말씀을 드렸습니다. 그런데 대통령 생각은 확고했어요. 그 문제로 총리를 물러나게 할 수 없다, "그냥 갑시다." 하셨어요. 그러나 저는 제가 책임지고 관철한다고 했지만 대통령께서 그러시니 할 수 없이 일어섰어요. 총리를 임명하는 건 인사권자인 대통령 권한인데 어떻게 합니까? 대통령 생각이 요지부동인데... 그냥 일어서서 나왔으면 달라졌을지도 모릅니다. 그런데 일어섰는데 문이 열리면서 비서가 차 한 잔 더 하시라고 차를 들고 오더라고요. 그게 면담이 한 시간 반쯤 흘러서였어요. 비켜서려고 하니까 대통령도 일어섰다가 "마저 차 한 잔 더 하고 가십시오." 그래요. 다시 앉았어요. 대통령이랑 이병완 비서실장이 있었어요. 그런데 앉으면 무슨 얘기를 또 합니까? "이렇게 하면 선거 못 치릅니다."라고 얘기를 하는데 이병완 실장이 총리 사퇴하면 안 된다고 역성을 드는 거예요. 그래서 그날 속에서 화가 나서, 대통령한테는 말하기가 어렵잖아요, 그래서 비서실장한테 "이 실장, 지금 대통령 잘못 모시고 있는 거요. 역대 비서실장이 정말 귀에 쓴소리를 해서 대통령을 도와드린 비서실장이 있고, 늘 귀에 좋은 소리만 해서 대통령을 망친 사람이 있소. 지금 대통령 잘못 모시고 있소." 그리고 대통령한테 "저는 저대로 할 수밖에 없습니다." 하고 일어섰어요. 일어서서 나왔는데 광화문 모퉁이 돌아서 마포 쪽으로 가려고 하는데 전화가 왔어요. "당에서 요구한 대로 이해찬 총리 경질한다고 하시오." 제 처지도 역지사지 해보면 입장이 곤혹스럽잖아요. 그런데 그것은 개인적인 건 아니었어요. 그런데 결국 악역이 된 거죠.

그리고 그 다음에 여성 총리로 합시다 해서 한명숙 총리를 천거하는 역할을 했죠. 그때 대화를 하면서 "이해찬 자르면 누가 있다는 말이오?" "있지요." 그땐 여성이 한 번도 총리를 한 적이 없어요. "여성 총리 할 수 있죠." "여성이 누구란 말이오?" "한명숙 의원 같은 사람 장관도 하고 있지 않습니까?" 당의 비례대표로 와 있었으니까요. 제가 생색낼 필요는 없지만, 노 대통령이 그때 처음 한명숙 카드를 듣고는 생경한 느낌이었어요. 그런데 나중에 총리로 임명했죠. 그리고 총리 되고나서 관저에 가서 밥을 한두어 번 얻어먹었어요.

뒤에 3월 달일 거예요. 고건 전 총리를 만나자고 했죠. 왜냐하면 그때는 고건 총리가 차기 대선 후보 1위예요. 광화문 중국집에서 만났어요. 고 총리가 총리 할 때 내각에 있던 강금실, 진대제, 오영교, 이 사람들이 다 출마를 했어요. 고건 총리가 당시 당원은 아니었지만 노무현 정부의 초대 총리였고, 대통령 권한대행을 지냈고, 여권 후보로서 지지를 받고 있는 입장이시니까 "강금실을 좀 도와주십시오, 진대제 손을 들어 주십시오."라고 부탁드렸습니다. '고건-강금실', '고건-진대제'라고 하면 상승효과가 있다고 생각했기 때문에 그 요청을 한 건데 정확하게 선을 긋더라고요. "나는 지금 정치를 하는 사람이 아닙니다. 이번 선거에 관해서는 개입하지 않겠습니다."라고 정확하게 선을 그었습니다. 지난 얘기지만, 그게 굉장히 중요한 고건 총리의 선택의 기로였을 거예요. "입당해 달라는 것은 아닙니다."라고 했어요. "크게 봐서 여권의 지도자니까 도와주십시오. 그러면 당원들도 빚을 지는 거 아니겠습니까." 이렇게 얘기했던 거지요. 그리고 제가 5월 31일 선거 끝나자마자 그냥 바로 던졌단 말이에요. 바로 사퇴 선언 했죠. 고건 총리가 강금실, 진대제에 대해서 선거운동까지는 아니어도 지지 표명하고 했다면, 정동영이 물러나고 고건 대안, 고건 지도자로 바로 그렇게 움직였겠죠. 선을 딱 그은 후라 최고위원인 김근태 선배에게 승계가 된 거죠.

장훈각: 3월 12일에 고건 전 총리가 지방선거 연대 제의를 거절했다는 언론보도가 있었습니다.

정동영: 그렇죠. 그러니까 도와 달라는 거였죠. 강금실 도와주고 협력관계를 만듭시다. 이런 것이었는데, "나는 지금 정치하는 사람이 아니다, 선거에 개입하지 않겠다."고 했지요. 그 가을에 북한이 핵실험 하고 나서 그냥 바로 추락해 버렸잖아요. 역사의 가정법은 의미가 없지만, 고건 총리가 대선을 생각하고 있었다면, 그 뒤에 어떻게 됐을지 모르지만, 개인적인 회고지만, 3월 12일 날 고건 총리와의 회동이 성과가 없었던 게 아쉬운 대목입니다.

장훈각: 진대제 전 장관이나 강금실 전 장관에 대한 공천문제에 대해서 당의 상향식 공천 원칙을 깨는 전략공천이라는 비판이 상당히 많았잖아요. 그 문제는 어떻게 해석을 하고 당원들을 설득을 하셨는지요?

정동영: 원칙과 예외의 문제인데요. 형식은 경선을 지켰죠. 그때 이계안, 강금실 경선, 그런데 경선이 초라했어요. 경선 실패가 강금실 바람을 꺼트리는 데 기여했어요. 민심이 싸늘해지니까 당원들도 등을 돌린 측면이 있지만 차라리 강금실 후보를 추대하는 형식으로 했던 것이 나을 뻔 했죠. 경선이라는 형식을 취하면서 경선이 망가지고, 하기는 했는데 초라한 경선이 되어버렸어요. 이계안 경쟁자도 망가지고, 강금실 후보자도 손해 보고 그랬어요. 정치는 현실인데, 일주일만 늦게 모셔왔으면 강금실 서울시장이 탄생했을 수도 있었어요. 왜냐하면 그때 당시에 맹형규, 홍준표 이런 후보들이라서 경쟁력이 있었어요. 그런데 우리가 먼저 내니까 야당에서 오세훈 후보를 내면서 강금실 효과가 풍선에 바람 빠지듯 빠져 버린 거죠.

박광형: 고건 전 총리 말씀하시니까 질문 드리는 부분인데요. 탄핵 정부로 끝나면서 고 총리께서 물러나실 때 노무현 대통령께서 비판을 하시죠. 여권 후보로 분류되기는 했으나 이것이 여권과 틀어진 그런 사정들로 작용한 것은 아닐까요? 그때 다 알고 계셨던 것 같은데 연대 제안 하셨던 배경이랄까요, 취지랄까요.

정동영: 정치는 현실이라는 게 그것이죠. 여당을 지지할 만한 사람들이 고건 후보를 다음 주자로 선호하고 있는 입장이었기 때문에 그분과 협력하는 건 자연스러운 거라고 봐야죠.

박광형: 그리고 그 전에 당의장 되시던 전당대회에 관한 얘기인데요. 김

근태 의원하고 경쟁하셨다고 하셨는데, 이제까지 회고하시면서 김근태 의원에 대한 말씀은 별로 없으셨던 것 같습니다. 두 분의 관계는 어떠했는지요?

정동영: 제가 김근태 씨와 경쟁한 것이 여러 번이죠. 2000년에 최초로 여당에서 지도부 경선할 때, 2002년에 노무현 바람 경선 때, 2004년에 열린우리당 창당 때는 이분이 원내대표였기 때문에 세 번째... 그런데 안타까운 것이 2006년에 경쟁을 하는데 건강이 전과 다르더라고요. 왜냐하면 연설을 거의 잘 못했어요. 선거를 치르면서 정신적으로, 육체적으로 많이 무리가 갔다고 생각합니다. 특히 돌아가셨을 때 '그때 양보해서 당의장 하시게 할 걸' 하는 인간적인 안타까움이 있었어요. 저와는 열린우리당 쌍두마차체제였죠. 당의장과 원내대표로서 그런데 김근태 대표는 거기 의원이 한 사십 몇 명밖에 안 되니까, 선거 때고 하니까. 그게 역할을 할 수 있는 환경은 아니었죠. 저 하고는 특별한 인연이 2002년 대통령 후보 경선인데, 중간에 이분이 나 돈 받았다고 양심고백을 해버렸어요. 권노갑 고문이 2천만 원을 선거자금으로 지원해주더라. 그래서 난리가 났잖아요. 지금 같으면 어떻게 대응했을지 모르는데 그때는 저도 상당히 순진해서 나도 주더라, 나도 고문으로부터 경선 때 활동자금을 지원받았다고 말했습니다. 그래서 많이 시달렸죠. 지났으니까 얘기지만 권 고문이 요새는 어디 자리에서 얘기합니다. 누구는 5천만 원 줬고 누구는 2천만 원 줬고, 거의 모든 후보에게 다 줬다는 거죠. 거의 대부분 후보에게 줬다는 거예요. 양심고백한 행동은 훌륭했는데, 그 일 때문에 우리 김근태 선배가 대단히 스트레스 받고 고통스러워 보였죠.

박광형: 이제 열린우리당 해체하는 그 장면으로 넘어가겠습니다.

정동영: 그 전에 2006년 말에 제가 지방선거 완패하고 독일에 갔다가 돌아와서 김근태 선배와 '열린우리당만 가지고는 대선에 전망이 없지 않습니까? 다시 구민주당세력과 손을 잡아야 됩니다' 거기에 뜻을 같이했죠. 열린우리당 독자적으로 대선을 해 볼 수가 없다. 지방선거 전멸, 서울시 구청장 25 대 0이었을 거예요. 0패를 한 거죠. 서울, 경기, 인천에서 구리시장한 명 된 것 같아요. 점점 더 악화되는 상황 속에서 열린우리당이 어떻게 대선을 해보겠습니까? 그리고 그때 김대중 대통령이 국민이 원하는 방향으로 가라. 국민들이 합치라고 하지 않았냐. 한나라당은 정권 탈환을 향해서 달려드는데, 지키려면...

장훈각: 그게 몇 월 달 정도였나요?

정동영: 2006년 말이죠. 12월 전후 상황이었어요. 그래서 저하고 김근태 선배하고 같이 그 노선을 간 거죠. 통합을 해서 대선을 치러야 됩니다. 그것을 완강하게 부정했던 분이 노무현 대통령이셨어요. 정권을 내주더라도 원칙을 지켜라, 열린우리당 따로 가야한다고 얘기했습니다. 그리고 김대중 대통령은 국민이 뭘 원하는가, 정권을 내줘서는 안 된다고 하셨죠. 저나 김근태 선배는 김대중 대통령의 생각이 그게 현실 정치에 맞는 것 아닌가 그렇게 생각했습니다.

장훈각: 2006년 3월 16일 한국 방송기자 클럽에서 선생님께서 시도지사 선거 16개 중 반은 이겨야 견제와 균형이 가능하다고 하셨는데요, 그 당시에는 어려워도 완패를 할 거라는 생각은 안 하셨던 것이죠?

정동영: 그렇죠. 희망을 가지고 한 거죠.

장훈각: 그래서 통합 당, 민주세력의 대통합이라는 아이디어를 갖기 시작하신 것은 김대중 대통령의...

정동영: 그렇죠. 2006년 말이죠. 하반기죠.

장훈각: 3월이나 4월이나 지방선거 있기 전까지는 열린우리당을 해체하거나 변화를 주는 데에 대해서는 생각을 안 하셨다는 거죠?

정동영: 네. 지방선거를 돌파해보려고 했죠. 그때 민의는 거의 열린우리당 해체하라는 그런 명령 수준으로 나온 거죠. 저 개인적으로는 그 고민이 있었고, 그리고 사퇴했는데 강금원 씨가 저를 보자고 왔어요. 6월, 7월 보선일 겁니다. 7월 달에 보선인데 성북에 출마해 달라. "내가 지금 책임지고 죄인이오 하고 그만뒀는데 또 출마해서 나를 찍어달라고 어떻게 하는가? 못 나간다."고 거절했습니다. 그런데 대통령이 출마하라고 했다고 다섯 번을 왔어요. 나한테... 저는 떨어지는 것이 두렵기 이전에 패장으로 책임을 지고 물러났는데 다시 지역구에 출마한다는 것이 맞는 이야기인가라는 생각 때문에 바로 베를린자유대학에 7월에 가버렸죠. 대통령 뜻을 거스른 셈이 됐죠. 대통령이 섭섭하게 생각했겠죠.

장훈각: 그 전까지는 대통령이 대선 후보로 생각을 했었는데, 그 일 이후로 마음을 돌렸다는 평가가 있습니다.

정동영: 그 전 지방선거 치를 때까지는 노 대통령도 전폭적으로 지원을 했죠. 무슨 지원이냐 하면 사람을 달라고 하면 다 주었습니다. 내각에 있는 사람들도 보내고 했어요. 공동운명체 아닙니까? 그런데 당이 이렇게 전멸해 버리게 되니까 노 대통령으로서도 이러다가 당이 존폐 위기에 몰린

다고 생각했을 거예요. 그래서 당을 다시 세우기 위해서 보궐선거에 저를 내 보내려고 했는데, 제가 그걸 받아들이지 않은 결과가 되었습니다. 그것에 대해서 서운했겠죠. 그리고 소원해진 겁니다.

장훈각: 지금 생각은 어떠세요? 지금 다시 판단한다고 하시면?

정동영: 첫 번째는 2006년에 그렇게 김근태 선배가 당의장 한다고 할 때 하시도록 했으면 서로 좋았어요. 김근태 선배가 당의장을 했어도 지방선 거는 못 이깁니다. 이미 산사태가 나고 있는 흐름이었기 때문입니다. 그 다음은 어쩔 수 없이 제가 받아야 되요. 그랬다면 당 운명이 달라졌겠죠. 해체로 안 가고 개혁 프로그램을 해보든, 방향을 바꿔 보든, 물론 희망사 항이죠. 그런데 제가 해서 실패하고 김근태 선배가 받았는데 잘 안 됐죠.

장훈각: 성북을 제안도 하나의 중요한 전환점이 됐을 것 같은데 강금원 씨가 다섯 번이나 선생님을 찾아뵙고, 그 기간이 어느 정도 되나요? 보름 사이에 총 다섯 번 정도 되나요? 당시 언론에서도 '직접'이라는 표현은 없 군요. "노무현 대통령이 정동영 전 의장에게 오는 26일 실시되는 국회의원 보궐선거에 출마할 것을 권유했었다고 열린우리당 핵심관계자가 밝혀 논란이 일고 있다." 이렇게 표현되어 있습니다.

정동영: 직접 만나지는 않았으니까요. 그게 노 대통령과의 관계에서 중요한 지점입니다.

장훈각: 당의장을 그만둔 상태에서 다시 표를 달라고 하는 게 어렵지 않느냐는 생각 말고 다른 생각은 없으셨는지요?

정동영: 충전을 다시 좀 하고 싶다는 생각도 있었고요.

박광형: 그것과 관련해서 쉬시면서 이후에 정국하고 관련해서 어떤 구상을 하셨는지요? 12월에 김근태 의장님하고 그런 뜻을 같이 하시는 그런 방향으로 구상을 그때부터 시작 하셨나요?

정동영: 그때는 아닙니다. 금방 돌아왔죠. 3개월 반 있다가 10월 달에 와서...

장훈각: 중요한 시기 3, 4개월의 공백은 굉장히 큰 공백이잖아요. 독일에 계시는 동안에 계속 연락을 주고받으셨을 것 같습니다. 주로 어느 분들하고 이야기를 하셨는지요?

정동영: 거의 절연 상태였죠. 당과도 거의 연락을 주고받지 않았습니다.

장훈각: 왜 그런 선택을 하신건가요?

정동영: 저도 충격이 컸죠. 당이 거의 전멸했고, 책임지고 물러난 이후이고. 제가 좀 전략적 사고가 부족하다고 할까요. 닥치면 그냥 부딪쳐서 돌파가 되든 깨지든, 그 다음에 또 과제가 나타나면 과제에 직면하고 하는 그런 스타일로 정치를 해왔는데, 그런 여러 가지 생각도 했던 기간이었습니다. 그리고 그때가 독일 통일되고 한 15년 됐을 때니까 동독 지역을 주로 다녀 보았습니다. 통일부에서 나온 지 얼마 지나지 않았고, 흥미도 있었지요. 통일 이후의 동독에 주로 관심을 가지고 보낸 기간이었어요. 그리고 당문제나 국내정치 문제는 귀국 후에 얘기하게 됐죠.

박광형: 오늘은 벌써 약속드린 시간이 다 되었습니다.

정동영: 2006년까지밖에 못 갔네요.

〉〉〉〉〉 4차 구술 ─────────────────────────

박광형: 오늘 구술은 2014년 8월 18일 목요일 오후 4시 30분부터 여의도 대륙으로가는길 사무실에서 진행되겠습니다. 지난 3차 구술에서 2006년 12월 정도까지 신당 창당에 대한 큰 구상은 없었다고 말씀하셨습니다. 그렇지만 이미 지방선거를 목전에 둔 시점부터 모종의 정계 개편이 여권 내부에서 있어야 되지 않겠냐는 이야기들이 많이 나왔던 것으로 생각이 되는데요. 그런 여권 내부의 정계 개편의 필요성 혹은 여권 대통합 등 이런 것들이 신당 창당으로 나타나는 과정들은 어떠했었습니까?

정동영: 지방선거에서 패배 후에 독일에 가서 베를린자유대학에 3, 4개월 머무르다가 10월 달에 돌아왔어요. 직책은 없었고 평당원이었죠. 그때 교수들도 만나고, 지방에 가서 당원들도 만나고, 공부도 하고 그랬어요. 그 과정에서 2006년 10월 9일 북한이 핵실험을 했어요. 직전까지 통일부장관을 했기 때문에 제가 미국하고 중국에 갔죠. 미국에 가서 평소에 교류했던 관리들보다는 브루킹스라든지 CSIS와 같은 연구소분들, 던 오버도퍼 교수 같은 전문가들도 만나고 강연도 하고 그랬습니다. 북한의 핵실험 이후에는 대화를 통한 해결에 대해 미국 조야에서도 여론이 분분했죠. 그리고 중국에 다시 가서 요인(要人)들도 만나고 그랬죠. 중국은 전직에 대한 예우가 현직 때와 다르지 않게 똑같아서 그런 점에서 특별해요. 지금은 외교

담당 부총리인 당시 외교부 서기 다이빙궈, 지금도 공산당 대외연락부장인데 왕자루이, 또 중국인민해방군 전략문제연구소 한반도 전문가들과 굉장히 심도 깊은 토론도 했습니다. 핵심은 핵문제를 대화를 통한 해결로 인도하기 위해서는 2005년 9월 19일로 돌아가야 된다는 것이었어요. 9·19를 어떻게든 살려 내자는 게 요지였어요. 9·19를 만들어 내는 데 역할을 했던 사람으로서 다시 9·19로 가야 된다고 미국과 중국에 가서 협조를 요청하는 그런 역할을 했어요.

2006년에서 2007년으로 넘어갈 즈음에는 김대중 대통령을 뵈었습니다. 그때 김대중 대통령이 통합을 주문했죠. 그리고 김근태 의장을 만나서 통합에 같이 나서기로 했습니다. 왜냐하면 열린우리당이 만들어질 때 남아있던 민주당 지지그룹 그루터기가 해소되지 않고 계속 유지되고 자라고 있었어요. 이 때문에 여당의 지지기반이 둘로 나눠져 있는 상태에서 선거는 해보나 마나 아닌가, 통합을 다시 해보도록 하자는 것이 출발이었습니다. 김대중 대통령과의 교감, 김대중 대통령의 생각에 동의를 한 거죠. 그분이 강조한 메시지는 '국민을 보고 가라, 국민과 지지자를 보고 가라. 지지자와 국민이 계속 갈라져 있으라고 말하느냐, 통합하라 말하느냐. 국민의 명령을 따라라. 내가 보기엔 지지자와 국민은 다시 하나가 되라고 얘기한다'는 것이었습니다. 민주당에서 열린우리당으로 창당해서 나왔는데 남아있는 사람은 여전히 남아서 각축을 하는 상황이니까 손을 벌려서 통합을 하는 것이 맞다는 것이 김대중 대통령의 생각이었습니다. 그런데 노무현 대통령은 생각은 달랐죠. 저와 김근태 의장은 김대중 대통령 판단이 맞다라고 생각했고, 그래서 통합으로 갑시다, 이렇게 한 거죠.

장훈각: 김대중 전 대통령의 말씀은 여권 대통합을 얘기하신 것으로 생각됩니다. 그런데 노무현 대통령께서 그것에 대해서 부정적 입장을 표명하신 근본적인 이유가 무엇이었는지요?

정동영: 이해는 합니다. 노 대통령이 정치를 하는 이유의 첫 번째가 지역구도 극복이잖아요. 그분 생각은 열린우리당과 민주당이 호남에서 경쟁하는 게 나쁘지 않다. 호남에도 일대일 경쟁구도가 있어야 옳은 것이다. 이렇게 보는 것이었습니다. 영남에서는 한나라당과 열린우리당이 경쟁구도가 되는 것이 지역구도를 깨는 데 효과가 있다. 유효하다. 이렇게 본 거죠. 그래서 열린우리당을 민주당과 합쳐버리면 안 된다는 관점이죠. 합쳐버리면 영남에서 일대일 구도가 되지 않는다는 거죠. 호남은 그러면 지역패권이 되는 것이라는 그런 전략적 관점이 있었죠.

장훈각: 노무현 대통령은 민주당과의 통합을 했을 경우에 호남지역당화할 가능성이 높다고 그때 보셨던 건가요?

정동영: 그렇죠. 열린우리당은 본인이 애착을 많이 가졌죠. 그리고 열린우리당을 통해서 과반수가 만들어졌고, 그것 때문에 탄핵까지 당했었죠. 민주당은 탄핵세력이잖아요. 노무현 대통령으로서는 그 탄핵세력과 손잡는 것은 원칙을 벗어난 정치다 이렇게 보는 것이지요. 만일 민주당과 통합을 하지 않아서 정권을 놓친다, 그러면 할 수 없는 것 아니냐, 넘겨주고 다시 찾아오면 된다는 생각을 하신 거죠.

장훈각: 일종의 정치적인 앙금이 여권 대통합에 대해서 부정적인 입장을 표하게 했던 이유였다라고 해도 크게 틀리진 않을 것 같습니다.

정동영: 제가 이해하기로는 그렇습니다.

장훈각: 2007년 1월 22일엔 민주당이 통합에 반대하고 독자노선을 견지하겠다고 발표하는데요. 당시에 범여권 대통합을 염두에 두셨던 입장에서

는 민주당의 이러한 태도를 어떻게 보셨는지요?

정동영: 당연히 민주당으로서는 흡수·통합에 대한 경계가 있으니까요. 그리고 또 통합을 하더라도 전략적으로 시간과의 게임 아니겠습니까? 최대한 시간을 늦추는 것, 말하자면 벼랑 끝 협상이 유리한 거죠.

장훈각: 당시의 민주당과의 협상 파트너는 어느 분이셨는지요?

정동영: 그때 김근태 의장이 사퇴하면서 정세균 당대표가 비상대책위원장이었는데 정세균 의원은 통합에 대해서 미온적이었죠. 통합을 하자는 것도 아니고 하지 말자는 것도 아니었어요.

장훈각: 열린우리당 내에서도 어떤 면에선 의견이 일치가 이루어지지 않았던 것인가요?

정동영: 통합론자가 있고, 고수론자가 있고, 중간지대에 있는 사람이 있고 그랬죠. 저하고 김근태 의장이 통합론자였던 것이고, 반대한 사람은 유시민 의원이라든지 이런 분들이 반대쪽에 있었습니다.

장훈각: 당시에는 하나의 아이디어 차원이지 당론은 아니었다는 말씀이신가요?

정동영: 그렇죠. 당내에서는 집단적으로 그런 정치적 의지, 정치적 의사 표명이 되는 거죠.

장훈각: 열린우리당에서 이런 방향으로 가야 된다는 의사표시 정도인데

민주당이 독자노선으로 가겠다고 했던 데는 어떤 이유가 있을까요?

정동영: 독자노선이란 게 특별히 열린우리당의 정책과 노선, 이념이 우리와 다르기 때문에 안 한다 이런 얘기가 아니고, 아까 얘기대로 정치 협상의 전략전술 차원이라 보는 거죠.

장훈각: 1월 29일에는 선생님께서 열린우리당의 기득권 사수파와는 함께할 수 없다는 말씀을 하셨는데, 당시에 당내에서 이런 정도의 말이 나올 정도면 상당히 갈등이 심했다고 보입니다.

정동영: 당시 당령 개정을 통해 당비를 내는 기간당원 중심으로 당을 구성하려는 시도가 있었습니다. 이건 개혁당이 당을 좌지우지하겠단 얘기죠. 일반 민주당 당원 중에는 한 달에 1만 원씩 내는 열성당원을 찾긴 좀 힘들죠. 상대적으로 소수지만 결집력이 높은 개혁당 출신들을 중심으로 당의 헤게모니를 쥐고자 하는 그런 시도로 읽혔죠. 그래서 그건 용납할 수 없다 그렇게 밝히고 나오니까 노무현 대통령이 유시민 의원을 불러서 생각을 접어라 잘못하면 당이 깨진다라고 만류해서 주장을 접은 것으로 언론보도도 나왔던 기억이 나요.

장훈각: 3월 25일에는 정동영 지지모임인 평화경제포럼이 출범식을 합니다. 선생님에 대한 지지층이나 조직, 세력은 어느 정도였는지요?

정동영: 아무래도 제가 열린우리당을 만들고 2004년 1월, 2년 뒤인 2006년 2월, 이렇게 두 번에 걸쳐 전국선거에서 당의장으로 선출됐기 때문에 그때 정동영을 당의장에 투표한 사람들이 조직기반인 거죠. 그리고 통일부장관을 했고, 개성공단을 만들어 내고, 9·19를 만들어낸 것을 바탕으로 정치적

자산으로 삼은 거죠. '평화가 돈이다, 평화가 밥이다'라는 캐치프레이즈를 걸고 평화경제포럼이라는 걸 전국적으로 결성을 했습니다.

장훈각: 저는 정치에 있어서 조직이 핵심이라고 보고 있습니다. 선생님 께서는 당시의 조직에 대해서 어떤 생각을 가지고 계셨는지요? 조금 타이 트하게 꾸려서 그걸 바탕으로 밀어붙일 생각을 하셨는지, 아니면 자연적 으로 형성된 집단이라든가 자발적인 구성원의 활동들을 중심으로 하는 방 향으로 생각하셨는지요? 굉장히 신뢰하셨던 동료나 조직을 꾸리는 사람으 로 누굴 생각하셨는지요?

정동영: 조직참모를 말씀하신 건가요? 그건 같이했던 의원들이 여럿이 있었죠. 조직이라고 하면 과거 정당사에서는 기본적으로 활동비, 돈과 결부 가 돼요. 전국단위의 조직이 운영이 되려면 돈 없이는 조직 관리와 운영이 불가능한 거죠. 평화경제포럼을 비롯해서 정동영과 통하는 사람들의 모임, '정통'이라는 모임이 있었습니다. 이 모임들은 돈과는 전혀 무관했어요. 제 가 단돈 10만 원도 100만 원도 조직 활동비로 준 적이 없으니까요. 2004년, 2006년 두 번의 전국선거에서 정동영에 기표했던 당원들을 중심으로 정동 영의 비전과 생각에 동의하는 사람들을 묶어낸 것이 평화경제포럼이고 정 통이란 것은 팬클럽을 정치조직화한 것입니다. 둘 다 돈과는 상관이 없었 어요.

장훈각: 이 조직들을 어떻게 활용할 계획이셨는지요?

정동영: 평화경제포럼은 대선 경선을 염두에 둔 기반조직으로 발족된 것이지요.

장훈각: 노무현 대통령은 핵심 소그룹이 있었잖아요. 그러한 조직들을 구축하려는 생각은 안 하셨는지요?

정동영: 전 그런 핵심 코어그룹은 없었어요. 네트워크식으로 되어 있었죠. 정책자문을 해준 교수, 지식인들이 조금 있고, 의원들이 있고, 참모들이 있고, 이렇게 평면조직이랄까요, 수평조직이라고 할까요. 이런 성격이었던 것 같아요.

장훈각: 조직적으로 일사불란하게 선거를 치르실 생각은 안 하셨나요?

정동영: 네. 그 점이 나중에 단점으로 드러나게 됐죠. 그때만 해도 제가 최고의원 선거도 하고 당의장 선거, 대선 후보 경선도 하고 선거를 여러 차례 했는데 조직선거로 해보지 못 했어요. 하나는 조직론적인 관점에 입각해서 하는 것에 대해서 약했고, 또 하나는 옛날식으로 돈을 가지고 조직하는 그런 힘은 없었어요. 팬클럽과 그런 조직의 중간 형태 정도, 주로 바람에 의존하는 메시지 중심의 선거, 이런 선거였지 조직은 좀 부차적이었다고 할까요. 조직이 전면에 서서 하는 선거는 아니었어요.

박광형: 2월부터 시작해서 4월 평화대장정에 이르기까지 탈여의도정치를 선언하시고 전국을 다니셨는데요. 그것을 대선행보의 일부로 이해해도 되는 건가요?

정동영: 그렇죠. 대선을 염두에 두고 대선 경선에 나가는 것을 기정사실화 했었죠. 그런데 대선 경선에 나갈 당이 어떤 당이냐가 불확실한 상태였죠. 그러니까 열린우리당으로 갈지, 제 생각엔 통합을 해야 된다 그랬으니까 통합당이 될지, 이런 게 불투명한 상태였지만 준비 작업을 하는 거죠.

그때는 제 경험과 제가 가진 비전을 결합해서 시대정신을 평화경제로 잡았는데, 사실은 그것도 정확한 진단은 아니었죠. 뒤에 지나보니까 보이는 것인데, 결국 신자유주의 문제에 대한 도전이었어야 했어요. 정면으로 응시하고 문제에 대해 고민했어야 승부다운 승부가 됐을 것 같아요. 대중들이 설사 대선에 패하더라도 정동영의 대안이 그런 게 있었지 할 텐데 그걸 못 했던 것이 제 한계였죠.

박광형: 민생투어를 하시면서 기억나시는 일들이 있으시면 좀 들려 주시겠습니까?

정동영: 중소기업 문제에 천착해서 나중에 출마선언을 할 때도 중통령의 시대다 이런 걸 내걸었는데요. 중통령이란 권위주의적인 대통령이 아니라 낮아지는 중간 정도의 권위를 가진 탈권위주의를 얘기하는 측면도 있지만, 중소기업과 통하는 대통령이다 해서 중통령 이렇게 했어요. 우리 사회의 문제를 결국 양극화, 빈곤문제, 일자리 문제로 보고, 중소기업의 강화를 통해서 해법을 찾아야 된다는 생각이었습니다. 여기에 대해 책을 하나 쓰기도 했죠. '중소기업 중심의 중산층의 나라를 만듭시다'의 핵심전략이 중소기업을 강한 중소기업으로 만드는 것이었어요. 이 생각은 2006년 가을에 독일에 가있는 동안에 생각하게 된 거예요. 그때 중소기업 현장에도 많이 가보았습니다. 독일에는 세계 마켓에서 시장점유율이 일등인 히든 챔피언이라는 중소기업들이 몇 천개 되요. 한 5천 개 됩니다. 그런 기업들은 복지나 임금조건, 환경이 대기업 못지않거든요. 그런 강한 중소기업이 각 지역에 널려 있으니까 지역에 좋은 일자리가 많이 있는 거죠. 그리고 독일의 대학은 베를린에 있는 대학이 특별히 좋거나 하지는 않잖아요? 대학이 평준화되어 있어요. 그런 교육제도와 일자리 충원구조, 중소기업의 경쟁력 때문인지 독일 사회에서는 부촌이 따로 없었어요. 제가 제일

부러운 것 중 하나였습니다. 서울 강남이 따로 있고, 빈촌, 판자촌이 있는 게 아니라 골고루 잘사는 모습이 참 인상적이었어요. 그 토대가 하나는 교육이고 하나는 일자리였어요.

그래서 어떻게 하면 우리도 중소기업을 일으킬 수 있을까 하는 문제에 천착했습니다. 저는 현장에 답이 있다고 생각하게 되었어요. 중소기업 투어를 많이 했습니다. 천안에 가서 영세 중소기업에 가서 같이 먹고 잤습니다. 그냥 쓱 둘러보면서 지나가면 잘 모르거든요. 광주에 가서도 공장 기숙사에 가서 자면서 같이 생산 라인에서 일도 해보고, 경남 창원에 가서도 해보고 전국을 다니면서 공장에 가서 자고 같이 일 해보면서 여기에 무슨 문제가 있는가를 생각했습니다. 그때 인상적인 대목이 무엇이었냐면, 중소기업 하는 사람들 70% 이상이 대기업 납품업체에요. 하청, 재하청, 삼하청이에요. 그분들이 자다가도 벌떡 일어나는 단어가 CR이란 게 있어요. 두려움의 대상인데, CR은 단가 깎는 거예요. Cost Reduction이죠. 속된 말로 단가 후려치기에요. 실컷 생산수율, 생산성을 올려놓으면 하나에 백 원 납품하던 것 10% 또 깎아요. 매출이 올해 10억 했으면 15억, 20억 늘어나야 되는데 올해도 10억, 내년에도 10억, 거기에 묶여있는 거예요. 중소기업이 중견기업이 되고 중견기업이 대기업이 되고 하는 기업생태계가 무너져 있는 거예요. 그리고 중소기업은 기술이 부족해요. 그리고 인력이 부족해요. 공과대학 나온 사람이 안 가죠. 그다음 돈이 부족해요. 자금이 부족한 이유가 담보가 없어요. 중소기업 하는 사람들이 아이디어나 이런 것 갖고 하지, 땅이나 집, 건물이 있는 게 아니잖아요. 담보는 다 부동산인데, 담보가 없고 실적이 약하고 그러니까 신용이 부족해요. 그리고 또 하나 결정적인 문제가 판로가 부족합니다. 이런 것들이 다 연결되어 있는 거죠.

그러면 정부가 뭘 도와줄 수 있는 거냐? 제가 부러웠던 것이 독일의 중소기업 창업지원 및 기술평가센터입니다. 중소기업을 위한 창업지원센터입니다. 전국에 시군 단위로 다 하나씩 있습니다. 그러니까 예를 들어서,

연필이 동글동글한데 네모난 연필이면 더 잘 팔린다는 이런 아이디어가 있으면 이 아이디어가 사업성이 있는지, 이게 정말 값어치가 있는 기술인지, 이런 걸 평가하고 그 창업을 지원해주고 공장을 만들어서 판매까지 쭉 일관되게 지원해주는 시스템이에요. 핀란드에도 그런 기술평가와 창업지원 시스템이 잘 되어 있어요. 청년들이 무슨 아이디어가 있으면 100만 원 정도 수수료를 내면 그 아이디어를 당대 최고의 전문가들이 처음 나온 기술인지 사업성이 있는 건지 평가를 하고, 인증을 받게 되면 다음엔 인큐베이팅해서, 키워서 벤처기업의 성공 스토리가 만들어지는 거죠. 그걸 통해서 기업의 생태계가 아주 풍성해질 수 있는 거죠. 우리같이 삼성, 현대 대기업에 대한 의존보다는 아주 튼튼한 중소기업이 받치고 있단 말이에요. 양질의 일자리와 복지국가의 토대가 되는 거니까요.

제가 노무현 대통령 당선자 시절에도 중소기업 문제에 관심을 많이 가졌습니다. 2003년 초에 노무현 당선자에게 제안을 한번 한 적 있었죠. 우리도 기술평가 평가가 중요한데 평가가 제대로 안 이루어진다. 평가가 제대로 되고 신뢰를 할 수 있으면 중소기업도 경쟁력을 가질 수 있다. 기술평가센터에 관해서 독일이나 핀란드를 벤치마킹했으면 좋겠다 이런 제안들을 했었죠. 그래서 좀 개선도 되고 그랬어요. 그리고 2007년 대선을 준비하면서 제일 주안점을 뒀던 것이 중소기업과 일자리 문제였어요. 예를 들어서 천안에 온수매트 전기장판 만드는 조그마한 중소기업이 있었습니다. 전기장판이 전자파 때문에 몸에 해롭다고 해서 꺼려하잖아요. 그래서 전깃줄 배선이 아니라 물을 데워서 그 물로 배선을 하는 거예요. 따뜻한 물에서 자는 거니까 전자파가 해결이 되는 거죠. 그런 기술을 개발해서 그걸 출시를 했어요. 했는데, 제가 갔을 때 망하기 일보 직전이었어요. 왜냐하면 물을 데우고 물을 순환시키기 위해서는 아주 작은 손바닥만 한 모터 펌프가 필요해요. 그런데 이 모터에서 웽~ 하고 소리가 나는 거예요. 장판을 깔아 놓고 그 위에서 잠을 자기 때문에 무음이어야 되는 거지요.

그래서 자체 개발을 했는데 결국은 고장이 나서 일본에서 수입을 해왔어요. 그것도 한국에서 개발하는 것보다 낫지만 완벽하진 않았어요. 사고가 나고 리콜이 되고... 그래서 수소문해서 가져온 게 독일제예요. 그 모터 펌프는 몇십 년을 쓰든 고장이 나면 물어준다는 영구 품질보장이에요. 가격도 한국 개발품의 4배가량이나 되었습니다. 소형 모터 펌프가 우주선 기술도 아니고 이런 정도는 국가 R&D로 할 수 있지 않는가 하는 것이 제 생각입니다. 이게 국가 R&D가 해줘야 될 거 아니에요. 그래서 제가 국산, 일제 펌프, 독일제 이 세 개를 달라고 해서 중소기업 기술지원센터인가에 갖다 줬어요. 이거 국산으로 만들어봐라. 그런데 결국 잘 안 됐어요. 관료제가 동맥경화거든요. 국민이 세금을 내요. 재정이 350조 아닙니까? 그중에 R&D에 나름대로 10조씩 떼서 쓰는데 이게 정작 필요한 중소기업 쪽에 혈류가 흐르지 않는 거거든요.

아무튼 그때 주로 집중한 것이 중소기업 문제였고, 그래서 중통령이 되겠다고 선언했습니다. 다른 건 몰라도 중소기업을 통해서 일자리 문제를 해결하겠다. 다시 경제를 성장시키기 위해서는 중소기업 중심성장론 물론 대기업은 간섭하지 않으면 자생력이 있는 거고 중소기업을 집중적으로 키워야 한다는 게 생각이었어요. 그래서 제가 제시했던 것이 동서남북 일자리 사대 처방이었습니다. 동서남북이란 동쪽은 중소기업이 기본이고 중소기업 경쟁력을 만드는 것, 서쪽으로는 사회서비스 일자리 창출입니다. 우리는 교사도 부족하잖아요. 보육교사도 부족하고, 돌봄 서비스라든지 사회복지, 또 소방관도 부족하고, 그런 쪽 일자리들을 많이 확충하는 것, 그게 양축이었어요.

또 하나가 세븐 T(7T)라고 해서 BT 바이오, CT 컬쳐 문화, IT, NT 나노, ST 스페이스, ET 환경과 에너지, 그 7개 첨단 신기술들을 성장 동력 산업으로 해서 집중적으로 전략적 투자를 한다는 모델이었습니다. 김대중 대통령 때 IMF 극복하는 것과 함께 한쪽으로 미래비전과 관련해서 사이버코리아

2000, IT 코리아 이런 방면으로 정부 재정이 5년 동안 2조 6천억 정도 들어 갔어요. 광케이블망 깔고, 인프라 지원하고 해서 전 세계에서 가장 빠른 통신망을 구축했잖아요. 실패한 사례들도 있지만 IT 코리아의 근간을 이뤄냈습니다. 그래서 왜 IT만 되는가 BT, CT, ET, ST, 특히 스페이스를 강조하고 전문가들과 토론회도 하고 방문도 하고 발표도 하고 그랬습니다. 독일이 강한 게 항공기 엔진이라든지 로켓 엔진 표면 소재 같은 분야이거든요. 우리가 일본에 대해서 만년 무역적자가 핵심이 두 개예요. 부품과 소재예요. 부품과 소재는 항공우주를 발전시키지 않으면 첨단화될 수가 없어요. 로켓이나 우주선에 쓰는 것은 섬유든 로켓의 표면 재질이든 모든 게 가볍고, 질기고, 강하고, 정밀해야 하고, 고기술이어야 된단 말이죠. 이 부분을 포기하고는 부품, 소재 부문이 강해질 수가 없죠. 전문가들하고 토론 끝에 국가전략으로 달나라에 가자, 우리도. 충분히 우리 경제력으로 커버할 수 있다. 그리고 공과대학에 설치한 각 과들은 다 산업이 됐어요. 다 됐는데 유일하게 항공공학과가 우주항공 산업으로 만들어지지 못 했어요. 그것은 외교안보 전략하고 연결되어 있어요. 특히 신군부가 들어설 때 레이건 미 대통령이 항공우주산업에 대한 축소를 요구했죠. 그래서 대전에 있는 국방과학기술원에 있는 미사일과 항공우주 이 분야의 천여 명의 인력을 정리해고 합니다. 그 결과 1980년부터 근 20년가량 우리나라에 항공우주산업에 대한 중장기비전이 사라집니다. 그래서 다음 정부의 비전은 땅 파는 게 아니라 하늘로 가야한다, 하늘로 가려면 우주항공산업에 대한 투자를 해야 한다고 주장했어요. 그리고 우주항공산업은 노동집약산업이에요. 전부 사람 손으로 해야 되니까 고급 인력을 많이 쓰는 거죠. 7T에 대한 비전 중에 외국에서 주목한 공약 하나가 정동영의 ST 에어7 이라는 공약이었어요. 당시 이명박 후보는 대운하 하면서 일자리 만든다는 것, 토건 중심 공약이었습니다. 반면에 저는 대통령이 직접 창업 중소기업 사장이라 생각하고 사업하기, 기업하기 편한 나라, 아이디어를 가지고 창업하는 벤처나 중소

기업이 편한 그런 나라가 돼야 맞다는 것에 초점을 두었습니다. 그리고 7T, 그중에서도 ST를 강조했습니다. 여기에 '평화가 밥이다'라고 하는 평화경제론을 가지고 정책적으로 접근했었죠.

박광형: 안타깝게도 언론을 통해서 보도되는 바들은 이런 정책적 비전이 아니라 어떻게 여당이 이합집산을 하는가 그 부분이었던 것 같은데요. 그 당시 언론보도를 보면 정동영계 의원들은 한 70~80명이고 김근태 의원들은 30~40명이고 당고수파들은 20~30명 이런 식으로 분류하는데 그 분류가 어느 정도 신빙성이 있는 것이었는지요?

정동영: 정동영계가 있었던 건 아니고 소통이 되는 친정동영이라고 보면 맞겠죠. 아, 통합해야 한다는 그런 명분에 동의하는 의원들의 수로 봐야 되겠죠.

박광형: 많은 분들이 동의하셨음에도 불구하고 실제로 당 통합 작업들이 그렇게 속도를 내서 이뤄졌던 건 아닌 것 같습니다. 계속 공격하는 말들을 주고받으면서 지지부진한 상태였던 것 같은데요.

정동영: 그게 굉장히 패착이라 생각해요. 통합할 거면 속도를 내서 했어야 되는데, 노 대통령도 원치 않았고, 그 당시 정세균 지도부도 확신을 안 갖고 있었기 때문에 시간을 자꾸 늦춘 거죠. 결과적으로 후보를 뽑은 게 10월 15일이에요. 대선 투표일이 두 달 후이고 등록이 한 달 뒤인데 그때 후보를 뽑아서 선거를 하겠다는 것은…, 그건 뭐 거의 포기한 선거같이 된 거죠.

박광형: 그렇게 진도가 잘 나가지 않았던 이유 가운데 하나가 주요 대선

주자라고 생각되었던 분들이 일찍 불출마 선언을 하고, 남아 있던 대선 주자들의 지지율이 낮고 그랬던 상황하고 연관이 되어 있었던 겁니까?

정동영: 지지율과 상관은 없었어요. 2012년 그때는 박근혜 씨와 비교해도 도토리 키재기 정도였습니다. 8월인가 9월에 경선을 했죠. 그것도 빠른 건 아니지만, 통합에 대한 사보타지가 있었죠. 경선 일정에 관한 전략적 판단 실수일 수도 있지만, 통합을 무산시키고자 하는 그런 의도가 있었다고 봐요. 역시 여당은 대통령 권력이 중심이에요. 대통령이 통합 의지를 갖고 있었으면 빠르게 갔죠. 대통령이 이건 아니라고 계속 반대하는 입장에 서있었기 때문에 통합을 밀고 가기가 어려웠죠. 통합해라 하는 여론이 압도적이었지만 너무 천천히 갔던 거죠.

박광형: 장관님께서 여의도를 벗어나 계셨던 이유도 있었던가요?

정동영: 현장에 답이 있다 이런 생각을 가지고 현장으로 갔습니다. 또 제가 원내가 아니기 때문에 여의도에 머물러 있어야 될 이유도 없었어요. 저는 국회의원이 아니었기 때문입니다.

장훈각: 만약에 여권 대통합을 노 대통령께서 적극적으로 지지했다면 신당을 창당하지 않고 열린우리당 중심으로 대통합을 시도했었을 것인가에 대해서도 궁금합니다. 열린우리당을 가지고는 어려우니까 신당을 창당한 다음에 신당을 중심으로 통합을 하려고 했던 것은 아닌지요?

정동영: 열린우리당을 중심으로 한다는 것은 흡수한다는 건데, 상대방이 흡수되는 것은 원치 않죠. 여러 가지 기술적인 방법인데요. 제3지대 만들어놓고 사람들이 와서 모이는, 그래서 열린우리당이 해산은 됐지만 열린

우리당 구성원이 100백 프로 그대로 신당에 간 것이니까 창당하는 방식인 거죠.

장훈각: 노무현 대통령이 열린우리당 그대로 가면서 다른 당과 통합 논의를 한다고 했으면 찬성하셨을까요? 가정이긴 합니다.

정동영: 어쨌든 열린우리당을 고수하길 원했죠. 노 대통령은 부가가치세였던가 어떤 세금을 도입했던 캐나다의 집권여당이 선거에서 2석인가 남고 패배했다가 20년 후에 다시 집권당으로 복귀한 경우를 인용했었어요. 그 이야기를 하면서 설사 그렇게 되더라도 원칙을 지켜서 가자는 것이 노 대통령의 생각이었죠. 생각이 무척 강했습니다. 그것은 본인이 정치를 해온 그런 원칙, 신념과 궤를 같이하는 것이고, 그런 점에선 참 존경스럽죠. 지든 이기든 끝까지 가야 된다는 노 대통령의 그런 고민과 주장에 대해서 지금은 더 잘 이해를 합니다. 그런데 저는 김대중, 노무현 정부 이후 정권이 넘어가면 지난 10년 동안의 햇볕정책의 성과가 무화된다는 두려움이 있었고, 어쨌든 정권을 유지해야 된다는 생각이 강했습니다. 노 대통령은 이 정도 왔는데 정권 내줬다 다시 찾을 수도 있는 것이지라고 생각했어요. 이 점에서 갈라진 거예요. 우리는 정권 창출을 어떻게든 다시 하려면 원래 한 뿌리인데 대선을 앞두고 하나가 되어야 한다고 생각했고, 또 다수는 그것을 지지를 한 거죠. 그때 한나라당으로 정권이 넘어가면 대한민국이 망하냐는 말도 나왔어요. 당내 한 의원의 했던 말입니다. 저는 실언이라고 생각합니다. 얼마나 많은 사람들이 죽고 다치고 대한민국이 불행해졌습니까? 제가 대통령이 되겠다는 의지도 있었지만 그것에 앞서서 '정권을 넘겨주는 것은 이것은 최악의 결과를 초래한다, 김대중 대통령 때 정권 교체가 최고 선이었다면 노무현 대통령에 와서 정권을 다시 잃어버리는 것은 이건 최대 악이 되는 거다' 여기에 가치를 둔 것이고, 누가 후보가 되

던 어떻게든지 정권을 방어해야 된다는 생각이었죠. 그래서 저는 손학규 의원이 왔을 때 환영한다, 힘을 합쳐서 정권 창출로 같이 가자라고 했고, 노무현 대통령은 그런 신념과 원칙에 의해서 보따리장수는 성공 못 한다고 본 겁니다. 그 점이 노 대통령 사후에 높게 평가가 되는 것이고, 저 또한 경의를 표하는 것이지만, 당시에는 무척 아쉬웠죠. 어찌됐건 당시 권력을 가진 대통령으로서 정권 재창출이 굉장히 중요한 가치라고 했더라면 판은 달라졌을 거라 생각합니다.

장훈각: 10년이 지난 시점이긴 합니다. 지금 시점에서 선생님께서 만약 당시로 돌아가서 다시 선택을 하신다면 어떤 선택을 하실 것 같은지요?

정동영: 결과론이지만 열린우리당을 만들지 말았어야 했다는 생각입니다.

장훈각: 뜻밖의 말씀입니다.

정동영: 열린우리당을 만든 것이 정치개혁이었는데 진단이 오진이었어요. 정치개혁은 시대적 과제였긴 했지만 더 시급한 과제가 있었어요. 그게 민생입니다. 어떻게 하면 대중의 삶의 문제를 과거 정권과 다른 정책적인 접근을 통해서 개선할 수 있는가에 대해서 집권세력이 고민해야 했어요. 예를 들면 루스벨트의 민주당의 변신과 같은 그런 것이 그때 당시 당의 과제였을 텐데, 그걸 못 읽고 정치개혁 쪽으로 잡은 것이 오진이었다는 말이죠. 결과적으로는 사라져 버린 당이 됐습니다. 그 점은 제 책임도 크죠. 왼쪽 오른쪽의 문제가 아니라 대중의 삶에 뿌리를 박은 아래로 내려가는 정치를 하지 못했다는 생각입니다.

장훈각: 4월 27일에 노무현 대통령과 회동이 있습니다. 언론에서는 마지

막 담판이었다는 표현을 하기도 합니다. 그 회동에서 어떤 말씀들이 오갔는지, 실제로 이 회동이 정말 두 분 간에 정치적 대립이 격화되는 계기가 됐던 것인지에 관한 말씀 부탁드립니다.

정동영: 제가 갔던 이유는 대통령과 직접 마주 앉아서 상의하고 내 뜻을 전달하는 게 맞겠다는 판단에 따른 것이었습니다만, 그것은 판단 착오였어요. 왜냐하면 노 대통령이 직선적이고 격정적인 분이기 때문에 만난 것은 지혜롭지 못했던 거예요. 굳이 그렇게 찾아가지 않았으면 감정이 격해지지도 않았죠. 김근태 의장은 찾아가지 않았으니까요. 저는 공연히 찾아가서 충정을 이야기한다고 한 거죠. 노 대통령은 심지를 가지고 정치하는 분이기 때문에 내가 가서 얘기한다고 생각을 돌리거나 그러지 않죠. 지혜롭지 못했다고 생각합니다. 노 대통령이 차기 후보는 정동영이다고 공식적으로 얘긴 안 했지만 심정적으로 그런 생각을 갖고 있었고 지원해 주려고 했고, 제가 통일부장관 끝나고 돌아올 때도 정부에 남아있으라고 했었죠. 굳이 나가서 질 선거 뭐 하러 할 필요가 있겠느냐는 이런 배려까지 했었죠. 그때 "독배라도 제가 들어야죠."라고 하면서 당으로 갔던 거였어요. 그런 점에선 한 분은 대통령이고 저는 관료였지만 동지애가 있었죠. 그 관계를 결정적으로 훼손한 게 그날 청와대에 찾아간 겁니다. 노 대통령은 안된다 당신이 떠나는 건 열린우리당이 해체되는 것이기 때문에 있으라고 했어요. 그런데 대통령이 압박한다고 해서 제가 그러겠습니다라고 할 수 있는 것은 아니잖아요. "통합은 이미 전당대회에서 결의된 것이니 양해를 해 주십시오."라고 말했어요. 동어반복이었죠. 감정이 많이 격했죠. 문재인 의원이 자기 책에 그러려면 뭐하게 찾아왔느냐 하는 투의 말을 썼는데, 맞는 말입니다. 제가 대통령을 찾아갔을 때, 대통령은 제게 어떤 변화가 있어서 나를 만나자고 했나 이렇게 생각했던 것 같아요. 대통령에게 만나고 싶다고 했을 때에는 그렇게 생각할 수도 있겠죠. 그런데 만나서 자기

고집대로 자기 이야기만 하니까, 당을 합칠 수밖에 없다고 하니까 격분했겠죠. 고성이 오고가고 그래서 굉장히 감정이 나빠졌죠. 그건 지혜롭지 못한 선택이었어요. 찾아가서 면전에서 설명하든 안 하든 기정사실화되었던 것인데 거기서 좀 생각이 짧았던 거죠. 그 대목도 후회되는 대목이에요. 지혜롭게 갔더라면 감정이 그렇게 상하는 일은 없었을 텐데 말이에요.

장훈각: 정치라는 것이 서로가 설명하고 이해하고 부드럽게 가는 경우도 있지만, 견해 대립이 상당히 존재하는 상황이 많잖아요.

정동영: 그렇죠. 생각이 달라서 다른 길을 가는 경우가 많죠.

장훈각: 그럴 땐 메시지만 서로 전달하면서 앙금이 쌓이지 않는 방법을 택하는 것이 오히려 나을 수 있는 것이겠군요.

정동영: 큰 교훈이 됐죠. 두고두고 마음에 걸리는 대목이에요.

장훈각: 오갔던 상황이나 내용들이 언론에 보도됐던 것과 크게 틀리지 않다고 봐도 좋을까요?

정동영: 핵심은 그거에요. 대통령은 당을 나가지 말라는 것이고, 저는 당을 통합해야 것이었어요. 나가는 것이 아니라 당을 합치자는 것이었고, 열린우리당으로 가자는 것이었어요.

장훈각: 이해찬 전 총리가 두 가지의 말씀을 했는데 약간 이해가 안 가는 부분이 있어서요. 하나는, 소수가 남아서 당을 지키는 건 안 된다. 움직이면 다 같이 움직이는 게 낫다는 말씀이었습니다. 둘째는, 5월 8일에 서

로에게 총질을 해서 상처를 주는 것은 하책 중에 하책이다. 막말로 싸우고 하지 마라. 그리고 대통합을 요청합니다. 그런데 이해찬 총리는 탈당을 하지 않고 계속 당에 남아 있으면서 신당이 만들어지면 합치더라도 신당이 만들어진 이후에 협의를 통해서 그때 합치겠다라는 것이 지론이셨습니다. 그렇게 하셨고요. 그래서 이해찬 전 총리가 당의 재창당 과정에서 어떤 견해를 가지셨었고, 그 과정에 어떤 역할을 하셨고, 나중에 신당으로 합칠 때 선생님들 하고는 어떤 교감들이 있었는지 여쭙고 싶습니다.

정동영: 그래서 이해찬 의원 주장대로 된 거죠. 열린우리당에서 전원이 다 온 거죠. 결과적으로는 열린우리당이 흡수한 것이나, 밖에 만들어 놓고 열린우리당이 다 가서 다른 사람들을 붙인 거나 모양만 다른 것이었어요. 조삼모사인 거죠.

장훈각: 민주당과의 통합 협상에 있어서 민주당 쪽에서 정동영 전 의장을 배제시켜야 통합논의가 가능하겠다란 이야기를 합니다. 혹시 기억나시는지요?

정동영: 그쪽에서 이 정부를 실패한 정부다, 실패한 정권이다. 그리고 실패한 정권의 책임자라고 그렇게 제게 딱지를 붙인 거죠. 그리고 제가 이쪽에 제일 세력이 많다 이렇게 보고 견제한 것이겠죠.

장훈각: 남북열차 시험운행 때 정동영 장관은 배제되었는데요.

정동영: 가고 안 가고의 문제가 아니라 편협한 거죠. 서운하긴 하지만 공과 사는 구분해야 되는 것 아닙니까? 남북관계 속에서 전직 통일부장관들 다 초청해서 기차로 남북열차 운행을 시작하는데, 거기에 참여했던 전

각료인데... 아마 실무자들이 했겠지만, 그런 것이 폐쇄성, 편협성인 거죠.

장훈각: 굉장히 서운하셨을 것 같습니다. 참석하겠다고 일정을 준비까지 하셨다고 알고 있습니다.

정동영: 어떻게 보면 그만큼 감정의 골이 깊었다고 볼 수 있지만, 실무자들이 그랬었겠죠. 노 대통령이 정동영이 빼라 그랬겠습니까?

장훈각: 대선출마를 선언하시면서 중산층, 중소기업, 중용을 중시하는 대통령이 되겠다 해서 삼중 대통령이라고 표현하셨습니다. 그래서 중산층과 중소기업 문제는 아까 말씀해주셔서 충분히 이해가 됐습니다. 그런데 중용은 약간 다른 측면의 생각이시지 않았을까 싶은 생각이 듭니다.

정동영: 통합을 그렇게 표현한 거죠. 당시 멘토가 최상용 선생님이셨는데 그 양반 지론이 중용의 정치였어요. 민족주의, 평화, 중용. 중용의 정치를 강조하고 그래서...

장훈각: 통합과 중용이 일맥상통한다면 어떤 중도보수, 중도좌파 이걸 같이 어우르는 어떤 것을 생각하신 건가요?

정동영: 보수와 중도, 진보를 같이 함께 그런 개념으로 쓴 거죠. 중용의 정치, 미노크라시(Meanocracy)를 말한 거죠.

박광형: 그 다음에 대통합 민주신당 경선문제인데요. 처음에 경선에 룰이나 이런 걸 어떻게 정하셨는지요? 그 다음에 대선조직 관련해서 말씀하셨습니다만, 조직도 따로 안 만드시고, 돈도 안 내려 보내시고 그러신 입

장에서 무척 억울하실 것 같은데 여러 가지 경선 과정에서의 논란 그 다음에 손학규 대표가 칩거하시고 이랬던 상황들...

정동영: 굉장히 매끄럽지 않았죠. 그런데 대통합 민주신당을 창당하는 헤게모니를 사실은 청와대 쪽이 갖고 있었어요. 먼저 탈당한 열린우리당 김한길 의원이 좌장 역할을 했죠. 열린우리당이 다 온다니까 완벽한 통합이 안 됐어요. 박상천 대표 그룹이 또 남았죠. 원래 있던 구민주당이 절반은 쪼개서 통합으로 오고 절반은 남고 이러는 과정에서 창당 실무 이런 것들을 이른바 친노그룹이 다 주도권을 행사했습니다. 제 경우에는 당이 어떻게 창당됐는지에 대해서 잘 몰라요.

장훈각: 오히려 일찍 출당을 하시고 창당 과정에 처음부터 시작된 참여를 하시는 게 낫지 않았을까요?

정동영: 저는 창당 작업에 거의 실무적으로는 관여를 하지 못했어요.

장훈각: 창당 작업의 헤게모니를 친노 그룹이 갖고 있었다고 하는 것은, 물론 저희가 깊이 알지 못하는 측면이 있긴 하지만, 의외입니다.

정동영: 예를 들면 당시에 당대표로 모셔온 오충일 대표 같은 경우에 그쪽에서 모셔온 분이죠.

장훈각: 대리접수 허용문제가 경선에서 중요한 쟁점으로 대두됐었는데요. 이 문제를 제안한 쪽은 어디인가요?

정동영: 본인이 와서 하느냐 인터넷으로 하느냐 이런 방법론인데, 아마

토론 끝에 대리접수를 가능하게 룰이 만들어진 거죠. 그러니까 각 진영이 모든 조직력을 동원해서 선거인단의 수가 엄청나게 늘어났죠. 그런데 백 명, 몇백 단위까진 의미가 있는데 몇천 명, 만 명 넘어가면 일반 시민이나 똑같아요. 가령 한의사협회 회원 명단을 넣었다, 그것을 가령 정동영이가 해왔든, 손학규가 해왔든, 이해찬이 해왔든, 그 사람들 투표가 무슨 상관이 있습니까? 그 수가 백만은 넘었을 걸요? 기억이 가물가물한데 일백 만 이 쪽저쪽이었다고요. 굉장히 과열됐었습니다. 그런데 아마 본인이 와서 직접 하도록 했으면 선거인단 수는 확 줄어들었겠죠.

장훈각: 경선 과정에 노 대통령 명의도용 사건이 있었습니다.

정동영: 뼈아픈 대목이에요. 그것 때문에 구속도 되고 그랬는데 실수죠. 그 당시에 종로구 의원이었는데, 여성 구의원이 대신 접수를 했단 말이에요. 그 접수한 명단에 있었던 거죠. 해프닝이죠, 해프닝인데 청와대와 앙금이 있으니까 그걸 압수수색했어요. 그래서 구속됐죠. 그런데 그건 대단히 저도 불쾌하고 금도를 넘어선 것 아닌가 생각합니다. 물론 잘못한 것이었지만 여당이 후보 경선을 하고 있는데. 권력을 가진 쪽에서는 할 수 있는 일이라고 생각할지 모르지만, 명백한 권력 남용이죠.

장훈각: 참여정부 평가포럼회의 중에 험한 이야기들이 있었는데 공개가 되었잖아요. 그런 식으로 경선위기론이나 이런 것들이 당시에 있었습니다.

정동영: 청와대 의지는 분명했어요. 이해찬이든, 유시민이든, 한명숙이든, 친노무현 후보를 만들어라 하는 것이었고, 김대중 전 대통령과 동교동 그룹은 손학규 씨를 영입해 오는데 결정적인 역할을 했고, 손학규 씨를 후

보로 만들려고 했지요. 제 경우는 샌드위치 같은 것이었죠. 현 권력은 친노 후보를, 전 권력은 손학규 후보를 만들려고 적극적으로 움직였죠. 그런데 제 경우는 그래도 '적통자가 누구냐 정동영이다'라는 것이 제 강점이자 포인트였겠죠.

장훈각: 적자 서자 문제는 그런 맥락에서 나온 것으로 봐도 좋을까요?

정동영: 정동영이 왜 적통자냐 이런 시비가 있었겠죠.

장훈각: 대통령 후보 호남인물 배제론이 있었는데요. 이 와중에 손학규 씨가 자택 칩거에 들어가잖아요. 그 과정들을 어떻게 극복해 나가려고 하셨었는지요?

정동영: 그땐 양보하는 수밖에 없죠. 요구사항을 들어주는 거죠. 당시에 원로들이 적극적으로 중재했습니다. 그래서 경선 도중에 룰을 바꾸는, 이리 저리 일정을 바꾸고 룰을 바꾸고 했는데 다 수용을 했죠. 경선이 깨지지 않게 하기 위한 것이었습니다.

장훈각: 당시 손학규 씨의 핵심적인 요구가 어떤 것이었는지요?

정동영: 그건 잘 기억이 안 납니다만 룰이 정해졌지만 불합리하다, 불공정하다 그런 문제제기였죠. 그래서 다 수용한 것이죠. 당신이 원하는 대로 합시다, 그렇게. 예를 들면 전라북도 경선은 마지막 날 하자. 왜냐하면 전라북도는 제 고향이고, 거기선 당연히 몰표가 나올 거 아니냐. 미리 한쪽으로 몰리면 나중표가 가산이 되니까 경선에 영향을 주게 된다. 그러니 맨 뒤로 돌리자는 말이었어요.

장훈각: 손학규 후보의 요구 가운데 들어주지 않았던 내용은 혹시 없었는지요?

정동영: 다 들어준 것 같아요. 휴대폰 모바일도 포함해야 된다 해서 그것도 아마 마지막에 수용했죠. 어떻게 보면 떼를 쓴 거죠. 어떻게 룰을 정해놓고 중간에 날짜를 바꾸고 뒤로 당기고, 없던 모바일을 집어넣고, 원샷으로 하고... 그러나 이미 손학규 후보로서는 자기가 후보가 되기 어렵다고 판단해서 무리한 요구를 했던 것 같은데 그런 속에서 대통령 후보가 됐다는 게 참 불행한 일이죠.

장훈각: 원샷 경선을 한다 해도 선생님에게는 큰 영향을 미치지 않을 것이라고 생각을 하셨던 건가요?

정동영: 제가 제일 약세 지역인 영남에서 1등을 했는데 나머지 지역은 뭐 해 보나마나죠.

장훈각: 결과가 그렇게 예측되는데 왜 원샷 경선을 하자고 이해찬 후보나 당시 손학규 후보가 이야기를 했을까요? 오히려 이게 하나의 원칙을 깨는 무리가 되는 측면이 있잖아요.

정동영: 그쪽 계산법까진 모르겠지만 하여튼 무리한 요구였는데, 경선판 자체는 영남에서 결정이 난 거에요. 노무현 후보의 경우 광주에서 노무현 돌풍이 생겼잖아요. 광주에서 예상을 깨고 득표하면서 노무현 현상이... 그것과는 다른 조건이지만 어쨌든 저로서야 홈그라운드가 호남이고 어려운 지역이 영남인데, 그리고 호남은 가지도 않았는데... 부산에서 근소한 차이였어요. 11표 차이인가? 경남, 울산에선 상당한 표 차이가 있더라고요.

판이 끝나버리는 거죠.

장훈각: 경선 이후에 청와대에서 소극적으로 지지한다는 언급을 합니다. 어떻게 생각을 하셨습니까?

정동영: 서운했죠. 서운하지만 내색은 할 수 없는 거고. 이제 비화네요. 10월 15일 날 장충체육관에서 후보가 되고 수락연설하고 언론 인터뷰하고 그래도 명색이 집권여당의 대통령 후보가 됐죠. 인사할 곳이 우선 전현직 대통령 아니겠습니까? 김대중 대통령은 호남 후보가 되어서는 어렵다고 판단을 했으니까 손학규 후보를 지원했겠지만 공개적으로 한 건 아니죠. 흐름으로 보면 그런 건데. 마음으로 축하해주고 격려해주면서 "시간이 두 달 남았다. 사력을 다해서 해보자. 돕겠다." 감사하죠. 노무현 대통령에게... 이건 역사적 사실이니까... 제 전화를 받고 노무현 대통령의 분노가 폭발했어요. 거기서 열린우리당을 깨고 나간 일에 대한 추궁이 일방적으로 15분가량 있었어요. 4월 27일 날 만남의 여파가 6개월 뒤 10월 15일까지 연장된 거예요.

장훈각: 10분을 넘게 통화하셨다고...

정동영: 감정을 추스르지 못하고 주로 열린우리당 깨고 나간 것에 대해서 인정하지 못 한다고 말씀하셨는데 뭐라고 할 말이 없더라고요. 솔직하게 말씀해주셔서 감사합니다라고 하니까 "그래, 나 솔직한 사람이야." 하면서 또... 어쨌든 감정이 폭발했습니다. 그날 전화를 안 할 순 없었죠, 후보가 됐다고 인사 전화를 한 거예요. 노 대통령은 그냥 인사치레로 받지 않고 의견을 얘기한 거죠. 솔직하게 속에 있는 분노를 표현한 겁니다. 과정이야 어찌됐건 여권의 후보가 됐으면 여권이 한 덩어리가 돼서 선거를 치

러야 할 입장인데, 어렵겠구나 싶었죠.

장훈각: 청와대 인터넷 홈페이지의 '청와대브리핑'란에는 "정 후보로 인해서 상처를 받은 사람들을 잘 껴안고 가길 바란다라고만 밝혀라, 전해라." 라고 했다고 나와 있습니다. 그런 말씀을 하셨는지요?

정동영: 전화상으로는 무슨 축하나 격려나 그런 얘기보다는 노 대통령의 분노를 표현하는 걸로 끝났어요. 전 속으로 굉장히 상처를 받은 거죠. 그때 그대로 수용할 게 아니라 공개를 해버리자는 의견도 있었어요. 이것은 본인이 돕지 않겠다는 선언, 후보로 인정하지 않겠다는 선언이거든요. 그러니까 기왕 도와주지도 않을 거고, 여기에서 명백하게 노무현과 선을 긋고 가자는 의견이 있었죠. 그런 의견도 있었는데 함구령을 내렸어요. 선을 긋고 갑시다. 그게 참 비극적인 대목입니다. 거기서 이미 대선은 끝나 있는 거예요.

박광형: 열린우리당 하면 노무현 대통령 정체성이란 부분들이 너무 강하게 각인되어 있어서 그것을 해체하는 행위 자체가 대통령에 대한 도전이나 모욕이나 이런 걸로 받아들여졌을 거라고 해석하시나요?

정동영: 그렇죠. 그런 측면이 있죠. 노무현 대통령이 본인이 창당을 주도한 건 아니지만 어쨌든 열린우리당이 좀 잘됐으면 좋겠다는 말로 탄핵도 당하고 그러잖아요. 그러니까 탄생에서부터 소멸까지 노 대통령의 대통령으로서의 정치 역정과 맞물려있는 거죠.

박광형: 미국 같은 경우 특정한 한사람과 정당 자체가 동일시되지 않는 상황과 한국의 정치 상황이 좀 다른 것 같아서 드렸던 질문이었습니다.

정동영: 당정분리를 내세웠던 것도 옳은 선택은 아니었던 것 같아요. 대통령 취임하면서부터 당정분리 원칙을 내세웠어요. 그런데 오히려 책임정치 원칙에 입각해 본다면 당정일체죠. 정부가 집행하고 당과 함께 협의하고, 책임지고, 책임은 선거를 통해 책임지는 것이니까. 그런데 결과는 책임지면서 평소 운영은 당정분리 원칙을 내세웠단 말이죠.

박광형: 경선문제에서 궁금한 점이 있습니다. 아까 불리한 지역에서 승리를 해서 경선은 이미 결정 난 것이나 다름없었다라고 말씀하셨습니다. 그런 불리한 지역에서 승리하셨기 때문에 상대 쪽에서 보기엔 뭔가 불순한 과정들이 개입되어 있지 않느냐라고 의심할 만한 것들이 있었다고 생각이 되는데요. 장관님께서 보시기에 그때 표출된 현상들, 특히 경상도에서 표출되었던 정동영의 승리라는 것들 속에 나타나는 민심을 어떻게 바라보시는지요?

정동영: 글쎄요. 조직적으로도 우리 쪽이 훨씬 열정이 강했다고 볼 수 있죠. 선거인단 모집하고 전화 작업하고 하면서 짜임새가 더 있었다고 볼 수 있겠죠. 손학규 후보는 좀 약했고, 이해찬 의원 쪽이 강했습니다. 중간에 무슨 박스떼기니 하는 말도 붙었었는데, 그 당시에 대리접수가 가능한 룰이었기 때문에 봉투로 가져오든 손으로 들고 오든, 한 장 달랑달랑 들고 오는 게 아니니까 모아서 상자에 넣어서 가져오기도 하고 그랬던 거죠. 그게 지역별로 많은 데는 몇만 명 씩 됐을 거고, 전국적으로는 100만을 넘었지 않나 싶기도 합니다. 100만 장이 넘으면 이 방 하나 가득 차게 되는 거죠. 그러니까 각 진영이 합법적으로 모두 다 선거인단을 모집하는 거예요. 그런데 실제 우리 진영에서도 선거인단 회원 리스트가, 전화번호가 있을 것 아닙니까? 그래서 ARS로 체크해보면, 이게 정동영 진영에서 모집해왔다고 제 지지가 높게 나오는 것이 아닙니다. 모집을 누가 많이 해왔느냐는

크게 작용하지 않았다고 생각해요. 그게 몇백 명, 몇천 명은 모르는데 100만 명, 이렇게 되면 일반 시민 여론하고 똑같은 거죠. 정동영이 경쟁력이 대단해서가 아니라 경쟁 후보보다는 약점이 덜 했다고 할까요? 조직적인 열정도 있었겠지만 그거야 서로 열심히 하는 것 아니겠어요? 그리고 제 조직이 있어본들 영남 쪽에 얼마나 저를 도와줄 사람이 얼마나 많이 있었겠습니까.

장훈각: 신당을 창당하고 대통합을 통해서 범여권의 단일화 후보를 내는 것이 계획의 목표였었잖아요. 결과적으로는 문국현 후보, 이인제 후보하고도 단일화에 실패함으로써 그 구상이 성공했다고 보긴 어려울 것 같습니다. 이유가 어떤 것이었는지요?

정동영: 두 장면이 있는데요. 문국현 후보와의 단일화는 여러 우여곡절이 있었지만, 마지막에 함세웅 신부가 제기동 성당 사제관에서 마지막 담판을 한 적이 있죠. 저는 함 신부님한테 일임했어요. 어떤 방식이든 좋다. 그런데 문국현 후보는 자기로 단일화해야 된다고 끝까지 반대했죠. 이인제 후보와의 단일화는 합의를 했습니다. 덩치가 크고 적던 간에 어쨌든 50:50으로 당을 운영한다. 그래서 사인했는데 당의 원로그룹이 그걸 뒤집었어요. 제가 선거 과정에서 그걸 왜 돌파를 못 했을까 하는 그 부분이 안타까운 장면입니다.

장훈각: 원로그룹이라 한다면 통합신당 내의 그룹을 말씀하시는 거죠?

정동영: 네, 몇 분 계셨어요. 재협상해야 된다. 그때 제가 왜 멈칫거렸는지 모르겠어요. 이거 돌파 안 되면 내가 후보직을 걸더라도 강하게 했으면 돌파가 되죠. 안 하면 안 된다는 배짱을 가졌으면... 제가 그걸 다시 물렀

는지... 그래서 깨져버린 거죠.

장훈각: 재협상 주장의 근본적인 이유는 당권의 50%를 내어준다는 협상 내용 때문이었나요?

정동영: 그렇죠. 선거 패배가 눈앞에 보이는데 패배 이후에 당권의 향배와 관련해서 구민주당한테 50%를 주어야 하나라는 당권에 대한 계산, 이런 것들이 작용한 거죠. 그것이 대선 과정에서 통한스러운 부분이에요. 그 상황을 후보의 힘으로 돌파했어야 되는데 머뭇머뭇하면서 합의가 파기돼 버린 것, 그건 오롯이 제 책임인데요. 참 통한스러운 부분이에요.

박광형: 대통령선거 전체가 항상 한나라당 후보의 지지율이 높게 나왔던 사정과 관련 있는 것 같습니다. 선거 전체가 아까 말씀하셨던 정책비전과 같은 것들을 부각시키기보다는 상대 후보에 대한 검증문제 등으로 기울었던 측면들이 강했던 것 같습니다. 후보로서 선거 전략과 관련해서 그 당시에 어떻게 판단하셨던 건지, 그리고 지금 와서 돌아보시면 어떤 선거가 그때 이루어졌으면 좀 더 사정이 달라지지 않았을까 하는 부분은 어떤 것이 있는지에 대해 말씀 부탁드립니다.

정동영: 솔직히 말씀드려서 눈사태처럼 불가항력적인 요소가 있었어요. 그걸 되돌릴 방법이 무엇이 있었을까... 아마 이명박 후보가 기소되어서 자격 박탈되는 그런 상황이 있었으면 대혼란 상황이 오고 다시 정돈되면서 구도가 흔들렸겠죠. 야당 후보가 자격 박탈 돼버리는 그런 변수 말고는 산사태처럼 무너져 내려오는 속에서 심정적으로는 백약이 무효인 선거 아닌가라는 그런 느낌 속에서 선거를 치렀습니다. 지금 다시 생각해보면 당시 BBK에 너무 매몰되었다고 봅니다. 정책을 설명해서 정책으로 이성적

설득이 되고 할 그런 토양이나 환경이 안 됐죠. 참모들도 캠프도 BBK에다 목숨을 건 거죠. 이명박 후보의 자격 박탈을 마지막 승부수로 본 거죠. 어리석은 선택이었다고 봅니다. 지더라도 무엇을 남길 것인가를 생각하면서 선거를 했어야 된다고 봅니다. 후보가 되는 순간 "질 수도 있다, 지더라도 뭘 남길 것인가."라는 생각을 가지고 선거를 했어야 맞았습니다. 후보로서의 제 실책은 "12월 19일 이후는 생각하지 마라. 12월 19일 지구가 끝난다, 그 이후는 필요없다."는 생각으로 임했다는 것입니다. 선거 끝나고 7~8년 됐지만 복기를 한 번도 안 해 봤어요. 너무 아프기도 하고 상처였기 때문이지요. 이 인터뷰하면서 기억을 살려보는 거지요. 시간이 흘렀으니까 조금은 이야기도 하고 할 수 있는 기분이지만, 그동안 한 번도 그때 어떻게 됐는가 하는 복기 자체를 하지 않았습니다. 물론 당에서는 역사라고 해서 공식적인 책자도 나오고 했습니다만, 심리적으로 돌이켜 보기가 싫었던 거예요. 처절한 패배였습니다. 또 같은 패배라도 아름다운 패배라고 할까, 이런 요소를 남기지 못한 것이 안타까운 거죠.

박광형: 하나 더 여쭤보겠습니다. 복기를 안 하셨다고 하셔서요. 이명박 정부가 들어서고 나서 정동영 장관님이 많이 달라지셨다는 얘기들이 사람들 사이에 많이 회자될 정도로 낮은 곳으로 오셔서 많이 활동하셨던 것으로 기억을 합니다. 그런데 그러한 행보들이 대선에 대한 반성이나 그런 것에서 나온 것이라고 생각하기 쉬운데요. 그런 것 하고 관계없이 하셨던 것인지요? 민생행보하셨을 때 어떤 생각이셨는지요.

정동영: 출발점은 왜 떨어졌는가 하는 거죠. 사실 대선 후보가 되는 것도 쉬운 일은 아니죠. 후보는 됐잖아요. 그런데 맥 한번, 힘 한번 못 써보고 나가 떨어졌단 말이죠. 왜 그랬을까. 수백 번도 더 묻는 자문이었죠. 지난번에 반성문 얘기했을 겁니다. 2008년 금융위기를 보면서 느낀 충격, 용

산 참사에 가서 느낀 충격. 제가 그냥 김대중 노선, 노무현 노선을 추종해 온 거죠. 정동영 노선이 없었다. 김대중 노선과 노무현 노선이 성공했으면 그걸 추종했던 그 연장에서 정동영이 성공했겠죠. 그런데 한계를 드러낸 것 아닙니까. 공과 과가 다 있는 거죠.

그 반성 속에서 정권을 재창출하게 된다면 노무현 정부의 공은 계승해야 되는 것이지만 이걸 뛰어넘어야 될 겁니다. 그리고 부족했던 것, 그것은 사회경제적 약자에게 "내 후보다, 내 당이다, 다른 세상이 올 것 같다, 다른 세상이 가능하다."라는 기대를 못 준 거 아닙니까. 현재도 당에 대해서 주문하는 것이 당의 노선에 관한 겁니다. 당이 노선에 입각한 정치를 하고 있지 않잖아요. 이렇게 가면 또 실패한다 그거죠. 그리고 왜 떨어졌는가에 대한 물음표에 대한 내 나름대로 찾은 답은 아래로 내려가라는 것이에요. 삶 속에, 현장 속에 답이 있다는 것이지요. 삶 속에서 보니까 민영화, 자유화, 규제완화, 감세 이게 답이 아니다라고 보는 것이죠. 대선 패배, 그 이후에 현장 속으로, 그리고 제가 당에 가서 실천해보려고 한 것이 보편적 복지와 경제민주화 그런 것이었습니다.

박광형: 네 차례에 걸쳐서 장시간 동안 구술해주셔서 감사드립니다.

정동영: 수고하셨습니다.

유시민

전 보건복지부장관

1. 개요

유시민 전 장관은 노무현 대통령과 독특하면서 각별한 관계를 지속한 인물이다. 그는 1980년대 민주화 과정에서 학생운동 주요 인물 중 하나였고, 그 이후 시사평론가로 활동했으며, 정치인 노무현에게 자문 역할을 했던 지식인이었다. 그는 2002년 정치개혁을 위해 기존 정당과 다른 시민 기반의 개혁국민정당을 창당하였으며, 민주당 당내 경선과 대선 과정에서 민주당 외부에서 노무현 후보를 지지했다. 그는 열린우리당 창당 과정에 합류하여 국회의원이 되었으며, 그 이후 보건복지부장관을 역임했다. 노무현 대통령의 퇴임 이후 그는 진보정당의 통합을 시도하여 현재 정의당의 주요 인물로 활동하고 있다.

유시민과의 인터뷰는 2014년 6월 18일 파주출판단지 내 그의 사무실에서 이루어졌다. 그는 노무현 대통령과 특별한 관계를 유지했던 만큼, 자신의 관점에서 자율적이면서도 가까운 거리에서 정책결정 방식이나 성격을 포함하여 노무현 대통령의 리더십을 생생하게 묘사하고 설명했다. 또한 국회의원이자 장관 역임자로서 국정 과정 전반의 복잡한 과정을 구체적이고 체계적으로 자신의 경험에 기초하여 설명했다. 이를 통해 청와대, 행정부처, 국회 간의 주요 정책 추진 과정에서 나타난 한국 정치의 특성과 노무현 대통령 리더십 특성에 대해 중요한 내용을 담고 있다. 그의 구술인터뷰는 정치인으로서 정당개혁보다 국무위원으로서 활동했던 내용을 중심으로 구술했다. 그의 주요 구술 내용을 간략히 정리하면 다음과 같다.

첫 번째, 노무현 대통령과의 인연에 대한 내용이었다. 그는 정태인과 함께 정치인 노무현에 대한 경제정책 자문을 했던 진보적 소장파로서 아카데믹한 저널리즘적 활동 방식을 띠었다고 주장했다. 그는 '지방자치실무연구소'와 같은 참모 주도의 집단에 포함되지 않고, 진보적 학술단체를 통한 네트워크에서 자발적이고 수평적인 관계에서 자문했던 유형에 속한다고 규정했다. 이들은 이정우 교수 등의 중견 경제학자 집단 그리고 김병준 교수 중심의 자문 집단 등 다양한 자문 집단 중 하나였다. 이러한 인연이 당선 이후 노무현 대통령의 국정운영에 참여한 주요 인사로 활동할 수 있었던 배경이었다. 그리고 2002년 대선 과정에서 창당된 개혁국민정당 창당의 취지를 민주당의 혁신이 어려운 상황에서 이를 대체할 수 있는 제3의 자유주의 노선의 정당으로 설명했다.

두 번째, 유시민 전 장관은 노무현 정부의 주요 이슈에 대하여 자신의 관점을 간단히 설명하였다. 이라크 파병에 대해 그는 기본적으로 한미관계와 북미관계 중심의 한반도 정세의 주도성과 관련된 사안으로 규정했다. 또한 그는 노무현 대통령의 대연정 제안에 대해서 한국 지역 구도하에서 정치적 교착상태가 반복되는 상황에서 제기될 수 있는 대안이며, 이것은 과도한 반발이나 예민한 반응의 대상이 될 만한 사안이 아니라는 입장을 간단히 언급했다. '4대 개혁 입법'에 대한 국회 여당의 주도적 추진에 대해 정부와의 협조가 미흡했다하더라도 당시 추진할 만한 조건이었으며 국회 주도의 입법 활동의 필요성을 강조했다. 이외에 당시 당청관계에 대해 그는 당시의 당정분리 원칙이 관철되었던 상황을 열린우리당 원내대표 선출 과정을 통해 설명했다. 당청 간의 정책협의는 다양한 과정을 통해 이루어졌으나, 이에 대한 입장이 서로 달랐다고 설명했다.

세 번째, 유시민 전 보건복지부장관의 인선 배경에 대해서 자세히 구술하며, 유시민 장관이 생각하는 바람직한 장관의 자질과 리더십 그리고 올바른 장관 임명 과정에 대해서 주장했다. 그는 장관의 자질을 스페셜리스트의 성격보다 제네럴리스트의 능력이 기본적이라는 관점을 제기했다. 또한 보건복지부장관 당시 추진했던 국민연금법 개정과 한미 FTA 당시 약가 문제의 정책결정 과정에 대해서 생생하게 구술하였다.

네 번째, 노무현 대통령 시절 청와대와 총리실 간의 업무 균형이 조화롭게 형성되었던 국정운영의 전반적 과정과 부처 간 갈등과 마찰을 조정할 수 있었던 참여정부의 수평적 시스템 그리고 야당의 협조를 얻기 위한 과정 등에 대해서 설명하였다.

다섯 번째, 그는 노무현 대통령의 측근 인사로서 바라본 정치인 노무현에 대한 평가와 함께 대통령의 정서적인 균형을 맞추기 위한 '심기 경호 및 보좌'의 필요성에 대해 구술하였다.

마지막으로, 노무현 대통령 관련해서 당시와 현재의 평가가 상이함에 대해 아쉬운 점과 앞으로 노무현 대통령 연구에 대해 바라는 점에 대해서 제안하였다.

2. 구술

황창호: 연세대학교 국가관리연구원 한국대통령 통치사료센터 구축사업 일환으로 오늘은 유시민 전 보건복지부장관님을 모시고 참여정부 당시 여러 가지 정책적 사항이라든지 대통령 판단 및 여러 가지 정책 참여자들 관찰자들 입장에서 구술사료 수집하기 위해 인터뷰 진행하도록 하겠습니다. 유시민 장관님 인터뷰에 응해주셔서 감사합니다. 첫 번째는 간략하게 노무현 대통령하고 일종의 사전의 여러 가지 정당 활동이라든지 정치 활동을 하신 적이 없는데 어떻게 노무현 대통령을 지원하게 된 배경이나 동기에 대해서 설명해주시면 감사하겠습니다.

유시민: 당선되기 전, 경선 후보 시기와 선거기간에는 제가 캠프에서 자원봉사를 했죠. 그런 인연이 있기 때문에 당선되기 전까지 전혀 같이 활동한 적이 없는 건 아니고요. 그리고 그전 1990년대엔 개인적으로 만나서 경제정책 공부 등을 같이 하는 경우는 가끔 있었죠. 그런 정도였는데, 뭐 이분이 대통령 되면 좋겠다 생각해서 한 거지 다른 동기나 배경은 없죠.

박용수: 경제 공부를 하실 때 다른 분들도 같이 참여하신 건가요?

유시민: 그렇죠. 예전부터 알긴 했던 사이였고, 제 전공이 경제학이어서 가끔 경제정책 현안이나 이슈가 되고 있는 문제들에 대해서 어떻게 이해해야 되는지... 그런 걸 정치하는 분들은 은근히 많이 해요. 지식인들하고 만나서 차 마시고 밥 먹으면서 의견 듣고 참고하고 그런 거죠.

박용수: 그런 수준에서 대통령 당선 이전 정태인 경제보좌관, 유종일 박

사, 그리고 유시민 장관 세 분이 노무현 대통령의 경제 관련 브레인 역할을 하셨다고 볼 수 있나요?

유시민: 브레인 그런 건 아니고, 1980년대 1990년대에 노 대통령은 야당 정치인 시절부터 공부를 열심히 하던 분이에요. 그래서 정태인 비서관이 그 당시 한사연이라고 한국사회연구원인가 하는 곳의 연구원이었는데, 그때 거기에 소장학자들이 많이 있었어요. 그 한사연 세미나팀 이런 데 노무현 의원이 참여하면서 젊은 연구자들을 알게 됐죠. 야당 정치인 시절에 초선 때부터 원론적인 공부로 치면 그게 브레인이라기보다는 좋은 정치인이 학습하는 데 자문 차원의 도움을 주는 그런 관계로 보면 정태인 비서관이 좀 많이 했을 거예요. 그리고 유종일 박사는 2002년 경선캠프에 자문 그룹으로 합류를 해서 우리가 그때 공약 발표를 하거나 TV 토론에서 경제정책 이슈가 나왔을 때 후보를 준비시키는 그런 것들은 같이했죠. 2001년 말 2002년 1월 2월 그 무렵에요. 근데 그건 참모나 브레인 개념은 아니고 그냥 지식인들로선 좋은 괜찮은 정치인이 대통령 되면 좋겠다, 될 수도 있겠다고 판단한 사람들이 와서 자원봉사를 그런 식으로 한 거고, 노 대통령 입장에서 보면 의견을 구하는 여러 인간관계 중 하나였던 거죠.

박용수: 그분들이 경제정책과 관련해선 노무현 대통령이 만났던 경제 관련 전문가들 중에선 진보적인 그룹으로 평가할 수 있을까요?

유시민: 그렇죠. 노 대통령이 정태인 비서관이나 절 좋아하셨죠. 왜냐하면 저희는 그냥 학교에 있는 사람들이 아니고 글을 많이 쓰고 넓게 보면 아카데미즘을 기반으로 한 저널리즘 활동을 하던 사람들이기 때문에 잡지에 꽤 긴 정책에 관한 기고도 하고 짧은 칼럼도 쓰고 강연도 다니고 이러던 때에요. 그러니까 학계에 계신 분들보다는 저희가 대중 눈높이에 맞춰

서 글을 쓰니까 알아듣기가 비교적 편했던 거죠. 그리고 실무자급이기 때문에 TV 토론이나 정책 토론 나갈 때 짤막하게 발언 자료를 만들어드리고 이런 것들을 경선캠프에서 많이 했죠. 그럼 보통 측근이다 무슨 브레인이다 그룹이다 이렇게 얘길 하는데 그것은 아닌 것 같아요.

박용수: 정태인 비서관은 나중에 한미 FTA 추진하면서 청와대에서 나오셨죠?

유시민: 그전에 다른 문제로 나왔고. 그때 행담도 비리인가 말도 안 되는 걸 가지고 검찰과 야당에서 공격하고 해서 나온 거고. 그 뒤에 FTA 협상이 시작되었고 정태인 씨는 밖에서 한미 FTA 반대운동을 열심히 했죠. 그러니까 영향은 있었다고 봐야죠. 정태인 씨는 미국 제도학파 쪽 공부를 했죠. 예를 들어 스티글리츠나 갤브레이스나 미국 제도학파 쪽에 공부를 많이 했고, 산업클러스터(industrial cluster) 이론 이런 것들을 국내에 많이 소개하는 활동도 했죠. 그런 면에서 노 대통령도 클러스터 정책 같은 걸 추진할 때 그 영향이 있었다고 봐야죠. 개인적으론 노무현 대통령에게 가장 영향을 많이 준 사람이 정태인 씨라고 볼 수 있죠. 저는 입장이 신케인즈주의 거시정책이나 혹은 노동시장 정책, 재정학 분야, 사회복지 이런 건 재정학 분야로 구분하니까, 교육재정이나 보건재정 이런 분야에 좀 아는 편이어서, 그런 쪽의 자문을 드린 정도의 영향력은 있었다고 봐요. 노 대통령이 개인적으로는 신케인즈주의적인 거시경제 정책 같은 걸 좋아하셨고, 원론적이거나 이념적인 관점보다는 경로의존적이고 역사주의적인 시각을 가지고 정책을 보게 된 데에는 그 영향이 좀 있었다고 봐야겠죠. 여기 말고도 경북대 이정우 교수님이나 이런 분들은 우리보단 한 세대 앞에 시니어 그룹이고, 국민대 김병준 교수나 이런 분들은 좀 다른 측면에서 학술적 교류가 있었을 걸로 보고요.

박용수: 지금 말씀하신 그 시기가 개혁국민정당 만들기 이전이죠?

유시민: 이전이죠. 대개 그게 1980년대 말부터 1990년대 말까지 십여 년에 걸쳐 공부를 쭉 해오셨어요. 노무현 대통령이 그 과정에서 알게 된 학자 그룹들이 있었던 거죠.

박용수: 지방자치실무연구회인가 거기엔 참여하지 않으셨나요?

유시민: 네. 지방자치연구소는 노 대통령이 정치 참모 중심으로 조직도 만들고, 정치적인 행사 대비하고 이런 목적으로 하셨던 연구소죠. 저나 정태인 씨 같은 경우는 참모나 측근 그룹에 들어가는 사람들이 아니고, 그냥 좀 유명한 자원봉사자, 내놓고 하진 않았지만 자원봉사하던 사람들이라고 봐야죠.

박용수: 그러면 개혁국민정당 만들기 전부터 노무현 대통령에 대한 지지하겠단 의사를 가지고 있었는데 개혁국민정당을 만들게 된 동기와 과정을 간단히 말씀해 주시겠습니까?

유시민: 그건 좀 복잡해요. 그 문제는 정책 영역을 벗어나는 정치 영역의 문제거든요. 그러니까 야당의 혁신이라든가 또는 선거제도의 개편이라든가, 또는 선거제도를 개편 못할 경우에는 양당제가 갖고 있는 그런 다양한 시민들의 다양한 정치적 요구를 반영하기 어렵다는 구조적인 문제, 그리고 지역주의에 기반을 둔 양당체제의 경직성을 어떻게 타파할 거냐에 대한 문제들과 관련된 시도였고요.

박용수: 당시의 민주당 대선 후보를 안에서 비토하는 것에 대한 저항이

라기보다 정치개혁이라고 볼 수 있다는 것이군요?

유시민: 네, 그런 거고. 만의 하나 민주당에서 예를 들어서 후보교체론 이런 게 있었기 때문에 노 후보를 민주당에서 밀어 내는 경우가 생긴다면 이 사람을 우리가 민주당에서 쫓겨날 경우에 우리가 영입해서라도 대선 출마시켜야 된다 이런 생각이 없었던 것은 아니지만, 근원적으로 개혁국민정당은 혁신된 야당 또는 기존 야당의 민주당 혁신이 불가능하다면 제3의 자유주의 정당을 수립함으로써 이제 지역 구도에서 벗어난 새로운 정당 정치세력을 해보자 이런 문제였어요. 이건 노 대통령 개인하고 직접 관계된 건 아니고, 그 노무현 후보를 지지한 여러 유권자 집단 중에서 급진 자유주의 노선을 가진 사람들이 모인 하나의 정파 같은 거였죠.

박용수: 그 시기 동영상 중에 내가 서울대 출신으로서 노무현 대통령한테 기는 모습을 보여서 다른 재야 활동가들에 대해서 하나의 학벌에 대한 차별 이런 걸 넘어설 수 있는 보여 주겠다 이런 인터뷰를 하신 동영상이 있잖아요. 그때 개혁국민정당 만들어지기 전이었나요?

유시민: 그건 대선 끝나고 나서 한 동영상일걸요? 아니면 경선 후보가 되시고 나서 동영상인가? 아니 민주당 후보가 되시고 나서. 그런 건 정책이나 정부 이런 것 하곤 관계없고요. 그냥 개인적인 거예요 그건. 노무현이란 사람에 대해서 명문대학의 소위 운동권 출신들이 갖고 있는 편견과 고정관념 그런 것이 굉장히 불합리한 것이고, 진보진영조차 대학을 나오지 않은 사람에 대한 그런 무의식적인 차별 정서가 있는 것 아니냐 그런 문제를 제기한 거예요. 그건 에피소드에 불과한 거죠.

황창호: 다음으로 참여정부 국정 전반에 관련된 정책에 대한 이슈에 대

해 질문을 드리고 싶은데요. 예를 들어서 대연정이라든지 FTA 신행정수도 언론개혁 여러 가지 굵직한 정책 이슈들이 있는데, 먼저 이라크 파병 관련해서 기사를 참고했을 때 처음엔 이라크 파병을 장관님께서 다소 반대하는 입장이었는데 추후에 찬성한 기사들을 접했습니다. 그 배경하고 대통령이라든지 여러 가지 참여정부에 관련된 것이라든가 설명해 주시면 좋겠습니다.

유시민: 이라크 파병문제에 대한 파병동의안, 파병연장동의안, 두 차례 표결을 했었는데 저는 그거에 대한 언론보도나 이런 것들이 굉장히 문제가 많다고 봐요. 정말 천박하기 짝이 없는 보도들이었다고 봅니다. 왜냐하면 이라크 파병을 할 수밖에 없었어요. 저는 남북관계나 북미관계 이런 걸 감안할 때 전투 병력 파병 요구를 받았지만 전투병에게 비전투 임무를 주어서 최소의 규모로 보내는 것. 이건 당시 정부가 처해있던 국내외적인 정책 환경 속에서 미국과의 관계를 안정적으로 관리하면서 대북관계를 풀어나가기 위해서는 부시 대통령의 비위를 어느 정도 안 맞춰주면 안 되는 게 우리나라 상황이라 봐요. 그래서 그때는 파병할 수밖에 없었는데, 어떤 임무를 줘서 어느 정도의 병력을 파견할 거냐 그 문제만 남았던 거예요. 저쪽에선 만 명 이상 전투 임무를 가진 전투부대를 요구했고, 한미 간에 여러 협상 과정을 거쳐서 3천 명 규모의 전투 병력을 비전투 임무를 주어서 보내는 쪽으로 합의된 거예요. 근데 그 협상이 진행되고 있었기 때문에 그 상황에선 반대 목소리가 많이 나오는 게 전 좋다고 판단했어요. 대통령도 마찬가지였으니까, 당연히 여당 의원들 중에서도 반대 목소리를 많이 내는 게 맞죠. 그래야 병력 규모도 최소화될 거고, 임무와 관련해서도 민사작전 임무 쪽으로 우리 정부의 협상력이 좀 커질 수 있지 않나 해서 반대한 거고요. 파병동의안이 나가고 나서 연장동의안이 또 올라왔을 땐 제가 그렇게 표결한 건 아주 개인적인 동기 때문이에요. 왜냐하면 당시에 기본

적으로 다수 야당이었던 한나라당이 다 찬성이기 때문에 부결될 리가 없는 상황이었어요. 그러니까 어차피 가결은 돼요. 여당에서 반대하는 숫자도 꽤 나오겠지만. 근데 제가 개인적으로 그 연장동의안에 찬성한 거는 욕은 대통령이 먹고, 이제 대통령 지지를 하는 의원들은 반대표 던져서 명분 세우고 빠져나가고, 이게 비겁한 것 같아서 욕먹으려면 같이 먹어야지 하고 찬성한 거예요. 그건 아주 지극히 개인적인 판단 때문이었거든요. 그 문제를 그 정치인들의 찬반 행위나 이런 것들을 바라보는 소위 진보진영 언론의 시선이나 태도가 저는 매우 천박하다고 봐요.

박용수: 2003년도 10월 달에 전투병을 파병하게 되는 결정하는 그 시점이고요. 그 다음에 실제 2004년 6월 달에 실제 파병을 하게 되었습니다. 그때 김선일 씨 사건이 발생했고, 2003년 10월 파병 결정을 하는 건 유엔안보리의 결정이 직접적인 계기였던 것 같습니다.

유시민: 그건 제가 잘 몰라요. 파병 이런 문제는 제가 참여정부에서 일은 했지만 제가 잘 알고 있는 문제가 아니에요. 다만 저희가 알고 있는 건 당시 국회에 동의안이 넘어오고 할 때 한미관계가 매우 안 좋았고, 저 개인적으로는 이런 조건에서 대통령이 한반도 정세에 대한 이니시어티브(Initiative)를 어느 정도 남북관계의 이니시어티브를 쥐는 데 어떤 포지션으로 가주는 것이 유리한가 그 한 가지만 관심 있었죠. 그리고 그것이 어떤 과정을 거쳐서 파병안이 만들어지고 한 건 저도 사실 대통령의 유고들을 보면서 안 거지 당시는 몰랐어요. 그런데 그 내용의 기본적인 건 노무현 대통령의 제가 정리한 자서전에도 나오고, 이종석 통일부장관이 낸 책에도 자세히 나와요. 전 그 정도의 내용도 몰라요. 그 문제는 제 소관 분야도 아니고.

박용수: 그 시점에 노무현 대통령이 시민단체 대표들하고 간담회 하는 약속을 했었더라고요.

유시민: 그런 것도 하고 했죠.

박용수: 2004년 6월 달에 김선일 씨가 피랍되고, 그때 유시민 의원님이 한 사람이 잡힌다고 해서 정책을 바꿀 수 없다고 단호하게 표명을 하셨습니다.

유시민: 그런 건 아니에요. 언론보도를 보시고 이 인터뷰를 하시면 저는 참 의미가 없다고 생각해요. 국가 리더십이나 국가운영에 대한 연구를 할 때 팩트만 갖고 하는 게 좋아요. 그렇지 않으면 시간 낭비일 뿐입니다. 그때 민중의 소리 기자가 카메라 대놓고 그때 우리가 쓰레기만두 파문인가 그게 일어서 무슨 무 꽁다리 가지고 만두 만들었는데 해롭진 않은데, 식품 공정에 안전성 기준은 문제가 없는데 건전성 기준에 침해되는 거라 시끄러웠어요. 경찰에서 발표를 그렇게 해서 만두 회사들이 만두가 안 팔리고 재고 때문에 라인이 중단되는 상황이었죠. 그래서 복지부 위원들이 만두를 먹어서 만두 먹어도 괜찮단 얘길 하려고 행사하는데, 옆에 와서 "카메라 대놓고 만두 맛있습니까?"라고 시비를 걸기 시작한 거예요. 그러니까 뾰족하게 날 서가지고 서로 시비를 붙다가 김선일 씨 어쩌고 했는데 "철군 해야 되는 거 아니에요?" 이래서 "아니 사람이 하나 죽었다고 금방 어느 나라가 군대를 바로 철수 시킵니까?" 이렇게 얘기한 걸 앞뒤 다 잘라내고 그것만 보도한 거예요. 언론보도나 미디어에 나타나 있는 언론인들의 여러 사실 팩트도 맞지 않고. 예를 들어서 파병안에 대해서 제가 입장이 바뀐 거 이런 건 경향신문의 이대근 편집국장이 정말 칼럼에 이상하게 써놨어요. 그건 팩트도 안 맞고, 그 팩트 사이의 논리적 연관도 사실과 전혀 관계

없는 거예요. 그러니까 그런 걸로 인터뷰를 하면 시간 낭비예요. 그 얘길 지금 뭐 하러 해요? 제가 이 인터뷰에 응하는 건 국무위원으로서 국정운영에 참여했기 때문에 퇴임한 이후에 해야 될 국무위원의 책무 중에 국무위원의 직 무수행과 관련해서 획득한 사회적 공유 자산을 나누는 게 들어있어요. 저희가 그 국무위원을 할 때에 받았던 매뉴얼을 보면, 퇴임 후에 이런 걸 하지 마라 이런 걸 해야 된다 이렇게 나와 있는 것 중에 제일 먼저 해야 된다는 게 국정 경험의 공유예요. 그 차원에서 하는 거지 사실 언론 보도가 이렇게 나왔는데 이런 얘길 하면 진짜 아무 의미가 없어요. 그게 무슨 연구 거리에요? 저는 그렇게 말씀드리고 싶네요. 그런 거 의미가 없잖아요. 제가 뭐 욕을 먹든 뭘 먹든 사회적으로 그게 무슨 의미가 있겠어요? 그런 건 시간 가면 다 잊힐 일들이에요.

황창호: 네 알겠습니다. 다음 굵직한 정책들 중에서 대연정, 신행정수도에 대해서.

유시민: 제가 말씀드릴 수 있는 건 제가 아는 사실이에요. 제 의견은 얘기하고 싶은 생각이 별로 없어요. 제가 아는 범위에서 제가 알고 있는 팩트만 드리는 거예요.

황창호: 저희도 사실을 근거로 기본으로 하니깐요. 제 생각은 대연정, 신행정수도 관련된 여러 안건을 냈는데, 대연정에 대해서 먼저.

유시민: 대연정은... 전 사전에 몰랐고요. 대통령이 공식 제안하기 전에 이미 보도가 특종으로 서울신문인가 어디서 나갔고. 사실관계는 그렇죠. 대통령이 어느 날 총선이 끝나고 152석을 하고 4월 달에 보궐선거를 하고 과반수가 무너지고, 그리고 정책 분야에서 민주노동당하고 한나라당이 정

책 연대 같은 것도 하고 이런 때여서, 집권세력의 의회 다수 의석이 없을 때에요. 그러니까 이걸 어떻게 대처해야 되냐 할 때 과거처럼 영입을 해서 다시 구조를 여대로 재편을 하느냐, 아니면 그냥 여소를 인정하고 의제에 양보를 해서 하느냐, 그렇지 않으면 민주노동당하고 소연정이라도 하느냐 이런 고민들이 있었던 거예요. 그런데 민주노동당과 소연정을 통해서 다수를 만들 수 있겠지만, 이를 위해서 해야 될 정책 협약이 있는데, 더 왼쪽으로 열린우리당을 바꾸면 여론의 지지를 획득하기 어렵겠다는 판단이 있었고요. 또 하나는 한 20년 정치를 해보니까 이게 다람쥐 쳇바퀴 정치란 말이에요. 지금 결선투표도 없는 선거제도에, 소선거구제에, 지역 구도에, 선거했다하면 여소야대고, 구조적으로 이렇게 되니까 우리 정치가 이러면 발전이 없겠다 그래서 사람들의 보통 생각을 넘어서는 걸 생각한 거죠. 독일은 대연정이 1968년 빌리 브란트부터 있어왔던 거니까. 그래서 우선 당시 임기 중에 국정운영과 관련해서 다수 의석이 필요하고 다수 의석을 그냥 합리적으로 만드는 건 거대당들이 연정을 하면 국회운영이 원만하겠다는 판단이고. 또 하나는 연정을 하는 조건으로 선거구제 개편, 선거법 개정 이걸 같이 하면 그럼 총리를 한나라당에 줘도 괜찮다. 몇 년 간 권력 절반을 나누는 거지만 내치 분야는 국회에서 선출해서 운영을 하고, 대통령은 외교 안보 국방 이런 쪽 대북관계 이런 쪽에 집중하고, 그래서 권력 절반을 내놓고 이렇게 해서 선거제도를 바꿀 수만 있다면 한 3년 정도 권력 절반을 줘도 국가적으로 좋은 거 아니냐 이런 판단을 하신 것 같아요. 그리고 그 얘길 한명숙 총리가 총리 공관에서 당의 핵심 인사들을 일곱 분인가 여덟 분인가 저녁모임을 하는데 그거 알고 거길 오신 거예요. 거기서 이런 저런 얘기 그런 구상을 얘기하신 건데, 참석자 중 어떤 사람이 그걸 기자에게 다 흘린 거예요. 그러면서 서울신문인가 특종이 되어버렸죠. 보도가 나오니까 그냥 해본 소리라고 발을 빼든가 정식으로 제안하든가 둘 중 하나가 되어야 되는데, 다들 그냥 아이디어 차원에서 나눠 본 얘기로 가자고 했지만, 대통령 자신은 이거 한번 제안해보자 하신 거예요. 저는 보도되고 나서 알았고, 대게 그런 맥락이겠다는 건 이해했죠. 그리고 그 당시로선 씨도 안 먹히는 소리여서 야당에선 무슨 암수를 거는 것처럼 의심하면서 배척했고, 여당에선 어떻게 잡은 권력을 니 맘대로 나누냐 그렇게 해서 배척을 했죠. 지금 경기도도 연정, 제주도도 연정 사방이 연정이잖아요. 교육감도 부산 교육감이 뭐 진보 교육감 후보들 공약 받아들이고, 충남이나 인천 같은 경우 의회가 여당 보수당 다수니까 진보 교육감들이 어쨌든 정책협의를 안 하면 안 되잖아요. 경기도 의회도 지금 새정연이 다수니까 남경필 도지사가 사실상 연정하자는 거죠. 대연정이라는 것도 있을 수 있는 거라고요. 저는 그 당시에 왜 그렇게 그걸 가지고 무슨 역적 취급을 하고 했는지 전혀 모르겠어요. 대한민국이 진짜 비이성적이다, 그리고 지식인 사회가 정말 경직되어 있다, 안 하면 그만이지 왜 말도 못 하게 하냐 이거예요. 저는 이 구상은 해볼 수 있는 구상이라고 보고요. 여야 간에 '오케이! 그거 해 봅시다' 하면 할 수 있는 거예요. 민주주의국가에서 어디에서나 필요하면 다 하는데, 그게 무슨 도덕적으로 하자가 있는 겁니까? 정치적으로 무슨 문제가 있는 겁니까? 그런 동기에서 대통령이 주변의 몇몇 사람하고 상의를 하셨는지 그건 모르겠지만, 여하튼 총리실에서 있었던 책임모임과 거기서 상의를 하신 거예요. "내가 지금 이런 생각이다." 그게 언론에 나갔고, 나가니까 정식 제안을 하신 거죠. 야당에서 거부했고 여당에서 반발하니까, 여야 전부 다 싫다는데 대통령이 제안 해본들 무슨 소용이 있겠어요? 의제 하나를 던져 놓은 걸로 끝나 버렸죠. 욕은 욕대로 대통령이 엄청 들으시고 그렇게 된 거죠. 지금도 비웃는 사람들이 많잖아요. 난 지금도 그래요. "뭐가 나쁜데 그게? 할 수도 있는 거지." 그런 거라고 봐요. 제가 아는 건 그 정도 범위지 그 이상은 몰라요.

박용수: 『후불제 민주주의』를 보면 유시민 장관님이 청와대에 비공식적

으로 들어가서 노무현 대통령과 다른 의견으로 제시했다고 나오더라고요.

유시민: 그런 건 저만 한 게 아니고 많이들 했죠. 할 얘기가 있으면 가서 "이거 됩니다, 안 됩니다." 그런 얘긴 저도 했지만, 이해찬 총리나 한명숙 총리도 다 하셨고, 문희상 당의장 비서실장도 그거 하시는 분이었죠. 결정은 대통령이 하시지만 함께 일하는 분들 의견은 충분히 들으셨으니까. 그분 스타일이 다 듣고 결정은 당신이 하시는 그런 스타일이셔서.

박용수: 또 그 책에서는 보면 내용에 대해선 동의를 하지만, 그 제안은 현실성이 없기 때문에 반대하는 의견을 드렸다고 나오더라고요.

유시민: 그런 건 많죠. 저만이 아니라, 그건 일상적으로 있는 거였어요. 파병도 그렇고, 한미 FTA도 그렇고, 대연정도 그렇고, 국무위원들한테 의견을 구하시기도 하고, 측근 참모들 의견도 구하시기도 하고, 정치권 밖의 지인들을 청와대로 불러서 의견 묻기도 했죠. 그런 건 일상적으로 늘 하시던 일이고, 그 과정에서 각자가 자기 의견을 얘기하는 건 보통 있는 일이었죠.

박용수: 대연정 관련해서는 특히 따로 만나신 건 아니고요? 현실적으로 어려우니까 조정한다든지...

유시민: 아니 그건 다 제안하시고 나서 저희가 청와대에 가서 "그거 되지도 않을 거 제안 뭐 하러 하셨냐고? 되기만 한다면 좋은 일인데 누가 그걸 받아들이겠냐고..." 그런 얘기도 하고. 어차피 안 되는 거니까 이제 그거 갖고 싸울 일도 없고 그런 거고. 원 포인트 개헌 이런 것도 저희가 아무리 선의를 가지고 얘길 해 봤자 여야 정당들이 들어 먹질 않는데, 뭐 하러

그런 얘길 하시냐 그냥 대통령이 하셔서 광나는 일만 하시라고. 그런 얘기도 많이 드렸죠. 그러면 "말은 해봐야 될 거 아니냐?" 대통령의 답이 대체로 그런 거죠. 그런 것이 그분의 대인관계 스타일이자, 어떤 문제에 대해서 대통령 자신의 견해를 형성하는 과정에서 이렇게 듣는 과정의 하나에요. 가서 우리끼리 만나면 쓸데없는 건 왜 하시냐부터 시작해서 온갖 얘기 다 하죠. 그것은 리더십 스타일과 관련된 거예요.

박용수: 쿨하게 다 들어주시고, 그렇다고 꼭 수용하는 것은 아니고.

유시민: 결정은 자신이 하시는데, 듣긴 다 들으시지. 민주적으로 모든 의견을 다 듣고, 그리고 자신이 결정. 당신 권한 범위 안에서 하는 거니까.

박용수: 대통령의 국정운영과 관련해서 쟁점이 되는 게 노무현 대통령과 국회 특히 열린우리당과의 관계에서 당청관계가 어떤 식으로 유지가 됐느냐에 대한 논의들이 있거든요. 참여정부의 청와대 계셨던 분들은 정기적인 고위급 당청관계의 정책을 매개로 해서 있어왔다. 그런데 당에선 그게 제대로 안 됐고 청와대에서 일방적으로 하는 걸 듣는 방식이었다는 두 의견이 있는데, 열린우리당 의원으로선 당시 당청관계에 대해 어떤 생각을 하고 계셨는지요?

유시민: 그때 당청관계는 기본적으로 2001년 말 민주당 혁신안이 나왔을 때 당정분리로 원칙으로 결정했기 때문에 기본적으로 열린우리당과 청와대의 관계는 분리된 관계였어요. 당정분리예요. 당정분리의 핵심은 '대통령이 당의 인사와 공천에 개입하지 않는다' 그거예요. 실제로 노무현 대통령은 총선 공천에 관여하지도 않았고, 당직 인사에 관여하지도 않았어요. 원내대표를 2004년도 총선 끝나고 이해찬 의원이 원내대표를 했으면 좋겠

다는 판단이셨지만, 누구한테 이해찬 의원을 원내대표 시키라고 얘기하지 않았습니다. 결국 노 대통령하고 친하단 걸 천정배 의원이 내세웠고 원내대표가 됐잖아요. 그 원내대표 경선에서 떨어지고 나니까 6월 달에 총리를 시킨 거란 말이에요. 그러니까 152명이나 되는 거대 정당이기 때문에 굉장한 카리스마나 경험이나 지략이 없으면 당을 통일적으로 운영하는 원내대표가 나오기 어렵다. 그렇게 판단해서 경험이 많고 지략이 뛰어난 사람을 원내대표 시키고 싶었는데. 그랬으면 사람 불러다가 "이 아무개 시켜!" 얘기 하거나, 아니면 공식적으로 당지도부에게 얘길 해야 되는데, 입 꽉 다물고 계시니까 선거에서 대통령이 선호하는 사람이 졌단 말이에요. 대통령이 이 사람 민다 말도 못했지만, 그 사람이 원내대표에서 낙선하고 나서 곧바로 총리를 시킬 만큼 신임이 깊었단 말이에요. 생각하면 이상한 거 아니에요? 첫 원내대표 경선에서 이해찬 의원이 낙선했고, 낙선한 이해찬 의원을 바로 총리로 기용했다. 그러니까 그때 당청관계는 거기서 나타난 거예요. 정책 포지션이 당시 열린우리당의 평균보다 노무현 대통령의 포지션이 더 왼쪽에 있었단 말이에요. 열린우리당은 보수 리버럴이 훨씬 다수인 정당이었고, 대통령과 개인적인 관련 있거나 개인적인 관계가 없지만 정말 노선이 좋아서 철학이 좋아서 대통령을 확실히 지지하는 의원의 숫자가 원내교섭 단체가 될까 말까한 수준이었죠. 152명 중에 나머지 130명은 뭐냐? 전부 중도파 내지 우파라고요. 대통령의 포지션 자체가 훨씬 더 왼쪽에 가 있었기 때문에 정책과 관련된 갈등이 늘 일어날 수밖에 없었어요. 거기다가 열린우리당은 기존 선거제도의 수혜를 본 거대 정당이고. 대통령은 이 선거제도를 고쳐야 된다는 생각을 갖고 있었기 때문에, 정치 혁신과 관련해서도 의견이 완전 달랐죠. 대통령은 선거제도 연구반 만들어 가지고 당에다가 정치개혁특위 만들어 달라고 요청했어요. 제가 그때 정치개혁특위 간사였는데, 백날 청와대하고 합동회의 해서 각국의 선거제도 연구하고 시뮬레이션하고 우리 선거제도 바꾸려면 어떻게 해야 하는지 해서 갖다 주면 뭐해요? 위원장이 책상 서랍 속에 넣어버리고, 의원 총회에 보고도 안 하는데. 그래서 제가 대통령에게 "이거 안 됩니다 포기하십시오."라고 말씀드렸어요. 왜냐하면 이거 하려면 당의 주도세력들이 선거제도개혁 의지를 갖고 있어야 되는데 겉으로는 지금 선거제도 문제 많다고 이야기를 하지만 전부 다 그 제도 갖고 계속 국회의원 하고 싶은 사람들인데 이게 되겠습니까? 당청관계라는 건 정치철학에서, 선거제도 개편에 대한 견해 차이에서, 그리고 각종 사회 문화정책과 관련된 진보 보수 포지션에서, 그 다음에 당청분리라는 당의 원칙에서 모든 면에서 이미 차이가 규정돼 있었던 거예요. 그리고 대통령이 이제 전통적인 방식으로 살살 의원들을 청와대 불러다가 꼬시고, 선물도 주고, 지역구에 예산도 내려 보내주고 이랬으면 모르겠는데 그걸 안 했단 말이에요. 그걸 안 하고 국가과제를 논의하기 위해서 의원들을 그룹별로 청와대로 초청했죠. 횟수는 많았어요. 상임 위별로도 초대하고 선수별로도 초대하고 당 지도부 초대한 경우도 많았고. 제가 알기론 그 전이나 그 후 어느 대통령도 당 사람들하고 그렇게 자주 만난 대통령은 없어요. 근데 대통령은 국가적 현안 과제에 대해서 얘기하고 싶은데, 의원들이 모이면 전부 "우리 지역 여론이 이렇습니다." 그런 얘기만 하니까, 좀 하다 대통령이 신경질 난 거예요. "이거 뭐 하러 하냐?" 그러셨죠. 우린 그래도 "하셔야 됩니다. 스킨십도 하고." 그랬죠. 대통령이 안 한건 아니고 임기 중에 내내 하긴 하셨지만, 공식 당정협의도 많았고 정기적으로도 했죠. 그렇지만 기본적으로 그 당시 열린우리당 의원들이 그렇게 말한 건, 자기들이 한 얘길 대통령이 전혀 안 받아들이고, 자기들이 관심 없는 부분을 대통령이 얘길 하니까 갔다 와서 기분이 안 좋은 거예요. 그렇다고 해서 대통령이 찍어 누르길 했나, 자기들이 말을 듣길 했나? 그런 거 아니겠어요? 대통령이 반대하는데 결국 당 해체하고, 자기들 하고 싶은 대로 다 했어요. 그것도 일종의 '라쇼몽' 같은 거예요. 팩트는 있는데 이에 대한 기억이 다른 거예요. 그건 아마 당정협의 공식 청와대 참모진과

당 지도부의 당정협의, 당청협의 정부하고 당, 청와대하고 당, 이런 당정협의 당청협의 실무진들 사이의 교류, 대통령과의 미팅 이런 회수를 조사해 보면 되게 많을 거예요. 근데 기억이 그런 거예요. 왜냐하면 가서 대통령이 자기들 말 안 들어줬다 생각하니까.

박용수: 아까 말씀하셨던 장관 임명에 대한 말씀도 부탁드립니다.

유시민: 노무현 대통령은 스스로 정치인이다, 대통령이 되기 전에도 후에도 정치인이다 그렇게 늘 생각을 하셨어요. 당청분리가 되어있고, 국가 공무원법을 선관위가 엄격히 해석해서 적용한다 할지라도 실정법에 명확히 위배되지 않은 범위에서라면 정치적 권리를 행사할 수 있고 당원으로서 책무를 다해야 된다고 생각하셨죠. 그러니까 2003년 2월 취임하셨고. 2004년 4월에 총선 있었으니까 그 총선 전에는 정치인들을 내각에 기용하기가 좀 어려웠죠. 선거에 나가야 되니까. 그러나 총선이 끝나고 나선 소위 대통령 예비 후보로 거론되던 사람들은 거의 예외 없이 입각시켰단 말이에요. 이해찬 의원, 한명숙 의원은 총리로, 정동영 의장은 통일부장관으로, 김근태 의장은 보건복지부장관으로, 천정배 의원은 법무부장관으로, 이상수 장관은 대선 후보급은 아니었지만 노동부장관 등등으로 해서 정치인들을 행정 경험을 쌓아야 된다고 정말 입각을 많이 시켰어요. 그리고 당신 청와대 참모들 중에도 지방선거나 총선이 있을 때 혹시 나가볼 의향이 없느냐 물어보기도 하셨죠. 왜냐하면 사직을 해야 되니까. 그래서 대통령으로서 사실 당을 위해 애쓰다가 탄핵도 당하셨고, 탄핵당한 것 때문에 열린우리당이 과반수 의석이 되기도 했고, 그리고 퇴임 후에는 당신 때문에 옛날 소속 정당에 피해가 갈까봐 굉장히 괴로워하셨고, 그렇게 돌아가서 가지고 민주당 살려줬잖아요. 아낌없이 주는 나무였다고 전 생각해요. 그런데도 뭐 되게 불만 많죠. 그건 어쩔 수 없는 거예요.

박용수: 4대 개혁 입법이 2004년도 말 후반기에 여당에 의해서 주도됐는데, 결과적으로 실패한 셈이잖아요. 그 과정에서 당청관계·당정관계는 어떤 식이었나요?

유시민: 그건 청와대하고 관계없어요. 4대 개혁 입법은 천정배 대표가 전략적으로 한 거고요. 오히려 나중에 이재오 원내대표하고 불러서 사학법 같은 거 양보를 해서라도 원만하게 처리했으면 좋겠다 그런 거였죠. 국가보안법도 그렇게 한 달 넘게 한나라당이 의사당 점거하고 농성하고 하니까 대통령이 칼집에 넣어서 박물관에 보내야 된다고 얘긴 했지만, 그렇다고 국회의장한테 전화해서 직권상정해서 해치우라고 했나요? 입법에 관한 것들은 의제화를 할 땐 대통령이 견해를 이야기하신 것도 있고 안 하신 것도 있는데, 일단 의제화가 되어서 국회란 무대에서 현안이 되면 대통령이 여당에 대해서 이걸 이렇게 해라 저렇게 해라 한 게 없어요. 그건 열린우리당의 문제였지 그건 청와대의 문제는 아니었어요.

박용수: 교육개혁과 관련해서 참여정부 정책 백서 같은 걸 보면 당정 간의 교육부와의 협조가 미흡했던 걸로 나오더라고요.

유시민: 그건 사실 당정 간의 긴밀히 논의해야 될 사항도 아니에요. 국회가 권한을 갖고 있는 거니까. 사학비리를 줄이고 사립학교의 교육을 공공성을 확보하기 위해서 최소한의 조서를 담아서 공익이사나 이런 걸 보내는 이 정도 법 개정안이었는데, 솔직히 그걸 뭘 당정협의를 하고 자시고 할 게 있어요? 그건 협의 과정에서 법안 작성 과정에서 할 만큼 했고.

박용수: 다수의 문제가 없다고 하는 학교의 경우, 특히 종교재단의 경우 반발이 컸잖아요.

유시민: 그거야 뭐 그 사람들이 반발하는 거지.

박용수: 그런 것들을 조절할 수 있는 사전의 협의 이런 것들은...

유시민: 그건 조절이 안 되는 거예요. 조절될 게 있고 안 될 게 있죠. 타협이나 합의를 강조하지만 등기임원 숫자의 1/4인가 1/3을 공익 대표성을 가진 사람들로 하도록 하는 걸 양보하고 절충할 게 어디가 있어요? 입법 하냐 마냐만 달린 거죠. "아무 문제없는 사립학교도 있는데 왜 다 범죄 집단 취급 하냐?" 그런 식이라면 형법도 만들지 말아야죠. 온 국민이 다 살인 하나요? 제도개선이라는 건 잠재적 우려가 있기 때문에 그런 걸 막기 위해서 하는 건데, 그렇게 생각하면 법 자체를 다 거부 해야죠. 저는 그 당시 그런 논쟁은 가짜 논쟁이었다고 봐요. 그건 진지한 정책 논쟁이 아니었고, 별 고려할 만한 학술적 가치도 없고, 무슨 정치적 가치도 없는 거다. 그냥 기득권 갖고 있는 집단들의 저항을 집권여당이 못 이겨 하는 거예요. 저는 그건 다반사로 있는 일 중 하나고, 그게 이렇게 하면 잘될 수 있었는데 그런 거 아니라고 봐요. 국가보안법도 마찬가지죠. 만들 때 야당은 다 끌어내고 자기들끼리 했으니까 없을 때도 그 과정을 밟을 수밖에 없어요. 근데 그거 싫다 그러면 못 없애는 거지. 저는 심플하게 봐요. 그런 건 심오한 어떤 게 있는 게 아니에요.

박용수: 참여정부의 노선이 뭔가 아까 이라크 파병 같은 경우에도 파병은 하되 최소한으로 하고 전투병이 가지만 비전투병으로. 이런 식의 어떻게 보면 이종석 장관이 쓴 것도 칼날 위의 평화... 뭔가 다른 현안에 대해서도 균형 있는 공론을...

유시민: 그게 합리적인 거예요. 국가운영은 그렇게밖에 할 수 없어요.

제가 보기엔 그래요. 천하의 진보적인 인물이 잡아도 그렇게 할 수밖에 없고, 박근혜 대통령처럼 보수적인 인물이 잡았다고 오른쪽으로 확 가나요? 못 가죠. 아무리 친미 정권이 있어도 우리나라가 중국을 지금 왕따시켜 놓고 갈 수가 없어요. 이미 경제를 중국에 의존하고 있기 때문에. 이미 주어진 조건에서 국가운영과 관련해서 오른쪽 왼쪽 갈 수 있는 범위가 상당 부분 제약되어 있는 거예요. 그 안에서 이쪽이냐 저쪽이냐 선택하는 거죠. 지금 같으면 박근혜 대통령이 그 당시에 있었으면 전투 임무를 줘서 보냈겠죠. 그럼 참여정부 노무현 대통령이었기 때문에 비전투 임무를 줘서 보낸 거죠. 어차피 그런 정도 차이에요.

박용수: 그런 수준에서 4대 개혁 입법에선 조절하거나 그럴 필요가...

유시민: 그건 국회에서 하는 일이기 때문에 정부에서 하는 것과 다른 거예요. 정부에서 만약 의사결정할 수 있는 일이면 어떻게 해서든 절충해서 했겠죠. 입법부에 가면 여긴 기본적으로 편을 갈라서 패싸움하는 곳이기 때문에 정당이란 게 뭐예요 파티라는 패거리 아니에요? 생각이 비슷한 사람들끼리 패거리 지어서 싸우는 거기 때문에 이건 정치적 과정이라고요. 그러니까 '4대 개혁 왜 못 했냐? 참여정부 어쩐다' 이런 얘기들은 난 무식한 소리라고 봐요. 그건 모든 게 노무현 탓이라는 주장의 연장선에 있는 거라고 봐요. 보라고요. 누구 권한인지. 국회 권한인지 대통령 권한인지를 보면, 국회 권한으로 하기도 하고 못 하기도 하는 것을 당시 노무현 대통령이라고 해서 국가보안법 폐지 못 한 것도 노무현의 무능이라고 하는 것은 전 성립이 안 되는 주장이라 봅니다. 사실상 그런 주장들이 너무 넓게 퍼져 있죠. 솔직히 그런 거에 대해선 사실 얘기하고 싶지 않아요. 그냥 국정운영과 관련한 팩트 중에 제가 알고 있는 것, 연구에 참고 되는 것 이런 걸 얘기하고 싶은 거죠.

황창호: 신행정수도가 대표적인 하나의 큰 정치 이슈라고 생각합니다. 이건 노무현 대통령께서 선거 전 공약으로 내세우게 된 배경이라든지 국민들에겐 신선한 충격으로 다가왔는데, 여러 가지 그 신행정수도에 대해 말씀해 주시겠습니까?

유시민: 그건 저도 몰라요. 그건 아는 바가 없어요. 저도 일반적으로 알려진 것 외에는 그 당시 민주당 대선캠프에서 이 신행정수도 충청권에 건설한단 걸 공약으로 발표하는 과정이라든가 그때 그 공약을 만들 때 내부의 어떤 찬반양론이 있었고, 이런 거에 대해선 저도 나중에 주워들은 게 다입니다. 전 그때 민주당 후보 캠프에 있지도 않았고 몰라요. 이런 건 만들어진 과정도 모르고. 다만 저는 개인적으로 이제 수도권 중심주의란 걸 벗어나지 않으면 우리 사회가 건전하게 발전하기 어렵다보는 입장이니까 찬성한 거고. 지금은 세종시가 됐지만 기왕이면 행정수도 자체가 옮겨 갔음 좋았을 텐데 그런 생각을 하는 정도지 이거에 대해선 제가 아는 바가 없어요. 이미 다른 분들한테 얘기 들었을 텐데.

황창호: 그럼 보건복지부장관 시절과 관련된 질문을 좀 하겠습니다. 처음에 인선되게 된 배경이 대통령께서 직접적으로 지명하신 건지요?

유시민: 제가 복지부장관이 된 건 제가 요청을 했죠. 제가 보건복지부장관 하고 싶다고. 김근태 장관님이 당으로 돌아가시면 내가 그 자리로 가야 되겠다고.

황창호: 대통령과 일대일로?

유시민: 네. 제가 대통령 뵙고 제가 장관하겠다고 했죠. 당에선 할 일도

없고. 제가 그 당시 최고위원이었는데 2005년 4월 초에 당지도부 선거를 했는데 제가 출마해서 그것도 4등으로 턱걸이로 당의장선거 나갔다가 최고의원이 됐는데, 그 선거를 치르는 과정에서 '이 당은 안 되겠다, 내부가 너무 부패했다, 희망이 없다'는 그런 판단이 들어서 국회의원직 별로 하고 싶은 생각도 없었죠. 공직을 한 5년 하는 셈인데 국회의원 임기 끝날 때까지 보람이 별로 없을 것 같다. 그런데 제가 보건복지위원으로서 계속 주장하던 정책들이 있었어요. 계속 얘길 해도 해주지도 않고 그러니까, 내가 가서 이걸 해야 되겠다고 대통령께 그 말씀을 드렸죠. "김근태 장관이 당으로 복귀 뒤에 내가 가서 이러이러한 걸 내가 해야 되겠다. 그러니까 장관을 시켜주십시오." 그렇게 해서 대통령이 오케이해서 대기하고 있다가 연말에 정치인 출신 장관들 정동영, 김근태 이런 분들이 당으로 복귀할 때 제가 2006년 1월 1일 날 지명이 된 거죠. 장관시켜 달라 하고, 그래 시켜줄게 하고 나서, 반년 기다린 거죠.

박용수: 노무현 대통령께선 보건복지부장관 외에 다른 장관직을 제안하셨다고.

유시민: 다른 장관들 제안한 게 아니고 복지부는 사고가 많이 나니까. 중국산 김치에 뭐 기생충 알만 들어도 장관이 사과해야 되고, 만두소가 잘못되도 장관이 나가서 이거 해야 되고, 무슨 전염병 노로 바이러스 이런 사태에 식중독 사고 나도 나가서 이거 해야 되니, 정치인으로서 별로 도움이 안 된다 폼 나는 걸 해라. 예를 들어서 젊은 사람들 좋아하는 정보통신부, 외교부 이런 거요. "외교부는 영어 못 해서 못 하고, 정보통신 쪽은 아는 게 아무것도 없어서 못 하고, 제가 아는 건 보건복지부밖에 없으니까, 이거 아니면 안 하겠다."고 제가 그랬죠. 그리고 "위험요인이 있긴 한데 관리를 잘하면 되니까 관리를 잘할 자신이 있다. 그리고 사과 좀 하면 어떠

냐, 뭐 잘못되면 사과할 수도 있지. 근데 참여정부가 끝나기 전에 꼭 해야될 것들이 몇 개 있기 때문에 이걸 해야 되겠다." 그렇게 우겨서 보건복지부장관한 거죠. 보건복지부장관 구하는 데도 그렇게 힘들었는데 딴 거 했음 그거 됐겠어요? 제가 보건복지위원회를 2년 넘게 하고 제가 독일에서 공부한 것도 보건경제학 이런 것도 공부했고, 대학에서 제가 국민연금이나 이런 걸 강의를 몇 년이나 했죠. 그런데도 전문성 없다고 코드인사다, 보은인사다, 난리가 났는데, 정통부나 외교부장관으로 기용한다 그랬으면 더 큰 난리가 났을 거예요. 이러면 안 되는 거죠. 어쨌든 그렇게 해서 된 거죠. 그게 정상적인 거예요. 대통령 주변에 대통령이 알고 있는 인적 네트워크 안에서 '아 이 사람 무슨 장관 시키면 좋겠다'고 해서 장관 하라고 하거나, 내가 대통령보고 "이런 식으로 하면 안 됩니다. 내가 장관 가서 하겠습니다." 해서 "당신 장관 해봐." 이런 게 정상적인 거예요. 가만있다가 갑자기 청와대 전화 받고 장관? 무슨 준비가 됐겠어요?

황창호: 그런 경우도 있죠?

유시민: 대부분 그렇죠. 저는 상당히 오랜 기간 그 복지부장관이 되면 이걸 했으면 좋겠다, 저걸 했음 좋겠다하는 그런 구상이 있었고, 반년 가까이 대기 상태에서 계속 연구를 했었어요. 가면 뭐부터 해야 되고 미결 과제가 뭐가 있고 이건 어떤 방식으로 해야 돌파가 가능하다, 계속 연구하면서 6개월을 대기했기 때문에, 비교적 가서 신속하게 일들을 할 수 가 있었죠. 그렇게 하는 게 정상이에요. 그렇게 해야 정당정치도 되고 책임정치도 되고, 책임행정도 되는 거지. 무슨 간택하듯이, 어느 날 갑자기 전화해서 발탁하고 제가 보기엔 이런 건 좋은 게 아니에요.

박용수: 전문성이 있다 하더라도 장관 직책은 다르단 거죠?

유시민: 전문성이 없어도 됩니다. 이 전문성이란 개념이 진짜 모호한 건데, 보건복지부장관은 어떤 자격을 가진 사람이 전문가예요? 바이러스부터 시작해서 국민연금기금 운용자산 배분안 심사까지 다 해야 되는데? 아침에 AI 변종 바이러스 인체 감염 이런 거 보고받고, 오전 10시에 가서 장애인 활동 지원제도 도입하는 세미나하고, 점심 땐 국민연금기금 운영위원장으로서 5년 후 자산배분안 심사하는데...

박용수: 전문성으로 커버할 수 없는 넓은...

유시민: 그럼요. 제너럴리스트가 필요하죠. 스페셜리스트들이 얘기하면 알아들을 수 있는 사람이 필요하다고요. 의사가 무슨 전문성이 있어요? 의사는 내과면 내과, 외과면 외과, 사람 병 치료하는 것밖에 모르죠. 사회복지학 교수 데려가면 보건에 대해서 알아요? 모르죠. 그러니까 특히 보건복지부 같은 경우는 전문가란 게 허상이에요. 거기에 무슨 전문가가 있어요? 그런 환상들이 지배적으로 깔려 있기 때문에 그런 거거든요. 장관 자질 중 제일 중요한 건 전문가들이 와서 얘기할 때 '이거 중요한 얘기, 아닌 얘기', '이건 맞는 것 같다, 이건 속는 것 같다' 그런 걸 판단하는 게 중요한 거지, 자기가 바이러스를 잘 알아야 바이러스를 퇴치하는 게 아니거든요. 우리나라가 그렇게 되어야 해요. 독일은 슈뢰더 총리가 1998년도인가. 하여튼 헬무트 콜 16년 집권이 끝나고 게르하르트 슈뢰더가 총리후보로 한 선거에서 사민당이 제1당이 되고 녹색당이 7%인가 받아서 신구 좌파연정을 성립했단 말이에요. 적녹연정이라고 하는 데 그때 국무위원 장관 임명장 받는 장면 보면요, 그건 피크닉이에요. 우리처럼 근엄하게 주고받는 게 아니고. 거기 의원내각제 국가니까 당에서 다 결정 나서 미리 예고되고 거기 연방하원 의장인가 누군가가 증서 나눠주는데 줄 쫙 서서 장관들이 그걸 받으러 나가요. 받고 나오면서 이러는 여성 장관도 있고 그 분위기 자체가

피크닉이에요. 그러니까 사민당이 집권하면 재정장관은 누가 하고 노동장관은 누가하고 이게 다 보인다고요. 그럼 우리가 집권 확인하면 내가 어느 장관이야 그렇게 해서 수년간 걸쳐서 그 분야에서 조사연구하고 준비하고 활동하던 사람들이 장관하는 거예요. 근데 우리나라는 정말 한심한 거예요. 이건 행정이 개선될 여지가 거의 없어요. 노무현 대통령은 비교적 국민추천 제도를 집권 초기에 했기 때문에 장관 기용 가능한 사람 풀을 많이 갖고 있었고요. 그리고 대통령이 전문가들하고 이야기하는 걸 좋아했기 때문에 인적 교류가 굉장히 넓고 많았어요. 그래서 책이나 글 읽어보고 만나보고 이 사람 괜찮다싶으면 좀 언질을 주고, 그렇게 대기하고 있다가 한 달, 두 달 여유 두고 장관 기용을 했죠. 그렇게라도 해야 이게 뭐가 되지. 어느 날 신문기자하던 사람 갑자기 발탁해서 장관 시키고 총리 시키면, 아무것도 안 되는 거예요. 제 경우가 아주 이례적인 경우였지만, 저는 이것이 일반적인 경우가 되는 것이 맞다고 생각해요.

박용수: 찾아가서 장관하고 싶다고 얘길 하는 정치인들이 있긴 한가요?

유시민: 보통은 총리한테 얘길 하죠. 보통은 총리가 재청권을 갖고 있기 때문에 물론 대통령한테도 이메일을 보내거나 편지를 보내거나 아니면 면담 요청하거나 의사 표현하는 분도 많이 있었어요. 제가 20대 때 이해찬 의원 초선 때 보좌관을 했었고, 대통령과 총리가 가까운 사이란 걸 알기 때문에 저한테 와서 이 총리한테 자기가 장관하고 싶다고 얘길 해달라는 분도 꽤 있었어요. 저는 전달하죠. 대통령한테도 전달하는데, 또 대통령이나 총리의 판단 기준이 있는 거죠.

황창호: 장관하고 싶다고 말씀하셨을 때 구체적으로 연금개혁이나 여타 개혁정책안들이 있었잖아요. 그것 관련해서 노무현 대통령은 별 논의 없

이 그냥 하라 흔쾌히 하셨는지?

유시민: 그건 자기가 장관하고 싶으면 그냥 하고 싶다고 해선 안 되고, 그걸 대통령한테 도움이 된단 걸 명증을 해야 돼요. 그냥 저 장관 시켜주세요. 이게 아니고, 그러니까 그때 제가 대통령을 몰아세운 거죠. 왜냐하면 "공약을 애 낳으십시오, 노무현이 키워드리겠습니다, 어르신들 노무현이 잘 모시겠습니다, 이거 하겠다고 했잖습니까? 그랬는데 집권하고 2년 넘게 지나는 동안 노인들 위해서 하신 게 뭐 있습니까? 애기 엄마들 여성들 위해 하신 게 뭐 있습니까? 지금 아무것도 한 게 없잖습니까?" 그러자 대통령이 "아니 뭐 중간에 탄핵당하고 북핵문제로 정신없다 보니까 벌써 이렇게 됐네." 그러시더라고요. 그 시점이 2005년 그게 5월 달인가 그랬으니까, 제가 장관하고 싶다고 얘기했을 때가 이미 2년하고 3개월 정도 집권 기간이 지나서 중반기에 왔을 때에요. "지금 중반기를 지나가고 있는데, 저 노인복지나 보육 지원이나 장애인 정책이나 이런 쪽에 된 게 하나도 없습니다." 그때 이미 장관이 김화중 장관 김근태 장관 두 분 장관이 계실 땐데 "지금 된 게 아무것도 없습니다. 기초노령연금, 지금 기초연금으로 바뀐 거 그거하고 보육 지원을 엄청나게 늘려야 되고 보육에 대한 국가책임을 최소한 절반은 국가가 짊어져야 됩니다. 그밖에 장애인 정책 분야에서 이동권 보장과 관련된 것, 건강보험의 보장성 강화, 특히 암하고 중증 질환자들 본인부담금을 내리고, 연간 본인부담금 상한제를 도입해야 됩니다." 그랬죠. "이거 다 돈 들어가는 거니까. 이런 걸 해야 참여정부가 끝나고 나서 뭐가 남을 거다. 지금 이대로 계속 가면 참여정부는 말만 했지 사회정책 분야에선 남는 게 없습니다." 그 당시 노정관계 노사정 관계도 엉망이어서 노동시장 정책 성공된 게 없어요. 제가 노동부장관도 갈 의향이 있다고 했어요. 그때 대통령이 "그건 너 못 한다." 그러면서 "내가 직접 컨트롤 해도 안 되는데, 너가 가서 못 한다." 저는 "할 수 있습니다." 그러니, 막 화

를 내시고 그러면서 노동부장관은 안 시켜주셨어요. "지금 노동시장 정책이나 노사정 관계가 엉망인데, 이쪽은 제가 가서 못 한다 그러시니까 그럼 이쪽을 내가 하겠다, 최소한 몇 가지는 해야 끝나고 나서 적어도 서민복지나 노인복지, 보육복지 이런 쪽의 참여정부가 노력을 했단 얘기도 들을 수가 있을 거다. 이대로 가면 아무것도 안 남는다. 이 정부가 왔다 간 흔적이 없다." 그렇게 제가 말씀드렸죠. 그래서 대통령이 나중에 예산이나 이런 거 다 해주셨고 그렇게 된 거죠.

황창호: 예산지원 관련하여 특별한 미션을 받으신 것이 있나요?

유시민: 돈이야 그건 일상적인 거예요. 돈이야 무슨 관저에 가서 그게 2006년 4월 달에 제가 장관 부임하고 석 달쯤 지났을 때, 할 일을 쫙 다 추려서 계산서 고지서하고 전부 해서 청와대 중요한 보고는 관저 보고를 해요. 관저에 가서 수석들 있는 데서 꼭 해야 될 것, 하지 말아야 될 것 보고를 하죠. 예를 들어 영리의료법인 도입은 이건 하지 말아야 된다. 민간 실손형 의료보험 활성화를 위한 세제혜택 등 재경부에서 얘기하는 것도 하면 안 된다. 그 두 개는 하면 안 되는 걸로 결정을 했고, 나머지들은 다 하는 쪽으로 결정을 다 했죠. 그리고 사실은 돈이 많이 들어가는 건데, 그때 기초노령연금만 해도 한 3조 원 가까이, 추가로 들어간 게 3조 원가량 들어갔으니까. 보건부장관 혼자선 돈을 못 만들죠. 근데 그게 간단한 거예요. 대통령이 관심 가져야 돈이 생기는 거예요. 그럼 그 자리에서 전화를 걸도록 하죠. "대통령님 지금 바로 정책실장한테 전화 좀 해주십쇼." 그럼 대통령이 정책실장한테 전화하고. 정책실장이 기획예산처 장관한테 얘기하고, 총리한테 얘기하고 그럼 차관회의 소집하고, 그렇게 해서 돈이 만들어지는 거예요. 결국 그런 큰 제도를 도입하는 건 다 돈 들어가는 건데 장기요양보험하고 기초노령연금보험 모두 대통령이 해준 거죠.

박용수: 대통령이 전폭적인 지지를 해준 것으로 볼 수 있네요.

유시민: 대통령, 총리가 다 해준 거죠. 그뿐만 아니라 기획예산처에서 개혁 과제로 보건복지부에게 요구하는 것 이런 걸 조건으로 달아요. 예를 들어서 장애인 LPG 지원 제도를 폐지하는 것, 건강보험약가 제도를 네거티브에서 포지티브로 약가 제도를 변경하는 것, 의료급여 제도 혁신하는 것, 등등 대여섯 가지 조건이 있었어요. 예산처는 그 조건을 달아서 하죠. 그건 우리가 예산처하고 얘길 해서 4월 말에 국가지원배분회의 할 때 국무위원들 모여서, 그때 기획예산처에서 문제제기를 다 했고, 복지부장관이 연내에 하겠다 약속하고, 그 조건으로 돈을 얼마 더 주라고 해서 다 된 거예요.

박용수: 지금 말씀 중에 약가 산정 관련해서 그 시점에 한미 FTA 협상하고 관련되어 김현종 통상본부장하고 마찰이 있었던 것 같은데요.

유시민: 그건 전 별로 싸운 것도 아닌데. 자기 말로 위키리크스에 나온 걸 보니까 "죽도록 싸웠다." 그렇게 얘길 해서 미국 대사관에서 본국에다가 전문을 그렇게 보낸 게 지금 스노든 폭로한 내용 중에 한국 관련 부분 일부 나온 걸 보면 그게 다 나오잖아요. 저하고 만나고 나서 버시바우(Alexander Vershbow)가 본국에 보고한 것도 나오고. 사실 정책 영역에서 그런 게 많아요. 약가 제도를 바꿔야 된다는 판단은 제가 보건복지위원회의 위원으로 활동할 때부터 이 약가 제도는 변경해야 된단 생각을 갖고 있었죠. 그래서 청문회 준비기간에 청문회에 나가서 내가 장관이 되면 새로 도입할 제도, 혁신할 거, 변화를 할 거, 제도 바꿀 것 이런 것들 리스트 업을 했었어요. 청문회에선 그런 게 다 나올 것이기 때문에 약가 제도 변경도 거기 원래부터 있었어요. 실제 청문회에서도 그 얘기가 나왔고요. 근데 청문회

를 준비하는 기간에 한미 FTA 협상이 전격 협상 시작 선언이 나왔어요. 제가 장관 지명되고 한 열흘 보름 정도 있었나, 청문회 하기 전에 그 시점에서 딱 나온 거예요. 그리고 시민단체에서 곧바로 반대 범국본(한미 FTA 저지 범국민운동본부) 형성되었죠. 한미 FTA 하면 안 되는 이유 중에 약가문제가 제일 큰 걸로 등장했어요. 그게 원래 리스트 그 뒷부분에 잘 안 보이는데, 사람들이 복잡해서 잘 모르죠. 근데 한미 FTA를 하게 되면 수술비가 얼마나 오르고 약값이 천정부지로 뛴다는 얘기가 막 나왔죠. 이건 사실이 아닌데, 이런 우려가 나오는 게 약가 제도 때문이라면 약가 제도 변경하겠다고 청문회에서 이미 얘기했죠. 왜냐하면 미국 쪽에선 그때 이미 USTR에선 이걸 협상 테이블로 가져가려 하고 있었기 때문입니다.

박용수: 당시 4대 선결 조건이라는 비판이 있었는데요.

유시민: 4대 선결 조건은 저희가 알아보니까 외교부에서 문서상으로 약속한 건 전혀 없었어요. 다만 협의 과정에서 구두로 미국 입장이 잘 반영되도록 하겠다는 얘길 하긴 한 것 같아요. 근데 구두로 한 약속이 문서화된 게 있나 찾아봤어요. 외교에서는 문서가 있으면 그게 근거가 되니까, 일단 문서를 약속한 게 있는지 알아보니까 전혀 없었고요. 구두로 약속한 것이 문서로 나온 것이 회의록이나 이런 데에 있는지 찾아보았지만 전혀 없었습니다. 저희가 외교부하고 협의 과정에서 다 찾아봤는데 3대 조건이면 모르지만 4대 조건이란 건 없다는 것이 우리 입장이었어요. 아무것도 없는 데 괜히 그런 걸 있다고 주장할 필요가 뭐 있냐? 다만 정보 보고를 하다보니까 USTR과 이쪽 통상교섭본부가 이야기하는 과정에서 미국 다국적 제약사 쪽이 USTR 통해서 얘길 넣었고, USTR 쪽에서 관심을 표명했고, 한국 정부 외교쪽 관계자가 미국 쪽 우려에 대해서 좀 우호적으로 발언한 게 있는 것 같다는 정도였어요. 그래서 제가 그러면 "우호적인 발언을 했

는데, 그것이 문서로는 안 남겨져 있으면 이것에 의해서 외교적으로 구속 받냐 안 받냐?" 그랬더니 외교부 쪽 의견도 구속 받을 것 까진 없다고 나왔기 때문에, 그러면 이런 경우면 더욱 확실하게 청문회에서 얘길 하는 게 좋겠다 해서 청문회 할 때 이미 약가 제도를 변경하겠다고 얘길 했죠. 이것은 한미 FTA와 무관하게 추진한다 얘길 했고 실제 무관하게 진행이 됐고요.

우리가 협상 테이블에 안 가져왔으니까 자기들은 그냥 열네 가진가 열여섯 가지의 우려사항 질문이라고 해서 패키지로 우리한테 보냈고, 이 질문들에 대해서는 우리가 감안해서 입법예고할 때 감안하겠다 답을 보낸 게 전부입니다. 그리고 미국 쪽에서 그걸 협상 테이블로 가져가자고 요구했지만, 우린 싫다했죠. 우리 의약품 협상단장이 복지부국장이 나가서 이것은 한미 FTA와 전혀 무관한 정책 주권 사항이란 점을 분명히 했고, 그 바람에 테이블이 2차하고 4차 때 두 번이나 엎어졌었죠. 청와대에 자기들이 항의도 했고, 웬디 커틀러가 항의도 했고, 청와대에 항의한 것에 대해서 복지부가 다시 재항의를 했죠. 그 뒤로 청와대 수석급에서는 일체 USTR 담당자를 다신 만나지 않는다고 약속을 받았고. 그렇게 정상적으로 진행된 거예요. 다만, 의약품 의료기기 분야를 원하는 대로 나갈 경우에 한미 FTA 협상이 깨질 거냐 안 깨질 거냐에 대해 외교부나 재경부와 보건복지부 사이에 논쟁이 있었어요. 보건복지부 입장은 절대 이것 때문에 깨지지 않는다는 거였어요. 왜냐하면 그래도 한미 FTA라도 되는 게 다국적 제약사 입장에서는 안 되는 것보단 낫고 처음부터 우리가 약가 제도 변경문제를 한미 FTA 협상과 완전 분리를 시켰기 때문이라는 거죠. 그 사람들이 못 받아들인다고 막 주한 미 대사관이나 USTR 통해서 압박하지만, 이것 때문에 협상 자체를 깰 순 없다고, 협상을 다 깨면 오히려 제약사들이 더 불리해진단 걸 알고 있다는 거였죠. 협상하는 경제부처나 이런 쪽에선, 그래도 잘못하면 깨질 수 있다는 입장이었죠. 그런 판단이 달랐어요. 그것 때문에 언쟁이 있었고, 7월 달에 약가 제도 변경은 그냥 시행령인가 시행규칙 사항이에요. 입법도 아니고 대통령령도 아니에요. 그래서 실무적으로는 매우 간단한 작업이었어요. 물론 그게 새로운 규제라고 해서 규제개혁위원회라는 반헌법적인 기구, 초헌법적인 기구를 통과하느라고 좀 애를 먹긴 했어요. 정부 내에서. 그거 진짜 웃기는 기구에요. 장관의 권한을 다 무력화시킬 수 있는 그런 데라고요. 정말 규제개혁위원회는 반헌법적인 기구에요.

IMF 이후에 만들어진 건데 규제개혁위원회에서 혹시 문제가 생기면 내가 의원발의로 "규제개혁위원회를 폐지하는 법안도 내고, 이 규제개혁위원회의 권한이 헌법에 위반된다는 위헌제소도 하겠다." 그렇게까지 얘길 해서 이 건은 손 안 대고 규제개혁위원회를 빠져나왔는데, 그걸 입법예고를 7월 달에 해야 연내에 시행을 할 수 있기 때문에 제가 청문회 때부터 연내 시행하겠다고 약속한 것입니다. 그런데 통상교섭본부에서는 계속 그걸 늦춰야 된다고 했고, 우리는 7월 말 안으로 안 하면 연내 시행이 불가능하기 때문에 7월 안으로는 무조건 해야 된다는 거였죠.

박용수: 김현종 씨 책에선 협상이 진행될 때 국내 제도가 바뀌는 건 협상 관행에 안 맞다는 것이었습니다.

유시민: 그런 김현종씨 발언은 얼마든지 찾아볼 수 있고, 입법예고를 늦춰 달라 혹은 입법예고 기간을 늘려 달라 그런 거였어요. 우린 한미 FTA 협상이 끝나기 전에 이 시행규칙 개정을 완료해야 된다. 협상 진행 중에 완료돼 버리면 협상할 것도 없으니까, 그래서 이걸 고정시켜야 된다. 계속 유동적으로 해놓으면 계속 논란이 되기 때문에 연내에 이걸 확정해야 된다. 입법예고 거치고 다시 이야기해서 다 절차 거쳐가지고, 그래서 그때 한미 FTA관계 장관회의가 7월 중순에 열렸을 때, 보통은 대통령 모시고 하는 회의에선 부처 간의 논쟁을 잘 안 해요. 자기들이 따로 모여서 절충을

하지, 거기서 얘길 안 하기로 했는데... 재정부 쪽인가 회의 자료를 준비하면서 반칙으로 딴 제목 밑에 그걸 끼워 넣어가지고 문제제기를 했고, 거기서 두 차례씩 발언을 했죠. 그렇게 두 차례씩 발언을 해서 분위기가 심각해졌어요. 결국 대통령이 정리를 했죠. 미국 쪽에서 일단 약가 제도 변경 자체는 수용하겠다는 입장을 통보해왔기 때문입니다. 다만 그것과 관련된 사항을 협상테이블에서 같이 논의하자 이런 거였고, 우리는 협상테이블 말고 다른 데서 논의하자는 상황이었어요. 대통령은 "일단 약가 제도 변경 자체에 대해선 수용하겠다고 입장을 미국 정부에서 USTR에서 얘기한 건 잘된 거다. 다만 우리 쪽 협상단의 체면문제가 있기 때문에 복지부에서 전략적으로 잘 판단해서 협상팀의 체면을 세워줘야 된다." 그렇게 정리가 되어 입법예고를 3일인가 늦추고, 입법예고 기간을 한 달을 늘려줬어요. 하여튼 그래서 7월 30일인가 31일인가에 입법예고를 했죠.

박용수: 약가문제 이외에 다른 것들은 FTA 논의 대상으로 들어가게 되었나요?

유시민: 그렇죠. 원래 다른 건 뭐 특허 보호라든가 약가 제도 변경에 따른 이의 신청 절차를 마련하는 것 이런 건 거기 들어가야 맞는 거니까.

황창호: 전체적으로 보면 행정부 내에서 입장이 다른 부처 간의 마찰이 있었고, 대통령 주재 회의를 통해 조율이 되었군요.

유시민: 그런 일은 잘 없는데 가끔 있어요. 그런 일이 있는 건 제가 몇 번 봤어요. 웬만해서 미리 사전에 절충해서 대통령도 이렇게 절충됐단 걸 보고받고 보고회에 나오시는데, 가끔 그렇게 부처 간의 충돌이 대통령 앞에서 일어나는 경우가 있었어요. 그렇게 되면 대통령이 정리해야죠, 뭐.

그건 물밑에서 안 된단 뜻이니까요.

박용수: 『대한민국 개조론』에서 재밌게 읽었던 게 국민연금법으로 박근혜 대표하고 물밑에서 협상했는데..

유시민: 그 얘긴 제가 책에 써놨죠. 그대로에요. 국민연금법 개정 노인 삼법은 대통령 사업이었어요. 기초노령연금법, 장기요양보험법, 국민연금법 개정안, 두 개는 제정 법안, 하나는 개정 법안입니다. 제가 국민연금법 개정 때문에 대통령이 걱정이 많으셔서 "이대로 가면 개정이 안 된다." 그래서 앞에 뭘 붙여, 동력을 붙여야 법 개정이 된다 해서 장기요양법하고 기초노령연금법을 붙여서 노인 삼법으로 패키지를 묶은 거예요. 대통령은 세 법 다 관심이 많았어요. 이제 이걸 원만하게 추진하기 위해선 국가적인 과제이기 때문에 원만하게 합의를 해야 한다. 합의를 하려면 한나라당 박근혜 대표가 오케이를 해야 되고, 오케이를 받으려면 대가를 줘야 되는데, 그 대가로 여야 영수회담이라든가 등등이 필요하죠. 원래는 국가가 효도한다고 해서 효도연금이라고 이름을 지었다가 이름도 '기초' 자를 넣었죠. 그렇게 해서 최대한 야당을 존중해서 야당하고 합의해보자고 해서, 법안을 만들어 여당에 주기 전에 먼저 야당하고 협상한 걸 대통령이 일일이 다 보고 받았고, 그래서 백지 위임장을 받고 협상해 나갔죠. 제가 직접 협상에 나갔고, 그쪽에서는 윤건영, 박재완 두 사람이 박근혜 대표 대리인으로 나갔죠. 실무협의는 차관하고 의원들이 하기도 하고, 내가 나가 직접 하기도 하고 그렇게 해서 결국 두 달간 협상했는데 결국 합의가 안 돼서 깨졌죠. 그러고 나서 이제 여당 강기정 보건복지위원회 간사를 설득해서 의원발의로 입법안을 내게 하고, 가을에 밀어붙인 거죠. 그 다음 봄까지 그렇게 추진이 됐던 거고.

박용수: 노무현 대통령이 야당과의 협상에 대해서 적극적으로 동의하셨던 것이죠?

유시민: 네 뭐든지 다 해주겠다고 했어요. 뭐든지 다. 영수회담이란 말 자체를 봉건적이라 그래서 싫어하셨는데. "그래도 여야 영수회담을 해줘야 됩니다. 그쪽에서 원하기 때문에."라고 말씀드렸죠. 그리고 청와대에서 점심 먹고 사진 찍고 악수하고 이렇게 하면 싸인은 한나라당 정책위의장, 여당 정책위의장, 복지부장관 셋이 싸인하면 되니까. 그렇게 해서 추진했는데, 잘 안됐죠.

박용수: 노무현 대통령이 신념이나 원칙만이 아니라 야당과의 협상에 대해 적극적으로 지원했단 거죠?

유시민: 그렇죠. 그리고 굉장히 일단 기획을 하고 전략 세워서 보고를 듣고 그게 마음에 들면 진짜 다 맡겼어요. "한번 해봐 그렇게." 그런 스타일이었거든요. "가끔 어떻게 돌아가는지 얘기만 해줘." 그래서 "거의 다 되어갑니다. 잘될 것 같습니다."라고 보고해 놓고 막판에 일주일도 안 돼서 깨진 거죠.

박용수: 그 사건 이후에 장관 사임안을 제출하신 것인가요?

유시민: 제가 그때 4월 국회에서 임시국회에서 표결을 하는데, 이게 보건복지에서 한나라당하고 민주노동당이 다 반대를 했어요. 국민연금법 개정안에 다 퇴장을 해버리니까 10 : 10이 되어 의결이 안 돼요. 근데 민주당 김종인 의원이 계셨는데, 이분에게 가서 아무리 말씀드려도 대답을 안 하시는 거예요. 그래서 우리가 김효석 의원한테, 그때 민주당 정책위의장이

셨는데. 열린우리당과 민주당이 따로 있을 때, "의장님 이것 좀 도와주십시오." 그래서 김효석 의원이 상임위 변경해서 복지위에 들어와서, 한나라당하고 민주노동당은 다 퇴장하고, 열린우리당 10명 민주당 1명 이렇게 11명이 표결해서 상임위를 통과한 거예요. 그리고 법사위 가서 다시 잡힌 거를 통과시키려고 법사위는 진짜 로비를 엄청 했어요. 정말 보건소도 지어주고 이주영 해수부장관이 그 당시에 법사위 제2법안심사소위 간사였는데, 그 양반은 마산 자기 지역구에 신항만 만들고 택지 개발하는데 마산 국립병원 땅 5만 평을 내놓으라 그래서, "그것도 법사위만 통과되면 MOU 바로 하겠습니다." 했어요. 그래서 법사위를 통과한 거예요.

박용수: 그것도 대통령이 들어 준 것인가요?

유시민: 그 정도는 제가 알아서 하는 거고. 하여튼 국회에서 통과시키겠습니다. "필요한 거 있으면 말씀드리겠습니다." 그렇게 해서 하여튼 법사위까진 그렇게 해서 넘어갔어요. 그래서 국립병원 5만 평 그거 10만 평 중에 반 잘라서 내주고 MOU만 했죠. MOU하고 공시지가로 넘겨달라고 해서 그건 못 한다고 했고, 그렇게 컨소시엄에 들어가고 아파트 한 동 받고 나머진 연금으로 받아서 병원 새로 짓고 장비 사고 아파트 한 동은 사택으로 쓰고 이렇게 하는 걸로 해서 그때 MOU 계약해서 넘겨줬어요. 이주영 의원은 동네에서 신도시 만든다고 복지부 협력받아서 5만 평 확보했다고 하고, 법사위원 다른 위원 동네 보건소 신축해주고 그런 거 해서 겨우 통과시켰어요. 근데 본회의 가서 딱 걸린 거예요. 본회의에서 그때 4월 달에 표결을 하는데, 표가 모자라더라고요. 그때 열린우리당은 16명이 탈당해서 줄어들었죠.

박용수: 아 그때부터 탈당이 시작되었군요.

유시민: 네. 아침에 표 점검을 해보는데, 세 표인가 모자라더라고요. 국회의장님이 임채정 의장님이었는데, 이거 "부결된다는데 보고받았습니까?" 그러시더라고요. "부결되고 한나라당이 제안한 것이 통과되면 어떡해?" 그래서 제가 "그건 그때 가서 정부가 대책을 세우겠습니다."라고 했더니, 의장님이 "그래도 이러면 안 되지!" 하셨고, 그래서 대통령이 개입을 했어요. 그때 국회의장한테 제가 전화해서 부결되도 좋으니까 오늘 상정을 해야 된다고. 왜냐하면 2007년도라 상정하지 않고 또 미루다 대통령선거 국면으로 가는 거면, 표류하다가 17대 국회 종료되면 같이 끝나는 거예요. 그 다음 4월에 보궐선거니까.

박용수: 가든 부든 결정해야 된다?

유시민: 가든 부든 결정을 봐야 된다. 만약 부결되면 다시 한번 여론조사를 할 수가 있다. 그래서 대통령이 국회의장한테 전화해서 부결되도 정부가 책임질 테니까 표결을 하게 해 달라 했어요. 임채정 의장이 제가 찾아가니까 "대통령도 그렇게 얘길 하시고 정부에서 책임지겠다 하니까 그럼 의결 진행해야지." 그래서 그날 상정한 거예요. 상정 요건은 다 갖춰져 있었는데, 수정안이 여당안도 한나라당안도 다 부결돼 버린 거예요. 그래서 제가 대통령한테 "이럴 땐 인책 사임 사표를 받았다고 말씀하셔야 됩니다." 말씀드렸죠. 그러자 대통령이 "장관이 무슨 죄가 있는데 장관이 사표 내냐? 국회가 잘못한 게 아니냐?" 기초노령연금법하고 장기요양보안법을 통과시키고 국민연금법만 부결시켰으니까. 그래서 "그 여론을 일으키려면 장관 사표를 받아야 됩니다."라고 계속 얘길 하는데 대통령이 동의를 안 해주는 거예요. 주말까지 끄는데 금요일 날 밤에 제가 청와대 들어가서 그 얘기 다시 하고 있는데, 기자들이 알아가지고 사방 확인 전화가 청와대로 오니까, "일단 사의 표명을 한 건 알려줘라." 그러나 대통령이 "한미 FTA도

아직 미결이고, 과제들이 더 있으니 일단은 하고 있어라."라고 하셔서, 제가 "알겠다." 이렇게 한 걸로 그냥 나간 거죠. 그러고 나서 그 다음주 초에 조선일보까지도 사설에 "법 다시 의결해라." 이렇게 해서 여론이 확 조성되면서 한나라당에서 다시 협상 나오고 대통령이 협상 주체를 총리로 승격을 시켰죠. 국민연금법은 그래서 한덕수 총리가 협상 주체로 나갔고 그게 7월 달 임시국회에서 통과가 됐죠. 막힐 때마다 전 과정에 대통령이 개입했어요. 완전히 우리 안대로 된 건 아니지만 그래도 절반이라도 재정 안정성을 도모하는 개혁이 된 거에 대해서 대통령은 굉장히 뿌듯해 하셨죠.

박용수: 노무현 대통령이 이 법안을 굉장히 중요시했단 얘기네요? 그땐 이미 '비전 2030' 이런 게 만들어진 후였나요?

유시민: 네 다 만들어진 후에요.

박용수: 그 비전의 주요한 성과물로 볼 수 있나요?

유시민: 아니 꼭 그건 아니고. 이것 자체로서. 왜냐하면 비전 2030은 장기 국가재정계획이기 때문에 그 재정계획에는 예산만 들어가는 게 아니고 기금이나 이런 것까지 다 포괄되어 있습니다. 거기에서 국민연금법 개정이 안 되면, 그 재정 계산이 다 틀어질 가능성이 많이 있었기 때문에 그래도 이걸 신경을 대통령이 썼죠. 실제 정책이 입안되고 정부 내에서 합의하고 예산을 장만하고 여당과 협의하고 복잡해요. 국회 각 단계 위원회를 통과하고 본회의 표결이 되기까지 정말 그 과정에서 많은 타협과 정치적인 암수와 심지어는 모략, 성동격서 각종 책략도 들어가고요. 반대하는 의원이 있으면 해당 선거구에 보건소를 신축해주고 표를 받는다든가, 우리가 '웨스트 윙'이나 영화 '링컨' 이런 데서 보면 표 획득 과정이 우리나라도 있

어요. 그게 없는 게 아니에요. '링컨' 영화 보면서 링컨은 우체국장 자리 주면서 인기 끝나 가는 낙선한 의원 매수해서 헌법개정안 통과시키고 그러는데 우리나라도 있죠. 우리나라도 중요한 입법안을 처리하려면, 대가를 많이 치러야 돼요. 진짜 법사위에서 법안심사소위원장이 책상 속에 넣어 버리고 홀딩해 버리면 대책이 없어요. 그러면 가서 빌고, 정책보좌관 시켜서 그쪽 보좌관 만나서 실제로 원하는 게 뭔지 알아보고, 그 다음에 예산안에다가 그 지역구에 뭐 넣어주고 이렇게 해서 하지 않으면 어려워요. 우리나라도 이론으로는 참 말하기 어려운 그런 과정들이 많이 있어요.

황창호: 그럼 복지 분야 관련해서 장관님께서 업무 수행하실 땐 크게 노무현 대통령하고 대립이나 가치관 차이는 없었다고 판단할 수가 있는지요?

유시민: 가치관에 차이가 있으면 어떻게 대통령 밑에서 장관을 해요. 그 장관이 가치관의 차이가 있어도 장관은 국무위원이잖아요. 국무위원으로서 특정 부처의 행정행위를 통해서 대통령을 대리하는 기능을 한단 말이에요. 그러니까 우선 장관에게 제일 중요한 건 대통령의 국정운영 방향에 맞게 하는 거예요. 그게 제일 중요해요. 거기 맞지 않으면 장관 그만둬야 돼요. 다만, 그 방향인데 구체적으로 어떤 방식으로 뭘 먼저 해야 되냐, 이런 면에서 대통령하고 생각이 다를 수는 있죠. 그때부턴 그것이 정치적인 과정인데, 자기가 하려고 하는 것이 대통령 개인에게도 좋고 정부에게도 좋고 국민에게도 좋다는 것을 대통령이 납득할 수 있도록 해야 됩니다. 그래도 납득이 안 되면 자기 걸 접어야죠. 그래서 다른 것을 해서 먼저 신임을 얻어 놓고 그 다음 또 하든가, 장관은 그렇게 할 수밖에 없어요. 왜냐하면 대통령은 장관의 임명권자이기 때문입니다. 그리고 일을 하려면 그 임명권자의 신뢰를 받는 것이 대단히 중요하고, 대통령이 이 장관을 신뢰한단

사실이 잘 알려져야 돼요. 총리실의 조정을 통해야만 정책을 확정할 수가 있는데, 총리실이나 혹은 기획예산처, 지금은 없지만 예산 배분과 관련된 의사결정을 하는 단위 등에서 일하는 사람들은 자기들이 보기에 대통령 신임이 확실한 사람을 도와줘요. 그렇지 않으면 진짜 안 도와줘요.

박용수: 그런 협조를 얻어 내기 위한 대상으로 청와대 정책실장과의 관계는 어떤가요?

유시민: 그거 중요하죠. 왜냐하면 청와대 정책실에 파견 나가 있는 부처 직원들이 다 있어요. 그러니까 그곳에 파견 나가 있는 직원을 통해서 정확한 정보를 항상 줘야 돼요. 청와대 정책실은 각 부처의 정책이 어떻게 돌아가고 있는지, 그럴 때 가장 정확하게 보건복지부란 부처가 어디를 향해서 가고 있는지, 늘 모니터링을 해요. 거기서 어떤 이익이 생기거나 뭘 발표를 하고 왜 그렇게 하는지를 총리실 조정관이나 또는 청와대 정책실의 직원들, 요원들이나 청와대 사회정책 수석 쪽에서 그걸 정확히 이해하고 예측할 수 있도록 해야 돼요. 그걸 하지 않으면 진짜 일이 어려워지죠. 대통령에 대한 건 이제 다 준비해 놓고 마지막으로 움직이는 거예요. 대통령 지시가 가면 "올 것이 왔구나." 하고 밑에서 바로 알아들을 수가 있어야지. 그거 모르고 있다가 대통령 전화를 뜬금없이 받으면 한참 지체되죠. 그러니까 입체적으로 일해야 됩니다. 그 과정이 일상적인 정책협의 과정으로 그 당시에 자리를 잡고 있었어요.

박용수: 그때 장관님 취임하셨을 때 김병준 정책실장하고 같이 하셨나요?

유시민: 아니 그땐 대부분 변양균 실장하고 했죠.

박용수: 변양균 실장은 경제부처 출신이시죠?

유시민: 그렇죠. 그래서 김용익 사회정책 수석과 함께했죠. 근데 변양균 실장은 재정학 쪽을 두루두루 알기 때문에 대화하는 데 아무 문제가 없었어요. 그리고 대통령이 사회정책 분야에 성과를 남겨야 된단 걸 잘 알고 있었고. 굉장히 많은 도움을 받았죠. 결국 대통령의 용인이에요. 대통령이 어디로 가려고 할 때 대통령이 어디로 가려고 하는지, 왜 가려 하는지, 그리고 대통령이 거기로 잘 갈 수 있도록 어떻게 하면 되는지 알고 있는 사람들을 써야 하지요. 최소한 알고 있는 시늉이라도 할 사람을 써야 돼요. 그런 점에선 그 참여정부 때에는...

박용수: 잘 맞았단 거죠?

유시민: 물론 경제부처에서 오신 분들은 대통령이 너무 나가지 않도록 제어하는 면도 한편으론 있었지만, 또 한편으로는 어느 정도는 대통령이 가려하는 방향으로 갈 수 있도록 뒷받침하는 그런 것도 있었죠. 전체적으로 보면 내각, 청와대, 총리실 여기가 하나의 팀처럼 움직여야 돼요.

박용수: 장관님이 계셨을 땐 그 전체적인 조화가 균형이 잘 이뤄졌다고 볼 수 있겠네요.

유시민: 네. 이해찬 총리가 굉장히 실세 총리여서, 장관들이 총리실을 존중 안 할 수가 없었어요. 웬만한 건 대통령 보고받은 걸 총리도 다 받기 때문에, 총리실을 존중했고, 또 총리실과 청와대 정책실 사이 역할 분담도 상당 부분 그때는 명확하게 되어 있었거든요. 웬만한 건 청와대 정책실 갈 필요가 없어요. 총리실 조정만 받으면 다 끝나는 거예요. 총리실 수준에서

예산이 너무 크거나, 아니면 다른 부처하고 갈등이 있는데 총리실 수준의 조정으로는 잘 안되는 것, 한미 FTA 같은 것, 이른바 대통령 사업으로 분류되는 중요 사업들, 이런 것들은 총리실 조정만으로 안 돼요. 그런 것들은 청와대가 움직여야 되죠. 그러니까 청와대하고 총리실 부처가 수직적 관계를 맺게 되면 일이 잘 안돼요. 왜냐하면, 장관이 하고 싶은 걸 하고 싶다고 말하는 게 어렵고, 그러다 보니까 위에서 하라고 하는 것만 하는 경향이 있는 거예요. 그럼 새로운 걸 시작을 못 해요. 루틴한 것만 하지. 지금 보면 약간 그런 것 같죠. 그렇게 되면 국민들은 부처 장관 이름을 모르게 됩니다. 왜냐하면 시끌시끌해야 장관의 존재를 알게 되는데, 일을 벌이다 보면 부처 간 갈등이 생길 수도 있고, 총리실과 충돌하는 일들도 생겨요. 그럼 사람들이 그 존재를 알게 되거든요. 장관이 때론 공격을 받기도 하고 인기도 올라가게 되고, 새로운 걸 하다 보면 그런 게 생길 수밖에 없어요. 이건 참고사항이지만 지금 장관이 누군지 저도 잘 몰라요. 이 이야기는 수직적 관계가 수립이 돼서, 책임을 전부 청와대가 책임지게 되고, 밑에는 집행기관처럼 되어 버린 거예요. 그럼 국민들이 장관을 모르게 되고, 그럼 새로운 일을 못 해요. 혁신·신규 사업 이런 건 할 수가 없게 되는 거죠. 참여정부는 그 점이 좀 특이했어요.

박용수: 참여정부는 시스템이 수평적이었군요?

유시민: 네. 부처 인사도 내 맘대로 다 했는데, 가끔 청와대 통해서 이 사람 어떠냐 이게 오기도 하지만 청와대는 너무 자리가 전국적으로 열 몇 개 부처에 자리가 너무 많잖아요. 청와대가 다 알지도 못 해요. 부에서 보고를 안하면 청와대는 모르는 것도 되게 많아요. 그럼 뭐 웬만한 건 그냥 알아서 하죠. 아주 중요한 건보공단이나 국민연금공단 같이 돈이 굉장히 많거나 예산이 큰 데 이런 데들만 보고하고 '인사합니다' 하고 인사수석실

에 얘기하고 우리 쪽 의견 내고 청와대 추천받죠. 이렇게 해서 결정하면 되고 나머지는 "여기 자리 비웠는데, 우리 언제쯤 인사할 거예요?"라고 통보하고. "누구 하기로 했어요."라고 통보하면 그쪽 이의 제기만 없으면 끝나는 거거든요. 근데 지금 보면, 자리가 많이 비어있는 것 같더라고요.

박용수: 그런데 언론에서 평가는 거꾸로 된 것 같아요. 그렇게 수직적으로 조용하게 시키는 대로만 하면 일사불란하단 평가를 하고, 수평적으로 일하면서 마찰이 생기면...

유시민: 엇박자라 그러고. 근데 좀 엇박자가 나야 돼요. 그래야 정상이에요. 부처들이 하는 일이 다르고 관점이 다른데 어떻게 엇박자가 안 나겠어요? 예를 들어서 보건부는 질병문제로 치면 인수공통전염병부터 보건복지부가 개입해요. 가축병은 농림부 담당이에요. 조류인플루엔자(AI)나 구제역 같은 걸 왜 보건복지부가 간섭을 하냐면 그게 인수공통전염병이기 때문이에요. 사람한테 옮길 수 있거든. 그럼 농림부 혼자 못 해요. 농림부는 생산부처잖아요. 농림부는 농업 진흥 부처니까, 생산자 이익을 돌보고, 보건복지는 전부 소비자 이익을 보호하니 충돌이 생길 수밖에 없다고요. 그리고 재경부나 이런 데는 산업 진흥에 관심이 많고, 우린 사회정의나 평등이나 시민 안전에 관심이 많잖아요. 그러니까 민간 의료보험 문제라든가 건보문제나 이런 게 나오면 접근하는 각도가 다르다고요. 그래서 이쪽에서 "영리병원 반대!" 경제부처에서는 영리병원 해야 된다고 충돌이 생기는 건 너무 당연하죠. 그걸 아주 자연스러운 정부 내의 업무의 차이와 관점의 차이, 클라이언트가 누구냐에 따른 정상적인 이해 대립을 반영하는 걸로 봐줘야 돼요. 접시 깨지는 소리도 나고 장관들끼리 얼굴도 붉히고, 이렇게 하다 조정이 돼서 가는 게 맞거든요. 저도 뭐 공무원연금 문제 가지고 그 당시 박명재 행자부장관하고 국무회의장 입구에서 얼굴 붉히고

싸우고 그랬으니까. 왜냐하면 국민연금 개혁하는 입장에선 "공무원연금만 놔두고 어떻게 우리만 가냐? 그러니까 행자부에서 빨리 공무원연금 개혁 안을 내라." 그러죠. 그렇지만 행자부장관 입장에서는 오히려 복지부가 왜 소관 업무도 아니면서 왜 발언하느냐고 불만이죠. 그렇지만 장관은 국무 위원 중에서 임명을 하는 걸로 헌법에 되어 있고, 청문회도 장관 청문회가 아니고 국무위원 청문회예요. 국무위원이 되고 그 국무위원 중에 어느 부 처 장관을 맡기는 거예요. 국무위원은 국정에 대해서 전반적인 책임을 공 동으로 지는 거죠. 그러니 제가 보건부를 맡고 있지만 공무원연금에 대해 서도 얘기할 수 있는 거 아닙니까? 소관 부처는 차후 문제고. 이런 게 있어 야 되고, 그게 맞거든요. 그럼 정부 내에서 엇박자, 콩가루 집안 이렇게 나 오잖아요. 그걸 비난하는 것은 저는 정부에 대한 억압이라고 봐요. 때론 안에서 조용하게 다툴 수도 있지만, 안에서 해결이 안 나는 건 국민 여론 을 일으켜서 해결하기 위해서 누군가가 밖으로 가지고 나갈 수 있는 거 아 니에요? 그런 갈등을 정상적인 과정으로 봐줘야 되는 거죠.

박용수: 내용보다 갈등이나 마찰이 있다는 게 주요 이슈가 되더라고요.

유시민: 예. 안타까운 거죠. 제가 한번 장관 시절에 이걸 밖으로 끌고 나 갈까 고민하다가 그만둔 것들이 좀 있죠. 예를 들어서 그 당시 IMF 이후에 우리나라 민자 고속도로를 많이 만들었잖아요. 맥컬리 같은 게 들어와서 땅 짚고 헤엄치기로 돈 벌어갔죠. 그래서 제가 그랬어요. "아니 국민연금 에 돈이 300몇십 조가 있는데, 국민연금은 변변한 빌딩 하나 안사고 IMF 이후에 뭐 했냐? 왜 민자 고속도로를 계속 짓냐? 이거 그만 지어야 된다." 그러니까 건교부에서 돈이 없어 그런데요. 지금은 국민연금이 말레이시아 이런 데서 SOC 투자하러 다닌다. 국민연금이나 기금 가지고 외국에서 SOC 투자를 하는데 왜 국내 SOC를 왜 못 하냐? 그래서 만약 최소 이윤율을 보

장했는데 그게 맥컬리에 가면 국부 유출이지만 국민연금에 그 돈을 주면 국부가 안에 있는 게 아니냐? 우리가 돈 줄 테니 경부선하고 영동고속도로 우리한테 팔아라. 영원히 팔라는 게 아니라 30년 운영권을 팔란 거예요. 30년 운영권을 팔면 경부선하고 영동선은 수익성이 완전 검증되었기 때문에 국민연금 수익률이 5%도 안 될 때니까 수익률을 5%건 6%건 맞춰 보면 액수가 나와요. 그래서 우리가 계산하니까 11조 5천억 정도면 30년 운영권을 두 개 사겠더라고요. 30년 쓰고 나서 돌려주면 될 거 아니냐? 30년 후에 연장해도 되고. 그 대신에 고속도로 관리 업무를 맡는 회사를 우리가 새로 세울 거 아니다. 지금 하고 있는 인력들 독립시켜서 따로 회사 하나 만들고, 다만 그 회사 사장만 보건복지부장관이 임명하는 거다. 우리가 11조 5천억 줄 테니까 그 돈 가지고 건교부는 딴 데 고속도로 만들어 가지고 또 조직 인력 늘려라. 그런데 건교부에서 응하질 않는 거예요. 시민사회에서는 민자 SOC를 반대하는 입장에서 그동안의 민자 SOC의 문제점에 대해서 계속 지적했기 때문에 정부는 대안을 마련해야 될 거 아니냐고 주장했어요. 이에 정부 대안은 국민연금을 넣는 것이고, 그 돈은 국민 돈이니까 최소 수익률을 보장해줘라. 그리고 그 전제 위에서 수익률을 계산해서 현재 가치로 환산해서 돈 일시불로 주겠다. 그것을 일시불로 주고 연 수익률 5% +알파로 해서 우리가 계속 해마다 수입이 들어오니까 30년 하면 서로 좋다고 제안했죠. 그러나 건교부에서 정책협의에 응하질 않는 거예요. 그래서 대통령한테 보고하거나 여론으로 끌고 나와야 되는데 그때가 2007년 이미 참여정부 임기 말이었어요. 2007년 들어서 우리가 계산서를 뽑았지만 너무 시간이 없었지요. 사실 그건 간단해요. 아이디어를 정리해서 학자 한 분에게 논문 하나 내게 하고, 그것을 신문에 보도 나오게 하고, 복지부에서 그거 좋은 아이디어다 몇 마디 하면 바로 시민사회단체에서 그래, 맥컬리한테 돈 주는 것보다 이게 훨씬 낫다하면 여론 조성이 금방 될 수 있어요. 그런데 나도 이제 몇 달 있으면 장관 끝나고, 국회의원선거도 나가야 되는데 이거 또 벌여 가지고 감당 안 된다 해서 기획서만 만들어서 내부 결재만 해놓고 제가 나와 버렸어요. 그런 것들은 일부러 끌고 나와서 싸워야 되는 거거든. 건교부는 손해 보는 게 아무것도 없는데 하여튼 공무원들이 응하질 않는 거예요. 정부 운영이라는 게 이론으로 따지면 고상해 보이지만 실제로 현실로 들어가면 회사 운영하는 거나 가정경제 운영하는 거나 비슷비슷해요. 온갖 궂은 일들 있고 아이디어가 있어야만 헤쳐 나갈 수 있어요. 상대가 있고 이해 갈등이 있고 다 그런 거죠.

박용수: 그런 의미에서 장관에 제너럴리스트가 오히려 더 적합하다는 입장이시군요.

유시민: 네. 저는 장관은 스페셜리스트가 가는 자리가 아니라고 봐요. 스페셜리스트라 하더라도 제너럴리스트로서 면모를 가진 사람이어야 돼요. 그럼 더 좋죠. 예를 들어서 제가 있을 때 건강보험심사평가원장으로 서울대 예방의학과 김창엽 교수를, 안 하겠단 걸 몇 번 삼고초려를 해서 임명했단 말이에요. 저하고 동갑이고, 서울대학교 동기고 같은 대구 출신이니까, 장관이 자신의 친구에게 자리 줬다고 기사가 나오더군요. 정말 적격인 사람이어서 안 하겠단 걸 싫다는 걸 진짜 부탁해서 데려다 놨는데, 우수기관 표창받고 되게 잘했죠. 그런 사람이 스페셜리스트인 동시에 제너럴리스트에요. 공부도 굉장히 넓게 했고, 시민단체 활동도 많이 했고 그러면서도 의사에요. 보건학도 하고 이런 거 전공한 사람이고, 그런 사람은 스페셜리스트인데, 그냥 스페셜리스트가 아니라 제너럴리스트로서 소양을 갖고 있는 스페셜리스트가 최고죠.

박용수: 이제 일반적인 내용에 대해서 물어보겠습니다. 쓰신 책 중에서 대통령에게는 심기 보좌가 필요하다. 균형을 잃을 수 있으니까. 그것과 관

련해서 어떨 때가 노무현 대통령께서 굉장히 힘들어 하셨는지. 아예 장관이나 국회의원보다 청와대 들어가서 일을 했으면 어땠을까 하는 얘길 쓰셨더라고요.

유시민: 네. 제가 가까이서 본 대통령은 노무현 대통령밖에 없는데, 노 대통령의 특징이 되게 정서적으로 예민한 분이세요. 그런 특성에서 오는 문제들도 있었다고 나는 봐요. 정서적으로 기가 굉장히 세면서도 굉장히 예민해요. 샤이하고, 좀 수줍은, 대인관계에서 그런 면이 있어요.

황창호: 외부의 공격을 받으면 상당히 부담스러워하고.

유시민: 네 한쪽으로 위축되기도 하고 다른 쪽으론 튀고. 개인 퍼스널리티, 스타일이 예민하신 거예요. 근데 덜 예민하면 나을 텐데라는 생각을 많이 했죠. 왜냐하면 대통령 자리는 하중이 굉장히 많이 걸리는 자리이니까요. 내가 어떻게 결정하냐에 따라서 많은 사람들의 삶이 왔다 갔다 하고, 9시 뉴스에서 안 좋은 일 생기면 내가 잘못해서 그런가 싶기도 한 그럴 수밖에 없는 자리에요. 근데 노 대통령처럼 굉장히 예민한 분이 그 자리를 하니까, 본인이 굉장히 괴로운 거예요. 그래서 우리는 사실 심기 경호의 필요성이 많다고 판단했고, 가기 싫다는 정태인 씨를 비서관으로 인수위원 비서관으로 억지로 밀어 넣은 것도 그런 측면이 있습니다. 우리 캠프에 유명한 자원봉사자들이 모여서 정태인이라도 청와대 들어가야 된다. 예컨대 문성근, 이창동 이런 문화인들 포함해서 대부분 대선 끝나고 생업으로 간다 이런 분위기였기 때문에, 편하게 터놓고 이야기할 수 있게 정태인 씨가 가도록 했죠. 노무현 대통령 기가 굉장히 센 분이기 때문에 거기 대통령 자리까지 딱 겹쳐지면 사람들이 대놓고 '아닙니다'라고 말하기가 어려워지는 측면이 커요. 거기다가 청와대 당선인 시절부터는 벌써 관료 출신

들이 옆에 많이 가세하기 시작하죠. 관료 출신들은 절대 그런 말 안 하거든요. 그리고 저는 그때 당을 하고 있었기 때문에 청와대 갈 수가 없었으니까 정태인 씨 보고 "야 니가 가서라도 아닌 건 아니라 그래." 근데 아무리 그 전에 친하고 가까운 관계였고 허물없는 사이라도 대통령과 비서관의 관계가 되면 어려운 점이 생겨요. 그래서 우리가 밖에서 '기쁨조'라고 이름 지어놓고 몇 사람 있었어요. 그래서 그냥 전화해 보고 비서실에 시간 언제 비었냐고 물어보고 "누구누구 갈 테니 말씀드려봐 달라." 그리고 우루루 가는 거죠. 가서 같이 담배 피우고 밥 먹고 이러면서, 우리는 온갖 소리 다 했어요. 그런 그룹이 있었어요. 대통령이 야인 시절에 어려웠던 시절부터 같이 서로 정서적으로 교감했던 사람들이요. 그중에서 정치를 하는 사람들도 있고 아닌 사람도 있지만 그냥 가면 같이 앉아서 담배 피우고 이럴 수 있는 사람들이죠. 근데 역시 우리가 밖에 있으니까 되게 어렵더라고요. 저도 장관 할 때나 그전에 청와대를 가보면 대통령이 무슨 일로 화가 나서 언성이 높아지면 정책실장 수석비서관 이런 사람들 말을 못 해요. 말을 하기가 참 여려워요. 그리고 대놓고 말해야 되는데 빙빙 돌려서 말을 하니까. 그런 게 대통령중심제 국가, 특히 우리처럼 유교적 문화, 권위주의적인 권력문화 이런 것이 있는 나라에선 대통령의 판단이 잘못 가고 있을 때 아니라고 말하는 것이 굉장히 어려운 거지.

박용수: 노무현 대통령은 주요 결정을 회의를 거쳐서 하신다고 했잖아요. 독대도 거의 안 하시고. 그렇다면...

유시민: 그래도 대통령이 어떤 생각을 갖고 있단 게 소문이 퍼지거든. 예를 들어서 영리 의료보험 같은 경우가 대표적인 케이스에요. 노무현 대통령이 영리 의료보험 허용하는 문제에 관심 있었어요. 왜 관심이 있었냐면 법률가로서의 관심이 있었던 거죠.

박용수: 허용하는 거에 대해서요?

유시민: 네. 왜냐하면 사실 비영리 의료법인의 의미가 수익금을 밖으로 못 갖고 나간다는 것이지, 사실 병원 경영은 거의 영리 행태에요. 그 다음 실제로 병원이 영리 추구를 하고 있는데 영리 행위를 못 하도록 해놓으니까, 현실하고 안 맞아 분식회계로 문제가 많다라는 생각을 갖고 있었어요. 그러니까 "병원이나 의사보고 숭고한 어떤 걸 요구하기보다는 차라리 상법상의 법률적 의무라도 제대로 지키게 하는 게 차라리 낫지 않나?" 이런 변호사 법률가로서의 관심이 있었어요. 또한 대통령으로서 의료산업선진화위원회라든가 개인적으로 진료 받으시는 과정에서 의사들 얘기를 많이 들으실 거 아니에요. 그러다 보니까 이런 건 불합리하다는 얘기도 듣고, 재경부나 경제부처 쪽에서 의료 서비스적자가 연간 1조 원이란 허위보고도 하고 경제 관료들한테 많이 둘러싸여 계시니까 "정말 그런가?" 그런 생각도 하셨죠. 그래서 검토해 보라고 지시했지만 김화중 장관은 자기가 감당 못할 문제니까 시간만 끌다가 끝나 버렸고, 김근태 장관님은 그런 거 절대 안된다는 소신을 지닌 분이기 때문에 검토도 안 해봤고, 그러니까 잔뜩 화가 나신 거예요. 그럼 대통령이 검토해 보라고 그랬으면, 안 되면 안 되는 이유를 얘길 하든가, 되면 하든가 분명하게 반응이 나와야죠. 그런데 안 된다고 얘길 하는데 안 된다는 이유를 들어 보니까, 난 납득이 안 된다 그런 상태였던 모양이에요. 난 잘 몰랐는데 내가 장관 지명을 받자마자 경제부처 쪽 MB 정권에서 엄청 출세한 공무원들인데 그때가 1급들이었어요. 1급 차관보급 이런 사람들이 영리 의료보험 문제하고 실손형 의료보험 활성화 그거 두 개 딱 들고 온 거예요. 그리고 소문 막 내고, "유 아무개가 미션을 갖고 왔다." (웃음) 내가 무슨 쪼다에요? 내가 보건복지위원회에서 몇 년을 했는데 그걸 몰라? 그래서 이건 안 되겠다 싶어서 2006년 4월 청와대 관저 보고를 할 때, 보건복지부장관이 1월에 부임했으니까 앞으로 하고

싶은 거 해야 될 거, 몇 년도 예산안에 반영시킬 것 다 모아서 그날 다 보고했어요. 국무회의가 아니고 따로 그런 걸 해줘야 장관한테 힘이 실리니까, 소문도 내요. 끝나고 나면, 대통령이 괜히 국무회의 끝날 때 "어 잠깐 복지부장관 오늘 점심에 약속 있어요?" 이렇게 물어봐서 전 있었는데 당연히 "오늘 약속 없습니다." 그러죠. 그러면 "그럼 내하고 차나 한잔 하고 가요." 그렇게 올라가면 차 마시는 방에 가죠. 얘기할 건 없어도, 올 때 말썽도 많았고, 나이도 젊고 그래서, 총리실이나 경제부처나 이런 데서 깔볼까봐 그런 거죠. 그리고 나오면 우리 공무원들이 물어보잖아요. "장관님, 대통령하고 독대하셨다던데 중요한 얘기 저희들이 알아야 될 거 있습니까?" 그러면 "알아야 되긴 한데, 지금은 시기가 적절치가 않네요. 중요한 얘기가 있긴 있는데…" 그렇게만 말을 하는 거예요. 그러면 "대통령이 국무회의 끝나고 복지부장관하고 독대하셨는데, 굉장히 중요한 얘기를 나눴다 그러는데, 아직은 시기상조라서 얘기는 나중에 해 주겠다 그러신다." 그런 소문이 돌아요. 그런 식으로 하거든요. 그리고 대통령이 국무회의장 입장을 누구하고 하느냐 이것도 단순한 것이 아니에요.

박용수: 누가 실세냐?

유시민: 그렇죠. "국무회의 입장하기 전에 30분 전에 와라." 연락이 오면, 미리 가서 차 한잔 마시고 같이 입장하게 됩니다. 그런 게 "누가 대통령하고 가깝다." 이런 걸 말해주는 것이기 때문에, 대통령이 힘 실어주고 싶은 사람을 그렇게 해요. 이건 여담이고, 내가 그 보고를 하는 자리에서 대통령의 언성이 막 높아지는 거예요. '영리 의료법인은 안 되고, 실손형 의료보험은 지금 표준 약관제 같은 걸 해서 재경부 감독에서 보건복지부 감독으로 감독 권한을 옮겨야 된다' 이런 보고를 하는 자리였어요. 대통령이 언성이 올라갈 때 보건복지부 기획관리실장이 얼굴이 하얘지더라고요. 그

리고 정책실장은 딴 데 보고 있고, 사회수석은 밑에 보고 분위기가 그래요. 내용이 이런 거예요. "되면 추진 계획을 보고하고, 안 되면 안 되는 이유를 제시해야지 대통령이 두 번씩이나 지시를 했는데, 말 같지도 않은 보고서나 올리고." 한 5분 화를 내시다가 갑자기 딱 말을 멈추더니, "유 장관한테 화내는 건 아니고." 전임 장관들한테 화를 냈다 그런 뜻이에요. 그러시더니 "이거 안 되는 거요?" 하고 질문하시더군요. 그래서 내가 분명히 대답해 드렸죠. "국회에서 다 해봤는데, 국회 보건복지위원회도 통과 안 됩니다. 시끄럽기만 합니다." 제가 안 되는 이유를 세 가지로 설명했어요. 첫째, 국회통과가 안 된다. 본회의는 말할 나위도 없고, 보건복지부 위원회부터 통과가 불가능하다. 두 번째, 엄청 시끄럽다. 셋째, 이걸 법을 통과를 할 수 있다 해도, 대통령 임기 중에 생길 의료법인이 없다. 영리 의료법인 시장 조사를 다 해봤다. 시장조사 보고도 다 했어요. 현대도 병원 있고 삼성도 병원이 있는데, 이미 도네이션 받은 게 워낙 많아서 이 병원을 개인 소유로 할 수가 없다. 그러니까 상법이나 민법상으로 다시 주식회사로 변경이 불가능하다. 그럼 아직 병원 없는 재벌은 LG밖에 없는데, LG가 병원을 만든다고 해도 금년에 만들겠냐, 내년에 만들겠냐? 법 개정하더라도 이건 금년 연말에 가야 되는 거고, 법 개정 하고 시행령 만들고 뭐하면 2년 가고, 실제로 주식회사 병원 생기려면 5년 넘게 걸릴 거다. 이게 좋은 거라 하더라도 대통령 임기 중에 효과가 없다. 시끄럽고, 국회에서 통과가 안 되는 거 대통령이 왜 하시냐? 여기서 끊어야 됩니다. 그러자 대통령이 다시 국회에서 안 되냔 거예요. 그래서 제가 "이건 국회에서 절대 안 됩니다. 제가 의원들 다 조사해보고, 상임위는 고사하고 법안소위 통과도 불가능합니다. 시끄러운 거 뭐하러 합니까? 대통령도 임기 말도 다가왔는데 폼나는 거 하셔야죠." 그래서 분위기가 다 풀렸어요. 그러자 대통령이 "그럼 진작 그렇다고 말을 해야지, 나는 국회에서 되는지 알았지." 그렇게 해서 끝난 거예요. 제가 보고한 건 "좋을 게 하나도 없습니다. 무역적자 1조 원

거짓말이다. 우리 한국은행하고 조사해 봤는데 1년에 70억밖에 안된다. 근데 이 정도 무역적자는 그 우리가 해외 환자 유치 사업해 가지고 정부가 돈 반 내고 병원협회에서 반 내서 컨소시엄 만들어서 해외 홍보하고 국내 인증 시스템 갖추면 1년만 지나면 흑자로 다 전환시킬 수 있으니까 걱정하지 마십시오."

박용수: 이 제도가 아니어도?

유시민: 네. 그 정도 수익은 이 제도가 아니어도 되고, 이것은 필요가 없습니다. 그리고 대통령께서 영리 의료보험의 좋은 점이라고 보고 받았던 내용은 다른 과정을 통해서 전부 다 할 수 있는 거고, 그런 마당에 '부작용이 엄청 많은걸 뭐 하러 합니까' 이렇게 되는 거예요. 그래서 원래는 1시간 예정을 하고 대면 보고를 했는데 한 40분 안에 다 끝났어요. "다. 좋네. 장관 이거 뭐 연내에 다 하겠나?" "대통령이 예산만 주시면 다 됩니다. 그리고 정책실장한테 비전 2030의 이쪽 사회정책 분야가 지금 제도개혁이나 그런게 비어있으니까, 이거 그쪽에 포함시켜서 같이 하시죠." 이렇게 하고 나니까 20분이 남았어요. 내가 할 얘긴 이 얘긴데 대통령이 어제 읽은 책 얘길 하시는 거예요. 『로하스(LOHAS: Lifestyle of Health and Sustainability)』, 느림, 느린 삶. 그거 보면 경제성장을 할 필요가 없다 너무 이미 생산력이 높다. 앞으로 화석연료 고갈에 대비해서 이젠 느리고 편안한 삶, 성장보단 잘 나누는 사회 이런 게 중요하다고 하는 책을 그 전날 보신 거예요. 그래서 경제성장을 꼭 해야 되냐 이거야. 그 얘길 하는 거예요. 전부 다 앉아서 가만히 듣고 있는 거예요. 그래서 제가 가만있다가, "대통령님 그거 되게 좋은 얘긴데요. 현직 계실 땐 경제성장을 해야 됩니다. 국민들이 그걸 원하고 아직도 인구가 증가하고 있어서 일자리가 안 늘어나면 국민들 불만이 되게 많아지는데, 대통령이 그런 얘길 하시면 좀 곤란합니다. 그건 퇴

임하시고 시골 가시면 하십시오." 왜 안 되냐고 해요. "그런 건 지금 주류 담론이 아닙니다. 대통령은 나라를 대표하는 사람이고 국정을 운영하는 사람인데 주류 담론을 가지고 국가운영을 하셔야지 아직 그런 비주류 담론을 가지고 국정운영을 하시면 안 됩니다. 그 얘기는 그냥 속으로 생각하시고 퇴임하시고 하십시오." 그랬거든요.

박용수: 노무현 대통령이 화를 잘 내시는 건 아니죠?

유시민: 잘 없죠? 그러니까 대통령이 화를 내면 다 어는 거야. 저는 "대통령과 많이 싸운 경험이 있고, 장관 정도 해도 내가 신세진 거 아니지." 이런 생각하니까 그냥 편하게 하는 거예요. 그리고 제가 편하게 얘길 해도 대통령께서 "이 사람이 날 무시하네." 그런 거 전혀 없어요. 적어도 그렇게 툭 터놓고 대통령에게, "그거 안 돼요."라고 말할 수 있는 사람들이 주변에 있어야 돼. 제가 볼 땐 지금 박근혜 대통령은 김기춘 비서실장이 그 정도 하는 것 같아. 그건 지금 얘기고, 심기 경호란 게 그런 걸 말하는 거예요.

박용수: 그게 뭐하고 충돌되냐 하면 자유로운 토론을 노무현 대통령이 선호하셨고 그런 식으로 국정 결정이 이뤄졌는데, 지금 말씀은 다른 차원이신 듯합니다.

유시민: 자유롭게 해도. 사람들이 못 하는 거예요 그걸.

황창호: 직언 같은 것이 쉽지 않다는 건가요?

유시민: 그렇죠. 국무회의장에도 그런 소리 할 사람이 있어야 돼요. 강금실 장관이 가끔 그런 엉뚱한 소리하고 사람들 웃고 그랬는데, 국무회의

에도 몇 사람 그런 사람 있어야 되고요.

박용수: 시스템이 있어도, 사람이 있어야 된다?

유시민: 사람이 있어야 된다. 청와대 수석들 중에서도 그런 사람들 몇 명이 있어야 돼요. 그리고 비서관들뿐 아니라 내각이나 당에도, 그런 게 있어야 되고, 사적으로 대통령과의 친교 그룹에서 그런 게 있지 않으면, 정말 대통령이 외롭고 괴로울 때 위로받기도 어렵지요. 그러니까 자기 생각이 이상한 방향으로 가고 있을 때도 그걸 누가 다시 생각할 수 있게 하겠어요?

박용수: 심기 보좌가 단순히 기쁘거나 기분 좋게만 하는 게 아니라 균형이 필요하다는 것이군요.

유시민: 양쪽 다. 정서적인 균형을 잡으려는 위로 필요해요. 대통령은 괴로운 자리이기 때문에 위로하는 그룹이 필요해요. 대통령이 잘나갈 땐 갈 필요 없어요. 대통령이 힘들 때 괴로울 때 이럴 때 가서 위로도 하고 즐겁게도 해드리면서 용기도 드리면서도 "쓸데없는 것 그만하세요. 아니 무슨 5년 대통령 하지 50년 대통령 합니까?" 이런 얘기 할 수 있는 사람이 있어야 돼요. 일과 관련해서도 지근거리에 청와대, 당, 정부 이런 데에 그렇게 할 수 있는 사람이 있어야 돼요. 그게 없으면 심기 경호가 안 되고, 정서적으로든 정책적으로든 외골수로 빠져요. 그게 대통령중심제에선 진짜 어려운 것 같아. 우린 그걸 하려고 노력을 많이 했어요. 손으로 편지 써서 보내기도 하고, 이메일로 편지도 보내고, 부서실장한테 전화해서 쳐들어가기도 하고, 심지어 정신과 전문의를 대동하고 나서 몇 시간 동안 밥 먹고 나오기도 하고, 누구라고 내가 말은 안 하는데 이렇게 허락을 구하는 거죠.

"유시민 의원이 저녁을 먹으러 오는데, 누구 하나 데리고 와도 되겠습니까? 대통령 모르는 사람입니다." 그렇게 보고해서 "안 돼! 그러면 얘기해주고, 말 없으면 내가 데려간다." 그렇게 몇 사람 가면서 한 사람 데리고 가서 소개시키고 인사하고, 왜 데려왔는지 대통령이 뻔히 알죠. 그러니까 지금 친한 사람들이 대통령의 정신 건강을 걱정하고 있단 걸 대통령도 느끼죠. 근데 아무 말씀 안 하세요. 같이 이야기하고 나와서 우리가 이제 평가회를 하는 거죠. "전문가가 본 대통령의 심리 상태가 어떠냐? 우리가 뭘 해드리면 좋으냐?" 이런 걸 다 물어보고. 거기서 어드바이스 받아서 편지도 보내고 별 거 다 했어요. 그래도 그게 참 힘들더라고.

박용수: 알겠습니다. 딴 데서 듣기 어려운 말씀 같습니다. 저는 마지막으로 질문 하나만 드리겠습니다. 저는 노무현 대통령은 자신을 신하로 생각하고 국민을 왕으로 생각해서, 다른 대통령하고 다른 것 같습니다. 그런데 대통령이 가져야 될 리더십이란 측면이 있잖아요. 그런데 그것이 리더십을 제약하는 측면은 없을까 이런 생각이 들더라고요. 노무현 대통령은 계속 실제 국민이란 왕한테 쓴소리를 하는 신하인 거죠. 그러니까 실제 왕은 그게 싫은 거예요, 짜증나는 거죠. 이것이 바람직한 다른 측면에서 지도자로서 리더십을 어떻게 발휘해야 될까 이런 식의 고민은 부족해질 수 있다고 볼 수 있지 않나요?

유시민: 주변에서 그걸 엄청 권했죠. 그러니까 그 양반 고집인데. 2002년 1월 달에 어느 잡지사의 청탁으로 제가 인터뷰어로서 노무현 고문, 경선 예비후보를 만난 적이 있어요. 그게 『노무현 상식 혹은 희망』이란 책의 인터뷰가 들어있는데, 귀하의 이념 또는 사상을 한 마디로 표현하면 어떤 용어로 표현할 수 있냐 이렇게 제가 질문 했어요. 그랬더니 그때 "이거 참 멋이 없다고 참모들이 하지 말라 하던데, 아무리 생각해도 난 이게 맞는 것

같아요." 그러면서 말한 게 '합리주의'였어요. 웃기죠? 합리주의 그러니까 이게 매가리도 없고 멋도 없고 그래서 참 폼이 안 난다고 참모들이 이걸 쓰지 말라고 한다고 그래요.

박용수: 노무현 대통령이 하신 말씀이시죠?

유시민: 네 그대로에요. 그 양반이 그 천명이 뚜렷했는데 제가 보기엔 진짜 리버럴이거든요. 레디컬 리버럴 혹은 소셜 리버럴. 대통령 취임사 쓸 때도 저는 취임사 위원회는 안 있었지만, 마지막 교열 과정에서 내 의견을 꼭 들어보라고 당선자가 얘길 하셔서, 윤태영 씨를 그때까지 몰랐는데, 윤태영 씨가 그 작업을 할 때 내가 몇 가지 말씀을 드렸어요. 그때 친구 같은 대통령은 안 된다 했거든요. 그래서 결국 뺐죠. 대통령은 국민들이 살기 어려울 때 기댈 수 있는 사람이어야지 대통령은 친구 같으면 안 된다.

황창호: 대통령은 그런 말을 넣고 싶어 하셨나요?

유시민: 대통령은 '친구 같은 대통령' 그걸 넣고 싶어 하는 거야. 그렇지만 "친구 같은 대통령 진짜 좋은데, 이건 안 됩니다. 우리나라에선 대통령이 왕인 사람이 많습니다." 그 다음에 제가 넣으셔야 된다고 강조한 말이 "공 있는 자에게 상을 주고 능력 있는 자에게 자리를 주겠습니다." 이렇게 넣었어요. 우리 사회는 코드인사 보은인사에 대한 우려가 컸고, 실제 이렇게 하셔야 된다고 말했습니다. "공만 있고 능력 없는 사람은 표창장만 주시고, 능력 있는 사람은 공이 있든 없든 자리를 주셔야 됩니다." 그런데 그 부분에 빨간 줄 쫙 그어놨더라고요. 다시 내가 "이걸 넣으셔야 됩니다." 그랬더니 대통령이 "내는 동의 못 하겠어요. 이렇게 쓰면 공도 있고 능력도 있는 사람을 자리를 주면 공이 있어서 자리를 줬다고 할 거 아니냐." 이렇

게 말을 했고, 취임사에서 그걸 뺐어요. 그래서 내가 이분은 재밌는 분이다. 그러니까 공 있는 사람 중에 능력도 있다고 판단하는 사람을 자리를 주려고 이미 생각하고 있던 거예요. 그게 합리적인 거라고 당신은 생각하는 거예요. 내 생각에 그게 합리적이긴 해요. 그렇지만 국민들에게 얘길 할 때 좀 그렇게 얘기하는 게 좋을 것 같은데, 결국 취임사에서 이런 생각 때문에 뺐죠. 합리주의예요. 그러니까 "국민이 대통령입니다." 이런 카피가 나온 이유가 노 대통령은 리버럴한 사고방식을 반영하는 거예요. 주권자는 국민이고 그 국민들이 "니 5년 동안 일해!" 그렇게 해서 자리 준 사람이 대통령이란 거예요. 국무총리를 '일인지하 만인지상'이라 그러는데, 이것도 틀린 말이다. '국무총리는 대통령 밑에' 이게 맞는 거다. 국민들은 이렇게 생각을 해야 된다. 이게 민주국가고 이게 국민주권이다. 이 확신이 굉장히 강한 분이었어요. 그러니까 우린 그게 이론상으로는 그게 맞지만, 우린 민주주의한 지 오래 안됐고, 특히 고령 세대나 이런 쪽에선 대통령을 왕하고 동일시합니다. 그러니까 이것이 합리적이고 맞지만 대통령은 기댈 수 있는 사람, 좀 응석도 부려도 되고, 어려울 때 날 도와줄 사람, 무슨 분통 터지는 일 있으면 하소연할 사람으로 하셔야 됩니다. 그러니까 "그런 것 때문에 한국 정치가 안 되는 거란 거예요." 그러시더군요. 결국 국민들 속이는 거라고.

재신임, 임기 단축 이런 얘기가 왜 나오냐면, 노 대통령의 국가이론, 주권이론 속엔 이게 확고하게 자리 잡고 있던 거예요. 그러니까 검사들하고 토론할 수도 있고, 자기 권한 중에 반 이상을 총리한테 줘버리고, 이해찬 총리 있을 때 청와대보다 총리실 인원이 더 많아졌어요. 그리고 국정원이나 이런 데서 대통령 보고서 오면, "국무총리한테도 똑같은 걸로 갖다 줘. 먼저 나한테 오고 총리실 나중에 보내는 게 아니고, 나한테 보낼 때 국무총리한테 동시에 보내." 이렇게 나오는 이유가 "이 권력을 내가 틀어쥐고 있어야겠단 게 아니고 난 잠시 위임받은 거고 헌법과 권력에 위배되지 않는다면, 내가 권력 운영을 할 때 얼마든지 내가 나눠줘도 괜찮아." 그렇게 보는 거예요. 그러니까 그런 사고방식이 안 받아들여지는 거죠. 이건 사견인데, 내가 한심하다고 생각하는 게 저명한 정치학자가 장래가 촉망되는 정치인한테 군주론 선물하면 웃긴다고 생각해요. 거기 배울 게 뭐 있는데요? 저도 군주론 다 꼼꼼히 읽어 봤지만, 정치에 이런 면도 있을 수 있지 이 정도면 모르겠는데, 군주론에서 현대의 민주주의 사회에서 정치지도자가 군주론에서 배울 게 뭐 있어요? 저는 황당하다 생각해요. 그리고 지식인들이 칼럼 쓸 때 맨날 왕에 견주어 쓰잖아요. 대통령이 왕이에요? 말도 안 되는 얘기죠. 그렇지만 우리 문화 유전자에는 최고 권력자를 왕으로 생각하는 경향이 있단 말이에요. 현실에서 인정해야 된다고 봐요. 노 대통령은 그걸 완강하게 거부한 거죠. 많은 부분 노 대통령이 초래한 정치적인 어려움이 거기서 왔다고 생각해요. 저녁에는 시바스리갈 마셔도, 낮엔 막걸리 먹을 수 있죠. 그게 군주론 아니에요? 폼 나는 건 지가 하고, 욕먹을 일은 밑의 사람 시키는 거예요. 군주론엔 전부 그런 내용으로 가득합니다. 그런데 그거 위선이잖아요. 국민을 속이는 거예요. 그러니까 해결책을 만들지 못 하면 현장에 안 가는 거예요. 재래시장 다 죽어 가는데, 한번 가려면 재래시장 특별법 이런 거라도 내가 하나 만들어 놔야 된다. "가서 뭐라고 얘길 하냐? 얘기할 게 있어야 될 거 아니냐?" 그래서 안 가는 거예요. 우리가 주변에서 "그런 거 없어도 가셔야 됩니다. 국민들은 같이 가서 손 잡아주고 눈물 글썽해주고 위로해주고 이런 것만으로도 좋아합니다." 그런 이야기 많이 했어요. 그런데 임기 때 모내기 딱 한 번 갔어요. "모내기도 해마다 가시고요. 그리고 국정원 독대 보고는 안 받으시더라도, 그냥 밑에서 어떤 짓 하면 그냥 모른 척 해주십시오. 우리가 알아서 밑에서 손 좀 보겠습니다." 그러나 대통령이 "안 돼!" 그러면 대책이 없는 거죠. 이분은 통치를 안 하려고 그러는 거예요. "통치란 관념 자체는 낡은 거다. 대통령은 주어진 기간 동안 헌법이 부여한 권한과 법률이 규정한 절차 범위 안에서 자기가 할 수 있는 일을 하는 거다"라는 생각이 너무 뚜렷했죠. 전 이 게 옳은 거라 봐요. 그러나 우리나라 수준엔 안 맞는 거죠. 우리 국민들의 의식, 우리 국민들의 문화, 우리 국민들의 문화 유전자하고는 안 맞는 거 예요. 맞는 사람도 있지만, 다수하곤 안 맞는 거예요. 그러니까 언론과도 불화, 지식인들과도 불화, 야당과도 불화, 집권당과도 불화, 다 불화에요. 당신 자신이 괴롭죠. 그리고 개별정책들은 다 웬만한 건 과반수 지지를 받 는 정책들이었는데, 정권 지지도는 낮은 거예요. 대통령 지지도는 이런 철 학적 차이 때문에 그런 거예요. 근데 이 양반은 굴하지 않고 끝까지 자기 스타일로 간 거예요. 전 그게 노무현 대통령의 훌륭한 점이라고 봐요. 고 생을 자초하셨지만, 우리 역사에서 그런 대통령도 한번 있어야 된다. 그리 고 권한을 다 내려놨을 때 시골 가서 사람들하고 맨바닥에 앉아서 막걸리 먹고, 그때 가서 하는 거예요. 그때는 자기 내면에 모순이 없는 거예요. 이 젠 자기 권력이 없는 사람이니까. 전직 대통령의 명예 그런 것만 갖고 하는 거니까 그건 할 수 있는 거예요. 그건 그래서 제가 그랬습니다. "옳은 리더 십이고 리더십이 훌륭한 리더십이었지만, 우리나라에선 받아들여지기 어 려웠다." 그렇게 보는 거예요. 너무 시대를 앞서 나갔다.

박용수: 그런 면에서는 현실적이지 못했다고 볼 수 있는 거네요?

유시민: 그렇죠. 현실적이지 못한 걸 안타까워할 순 있겠죠. 그러나 그 걸 비난하는 건 참 웃긴다고 생각해요. 그건 뭐 그 양반 그 사람의 인생이 고 노무현이란 사람의 인생이에요. 좋은 정책은 많이 했고 웬만한 정책은 다 진짜 다수 국민의 지지를 받았지요. 종부세를 포함해서 큰 게 많아요. 이명박 정부를 생각해보면 한 게 없잖아요. 신행정수도, 행복도시, 지방분 권, 혁신도시, 종부세, 언론개혁 완수되진 않았다 할지라도 의제를 설정하 고 문제제기를 하고 해결을 위한 시도를 한 것들이 엄청나게 많습니다. 그

리고 사회 분야 지출도 굉장히 많이 늘렸고요. 장기요양보험 기초노령연금제도, 집행은 안 됐지만, 국방개혁 2020이라고 해서 그것도 혁신적으로 준비했었고요. 한 게 많아요. 그런데 대통령 개인 지지율은 낮은 거죠. 그 이유가 철학적 불일치 때문에 그런 거예요. 대통령이 고집을 안 버리고 계속 자기 스타일로 밀고 나간 거예요. 그러니까 저는 이렇게 생각해요. "굉장히 불행했고, 많은 비난받았고 심지어 멸시를 당했지만, 이 사람의 리더십 스타일은 역사에서 한번은 있었어야 될 스타일이다. 그게 자연인 노무현에게는 굉장히 큰 고통과 불행을 안겨줬지만, 우리 역사엔 굉장히 큰 자양분이 될 거다." 이런 사람도 있었다는 것만으로도 앞으로 우리가 해야될 일들의 밑거름이 되는 거예요. 노무현 대통령이 몰라서 그렇게 한 것도 아니고요. 할 줄 몰랐던 것도 아니고, 마음만 먹었다면 할 수도 있었어요. 그러나 그 양반은 옳지 않다고 생각했기 때문에 안 한 거예요. 그리고 자기 스타일대로 끝까지 살다 간 거예요. 그리고 우리 역사에서 리더십 스타일은 여러 가지 있을 수 있는 거고, 이런 스타일도 한 사람쯤 있어야지. 전부 다 마키아벨리 스타일로 했어 봐요. 그런 역사가 뭐가 재미가 있어요? 이건 저의 낭만적인 개인 견해죠.

박용수: 이번 세월호 관련해서 노무현 국가위기관리 기본법 만든 것 좀 찾아봤더니 임기 초에 만들었더라고요. 그 계기가 화물연대 파업이었는데, 그걸 시민단체에선 과거처럼 억압적인 조치로 오해하고 비난을 했던 것 같아요.

유시민: 노무현 대통령은 우파들하고만 사이가 안 좋았던 게 아니고 좌파들하고도 무지하게 안 좋았잖아요. 네이스(NEIS) 파동 그런 게 그런 거죠. 기본적으로 불신하는 거죠. 그게 뭐 그리 큰 문제인가요? 보안 등급 설정해 갖고 밖으로 나가도 되는 정보는 교육청에서 접속할 수 있고, 나가면

안 되는 건 담임선생님만 볼 수 있게 보안 등급만 설정하면 되는 문제인데, 그게 뭐 빅브라더며 싸울 문제인가요? 저는 "우리나라에선 그 모든 일들이 일어날 수밖에 없었다." 지금은 그렇게 봐요. 그리고 굉장히 고독하게 살다 간 대통령이고, 그래도 몇 사람이라도 그걸 알아주는 사람은 있었다. 그건 그 정도로 정의하는 거죠. 그리고 그 노무현 대통령이 소위 명문대 운동권 출신 정치인들이 그렇게 무시하고 그렇게 했던 그 정서가 지식인 사회의 전반의 정서였고, 지금까지도 참여정부를 관찰하고 평가하고 규정하는 데선 그 정서가 다 깔려있다고 봐요. 이건 일종의 인종차별 같은 거에요. 자기들은 인정 안 하지만, 대학도 안 나온 놈 이거죠.

박용수: 다른 측면도 있지 않나요? 실제로 저 같은 경우도 노무현 대통령이 처음 집권했을 때 국가운영 계획 이걸 잘 몰랐고 별로 중요하게 생각 안 했던 것 같아요. 막연하게 이미지가 어떤 정책하고 맞지 않았을 때 변했냐 안 변했냐 그런 판단을 했던 것 같아요.

유시민: 지금까지도 계속 그렇죠. 무슨 일이 있었는지도 제대로 보고 얘기하는 정치학자도 별로 없고요. 저는 지금도 신문 칼럼들 보면 진짜 한심해요. 그때 뭔 일이 있었는지 팩트를 가지고 얘길 해라. 솔직히 다 자기 감정 배설하는 칼럼들이 대부분이지, 무슨 연구가 되길 해요? 뭐가 있는데요? 아무것도 없죠. 그러니까 대통령이란 권력자도 그렇게 살다 갈 수 있다고 전 생각한 거죠. 참여정부에 대한 평가는 되게 오래 걸릴 거라고 봐요. 물론 이런 연구 프로젝트가 몇 군데서 대학들이 국가 리더십 연구센터 등등 하여튼 그런 국가운영의 실제에 대해서 정치학 하는 분들이 실사구시적으로 이론을 갖다놓고 거기 맞추는 게 아니고, 실제 무슨 일이 있었는지를 보고 우리 정치 우리의 국가운영에 대해서 패러다임이나 이런 걸 만들어서 우리가 이해할 수 있도록 설명하고 이런 노력들이 거의 없었잖아

요. 전 황폐하다고 생각해요. 저는 평가에도 굉장히 오래 걸릴 거라고 봐
요. 그리고 기록도 제일 많이 남긴 게 참여정부고, 온라인 기록관 국가기
록원에 보면 그 당시 대통령을 직접 모시고 있던 모든 보고회 보고행사에
보고서들이 지금도 다 있잖아요. 일자별로 추려보면 정권 초기부터 끝날
때까지 대통령의 관심사가 어디에서 시작돼서 어디까지 갔는지가 한눈에
다 보인다고요.

박용수: 청와대 브리핑이나

유시민: 그럼요. 청와대 브리핑뿐 아니라 대통령과 함께 읽는 보고서라
그래서 거기에 수백 개가 올라와 있잖아요. 그게 전부 다 부처에서 엘리트
A급 공무원들이 만들어서 발표한 보고서들이거든요. 부속 연구소까지 그
거 완전 보물 창고에요. 근데 우리나라에서 그거 연구하는 학자가 거의 없
을 거예요.

박용수: 요즘 노무현 사료관에서도 노무현 대통령 발언들을 정리해 놨
더라고요.

유시민: 국가기록원 운영이 MB 정부 이후에 개판이니까. 내년도부터 봉
하에 사료관이 만들어지면, 본격적으로 디지털화되어 있는 것들 뿐 아니
라 안 되어 있는 것도 하고 이렇게 해서 일목요연하게 자료들을 아카이브
를 구축할 수 있겠죠. 근데 그전에는 나오실 때 국가기록원 서버에다가 다
아카이브 설정해서 다 놓고 나왔는데, 지금 보니까 제대로 열리지도 않더
군요. 국가 공유 자산을 그렇게 관리하나요? 자기들은 그런 보고서 한 개
도 안 올려놨죠. 대통령이 직접 보고받는 행사가 뭘 주제로 얼마나 자주
열렸고, 그것이 어떻게 5년간 변해 갔는지만 보면 거의 다 추적할 수 있어

요. 근데 그렇게 있는 자료도 제대로 연구하는 학자를 제가 본 적이 없어요. 그럼 정치학 하시는 분들은 뭘 연구하시는 거예요? 한국 정치학하는 분들 도대체 뭘 연구하는 거예요?

박용수: 노무현 대통령에 대해서는 주로 왜 그렇게 선거에서 졌는가라는 질문을 갖고 접근하는 것 같아요.

유시민: 선거야 하다 보면 미국도 그렇고 8년마다 바뀌고 맨날 바뀌는데, 그걸 선거 진 대통령을 죽일 놈으로 몰면 그게 무슨 민주주의에요? 선거는 정치세력하고 국민 유권자들하고 맘이 안 맞으면 지는 거예요. 선거 지는 게 죄도 아니고 범죄도 아니고 도덕적인 죄도 아니잖아요? 민주주의에서 선거 지는 게 죄면 선거 나와서 떨어지는 놈은 다 죽어야 되게? 선거를 나가면 지기도 하고 이기도 하는 거고, 이기면 이기는 데 이유가 있는 거고 지면 지는 데 이유가 있는 거지. 이기고 지고 하는 건 그냥 일상이라고. 근데 지금까지도 노무현이 잘못해서 선거 졌다고, 무슨 큰 죄 지은 것처럼 그 따위 얘기들 만들어 놓고 그런 거죠.

박용수: 요즘에는 다른 논의가 조금씩 되는 것 같아요. 대통령선거에 대해서 전망적 투표의 비중을 강조하는 경우도 있고요.

유시민: 아니 사람들이 부자 되는 거 좋아하고, 이명박 대통령 같이 기업 돈 많은 사람들 좋아하는 걸 어쩌란 말이에요? 그럴 때가 있는 거거든. 그럼 이쪽에선 뭐 그거 좋아할 수 있지만, 그거 좋아해 봐야 별 볼 일 없을 거다. 우리가 하는 게 훨씬 낫다 그러고 주장하다가 선거 지고, 세월 지나고 나서 우리 말이 맞았지 않냐라고 얘기하면서 다시 뽑아달라고 하고, 그런 게 정상이잖아요. 진짜 이해가 안 됩니다.

박용수: 시간이 지나면 조금 씩 바뀔 수 있다고 생각을 하고 있습니다.

유시민: 특이한 대통령 퍼스널리티 특이한 리더십, 그러니까 글로벌한 기준으로 보면 지극히 노멀한 사람인데 민주주의의 일반 이론에 비춰보면 지극히 노멀한 사람이 지극히 업노멀한 사람처럼 보인 시기가 그 5년이에요. 지금까지도 계속 되고 있고. 전 그렇게 봐요. 언젠가 우리 사회가 아주 노멀한 사회가 되면 "왜 이렇게 노멀한 사람을 왜 그때 업노멀 하다고 구박했지? 그런 얘기가 그때 나올 거라고요. 제가 보기엔 아직 멀었어요. 한 20년 30년 더 지나야 비로소 평가가 자리를 잡을 거예요.

황창호: 지금은 여론조사 순위는 제일 좋지 않아요?

유시민: 그런 과정이죠. 그 순위는 정책이나 이런 거에 대한 게 아니에요. 인간적인 면모에 대한 호불호지. 물론 거기에 약간 반영이 돼 있긴 하죠. 그 대통령이 주로 뭘 했고 뭘 하기 위해서 얼마나 열심히 했고, 그런 것이 대체로 반영이 되어서 나타나는 거지만 조금 더 자리 잡히려면 콘텐츠가 있어야 돼요. 콘텐츠가 버려져 있죠. 살려야 될 게 되게 많아요. 국방개혁 2020에 대체복무를 다 폐지한 예외 없는 현역복무제도 이런 건 진짜 좋은 거거든요. 사회복무와 현역복무를 선택할 수 있게 하면, 여호와의 증인들 문제는 싹 다 해결되는 거죠. 진짜 장애인 노인 시설에 10만 명 이상 남성 노동력을 제공해줄 수 있는 그런 고령화시대에 딱 맞는 국방개혁안인데, 이명박 대통령이 들어와서 다 지금 쓰레기통에 처박아 버리고, 그게 진짜 좋은 건데 국민들은 관심이 없어요. 아무도 안 전해 주니까 좋은 지도 몰라요. 그런 걸 다 파내서 새로 살려야 되는데, 제가 볼 땐 아직도 그걸 살릴 수 있는 세대는 없는 것 같아요. 문제가 훨씬 깊어지고, 2030의 초보적인 형태로 되어 있던 그 계획들, 지금 MB 정부 들어와서 첫해에 중기

재정계획 다 날려버린 그 내용들을 언젠가는 다 복원을 해야 돼요. 왜냐하면 그게 2006~2007년 시점에서 실현 가능한 범위에서 가장 멀리 나가본 계획이거든요. 근데 지금은 어떤 정치세력도 그때 만들어 놨던 걸 돌아보질 않죠.

황창호: 이런 것도 있죠. 이념이 다른 노무현에서 이명박 정권으로 바뀌면서, 정부에서 필요하다고 생각하는 정책인데도 일부러 차별성을 내세우기 위해서.

유시민: 그렇죠. 다 날려 버렸죠. 그때 재원배분안을 당시에는 중기재정계획이라 그랬는데, 거기 보면 국방 비전 2030에 맞추어서 그 당시 2013년까진가 재정계획에 들어가 있었어요. 거기 보면 온갖 것이 다 있어요. 제가 MB 정부 들어서 5월 달에 중기재정계획의 이름을 바꾸어서 홈페이지에 재경부 지식경제부인가 홈페이지에 올라온 걸 보니까, 그 비전 2030에서 넘어와서 중기재정계획 그 뒷부분에 들어와 있던 것을 제목만 남기고 전부로 백지로 날렸더라고요. 2차 국가균형발전 재정계획부터 지금 아무도 안 찾아요. 지금은 그런 게 있었단 것도 아마 정치권에서 아는 사람은 없을 걸요? 사실 박사논문이 굉장히 많이 나올 수 있어요. 이 참여정부의 대통령 보고서 아카이브를 뒤지면 굉장히 흥미로운 게 많아요. 내가 사회복지학이나 사회학 하면 거기에 박사논문 나올 수 있는 거리가 엄청나게 많은 보물 창고인데. 교수들이 관심이 없어서 그런지 젊은 연구자들도 안 들여다보더라고요. 할 수 없죠 뭐. 이런 정도 하죠. 쓸데없는 얘길 많이 했네.

황창호: 예. 오랜 시간 소중한 말씀 감사합니다.

조기숙

전 청와대 홍보수석

1. 개요

현재 이화여자대학교 국제대학원 교수로 재직 중인 조기숙 교수와의 구술인터뷰는 2013년 2월 27일 이화여대에서 3시간에 걸쳐 진행되었다. 이화여대 정치외교학과 출신인 조기숙 교수는 미국 인디애나 대학교에서 정치학 박사학위를 취득하였다. 조기숙 교수는 2005년 대통령비서실 홍보수석으로 임명되어 약 1년간 청와대에서 근무하였고 노무현 대통령이 당선된 직후에는 취임사 준비위원회 위원을 지내기도 하였다. 그러나 인수위원회에는 노무현 대통령의 요청에도 불구하고 참여하지 않았다.

조기숙 교수와의 인터뷰는 노무현 대통령과의 개인 인연, 홍보수석의 일정 및 역할, 청와대 비서설의 구성 및 인간관계, 노무현 대통령에 대한 평가, 삼성과의 관계 및 X파일 사건, 열린우리당에 대한 인식, 대연정에 대한 평가, 원 포인트 개헌의 내막 등의 내용 등을 중심으로 진행되었다.

구술인터뷰에서 드러난 중요한 내용은 다음과 같다.

첫째, 노무현 대통령과의 사적인 인연이다. 17대 대선 전인 2001년도 대통령 예비 후보자들과의 토론회에서 질문자로 나선 조기숙 교수는 당시 노무현 후보를 날카롭게 공격했고 당시 노무현 후보는 개인적으로 섭섭한 측면이 많았다고 한다. 그 후 노무현 대통령은 이기준 부총리 임명을 둘러싸고 상황이 어렵게 돌아가고 있을 즈음 조기숙 교수가 칼럼 등을 통해 인사문제 관련 책임자들을 인책할 것을 주장한 말을 듣고 홍보수석으로 임명했다고 한다. 그 전에는 인수위원회에 참여할 것을 몇 차례 제안을 받았지만 외곽에서 도와주겠다는 말로 거절한 인연도 있었다. 노무현 대통령에 대한 쓴소리를 자주해서 권양숙 여사도 인정할 정도로 노무현 대통령이 조기숙 홍보수석을 무서워했다는 에피소드도 들려주었다.

둘째, 홍보수석 당시 일어난 몇 가지 사건에 대한 이야기이다. 노무현 대통령은 조기숙 홍보수석이 소위 말하는 '자기 정치'를 하지 않아야 한다는 점을 강조했으며, 본인을 홍보수석으로 임용한 것은 소신있게 일을 하고 참여정부의 정체성을 강화하라는 기대감에서 나온 것이라고 이야기하였다. 수석으로 일할 당시 '개방형 브리핑' 제도가 논란이 되었는데 이 제도는 선진국형 제도이며 이 제도에 대해 메이저 언론사들이 불만이 많았다고 한다. 노무현 대통령은 언론사 출입 기자들과 술 먹는 일을 삼갈 것을 요구하였고 조기숙 홍보수석은 그러한 원칙을 지키면서 일을 했기 때문에 기자들과 때로는 불편한 관계에 놓이기도 하였다고 한다.

셋째, 청와대 비서실과 관련된 일들이다. 당시 비서실장 김우식 전 연세대 총장은 조직 관리는 잘하였지만 정무적 판단이 떨어져서 대통령의 입장과 대립되는 경우도 많았다고 한다. 탄핵 당시 김우식 비서실장은 노무현 대통령에게 사과를 표명할 것을 요구했지만 노무현 대통령은 반대했다고 한다. 반면 이병완 특보는 정무 분야의 판단력이 뛰어나 노무현 대통령이 자주 불러 이야기를 나누었고 비서실장으로 임명되기 전부터 이미 비서실장으로 임명할 것임을 언급하기도 하였다고 조기숙 교수는 구술하였다.

넷째, 홍석현 주미 대사와 관련된 일화이다. 정동영 의원이 홍 대사를 추천했으며 조기숙 수석도 개인적으로 노무현 대통령에게 긍정적인 이야기를 했다고 한다. 반기문 장관에 대해서는 노무현 대통령이 참여정부와 정체성이 맞지 않았기 때문에 사무총장으로는 염두에 두지 않았다고 한다. 또한 한승주 주미 대사는 매우 보수적이었지만 노무현 대통령은 미국 정부가 원하는 타입의 대사였기 때문에 그러한 태도에 대해 비판적인 입장을 가지지 않았다고 한다.

다섯째, 삼성 X파일 관련 사건이다. 이 사건이 터졌을 때 청와대에서는 수차례 긴급회의가 열렸고 노무현 대통령은 '이 사건은 우리의 손을 떠나고 빨리 정리하는 것이 최선의 방법'이라는 말을 했다고 한다. 노무현 대통령은 이 사건이 공개되기를 바랐지만 일부 진보인사들은 음모론을 말하면서 노무현 대통령을 비난하는 일이 많았다고 한다.

여섯째, 개혁당과 열린우리당에 대한 평가이다. 열린우리당을 창당할 시 개혁당의 영향도 많이 받았지만 개혁당 출신들은 정치를 잘 몰랐고 자신들이 노무현 대통령을 만들었다는 오만함이 많았다고 구술하였다. 또한 열린우리당 내의 안영근, 김영춘 의원 등은 언론을 통해 노 대통령을 비난함으로써 자신들의 입지를 쌓는 일도 있었고 이러한 일들에 회의를 느껴 청와대를 떠나게 되었다고 조기숙 교수는 구술하였다. 열린우리당은 대표, 최고위원, 대변인들 간에 소통이 안 되었고 당정협의에 대해 큰 관심을 가지지 않았으며 당내 체계적인 시스템이 결여되어 있어 위계적인 질서가 없었다고 조기숙 교수는 평가하였다.

일곱째, 대연정과 소연정에 대한 평가이다. 대연정 문제가 나왔을 때 청와대 내에서는 반대하는 사람이 대부분이었지만 대연정은 노무현 대통령의 평소 소신이었다고 한다. 노무현 대통령은 처음부터 소연정은 염두에 두지 않았으며 평소 이 문제에 대해 깊이 있는 이야기를 결코 하지 않았다고 한다. 노 대통령은 대연정을 통해 정계를 흔들어 이념적으로 재배치하고 지역주의를 타파하고 싶었던 마음이 있었던 것 같다고 구술하였다. 또한 노 대통령이 대연정을 한 것은 소수의 힘 가지고는 정치적 문제를 원활하게 풀 수가 없었다고 생각하고 있었고 대화와 타협의 문화를 정착하고자 하는 소망을 가지고 있었다고 한다.

여덟째, 노무현 정부에 대한 평가이다. 노무현 정부는 참여민주주의를 추구했고 21세기의 시대정신을 열었으며 국민들이 주권자임을 스스로 자각하고 참여의식을 갖게 한 문화 혁명이라고 조기숙 교수는 평가하였다. 또한 노무현 대통령은 참모들보다 유능하고 지혜가 있었기 때문에 본인 스스로가 힘들어했다고 구술하였다.

2. 구술

윤민재: 오늘은 노무현 정부 당시 청와대 홍보수석을 지내시고, 현재 이화여자대학교 국제 대학원에 재직 중인 조기숙 선생님을 모시고 인터뷰를 진행하도록 하겠습니다. 안녕하세요. 첫 번째 질문을 드리겠습니다. 선생님께서 노무현 전 대통령과 인연을 맺게 된 과정들을 설명해 주십시오.

조기숙: 네, 당시까지는 노무현 대통령을 개인적으로 전혀 알지 못했습니다. 인연이 있었다면 2001년에 시민단체에서 예비 후보들을 한 분씩 초청해서 토론회를 하는 자리가 있었습니다. 그때 제가 질문을 하고, 노무현 후보가 답을 하는 과정이 있었는데, 제가 굉장히 혹독하게 질문을 하고 몰아붙인 적이 있습니다. 후일에 직접 들었는데 그 때문에 저에 대한 인상이 안 좋았고, 섭섭한 것도 있었다고 그러시더군요. 청와대로 임명받을 당시 노무현 정부는 이기준 부총리 임명을 둘러싸고 지지자들 사이에서 엄청난 반발이 있었습니다. 그때 제가 연구년으로 미국에 가있었는데, 미국에서 칼럼을 썼습니다. 임명을 철회하고, 인사 라인에 있던 책임자들을 인책하고, 그 결과에 따라서 참여정부를 계속 지지할 것인지, 아닌지를 결정하겠다는 내용이었습니다. 그래서 인사 라인에 있던 홍보 인사 수석이 사의를 표명했고, 그 후임으로 미국에 있는 저에게 오라고 연락이 왔습니다. 그때 노 대통령께서 '당신이 비판했으니 와서 한번 해봐라'라고 하셨고, 저는 받아들였습니다.

윤민재: 직접 노무현 대통령이 연락을 하셨습니까?

조기숙: 아니요. 그 당시 홍보수석이 전화를 하셨습니다.

윤민재: 홍보수석이 전화를 하셔서 선생님이 바로 승낙하셨습니까?

조기숙: 아니지요. 사실은 제가 17대 대선 선거 당일, 즉 정몽준 씨가 지지를 철회한 다음 날 새벽에 오마이뉴스에 글을 썼습니다. 배신의 뒤끝을 국민이 심판해 달라고요. 노무현 대통령은 그 글 때문은 아니지만, 제가 당신의 당선에 일조했다고 생각을 하셔서, 인수위를 꾸릴 때 제 명단만 직접 주셨다고 해요. 그때 인수위원장인 임채정 의원에게 저를 꼭 설득을 하라고 그랬다고 합니다. 그래서 제가 거절을 했는데, 또 전화를 하셨더라고요. 그래서 제가 진짜 밖에서 도와드리겠다고 말하고 거절했습니다. 인수위원을 두 번 거절을 했죠. 제가 유일하게 인수위원을 거부하고 안 들어간 사람으로 남아 있다고 해요. 홍보수석을 거절한 후에 꼭 좀 오면 좋겠다는 전화가 두 번 연이어 와서 세 번째에 굴복한 셈이지요.

윤민재: 잠시 전에 오마이뉴스에 글을 올리셨다고 그러셨잖아요? 선거 당일인데 선거법 위반 아닌가요?

조기숙: 선거법 위반이라서 제가 대검에 불려 갔었습니다. 만약 노무현 후보가 떨어졌다면, 제가 유죄 판결을 받아 교수직을 유지하지 못했을 수도 있죠. 금고 이상이면 교수직 유지가 안 되니까요.

윤민재: 그 글을 쓰실 때 모르셨나요?

조기숙: 몰랐지요. 제가 선거 전공자인데도 그 부분은 잘 몰랐습니다. 나중에 이것이 법 위반인 것을 알게 되었습니다. 그때는 당일 날 선거운동을 못 한다는 것이 크게 여론화가 되어 있지 않았습니다. 그래서 아무 생각 없이 그 글을 새벽에 썼던 것인데, 그때 마침 조선일보가 '정몽준, 노무

현 버렸다'라는 매우 편파적인 사설을 실었습니다. 그 때문에 검찰에서도 저를 처벌하기가 어려웠습니다. 저는 처벌하려면 하되 조선일보와 형평성을 맞춰달라고 그랬습니다. 그랬더니 조선일보는 아예 기소도 안했고, 저는 기소유예를 했습니다.

윤민재: 엄청난 사건으로 비화될 뻔 했네요.

조기숙: 노무현 대통령이 떨어졌으면 그랬겠지요. 저는 사실 그 글을 쓸 때는 노무현 대통령이 당선될 줄 몰랐습니다.

박용수: 당시 많은 사람들이 갑작스러운 상황 변화에 놀랐던 것 같습니다. 노무현 대통령이 교수님을 고맙게 생각했겠네요.

조기숙: 개인적인 관계는 전혀 없었습니다. 오히려 노 대통령은 저를 '굉장히 무서운 여자고 말을 참 무섭게 한다'고 생각하셨답니다. 제가 지지한 이유는 간단합니다. 정치인의 최고의 덕목이 포용력이라고 생각했기 때문입니다. 제가 대인관계에서는 말을 조심스럽게 하는 스타일입니다. 그런데 유독 정치인에게 독하게 말을 하는 이유는 그들의 리더십을 검증하기 위해서입니다. 반대파를 포용할 줄 알아야 리더의 자격이 있다고 생각하거든요. 노 대통령이 후보 시절 저에게 상처를 받았는데도 저를 인수위와 홍보수석을 합쳐 다섯 번씩 불렀다는 것은 정말 대인배이기 때문에 가능하다고 생각했습니다. 몇몇 사람들이 저에게 '노빠'라고들 하는데, 사실 노빠는 비판 없이 무조건 추종하는 것 아닙니까? 그런데 저는 노무현 대통령에게 쓴소리를 가장 많이 한 사람입니다. 대통령이 영부인님을 제일 무서워했는데, 제가 들어간 다음에 저를 더 무서워했다는 것 아닙니까? 그래서 여사님이 오죽하면 저에게 '나는 이제 인기 관리만 해야겠다, 조수석이 악

역을 다 하니까 나는 쓴소리 안 해서 좋다. 인기 관리만 해야겠다'라고 했습니다. 그 정도로 쓴소리를 많이 했는데, 퇴임 후 봉하에 계실 때 가장 많이 부른 참모가 저입니다. 그분의 그릇의 크기를 테스트한 제가 굉장히 경솔했다고 생각을 할 정도로 큰 거죠. 그는 엄청난 대인이셨습니다. 솔직히 다른 대통령이라면 그렇게 공적인 자리에서 쓴소리하고, 사적인 자리에서 쓴소리하는 참모를 가까이 두시겠습니까? 저는 그때만 해도 젊고, 정치 속성을 잘 모를 때라서, 교과서에서 배운 대로 쓴소리하는 것이 참모의 역할이라고 생각했습니다. 저는 굉장히 교과서처럼 살아온 사람이라 배운 대로 그렇게 했는데, 노 대통령이 특이한 분이구나 하는 것을 요즘 새삼 깨닫고 있습니다.

윤민재: 두 번째 질문을 드리겠습니다. 홍보수석으로 들어갔을 당시에 소위 언론과의 전쟁이 일어납니다. 선생님을 홍보수석으로 임명한 것은 어떻게 보면, 언론개혁의 연장선인 것도 있고, 나름대로 복안이 있었을 것 같습니다. 노무현 대통령이 선생님을 임명하신 다음에 특별히 당부하신 내용이나 과제 같은 것이 있었습니까?

조기숙: 홍보를 안 하는 것도 홍보라는 말씀을 하셨습니다. 홍보를 하려고 무엇인가 하면, 또 그것을 트집 잡아 부정적인 기사가 나오기 때문에, 아예 홍보를 안 하는 것이 좋은 것이라는 말씀이었습니다. 그런데 저를 부를 때 참모들의 반대가 많았다고 합니다. 중립적인 논평가가 편을 들고, 커밍아웃을 한 것인데, 고마워해야 할 참모들이 왜 반대를 했을까 궁금했습니다. 지금은 이해가 갑니다. 여자들은 사회성이 부족하기 때문에 데려다 놓으면 팀플레이를 안 하고, 자기 정치를 한다는 겁니다. 예를 들면, 열린우리당 의원들이 대통령을 욕함으로써 언론에 뜨게 되듯이 언론에 나와서 대통령에 대해서 비판이나 쓴소리를 하면, 그게 보수 언론에 의해서 용

감한 사람으로 부각됩니다. 제가 그런 식의 자기 정치를 할까봐 걱정이 되었던 겁니다. 그리고 자기 할 말을 다 하는 사람은 소신이 강한 사람이지만, 할 말을 다 하기 때문에 굉장히 위험하다고 생각할 수 있습니다. 대통령이 이러한 상황 속에서 저한테 '홍보를 안 하는 것이 홍보를 잘 하는 것이다'라는 말씀을 하셨는데, 저를 한 달간 지켜본 다음에 '한 달간 지켜보니 합격이다, 마음에 든다' 이런 말씀을 하시더라고요. 저는 자기 정치를 안해서 좋다라고 해석했습니다.

제가 대선 과정에서 동아일보에 고정 칼럼을 쓰고 있었는데, 저는 객관적이고 공정하게 글을 썼습니다. 그런데 그 내용이 이회창 씨한테 불리하면 동아일보가 편집을 했고, 노무현 대통령에게 유리하면 제목을 노무현 대통령에게 불리하게 만들어서 제가 동아일보와 굉장한 갈등을 겪었습니다. 그 과정에서 노무현 대통령이 왜 동아일보와 싸우는지 이해를 하게 된 것입니다. 이전에도 보수 언론에 조금 문제가 있는 것은 알았지만, 구체적으로 그것이 무엇인지 몰랐습니다. 그런데 중요한 대선기간에 칼럼을 쓰다보니까 언론의 속성을 알게 되었고 노무현 대통령이 소신이 있다는 것을 처음 알면서 그때 조중동 절필을 선언했습니다. 노 대통령이 '가족들하고 있고 싶고, 오랜만에 연구년 갔으니까 쉬고 싶은 마음은 잘 알지만, 당신이 필요하다. 꼭 무엇을 해달라고 하는 것이 아니라, 그 자리에 있어주는 것만으로도 우리의 정체성을 지킬 수 있다' 이런 이야기를 하셨는데요, 많은 분들이 노무현 대통령이 언론과 싸우셨기 때문에 굉장히 극단적 좌파거나, 또는 이념적일 것이라고 생각하기 쉽지만 사실 노무현 대통령은 옳지 않은 것과 싸우신 것이고, 그것을 정체성이라 생각하신 것입니다. 원칙과 상식, 이것이 이분의 구호였습니다. 그러나 이념에 대해서는 굉장히 유연한 중도였습니다.

저는 사실 이분이 이념적으로 중도였기 때문에 실패하는 것처럼 보였다고 생각합니다. 보수의 나라에서 좌파적인 정책을 추진하기 어렵고, 그래서 일정 부분 타협을 할 수밖에 없는 것입니다. 그러니까 이념적으로는 노무현 대통령이 굉장히 실용 중도였다고 봅니다. 우선 외교관계도, 대북관계도 실용 중도였습니다. 그리고 대기업과 중소기업의 상생, 그리고 동반성장과 같은 국내 정책도 중도 정책이었지 좌파 깃발을 못 들었습니다. 그래서 이념적으로는 중도실용주의를 표방했지만, 원칙과 상식을 중시하고 몰상식과는 아주 각을 세우고 싸웠습니다. 그런데 몰상식을 만들어 내는 원천을 언론이라고 본 것입니다. 그래서 보수 언론과 싸웠던 제가 밖에서 단체를 만들어서 언론운동도 하고, 절필 선언도 했고 그랬기 때문에 저를 데려다 놓는 것이 정부의 정체성 강화에 도움이 된다고 보셨던 것입니다. 즉 그 정체성이 좌파 정체성이 아니라, 몰상식과 무원칙을 비판하고 원칙과 신뢰, 확신, 소신이란 것을 보여주고자 했기 때문에 제가 필요했던 것이라고 생각합니다.

윤민재: 그 당시 선생님께서 홍보수석이 되시고, 비서 실장분이 김우식 연대 총장이셨는데, 어떻게 보면 학계에 중요한 분들이 비서실에 포진하게 되었습니다. 노무현 대통령과 오랫동안 함께했던 동지분들과 학자 출신 분들과의 입장 차이가 없었습니까? 이때 김우식 비서실장이 통합적으로 리더십을 발휘했나요?

조기숙: 김우식 실장님에 대해서는 밖에서도 비판이 많았습니다. 정체성 면에서는 보수이셨지만, 조직관리 측면의 일은 잘하셨습니다. 내부의 조직을 아우른다든지, 갈등을 줄인다든지, 진보에서는 찾아보기 어려운 보수들만의 소셜 스킬이 있었습니다. 굉장히 뛰어나신 분이셨습니다. 그래서 그런 점에서는 비서실이 안정되어 있었다고 볼 수 있습니다. 그렇지만 철학에 있어서는 대통령과 차이가 나는 점들이 있었고 이 때문에 대통령과 다른 입장을 보여주기도 했습니다.

윤민재: 공개적으로 반대를 많이 하셨습니까?

조기숙: 공개적으로 하신 적은 없고 내부적으로 그런 적이 있지요. 예를 들면 탄핵 때 비서실장은 대통령에게 사과를 요구했지만 대통령 본인은 잘못하지 않은 것을 모면하기 위해서 사과하지 않았습니다. 그런 점에서 비서실장하고 안 맞는 측면이 있었는데, 사람들이 똑같이 정치를 할 수는 없는 거잖아요. 다양한 사람이 있어야 하죠. 나름 보완재로서 비서실장이 조직을 아우르는 역할을 굉장히 잘 했다고 봅니다. 칼 로브가 부시 대통령 때는 부실장을 했거든요. 홍보, 정무 감각을 담당하는 부실장이 실장 말고 따로 있다는 겁니다. 예를 들어 이병완 비서실장 같은 경우에는 부실장이 필요 없지요. 왜냐하면 이분이 전략가이고 언론인 출신이고 여론을 잘 읽는 정무 감각이 뛰어나기 때문입니다. 반면 김우식 실장님 같은 경우에는 내부 조직 관리는 잘 하시지만 정무 감각이 떨어지죠. 그런데 이병완 실장님은 정무 감각을 뛰어난데 조직 관리는 좀 부족하지 않았나 싶어요. 그 점이 조금 아쉽더라고요. 왜냐하면 비서실도 엄청난 조직이기 때문에 내부 조직 행정도 잘 해야 되거든요. 또 정치라는 것이 청와대 내에서만이 아니라, 청와대 밖의 언론과 야당과, 국회와의 관계가 중요한 것입니다. 이런 면에서 김 비서실장님은 정무 감각이 조금 떨어지셨고, 그 점에서 노 대통령이 조금 답답해 하셨을 수도 있었을 것 같습니다.

윤민재: 그 당시 청와대 비서실 조직은 어떤 구성이었나요?

조기숙: 비서실장, 정책실장, 그 다음에 사회정책, 경제정책 수석이 있고, 경제보좌관, 과학기술보좌관, 그 다음에 수석들이 있었어요. 15명 중에 7명이 교수였어요. 그러니까 정무 감각이 다 없어요. 저만 정치학 전공이니까 조금 다르지, 대부분 정무 감각이 없어서 굉장히 순진해요. 그 순진

함을 국민들이 믿어주면 좋은데, 안 믿고 의심하기 시작하면 굉장히 무능해 보일 수 있어요. 노무현 정부의 아쉬운 점은 과도기에서 과거 정부에 대한 불신을 그대로 가지고 있는 상태에서 일을 했다는 것입니다. 청와대가 스웨덴이나 노르웨이처럼 정부도 투명하고 국민도 정부를 믿는 나라라면 유능할 참모진이었지만, 한편으로는 아마추어라는 면도 있었습니다. 교수들이기 때문에 일에 대한 분석은 잘 합니다. 참여정부 초반에는 그것이 굉장히 도움이 된 점도 있습니다. 모든 원인을 과학적으로 진단하고, 해결책을 찾고, 포퓰리즘에 흔들리지 않았기 때문에, 교수로서 문제 해결을 근원적으로 찾고, 통계에 기초해서 해결을 찾는 훈련이 도움이 되었습니다. 그렇지만 그것에 익숙하지 않은 국민들과의 소통에 있어서 너무 나이브한 소통을 했던 면이 있고, 언론하고 사이가 안 좋으니까 소통을 할 수도 없었지요. 어떻게 보면 우리는 국민들이 '아 그런 좋은 청와대도 있었지' 하면서 그리워하는 대상은 될 수 있을지 몰라도 탄산수처럼 톡 쏘며 국민들의 갈증을 씻어줄 수 있는 참모는 되지 못했었다고 봅니다. 교수들이 얼마나 순진해요. 그리고 나머지도 정치했던 사람이 아니잖아요. 문재인 실장이 정치를 했나요? 이병완 실장도 당에 있었을 뿐이지 정치한 사람은 아니지요. 시민사회 수석 했던 사람들도 정치를 했던 사람이 아니잖아요?

윤민재: 선생님께서 임명되신 다음에 전임이셨던 이병완 홍보수석이 홍보문화특보로 임명이 되었지요? 그러면 업무의 중첩은 없었나요? 업무 영역이 나누어져서 유기적으로 협력할 수 있는 시스템이었나요?

조기숙: 네. 사실 특보가 명함만 있는 것이지 자리도 없고, 차도 없고, 월급도 없고, 활동비도 없고, 아무것도 없는 자리입니다. 실상은 그냥 무관으로 내보내기 아쉽거나, 섭섭할 경우에 특보 자리를 주는 것입니다. 그

래서 대통령이 저도 그냥 떠나보내는 것이 아쉬워서 특보를 제안을 하셨는데 저는 안 받았지요. 김두관 특보 같은 경우에는 어쩌다 한번 청와대에 와서 대통령께 인사를 나누는 정도이고, 이병완 특보는 대통령이 비서실장으로 쓸 생각을 이미 하고 있었기 때문에 자주 부르셨습니다. 대통령이 정무팀만 부를 때가 있었는데, 정무 분야 비서관과 관련 수석이 모일 때, 이병완 특보를 부르셨습니다. 그래서 함께 문제를 논의했을 만큼 정무 분야에 대해서는 이병완 특보를 굉장히 신뢰하셨습니다.

윤민재: 그것을 바탕으로 해서 차기 비서실장이 되신 것입니까?

조기숙: 네. 그런데 그때 저는 무엇을 시킬지 잘 몰랐는데, 이병완 특보를 노무현 대통령이 굉장히 총애하시면서, '나는 그 사람을 굉장히 신뢰합니다. 다음에 더 큰 자리로 부를 겁니다' 그런 말씀을 했습니다. 그래서 대강 눈치를 챘습니다.

박용수: 홍보수석에서 정무적인 역할을 한다고 했을 때 구체적으로 어떠한 일들이 있습니까?

조기숙: 우선 대통령이 홍보수석이 정무적인 역할을 하는 것을 원하지 않았습니다. 그래서 하지 않았었는데, 저는 조금 아쉬웠던 것이 역대 정부로부터 시스템이 갖추어지지 않았다는 것이었습니다. 저는 업무 요약 같은 것이 있었으면 했습니다. '당신은 이런 일을 하길 기대한다. 당신이 반드시 해야 할 일은 이런 것이다. 언론과 인터뷰를 할 때에는 이런 것을 주의를 해라. 앞의 전임자가 이런 일을 하다 갔으니까, 이런 일을 마무리를 해라' 등등을 보여주는 자료들이죠. 저는 인수인계 자료가 있는 줄 알았습니다. 그런데 없었고, 비서관들이 와서 이지원 쓰는 법, 몇 가지 연합뉴스

모니터링 하는 법 등등을 알려 주고 실무 중심으로만 일을 했습니다. 실제로 잡 트레이닝이 없었어요.

시스템이 체계적으로 갖추어졌으면 하는 그런 아쉬움은 조금 있는데, 사실 참여정부만 해도 엄청난 시스템 정부였기 때문에 모든 것이 이지원이라는 서류로 되어 있어서 제가 가서 서류를 보면서 혼자 학습을 했습니다. 그래도 전임자가 특별히 저한테 전해주고 간 것이 없었다는 점이 아쉬웠습니다. 해야 할 일과 하지 말아야 될 일 같은 것을 가려줄 수 있는 선배들이 해놓은 무엇인가가 있었으면 좋았을 거예요. 그랬다면 제가 하루아침에 학습을 했을 텐데, 저는 그것이 아쉬워서 제 후임자들에게는 메모를 해서 주었습니다. 가령 제가 추진했던 작업들은 이것들이고, 이것은 되었고, 이것은 안 되었고 등등을 정리해 주었습니다. 오히려 제 후임자는 저의 그런 태도를 불편해 했을 수도 있지요. 그리고 저의 전임자가 이렇게 해주면 제가 싫어할까봐 안 해줄 수도 있는데, 이것이 시스템으로 되어 있으면 청와대가 좀 더 효율적이 될 수도 있죠. 특히 홍보 쪽 같은 경우에는 언론과 사이가 안 좋다 보니까 인사의 교체율이 높았기 때문에 홍보 쪽만큼은 그런 시스템이 있었으면 정말 좋았을 것 같은 생각이 듭니다.

그리고 예를 들면, 제가 후임자에게 여러 인수인계를 서류로 남기고 나왔는데, 한미 FTA 부분은 별말을 안했어요. 왜냐하면 제가 언론에는 발표하지 않고 혼자 퇴임을 준비하고 있을 때, 한미 FTA를 하겠다고 기자회견때 대통령이 말씀을 하셨습니다. 그런데 국민들 사이에 아무 반향이 없었습니다. 여론조사를 해보니까 67% 찬성이 나왔습니다. 그래서 저는 이것이 큰 이슈가 되리라고는 생각을 못했습니다. 그래서 후임 홍보수석에게 이슈가 되리라고 생각했던 스크린쿼터 문제라든지 이런 것만 잘 챙기라고 하고 나왔지, 한미 FTA는 얘기하지 않고 나왔습니다. 그런데 순식간에 이게 완전히 활화산이 되어버린 것이에요. 그래서 이런 것들에 대해서도 시스템으로 관리를 했으면 더 좋았겠다는 생각이 있습니다. 다행인 것은 참여정부는 과거에 했던 모든 서류를 다 가지고 있더라고요. 성의만 있으면 전임자가 어떤 서류를 만들었고, 어떤 일을 결제했는지 등등을 볼 수가 있는 것입니다. 하지만 혼자 찾아서 보려면 오래 걸리는 것이지요.

박용수: 그러면 후임자에게 넘긴 내용은 주로 어떤 것이었나요?

조기숙: 저도 기억이 잘 안 나는데, 제가 주로 해왔던 활동들을 기록한 것이죠. 제가 이러이러한 일을 했고 반응은 어떠했다 등을 정리할 수는 있지요. 그러나 '이런 일은 하지마라, 이런 일은 해라' 할 수가 없었죠. 건방져 보일 수 있으니까요. 그래서 이런 것이 아예 시스템으로 되어있으면 그러한 말도 부담 없이 할 수 있어서 도움이 되지 않을까 하는 생각이 듭니다.

윤민재: 과거 자료를 찾아보니까 2월 달쯤에 언론사와의 간담회 자리를 마련하셨더라고요. 앞으로의 역할에 대해서 밝히셨는데 그중에 하나가 "초기 노무현 정부가 언론과의 긴장과 갈등관계가 많았지만 앞으로 많은 변화가 있을 것이다. 홍보 쪽에도 많은 일을 하지만, 동시에 정무적인 판단도 중요시할 것이다. 특히 이런 것들을 위해서는 언론과의 정상적인 관계 회복이 필요하다."고 이야기했습니다. 그 일환으로서 개방형 브리핑 제도를 도입하게 됩니다. 개방형 브리핑 제도는 이전에 만들어진 것인가요?

조기숙: 제가 들어가기 전에 이미 도입이 되었습니다.

윤민재: 그런데 이것이 왜 선생님 계셨을 때 크게 논란이 되었나요?

조기숙: 아니요. 제가 나온 다음에 논란이 됩니다. 그건 사실은 언론과

노무현 대통령과의 기싸움인데, 개방형 브리핑제는 선진국형이 맞고, 그렇게 가야 되는 것입니다. 청와대는 초기부터 브리핑제를 도입했습니다. 옛날에는 기자실이 개방되어 있지 않기 때문에 메이저 언론사의 기자들만 들어올 수 있었고, 그곳이 특권을 가진 기자들의 사랑방이었습니다. 하지만 개방형 브리핑제가 되면서 모든 언론사가 다 들어오게 되었고, 그래서 거의 300명이 들어왔었거든요. 그래서 각 방에 도서관 개인 책상처럼 칸막이를 해서 주니까 답답했던 것이지요. 그런데 제가 나온 다음에 부처에까지 개방형 브리핑제를 도입하게 되니까 사실은 메이저 언론사는 전선이 확대되니까 기분이 좋았겠지만, 마이너 내지는 진보 언론들은 피해를 보게 되니까, 이때는 진보 언론들이 더 전투적이었어요. 왜냐하면 메이저 언론들은 별도의 사무실을 얻어주면 될 돈이 있지만, 진보 언론 매체들은 그런 여력이 없으니까요. 그래서 노 대통령에 대해서 굉장히 적대적이었는데, 그 과정은 김창호 처장이 주도를 했기 때문에, 김창호 처장이 결국 학교로 못 돌아가는 그런 일이 있었습니다. 노 대통령과의 개혁의 방법에 있어서 생각을 달리 했던 것이 어떤 것인가 하면, "기자들하고 술 먹고 기사 써달라고 하지 마라. 소주 마시고 기사 써달라고 하지 마라." 이런 말씀을 하셨습니다. 그런데 이것이 홍보수석실의 비서관들뿐만 아니라 수많은 언론인들의 자존심에 상처를 내는 말이거든요. 그런데 대통령은 아주 단순한 얘기를 하신 거예요. 원칙적인 얘기를 하신 거죠. 그들이 취재해서 기사를 써야지 왜 술 먹고 잘 써달라고 해야 하느냐 하는 점을 지적한 거죠. 그러한 지적이 지극히 정상적이고 저는 그것이 옳은 방향이라고 생각합니다.

그런데 수천 년 내려온 한국의 정서를 건드리는 일은 너무 앞서가게 되면 적을 만들게 되는데, 그러한 점에서 개혁을 추진하는 기술, 인간에 대한 이해, 문화에 대한 이해의 측면에서 조금 아쉬운 점이 있어요. 대통령이 술을 마시지 말고 홍보를 하라고 하니까 정말 기자들하고 술을 안 마셨습니다. 그런데 기자들이 엄청나게 제 욕을 하는 거예요. 그런데 그게 술을 안 사줬다고 욕하는 것이 아니라, "자기가 교수면 교수지 잘난 척을 한다. 우리에게 가르치려고 한다."는 등의 말이 있었습니다. 제가 백그라운드 브리핑 같은 것을 할 때에 이렇게 기자들에게 농담을 했습니다. "아 이것을 못 알아들어서 강의하러 오게 하느냐?" 했죠. 그것이 농담이었거든요. 그런데 그런 것까지도 트집을 잡아서 욕을 하는 것입니다. 그래서 도저히 스킨십이 없이는 안 되겠다고 생각했죠. 그래서 대통령 말씀을 정면으로 거슬러서 기자들과 술을 먹었습니다. 분위기가 확 달라지는 거예요. 그 다음부터는 청와대에 있는 기자들이 제 기사를 안 썼습니다. 밖에 있는 기자들이 썼어요. 악역은 밖에서 하는 것으로 역할 분담을 하는 것이죠. 우리나라는 지금도 술자리에서 정보 교환과 홍보가 이루어지는 것입니다. 그래서 이것을 부정적으로 볼 수만은 없는 것입니다. 술 먹는 게 중요한 것이 아니라 진솔한 대화의 시간이 술자리밖에 없으니 그 문화를 극복하기가 어려웠던 거죠.

어쨌든 노무현 대통령이 원하는 것은 그거에요. 무리하다는 점은 알지만, 이렇게 충격을 줘서 문화를 조금이라도 변화시키지 않으면 영원히 제자리일 것이라는 점입니다. 노무현 대통령이 변화의 과정에서 굉장히 중요한 역할을 했다고 봅니다. 언론의 무소불위의 권력을 약화시키기 위한 다양한 개혁을 충격적으로 하신 겁니다. 그래서 당신이 피해자가 되는 것을 기꺼이 감수하신 것입니다. 많은 분들이 이것을 모릅니다. 의도적으로 피해자가 되었다는 것을 모르죠. 저렇게 옳았던 분이 처절하게 패배하였으니까 기존 언론 권력은 나쁜 거라고 국민들이 인식하게 되기를 바란 것이죠. 그러니까 보수 언론 개혁운동을 해야겠다고 시민들이 나설 것이라고 생각하신 거예요. 그래서 의도된 패배였다고 봅니다. 제가 볼 때는 문화적 쇄신을 위해서 불가피한 싸움을 하셨다고 봅니다.

윤민재: 선생님께서 임명되신 다음에 문제인데요. 2005년 4월 달에 주미

대사로 홍석현 씨가 임명이 되지요. 어떻게 보면 노무현 대통령 당시에 대미관계가 중요한 문제였고, 특히 보수 언론 쪽에서는 그 문제에 있어서 굉장히 비판적인 입장을 취했는데요. 노무현 대통령이 이분을 임명한 과정이나 배경에 대해 아시고 있는 것이 있습니까?

조기숙: 제가 들어가기 전부터 진행이 되었던 일인 것 같습니다. 제가 알기로는 정동영 의장이 추천했던 것으로 알고 있습니다. 그런데 정의장이 홍석현 씨가 어떻겠냐는 얘기를 저한테도 했던 것 같아요. 저는 긍정적으로 답을 했습니다. 저는 기본적으로 중앙일보는 상업지이므로 여론에 더 민감하다고 생각합니다. 근데 조선, 동아는 나름대로 자신들의 의견과 헤게모니가 있어요. 그래서 조선, 동아를 바꾸는 것은 불가능하다고 봤어요. 그런데 중앙은 상업지이기 때문에 오히려 독자들에게 민감할 것이라고 보았죠. 독자들이 조중동이 서로 똑같으면 선택의 여지없이 1등 신문인 조선일보를 볼 거잖아요. 그러면 중앙은 뭔가 차별화를 하고 싶을 거라고 보았어요. 편향된 두 언론이 있으니까, 중앙은 중도에서 차별화된 지면을 가지려고 했거든요. 그래서 조동, 중앙 분리 작업이 필요하다고 봤어요. 사실 보수정권이 계속 이명박, 박근혜 정권 탄생에 기여했는데, 여기에는 야권에 대한 분리 전략이 완전히 먹혔다고 봐요. 보수는 싸움에서 이기는 방법을 알아요. 그래서 온갖 편법, 탈법, 불법을 일삼아도 그들은 결국 승리합니다. 그런데 왜 진보는 항상 양심적으로 하고, 깨끗하게만 하다가 패하는가? 저는 거기에 대한 불만이 있었어요. 그래서 조중동을 분리해야 한다고 주장했어요. 조동과는 전투를 하더라도, 중앙은 실제로 지면이 상당히 좋았던 적이 있어요. 박노해 씨, 성공회대 신영복 교수님, 중도 진보, 좌파 이런 분들에게도 지면을 많이 허락했던 데가 중앙일보이기 때문에, 저는 중앙은 오히려 중립으로 만들 필요가 있다고 본 것입니다. 저는 중앙일보를 3자동맹에서 빼고 싶은 목적이 있었습니다. 이런 것을 공학적이라

비판을 하는데, 저는 진보가 이런 전략적 사고를 하지 않으면, 재집권하는 일은 없을 것이라고 봅니다. 김대중, 노무현 모두 전략적 사고를 해서 대통령이 된 것이지 그렇게 미련하게 무조건 싸우기만 해서 된 것은 아니라고 보거든요.

윤민재: 그러면 그런 일환 속에서 홍석현 씨를 임명하신 겁니까?

조기숙: 아니요. 그건 제가 찬성한 이유고, 노무현 대통령이 홍석현 씨를 주미 대사에 임명한 가장 큰 이유는 유엔 사무총장 때문에 그랬다고 생각합니다. 유엔 사무총장을 아시아에서 할 차례이고, 한국이 유력하다는 것은 이미 그때 분석이 다 나와 있었거든요. 누구를 내세우면 할 수 있겠냐 했을 때 홍석현 회장께서 의욕을 보였다고 들었습니다. 하지만 저는 정확히는 모르겠어요. 당시는 반기문 장관이 유엔 사무총장을 할 수 있을 것이라는 생각을 아무도 안 했을 때니까요.

반기문 장관이 굉장히 보수적이고 전형적인 관료이기 때문에, 노 대통령이 그 정체성이 참여정부와 맞는다고 생각은 안하신 것 같아요. 그리고 김선일사태 때 여론에 밀려서 사퇴시키지 않으려는 생각은 있었지만, 사태가 정리된 다음에는 경질할 생각도 있으셨거든요. 근데 그러지 않으셨던 이유는 반기문 장관의 성향 때문이기도 하지요. 이분은 대통령이 해야 할 일, 하면 안 되는 일을 끊임없이 대통령에게 이야기해요. 그런데 그것을 직설적으로 불쾌하게 얘기하는 것이 아니라, 아주 기분 좋게 얘기를 하면서도 포기하지 않아요. 그러니까 대통령이 나중에 반기문 장관이 없을 때 이런 얘기를 하시더라고요. '저 사람이 우리 정부와 정체성은 잘 안 맞는데, 참 한결같다'라고 하셨어요. 그러니까 좀 반하셨어요. 노 대통령하고는 다른 스타일이잖아요. 그래서 홍석현 회장 카드가 없어지면서 반기문 장관이 부각된 것이지 원래는 유엔 사무총장 때문에 홍석현 주미 대사 카드가 나온 게 아닌가 싶어요.

윤민재: 대미관계라든지 홍석현 대표의 개인적인 강점보다도 국제사회에서 한국 사회를 바라보는 차원에서 결정했다는 것이지요?

조기숙: 네. 또 하나는 주미 대사를 처음엔 한승주 교수를 보냈었어요. 그런데 그분이 미국에서 일하는 모습을 보고 좀 놀란 적이 있어요. 제가 미국에서 초청을 받아서 대사관저에서 식사를 했었는데, 이분이 대한민국을 대표하는 분이 맞나 할 정도로 정부와는 상반되는 전통적인 보수의 시각을 견지하고 있었어요. 한국에 왔을 때 노 대통령께 다 말씀드리지는 못하고 약간의 문제가 있다고 애둘러 말씀을 드렸어요. 그런데 대통령은 타협과 협상의 정치를 중요하게 여기셨기에 어차피 우리가 원하는 것을 100% 가질 수 없으니까 대사는 그쪽에서 원하는 사람을 주되, 중요한 정책에 있어서는 양보하지 않는 입장을 취한 것입니다. 중요한 정책에서 우리 것을 지키기 위해서 대사는 미국 쪽에서 원하는 사람을 줘야 하니까 저한테 그분의 언행에 대해 너무 신경 쓰지 말라는 이야기를 하셨습니다. 홍석현 씨를 주미 대사 시킨 것에 대해 비판하는 분들에 대통령의 이런 두 가지 복안을 들려주면 이해가 가실 것 같아요.

윤민재: 초기에 노무현 정부의 경제정책 표어를 보면, '2만 달러 시대'라는 것이 나옵니다. 지금 그런 것들이 삼성경제연구원에서 나온 보고서들을 그대로 벤치마킹을 했다는 얘기가 설득력 있게 얘기되고 있습니다. 그렇게 본다면 언론개혁에 대해서는 도전적이고 강경한 성격을 가졌지만, 재벌 개혁에 관해서는 거의 손을 못 본 것 같습니다. 특히 홍석현 대표를 임명했다는 것에 대해 진보적인 입장에 있는 분들은 미국에 지나치게 고개 숙인 것은 아닌가 하는 평가도 내릴 수 있을 것 같습니다.

조기숙: 노 대통령이 외교정책에 있어서는 중도 실용적인 정책을 하셨습니다. 홍석현 회장이 신문 제작에 직접 개입하셨을 때는 GDP 1%를 적립해서 통일비용으로 사용하자는 운동을 할 만큼 전향적인 면이 있었습니다. 그래서 홍석현 회장은 '머리는 좌파, 가슴은 우파'라고 할 만큼 진보적인 면도 많았습니다. 그리고 X파일이 터졌을 때 제가 대통령하고 긴급회의를 몇 번 했었는데, 그때 저는 홍석현 씨가 명예롭게 퇴진할 수 있도록 여유를 주고 싶었습니다. 여론에 떠밀려서 대통령이 해임한 것처럼 보이면, 중앙일보로 돌아갔을 때 조중동에 포위될 청와대가 걱정이 되었습니다. 그래서 저는 어떻게든지 이분을 명예롭게 할 수 있는 시간을 벌어 줬으면 하는 입장이었는데, 대통령은 "이 X파일은 우리가 못 막는다. 우리 손을 떠났다. 그러니까 하루빨리 정리하는 것이 제일 좋은 방법이다."라는 말씀을 하셨어요. 그때 대통령께서 "소가 밉다고 잡아먹느냐."라는 말씀을 했어요. 재벌을 소에 비유하신 거예요. 재벌이 이제 힘이 커져서 정부가 마음대로 못하는 시절이 왔습니다. 그래서 "권력이 시장으로 넘어갔다."는 말씀을 하신 겁니다. 정부 권력이 재벌을 통제하는 시대는 갔다는 의미이고 이 말은 국민들이 소비자로서 재벌 권력을 통제해달라는 말이라고 저는 해석했는데 이 발언도 논란이 되었었지요.

참여정부가 재벌개혁을 안 한 것이 아니라 원칙대로 해야 한다고 보았던 겁니다. 예를 들어 순환출자 금지, 출자총액제한총출 제도 이런 것들이 재벌들의 발목을 잡았다고 언론은 주장했지요. 그래서 조중동이 매일 참여정부의 이런 정책을 공격 한 것이고, 그 공격이 여론에게 먹혔던 것이지요. 왜냐하면 그때 사실 경기가 굉장히 좋았음에도 불구하고, 정부의 재벌개혁 때문에 경기가 나빴다고 언론은 주장했거든요. 그때 50만 원 이상의 회식비 같은 것은 영수증으로 근거 서류를 제출하도록 했기 때문에 환락가 같은 곳의 경기가 죽은 것은 사실입니다. 사실 제주도도 완전히 경기가 죽었을 정도였죠. 그때는 제주도가 성 산업이 발달했었고, 이로 인한 일본

관광객이 많았고 건전한 관광이 미약했잖아요. 그래서 그 제도로 인한 타격이 컸지요. 그 후 제주도가 얼마나 새로운 관광지로 다시 태어났습니까? 지나고 보면 참 옳았던 정책인데도, 그때 당시에는 어마어마한 욕을 먹었습니다. 그때만 해도 사실 참여정부가 재벌을 못살게 굴어서 경제가 나빴다는 말을 들었지 삼성이랑 한편이라는 욕을 먹지는 않았거든요.

그런데 매일경제에서 세계지식포럼을 할 때 한국 경제가 선진국으로 가려면 정치가 혁신되어야 한다면서 정치혁신 10대 과제를 발표한 적이 있습니다. 그때 그것을 했던 기자가 후에 이명박 정부 비서관을 지냈습니다. 그 기자가 저를 만나서 너무나 놀랍다는 거예요. 노 대통령이 개헌 하나만 빼고, 10대 과제 중에 9개를 했다는 겁니다. 그런데 그중에 하나가 2만 불 시대, 3만 불 시대 이런 것을 구체적인 목표로 국민들에게 제시하는 것이었습니다. 어떻게 보면 삼성 보고서가 아니라 대통령이 보는 열댓 가지 보고서에서 영향을 받았을지도 모르죠. 대통령이 수십 편의 보고서를 밤새워서 보시기 때문에, 참모들이 이것을 따라 보지 않으면 힘들어요. 그런데 대통령이 겨우 삼성 보고서 하나 보고, 그렇게 주장을 했겠습니까? 그것은 음모론에 찌든 사람이 하는 얘기지요. 원래 비전은 달성할 수 있는 구체적인 숫자로 제시하라는 게 리더십 이론의 기초입니다. 소득 2만 불을 실제로 참여정부에서 달성했으니 좋은 비전 아닌가요?

제가 청와대 있을 때 읽었던 보고서 중 하나가 영국 IMF 이후의 기업의 행태에 대한 연구였습니다. 영국이 IMF를 겪은 후 20년 이상 지났잖아요. 그런데 기업이 위험 감수를 안 하는 거예요. 투자를 안 하는 거죠. 그런데 그때 우리는 IMF를 겪은 지 10년이 안 넘었어요. 그러니까 기업이 돈 쌓아 놓고 투자를 안 해도, 기업에게 정부를 혼내주려고 투자하지 않는 거냐는 말을 할 수 없는 상황이었습니다. 즉, 참여정부는 기업을 죌 만큼 죄었다는 것이지요. 그런데 저는 참여정부와 삼성의 연계를 터트리는 소위 진보 학자들이 너무나 근거 없는 소리를 한다고 봅니다. 그분들 상당수가 안철수 후보를 지지했거든요. 그런데 안철수 후보의 재벌정책에는 출자총액제한제 같은 것이 없습니다. 그만큼 안철수 후보의 정책이 참여정부보다 후퇴한 정책인데, 참여정부가 삼성과 밀월관계였다고 비판했던 진보학자들이 안철수 캠프에 갔다는 겁니다. 저는 그분들의 판단이 이성적이었다고 보지 않습니다. 그래서 저는 삼성과의 관계에 대해 잘은 모르지만, 개인별로 이유가 있어서 장관이든 뭐든 임명을 했던 것이지, 삼성과의 관계 때문은 전혀 아니었다고 봅니다.

박용수: 잠시 전에 삼성 X파일 사건이 '우리 손을 떠났다'는 것은 어떤 근거에서 보신 것입니까?

조기숙: 노 대통령은 X파일의 공개를 우리가 막을 수 없으므로 이미 손을 떠났다고 말씀하신 겁니다. 그때 공개에 대한 몇 가지 안이 있었습니다. 노회찬 의원 안이 있었고, 특검을 통해서 하자는 안이 있었습니다. 노회찬 의원 안은 국회에 위원회를 만들어서 민노당이 이끄는 안이었습니다. 그래서 대통령이 "민노당이 하자는 대로 다 받으세요. 특검이 하든, 국회의 특별위원회가 하든 민노당 보고 주도하라."고 했습니다. 그런데 개봉을 못한 건 그때부터 한나라당이 사학법 개정 때문에 장외 투쟁을 하면서 흐지부지되었기 때문입니다. 100일 이상 장외 투쟁을 하면서 국회가 올스톱이 된 것입니다. 그래서 개봉을 못 했는데, 많은 사람들이 노 대통령이 이것을 막았다고 말을 했어요. 손호철 교수까지 그런 글을 썼습니다. 그래서 제가 직접 손 교수에게 전화해서 "참 무책임하다."고 했습니다. 이런 식으로 음모론을 계속 퍼뜨리면, "당신이 아무것도 모르면서 음모론을 퍼뜨린다."고 글을 쓰겠다고 했더니 더 이상 그 얘기를 안 하더라고요. 대통령은 공개를 원하셨어요. 그런데 한나라당 때문에 못한 거지요. 그리고 나서 국회가 리더십이 없었으니 흐지부지된 것이지요.

윤민재: 열린우리당이 2003년 창당이 됩니다. 선생님께서 창당 과정 초기부터 관여를 하셨나요?

조기숙: 그런 것은 아니고요. 신당이 창당이 될 것이라고 오래 전부터 예측을 했죠. 그리고 과반수 의석 확보도 가능하다고 보았습니다. 언론에 창당 6개월 전부터 인터뷰를 했지만, 제가 그쪽에 직접적으로 들어가서 한 것이 아니라, 논평가로서 신당은 뜰 수밖에 없고, 뜨면 굉장히 잘될 것이라는 이야기를 했죠. 신당에 참여하는 사람들에게 힘은 되었겠죠.

윤민재: 그러면 민주당의 한계를 그 당시 선생님께서 보신 것이네요?

조기숙: 네, 그렇지요.

윤민재: 그 한계 중 한 가지가 지역주의 문제였나요?

조기숙: 저는 지역주의 자체가 정당 발전에 방해가 된다고 보지 않습니다. 왜냐하면 미국 정당도 지역주의 때문에 정체가 된 적도 있지만, 당내 민주주의가 되면 지역주의 문제는 극복이 됩니다. 그래서 지역주의 문제 자체가 장애가 된다고 보지는 않았고 중요한 것은 공천권 문제였습니다. 이 문제 말고도 상향식 공천, 또는 당내 민주주의가 필요하다는 문제가 있었습니다. 민주당이 수명을 다했다고 본 것은, 대선 과정에서 민주당 당권파가 이인제 후보를 밀었고, 그 다음에 끝까지 노무현 후보를 소외시켰습니다. 결국은 개혁당이 만들어졌고, 그러니까 이게 어떻게든지 합쳐져서 신당이 만들어질 수밖에 없는 힘이 형성되었다라고 본 것이지요. 민주당의 한계라기보다는 이런 새로운 정치를 담아낼 정당이 필요하다고 본 것입니다. 그러면 새 정당은 개혁당도 흡수하고, 한나라당의 일부 개혁세력

도 흡수해서 통합 신당으로 가기를 바랐죠. 그리고 분당은 끝까지 막아야 한다고 생각했는데, 끝내 분당을 하게 된 사건이 난닝구 사건이잖아요. 구당권파들이 이미경 의원 머리채를 휘두르고 이러면서 같이하긴 어렵겠다고 생각해서 신당이 만들어집니다. 그때 오히려 신당에 대한 이데올로그 역할을 한 사람은 김재홍 전 의원이지요. 김재홍 교수가 신당에 대한 칼럼도 많이 쓰고 그랬지, 저는 그냥 큰 흐름에서 아주 오래 전에 예측을 했던 것입니다.

윤민재: 그런데 열린우리당 강령을 보면 깨끗한 정치 실현, 중산층이 잘사는 나라, 따뜻한 사회 건설, 한반도 평화통일, 그 다음에 전국 정당을 표명하면서 지역주의 타파를 내세웁니다. 기존의 정당과 아무런 차이가 없어요. 정당이란 것이 좌우 이념으로 나눠지기보다는, 어쨌든 모든 세력을 아우르는 게 정당의 첫 번째 역할인데, 그렇다고 보면 기존의 정당과 전혀 차이가 없습니다. 열린우리당의 그 이후의 행태를 봐도 큰 차이가 없는 것 같은데 어떻게 생각하시는지요.

조기숙: 차이가 없지는 않았습니다. 제왕적 대통령이 없었잖아요. 제왕적 총재도 없었습니다.

윤민재: 그런데 이것이 단점이 될 수도 있지만, 장점이 될 수도 있는 것 아닙니까?

조기숙: 아니요. 그것이 민주적으로 간 건 좋았는데, 민주적인 통치가 가능한 거버넌스가 실패한 것이죠. 그때는 왜 열린우리당이 실패하는지 아무도 몰랐는데, 지금 와서 민주당이 실패하는 것을 보니까 이것은 당의 문제가 아니라 거버넌스 구조의 문제라고 생각합니다.

박용수: 당내 거버넌스 문제를 말씀하시는 것이지요?

조기숙: 그렇죠. 그러니까 열린우리당 때 문제가 뭐냐면, 당대표한테 권한이 하나도 없다는 겁니다. 왜냐하면 구민주당의 악몽이 김대중 대통령, 그 다음에는 대통령을 대리하는 제왕적 총재였습니다. 그런데 이제 신당이 만들어지거든요. 당내 민주주의가 굉장히 중요했지요. 열린우리당은 진성 당원을 지향하는 당이었습니다. 그래서 당비 내는 당원을 굉장히 강화했습니다. 일단 개혁당의 성공에서 그런 식의 대중 정당이 성공할 수 있을 것이라 본 것입니다. 그리고 두 번째는 민주적 거버넌스를 만들어야겠다고 생각했습니다. 그러다 보니까 중앙위원회에 권한이 간 것입니다. 이 중앙위원회를 개혁당 출신들이 장악하고 있었습니다. 당원들은 구민주당 출신들이 훨씬 많은데, 당비 내는 당원은 개혁당이 더 많은 것입니다. 그러니까 당원의 규정, 당원의 정의를 가지고 양쪽 계파가 싸우는데 이것이 합의가 안 되는 것이죠. 그래서 제가 정당개혁단장을 맡고 있다가, 탈당을 할 때 그랬습니다. 제가 할 수 있는 모든 협상 이론을 모두 동원해서 양쪽의 타협을 중재했는데, 그때 저는 정동영, 유시민 두 분과 굉장히 친한 상황이었기 때문에 이게 될 수 있으리라 봤는데 실패했습니다. 탈당하면서 언론운동을 하겠다고는 했지만, 내부적으로는 이 당은 안 되는 당이라고 결론내렸습니다. 왜냐하면 구 민주계와 개혁당 사이에 합일점이 없었습니다. 그러면 안 되는 것이지요. 진성당원 중심의 정당은 대한민국에서 불가능하다고 보았습니다.

윤민재: 선생님께서는 개혁당세력이 수에 비해서 굉장한 힘을 발휘했다고 말씀하셨습니다. 실제로 그랬나요?

조기숙: 그러니까 제가 얘기하는 것은 수에 비해 과도한 권력을 누리려

고 하니까 타협이 안 된다는 것입니다. 타협이 안 되고 깨져 버리게 되는 것이지요. 그러니까 구민주계의 당원은 나이 드신 분이 많은데 개혁당의 팔팔하고 젊은이들을 당할 길이 없습니다. 40대 이상 어르신들은 돈 낼 여유가 없어요. 이분들은 비가 오나 눈이 오나 선거 때 되면 충성을 바치는 분이시거든요. 특히 노인분들의 노력 봉사도 당원의 자격으로 가늠해줘야 하지 않느냐는 점입니다. 제가 타협을 시도했지만 개혁당 쪽은 일률적인 당비를 내지 않으면 안 된다는 입장이었어요. 그런데 시골에서 농사지으시는 분에게는 당비가 천 원, 오천 원만 해도 이것이 대단한 것이거든요. 연 오천 원만 해도 엄청난 것이기 때문에 타협점이 없었습니다. 그 상황에서 개혁당 사람들도 너무 정치를 몰랐고, 자기네들이 노무현 대통령을 만들었다는 오만함에 너무나 많은 권력을 가지려 했었어요. 민주당으로서는 자기네가 기여하는 만큼의 권력을 원했지만 사실상 당비 내는 사람만 당원으로 인정하면 민주당으로서는 생존이 위험한 것입니다. 개혁당 안을 받아들이면 자기들이 죽는 것이고 결국은 개혁당을 죽일 수밖에 없었던 것입니다. 서로 죽이기 싸움이 될 수밖에 없었던 것이지요.

윤민재: 그 과정에서 2005년도 5, 6월 달에 당정 간 갈등이 일어났습니다. 그 당시 안영근 의원이 비판적인 발언을 하더라고요. 청와대 일부 인사가 당정 간 갈등의 핵심문제라고 하면서 해임을 요구하기도 하고, 인적 청산을 요구하기도 했거든요. 그때 굉장히 시끄러웠는데 노무현 대통령은 국회의 여당 의원들의 요구에 대해서 어떤 입장을 보이셨나요?

조기숙: 같은 편이 뒤에서 총질을 한다고 생각하셨죠. 실제 공개적으로 청와대 비판하셨던 분들이 다 낙선했잖아요. 그러니까 국민들이 볼 때도 잘하는 짓이 아니라고 봤던 것이지요. 그런데 제가 청와대에 들어간 것은 제 개인적인 이익을 바란 것도 아니고, 노무현 대통령이 정치개혁을 해보

겠다고 이렇게 힘든 일을 하는데, 비라도 같이 맞아 줘야 그게 내 도리가 아닌가 하는 입장에서 들어간 것이었는데, 막상 가보니까 진보진영 내부에 전략 개념이 전혀 없는 것입니다. 저는 그 정도 일 줄은 정말 몰랐습니다. 노 대통령이 선거를 이겼기 때문에 진보진영 내부에서 손발이 잘 맞는다고 보았거든요. 예를 들면, 조중동이 대통령을 공격하면 저는 참모들이 나서서 싸우고 전사하면서 앞으로 나가야 한다는 것이 제 철학이었습니다. 참모는 자기 몸을 사리지 않고, 대통령을 위해서 전사하기 위해 있는 것이라고 본 것이죠. 청와대를 더 큰 야심을 위한 발판으로 삼아서는 안 된다고 보았습니다. 장관도 마찬가지입니다. 대통령을 위해서 자기가 해임 당하고, 사임하고 이래야 되는 것이 장관이고, 참모의 할 일 아닙니까? 그런데 그런 개념이 없었던 것입니다.

예를 들면, 언론이 대통령을 공격하면 제가 나서서 싸우거든요. 그러면 언론의 공격이 다 저한테 옵니다. 그러면 저는 그냥 그 공격을 맞고, 우리 편들은 그걸 이해해 주기를 바랐습니다. 그래야 제가 오래 버티잖아요. 오래 버티다 나가야 또 희생양이 하나 들어오고요. 그런데 이 사람들이 언론의 비판을 받으면, 대통령을 위해서 헌신하다 비판을 받는 것이니까 우리가 보호해야 한다는 생각을 하는 것이 아니라, 조기숙 때문에 대통령의 지지도가 떨어진다고 생각합니다. 그런데 사실 국민들은 일방적으로 한쪽을 비난한다고 해서, '이쪽이 잘 못했구나'라고 생각하지 않습니다. 왜냐하면 저도 언론을 공격했거든요. 그래서 제가 재직하는 동안 노 대통령 지지도가 높았습니다. 보수 쪽 지지자는 어차피 보수 언론을 믿고, 우리 쪽 지지자는 제 말을 믿기 때문에, 언론이 뭔가 잘못하는 것이라고 보기 때문이죠. 대통령이 언론의 화살에서 빗겨 나와 있으니까 그런 것이죠. 저 때문에 노무현 대통령 지지도가 떨어지지는 않거든요. 오히려 올라가지요. 그런데 열린우리당에 있던 정장선, 안영근, 김영춘 의원 등은 굉장히 언론에 뜨고 싶어 했던 것 같아요. 조기숙을 욕하면 언론에서는 '양심 있는 의원,

자기 팔이 안으로 굽지 않고 자기네 편도 비판할 수 있는 양심적인 의원',
그렇게 막 띄워줍니다. 그러니까 거기에 취하는 것이지요. 그런데 사실 대
부분 국민들은 신문을 안 보거든요. 그렇기 때문에 그분들이 단기적으로
뜨는 것처럼 보이지만 결국 이쪽 진영 지지자들은 알아요. 저 사람들은 같
은 편을 총질해서 뜨려고 하는 사람들이라고요. 그래서 결국엔 핵심 지지
층들이 안 찍기 때문에 선거에서 떨어지는 것입니다. 저는 그분들이 결국
정치적으로 성공하지 못할 것을 알았습니다. 그러니까 국민들은 이런 전
략 개념이 있습니다. 그런데 의원들이 이런 개념이 없는 거예요. 그래서
저는 "이런 사람들을 위해 내가 왜 희생해야 하나?" 이런 생각이 들었습니
다. 사실 청와대에 있는 하루하루가 저한테는 연구년으로 미국에 갔다가
가족들 미국에 남겨 두고 온 희생이었거든요. 그리고 노 대통령을 위해서
는 1년 정도하면 할 만큼 하지 않았나 판단하고 그만두게 되었습니다.

윤민재: 그런데 그 당시에 안영근 의원이 이런 얘기를 하더군요. "청와대
비서진에는 운동권이 많고, 학자들이 많다. 그렇게 국정 경험이 전혀 없는
사람이다. 특히 국정상황실장이 문제가 있다." 이런 말을 하더라고요.

조기숙: 그때 국정상황실장이 이호철 수석이었습니다. 이호철 수석이
사실은 정말 보기 드물게 인품이 훌륭한 분이고, 비서관들 군기반장으로
통했습니다. 일체 무슨 비리가 나오기 전에 차단하고, 몸가짐, 행동을 똑
바로 하게 하고 그랬습니다. 열린우리당과 청와대의 갈등은 이런 것입니
다. 열린우리당에서 청와대에 로비하는 것이 많습니다. 지역구에 뭘 달라,
사람을 어디 어디에 채용해 달라, 감사로 임명해 달라 이런 것인데, 대통
령이 안 오겠다는 저를 쓰겠다고 하는 것을 보아도 아시겠지만 뇌물에 좀
관련될 것 같은 사람은 일체 안 쓰십니다. 그러니까 당에 있던 사람 중에
그렇지 않은 사람은 이미 청와대에 다 들어왔잖아요. 그래서 이제 인사 청

탁 들어오면, 그럴 개연성이 있는 사람들은 아예 안 쓰는 겁니다. 그런데 엄격했던 분이 문재인, 이호철 라인이었거든요. 이 호남당, 영남당만 있는 나라에서, 영남에서 민주당 간판을 달고 정치를 한 사람들의 그 양식과 정체성, 헌신 이런 것을 보면 이 사람들이 웬만큼 좋은 사람이겠습니까? 그러다 보니까 이호철, 문재인 같은 부산 사람들이 민감하고 깔끔한 겁니다. 혹시라도 문제가 있을 만한 인사 청탁을 안 받는 것입니다. 그래서 노 대통령이 정무수석을 없앴던 것입니다. 정무수석을 놔두면 일단 자기 생각을 대통령 생각이라고 말할 수도 있고 또는 자기 생각을 말했는데, 저쪽에서 대통령 생각이라고 오해를 할 수도 있다는 것입니다. 그러면 소통이 잘 되는 것이 아니라 오히려 곡해되는 것입니다. 그래서 제가 그때는 그것이 무슨 말인지 잘 몰랐는데요, 요즘 트위터를 하면서 느낍니다. 트위터가 있으면 소통이 원활해질 것 같잖아요? 그런데 제가 볼 때는 불통과 갈등도 똑같이 소통되는 것만큼이나 생산됩니다. 이호철 수석에 대한 불만이 이런 차원에서 나온 것이 아닐까요?

윤민재: 신문기사에 나온 내용과는 다른 사정이 있었고 노 대통령이 염려한 점도 일리가 있는 것 같습니다.

조기숙: 기자들이 기사를 만들고 싶어 합니다. 그래서 그렇게 왜곡을 하는 것이고, 그 다음에 이것을 정치인들이 확대재생산합니다. 공격용으로 재생산하면 그것을 받아쓰고, 진실이 됩니다. 저는 정말 정무수석의 역할을 하고 싶다는 생각을 가진 적이 한 번도 없었습니다. 청와대에 어떤 사안이 생기면, 아무것도 아닌 것을 게이트로 보도가 나오게 되고, 당에서는 모르고 공격을 하거든요. 그러면 당대표를 만나서 '이게 이런 것이니까 흔들리지 마십시오. 깨끗합니다'라고 언론보도 나오기 전에 미리 얘기를 하는 것이지요. 그러면 열린우리당이 얼마나 재밌는 당이냐면, 잠시 후에 대

변인이 또 전화를 합니다. 당대표에게 전달한 내용이 간부들하고, 최고위원들하고 공유가 안 되는 것입니다. 당대표의 권한이 없는 것도 문제인 거죠. 당대표가 자기의 공천에 영향을 미칠 수 있다고 생각해보세요. 충성을 다하겠지요. 그러니까 정당이라는 게 일을 하려면 어느 정도 수직적인 조직이 있어야 하는 것입니다. 그런데 이것이 완전히 와해되었습니다. 열린우리당은 자기들끼리 소통 구조도 없으니까, 제가 모든 사람들과 소통해야 합니다. 나중에는 제가 어떻게 했냐면, 청와대 브리핑을 전 의원한테 보냈습니다. 그런데 전 의원들이 청와대 브리핑을 안 읽으니까 또 소통이 안 되더라고요. 그러니까 참여정부는 소통의 문제가 컸다고 봅니다.

윤민재: 네, 그렇게 보면 정무수석이 더 필요한 상황이네요. 박근혜 정부 같은 경우에는 새누리당에서 불만이 많잖아요. 당이 소외된 것처럼 불만이 많죠. 그러니까 어떻게 보면 이번에 이정현 정무수석이 뽑혔지만, 그분이 정치적인 판단을 못해주잖아요. 그랬을 때 그런 것들을 누군가가 해줘야 하는 것이 당연한 것이 아닐까요?

조기숙: 그런데 저는 정무수석이 있었다고 해도 나아졌을 것 같지는 않다고 봅니다. 열린우리당 내에 소통 구조가 없기 때문에 정무수석이라고 한들 당대표, 대변인 다 만나면서 일을 했을까요? 오히려 옛날에 YS 때처럼 정무장관이 있었으면 차라리 더 낫지 않았을까 싶습니다. 그랬으면 모르겠지만, 노무현 대통령은 그런 것들이 다 로비라고 보았던 것이지요. 다 부당한 특혜라고 봤기 때문에 대통령의 특수 경비나, 대통령이 각 지역의 교부금을 주는 것을 하나도 안 썼습니다. 선진국 정치, 예를 들어 미국 같은 경우에는 그 교부금을 사용해서 의원들을 설득하고 그들과 거래도 하죠. 그런데 우리나라는 그것을 굉장히 더러운 정치 거래라고 생각하지요. 그러니까 인사를 그렇게 투명하고 공정하게 하시려던 분인데 정무수석이

그런 식으로 거래를 하기 시작하다 보면, 어디선가 비리가 터지게 되어있거든요. 그러니까 이게 딜레마입니다. 그런데 저는 당만 시스템이 잘 갖춰지면, 박근혜 정부처럼 불평이 나오지는 않을 것 같다고 봅니다. 열린우리당은 의원들이 입각을 많이 했습니다.

예를 들어서 생각해보세요. 노무현 대통령이 차기를 공평하게 기회를 주기 위해서, 각 계파의 수장에게 기회를 주었습니다. 김근태, 정동영, 유시민, 천정배, 정세균, 그 외 기회를 주려다가 못 준 경우도 많습니다. 의원들이 입각을 했기 때문에 당정분리가 실제 일어나지 않았습니다. 왜냐하면 이해찬 총리가 총리를 할 때에는 당정협의를 위해서, 8인회, 7인회 등 매번 당정청이 만났었습니다. 그 다음에 정책실장과 비서실장은 정책 통과를 위해서 의원들에게 설명하고, 설득하는 일을 했습니다. 그러니까 좋은 의미의 로비이지요. 돈거래가 오가지 않는, 정보를 주고받는 로비를 했고, 의원들을 청와대의 모든 위원회에 다 불렀습니다. 그래서 열린우리당 의원들이 맘만 먹으면 청와대에서 무슨 일이 벌어지고 있는지를 유리알처럼 다 알 수 있게 되었습니다. 그런데 관심이 없었다는 것입니다. 열린우리당 의원들이 무엇을 했는지 모르겠습니다. 그리고 거의 당정협의 중 정책협의는 매주 일회 이상 했습니다. 그래서 역대 어느 정권보다 많이 했고, 의원입법이 활발했습니다. 왜냐하면 정부에서 법을 가져다가 의원에게 주고, 의원입법을 통해서 통과시켰거든요. 최대한의 정치력은 정책실을 통해서 다 발휘한 겁니다.

노 대통령은 정무적으로는 당정분리를 했지만, 정책적으로는 엄청난 당정협의를 했기 때문에 의원들이 자기 분야에서 다 알 수 있습니다. 위원회가 모든 정보가 집합되어 있는 곳이잖아요. 그래서 저는 참여정부에 대해서 너무 모르고 비판하는 분들이 많다고 봅니다. 예를 들어 이해찬 총리가 문광위에 중요한 법안이 통과될 때는 문광위 의원들을 총리관저로 부릅니다. 그런데 초선 의원이 안 옵니다. 정당이 이만큼의 위계도 없는 것입니다. 총리가 부르면 와야지요. 저는 이 모든 문제가 우리나라 헌법이 의원내각제도 아니고, 대통령중심제도 아니기 때문이라고 봅니다. 의원들이 말로는 당정협의하자고 하면서 노 대통령의 당정분리를 비판하면서 실제로 당정협의에는 나타나지 않고 독립성을 주장하며 대통령중심제를 내세우는 겁니다. 제가 열린우리당 초선 의원들이 교포 1.5세 같다고 했습니다. 부모한테 대들 때는 미국식으로 독립해서 따지고, 부모한테 용돈받아 쓸 때는 한국식으로 의지하는 것입니다.

박용수: 당청관계의 문제이기도 하고 한국의 정당 구조의 문제로도 볼 수 있다는 말씀 같습니다.

조기숙: 당청관계의 문제가 아니라, 정당의 문제가 컸다고 봅니다. 지금도 그렇게 열렬하게 2040 시민들이 지지해 주는데도 민주당이 패하는 것을 보면, 정당의 문제죠. 당내 시스템이 없고, 대선을 앞두고 자신의 당대표, 원내대표를 흔들어서 나가라는 정당이 지구상 어디에 있겠습니까? 지금도 흔들리고 있는데, 왜 참여정부 때는 노무현 탓을 하냔 말입니다. 심지어 『노무현 정부의 개혁과 실험』이라는 책에서도 강원택 교수가 열린우리당의 실패를 노무현 대통령의 탓으로 보더라고요. 정말 이건 넌센스입니다. 그러면 지금의 민주당은 왜 실패하냐는 말입니다. 너무 안타까워서 그랬다는데, 대통령을 원망하는 것이 안타까움의 결과입니까? 안타까우면 학자로서 왜 실패했는지를 진단하고, 해결책을 제시해야죠. 노무현은 정당의 실패와 아무 상관이 없다고 봅니다. 정당이 실패를 해봐야만 스스로 일어날 수 있고 대통령이 개입하면 안 된다는 철학을 그분은 끝까지 지킨 것뿐입니다.

윤민재: 창당 과정에서 공천심사위원으로 들어가시게 됩니다. 그때 공

천심사위원장이 김광운 서울대 교수였습니다. 선생님이 쓰신 글을 보면, 영향력이 있던 사람은 전부 정당 안의 사람이었고, 나머지는 외부 위원들이라 돌아가는 내용을 잘 몰랐다고 했습니다. 선생님께서는 혹시 공천심사위원으로 참여하시면서 개인적으로 추천하신 사람은 없으십니까?

조기숙: 그런 것은 없고요. 거기 후보들이 들어오면 여론조사를 합니다. 여론조사가 너무 압도적으로 높은 곳은 단수 공천한 적도 있고, 여러 명일 경우 인터뷰를 해서 조율을 합니다. 보통 사람 보는 눈이 비슷해서요. 금방 합의가 되었습니다. 그런데 조금 특이했던 것은 병역이나, 음주운전이나 이런 비리 전과에 대해서 굉장히 엄격한 잣대를 적용했습니다. 아예 면접 대상에서부터도 탈락시켜 버렸습니다. 그 다음에 사업하던 사람들은 전과가 이것저것 굉장히 많습니다. 그런 경우 갑자기 높은 기준을 들이대니까 반발이 있었습니다. 그래도 이것이 새로운 정치에 조금 맞지 않나 생각합니다.

윤민재: 그리고 선생님께서 쓰신 말씀 중에 이런 말이 있습니다. 노 대통령과 정동영 의원이 사이가 나빠지게 된 결정적인 이유가 열린우리당 해산문제였다고 지적했습니다. 이것은 많이 알려진 사실인데, 그 다음에 열린우리당의 지지도가 떨어진 이유가 열린우리당이 실용주의를 추구하느라 이념적인 정체성이 전혀 없었다는 문제를 지적하셨습니다. 그런데 실제로 열린우리당 개개인을 보면 개혁적이고, 진보적인 인사들이 많았잖아요. 그럼에도 불구하고, 당내에서 자신만의 독특한 정체성을 갖기가 어려웠나요? 치열한 논리 싸움이 전혀 없었습니까?

조기숙: 정동영 의원은 실용주의로 갔습니다. 그 이유가 총선 끝나던 날, 노무현 대통령이 정동영 의원과 저를 청와대로 불러서 '우리나라는 좌파가

아직 안 먹힌다. 그러니까 실용주의로 가자. 지금은 우니 좌니 이럴 때가 아니다'라고 했습니다. 저는 사실 그것이 맞다고 생각했습니다. 저도 중도 성향이고 노 대통령도 젊었을 때는 좌파였지만, 정책 분야에서는 사실 문제 해결을 하는 것이 더 중요하지 좌냐 우냐가 중요하지 않다고 생각했습니다. 몰상식, 거짓, 왜곡에는 맞섰지만, 정책의 이념에 있어서는 조금 유연해야 한다고 생각했습니다. 왜냐하면 우리는 통상으로 먹고 사는 나라고, 성장과 분배를 균형 있게 가야 된다고 생각했기 때문입니다. 그러면 민노당이 이미 좌를 하고 있으니까, 실용주의로 가자는 것이죠. 열린우리당이 실패하고 나서, 당시에 대통령은 저와 비슷한 생각을 하셨습니다. 제가 1년 전에 열린우리당이 실패할 것이란 것을 이미 알고 책을 썼습니다. 그 책에서 '진보 정체성을 분명히 하고 깃발을 들어라'라고 썼거든요. 그런데 대통령은 저와 똑같은 얘기를 하셨습니다. 정당은 깃발을 분명히 들어야 한다는 것입니다. 실용주의가 안 된다는 것을 알았던 것이지요. 열린우리당이 실패한 이유 중의 하나는 젊은이들이 민노당으로 가는 것이었습니다. 젊은이들이 경제가 좋을 때니까 민노당으로 가고, 한나라당도 새롭게 변하는 모습을 보여주면서 한나라당으로도 갑니다. 그러면서 열린우리당이 거의 공동화되는 것을 보게 되면서 정책에 있어서는 실용주의를 택하더라도, 정당의 이념적 정체성은 진보라는 깃발을 들어야 된다고 생각했죠. 그러나 민노당 진보도 진보가 아닙니다. 이것은 구좌파이지 소위 말하는 21세기적 진보라고 말할 수 없습니다. 분명히 민노당과 차별되는 21세기형 진보가 있다는 것입니다. 그래서 자유주의적 진보라는 깃발을 들어야 되겠구나 생각을 했던 것이지요. 그 이유도 있습니다. 지금은 그래도 민주당이 열린우리당보다는 낫잖아요. 자기 이념을 같이하는 사람들끼리 응집성이 있고, 이번에 좌파 성향의 의원들도 좀 많이 들어갔잖아요. 그런데 민주당에 노동 쪽이 너무 많았지요. 그러니까 그에 대해 비판이 많더라고요. 그런 점에서 통합진보당이 설 자리가 사실 없어져야 되는데, 오히려 단일화를 통해서 저쪽에서 표를 더 많이 얻어 갔거든요. 어떻게 보면 2012년 총선과 같은 해에 대선에서 압도적으로 이길 수 있는 선거임에도 불구하고 단일화가 시너지를 내는 것이 아니라, 깎아먹는 일이 된 거죠. 그러니까 우리나라는 아직도 레드콤플렉스가 있어서 이념적으로 포지셔닝하기가 너무 힘듭니다. 그런데 적어도 우리나라에서는 복지국가나 경제민주화를 지향한다는 지향적 정체성은 분명히 해야 할 것 같고, 정책은 여전히 중도 정책을 내놓아야 먹히는 겁니다.

윤민재: 그 다음 문제가 대연정 문제인데요. 이게 논란이 참 많았는데, 대연정을 제시했을 때 청와대 내의 정무를 담당하는 분들은 어떤 의견을 내셨습니까?

조기숙: 100% 반대였습니다. 우선 얼토당토않다고 보았고 국민들이 받아들일 수 없다고 보았습니다. 저는 대연정은 소연정을 하기 위한 과도기로서 전략적으로 제안하는 것이라고 이해했고 그 때문에 대통령 뜻을 받들기 위해 노력했습니다. 그런데 소연정은 또 안 하시더군요. 왜 안 하셨냐고 저희 인트라넷을 통해 돌아가시기 한두 달 전에 제가 물어봤습니다. 저는 대통령이 소연정을 하기 위한 명분을 쌓기 위해서 대연정을 제안했고, 대연정을 한나라당이 거부했으니까 민노당과 소연정을 할 명분을 찾아서 그것을 하실 거라고 생각했습니다. 그래서 저는 지원을 해드린 것이거든요. 그런데 왜 소연정을 안 하셨냐고 물어봤는데 노 대통령께서 "얘기가 깁니다. 나중에 기회가 되면 하지요."라 말씀하시고 끝내 안 하셨습니다. 그것은 아무도 모릅니다. 윤태영 실장도 그 부분은 잘 모르더라고요.

박용수: 『노무현의 길』이라는 책이 작년에 나왔더라고요. 그 책을 보면 노무현 대통령이 취임 처음에 했던 국회 연설에서 대연정에 해당되는 규

정을 얘기하셨더라고요. 총리가 다수당의 추천을 받아서 총리가 되는 것도 고려해보겠다는 말을 했습니다. 평소에 그런 생각을 가지고 계셨던 것 같습니다.

조기숙: 네. 그것은 일관된 철학이었습니다. 대연정이나, 다수당에 조각권을 주겠다는 것은 일관된 철학이었는데, 그러면 대연정이 실패했을 때 소연정을 왜 안 하셨는지는 의문입니다. 그 부분에 대해서 윤태영 실장에게 물어봤더니, 처음부터 레퍼토리에 소연정은 없었다는 겁니다. 이렇게 이해를 하고 있더라고요. 그런데 대통령이 뭔가 민노당 측 인사에게 사적으로 제안을 해보신 것이 있으신 것 같습니다. 거절당하셨겠죠. 이것은 그냥 추측입니다. 제가 청와대에서도 왜 소연정 제안은 안하시냐고 물었을 때, "그 사람들이 응하지 않을 겁니다."라고 답을 하셔서 그렇게 추측을 했습니다. 처음부터 계획이 없으셨던 것인지도 모르겠는데, 대통령은 대연정을 통해 정계를 조금 흔들고 싶어 했던 것 같습니다. 그래서 이념적으로 의원이 재배열이 되었으면 했고요. 그때 양극화 문제가 심각했잖아요. 이것이 지역주의를 깨뜨릴 수 있다고 본 것입니다.

박용수: 선거제도의 개혁을 조건으로 내건 것이지요?

조기숙: 그렇지요. 그러니까 대통령이 진짜 원하셨던 것은 선거제도를 이슈화하는 것이고, 그래서 폭탄을 터뜨렸는데 그 폭탄이 우리 진영에서 터지면서 이슈는 죽어버린 것입니다. 많은 사람들이 대연정을 비판을 하는데, 사실 대연정은 지금 독일도 하고 있습니다. 여야가 싸우고 어렵던 나라들이 선진국으로 나가기 위해 대연정을 통해서 복지국가로 가거든요. 대통령은 당신 때 그것 한번 해보고 싶었던 것이지요.

윤민재: 네, 그런데 그러한 경험도 없었고, 만약에 권위주의 시대에 그런 것이 나왔다면 야합이라고 국민들이 비판할 것 아니에요?

조기숙: 그런데 국민들이 그 전 노태우, 김대중 대통령 때 매일 대통령에게 요구하는 것 중의 하나가 거국내각을 구성하라는 것이었습니다. 거국내각을 우리나라처럼 좋아하는 나라는 없습니다. 그것이 대연정이거든요.

윤민재: 그 당시 야당 사람들이 주장했던 거국내각은 시민사회세력까지 통합하는 제도권 정당 이외의 시민사회도 포함하는 것입니다. 그런 면에서 차이가 있지 않나요?

조기숙: 대연정도 마찬가지지요. 대연정도 다수당에게 총리 지명권을 줄 뿐이고 시민사회 인사들은 거국내각 안 해도 이미 많이 들어왔죠.

윤민재: 그렇게 하려면 어느 정도의 타협이라든지, 서로 간에 양보할 수 있는 정책의 어떤 경험이나 역사, 풍토가 있어야 합니다. 어떻게 보면 혹자들이 비판하는 것처럼 뜬금없이 나온 것일 수도 있잖아요?

조기숙: 그러니까 대연정을 통해서 그런 대화와 타협의 정치문화를 만들어보고 싶었던 것입니다. 굉장히 가까운 선배가 언론사 편집국장으로 있었는데, 저를 의심하더라고요. 그것을 의도적으로 언론에 흘렸다고요.

윤민재: 뭔가 공작이 있었을 것이라고 본 것이군요.

조기숙: 네, 우리나라 사람들이 모든 것을 음모론으로 보기 때문에 그런

겁니다. 저는 정말 태어나서 요만큼의 거짓말도 해본 적이 없는 사람입니다. 청와대 참모들이 대부분 교수 출신인데, 어떻게 그것을 다 음모론으로 보는지 이해가 안 갑니다. 하여튼 한국 정치가 그랬던 것입니다. 그래서 제가 음모를 가지고 그것을 언론에 터뜨렸다고 그러는데, 그건 아닙니다. 8인회에서 대통령이 대연정에 대한 얘기를 했는데 참모들이 다 반대를 했습니다. 그러니까 없었던 일로 하자고 그랬고 대통령도 시기가 아니라고 보셨던 것입니다. 그런데 그중에 누군가 당에서 온 사람이 서울신문에 흘린 것입니다. 그러니 언론들이 다 뒤집어지지 않겠어요. 그래서 대통령이 저더러 나가서 모든 것을 얘기를 해 버리라고 했고, 저는 대연정을 띄운 다음에 소연정해야 되는 건가보다 하고 브리핑을 했습니다. 대통령이 대연정에 대해서 시리즈 편지를 내보냈습니다. 그런데 그때 열린우리당 의원은 물론이고, 호남 유권자들이 굉장히 상처를 받았습니다. "한나라당한테 권력주기 싫어서 뽑아줬더니, 한나라당한테 권력을 주겠다니 이것이 말이 되는가?" 이런 말들을 했습니다. 최근에 안철수 교수가 여야가 싸우지 말고 대화와 타협을 해야 한다고 주장하고, 강준만 교수가 증오의 정치를 종식해야 한다고 주장합니다. 이게 다 대연정입니다. 도대체 뭐가 다르냐고요? 왜 노무현이 하면 반대하고, 안철수가 하면 괜찮은가요? 저는 이게 엄청난 편견이라고 봅니다.

윤민재: 그런데 제가 어떤 논문을 보니까, 손호철 교수도 이것을 비판하더라고요. 대연정이라는 것이 숫자를 늘리기 위한 것이 아니냐는 거죠. 숫자가 좀 적더라도 집권당이 정치적으로 뚫고나가야지, 기계적으로 연정을 해서 뚫고 나가려고 하니 문제라는 것입니다. 우리나라 풍토상에서 성공할 확률도 없는데, 그것을 왜 했느냐는 지적입니다. 그러니까 노무현 대통령이 실제로 대연정을 구상한 것은 정치문화를 혁신적으로 만들자는 것이 뜻이었는데, 일부 사람들이 다른 시각에서 바라보았기 때문에 이런 비판

이 나왔던 것이지요.

조기숙: 그러니까 정치적으로 뚫고 가라는 것이 말이 안 된다는 것이죠. 대화와 타협의 문화가 없으면서 어떻게 대연정을 하냐고 하는데, 대화와 타협의 문화가 없는데 소수당이 어떻게 정치적으로 뚫고 가냐고요? 학자들은 이렇게 말도 안 되는 얘기를 한다니까요. 그러면 독일은 왜 대연정을 했겠습니까? 한 당으론 과반수가 안 되니까 대연정을 하는 것이잖아요? 물론 소연정을 해도 되지만, 경제가 어렵고 위기 상황이라고 생각하니까 대연정을 하는 것이고, 그것을 통해서 대화와 타협의 문화가 생길 수도 있는 것이잖아요. 그러니까 대통령이 어쩔 수 없이 대연정을 제안했던 것은 불필요한 정치 싸움을 안 했으면 좋겠다는 생각인 거죠. 수도 이전을 다 반대했지만 하여튼 절반은 가잖아요? 한나라당은 처음에는 반대를 하다가 나중에는 다 들어줍니다. 그러니까 대연정을 하면 이런 것이 없어지지 않을까 생각한 것입니다. 한나라당이 끝까지 반대한 것도 없습니다. 예를 들면, 부동산 대책도 왜 빨리 못 내놨느냐 비판을 하는데, 이것을 대통령한테만 욕하면 안 되지요. 국회에서 세 번 만에 통과가 되는데, 이미 부동산은 거품이 뜰 때로 뜬 후에 그 법안이 통과되어서 나중에 부동산 가격이 떨어진 것 아닙니까? 이렇게 큰 그림을 그려놓고 비판을 해야 하는데, 제가 볼 때는 노무현에 대해서 무조건 비판이 하고 싶은 겁니다. 왜 그럴까요? 대통령이 너무 격의 없고, 권위주의적이지 않으니까 우습게 본 것이지요. 그런데 저는 대연정은 우리 사회가 한번은 해야 한다고 봅니다. 저는 당시에도 지금은 시기상조라서 이것이 외면을 받지만, 언젠가는 할 것이라고 본 것입니다. 이것을 하지 않고는 우리가 선진국으로 도약을 할 수 없습니다. 그렇기 때문에 그때 노무현이 어떤 생각으로 그것을 제안했고, 어떻게 했는지 분명히 연구해야 됩니다. 위기가 오면, 대타협을 해야지요.

윤민재: 그것과 관련해서 원 포인트 개헌을 주장하셨습니다. 혹자들은 어떻게 보면 되지도 않을 것을 현실적인 바탕 없이 인위적으로 과거에 권위주의 정부가 했던 것처럼 하는 것이 아니냐는 비판도 제기가 되고 있습니다. 원 포인트 개헌도 그런 개헌의 연장선상에서 이해를 하면 되는 건가요?

조기숙: 아니요. 원 포인트 개헌은 다른 이유가 있다고 봅니다. 예를 들면, 미국은 선거가 2년마다 있습니다. 그래서 4년에 한번은 대통령과 상하원의원을 뽑고, 이제 중간 2년 때는 상원, 하원 선거하면서 심판이 이루어지는 것입니다. 그래서 효율적인데, 우리는 국회의원, 대통령 임기가 서로 다르니까 거의 매년 선거가 있습니다. 그러니까 참여정부 같은 경우에는 보면, 2002년에 대선을 하고, 2003년에 일 좀 하려고 하니까, 신당이 만들어졌습니다. 그리고 2004년에 총선을 했고, 탄핵도 있었지요. 그리고 2006년에 지방선거가 있었지요. 2007년에 대선이 있었습니다. 해마다 선거가 있으면, 매년 심판을 받는 건데 생각을 해보세요. 진도를 조금 나갔는데, 시험을 보면 이 사람이 공부를 제대로 하겠느냐고요? 이렇게 선거가 엇갈리고 매년 선거가 실시되니 어떻게 할 수가 없는 것이지요. 그러니까 원 포인트 개헌을 하면 지방선거는 중간 평가가 되고, 대통령선거와 국회의원선거가 합쳐지게 됩니다. 일단 8년 정도 하면, 대통령은 어떤 성과를 낼 수 있습니다.

저는 노무현 대통령도 한 텀 더 했으면, 브라질 대통령 룰라 저리 가라 할 정도로 성과를 냈을 분이라고 생각합니다. 그리고 재선에 나왔으면, 노무현 대통령이 이겼다고 봅니다. 4년의 훈련을 받은 사람을 내보내고, 새로운 사람을 뽑는 것은 솔직히 말해서 낭비가 있습니다. 그렇게 하면 단임이 아니니까 대통령도 훨씬 막 나가지 않고, 비리도 훨씬 더 줄고, 재선에 신경을 쓸 것입니다. 이러한 이유로 원 포인트 개헌을 얘기했던 것입니다.

대연정과는 또 다른 차원에서 반복되는 선거를 규칙적으로 만들 수 있죠. 또 대통령과 국회의원선거가 같아지면, 대통령 동반당선(coattail) 효과가 생깁니다. 사실 이번에 박근혜 후보가 그런 것인데, 총선과 대선이 같은 해에 있으니까 박근혜 대통령 덕분에 새누리당 의원들이 대다수 당선이 되었습니다. 그러면 박근혜 대통령이 아무리 싫어도 임기 말이 아니면 의원들이 대통령에게 함부로 못합니다. 그러면 대통령의 리더십이 저절로 생기는 것이지요. 독재는 나쁜 것이지만, 지도자가 리더십이 없이는 아무 것도 못하죠. 그런 점에서 대통령 덕에 의원들이 당선돼 여당이 다수당이 될 가능성이 크다는 것입니다. 대통령과 의회가 대연정을 안 해도 안정된 집권을 할 수 있겠지요.

박용수: 당시 청와대 홍보수석의 일반적인 일정은 어떠했습니까?

조기숙: 회의체나 이런 것은 굉장히 시스템이 잘되어 있었습니다. 아침에 6시 반쯤 출근을 하고요. 그 다음에 첫 회의가 7시 10분에 있습니다. 회의 들어가기 전에 저는 신문을 다 봅니다. 그런데 제가 신문 열 몇 개를 다 볼 수는 없어서 새벽 4시부터 신문을 요약 브리핑하는 팀이 있습니다. 거기에서 브리핑한 것을 올려 보내오면, 회의 들어가기 전에 제가 점검해서 들어갈 것들을 체크하고, 담당 비서관에게 전화해서 확인한 다음에 비서실장이 주재하는 1일 상황점검 회의에 들어갑니다. 거기에서 오늘 사건이 터질만한 것, 또는 기자들이 관심을 가질 만한 것, 이런 것을 중심으로 답변들을 다 준비합니다. 대변인이 그 자리에 참여해 받아서 나갑니다. 회의는 보통 7시 10분에 시작해서 7시 30분 혹은 7시 40분까지 진행됩니다.

박용수: 수석들 수준에서 하는 것입니까?

조기숙: 상황점검 회의는 모든 수석이 오는 것은 아니고요. 비서실장과, 홍보, 시민사회, 민정, NSC 정도가 옵니다. 정책 쪽은 잘 안 옵니다. 그리고 비서실장 내에 정무 비서관들하고 홍보수석실 내에 브리핑을 만든 비서관, 홍보기획비서관 이렇게 주요 비서관들 몇 명하고 상황점검 회의를 합니다. 매주 월요일은 수석보좌관회의가 있습니다. 그런데 이명박 정부에서는 수석보좌관만 참석하는데, 우리 때는 뒤에 비서관들이 배석을 했습니다. 한 주는 대통령이 주재하는 수석보좌관회의를 하고, 한 주는 비서실장이 주재하는 수석보좌관회의를 번갈아 가며 합니다. 대통령이 주재하는 것은 큰 이슈들을 챙기고, 비서실장이 하는 것은 일상적인 이슈와 실무행정, 상벌, 직원들 인사문제 등을 챙기는 회의입니다. 그 다음에 긴급 정무수석회의가 있습니다. 그것은 긴급 현안이 생겼을 때, 대통령이 그 분야 수석들만 불러서 하는 것입니다. 예를 들어서 외교문제가 터지면, NSC쪽 사람들하고, 홍보, 시민사회, 민정 이런 쪽을 불러서 회의를 하시고, 홍보 쪽은 그런 정무회의에 대부분 들어갑니다. 그 다음에 대통령 행사, 또는 해외 순방 이런 것들을 부처와 협의하는 회의가 있습니다. 그래서 수십 개의 회의가 있습니다.

윤민재: 퇴근 후 비공식적인 일정들이 많았나요?

조기숙: 대통령 행사로 외부에 나갈 때 따라 다닐 수가 있고요. 그리고 위원회는 수석보좌관들이 뒤에 다 배석하거든요. 그러면 회의 돌아가는 것을 메모합니다. 그런 회의가 하루에 한 건 내지 두 건 정도 있을 수 있고, 또 해외 순방 가기 위해서는 가기로 한 나라의 대사, 외교부 등에서 들어와서 실무회의를 하고, 또 대통령과 점검회의도 합니다. 그래서 회의체가 굉장히 많은데, 이것이 다 시스템으로 돌아가기 때문에 일하기 좋습니다. 그러니까 대통령이 워낙 시스템을 중요하게 생각하셔서, 회의체를 통

해서 모든 것이 결정이 되었습니다. 그리고 퇴근은 저녁 행사가 없는 한 6시에 합니다. 6시에 하면, 그 다음부터 저는 사람을 만났습니다. 거의 매일 사람을 만났습니다. 언론사 사람들도 만나고, 칼럼니스트들도 만나고, 민원인도 만나고, 정책 관련해서 만나고 싶다는 사람들도 만나고, 제가 1년간 천여 명을 만났을 만큼 많이 만났습니다. 또 그때 쌓은 인연으로 지금 민주주의 연구회라는 연구 모임을 할 만큼 가까운 사이가 되었습니다.

윤민재: 청와대 내에서 일을 하려면 체력이 좋아야겠습니다.

조기숙: 제가 청와대 생활 1년 하고, 그 다음 날 바로 미국을 갔거든요. 거기에 가족이 있으니까요. 가서 거의 한 달 동안 잠만 잔 것 같습니다. 집에 12시 전에 가본 적이 없는 것 같아요. 거의 12시 넘어서 들어간 적이 많지요. 그리고 새벽에 또 6시 반까지 출근해야 하니까, 집에서 다섯 시 반에는 일어나야 합니다. 어떻게 그렇게 버텼는지 모르겠습니다. 그리고 쉬는 시간 틈틈이 보고서 읽고, 책 읽고 그랬죠. 대통령이 책을 많이 읽으시기 때문에 그랬습니다.

윤민재: 마지막 질문 드리겠습니다. 결론 부분인데요. 선생님께서 생각하시기에 노무현 정부가 역대 정부와 다르게 어떤 점이 중요한지 말씀해 주십시오. 그리고 정치적으로 어떤 의미가 있는지 설명 부탁드립니다.

조기숙: 우선 노무현 대통령이 당선된 이유도 그렇고, 아직까지도 박근혜 대통령이 노무현 대통령의 사람을 쓰고, 박근혜 대통령의 슬로건이 사실 노무현 대통령의 정신과 많이 맞아떨어집니다. 21세기의 시대정신을 구현하려 했던 것이거든요. 21세기 시대정신은 참여민주주의입니다. 참여민주주의의 핵심은 집단주의를 배격하는 개인주의입니다. 집단주의는 위

계질서가 있는 것이거든요. 반면에 개인주의는 수평적인 것입니다. 참여민주주의가 참여정부의 핵심입니다. 또 하나는 탈물질주의입니다. 탈물질주의는 가치를 중시하는 것입니다. 먹고사는 문제도 중요하지만, 원칙, 가치, 올바른 것, 이런 것에 사람들은 감동합니다. 그런 점에서 21세기 시대정신을 연 사람은 노무현이라고 봅니다. 박정희의 산업화 신화가 20세기의 시대정신이었다면, 21세기 시대정신에서 대척점에 선 사람이 노무현이기 때문에 2012년 대선은 노무현과 박정희의 싸움이 될 수밖에 없다는 것을 많은 사람이 오래 전부터 예견했던 것이고, 실제로 그랬던 것이거든요. 참여민주주의는 문화혁명입니다. 과거에는 절차적 민주주의가 투표권을 얻기 위한 혁명이었다면, 참여민주주의는 사실 일상 속의 민주주의가 모토입니다. 그러니까 이분이 문화혁명을 위해서 온몸을 던진 것입니다. 대통령의 탈권위주의 때문에 모든 사람들로부터 비판을 받았지만, 국민들이 최초로 자기가 주권자임을 느끼게 했고, 그렇게 국민 학습을 시켰다는 것입니다. 문화혁명을 추구했기 때문에 언론과 되지도 않는 전쟁을 해서 국민들에게 문제의식을 심어주었고, 국민들을 깨어나게 했습니다. 소위 말해서 자발적으로 깨어난 시민들이 정치에 참여하고, 관심을 갖게 된 것입니다. 트위터가 활발하게 되고, 촛불시위가 일어나게 된 것도 어떻게 보면 노무현의 문화혁명의 영향이라고 봅니다.

대통령으로서 제가 가장 높이 평가하는 부분은 기록과 시스템입니다. 이지원이라는 시스템을 만들어서, 모든 것을 기록으로 남겼습니다. 기록으로 남겼다는 것은 투명하게 했다는 것, 공작이 없다는 것입니다. 그리고 그 시스템이 후대에도 이어지게 했습니다. 사실 다음 대통령이 노무현 대통령이 써놓은 보고서를 보면, 어디서 출발할지 다 보일 것입니다.

윤민재: 그런데 이명박 정부는 그걸 이용 안 한 것 같습니다.

조기숙: 안 했으니까 그렇게 실패를 한 것이고, 결국은 정부조직이나 청와대 조직도 참여정부 시절도 다 되돌아가고 있는 것이죠. 그것을 보면 참여정부가 얼마나 깊이 생각했는지를 잘 알 수 있습니다. 아쉬운 점은 참모들이 대통령 수준을 따라가지 못했다는 겁니다. 참모들이 다른 참모들에 비해선 유능했지만, 대통령이 너무 유능하고 지혜가 있었기 때문에, 대통령이 너무 힘들었을 것이라고 생각합니다. 그래서 국민들과도 소통하는 것이 어려웠습니다. 대통령 생각이 너무 앞서서, 참모들도 다 이해를 못하니까 국민들도 이해시키기가 어려웠을 겁니다. 앞으로 두고두고 '노무현은 참 대단한 사람이야. 그때 어떻게 그런 생각을 했지' 이런 생각들을 할 것입니다. 저도 두고두고 과거에 대통령이 틀렸다고 생각했던 것들이 '아 맞았구나' 하는 깨달음을 갖게 됩니다. 그분이 돌아가셨지만, 앞으로 몇십 년간은 한국 정치에 영향을 미치는 사람으로 남아 있을 것이라고 생각합니다.

윤민재: 알겠습니다. 이것으로 인터뷰를 마치겠습니다. 장시간 말씀 감사합니다.

노무현 대통령 연표

연도	공직사
1975	사법고시 합격
1977	대전지방법원 판사로 발령
1978	부산에서 변호사 개업
1981	부림사건
1987	8월 대우조선 노동자 이석규 사망사건 수습하다 제3자 개입, 장식(葬式)방해 혐의로 구속
1988	4월 26일 제13대 국회의원 당선 (부산 동구) 11월 국회 제5공화국 비리 특별조사위원회 청문회
1989	의원직 사퇴서 제출 후 거둬들임
1990	2월 26일 3당 야합을 거부한 의원들과 가칭 민주당 창당발기인대회
1991	9월 통합민주당 첫 대변인
1992	3월 24일 제14대 총선 낙선 (부산 동구)
1995	6월 27일 부산광역시장 선거 낙선
1996	4월 11일 제15대 총선 낙선 (서울 종로)
1997	11월 새정치국민회의 합류
2000	4월 13일 제16대 총선 낙선 (부산 북-강서을) 8월 해양수산부장관(2000.8-2001.3)
2001	9월 새천년민주당 대통령후보 경선 출마 선언
2002	4월 27일 새천년민주당 대선 후보로 선출 9월 18일 선거대책위원회 출범 11월 16일 정몽준 국민통합21 후보와 여론조사 통한 후보단일화에 합의 25일 정몽준 후보와의 후보단일화로 단일 후보 확정 12월 19일 제16대 대통령 당선 30일 대통령직 인수위원회 본격 출범
2003	1월 7일 대통령직 인수위원회, 10대 국정운영 과제 발표 12일 부시 미 대통령 특사 켈리 차관보 방한 2월 25일 제16대 대통령 취임식, 참여정부 공식 출범 선언 3월 7일 참여정부 국정토론회 14일 대북송금 특별검사법 서명

	20일 이라크전쟁 파병 관련 대국민 담화문 발표
	21일 이라크 파병 관련 초당적 협력 요청
	4월 2일 국회 이라크 파병동의안 의결
	18일 대통령 별장 청남대의 소유·관리권을 충청북도에 이양
	28일 이라크 파병 장병 신고식 및 격려식
	5월 14일 24개 핵심 갈등 과제 선정
	15일 부시 미국 대통령과 공동성명
	6월 2일 참여정부 출범 100일 기자회견
	3일 아로요 필리핀 대통령과 정상회담
	7일 고이즈미 일본 총리와 정상회담
	26일 대북송금 사건 특별검사의 수사기간 연장 요청 거부
	7월 7일 후진타오 중국 국가주석과 정상회담,
	양국 관계를 전면적 협력 동반자 관계로 격상
	18일 존 하워드 호주 총리와 정상회담
	22일 대북송금 새「특검법」공포안에 거부권 행사
	25일 헬렌 클라크 뉴질랜드 총리와 정상회담
	28일 헨리 키신저 전 미 국무장관과 북핵문제 등 의견 교환
	9월 29일 새천년민주당 탈당 공식 발표
	10월 7일 아세안+3 정상회의 기조 발언
	8일 이라크 추가 파병문제에 대한 여론 수렴 작업 착수
	18일 이라크 추가 파병 결정
	19일 후진타오 중국 국가주석과 정상회담
	20일 부시 미 대통령과 정상회담
	21일 블라디미르 푸틴 러시아 대통령과 정상회담
	23일 싱가포르 총리와 정상회담
	11월 6일 파키스탄 대통령과 정상회담
	11일 열린우리당 공식 창당
	13일 카자흐스탄 대통령과 정상회담
	25일 대통령 측근 비리 특검법 거부 의사 밝힘
	27일 한나라당이 노 대통령을 포괄적 뇌물죄로 검찰에 수사 의뢰
	12월 6일 대통령 측근 비리 특검법 국회에서 재의결
2004	1월 13일 국가균형발전특별법, 신행정수도건설특별법 등 국가균형발전 3대 특별법 서명

14일 연두 기자회견

25일 한나라당, 대통령 취임 1주년 회견 중 노 대통령의 발언에 대하여 선거법 위반 혐의로 중앙선관위에 고발하기로 결정

29일 지방화와 균형발전시대 선포식

2월 9일 터키 총리와 정상회담

3월 9일 국회의원 159명이 동의한 노무현 대통령 탄핵소추안 국회 제출

12일 탄핵소추안 의결

4월 15일 제17대 총선 열린우리당 압승

5월 14일 헌법재판소 탄핵소추안 기각

15일 탄핵 기각 및 직무 복귀 관련 「국민에게 드리는 말씀」 발표

20일 열린우리당 입당

7월 3일 라브로프 러시아 외무장관 접견

21일 고이즈미 일본 총리와 제주도에서 정상회담

24일 압둘라 2세 요르단 국왕과 정상회담

8월 15일 광복절 경축사에서 과거사진상규명 특별위원회 설치 제안

27일 자칭린 중국 인민정치협상회의 주석과 회견

9월 5일 국가보안법이 독재시대의 낡은 유물이라고 비판

20일 나자르바예프 카자흐스탄 대통령과 정상회담

21일 푸틴 러시아 대통령과 정상회담 갖고 10개항 공동선언문 채택

10월 5일 싱 인도 총리와 정상회담 갖고 공동선언 30개항 서명

7일 원자바오 중국 총리와 정상회담

10일 베트남 국가주석과 정상회담

11월 16일 키르치네르 아르헨티나 대통령과 정상회담

17일 브라질 대통령과 정상회담,
남미공동시장과 자유무역협정 체결 위한 공동연구 착수 합의

20일 부시 미 대통령과 정상회담,
6자회담 틀 내에서 북핵문제 해결원칙 재확인

29일 리셴룽 싱가포르 총리와 정상회담, 자유무역협정 협상 타결 선언

30일 한·아세안 정상회담 개최

12월 2일 토니 블레어 영국 총리와 회담 갖고 공동성명 채택

4일 크바시니에프스키 폴란드 대통령과 정상회담

6일 프랑스 대통령과 정상회담

8일 유럽 3개국 순방 후 귀국길에 자이툰부대 방문해 장병 격려

18일 고이즈미 일본 총리와 정상회담

2005	1월 4일 행정자치부 등 6개 부처 개각
	13일 연두 기자회견
	27일 제주 세계평화의섬 지정 서명식
	2월 5일 부시 미 대통령과 전화 통화에서 6자회담 조속 개최 강조
	10일 북한 핵보유 선언, 6자회담 무기한 불참 선언
	3월 7일 동북아역사재단 설립 지시
	8일 국방 3원칙 천명
	20일 라이스 미 국무장관과 면담
	22일 육군3사관학교 졸업식에서 '한국은 동북아시아 평화·번영의 균형자 역할' 발언
	4월 10일 쾰러 독일 대통령과 정상회담
	15일 터키 방문해 세제르 대통령과 정상회담
	16일 대한민국·싱가포르 자유무역협정 최종 협정문에 가서명
	5월 6일 고이즈미 일본 총리 친서 받고 사과보다는 '합당한 행동 실천하라'고 발언
	8일 모스크바에서 한·중정상회담
	9일 한·러정상회담
	6월 11일 한미정상회담 통해 북핵문제 관련 평화·외교적 해결 원칙 재확인
	20일 한일정상회담 통해 역사공동위원회 산하 교과서위원회 신설 합의
	7월 5일 야당과의 연정 문제 공개 제안
	28일 한나라당 주도 대연정 정식 제의
	8월 1일 박근혜 한나라당 대표, 노 대통령의 '연정' 제안 공식 거부
	9월 7일 박근혜 한나라당 대표와 단독회담
	9일 중남미와 유엔 총회 순방
	13일 6자회담 개최
	15일 유엔총회 기조연설에서 일본의 안전보장이사회 진출에 간접 반대
	19일 북핵 제4차 6자회담, 「9·19공동성명」 채택
	10월 1일 전시작전통제권 환수 천명
	11월 16일 한중정상회담
	17일 한미정상회담 '한미동맹과 한반도 평화에 관한 공동선언' 채택
	18일 APEC 정상회의 참석
	12월 12일 아세안+3 정상회의 참석
	23일 청와대로 종교계 지도자 초청해 개정 사학법 논의
	27일 경찰 과잉 진압으로 인한 농민 사망에 대국민 사과

2006	2월	7일	칼람 인도 대통령과 정상회담

2월 7일 칼람 인도 대통령과 정상회담

3월 7일 이집트 무바라크 대통령과 카이로 정상회담,
        이집트 동포간담회에서 한미 FTA 추진 이유 밝힘

   10일 나이지리아 대통령과 정상회담

   12일 부테플리카 알제리 대통령과 정상회담

   17일 여야 대표 청와대 초청 만찬에서 양극화 해소, 한미 FTA 당부

4월 3일 국가원수 최초로 제주도 4·3 희생자 위령제 참석

    6일 스티페 메시치 크로아티아 대통령과 정상회담

   25일 한일관계 특별담화·독도문제 대응방침 전면 재검토 선언

5월 8일 몽골 대통령과 정상회담

   11일 아제르바이잔 대통령과 정상회담

   13일 아랍에미리트 대통령과 정상회담

   24일 대중소기업 상생협력회의 주최

6월 10일 한미 자유무역협정 1차 협상

7월 10일 한미 자유무역협정 2차 본협상 개회

8월 6일 열린우리당 지도부와 당정청 고위모임 개최 합의

    9일 『연합뉴스』와의 특별회견에서 전작권 환수 시기와 한미 자유무역
        협정의 투명성과 관련한 의견 밝힘

   26일 청와대 비서실에 정무팀 신설

   31일 사행성 오락게임기 파문 관련 대국민 사과

9월 4일 카를로스 파풀리아스 그리스 대통령과 정상회담,
        한·그리스 해운 분야 협력협정 서명

    6일 트라이안 바세스쿠 루마니아 대통령과 정상회담
        한미 자유무역협정 3차 본협상 개회

    7일 타르야 할로넨 핀란드 대통령과 정상회담

    8일 마티 만하넨 핀란드 총리와 회담

    9일 제3차 한·유럽 정상회담

   14일 백악관 영빈관에서 미국 라이스 국무장관과 접견

   15일 조지 부시 대통령과 정상회담

10월 9일 아베 신조 신임 일본 총리와 정상회담

   13일 후진타오 중국 국가주석과 정상회담

   17일 미하일 프랏코프 러시아 총리와 회담

   19일 라이스 미 국무장관과 만나 북한문제의 외교적 해결 강조

   23일 한미 자유무역협정 4차 본협상 개회

	11월 17일 후진타오 중국 국가주석과 정상회담
	18일 부시 미 대통령, 아베 일본 총리와 정상회담
	19일 블라디미르 푸틴 러시아 대통령과 정상회담
	20일 훈셈 캄보디아 총리와 정상회담
	27일 국회 장기 파행 막고 헌법재판소 정상화를 위해 전효숙 헌법재판소장 후보자에 대한 임명동의안 철회
	12월 5일 한미 자유무역협정 5차 본협상 개회
2007	1월 9일 대국민 담화에서 대통령 4년 연임제 개헌 제안
	14일 한중일 정상회담
	23일 신년연설
	2월 6일 열린우리당 의원 23명 집단 탈당
	13일 사파테로 스페인 총리와 정상회담
	28일 당내 갈등 해소 위해 열린우리당 공식 탈당
	3월 8일 대통령 4년 연임제 개헌안 발의 유보 언급
	24일 중동국가 순방 위해 출국
	26일 쿠웨이트에 주둔 중인 다이만부대 방문해 장병 격려
	31일 한미 자유무역협정 협상 관련 긴급경제장관회의 주관
	4월 2일 한미 자유무역협정 협상 타결
	10일 원자바오 중국 총리와 북핵문제, 한중 자유무역협정 협상 논의
	6월 1일 취재 지원 선진화방안 시스템과 관련한 대토론회 제안했으나 언론은 부정적인 입장 밝힘
	8일 선거중립 조항은 위헌이라 발언
	15일 대통령선거에서 열린우리당 후보 지지 발언
	21일 선거관리위원회의 「선거법」 위반 결정에 대해 개인자격으로 헌법소원 청구 30일 한미 자유무역협정 추가 협상 최종 타결, 합의문 서명
	7월 1일 부시 미 대통령과 전화 통화에서 대북지원 조기 추진에 합의
	2일 과테말라에서 평창 동계올림픽 유치 지지를 호소
	3일 국회 본회의에서 법학전문대학원법안, 사립학교법 재개정안, 국민연금법 개정안 등 세 가지 쟁점 법안 모두 의결
	25일 2단계 균형발전 선포식
	8월 5일 평양 방문에 관한 남북합의서 비공개 합의
	8일 노무현 대통령과 김정일 국방위원장의 평양 남북정상회담 개최 동시 발표
	9월 7일 한미 자유무역협정 비준동의안 국회 제출

	8일 APEC 정상회담 참석 (호주, 시드니) 27일 6자회담 베이징에서 개막 10월 2일 대통령 전용차로 평양 방문, 김정일 국방위원장과 남북정상회담 4일 「10·4 남북정상선언」 서명 11일 서해 북방한계선은 영토선이 아니라고 발언 23일 자이툰부대의 단계적 철수 계획 발표 11월 19일 아세안+3 정상회의 참석 24일 삼성 비자금 특검수사 대상인 당선축하금 받은적 없다고 언급 12월 4일 제1차 남북경제협력공동위원회 개최 11일 태안 유류 오염 사고 현장 방문 19일 이명박 한나라당 대선 후보 제17대 대통령선거 당선 21일 한나라당의 '이명박특검법' 거부권 행사 요청 거부
2008	1월 3일 신년인사회 2월 25일 제17대 이명박 대통령 취임식 봉하마을로 귀향. 친환경 생태농업 시작 7월 10일 국가기록원, 뉴라이트 전국 연합에서 대통령 기록물 '무단 유출'로 고발, 검찰수사 시작 9월 18일 인터넷 토론 사이트 '민주주의 2.0' 개설 10월 21일 자유시민연대, 국가보안법 및 대통령 기록물 관리에 관한 법률 위반으로 서울중앙지검 첨단범죄수사부에 소송 제기
2009	4월 7일 인터넷 '사람사는 세상'에 박연차 정관계 로비 의혹에 대한 해명글 게재 4월 22일 '사람사는 세상' 폐쇄 및 절필 선언. 지지자들에게 '나를 버려라' 호소 5월 23일 서거. 영결식 봉하마을에서 국민장 9월 23일 '사람사는 세상 노무현재단' 출범 10월 1일 노무현 회고록 『성공과 좌절』 출간